Edding/Schattenhofer (Hrsg.)
Handbuch Alles über Gruppen

Konzept und Beratung »Beltz Weiterbildung«:

Prof. Dr. *Karlheinz A. Geißler*, Schlechinger Weg 13, D-81669 München.
Prof. Dr. *Bernd Weidenmann*, Weidmoosweg 5, D-83626 Valley.

Cornelia Edding, Karl Schattenhofer (Hrsg.)

Handbuch
Alles über Gruppen:
Theorie, Anwendung, Praxis

Mit Beiträgen von:

Andreas Amann, Klaus Antons, Klaus Brosius, Gisela Clausen,
Klaus Doppler, Cornelia Edding, Hella Gephart, Bernadette
Grawe, Hubert Kuhn, Karl Schattenhofer, Christian Schrapper,
Wolfgang Weigand

Beltz Verlag · Weinheim und Basel

Über die Herausgeber:

Dr. Cornelia Edding ist Trainerin für Gruppendynamik (DAGG), Supervisorin (DGSv) sowie Beraterin für Organisationsentwicklung. Sie schreibt Sach- und Fachbücher. Sie coacht Männer und Frauen mit Fach- und Führungsaufgaben im Profit- und Non-Profit-Bereich und kennt sich mit der Gruppenforschung bestens aus.

Dr. Karl Schattenhofer ist Trainer für Gruppendynamik (DAGG), Supervisor (DGSv), Organisationsberater und Psychotherapeut. Er arbeitet freiberuflich und ist Leiter des Fortbildungsinstituts TOPS München–Berlin e.V. Sowohl in der Forschung (Lehraufträge an Hochschulen) als auch als Autor von Fachbüchern beschäftigt er sich mit dem Thema Gruppendynamik.

Jokers Sonderausgabe

Lektorat: Ingeborg Sachsenmeier

© 2009 Beltz Verlag · Weinheim und Basel
www.beltz.de
Herstellung: Nancy Püschel
Satz: Beltz Bad Langensalza GmbH, Bad Langensalza
Druck: Beltz Druckpartner GmbH & Co. KG, Hemsbach
Umschlaggestaltung: glas ag, Seeheim-Jugenheim
Umschlagabbildung, Zeichnungen Kapitelaufmacherseiten und Logos: Florian Mitgutsch, München
Printed in Germany

ISBN 978-3-86365-947-9

Inhaltsverzeichnis

Hubert Kuhn
Die Gruppe als Mittel zur Leistungssteigerung

Bernadette Grawe
Selbsthilfegruppen

Christian Schrapper
Die Gruppe als Mittel zur Erziehung – Gruppenpädagogik

Wolfgang Weigand
Die Gruppe als Resonanzraum und Mittel zur Beratung

Cornelia Edding, Karl Schattenhofer

Einführung

Vorbemerkung

In seinem Roman »Next« entführt uns Michael Crichton in eine nicht mehr allzu ferne Zukunft, nämlich in die Welt der Hersteller, Käufer und Verkäufer von Genen. In einer Schlüsselszene des Buches berichtet ein Institutsleiter seinem Aufsichtsrat von einem gerade fertiggestellten neuen Gen. Dieses sorgt für freundliches, friedliches und zugleich konstruktives Verhalten in Gruppen. Um den erwarteten Verkaufserfolg weiter zu sichern, muss nur noch ein passender Name gefunden werden. Nach einer längeren Diskussion verständigt man sich auf die Bezeichnung »Geselligkeitsgen«. Alle sind sich einig: Das wird ein Renner!

Wir, die wir in der Jetztzeit leben, können uns noch nicht mittels genetischer Nachbesserung zu perfekten Gruppenmenschen wandeln, noch können wir dies unseren Gruppenteilnehmern anbieten. Als Leiterinnen, als Berater und als Mitglied von Gruppen brauchen wir Kenntnisse und Erfahrungen, um Vorgänge in Gruppen zu verstehen. Wir brauchen Übung und die Rückmeldung anderer, um angemessen zu intervenieren. Wir wissen auch, dass in der Arbeit mit Gruppen immer wieder Situationen entstehen, die uns überraschen und in denen wir lernen.

Der Einladung, an diesem Handbuch mitzuwirken, sind Kolleginnen und Kollegen gefolgt, deren Arbeit wir schätzen und mit denen wir durch eine gemeinsame Geschichte in der Sektion Gruppendynamik im Deutschen Arbeitskreis für Gruppenpsychotherapie und Gruppendynamik (DAGG) verbunden sind. Wir haben unser Wissen von und unsere Erfahrungen mit Gruppen zusammengetragen (und dabei viel gelernt!). Wie gut, dass das Geselligkeitsgen noch nicht zu haben ist.

Die (soziale) Gruppe – gibt es ein gemeinsames Verständnis?

Im Zoo turnt in den Wipfeln einer Baumgruppe eine Gruppe von Orang-Utans und wird dabei von einer Gruppe menschlicher Zoobesucher beobachtet. Haben diese verschiedenen Gruppen etwas gemeinsam? Können wir sie sinnvollerweise unter einen Begriff zusammenfassen? Was »von außen«, für den Beobachtenden, wie eine Gruppe aussieht, kann sich »von innen«, aus der Sicht der Mitglieder, ganz anders darstellen. Die Bäume hat der Gärtner so gepflanzt. Die Merkmale, die sie gemeinsam haben – Art, Größe, Alter, Standort – stiften nicht automatisch einen inneren Zusammenhang zwischen ihnen. Sie sind nur optisch eine Gruppe. Bei den Menschenaffen, die in den Bäumen turnen, sieht es anders aus. Sie bilden tatsächlich eine soziale Gruppe, in der die Einzelnen eine bestimmte Position inne haben und bestimmte Aufgaben übernehmen. Die Gruppe hat über längere Zeit Bestand, und ein Orang-Utan, der durch die Zooleitung neu dazugesetzt würde, würde von seinen Artgenossen sofort als nicht zugehörig erkannt.

Die Menschen vor dem Käfig können dort zufällig zusammenstehen, ohne dass die Einzelnen etwas miteinander zu tun haben. Vielleicht ist dabei eine Schulklasse, die einen Ausflug in den Zoo macht. Beide Ansammlungen kann man von außen als Gruppe wahrnehmen. Aber während die Besucher, die einzeln vor den Affen zusammenstehen, sich selbst nicht als Gruppe bezeichnen würden, nehmen sich die Schüler als zusammengehörig und aufeinander bezogen wahr. Der Begriff Gruppe zielt also auf Gemeinsamkeiten und zugleich auf einen inneren Zusammenhang ab.

Wir definieren Gruppe folgendermaßen:
- Gruppen haben drei bis 20 Mitglieder, in Abgrenzung zu Großgruppen ab etwa 20 Mitgliedern.
- Sie haben eine gemeinsame Aufgabe oder ein gemeinsames Ziel.
- Es gibt die Möglichkeit der direkten (Face-to-face-)Kommunikation.
- Die Gruppe besteht eine gewisse zeitliche Dauer, angefangen von drei Stunden (der durchschnittlichen Lebensdauer vieler Gruppen aus der experimentellen Psychologie) bis viele Jahre.

Darüber hinaus entwickeln Gruppen mit der Zeit
- ein »Wir-Gefühl« der Gruppenzugehörigkeit und des Gruppenzusammenhalts,
- ein System gemeinsamer Normen und Werte als Grundlage der Kommunikations- und Interaktionsprozesse sowie
- ein Geflecht aufeinander bezogener sozialer Rollen, die auf das Gruppenziel gerichtet sind.

(vgl. König/Schattenhofer 2007)

Diese Definition fasst unter dem Begriff der sozialen Gruppe (im Gegensatz zu Gruppen von Gegenständen, Pflanzen etc.) ein riesiges Spektrum ganz unterschiedlicher sozialer Verbindungen zusammen, und es stellt sich die Frage, was diese jenseits der formalen Kriterien gemeinsam haben.

Wir gehen davon aus, dass sich Gruppen durch gemeinsame Merkmale, durch typische Strukturen und Prozesse von anderen sozialen Systemen, wie zum Beispiel Organisationen, unterscheiden. Gleichzeitig halten wir es für sinnvoll, die große Vielfalt von Gruppen in einzelne Typen zu unterteilen. Diese beiden Blickrichtungen – darauf zu schauen, was sozialen Gruppen gemeinsam ist und darauf, was sie unterscheidet – liegen dem Aufbau dieses Handbuchs zugrunde.

Mit dem doppelten Fokus wollen wir das Verständnis für die Gemeinsamkeiten von Gruppen und die Unterschiede zwischen Gruppen schärfen. Planvolles Intervenieren in Gruppen, so meinen wir, setzt Kenntnisse typischer Prozesse in Gruppen voraus (Gemeinsamkeiten), bedarf aber, um wirksam zu werden, der Ausrichtung am jeweiligen Kontext und dem jeweiligen Ziel (Unterschiede).

Zum Aufbau dieses Handbuchs

Wir haben das Handbuch in drei Abschnitte und einen Exkurs gegliedert. Im ersten Abschnitt stehen die Gemeinsamkeiten und die Grundlagen im Vordergrund: Karl Schattenhofer vertieft in seinem Beitrag die Frage »Was ist eine Gruppe?« Es werden konzeptionelle und theoretische Unterscheidungen vorgestellt, mit denen Gruppen beschrieben und analysiert werden können. Cornelia Edding berichtet über die empirische Kleingruppenforschung der letzten 60 Jahre auf ihrer Suche nach den Gesetzen, die das Geschehen in Gruppen bestimmen. Verschiedene Forschungsperspektiven führen zu Ergebnissen, die für die Praxis anregend sind.

Im zweiten Abschnitt rücken wir die Unterschiede zwischen verschiedenen Arten von Gruppen in den Mittelpunkt unserer Darstellung. Wir haben uns für eine Einteilung der Gruppen nach ihrer jeweiligen Funktion entschieden. Gruppen werden in unterschiedlichen gesellschaftlichen Feldern, in der Bildung, der Erziehung, der Arbeitswelt oder der Therapie als Mittel und Methode zu ganz unterschiedlichen Zwecken eingesetzt. In jedem der Anwendungsfelder haben sich unterscheidbare Formen der Arbeit in und mit Gruppen herausgebildet und die breite Palette der Beiträge führt die vielfältigen Einsatzmöglichkeiten von Gruppen vor Augen. Unser Alltag ist ohne das Hilfsmittel Gruppe kaum vorstellbar. In unserem Handbuch haben wir den Schwerpunkt auf die sieben Bereiche gelegt, die für die Arbeitswelt sowie für Training und Beratung von besonderer Bedeutung sind.

Der Abschnitt beginnt mit den Gruppenformen, die überwiegend auf die Wirkung in ihrer Umwelt ausgerichtet sind und geht zu den Gruppen über, die auf die Unterstützung, das Lernen und die Therapie der beteiligten Menschen abzielen.

Im ersten Beitrag stellt Klaus Doppler die Gruppe, obwohl sie selbst ein Produkt des Wandels in der Arbeitswelt ist, als ein wichtiges Mittel bei der Gestaltung von Veränderungsprozessen in Organisationen dar. Darüber hinaus sollen Gruppen in Organisationen in Form von Teams, autonomen Arbeits- oder Projektgruppen zur Steigerung der Leistung beitragen (Hubert Kuhn). Selbsthilfegruppen dienen sowohl der Vertretung gemeinsamer Interessen als auch der gegenseitigen Hilfe und Unterstützung (Bernadette Grawe). Die Gruppenpädagogik, die Gruppe als Mittel zur Erziehung von Kindern und Jugendlichen wurde von Christian Schrapper bearbeitet und Wolfgang Weigand beschreibt Gruppen als Instrument der Beratung und als Resonanzraum zum Beispiel in der Gruppensupervision, der kollegialen Beratung und in Communities of Practice. Die Gruppe als Mittel sozialen Lernens für Erwachsene wird von Klaus Brosius dargestellt. Ein besonderer Schwerpunkt liegt auf der gruppendynamischen Trainingsgruppe und der Unterscheidung zwischen reflexivem und normativem Lernen. Eine lange Tradition hat auch die Gruppe als Heilmittel vor allem für Menschen mit psychischen Problemen. Die Gruppentherapie wird von Hella Gephart dargestellt. Alle Beiträge liefern einen Überblick über die jeweilige »Tradition«, den aktuellen Stand der Praxis, die besonderen Wirkfaktoren und die jeweiligen Methoden und Vorgehensweisen. Beispiele aus der Praxis sorgen für Anschaulichkeit und erleichtern die Verwendbarkeit in der eigenen Arbeit.

Gruppen haben auch eine Schattenseite, sie können zu Unterdrückung, zur Ausübung von Zwang und zur Manipulation der Beteiligten führen oder zielgerichtet dafür eingesetzt werden. Der Exkurs von Klaus Antons über die dunkle Seite von Gruppen legt darauf das Augenmerk. Wie können wir diese Erscheinungen erkennen, verstehen und wie beeinflussen?

Thema des *dritten Abschnitts* ist die Steuerung. In diesem Thema verbinden sich die beiden Blickrichtungen. So unterschiedlich die Gruppen auch sind – sie alle bedürfen der Steuerung. Jede Gruppe, sei sie Mittel zum Lernen, zum Heilen, zur Professionalisierung, zur institutionellen und persönlichen Veränderung, braucht, empfängt und generiert Steuerungsimpulse. Diese entstehen durch die Umwelt der Gruppe, durch die Leitung, durch die Gruppenmitglieder. Um die für die jeweilige Gruppe gewünschte Wirkung zu erzielen, müssen sich die Steuerungsimpulse an die Gruppenziele und am Kontext der Gruppe ausrichten. Vier Steuerungsformen und bereiche werden vorgestellt: Im Unterschied zu gängiger Meinung betrachten wir den Leiter oder die Leiterin einer Gruppe nicht als wichtigsten Akteur im Steuerungsgeschehen, sondern als einen von mehreren. Anders ausgedrückt: Gruppenleiter sind wichtig, aber nicht so wichtig wie sie denken. Sie sind Grenzgänger zwischen innen und außen, zwischen Gruppenumwelt und Gruppenmitgliedern. Ihr Gestaltungsspielraum besteht darin, wie sie ihre Beziehung zur Gruppen definieren und gestalten. Im Kapitel »Gruppenleitung« stellt Gisela Clausen das sensible Zusammenspiel zwischen Leitung und Gruppe, seine Gefährdungen und seine Möglichkeiten dar.

Das Kapitel »Diagnose« (Andreas Amann) hat einen besonderen Aspekt der Steuerung im Blick: Die Diagnose in und von Gruppen ist in unserem Verständnis kein Prozess, in dem – wie im Modell der medizinischen Diagnose – durch Außenstehende Daten erhoben, verdichtet und mit einem Therapieplan versehen werden. Es ist vielmehr eine Tätigkeit der Gruppe und ihrer Leitung, die auf der Grundlage unterschiedlicher Modelle/Verstehenszugänge in einen Reflexionsprozess über den Zustand der Gruppe eintritt. Dieser Prozess verändert zugleich die Gruppe.

Weiterhin unterscheiden wir zwischen innen und außen: Steuerungsimpulse entstehen innerhalb der Gruppe einschließlich ihrer Leitung In diesem Sinne steuern sich Gruppen selbst und sie können und müssen zunehmend ihre Fähigkeiten zur Selbststeuerung entwickeln und erweitern. (Karl Schattenhofer). Aber auch die Umwelt, in die die Gruppe eingebettet ist, beeinflusst das Geschehen. Es gibt viele Möglichkeiten, durch die Gestaltung äußerer Bedingungen Einfluss auf Gruppen zu nehmen (Cornelia Edding). Im Anhang finden sich das Literatur-, das Stichwortverzeichnis und die Angaben zu den Autorinnen und Autoren.

Wir bedanken uns bei Karlheinz A. Geißler für die Beratung beim Entstehen des Buches und bei Frau Ingeborg Sachsenmeier für Ihre tatkräftige Unterstützung. Den Kolleginnen und Kollegen danken wir für die gute Zusammenarbeit.

München und Berlin im Dezember 2008

Cornelia Edding   Karl Schattenhofer

Abschnitt I: Grundlegendes

Karl Schattenhofer

Was ist eine Gruppe? Verschiedene Sichtweisen und Unterscheidungen

Wichtige Unterscheidungen beim Blick auf die Gruppe

In diesem ersten Kapitel geht es um begriffliche Grundlagen und gleichzeitig um die Leitfragen: Was ist Gruppen gemeinsam? Mit welchen Konzepten, Begriffen oder Theorien lassen sich Gruppen verstehen?

Jeder Mensch kann sich etwas unter einer Gruppe vorstellen. Alle haben wir ein Bild davon, wie eine Gruppe sich anfühlt und wie sie aussieht, ob sie etwa attraktiv oder abstoßend, einladend oder geschlossen, flexibel oder starr auf uns wirkt. Die Eindrücke und Einschätzungen stellen sich automatisch ein, denn wir können auf einen reichen Erfahrungsschatz zurückgreifen, den wir in unserem bisherigen Leben durch die Zugehörigkeit zu verschiedenen Gruppen angehäuft haben. Da wir aber auf Gruppen durch die Brille unserer persönlichen und kulturellen Erfahrungen blicken, sind unsere Bilder und Eindrücke jeweils unterschiedlich gefärbt: Was von den einen als Geborgenheit und als Schutz einer Gruppe wahrgenommen wird, das erleben andere als Zwang und Anpassungsdruck; was für die einen die Erfüllung der Hoffnung auf Mitgestaltung und Einflussnahme bedeutet, lässt die anderen über das Chaos und die endlosen Diskussionen bei der Entscheidungsfindung stöhnen. Wenn von Gruppen im Alltag die Rede ist, kann man also nicht davon ausgehen, dass die Gesprächsteilnehmer automatisch das Gleiche mit diesem Begriff bezeichnen.

Der wissenschaftliche Blick auf die Gruppe ist ebenso kein einheitlicher, sondern vom jeweiligen Ausgangspunkt der Forschenden geleitet: Die Psychologen interessieren sich vor allem dafür, wie das Individuum von der Gruppe in seinem Verhalten beeinflusst wird, die Soziologen, wie die jeweilige Umwelt die Gruppe beeinflusst, die Betriebswirtschaft dafür, ob und wie sich Gruppenarbeit auf die Leistung und die Ergebnisse auswirkt. Die Gruppendynamik (das Forschungsgebiet von der Dynamik in kleinen Gruppen) hält Gruppen für einen eigenständigen Typus sozialer Systeme, deren Besonderheiten im Vergleich zu anderen sozialen Systemen wie Organisationen oder auch einzelnen Interaktionen zu erforschen und zu verstehen sich lohnt.

Die unterschiedlichen persönlichen und wissenschaftlichen Perspektiven machen einsichtig, dass es kein einheitliches Verständnis vom sozialen Phänomen der Gruppe geben kann. Eine Gruppe ist ein Gegenstand, der vom Betrachter selbst konstruiert wird. Jede Frage bezüglich einer Gruppe zielt ebenso wie jede Aussage immer auf etwas ab und baut auf Vorannahmen auf. Die Fragenden versuchen, Ordnung und Orientierung in die unüberschaubare Vielfalt von Geschehnissen, Beziehungen und Strukturen zu bringen und das Unübersichtliche verstehbar zu machen. Ohne die ordnende Aktivität des Beobachters kommen keine Wahrnehmung, keine Beschreibung und kein Verstehen des »Gegenstandes« Gruppe zustande. Wissenschaftlich steht diese Sichtweise in der Tradition des Konstruktivismus (vgl. zum Beispiel Fritz Simon 2007) und letztlich gibt es so viele Vorstellungen und Modelle von einer Gruppe, wie es Beobachter gibt.

Wie also kann man sich orientieren in dieser unübersichtlichen Vielfalt? Im Alltag geschieht die Orientierung relativ einfach und automatisch: Wir gehen davon aus, dass die Mitmenschen unsere Sichtweisen der Umwelt teilen, und bei »einfachen« Gegenständen wie Bäumen und Häusern, Tischen und Stühlen ist diese Annahme auch weitgehend berechtigt. Nicht weil wir die gleichen objektiven Gegenstände sehen, sondern weil wir sie auf ähnliche Weise zu konstruieren, das heißt wahrzunehmen gelernt haben. Bei so flüchtigen »Gegenständen« wie einer Gruppe hingegen, deren Erleben noch dazu mit unterschiedlichen emotionalen Erfahrungen verbunden war und ist, können sich die Sichtweisen und Modelle der Einzelnen deutlich unterscheiden, und die Orientierung in dieser Vielfalt der Wahrheiten erfordert mehr Aufwand.

Die Orientierungshilfe, die in diesem einführenden Kapitel angeboten wird, stellt einige grundlegende Unterscheidungen vor, nach denen man die wissenschaftlichen, aber auch alltäglichen Vorstellungen von Gruppen einteilen kann. Dabei geht es nicht um wahre oder falsche Perspektiven. In der jeweiligen Verwendung der Unterscheidung wird sich zeigen, ob sie für die Zwecke des Betrachters nützlich ist und den Blickwinkel auf bisher ausgeblendete Aspekte erweitert beziehungsweise auf sinnvolle Weise einschränkt. Mit diesem ersten allgemeinen Überblick sollen Grundlagen für das Verstehen von Gruppen in den verschiedenen gesellschaftlichen Feldern und Anwendungsbereichen geschaffen werden. Einzelne Themen werden dann in den weiteren Kapiteln erneut aufgegriffen und vertieft.

Die Gruppe: Kategorie oder System?

Der Unterschied zwischen diesen beiden Verständnisweisen des Begriffes Gruppe wird am deutlichsten, wenn man sich die Probleme vor Augen führt, die bei ihrer Verwechslung entstehen.

 Wer zum Beispiel die Schüler einer Jahrgangsstufe bei ihrem ersten Zusammenkommen wie ein soziales System mit einem »Eigenleben« behandelt und von der Klasse Entscheidungen und koordinierte Aktivitäten verlangt, die von allen Mitgliedern getragen und mitverantwortet werden, wird über ihre mangelnde Fähigkeit und Bereitschaft dazu sehr enttäuscht sein. Die Kategorie »Schüler der gleichen Jahrgangsstufe« kann zu diesem frühen Zeitpunkt keine gemeinsamen Entscheidungen treffen oder aufeinander abgestimmt aktiv werden. In der Klasse werden die Schüler mit einigen gemeinsamen Merkmalen wie beispielsweise Alter oder Leistungsstand zusammengefasst, was aber nicht heißt, dass zwischen ihnen schon ein innerer Zusammenhang besteht. Die Schülerinnen in der neuen Klasse lernen erst, sich zu organisieren und abzustimmen, und sie müssen zumindest so viel Zusammenhalt und Zugehörigkeitsgefühl entwickeln, dass die Einzelnen sich den gemeinsamen Plänen auch verpflichtet fühlen.

Nach dem *kategorialen* Verständnis von Gruppe werden die Schüler durch die gemeinsamen Merkmale zu einer Gruppe: Die Schülergruppe kann so von anderen Jahrgängen unterschieden werden. Nach der *systemischen* Sichtweise entsteht eine Schülergruppe aus den über die Zeit andauernden Interaktionen zwischen den Beteiligten: Die Kategorie Schulklasse wird erst mit der Zeit zum sozialen System Gruppe.

Umgekehrt ist die Verwechslung aber auch verhängnisvoll:

 Die Selbsthilfegruppe alleinerziehender Mütter in einem Stadtteil wird sich dagegen wehren, wenn sie von Verantwortlichen der kommunalen Verwaltung nicht als organisierte Gruppe, sondern im kategorialen Sinne als Mütter mit gleicher Problemlage verstanden und angesprochen wird: nämlich einzeln und als voneinander isolierte Hilfsbedürftige. Sie wird dafür sorgen, dass ihre gemeinsam formulierten Interessen Gewicht bekommen und sie als Initiative, die zum Beispiel auch öffentlich auftreten kann, ernst genommen wird.

Zentral für den Begriff der sozialen Gruppe ist die innere Bezogenheit der Mitglieder aufeinander und auf die Gruppe: Eine Gruppe ist vielleicht nicht *mehr* als die

Summe der Gefühle, Kognitionen und Verhaltensweisen der einzelnen Individuen, aber sie ist etwas anderes. In systemtheoretischer Sprache ausgedrückt heißt das: Eine Gruppe ist wie jeder soziale Prozess selbstreferenziell oder rückbezüglich: Alles, was die Beteiligten tun, denken und fühlen, steht nicht *nur* mit den inneren Zuständen der einzelnen Mitglieder und nicht nur mit den äußeren Rahmenbedingungen der Gruppe in Beziehung, sondern auch mit sich selbst (s. auch den Beitrag zum Thema »Selbststeuerung«, S. 437 ff.)

Oder sozialpsychologisch formuliert: Jedes Verhalten eines Einzelnen setzt Normen in einer Gruppe, wodurch das Verhalten aller anderen beeinflusst wird, und dieses »neue« Verhalten führt wiederum zu Normen, die zurückwirken, und so weiter. So entsteht im Verlauf dieses fortgesetzten Rückwirkungsprozesses die Gruppe, die ein gewisses Maß an Eigenwertigkeit oder Autonomie (Eigengesetzlichkeit) bedeutet. Die Gruppe als System tritt den Beteiligten und den Außenstehenden mit der Zeit als etwas Eigenständiges gegenüber, das von ihnen nicht beliebig beeinflussbar und steuerbar ist. Nach diesem Verständnis haben Gruppen immer eine zeitliche Dimension, da das Vorher Einfluss auf das Nachher nimmt. Ohne diesen Prozess bleibt die Gruppe ein Begriff, der eine Kategorie von Gleichartigem bezeichnet, denn Kategorien oder Aggregate von Menschen kommen ohne eine gemeinsame, verbindende Vorgeschichte aus. Der Unterschied zwischen der Kategorie und dem System Gruppe ist auch deshalb von Bedeutung, weil in der Gruppenforschung oft mit sehr kurzlebigen und teilweise nur im Kopf der Versuchspersonen existierenden Gruppen gearbeitet wird. Die Ergebnisse aus diesen kategorialen Gruppen werden dann aber unzulässigerweise auf Gruppen im systemischen Sinne übertragen (zur Kritik dieser Gruppenforschung vgl. die Beiträge von Cornelia Edding, S. 47 ff., und Klaus Antons, S. 324 ff.). Ab wann der Übergang von der Kategorie zum System Gruppe sinnvoll anzusetzen ist, muss im einzelnen Fall entschieden werden.

Die Unterscheidung zwischen äußerer und innerer Umwelt

Trotz aller Autonomie sind Gruppen nicht ohne ihre Umwelt, von der sie sich abgrenzen und zugleich in Beziehung setzen, zu verstehen. Aber Umwelt ist nicht gleich Umwelt und bei der soziologischen Analyse von Gruppen hat es sich als sinnvoll erwiesen, zwei Arten von Umwelten grundsätzlich zu unterscheiden (vgl. Neidhardt 1983):

- Die innere Umwelt der Gruppe im Sinne aller bestehenden Gefühle, Bedürfnisse, Wertvorstellungen, Wahrnehmungen, Verhaltensweisen und Ansichten der einzelnen Mitglieder. Jede Gruppe kann nur einen Teil davon einbeziehen, ein anderer muss ausgeschlossen werden. Ohne eine solche Grenze verlöre sie ihren Bestand und ihre Orientierungsfunktion. In jeder Gruppe ist ein Schutz vor Überlastung mit individuellen Erfahrungen, Interessen und Gefühlen notwendig, um nicht daran zu »ersticken«. Vieles davon wird latent gehalten. Nicht alles, was gefühlt und wahrgenommen wird, kann zur Sprache kommen, nicht alle möglichen Verhaltensweisen können in die Tat umgesetzt werden. Grafisch kann man sich die Gruppe als eine Art Schnittmenge aus den psychischen Gegebenheiten der Mitglieder vorstellen.
- Dem gegenüber steht die äußere Umwelt der Gruppe: die Gesamtheit aller Personen, Institutionen und Ereignisse, die nicht zur Gruppe gehören. Was davon für die Gruppe eine Bedeutung hat, richtet sich danach, was von ihr (über die einzelnen Mitglieder) als wichtige Umwelt wahrgenommen wird. Zur äußeren Umwelt werden in der Regel auch die gemeinsame (Sach-)Aufgabe und das Arbeitsziel gezählt.

Gegenüber beiden Umwelten müssen Grenzen gezogen, aufrechterhalten und verändert werden, damit das System entstehen, bestehen und sich entwickeln kann. Jede Gruppe und jeder Typ von Gruppe lässt sich danach beschreiben, wie diese »Systemaufgaben« gelöst werden. Verschiedene Modelle von Gruppen lassen sich danach unterscheiden, welche der Grenzziehungen sie vor allem in den Blick nehmen und welche der beiden Umwelten für sie von besonderer Bedeutung ist.

Beim »Psychoschnitt« liegen die psychologischen Modelle, die sich vor allem auf die therapeutischen und selbsterfahrungsorientierten Gruppen beziehen und das Geschehen in diesen Gruppen zu verstehen suchen. In ihnen richtet sich die Aufmerksamkeit ganz überwiegend auf die Schnittstelle zur inneren Umwelt. Es geht um Fragen wie:

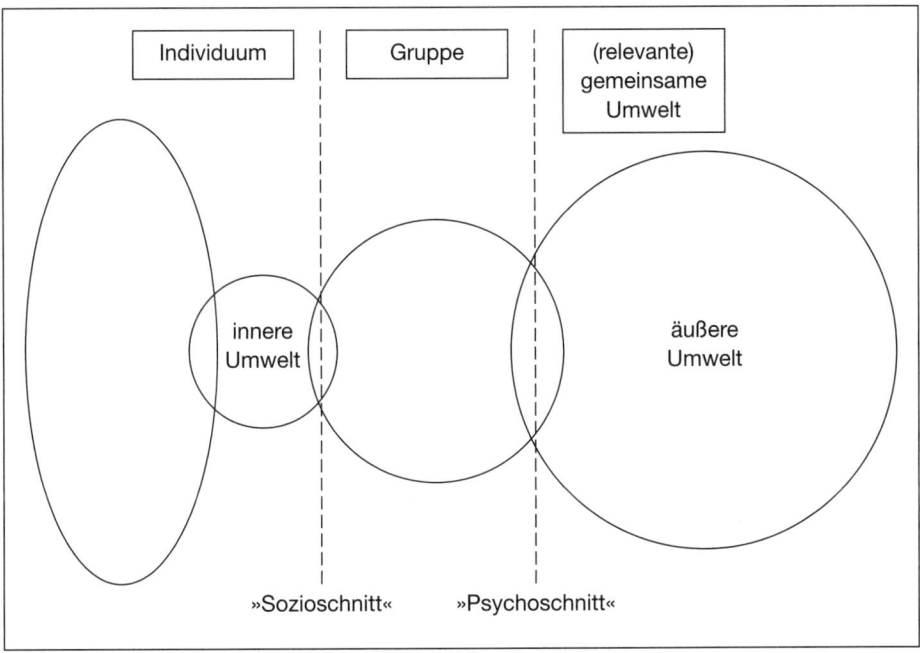

Wie sind die Einzelnen mit der Gruppe verbunden? Wie werden sie beeinflusst und wie beeinflussen sie die Gruppe? Wie sind sie an der Entwicklung von Normen und Rollen beteiligt? Welche Seiten ihrer Person können sie einbringen und welche sind nicht gefragt? Die Gestaltung und das Erleben der Beziehungen in der Gruppe und der Gruppe selbst sind gleichzeitig die Aufgabe und der Lerngegenstand in diesen Gruppen. Die Gruppenentwicklung wird vor allem als abhängig von der psychischen Dynamik der Beteiligten untersucht und interpretiert (vgl. die Beiträge von Klaus Brosius und Hella Gephart, s. S. 258 ff. und 286 ff.).

An der »Sozioschnittstelle«, die einer vorwiegend soziologischen Sicht der Gruppe entspricht, geht es zum Beispiel um folgende Themen: Wie wirken sich Handlungsdruck, Mitgliedschaftsalternativen für die Mitglieder oder knappe beziehungsweise reichliche Ressourcen auf die Entwicklung der Gruppe aus? Welche Einflüsse gehen vom Kontext auf die Leistungsfähigkeit der Gruppe und die Befindlichkeit der Mitglieder aus? Welche Wirkung haben konkurrierende Gruppen? Hier werden die Gruppe und auch die beteiligten Personen als abhängige Variablen von der äußeren Umwelt untersucht (vgl. Beitrag von Cornelia Edding zum Thema »Kontextsteuerung«, s. S. 467 ff.).

Gruppen lassen sich nach der jeweiligen Bedeutung der äußeren und inneren Umwelten voneinander unterscheiden. Obwohl schon von der Definition her jede Gruppe mit beiden Umwelten zu tun hat, kann je nach dem Zweck und der Zielrichtung der Gruppe die eine oder andere Seite im Vordergrund stehen. Die in diesem Handbuch dargestellten Gruppentypen kann man bezüglich der Unterscheidung nach der Bedeutung der inneren oder äußeren Umwelt folgendermaßen einteilen:

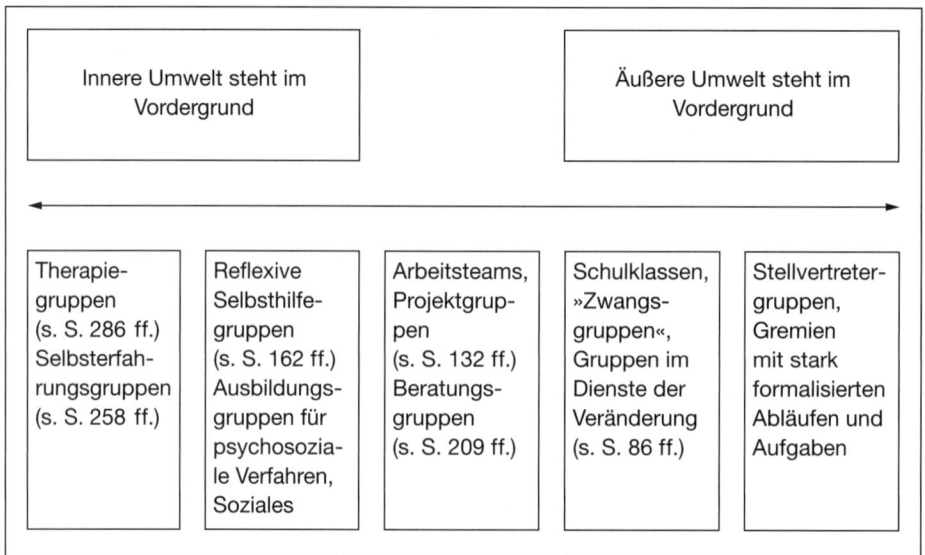

Die Therapie- und Selbsterfahrungsgruppen werden vor allem von der Dynamik der inneren Umwelt bestimmt – sie haben in der Regel keine gemeinsame äußere Umwelt, gegenüber der sie sich positionieren müssten. In der Mitte – gleichsam zwischen den beiden Umwelten – stehen die sogenannten »hybriden« Sozialsysteme (Neidhardt 1983) wie Arbeitsgruppen, Arbeitsteams, Projektgruppen. Hybride Sozialsysteme zeichnen sich aus durch das Aufeinandertreffen zweier Rationalitäten: der inneren und äußeren Umwelt.

- Auf der einen Seite ist die Gefühlsorientierung der Gruppe, die auf den persönlichen und vielfältigen Beziehungen und Beziehungserwartungen zwischen den Mitgliedern basiert,
- und auf der anderen Seite die fachliche Orientierung der Organisation, die sich an der sachlichen Aufgabe orientiert und nur die funktionalen Seiten der jeweiligen Akteure in Betracht zieht.

Die besondere Aufgabe, die Arbeitsteams bewältigen müssen, liegt in der Balance dieser beiden widersprüchlichen Umweltanforderungen.

Am meisten auf die äußere Umwelt ausgerichtet sind Gruppen, die unter einem großen äußeren Zwang zustande kommen, und solche, in denen sich Vertreter von anderen Gruppen treffen, deren persönliche Meinung und Haltung hinter die Vertretungsaufgabe zurücktritt. Diese Gruppen sind durch eine hohe Austauschbarkeit der einzelnen Beteiligten und durch eine geringe persönliche Zugehörigkeit gekennzeichnet. Wer dort nicht zu einem Treffen erscheint, der wird nicht persönlich vermisst, sondern es fehlt die Organisationseinheit, die dann nicht vertreten ist. Aber auch in erzwungenen und mit strengen Vorgaben versehenen Gruppen, die meist die Hierarchie, den genau festgelegten und kontrollierten Ablauf sowie die Pflichten der

Einzelnen betreffen, entsteht eine innere Ordnung der Gruppe, die sich nicht direkt aus den von außen angeordneten Regeln ableiten lässt. Denn die Einteilung bedeutet nicht, dass die jeweils andere Umwelt für Gruppen eines bestimmten Typs keine Bedeutung hat. Sie ist daran orientiert, worauf das formale Geschehen, das Programm einer Gruppe, ausgerichtet ist.

Die Unterscheidung von manifestem und latentem Geschehen: Die Eisbergmodelle

Alle Vorgänge in Gruppen, die man beobachtet, können als Zeichen für unterschiedliche Ebenen des Gruppengeschehens angesehen werden. Symbolisch wird der Unterschied zwischen manifestem (sichtbarem) und latentem Geschehen in Gruppen oft mit dem Bild vom Eisberg bezeichnet, das Sigmund Freud für sein Modell vom psychischen Aufbau des Menschen gebraucht hat. Weil man bei einem Eisberg nur 1/8 der Eismasse über der Wasseroberfläche sieht, können die Lage und das »Verhalten« des Berges nur dann verstanden werden, wenn man die 7/8 des Berges, die verborgen sind, mit in die eigenen Überlegungen einbezieht, diese gleichsam hochrechnet. Auf die Gruppe übertragen, heißt das, dass das Verhalten der einzelnen Mitglieder und der Gruppe als Ganzes nur verständlich ist, wenn der jeweilige Beobachter die Wirksamkeit von Wünschen und Ängsten annimmt, die für die Beteiligten (zunächst) verborgen sind. Zugleich wird angenommen, dass die (frühen) Erfahrungen in Primärgruppen prägend für alle späteren Beziehungen sind. Man spricht bei diesem Modell von der Tiefendimension der Gruppe und verleiht damit dem »Unsichtbaren«, vergleichbar dem Unbewussten in der Tiefenpsychologie, eine besonders wichtige Bedeutung für das Gruppengeschehen.

> Die Gruppe als Ganzes wird nur verständlich, wenn man die Wirklichkeit von Wünschen und Ängsten annimmt, die für die Beteiligten (zunächst) verborgen sind.

Für den sichtbaren Teil des Eisbergs stehen in der Gruppe alle Sachthemen, Gefühle und Verhaltensweisen der Mitglieder, die benannt und besprochen werden können. Alle psychoanalytischen und die meisten sozialpsychologischen Modelle sind »Eisbergmodelle«, die von unterschiedlichen Ebenen des Gruppenprozesses ausgehen. W. Bion (1961) hat in seiner auf Freud bezogenen Gruppentheorie in ähnlicher Weise zwei Bereiche des Gruppenprozesses unterschieden: Die Ebene der Arbeitsgruppe bezeichnet die bewusste, sachorientierte Dimension des Gruppenlebens. Die Ebene der irrationalen Grundannahmen besteht aus Inhalten, die dem Bewusstseinsfeld der Gruppe nicht gegenwärtig sind, die den Gruppenprozess aber entscheidend beeinflussen. Die Grundannahmen Abhängigkeit, Kampf und Flucht, Paarbildung werden als regressive Zustände einer Gruppe im Prozess ihrer Entwicklung gedeutet. Die Terminologie und die jeweilige Ausgestaltung der einzelnen Ebenen und ihre wechselseitige Bezogenheit variiert in den verschiedenen Modellen sehr. Eine Differenzierung, die allgemein anerkannt sein dürfte, ist die folgende.

Das Sichtbare: Alle aufgabenbezogenen Aktivitäten, die Sachebene

Man kann die unterschiedlichen Aufgaben, die hier zu bewältigen sind, als einen Regelkreis beschreiben, der nach linearen oder kausalen Wenn-dann-Überlegungen aufgebaut ist und der zyklisch durchgearbeitet werden muss, um die Ziele, die sich die Gruppe gesetzt hat, zu erreichen. Modelle und Ablaufschemen für aufgabenorientierte Problemlösungsprozesse gibt es viele, ein einfaches Modell könnte folgendermaßen aussehen:

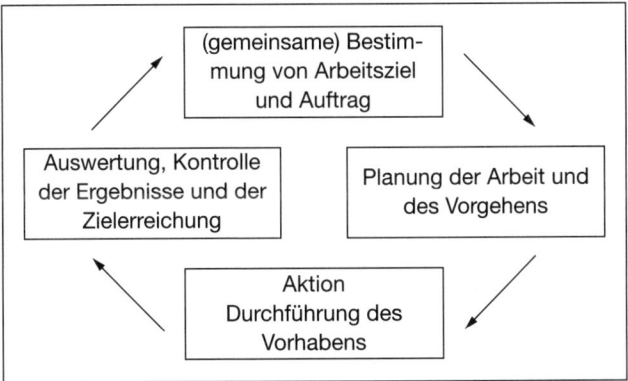

Die Art des Vorgehens richtet sich nach der jeweiligen Sache, die es in der Gruppe zu bewältigen gilt. Darunter sind nicht nur Arbeitsziele, sondern Ziele jeglicher Art zu verstehen, die für die jeweilige Gruppe bestimmend sind. Die Aufmerksamkeit des Beobachters richtet sich auf die Bearbeitung und Lösung der Sachaufgabe. In Arbeitsgruppen bestimmen in der Regel die sachlichen Aufgaben das sichtbare Geschehen eindeutig, in Freizeit- oder Verwandtschaftsgruppen scheinen – obwohl auch hier immer etwas gemacht werden muss – die anderen Zwecke der Identitätsstiftung und des sozialen Rückhalts viel deutlicher durch die Aktionen an der Oberfläche hindurch.

Das teilweise Sichtbare: Die Ebene der sozialen Interaktion

Die Zusammenarbeit oder das Zusammensein in der Gruppe setzt eine soziale Dynamik in Gang. Es werden Wünsche und Befürchtungen – also Gefühle – den anderen Teilnehmerinnen gegenüber spürbar. Die Mitglieder beeinflussen sich gegenseitig, es entstehen Normen und Regeln, Autoritäts-, Beliebtheits- und Arbeitsstrukturen. Es werden Untergruppen und Koalitionen gebildet, die dem Einzelnen Sicherheit bieten. Die Perspektive der Beobachtungen richtet sich auf das Geschehen *zwischen* den Personen und auf die Gruppe als Ganzes. Man spricht auch von der soziodynamischen oder gruppendynamischen Ebene oder von der Ebene des reflexiv-interaktionellen Verhaltens.

Diese beiden genannten unterschiedlichen Ebenen des Gruppengeschehens werden mit Beobachtungsverfahren (zum Beispiel dem Kategorienschema von Robert F. Bales oder mit soziometrischen Methoden nach Jakob Moreno) und vor allem durch verschiedene Formen der Rückmeldung sichtbar und bearbeitbar gemacht. Damit liegen sie, um im Bild des Eisbergs zu bleiben, nur so weit unter der Oberfläche des Wassers, dass sie bei Wellengang doch sichtbar werden.

Man kann beispielsweise nach den geltenden Normen in der Gruppe fragen, damit sind alle geltenden Gebote und Verbote gemeint, auf deren Einhaltung die Beteiligten schauen, ohne dass sie explizit vereinbart worden wären. Man kann ebenso auf die unterschiedlichen Rollen in der Gruppe achten (s. Andreas Amann zum Thema Gruppendiagnose, S. 424 f.). Die soziale Dynamik, die in jeder Gruppe – unabhängig vom sachlichen Ziel – in Gang kommt, lässt sich am besten mit dem Modell der drei Dimensionen des Gruppenprozesses oder des gruppendynamischen Raumes verstehen und beschreiben. Nach diesem Modell müssen drei Grundfragen in jeder Gruppe beantwortet werden. Zugleich werden mit diesen Fragen, die nach diesem Modell in jeder Gruppe die innere Dynamik bestimmen, für alle Beteiligten Fragen aktiviert, die mit vielen persönlichen – bewussten und unbewussten – Wünschen und Ängsten verbunden sind. Im Einzelnen geht es um Folgendes:

 Dimension der Zugehörigkeit (drinnen und draußen): In jeder Gruppe muss geklärt werden, wer dazugehört und wer nicht, wer im Zentrum steht und wer am Rand. Diese Frage ist nicht nur formal zu vereinbaren, sondern es muss auch auf der Beziehungsebene einschätzbar werden, inwieweit jemand als Beteiligter anerkannt wird oder eben nicht. Für jeden Einzelnen ist hier die Balance zwischen dem Wunsch nach Zugehörigkeit und zugleich nach Getrenntheit und Eigenständigkeit zu gestalten.

 Dimension der Macht und des Einflusses (oben und unten): In jeder Gruppe muss geklärt werden, wer welchen Einfluss auf das Geschehen nehmen kann und wer wem folgt. Auch hier geht es neben der formalen Vereinbarung vor allem um die Ausbildung einer inneren hierarchischen Ordnung, die den Aufgaben, aber auch den Bedürfnissen der einzelnen Gruppenmitglieder nach Bestimmung des eigenen sozialen Lebensraumes entspricht.

 Die Dimension der Intimität (nah und fern): Hier geht es um die Differenzierung der Beziehungen nach ihrem jeweiligen Grad an Nähe und Distanz. Auf dieser Dimension entsteht auch die Ordnung bezüglich der Beziehungen zwischen Männern und Frauen.

Diese drei Dimensionen schaffen Beobachterperspektiven auf den Gruppenprozess, die es erlauben, die Komplexität des sozialen Systems Gruppe zu reduzieren und Ordnung in die Beobachtungen zu bringen, gerade wenn unklar ist, »worum es gerade geht«. Diese Ordnung ist nichts Festgefügtes und Statisches, sondern in fortwährender Entwicklung, das heißt, sie wird im Gruppenprozess hervorgebracht – und dabei auch verändert. Ausführlicher werden die drei Dimension im Rahmen des Beitrags zur Gruppendiagnose von Andreas Amann behandelt.

Das Unsichtbare: Die psychische oder die Beziehungsbedeutungsebene

In Gruppen lassen sich immer wieder Verhaltensweisen beobachten, die bezüglich der Erledigung der Aufgabe (Sachebene), aber auch in Bezug auf die Erarbeitung der soziodynamischen Ordnung mehr oder weniger offensichtlich keinen Sinn machen.

> Einzelne Mitglieder verstummen vollkommen, obwohl es keinen Anlass zu übergroßer Vorsicht oder Angst gibt; jemand greift sehr aggressiv und aus einem nichtigen Grund die Leitung an; jemand dominiert das Geschehen als Vielredner und auf Nachfragen der anderen schwingt er noch viel mehr Reden und verliert dabei vollständig den Kontakt zu anderen …

Um solche Verhaltensweisen verstehen und einordnen zu können, wird auf dieser Ebene das (sichtbare!) Geschehen in der Gruppe vor dem Hintergrund der Annahme gedeutet, dass durch die Beteiligung an der Gruppe bei allen Mitgliedern latente, unbewusste Wünsche und Ängste, intrapsychische Konflikte und die individuellen Muster der Beziehungsaufnahme aktualisiert werden. Die Mitglieder einer Gruppe übertragen ihre »dort und damals« gelernte psychodynamische Situation mit den jeweils typischen Beziehungsängsten und Beziehungswünschen auf die aktuelle Gruppe. Diese Ebene wird auch als die Ebene der gemeinsamen psychosozialen Abwehrmanöver bezeichnet. Auf dieser Ebene werden das Verhalten und Empfinden der Einzelnen als Übertragung auf die Gruppe, die Leiter und die anderen Mitglieder gedeutet, die Aufmerksamkeit richtet sich auf das innerpsychische Geschehen, das in der Gruppensituation aktualisiert wird.

In der Therapiegruppe können mithilfe der Therapeutinnen und der Gruppe die eigenen Beziehungsmuster bewusst nacherlebt und durch jetzt besser passende Verhaltensweisen ersetzt werden. Auf dieser Ebene arbeiten psychoanalytisch orientierte Gruppentherapien. Einzelne Modelle geben noch genauer darüber Auskunft, *wie* intrapsychische Konflikte, Wünsche und Ängste in die Gruppe übertragen werden und *wie* dieses latente Geschehen in den manifesten Ereignissen zu entdecken ist (s. die Beiträge von Hella Gephart und Andreas Amann).

Auf dieser Ebene sind Ausgrenzungsprozesse und Sündenbockphänomene in Gruppen beschreibbar, bei denen beängstigende Teile der eigenen Innenwelt über den Ausschluss anderer abgewehrt werden. Die Einzelnen stehen nicht nur für sich, sondern repräsentieren in ihrem Empfinden und Verhalten auch mehr oder weniger erwünschte und überwiegend unbewusste innere Anteile der anderen. (vgl. im Beitrag von Klaus Antons, S. 341).

Der Kernkonflikt der Gruppe

Wir halten es für sinnvoll und für das Verstehen von Gruppenprozessen nützlich, noch eine vierte Ebene der Interpretation des Geschehens in Gruppen zu konstruieren: die Ebene des Kernkonfliktes einer Gruppe: »In jeder Gruppe bildet sich ein spezifischer Kernkonflikt heraus, der den Prozess der Gruppe prägt und aus dem eine überdauernde Geste der Gruppe erwachsen kann im Sinne eines immer wieder auftretenden Handlungsmusters« (Antons u. a. 2004, S. 39). Dieses Konzept sollte weder im Sinne einer objektiven Realität noch im psychoanalytischen Sinne eines kollektiven Unbewussten verstanden werden. Der Kernkonflikt einer Gruppe ist zunächst im Prozess einer Gruppe unentdeckt. (vgl. König/Schattenhofer 2007, S. 32 ff.)

Um aber das Besondere einer Gruppe zu verstehen, lohnt es sich, nach dem Konflikt zu suchen, der für eine Gruppe typisch, prägend oder identitätsstiftend ist und der daher während ihres Bestehens in immer neuen Varianten durchgespielt wird. Es braucht eine gewisse Zeit, bis er sich herausbilden kann, auch wenn im Rückblick zumeist sichtbar wird, dass seine Anfänge schon bei der Gründung der Gruppe angelegt waren. Individuelle Handlungen, die als einzelne vielleicht schlecht verständlich und schwer einzuordnen sind, bekommen – wenn man sie als Ausdruck des Kernkonfliktes interpretiert – eine andere und über das Individuelle hinausgehende Bedeutung: Die einzelnen Beteiligten sprechen und handeln nicht nur im eigenen Sinne, sondern sie tragen gleichsam als Protagonisten etwas für die Gruppe aus. Zwischen den einzelnen Beiträgen der Gruppenmitglieder gibt es einen latenten, zunächst nicht sichtbaren Zusammenhang, den es mit der Zeit zu entdecken gilt. Eine frühe und immer noch aktuelle Formulierung dieses Konzeptes stammt von Dorothy Stock Whitacker und Michael A. Lieberman (1976): das Modell des Gruppenfokalkonfliktes (dazu ausführlich Amann, S. 421 ff.).

Der Kernkonflikt kann in den spezifischen Umweltbedingungen einer Gruppe angelegt sein und stellt die jeweils spezifische Antwort einer Gruppe auf die Aufgaben dar, die Gruppen im Allgemeinen (s. die drei Dimensionen des gruppendynamischen Raumes) und die jeweilige Gruppe im Besonderen entsprechend dem jeweiligen Ziel und der jeweiligen Funktion zu bewältigen hat.

Die Annahme hinter den Eisbergmodellen

Wenn man die Ebenen zwei, drei und vier nebeneinanderstellt, wird der zugrunde liegende Konstruktionsakt durch den Beobachter deutlich. Jedes Verhalten und jedes Gefühl können vor dem Hintergrund der Sachaufgabe, der Soziodynamik der Gruppe als Übertragungsgeschehen oder als Ausdruck des Kernkonfliktes gedeutet werden. Die Schichten und ihre Bedeutsamkeit sind Wahrnehmungshilfen für die Beobachter. Man könnte das Gruppengeschehen auch vor dem Hintergrund der astrologischen Sternbilder der Gruppe und der einzelnen Mitglieder zu deuten und zu verstehen versuchen. Auch dann käme man unter Umständen zu interessanten Fragestellungen und Beobachtungen. Damit sollte noch einmal deutlich gemacht werden, dass die unterschiedenen Ebenen Konstruktionen der Beobachter sind.

Zusammenfassend lassen sich die verschiedenen horizontalen Schnitte innerhalb der sogenannten Eisbergmodelle in folgendem Schema darstellen:

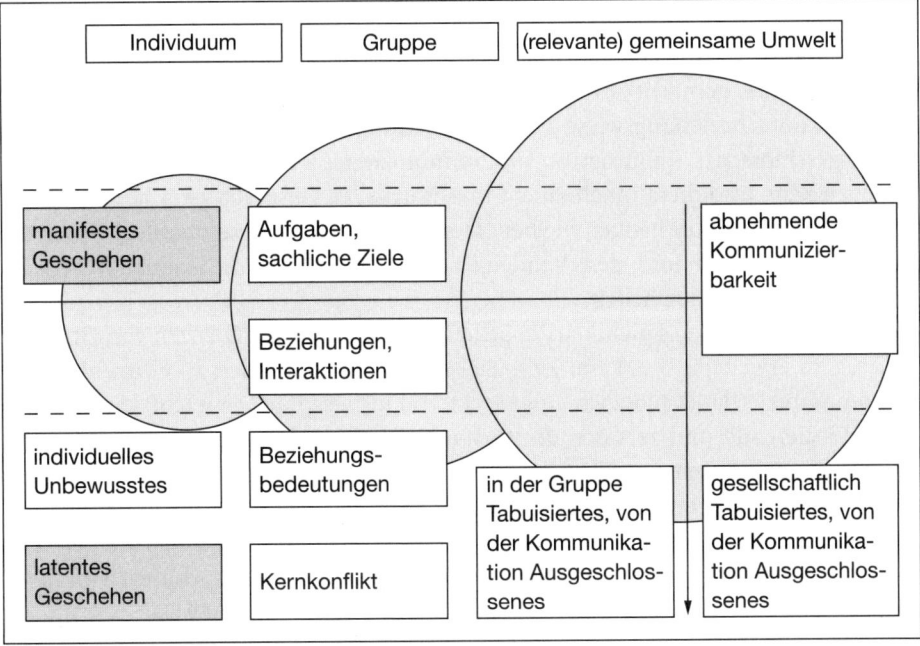

Warum lohnt es sich in der Arbeit mit Gruppen im Allgemeinen, von tieferen Ebenen als der Sachebene auszugehen? Was für die therapeutische Arbeit oder die Arbeit in Selbsterfahrungsgruppen und Gruppen des sozialen Lernens sich als grundlegend erwiesen hat, muss nicht automatisch für das Verstehen anderer Gruppen sinnvoll sein. Sind die Kosten, die durch die beträchtliche Steigerung der Komplexität bei der Wahrnehmung des Gruppengeschehens entstehen, mit entsprechenden Gewinnen verbunden, die daraus für das Verstehen und darüber hinaus für die Steuerung von (Arbeits-)Gruppen aller Art entstehen?

Die psychoanalytisch orientierten Modelle setzen die Unterscheidung von manifesten und latenten Inhalten gleich mit der Unterscheidung von bewussten und unbewussten Prozessen in Gruppen. Um eine Entwicklung von Gruppen und vor allem der einzelnen Mitglieder zu ermöglichen, müssen Teile der unbewussten, latenten und abgewehrten Inhalte ins Bewusstsein der einzelnen Mitglieder und der Gruppe gebracht werden.

In Ergänzung, aber auch in Abgrenzung zur psychoanalytischen Sicht betonen sozialpsychologische und systemische Konzepte von Gruppen, dass es vor allem darauf ankomme, latente, das heißt verschwiegene und unbesprochene Inhalte, Themen und Konflikte in Gruppen besprechbar (manifest) zu machen, damit die Gruppenentwicklung möglich wird, und zwar auch in arbeitsbezogenen Gruppen und Teams. Diese Modellvorstellung geht von der Annahme aus, dass die Mitglieder einer Gruppe insgesamt über alle wichtigen Informationen und das relevante Wissen für die Weiterentwicklung der Gruppe verfügen und nichts Entscheidendes allen Mitgliedern gleichzeitig unbewusst bleibt. Das zu lösende Problem ist jetzt nicht das »Bewusstmachen«, sondern dass die wichtigen, aber unveröffentlichten Beobachtungen, Einschätzungen und Bewertungen zur Sprache gebracht werden. Nicht-kommuniziertes soll kommunizierbar gemacht werden. Die Arbeitsfähigkeit einer Gruppe wird verbessert, sie wird erhöht, beziehungsweise die Gruppe wird erst dann richtig arbeitsfähig, wenn sie Ausgeschlossenes, Tabuisiertes, Unkommuniziertes in den formellen Raum einbeziehen kann und diese Inhalte nicht im informellen Gespräch zwischen einzelnen Mitgliedern gleichsam hängen bleiben. Gerade unter der Wasseroberfläche sind die prozessverändernden und -gestaltenden Kräfte verborgen, die die Stagnation und die Erstarrung überwinden helfen.

Andererseits kann es nicht darum gehen, die thematischen Grenzen von Gruppen beliebig zu erweitern – es kann kein Ziel sein, über alles reden zu können! Bisher Unkommunizierbares, plötzlich aufgedeckt und ins Gespräch gebracht, kann ebenso eine blockierende und zerstörende Wirkung entfalten, denn die kommunikativen, thematischen Grenzen sorgen auch für den Erhalt und die Kontinuität der Gruppe. Durch die Reflexion und Verschiebung der Grenzen, aber nicht durch ihre Auflösung, können Entwicklungen und Veränderungen in Gruppen herbeigeführt werden. Das Konzept der thematischen oder kommunikativen Grenzen in Gruppen wird im Kapitel über die Selbststeuerung von Gruppen weiter ausgeführt (s. S. 461).

Selbst- oder Fremdsteuerung

Man kann Gruppen unter dem Aspekt der Fremdsteuerung betrachten, gleichsam als Produkt oder als abhängige Variable von ihren beiden Umwelten. Das führt zu Hypothesen und Aussagen wie: Gruppen, die von außen zum Beispiel durch einen Auftraggeber unter einen hohen Leistungsdruck gesetzt werden, verlieren ihre sozialen Ressourcen zur Unterstützung Einzelner und ihren Zusammenhalt. Solche Aussagen gehen von einer kausalen Wenn-dann-Beziehung zwischen der jeweiligen Gruppe und ihrer Umwelt aus, die es nur zu finden und zu beschreiben gilt. Unter dieser Perspektive werden Gruppen eher zu Clocks – zu genau einzustellenden Uhrwerken, deren innere Mechanismen man nur genau genug kennen muss, um sie erfolgreich von außen zu steuern (s. Beitrag von Cornelia Edding zum Thema Kontextsteuerung).

Geht man im Unterschied dazu unter einer systemtheoretischen Perspektive von der relativen Unabhängigkeit und Abgeschlossenheit des sozialen Systems Gruppe von seiner jeweiligen Umwelt aus, dann werden die Stellen für die Untersuchung interessant, an denen die Gruppe unberechenbar wird. Alle Modelle, die Gruppen als selbstreferenzielle Systeme betrachten, gehen davon aus, dass Gruppen durch die verschiedenen Möglichkeiten des Rückbezugs »autonomiefähig« im Sinne von »nicht unmittelbar von ihrer Umwelt beeinflussbar« sind. Rückbezug geschieht in Kommunikationsprozessen und in Prozessen der Verhaltenssteuerung ganz automatisch und ohne bewusste Absicht: Mein Verhalten wirkt auf mein Gegenüber – auf die einzelnen Mitglieder und die Gruppe als Ganzes – und dann wieder auf mich zurück.

Das führt zu Untersuchungen und Aussagen wie zum Beispiel folgende: Alexander Bavelas (1950) untersuchte die Effektivität von Kommunikation in Gruppen, indem er die Beteiligten auf verschiedene Weise miteinander kommunizieren ließ. Das Ergebnis war, dass in Gruppen, in denen die Interaktion auf eine Führungsperson zentralisiert und unter den anderen nur eingeschränkt möglich ist, die Kommunikation störanfälliger und missverständlicher ist als in Gruppen, in denen die Mitglieder ungestört miteinander verhandeln können (nach von Foerster 1985, S. 20 f.). Wenn also die Möglichkeiten des wechselseitigen Bezugs nicht von außen zum Beispiel durch Sprechverbote, Isolierung der einzelnen Mitglieder, Einbahnkommunikation, Sitzordnungen oder Ähnliches unterbrochen werden, führt der Prozess zu einer relativen Unabhängigkeit des Systems von der Umwelt.

Mit der Erfindung der gruppendynamischen Trainingsgruppe als »sich selbst untersuchender Gruppe« wurde ein neuer Typ von Gruppe entdeckt (vgl. im Beitrag von Klaus Brosius zum Thema soziales Lernen, S. 264 ff.). Dieser Typ einer Gruppe hat zum Ziel, sich unter Anleitung der nicht unbeteiligten Forscher oder Trainerinnen selbst zu untersuchen. Hier entsteht die Fähigkeit eines Systems – im Gegensatz zur Steuerung von außen –, sich selbst zu steuern, zum Beispiel durch die Rückmeldungen und den Austausch von Eindrücken und Beobachtungen zu den einzelnen Mitgliedern und zu der Gruppe. Diese Art der Reflexivität lässt sich auf Arbeitsgruppen und Teams in Organisationen übertragen: Alle Gruppen dieser Art sind ihrer institutionellen Umwelt nicht ausgeliefert, sondern sie können – anhand der Reflexion ihrer Situation im Gesamtsystem und innerhalb eines bestimmten Korridors – sich selbst steuern und somit auch versuchen, auf das Gesamtsystem Einfluss zu nehmen.

Die Perspektive der Fremdsteuerung und die der Selbststeuerung können jeweils nicht die »ganze Wahrheit« für sich beanspruchen. Selbststeuerung wie Fremdsteuerung, Autonomie und Heteronomie sind beides Konzepte, die nicht als Entweder-oder zu handhaben sind, sondern für beides gibt es einen größeren oder kleineren Spielraum. Wissenschaftshistorisch war der Blick der Gruppenforscher zunächst auf die Gruppe als abhängige Variable gerichtet und man versuchte eindeutige Erfolgsfaktoren wie Voraussetzungen für gelingende Gruppenführung zu finden oder aber den besten Führungsstil zu identifizieren, was nicht zu eindeutigen und wiederholbaren Ergebnissen führte (vgl. Moldaschl 2005).

Mit dem Einzug des systemischen Denkens in die Therapie und Beratung und mit dem Einfluss der Systemtheorie richtet sich die Aufmerksamkeit der Beratenden und Forschenden mehr auf die Eigengesetzlichkeit sozialer Systeme und damit auch auf die Eigengesetzlichkeit von Gruppen. Gruppen können nicht direkt von außen fremdgesteuert werden, sondern (höchstens) zur Selbststeuerung angeregt oder verstört werden. Diese beiden Perspektiven werden unter den Begriffen Kontextsteuerung und Selbststeuerung in diesem Handbuch weiter ausgeführt.

Veränderung und Entwicklung oder Erhalt und Gleichgewicht

Wir können Veränderungen von Gruppen nur dann als solche erkennen, wenn unsere Modellvorstellungen Veränderungen als Übergänge von einem Zustand in einen anderen als regelhaft ansehen und erfassen. Ansonsten nehmen wir Veränderungen als verschiedene Zustände von Gruppen wahr, die nichts miteinander zu tun haben und die chaotisch nebeneinanderstehen, oder aber wir ordnen sie verschiedenen, qualitativ unterschiedlichen Systemen zu.

Mechanistische und Gleichgewichtsmodelle

Theodor M. Mills (1969) unterscheidet insgesamt sechs Grundmodelle, mit denen jeweils der dynamische Aspekt der Gruppe in einem kohärenten Gesamtbild zusammengefasst wird. Vier dieser Modelle erfassen Veränderungen von Gruppen im Sinne von temporären Abweichungen vom Gleichgewicht. Entwicklungen, die eine Gruppe dauerhaft verändern, können damit aber nicht verstanden werden. Sie werden deshalb als mechanistische oder »Gleichgewichtsmodelle« bezeichnet.

Grundmodelle der Veränderung von Gruppen

- *Das mechanistische Modell:* Die Gruppe wird als eine Art Interaktionsmaschine verstanden, die immer nach den gleichen überindividuellen Gesetzmäßigkeiten funktioniert. Diese Gesetzmäßigkeiten gilt es zu erforschen. Vergleiche mit Motoren und EDV-Programmen enthalten diese Vorstellungen.
- *Das Konfliktmodell:* Der Gruppenprozess wird als eine Folge von Konflikten verstanden, um begrenzte Ressourcen und Möglichkeiten innerhalb der Gruppe (zum Beispiel Macht auszuüben; Anerkennung, Zuneigung zu finden), um widersprüchliche Erwartungen an die Gruppe und widersprüchliche Vorstellungen von den Zielen der Gruppe. »Der Konflikt kann dazu dienen, die trennenden Elemente in Beziehungen zu beseitigen und die Einheit wiederherzustellen. Insoweit der Konflikt eine Lösung von Spannungen darstellt, hat er eine stabilisierende Funktion« (Coser 1973, zit. nach Schütz 1989).
- *Das Gleichgewichtsmodell:* Die (aus dem biologischen entlehnte) Homöostase wird als das Grundprinzip der Gruppe angesehen. Die Gruppe bildet ein Gleichgewichtssystem, das das Gleichgewicht aufrechterhalten will. Jeder Störung von innen und außen wird durch entgegengesetzte Kräfte begegnet, sodass das System zu dem Zustand zurückkehrt, in dem es sich vor der Störung befand. Störungen, die nicht mehr ausbalanciert werden können, führen zur Zerstörung der Gruppe.

> • Und mit Einschränkungen: *das strukturell-funktionale Modell:* Die Gruppe wird – wie jedes soziale System und ähnlich wie das Gleichgewichtsmodell – als sich selbst regulierendes System wechselseitig aufeinander bezogener Handlungen begriffen (vgl. Mills 1969 S. 31 f.). Jede Handlung wird (wie allgemein in der Systemtheorie) auf ihre strukturellen Folgen im System und ihren funktionalen Beitrag für das System analysiert. Jede Gruppe hat vier Grundprobleme zu lösen: die (Umwelt-)Anpassung, die Zielverwirklichung, die Integration und die Strukturerhaltung. Gerade die letzte Aufgabe lässt einen Blick auf die Strukturentstehung und -veränderung nicht zu, da es immer nur um den Erhalt der Gruppe geht. Das machte die Weiterentwicklung der Theorie zu Modellen evolvierender Sozialsysteme notwendig.

Es lohnt, sich diese unterschiedlichen Modelle vor Augen zu führen, weil vieles davon – zum Beispiel das Gleichgewichtsdenken, sehr fest in unseren impliziten Vorstellungen von Gruppen verankert ist und viele Interventionen und Aktionen sich auf die Wiederherstellung des Gleichgewichts beziehen.

Häufig sind auch bildhafte Vergleiche und Beschreibungen von Gruppen direkt einem dieser Modelle zuzuordnen.

Prozess- und Entwicklungsmodelle

Um diskontinuierliche Entwicklungen erfassen zu können, braucht es Modelle, die auch sprunghafte Veränderungen abbilden und die als eine Art Messlatte an den Gruppenprozess angelegt werden, um den jeweiligen Entwicklungsstand der Gruppe zu erfassen. Zwei weitere grundlegende Modelle möchte ich im Folgenden kurz darstellen.

 Die Gruppe als heranreifender Organismus. Hier wird das entwicklungspsychologische Modell der Psychoanalyse auf die Gruppe übertragen, die nach dieser Vorstellung in verschiedenen Phasen heranwächst und unter günstigen Bedingungen erwachsen wird, entsprechend dem Erwachsenwerden des Individuums.

Dieter Sandner (1978) fasst in seiner Analyse die verschiedenen für psychoanalytisch orientierte Selbsterfahrungs- und Therapiegruppen gewonnenen Ablauf- und Entwicklungsmodelle zu einem »hypothetischen Modell der Entwicklung selbstanalytischer Gruppen« zusammen. Er geht davon aus, dass die einzelnen Ebenen und Phasen der Entwicklung in jeder Gruppe durchlaufen werden müssen, um zu einer Arbeitsgruppe auf dem reflexiv-interaktionellen Niveau zu kommen. Ein Gruppe kann auf früheren Stufen in der Entwicklung hängen bleiben oder erneut dorthin »regredieren« (zurückkehren), sie kann aber nicht einfach bei einem späteren Abschnitt der Entwicklung einsteigen und die vorhergehenden Stufen mit ihren typischen Konflikten unbearbeitet lassen und sie überspringen. Die Phasen haben jeweils unterschiedliche Themen und Konfliktformen für die einzelnen Mitglieder, für die Beziehungen der Mitglieder untereinander und für die Gruppe insgesamt. Die Phasen bezeichnet Sandner als prädipale Phase, das entspricht dem Kleinkindalter (bis drei Jahre) der Gruppe, als ödipale Phase (drei bis fünf Jahre) und als reflexiv-interaktionelle Phase mit einer reifen Beziehungs- und Konfliktklärung. Ausführlich werden die Phasen im Beitrag von Andreas Amann zum Thema Gruppendiagnose dargestellt (s. S. 412 f.). Sie geben vor allem eine Orientierung darüber, wie sich die Beziehung zwischen dem Leiter und der Gruppe entwickelt. Verwendet werden diese Modelle vor allem von Gruppentherapeuten. In der therapeutischen Gruppe können die einzelnen Teilnehmenden im Laufe des Prozesses versäumte oder bisher blockierte Entwicklungen nachholen und in Auseinandersetzung mit der Gruppe reifen (s. im Beitrag von Hella Gephart, S. 313).

 Kybernetisches Wachstumsmodell. Das »kybernetische Wachstumsmodell« orientiert sich demgegenüber an den zunehmend komplexer werdenden »Systemproblemen«, die lebende Systeme aller Art bewältigen müssen, und sucht nach den typischen Lösungen, die Gruppen im Unterschied zu anderen Systemen für diese Systemprobleme finden. In Anlehnung an die Handlungstheorie von Talcott Parsons (AGIL-Schema) teilt Theodor M. Mills (1969, S. 85 ff.) komplexe interpersonale Prozesse wie Gruppenprozesse in sechs voneinander getrennte Subsysteme mit je eigenen Merkmalen und Organisationsprinzipien auf. Diese Ebenen sind durch jeweils unterschiedliche Funktionen und Rollen gekennzeichnet:

Subsystem und Funktionen	Notwendige Rollen
Interaktionsystem: Organisation individueller Interaktionen und des Verhaltens	Verhaltensrollen (erste Verhaltensmuster)
Gruppenemotion: Struktur der Gefühle, Affekte und emotionalen Reaktionen der Mitglieder	Grundrollen (mit den schindlerschen Positionen vergleichbar, s. Beitrag Antons, S. 341)
Normatives System: Was sollen die Gruppenmitglieder tun, fühlen, und welche Sanktionen gibt es?	Normative Rollen
Ziele: Was sollte die Gruppe erreichen, und mit welchen Mitteln?	Instrumentelle Rollen
Leitsystem: Selbstbestimmung der Gruppe. Was ist die Gruppe, was könnte sie sein?	Leitungsrollen
Gruppenwachstum und Veränderung	Generative Rollen (Suche nach Alternativen und neuen Anknüpfungspunkten für die Gruppe)

Nach diesem Modell muss sich jedes neue Mitglied einer Gruppe die verschiedenen Rollensysteme aneignen, bis es sich letztlich mit der Gruppe als Ganzem identifiziert. Die Anforderung, mit den immer komplexeren Problemen umzugehen, nimmt dabei zu. Bevor jemand Leitung – im Sinne von Ideen und Handlungen für die Entwicklung der Gruppe als Ganzes – übernimmt, muss er die anderen einfacheren Rollen auszufüllen gelernt haben. Die Mitglieder werden in der Gruppe Schritt für Schritt sozialisiert.

Man kann dieses Modell der sich steigernden Funktionen von sozialen Systemen auch noch unter dem Aspekt der Gruppenentwicklung sehen: Eine Gruppe muss verschiedene, aufeinander aufbauende Entwicklungsstufen durchlaufen, bevor sie das Stadium einer handlungsfähigen und generativen Gruppe erreicht hat. Auch hier scheint die Idee des Erwachsen- und Fortpflanzungsfähigwerdens einer Gruppe durch. Der Unterschied oder der besondere Akzent im Vergleich zum Modell von Dieter Sandner ist, dass hier das soziale System Gruppe unter einem funktionalen Aspekt betrachtet wird. Die Leitfrage ist: Welche Entwicklungen (oder evolutionären Stufen) muss eine Gruppe durchlaufen, damit sie immer komplexere Auseinandersetzungen mit der Umwelt führen kann und sich nicht nur – mehr oder weniger blind – an sich verändernde Umweltbedingungen anpassen muss? Oder anders gefragt: Wie wird eine Gruppe selbststeuerungsfähig?

Eine zentrale Rolle spielt dabei, ob und wie das System Gruppe reflexiv wird. Selbststeuerungsfähig zu werden heißt für Gruppen in diesem Zusammenhang, dass sie nicht nur durch Störungen von außen (im Sinne der äußeren und inneren Umwelt) angetrieben oder aus dem Gleichgewicht gebracht werden können, sondern dass Veränderung und Entwicklung auch durch Rückmeldungen aus der Gruppe selbst initiiert werden können. Entsprechend den genannten Rollensystemen beginnt die Selbststeuerungsfähigkeit von Gruppen mit den instrumentellen Rollen und wird durch Leitungs- und generative Rollen über einzelne Handlungen auf die Struktur, die Ziele und den Prozess der Gruppe ausgeweitet. Auch wenn diese Rollensysteme empirisch schwer zu unterscheiden sind, so macht das Modell doch unmittelbar einsichtig, dass Selbststeuerung ein »evolutionär« spätes und sehr voraussetzungsvolles Entwicklungsstadium von Gruppen ist. Es kann keinesfalls bei Gruppen einfach vorausgesetzt werden, ebenso wie ein Team nicht automatisch zu Teamarbeit fähig ist, nur weil es so genannt wird. Dieses Modell liefert viele Anhaltspunkte zur Beschreibung der Gruppenentwicklung in Richtung Selbststeuerungsfähigkeit von (Arbeits-) Gruppen. (s. S. 437)

Das Modell von Integration und Differenzierung

Bevor ich die Phasenmodelle darstelle, möchte ich auf zwei grundlegende Richtungen der Gruppenentwicklung hinweisen, die in unserem Alltagsverständnis eher als Entweder-oder oder als Sowohl-als-auch vorkommen, die aber beide von zentraler Bedeutung sind. Die Idee von Kräften und Gegenkräften, die aus der Dynamik einer Gruppe entstehen beziehungsweise die zusammen die Dynamik einer Gruppe ausmachen, stammt aus der Feldtheorie Kurt Lewins (1963). Demnach lassen sich Gruppenprozesse als ein Pendeln zwischen unterschiedlichen Polen beschreiben. Von zentraler Bedeutung sind dabei die Dimensionen Integration und Differenzierung.

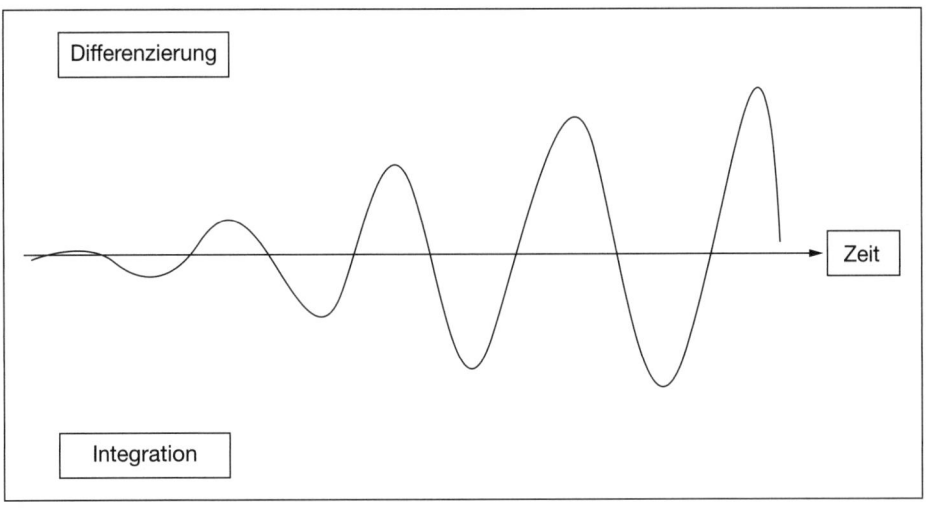

Der Pol Integration bezeichnet die Situationen im Gruppenverlauf, in denen die zentripetalen Kräfte wirksam sind (Gemeinsamkeiten, Ähnlichkeiten, gleiche Erlebnisse, gleiche Sichtweisen) und einen hohen Zusammenhalt schaffen. Die zentrifugalen Kräfte werden durch den Pol Differenzierung bezeichnet. Ein gelingender Gruppenprozess führt nach diesem Modell nicht ausschließlich zu einer verstärkten Integration und Kohäsion der Gruppe, sondern auch zu einer stärkeren Differenzierung. Beispielsweise können Unterschiede zugelassen und sich ergänzende Rollen ausgebildet, Spannungen und gegensätzlichen Meinungen ausgehalten werden. Die grundlegende Annahme dieses Modells ist es, dass Gruppen aller Art sich dann weiterentwickeln, wenn größere Ausschläge in beide Richtungen, also mehr Integration *und* mehr Differenzierung gleichermaßen möglich werden. Das zeigt sich zum Beispiel daran, dass die Handlungsoptionen für die Einzelnen und die Gruppe als Ganzes vielfältiger werden und der Spielraum größer, ohne dass dadurch der Zusammenhalt infrage gestellt wird.

Gruppen, die sich nur in Richtung Integration entwickeln, sind vom »Wärmetod« bedroht. Differenzierende Ereignisse bedrohen eine Gruppe in der entgegengesetzten Weise: Sie werden als Zeichen für den Zerfall angesehen. Konflikte machen das Trennende sichtbar und spürbar, nämlich das, was für Distanz zwischen den Beteiligten sorgt, sowie die sozial weniger akzeptierten Seiten der Einzelnen und der Gruppe. Die Einsicht in diese Dynamik wiederum ermöglicht neue Perspektiven hinsichtlich der Bewertung von Störungen, Konflikten oder Blockaden. Sie bekommen eine wichtige Funktion für die Entwicklung der Gruppe und müssen nicht mehr vorrangig als Ausdruck des Scheiterns der

> Einseitige Ausrichtung in Richtung Integration kann zum »Wärmetod« der Gruppe führen.

Leitung oder der Gruppenmitglieder angesehen werden. Wenn sich die Beteiligten ihrer Bewältigung stellen, dann wird jede Krise zu einem Signal, das gegenläufige Aktivitäten in Gang setzt. Eine zentrale Kompetenz für die Leitung von Gruppen besteht im produktiven Umgang mit solchen Spannungen. Damit Spannungen und Krisen die Entwicklung befördern, sollte die Gruppenleitung Konflikte und Spannungen weder vorzeitig entschärfen noch sie übermäßig eskalieren lassen. Keinesfalls sollte man als Gruppenleitung einseitig auf einen maximalen Zusammenhalt und die Integration hinarbeiten, sondern auch im Dienste der Differenzierung aktiv werden (vgl. König/Schattenhofer 2007, S. 57–59). Das Pendeln zwischen diesen beiden Polen im Verlauf der Gruppenentwicklung findet sich auch in den unterschiedlichen Phasenmodellen.

Gruppendynamische Phasenmodelle

Es gibt unterschiedliche gruppendynamische Phasenmodelle, die jeweils unterschiedliche Aspekte der Gruppenentwicklung fokussieren. Das bereits genannte Modell von Dieter Sandner (1978) fokussiert auf unterschiedliche Formen der Auseinandersetzung mit der Leitungsautorität. Ebenso die Formulierung von Warren G. Bennis und Herbert A. Shepard (Bennis 1972, S. 270 ff.), nach denen sich Gruppen über unterschiedliche Phasen der Abhängigkeit von der Leitung entwickeln: Sie nennen die Phasen Abhängigkeit (Dependency), Gegenabhängigkeit (Counterdependency), Unabhängigkeit (Independency) und der reifste Zustand besteht in der wechselseitigen Anerkennung der Abhängigkeit (Interdependency). Sehr bekannt ist auch das Modell von Bruce W. Tuckman (1965), das oft als Teamuhr veranschaulicht wird mit den Phasen Forming, Storming, Norming, Performing.

In der folgenden Tabelle wird ein Modell mit fünf Phasen ausgeführt, in dem verschiedene Modelle zusammengefasst werden: Orientierung, Positions- und Rollenklärung, Vertrautheit und Intimität, Differenzierung. Die Phasen lassen sich jeweils den Polen Integration und Differenzierung zuordnen – ein idealtypischer Ablauf entspricht dem Pendeln zwischen den beiden Polen.

Phasen der Gruppenentwicklung	
Situation und Aufgabe der Gruppe	
Phase: Anfang und Orientierung	Viele Entscheidungen stehen an, aber die Gruppe kann noch keine Entscheidungen treffen; einige aktive, erfahrene Mitglieder übernehmen die Führung – es ist aber schwer, ihnen zu folgen, oder man folgt ihnen nur scheinbar; Phase der »Scheinkooperation«. Wer gehört dazu, wer nicht? Möglichst viel Klärung und Orientierung, ohne sich einzuschränken; gegenseitiges Kennenlernen, Selbstdarstellung, Probeaktionen ermöglichen. Pol: Integration

Phase: Positions- und Rollenklärung	Viele Vorschläge zum Vorgehen, aber keine Entscheidung; lange Diskussionen; Unzufriedenheit, Unruhe; Leitung soll entscheiden; steigende Aggressivität; verdeckte Angriffe untereinander, offene eher gegen die Leitung; Widerstand. Eine vorläufige, keine zu starre informelle Ordnung hervorbringen; erste Rollen und Positionen ausbilden; Rückmeldungen, Reaktionen aufeinander zulassen; jeder findet einen Platz; stabiler Rahmen erleichtert Auseinandersetzung. Pol: Differenzierung
Phase: Vertraut- heit und Konsolidierung	Die Situation hat sich entspannt, man kann länger an einer Sache arbeiten; viel Rücksicht und vorsichtiger Umgang miteinander; mehr gegenseitige Unterstützung; »alles gemeinsam machen«; die Flitterwochen der Gruppe; Begeisterung; den Frieden nicht in Frage stellen. Gemeinsamkeiten erarbeiten, das Verbindende sichtbar machen; tieferes gegenseitiges Verstehen; Normen auf Funktionalität hin untersuchen; Spielraum schaffen, nicht zu viel regeln. Pol: Integration
Phase: Diffe- renzierung und Zusammenarbeit	Erhöhte Entscheidungs- und Arbeitsfähigkeit; abweichende Meinungen werden gehört; viele Aspekte werden bei einer Entscheidung berücksichtigt; Führung durch die Gruppe; großes Selbststeuerungspotenzial; Feedback nimmt zu; Regeln können angepasst werden; Ausgleich zwischen »Geben und Nehmen«. Regelmäßige Reflexion auf der Ebene fachlicher Ziele und Zusammenarbeit; Entwicklung neuer Ziele. Pol: Differenzierung
Phase: Trennung und Abschied	Erneute Krisen, nicht alle wollen aufhören, nicht alle weitermachen, Unterschiede in der Verbundenheit werden deutlich; ambivalente Gefühle und Flucht vor Trauer und Abschied. »Rückfälle« in frühere Zustände und Konflikte. Bilanz auf sachlicher und sozialer Ebene, individuell und gruppenbezogen; Darstellung und Würdigung von Ergebnissen und Versäumnissen. Pol: Integration
Situation und Fragen des Einzelnen	
Phase: Anfang und Orientierung	Unsicherheit den anderen und der Gruppe gegenüber; Hemmung, etwas zu sagen oder zu tun; Neugier auf die anderen; Chance auf einen neuen Anfang und eine neue Rolle; die Leitung soll alle Fragen beantworten und Klarheit schaffen. Werde ich in die Gruppe aufgenommen und will ich das? Worauf kommt es hier an? Bin ich den Anforderungen gewachsen?
Phase: Positions- und Rollenklärung	Anspannung, Enttäuschung, dass niemand auf die eigenen Vorschläge eingeht; wiederholte Versuche, sich verständlich zu machen; Überzeugung, die richtige Lösung zu kennen; raushalten oder sich einmischen? Leitung unterstützt zu wenig. Kann ich Einfluss nehmen? Wer vertraut mir, wer folgt mir? Mit wem kann ich mich verbünden? An wem orientiere ich mich?

Phase: Vertrautheit und Konsolidierung	Einladung und Druck, sich den anderen anzuschließen; »Duzen«; man fühlt sich sicherer, kann Kritik besser annehmen und aussprechen; man will den Frieden nicht stören; bisher abgelehnte Mitglieder werden angenommen; Leitung ist leichter zu akzeptieren. Wie kann ich genügend Distanz halten? Darf ich mich absondern und eigene Wege gehen? Wie groß ist mein Spielraum?
Phase: Differenzierung und Zusammenarbeit	Mehr Spielraum, die persönlichen Anliegen dürfen eine Rolle spielen und sind leichter zu verwirklichen; die anderen dürfen ihre Eigenarten haben, die eigenen sind leichter zu zeigen; man kann mehr darauf vertrauen, Rückmeldung zu bekommen; es ist schön, dazuzugehören; die Leitung ist nicht mehr so wichtig, sie unterstützt und berät; man weiß, woran man bei ihr ist.
Phase: Trennung und Abschied	Trauer und Freude über den kommenden Abschied; Gruppe verliert an Bedeutung; Neuorientierung. Bilanzfragen: Zufrieden oder unzufrieden? Mein Beitrag zur Gruppe? Was nehme ich mit, was möchte ich vergessen? Was ist noch zu klären? Mit wem möchte ich weiter zu tun haben, mit wem nicht.

Anforderungen an den Einzelnen

Phase: Anfang und Orientierung	Kontakt zu den anderen aufnehmen; sich vorstellen und als potenziellen Kooperationspartner darstellen, nicht zu viel Raum einnehmen; den Anfang gestalten.
Phase: Positions- und Rollenklärung	Position beziehen; eine Meinung vertreten, auch wenn sie nicht auf positive Resonanz stößt; Interessen, Wünsche, Befürchtungen transparent machen; Spannung aushalten.
Phase: Vertrautheit und Konsolidierung	Nähe aushalten; mitmachen; sich einfügen ohne Angst, die Individualität zu verlieren; dem Anpassungsdruck widerstehen; sich trauen, dem Zustand zu misstrauen; auf offene Fragen achten.
Phase: Differenzierung und Zusammenarbeit	Durchhalten, weitermachen; die Experimentierfreude nicht verlieren, neue Aufgaben, Rollen ausprobieren; kollegiale Führung übernehmen.
Phase: Trennung und Abschied	Trauen, sich trennen zu können; sich neu orientieren; von alten Geschichten ablassen können; Offenes ansprechen, ohne alles Versäumte nachholen zu müssen.

Situation und Fragen der Leitung

Phase: Anfang und Orientierung	Großer Druck, es allen recht machen zu müssen. Versuchung, alles selbst in die Hand zu nehmen; auch die Leitung ist neu in der Gruppe und will sich in Ruhe orientieren; Überforderung; Angst, etwas zu übersehen. Werde ich als Leitung akzeptiert? Kann ich die Erwartungen erfüllen und dem Druck standhalten, nicht auf alles gleich eine Antwort zu wissen und zu geben?

Phase: Positions- und Rollenklärung	Spannungsreiche Situation, hin- und hergerissen zwischen Sichbehaupten und Nachgeben; widersprüchliche Erwartungen nehmen zu; Antworten auf Fragen befriedigen nicht, Teilnehmer leiten mit; Vorschläge der Leitung bleiben nicht unwidersprochen. Habe ich die Leitung? Mache ich alles richtig? Darf ich mich von Mitgliedern unterstützen lassen? Muss ich neutral sein? Bin ich der Aufgabe gewachsen?
Phase: Vertrautheit und Konsolidierung	Fühlt sich besser akzeptiert; die Arbeit in und mit der Gruppe ist angenehmer geworden und nicht mehr so anstrengend; fühlt sich nicht mehr so hin- und hergerissen zwischen verschiedenen Meinungen; wird unterstützt; fühlt sich mehr als Mitglied und möchte unter Umständen mehr dazugehören, auch am informellen Leben der Gruppe teilhaben; schön, dass man mich kompetent findet. Weniger Fragen und Probleme. Kann man dem Frieden trauen? Darf ich Einzelne unterstützen, die eine andere Meinung äußern? Darf ich die Gruppe kritisieren? Wie viel Distanz darf beziehungsweise muss ich halten?
Phase: Differenzierung und Zusammenarbeit	Der eigene Spielraum hat sich erweitert, man erlaubt sich, auch einmal unkontrolliert etwas zu sagen; die Verantwortung liegt nicht mehr nur bei mir; Gefühl der Entlastung; Humor und Ironie sind möglich; Kritik kann geäußert werden, ohne dass sie überbewertet wird; es entsteht manchmal der Eindruck, zu stören oder überflüssig zu sein; die Möglichkeit besteht, Mitglieder unterschiedlich zu behandeln, ohne dass dies ungerecht wirkt; Freude an der Arbeitsfähigkeit der Gruppe. Wo werde ich gebraucht, wo nicht? Wie binde ich alle in den Erfolg der Gruppe ein? Welche Entwicklungen stehen an?
Phase: Trennung und Abschied	Trauer und Freude über den kommenden Abschied; Gruppe verliert an Bedeutung; Neuorientierung. Bilanzfragen: Mein inhaltlicher, fachlicher Beitrag; mein Beitrag zur Gruppe; mein Grad der Zufriedenheit über das Erreichte. Was nehme ich mit, was möchte ich schnell vergessen? Was habe ich versäumt, was habe ich gelernt? Mit wem möchte ich weiter zu tun haben, mit wem nicht? Was nützt mir die Mitarbeit? Wie will ich den Abschied gestalten?
Anforderungen an die Leitung	
Phase: Anfang und Orientierung	Den Anfang gestalten; die Gruppenmitglieder in die Verantwortung nehmen; dem Druck und der Unzufriedenheit standhalten.
Phase: Positions- und Rollenklärung	Konflikte nicht unterdrücken oder wegstrukturieren, auf Kritik oder Aggressionen reagieren; Auseinandersetzung fördern; zwischen persönlichen und rollenbezogenen Angriffen unterscheiden.

Phase: Vertraut-heit und Konsolidierung	Distanz wahren können; der Versuchung widerstehen, in der Gruppe aufzugehen und der Bewunderung zu erliegen; den Rahmen auf-rechterhalten; Ziele nicht beliebig erweitern und verändern; nicht zu hilfreich und unersetzlich sein beziehungsweise werden; sich trauen, gegenzusteuern, auf vermiedene Konflikte achten.
Phase: Diffe-renzierung und Zusammenarbeit	Die Leitung aus der Hand geben können; Selbststeuerung fördern und einfordern; Vertrauen in das Potenzial der Gruppe haben; sich nicht für so wichtig und unersetzlich halten, sich nicht abwenden, weiterhin der Gruppe Zeit und Interesse widmen.
Phase: Trennung und Abschied	Den Abschied gestalten; für die Aufarbeitung der Reste sorgen und Offenes abschließen; nichts Neues anfangen; den Abschied von der Gruppe und den Einzelnen gestalten; trauern und sich trennen können.

(Nach: König/Schattenhofer: Einführung in die Gruppendynamik. Heidelberg 2007, S. 62 f.)

Bei allen Phasenmodellen entsteht der Eindruck, dass Gruppen sich planmäßig und vorhersagbar entwickeln und wie eine Uhr gleichmäßig im Phasentakt ticken. Dieser Eindruck trügt. Die Abfolge der einzelnen Phasen lässt sich nicht empirisch nach-weisen, die jeweilige Entwicklungsdynamik hängt zu sehr mit den äußeren Rahmen-bedingungen und der jeweiligen Aufgabe zusammen. Der Wert der Phasenmodelle besteht darin, dass sie die Wahrnehmung strukturieren und signifikant unterschied-liche Gruppenzustände erfassen, die mit jeweils unterschiedlichen Verhaltensweisen und Gefühlslagen verbunden sind und die jeweils unterschiedliche Reaktionsweisen erfordern. Die Unsicherheit, woran man eigentlich ist, kann gerade in konfliktreichen Situationen damit reduziert werden.

Wie können diese unterschiedlichen Perspektiven helfen?

Ein Beispiel

Die Reaktorkatastrophe von Tschernobyl war eine der schwersten von Menschen gemachten Umweltkatastrophen, deren Schäden für Mensch und Umwelt noch lange andauern werden. In der Folge wurde Tschernobyl ein zentraler Gegenstand einer Fehlerforschung, die nicht nur auf rein technische Sicherheitsvorkehrungen abzielt, sondern die zu klären versucht, was eigentlich mit menschlichem Versagen gemeint sein kann. Unterschiedliche Sichtweisen auf die Teams der handelnden Personen können wichtige Verstehenszugänge eröffnen, die ähnliche Ereignisse vielleicht zu verhindern helfen. Zentral dabei ist die Überlegung, dass hier nicht einzelne Personen versagt haben, sondern Menschen in miteinander konkurrierenden Teams, deren Verhalten weitgehend durch die soziale Situation bestimmt wurde. Bevor die einzelnen oben aufgeführten Unterscheidungen auf die Situation angewendet werden, hier eine kurze Darstellung der Ereignisse (vgl. Hofinger/Rek/Strohschneider 2006, Dörner 1989).

In der Unglücksnacht vor dem 26. April 1992 wurde im Reaktor Vier des Atomkraftwerkes in Tschernobyl ein geheimes Experiment durchgeführt, bei dem die Stromversorgung der Kühlsysteme im Falle einer Abschaltung des Reaktors getestet werden sollte. Für das Experiment, das eigentlich vor der Inbetriebnahme des Reaktors hätte durchgeführt werden müssen, reiste ein zusätzliches Ingenieurteam an, das den Versuch leitete. Sie waren den beiden Reaktorfahrern, die den normalen Schichtbetrieb leisteten und die nicht besonders auf das Experiment vorbereitet waren, vorgesetzt. Die Bedienungsgruppe wollte schnell damit fertig werden, weil die Maifeiertage bevorstanden und der Reaktor zur Überholung abgeschaltet werden sollte. Innerhalb eines Nachmittags wurden alle Sicherheitssysteme, die die Katastrophe hätten verhindern können, ausgeschaltet. Die kritische Situation wurde somit von der Bedienungsmannschaft selbst herbeigeführt. Die Mannschaft war (bis eine Minute vor dem Unglück) davon überzeugt, sehr erfolgreich und professionell mit der eigenen Aufgabe umzugehen. Das Reaktorfahrerteam war mit verschiedenen Preisen für seine Zuverlässigkeit ausgezeichnet worden, unter anderem deswegen, weil es den Reaktor länger am Netz halten konnte als andere Mannschaften. Sie wollten sich gegenüber dem externen Ingenieurteam keine Blöße geben und Kompetenz demonstrieren, indem sie Sicherheitsvorschriften übertraten und Warnungen der Apparatur missachteten. Fehler zuzugeben und die Folgen falscher Entscheidungen zu diskutieren hätte ihr

Kompetenzgefühl weiter verringert, das durch die auftretenden Schwierigkeiten ohnehin schon angegriffen war. In der Unglücksnacht kam es nicht zum ersten Mal zu Übertretungen dieser Art. Die bisherigen guten Erfahrungen, die das Team damit sammeln konnte, hatten alle mit einem Gefühl der Unverwundbarkeit ausgestattet.

Kann man die verschiedenen oben beschriebenen Perspektiven dazu benutzen, das Geschehen in dieser Gruppe besser zu verstehen und passende Konsequenzen daraus zu ziehen? In den folgenden Abschnitten soll dieser Versuch ohne Anspruch auf Vollständigkeit unternommen werden.

Team oder einzelne Akteure. Betrachtet man bei der Analyse die einzelnen Kraftwerksfahrer oder das Team von Kraftwerksfahrern? Es erscheint sinnvoll, sich auf die Gruppe als Arbeitsteam zu beziehen, da die Aufgabe der Überwachung und Steuerung des Kraftwerkes offensichtlich gemeinsam und in Kooperation ausgeführt wurde. Über die Organisation der internen Kommunikation ist nicht bekannt, ob sie teamförmig (mehrere Personen verfügen über die gleichen Informationen) oder sternförmig (auf eine Person zugeschnitten) war. Auf jeden Fall scheinen mehrere der Beteiligten bis unmittelbar vor der Katastrophe mit Blindheit geschlagen, niemand hat eine abweichende Meinung vertreten, niemand hat sich gegen die Abschaltung der Sicherheitssysteme gewehrt. Das spricht für die Hypothese, dass die Gruppennormen eine abweichende Meinung nicht erlaubten und die Zugehörigkeit durch die Übernahme des gemeinsamen Selbstbildes des unverwundbaren Erfolgsteams erworben wurde. In diesem Fall hat die teamförmige Organisation der Arbeit die Schwierigkeiten eher verschärft, als zu einer realistischen Sichtweise und zu den Vorschriften entsprechenden Verhaltensweisen beizutragen.

Druck von außen, die äußere Umwelt. Das Team stand unter großem Druck von außen, die geforderte Produktionsleistung zu erbringen und zugleich das Experiment durchzuführen – auch dieser Druck wird die Risikobereitschaft des Teams erhöht und kritische Stimmen zum Schweigen gebracht haben. Es waren zwei Teams am Werk, wodurch der Konformitätsdruck innerhalb der Teams verstärkt und die Abgrenzung gegenüber den anderen verschärft wurde. Zugleich hat offensichtlich keine Kontrolle von außen stattgefunden, durch die die Abschaltung aller Sicherheitssysteme zu verhindern gewesen wäre.

Die innere Umwelt. Auf der psychodynamischen Ebene könnte die Angst vor einer Katastrophe und vor Verletzungen gemeinsam abgewehrt worden sein. Das störende Motiv besteht in der Angst vor dem Versagen und dem Kontrollverlust über die Anlage in kritischen Situationen. Die Vertreter dieses Motivs – von denen wir überhaupt nichts wissen –, die vielleicht besondere individuelle Befürchtungen vor dem Versagen haben, treten nicht in Erscheinung. Dafür übernehmen in der Experimentalsituation vielleicht die besonders erfahrenen Mitglieder die Führung. Sie repräsentieren die

Überzeugung, dass nichts passieren kann und die Ängste vollkommen unbegründet sind. Das störende Motiv wurde in diesem Fall gänzlich unterdrückt und verleugnet, sonst hätte früher als zwei Minuten vor der Explosion jemand warnend eingreifen können.

 Der Kernkonflikt des Teams. Vom Inneren des Teams wird uns kein Konflikt berichtet, der offen ausgetragen worden wäre. Sinnvoll ist sicher, einen verdeckten und unentdeckten zentralen Konflikt zu vermuten, der sich um die Frage von Kompetenzerleben und Kompetenzverlust abgespielt hat.

 Die drei Dimensionen Zugehörigkeit, Macht, Intimität. Zur Analyse des inneren Prozesses im Team der Kraftwerksfahrer liegen zu wenige Informationen vor. Interessant wäre zum Beispiel eine Analyse der Gespräche vor der Katastrophe nicht nur in Bezug auf Inhalte, sondern auf die soziale Struktur, die sich in ihnen abgebildet hat. Wer hatte das Sagen, wer hat die Entscheidungen getroffen und wie wurden sie getroffen? Wie waren die formellen und informellen Leitungsrollen verteilt? Wie wurde mit abweichenden Meinungen umgegangen? Zugleich müsste die Analyse ergänzt werden durch eine Rekonstruktion der Geschichte der Gruppe.

Selbststeuerung – Fremdsteuerung. Das Beispiel zeigt, dass das Leitbild der Gruppe, das »gruppeneigene Modell« der Bedienungsmannschaft, kein Versagen Einzelner oder überhaupt Fehler und Fehleinschätzungen zuließ. Dass die eigene Wahrnehmung unvollständig sein und zu folgenreichen Fehleinschätzungen führen könnte, war im Selbstverständnis der erfolgreichen Kraftwerksfahrer nicht enthalten. Eine Vorstellung davon, dass ihre Gruppe (wie andere eben auch) unter dem Druck, schnelle Entscheidungen treffen zu müssen, zu keinen fachlichen und selbstkritischen Handlungen mehr fähig ist, hätte das Team vielleicht anders mit den Sicherheitsvorschriften umgehen lassen.

Das Selbstbild der Gruppe enthielt keine solche Perspektive, die in der Sozialpsychologie unter dem Thema »Groupthink« (s. Beitrag von Klaus Antons, S. 324 ff.) behandelt wird. Selbststeuerung im Sinne einer kritischen Reflexion der eigenen Handlungen fand nicht statt, man war bemüht, die von außen vorgegebenen Anforderungen zu erfüllen.

 Entwicklungsstand der Gruppe. Das Team befand sich vermutlich auf einem Entwicklungsstand, in dem Gleichheit und Konformität die entscheidende Rolle spielten. Zu einer größeren internen Differenzierung kam es offensichtlich nicht.

Neben diesen sozialen und gruppendynamischen Faktoren lassen sich auch kognitive, motivationale und kulturell-organisatorische Faktoren benennen, die bei der Untersuchung des Versagens der Bedienungsmannschaft herangezogen und aus denen Schlüsse für deren Ausbildung, Organisation und Führung gezogen werden können (vgl. zusammenfassend Hofinger/Rek/Strohschneider 2006). Aus Sicht unserer Gruppenperspektive kommt es darauf an, dass nicht nur die Forscher, sondern auch die Verantwortlichen ein differenziertes Bild von der Zusammenarbeit in Teams und Gruppen bekommen, in dem Konzepte wie der Unfehlbarkeitsglaube von Teams, der Gruppendruck, die formellen und informellen Normen und Rollen enthalten sind. Nur so könnten sie neben technischen Sicherheitssystemen und der individuellen Schulung Maßnahmen ergreifen, die sich auf die Teams als Gruppen beziehen und die verhindern, dass diese zum Problem werden. Eine Möglichkeit wäre zum Beispiel die regelmäßige Reflexion des Umgangs mit Gefahren in diesen Teams.

Schlussbemerkung

Es gibt keine geschlossene Theorie der Gruppe, davon sind alle theoretischen Formulierungsversuche weit entfernt (vgl. Sader 1991). Aus der hier kurz eingeführten konstruktivistischen Sicht ist das jedoch weniger als Versagen der Wissenschaft zu verstehen, sondern als Zeichen dafür, dass die Beobachtervielfalt sich nicht vereinheitlichen lässt. Die verschiedenen Perspektiven ergänzen sich mehr, als dass sie sich ausschließen. Schwierig wird es allerdings dann, wenn bei der Formulierung eines Modells versucht wird, die eigene Beobachterabhängigkeit zu überwinden und die eigene Perspektive für die ganze Wahrheit zu halten. Anders ausgedrückt, die Modelle müssen so komplex sein, dass die Beobachter, die sie formulieren, darin vorkommen, die Modelle müssen selbstreferenziell sein wie ihr Gegenstand, auf den sie sich beziehen. Die einzelnen Unterscheidungen können daher nicht für sich beanspruchen, zu objektiv wahren Aussagen über den jeweiligen Gegenstand zu führen, sie müssen ihren Wert dadurch beweisen, dass sie in Auseinandersetzung mit dem Gegenstand für die Beteiligten zu nützlichen und passenden Fragen und Informationen führen. Oft lassen einem die »Gegenstände« dazu nicht viele Versuche und wenig Zeit, wie das Beispiel Tschernobyl zeigt.

Cornelia Edding

Kleingruppenforschung – Geschichte, aktueller Stand, Bedeutung für die Praxis

Im Labyrinth der Empirie

An einem warmen Septemberabend des Jahres 1942 hielt Kurt Lewin einen Vortrag in Washington, D.C. Er sprach zu Mitgliedern der »Society for the Psychological Study of Social Issues«:

»Der Zweite Weltkrieg hatte gerade begonnen (für die Amerikaner! C. E.), und die Reisemöglichkeiten waren beschränkt. Die ›Society‹ hatte daher beschlossen, ihre Jahrestagung abzusagen und durch ein einziges Treffen für Mitglieder, die in der Nähe lebten, zu ersetzen. In diesen Tagen machte sich jeder Sorgen über das Schicksal des Landes und die Zukunft der Demokratie. Daher waren die Zuhörer wahrscheinlich geneigt, der mutigen Voraussage des Sprechers zu applaudieren …

Obwohl die wissenschaftliche Erforschung der Gruppenarbeit erst ein paar Jahre alt ist, zögere ich nicht, vorauszusagen, dass Gruppenarbeit, – das heißt die Behandlung menschlicher Wesen nicht als isolierte Individuen, sondern im sozialen Kontext von Gruppen – bald eines der wichtigsten theoretischen und praktischen Felder sein wird … Wir können nicht darauf hoffen, eine bessere Welt zu schaffen, ohne tiefere wissenschaftliche Einsicht in das Funktionieren von Gruppenleitung und Gruppenkultur und anderen wichtigen Aspekten des Gruppenlebens.«[1] (Lewin zit. nach Zander 1979, S. 418)

Ob die Welt inzwischen besser geworden ist, darüber gehen die Meinungen auseinander. Und die Gruppenforschung hat zwar zahllose Studien hervorgebracht – aber sind daraus wirklich tiefe Einsichten in das Gruppenleben entstanden? Wer praktisch mit Gruppen arbeitet, wird das bezweifeln. Die Lektüre einzelner Untersuchungen ist trocken und mühsam, die Resultate – meist in Zahlen ausgedrückt – wollen sich mit den Alltagserfahrungen praktischer Gruppenarbeit nicht recht verbinden. Wer zusammenfassende Darstellungen liest, kann den Eindruck gewinnen, sich in einem Labyrinth widersprüchlicher Details zu verlieren und am Ende nicht mehr zu wissen als vorher. Auch die polemische oder sachliche Kritik an der »Käferbeinzählerei«

---

1   Alle Zitate, sofern nicht anders angegeben, aus dem Amerikanischen übersetzt durch die Autorin.

(zum Beispiel: Sader 1991a; Moldaschl 2005; Lüttke 2004) lädt nicht zur Rezeption empirischer Forschung ein.

Warum also sollten sich die Praktiker der Gruppenarbeit, für die dieses Handbuch vor allem gedacht ist, dieser Art von Wissenschaft zuwenden? Es gibt eine Reihe von Gründen:

- Einige klassische Experimente haben nicht nur die Kleingruppenforschung jahrzehntelang angeregt, sondern sind auch wichtige Bausteine im Fundament praktischer Gruppenarbeit geworden (vgl. Sader 1991a; Antons 2008).
- Auch Praktiker stehen mit ihrem individuellen Blick auf das Gruppengeschehen und ihrem Verständnis des Gruppenlebens in bestimmten Denktraditionen. Verschiedene Forschungsperspektiven mit ihren unterschiedlichen Erkenntnisprogrammen helfen, den eigenen Standort zu bestimmen und sich dieser Denktraditionen zu versichern.
- Immer wieder gibt es Untersuchungen, die für die eigene Gruppenarbeit anregend sein können; zum Beispiel, wenn dadurch Selbstverständlichkeiten infrage gestellt werden oder die persönliche Arbeit bestätigt wird.
- Und schließlich: Selbst wenn viele Studien keine handfesten Ergebnisse hervorbringen, so thematisieren sie doch wichtige Fragen, die auch die Praxis sich stellen sollte.

Zur Orientierung im Labyrinth der Forschung habe ich drei Zugänge gewählt, die zugleich den Aufbau dieses Kapitels abgeben:

- Der erste Zugang ist historisch: Wie hat sich die Kleingruppenforschung seit der Mitte des letzten Jahrhunderts entwickelt? Wie sahen die frühen Experimente, von denen wir bis heute zehren, tatsächlich aus? Welche Phasen lassen sich unterscheiden, welche Meilensteine und Trends lassen sich ausmachen? Als »Ariadnefaden«, mithilfe dessen wir das Labyrinth begehen, nutze ich die Sammelreferate einer psychologischen Fachzeitschrift, des »Annual Review of Psychology«.
- Ein zweiter Zugang wird durch die Unterscheidung verschiedener »Erkenntnisprogramme« ermöglicht. Welche Betrachtungsweisen des sozialen Gebildes »Gruppe« gibt es in der Wissenschaft? Worauf schauen die Forscher, von welchem Standpunkt aus beobachten sie, und was prägt ihre Wahrnehmung? Was wollen sie herausfinden, und in welcher Sprache formulieren sie ihre Erkenntnisse?
- Der dritte und letzte Zugang befasst sich mit dem Verhältnis von Forschung und Praxis. Was macht dieses Verhältnis so problematisch und so unergiebig? Wenn nicht von der Wissenschaft – woher beziehen die Praktiker der Gruppenarbeit ihre Sicherheiten und ihre Arbeitskonzepte? Und was könnten sie, trotz aller Hindernisse, durch die Forschung gewinnen?

Wer sich ein so umfangreiches Kapitel wie die Kleingruppenforschung vornimmt und dafür begrenzten Raum zur Verfügung hat, muss natürlich auch Grenzen ziehen.

Wenn es um die Frage geht, wie über Gruppen zu forschen sei, stoßen sehr unterschiedliche Vorstellungen aufeinander, oft mit ziemlichem Lärm. Im Mittelpunkt dieses Kapitels steht die sogenannte empirische Gruppenforschung angelsächsischer Prägung (s. Kasten auf dieser Seite).

Während bei uns die empirische Forschung eher schwach entwickelt ist (neuere Darstellungen bei Sader 1991a und Ardelt-Gattinger/Lechner/Schlögl 1998), ist sie in den USA seit über 50 Jahren mit unterschiedlichen Schwerpunkten lebendig und in Entwicklung. Daher erwähne ich die relevante deutsche Literatur, orientiere mich aber in meiner Darstellung von Problemen und Leistungen der Forschung in erster Linie an amerikanischen Veröffentlichungen.

Ein alternativer Forschungsansatz, die sogenannte Aktionsforschung, durch Kurt Lewin angeregt, bleibt in diesem Text weitgehend unberücksichtigt. Antons u. a. (2004) haben in jüngster Zeit ein sehr instruktives Beispiel dafür geliefert, wie eine solche Forschung aussehen kann und welche Ergebnisse sie zeitigt.

Empirische Kleingruppenforschung

Die empirische Kleingruppenforschung versucht, Prinzipien naturwissenschaftlicher Forschung in ein anderes Feld zu übertragen. Ihr Ziel ist, Gesetzmäßigkeiten der Gruppe aufzudecken, also Erkenntnisse zu gewinnen, die sich bei einem neuen Versuch in der gleichen Versuchsanordnung bestätigen, die gewissermaßen »immer« gelten. Sie zeichnet sich durch einige Merkmale aus:

- Experimente und Untersuchungen finden fast nur im Labor statt, an künstlichen Gruppen.
- Die Ergebnisse sind quantitativ, das heißt, sie werden in Zahlen ausgedrückt, häufig in Korrelationen. Korrelationen sagen aus, mit welcher Wahrscheinlichkeit das gleichzeitige Auftreten zweier Ereignisse zu erwarten ist.
- Sie bedient sich dazu spezieller statistischer Methoden der Messung und des Vergleichs.
- Um Daten in solchen Versuchsanordnungen gewinnen zu können, muss die Zahl der untersuchten Variablen extrem eingeschränkt werden. Die unabhängige Variable (zum Beispiel Gruppengröße) wird systematisch variiert, die abhängige (beispielsweise die Geschwindigkeit, mit der die Gruppe eine Aufgabe löst) wird in Abhängigkeit von der Gruppengröße gemessen.
- Es bedarf bereits eines sehr aufwendigen Designs, um Wechselwirkungen zwischen unabhängigen Variablen in ihrer Bedeutung für eine abhängige Variable sichtbar zu machen.
- Das ganzheitliche Geschehen in der Gruppe kann nicht und soll nicht erfasst werden, im Gegenteil, das Gruppengeschehen soll gerade auf wenige, aber kontrollierbare Variablen reduziert werden.
- Der Kontext, in dem die Gruppe arbeitet, wird ebenso ausgeblendet wie ihre Geschichte.
- Versuche, komplexeres Gruppengeschehen zu erfassen und beispielsweise die zeitliche Dimension des Geschehens einzubeziehen, nehmen zu, sind aber nach wie vor selten, und ihre Ergebnisse sind nicht zufriedenstellend.

Die Methoden, mit deren Hilfe die empirische Gruppenforschung ihre Daten erhebt, haben sich im Laufe der Jahre verändert. Sie sind, nicht zuletzt durch den Einsatz der Computertechnologie, raffinierter geworden und mithilfe anspruchsvoller mathematischer Modelle in der Lage, eine höhere Komplexität abzubilden. Ihre Entwicklung verdient, in einer anderen Art von Handbuch, ein eigenes Kapitel. Hier werden Fragen der Forschungsmethodik nur gestreift und punktuell erwähnt. Einen Überblick über klassische Methoden der empirischen Sozialforschung findet sich bei Diekmann (2007), eine Einführung in die psychologische Forschung bietet Wandmacher (2002).

Der erste Zugang: Das Auf und Ab der Forschung, aus großer Höhe betrachtet

Seit 1950 erscheint jährlich ein Band der Zeitschrift »Annual Review of Psychology« (ARP). Er enthält Sammelreferate zu Themen der psychologischen Forschung und Theoriebildung, die in dem betreffenden Jahr von der Herausgebergruppe für wichtig gehalten wurden. Anhand dieser Sammelreferate lässt sich die Geschichte der Kleingruppenforschung in ihren wichtigsten Aspekten gut rekonstruieren.

Der Aufbruch

Die 40er- und 50er-Jahre des vergangenen Jahrhunderts waren gute Jahre für die Kleingruppenforschung. Experimente wurden durchgeführt, die vielleicht methodisch angreifbar waren, die aber die Forscher beflügelten und die Forschung viele Jahre lang anregten. Lewin, Lippitt und White demonstrierten die Wirkung unterschiedlicher Führungsstile; Salomon Asch brachte mit seinem Längenvergleich die Konformitätsforschung ins Rollen; Bavelas zeigte die Wirkung verschiedener Kommunikationsmuster auf; Muzafer Sherif führte vor, wie rasch in einer Gruppe ein Wir-Gefühl und ein Außenfeind entstehen – und dass sich diese Gefühle auch wieder auflösen lassen. Bales machte das Sprachverhalten von Gruppenmitgliedern kategorisierbar und French und Raven identifizierten die Quellen sozialer Macht.

Die Klassiker:
Der Asch-Effekt – Versuchspersonen schätzen Strichlängen

»Die Versuchsteilnehmer kamen in einen Raum, in dem schon mehrere andere Personen, vorgeblich ebenfalls Versuchsteilnehmer, saßen und warteten. In der gemeinsamen Instruktion für alle Teilnehmer hieß es, dass ihnen auf einer Projektionswand vor ihnen jeweils vier Linien dargeboten würden, eine Standardlinie und drei unterschiedlich lange Vergleichslinien. Ihre Aufgabe im Versuch sei es, jeweils einzeln nacheinander zu sagen, welche der drei Vergleichslinien genauso lang sei wie die Standardlinie. Danach wurden die Linien projiziert, und jeder Teilnehmer sagte laut in den Raum, welche der Linien er für gleich lang mit der Standardvorgabe hielt.

… Alle anderen Gruppenteilnehmer entscheiden sich in vier Durchgängen für die gleiche Linie, die unser Versuchsteilnehmer selbst für die richtige Antwort hält. Doch dann passiert etwas sehr Merkwürdiges: Obwohl es für unseren Teilnehmer ganz eindeutig ist, welches im fünften Durchgang die richtige Antwort ist, benennen alle Versuchsteilnehmer vor ihm und ein Teilnehmer nach ihm einheitlich eine offensichtlich falsche Vergleichslinie (er ist der Vorletzte in der Reihe). Was er nicht weiß: Er ist die einzige ›echte‹ oder ›naive‹ Versuchsperson, alle anderen sind vorinstruierte Vertraute des Versuchsleiters. Auch bei weiteren Durchgängen passiert es mehrfach, dass er mit seiner in seinen Augen einwandfrei richtigen Antwort allein steht.

Thema des Versuchs ist es (was die ›naiven‹ Teilnehmer nicht wissen), wann und unter welchen Umständen Versuchsteilnehmer dem wahrgenommenen Konformitätsdruck erliegen und sich wider besseres Wissen der einheitlichen Mehrheit der Gruppe anpassen.« (Sader 1991a, S. 161)

Das Hochgefühl wird sogar in der Zeitschrift sichtbar: In den Jahren 1950 bis 1959, also in den ersten zehn Bänden der Zeitschrift, erscheint jährlich ein Sammelreferat zum Thema »Social Psychology and Group Processes«, die Verfasserliste liest sich wie ein »Who is who« der Sozialpsychologie jener Jahre: Jerome Bruner, Daniel Katz, Richard S. Crutchfield, Leon Festinger, Dorwin Cartwright, Theodore M. Newcomb. Es herrschen Aufregung und Begeisterung über das im Entstehen begriffene Feld der Sozialpsychologie und der Kleingruppenforschung. Hier, so vermitteln die Verfasser der Sammelreferate, entstehen Neues und Bedeutendes. Die Entwicklung der Veröffentlichungen ist rapide. Motoren dieser Entwicklung (und wichtige Geldgeber) sind Regierungsstellen. Der Zweite Weltkrieg ist noch nicht lange vorbei, der Koreakrieg findet gerade statt. Insbesondere das Militär möchte daher soziales Verhalten besser verstehen (und steuern). Parallel dazu gibt es eine weitere Strömung: Forscher, die durch die Erfahrung des Faschismus geprägt wurden und nach Erkenntnissen und Methoden suchen, die es erlauben, den Einzelnen gegen die Versuchungen totalitären Denkens zu wappnen und ihm demokratische Haltungen entweder anzuerziehen oder ihn darin zu bestärken. In den ersten Jahren erhielt die Kleingruppenforschung – im Unterschied zur späteren Entwicklung – ihre »Aufträge« aus der Praxis.

Die Klassiker:
Lewin, Lippitt und White untersuchen die Folgen von Führungsstilen

Vier Gruppen mit je fünf Schülern (elf Jahre alt) treffen sich 21 Wochen lang zum Basteln unter der Leitung eines Erwachsenen. Leitung und Führungsstil wechseln alle sieben Wochen. Die Leiter haben drei Führungsstile trainiert: autokratisch, demokratisch, Laisser-faire.
- Autokratisch: Der Leiter schreibt Aktivitäten vor, gibt unterbrechende Befehle, Lob und Tadel.
- Demokratisch: Der Leiter gibt lenkende Vorschläge, regt zur Selbstständigkeit an, die Gruppe diskutiert mit.
- Laissez-faire: Der Leiter gibt auf Befragen Auskünfte, überlässt die Kinder aber sonst sich selbst.

Zwischenfälle sind eingeplant. Der Leiter wird unerwartet abgerufen und lässt die Gruppe allein; der Leiter kommt zu spät; in Abwesenheit des Leiters kommt ein Außenstehender (»Elektriker«) und kritisiert die Arbeit Einzelner und der Gruppe. Das Verhalten der Kinder unter den verschiedenen Bedingungen wird von Beobachtern registriert (Verhaltensbeobachtungen, Film, Interviews).

Das Hauptergebnis lautet: klarer Sieg des demokratischen Führungsstils. Beim autokratischen Stil gibt es sehr viel mehr Aggressionen der Kinder untereinander, Sündenbockver-

> halten, Fleiß, wenn der Leiter anwesend, Nichtstun, wenn der Leiter abwesend ist. Beim
> demokratischen Stil ist das Klima besser, die Interaktion freier, der Gruppenzusammenhalt
> war höher, die Arbeit wird auch bei Abwesenheit des Leiters fortgesetzt. Beim Laisser-faire-
> Stil arbeiten die Kinder weniger und weniger gut. Das Klima ist eher langweilig.
> (Nach Sader 1991a, S. 272 ff.)

In diesen Jahren des Aufbruchs entstehen drei einflussreiche »Schulen«, die die noch
junge Gruppenforschung bestimmen (nach McGrath 1997):

 Die »Michigan-Schule« an der Universität von Michigan. Die Forscher dieser Schule
interessieren sich für die Gruppe vor allem als ein Mittel, Einzelne zu beeinflussen.
Lewin zum Beispiel sucht nach Wegen, die Essgewohnheiten von Personen zu verändern, und setzt dazu Gruppen ein. Er untersucht die Einstellung Einzelner vor
und nach einem Vortrag und einer Gruppendiskussion. Diese Blickrichtung stimmt
überein mit dem Selbstverständnis der frühen Sozialpsychologie. Ihr Thema ist: Wie
verhält sich das Individuum in verschiedenen sozialen Zusammenhängen? In die Tradition dieser Fragestellung gehören auch Festinger mit der Theorie der kognitiven
Dissonanz (1957), French und Raven, die sich mit der Entstehung und den Folgen
sozialer Macht befassen (1960), Thibault und Kelley, die die Austauschtheorie sozialer
Beziehungen entwickeln (1952).

 Die »Harvard-Schule«. Gruppen werden als Produzenten von Interaktionsmustern
betrachtet und untersucht. Sie wird in diesen Jahren vor allem durch die Arbeiten von
Robert Bales und seinen Schülern bestimmt. Zentrale Frage der Forscher ist: Welche
Interaktionsmuster bringen Gruppen hervor? Welche universellen Phasen und Gestalten der Interaktion lassen sich unabhängig von Inhalt der jeweiligen Diskussion in
allen Gruppen finden?

Bales entwarf ein System, mit dessen Hilfe externe Beobachter die Interaktionen
in der Gruppe kodieren konnten, die Interaction Process Analysis (IPA). Schon 1950
veröffentlichte er dieses System, mithilfe dessen jahrelang, zum Teil abgewandelt, Interaktionen und Interaktionsprozesse in Gruppen untersucht wurden. Als besonders
folgenreich erwies sich seine Unterscheidung zwischen »instrumentellen« – auf die
Aufgabe gerichteten – und »expressiven« Beiträgen, die erstmals zwischen Aufgaben-
rollen und Erhaltungsrollen unterscheiden half.

> **Die Klassiker:**
> **Robert Bales' Interaktions-Prozess-Analyse (IPA)**
>
> Bales entwickelte ein Kodierungssystem zur Analyse von Interaktionsprozessen. Er un-
> terschied zwischen instrumentellen (Orientierung – Bewertung – Kontrolle) und sozioemo-
> tionalen Verhaltensweisen (Entscheidung – Spannungsbewältigung – Integration) Mittels
> zwölf Kategorien sollte das verbale Verhalten von Teilnehmerinnen und Teilnehmern an einer
> Gruppendiskussion erfasst werden:

Instrumentell:	Sozioemotional positiv:
Macht Vorschläge	Zeigt Solidarität
Vermittelt Meinung	Stimmt zu
Vermittelt Information	Zeigt Spannungsreduktion
Bittet um Orientierung	
Bittet um Meinung	Sozioemotional negativ:
Bittet um Vorschläge	Widerspricht
	Zeigt feindseliges/antagonistisches Verhalten
	Zeigt Anspannung

Speziell ausgebildete Beobachter identifizierten, zählten und kodierten die einzelnen Verhaltensweisen und protokollierten Gruppendiskussionen. Auf diese Weise hofften sie, Gruppenphasen voneinander unterscheiden zu können (welche Aktivitäten herrschen zu welchem Zeitpunkt vor?); auch die Rollen der einzelnen Gruppenmitglieder konnten auf diese Weise benannt werden (bei wem häufen sich welche Sprechakte?). Und schließlich konnte in der Zusammenschau der Ergebnisse auch der Charakter einer bestimmten Gruppe beschrieben werden.

 Die »Illinois-Schule«. Sie betrachtet Gruppen in erster Linie als Vehikel zur Erledigung von Aufgaben. Die Forscher versuchen, Gruppenprozesse zu identifizieren und zu studieren, die für die Aufgabenerledigung und ihre Qualität fundamental sind. Eine Vielzahl von Studien geht aus dieser Schule hervor.

Einige Untersuchungen beziehen sich auf militärische Einheiten und auf Sportteams, die meisten Arbeiten jedoch sind Experimente im Laboratorium. Hier liegt der Schwerpunkt auf Fragen wie: Wie sehen Entscheidungsprozesse aus? Welchen Einfluss haben Leitungsstile auf die Erledigung der Aufgabe? Welche Bedeutung hat die Kommunikation? Wovon ist die Aufgabenerledigung abhängig? (Sammelreferate von Davis/Laughlin/Komorita 1976; McGrath/Karvitz 1982; Levine/Moreland 1990.)

Jede dieser Schulen war enorm produktiv, und jede forschte isoliert von den anderen. Es gab keinen Austausch, keine gegenseitige Anregung, sie hatten einander wenig zu sagen. Die einen erforschten die Interaktionsmuster, die anderen die Aufgabenerledigung und die dritte den Einfluss auf die Gruppenmitglieder. Diese »Sprachlosigkeit« zwischen den Schulen machen manche Autoren mitverantwortlich für die Probleme der Kleingruppenforschung in späteren Jahren (vgl. McGrath 1997).

Bei aller Aufbruchsstimmung jener Jahre gibt es auch Kritik. Schon im ersten Sammelreferat von 1950 fordert Brunner die Arbeit an sozialpsychologischen Theorien, die es erlauben würden, sinnvolle Hypothesen zu bilden und so der Beliebigkeit von Einzelstudien gegenzusteuern. In den Beiträgen der folgenden Jahre bleibt dies ein kritisches Thema. Es fehlen übergreifende Theorien, die es ermöglichen, die Fülle der Einzelarbeiten in einen Zusammenhang zu bringen. Zunehmend wird auch die mangelnde Aussagekraft der einzelnen Arbeiten beklagt. So schreibt Roger W. Heyns in seinem Beitrag 1958: »Unsere Bemühungen bestehen hauptsächlich in kleinen Untersuchungen kleiner Aspekte großer Probleme« (S. 419). Dennoch endet jedes Sammelreferat mit einem optimistischen Ausblick in die Zukunft: Gruppenforschung ist wichtig, und die Qualität wird sicher bald besser werden.

Die Gruppen, an und mit denen geforscht wurde, sind zunächst »reale« Gruppen. Bald aber verlagert sich der Schwerpunkt der Forschung ins Laboratorium, weil sich dort leichter experimentieren lässt.

In dieser ersten Phase der Gruppenforschung spielt die Frage, ob das untersuchte Gebilde eine Gruppe sei, eine geringe Rolle. In manchen Untersuchungen steht das Individuum im Mittelpunkt, bei anderen würde man heute gar nicht von einer Gruppe sprechen, weil es keinerlei Interaktion gab, manche Gruppen hatten eine Geschichte, manche keine … Menschenansammlungen ganz unterschiedlicher Qualität werden als Gruppen bezeichnet und ihre Untersuchung wird der Gruppenforschung zugerechnet.

Konsolidierung und Flaute

Anhand der Sammelreferate erkennen wir Veränderungen in dem Forschungsfeld. Ab Band elf, der 1960 erschien, ist die Sozialpsychologie so unübersichtlich geworden, dass die Redaktion beschließt, Sammelreferate zu verschiedenen Teilbereichen zu veröffentlichen. Die Gruppenforschung bekommt dabei als »Group Dynamics« einen eigenen Platz; zwischen 1960 und 1970 erscheinen drei Sammelreferate zu diesem Thema, zwischen 1970 und 1980 drei weitere. Das Feuer der ersten Jahre ist verschwunden, die Kleingruppenforschung ist nun ein etablierter Bereich. An Studien gibt es keinen Mangel, aber viele sind langweilig und aussagearm. Autoren weisen darauf hin, dass sie nur Arbeiten in ihre Besprechung aufnähmen, in denen die Versuchspersonen tatsächlich interagierten (z.B. Shaw 1961) oder an denen mindestens zwei Personen beteiligt seien. Manche Autoren erklären die schlechte Qualität damit, dass diejenigen, die die meisten dieser Forschungen durchführen, nämlich Examenskandidaten, auf kurze, einfache und schnelle Versuchsdesigns angewiesen seien. Diese seien nicht in der Lage, die Komplexität des Gruppengeschehens auch nur annähernd zu erfassen. Und das sei auch nicht ihr Interesse. Sie wollten eine für sie machbare Arbeit abliefern, die gleichzeitig von den Kollegen akzeptiert würde. Zander (1979, S. 421) hat eine Liste zusammengestellt, die die Beliebtheit einiger weniger Forschungsthemen illustriert.

Die beliebtesten Forschungsthemen der Gruppenpsychologie 1950–1977 (nach Zander 1979, S. 421)	
Thema	Erwähnt in ARP im Jahr
Kodierung von Diskussionsbeiträgen in Gruppen	1950, 1951, 1953, 1958
Einstellungsänderung durch Vorträge und Gruppendiskussionen	1950

Die Macht einer Gruppe, das Verhalten eines Einzelnen zu bestimmen; sozialer Druck	1951, 1952, 1953, 1955, 1956, 1957, 1958, 1960, 1967
Auswirkungen des Leitungsstils	1951, 1952, 1958, 1973
Die Wirkung unterschiedlicher Kommunikationsnetze auf die Gruppenleistung	1953, 1956, 1958, 1961, 1967
Das Verhalten von Einzelnen, die merken, dass ihre Wahrnehmung sich von der (behaupteten) Wahrnehmung anderer unterscheidet	1954,1973
Quellen und Wirkung zwischenmenschlicher Einfluss-nahme	1955,1960, 1967, 1976
Koalitionsbildung in größeren Gruppen	1955
Kooperation und Konkurrenz; Gefangenendilemma	1967, 1973, 1976
Problemlösung und Entscheidungsfindung in Gruppen	1973, 1976, 1977
Das Risikoschub-Phänomen (»Risky Shift«)	1973, 1976
Der Einfluss der bloßen Anwesenheit anderer Menschen auf das Verhalten des Einzelnen	1973, 1976

Zwischen 1980 und 1990 erscheinen noch zwei Sammelreferate zur Kleingruppenforschung, dann keines mehr bis 2004. Was ist geschehen?

Schon 1974 fragt Steiner angesichts der Individuumszentriertheit der sozialpsychologischen Forschung: »Was ist nur der Gruppe in der Sozialpsychologie zugestoßen?« Zehn Jahre später ist der erhoffte Aufschwung noch nicht eingetreten (Steiner 1983), aber die Forscher beschäftigt diese Frage. McGrath (1997) spricht rückblickend vom »Systemzusammenbruch« der Gruppenforschung in den 1960er- und 1970er-Jahren. Die Kleingruppenforschung, so sieht er es, wird steril, und sie vertrocknet. Die »Schulen« bringen aufgrund ihrer Enge und ihrer Theoriegebundenheit keine wirklich neuen Themen hervor. Die Kleingruppenforschung wandert ab – ins Management, in die Organisationswissenschaft, die Arbeitssoziologie, die Betriebswirtschaft, die Politologie. 1990 geben Levine und Moreland in ihrem Sammelreferat dem Kollegen Steiner eine Antwort: »Gruppen sind gesund und munter, aber sie leben woanders« (S. 620), ein Satz, der in den folgenden Jahren immer wieder gern zitiert wird. Diese Verlagerung zeichnet sich auch in unserer Referenzzeitschrift ab. Beginnend mit dem Jahr 1982 erscheint im ARP im Rhythmus von zwei bis drei Jahren ein Sammelreferat zu »Organizational Behavior« und in lockerer Folge auch eines zum Thema »Organizational Change and Development«.

Im Jahre 1998 unternehmen zwei Gruppenforscher eine quantitative Literaturauswertung (Abrams/Hogg 1998). Sie durchsuchen Fachzeitschriften der Jahre 1974 bis 1996 nach Veröffentlichungen zu Gruppen- und Intergruppenthemen. In den 66 relevanten Fachzeitschriften werden im Untersuchungszeitraum 39.714 Artikel veröffentlicht, im Mittel 1.726 pro Jahr. Davon befassen sich 2.049 (ungefähr 90 pro Jahr, 5

Prozent) mit Gruppenthemen. Die weitere Analyse ergibt, dass die Veröffentlichungen zu Gruppenthemen zwischen 1974 und 1985 abnehmen beziehungsweise stagnieren, dass von 1985 bis 1996 aber ein kräftiger Anstieg zu verzeichnen ist.

1997 unternehmen Sanna und Parks ebenfalls eine quantitative Literaturanalyse. Sie wollten wissen, ob Arbeiten zu Intragruppenthemen tatsächlich häufiger in Zeitschriften der Organisationspsychologie erscheinen. Sie finden ihre Annahme bestätigt. Insbesondere Untersuchungen zur Gruppenleistung – die über 60 Prozent der Veröffentlichungen zu Gruppenthemen ausmachen (!) – sind zunehmend von der Sozialpsychologie zur Organisationspsychologie abgewandert. Fisch, Daniel und Beck haben 1991 eine vergleichbare Analyse unter Berücksichtigung der deutschen Veröffentlichungen vorgenommen.

In diesen Jahren langweiliger Untersuchungen wird die Frage »Was ist überhaupt eine Gruppe – welche Kriterien muss eine Gruppe in der Kleingruppenforschung erfüllen, damit sie als solche angesehen wird?« zunehmend strittiger. Die Verfasser der Sammelreferate wollen und müssen eine Auswahl treffen – und dies nicht nur aus Gründen der Fülle, sondern auch wegen zu geringer Qualität. So kritisiert zum Beispiel Zander (1979) die

> Was ist überhaupt eine Gruppe?
> Welche Kriterien muss sie in der
> Forschung erfüllen?

Verfasser des Sammelreferats von 1976 für ihr Gruppenverständnis: »Kleingruppenverhalten bedeutet inzwischen offenbar irgendeine Interaktion von zwei oder mehr Personen.« Solche Arbeiten will er nicht als Kleingruppenforschung anerkennen.

Die bislang anspruchsvollste Definition kommt von McGrath/Karvitz (1982): »Unsere Arbeitsdefinition von Gruppenforschung postuliert zwei oder mehr Personen in dynamischer Interaktion miteinander. Diese Auffassung schließt ein, dass die Personen einander gegenseitig wahrnehmen und sich aufeinander beziehen. Die Beziehung bedarf zudem einer gewissen Dauer« (S. 199 f.).

Im nächsten Sammelreferat zur Kleingruppenforschung acht Jahre später schließen die Autoren alle Untersuchungen aus, die nur Dyaden beforschen: »Wir behandeln keine dyadische Beziehungen, denn wir glauben, dass diese sich erheblich von größeren Gruppen unterscheiden« (Levine/Moreland 1990, S. 586). Zum ersten Mal werden damit Zweierkonstellationen ausdrücklich nicht als Gruppe betrachtet. Damit fallen ganze Forschungsbereiche, wie beispielsweise die Untersuchung von Verhandlungssituationen, aus der Kleingruppenforschung heraus. Bis heute gibt es in dieser Frage verschiedene Positionen. In Deutschland werden Dyaden in der Regel als Sonderform betrachtet und nicht als Gruppe verstanden.

Zu Beginn der 1990er-Jahre zeichnet sich im »Mainstream« der Forschung eine Gruppe durch folgende Merkmale aus:

- Sie besteht aus zwei oder mehr Personen,
- die miteinander interagieren (und nicht nur, stumm auf den Versuchsleiter starrend, nebeneinandersitzen),
- und das über eine gewisse Zeit hinweg.

Sader (1991b, S. 272) hat darüber hinaus Anforderungen formuliert, denen, folgte man der Literatur der Methodenkritik, ein Kleingruppenexperiment zu genügen habe. Er kommt zu folgendem Ergebnis:

- »Die Gruppe sollte real vorhanden sein, die Mitglieder sollten einander sehen und hören und miteinander reden können.
- Die Interaktion sollte »natürlich« sein, also mithilfe verbaler und nonverbaler Kommunikation und nicht durch das Drücken von Computerknöpfen oder den Austausch schriftlicher Botschaften.
- Das Experiment sollte eine gewisse zeitliche Erstreckung haben, damit sich Anfänge von Gruppenstrukturen bilden können.
- Die Teilnehmer sollten das Geschehen als Realität ansehen, in der sie so handeln, wie sie eben in dieser Realität zu handeln gewohnt sind.
- Die zentrale abhängige Variable sollte Handeln in einer Gruppe sein und nicht auf das Handeln Einzelner in Gegenwart anderer beschränkt sein.
- Und schließlich: Es sollten nicht zu viele Studenten als Teilnehmer beteiligt sein, und schon gar nicht Psychologiestudenten des Einführungskurses.
- Eine gewisse Häufigkeit strukturell gleicher Experimente wäre wünschenswert, um von den Zufälligkeiten einzelner Verläufe unabhängig zu werden.«

Nach seiner (gewiss umfangreichen) Kenntnis der Literatur gibt es nur ein einziges Experiment, das diesen Anforderungen genügt – eine detaillierte Schilderung dieses Experiments bei Sader, 1991b, S. 272 ff.

Die Gruppenforschung gewinnt wieder an Schwung und gerät in andere Gesellschaft

Der »Auszug« der Gruppenforschung aus der Sozialpsychologie führt nicht sofort zu einer grundlegenden Erneuerung – die weiterhin zahllosen Arbeiten zum Thema »Gruppenleistung« erscheinen nun statt in einer sozialpsychologischen Fachzeitschrift in der »Organizational Psychology« –, doch bald zeichnen sich deutliche Veränderungen ab: In den 90er-Jahren geraten die Organisationen in Bewegung und mit ihnen die Arbeitsformen. Team- und Gruppenarbeit im Unternehmen stehen im Mittelpunkt des Interesses. Auftraggeber (und Forscher) wollen wissen: Was ist nötig, damit Teams in Organisationen optimal funktionieren? Wie können Teams lernen? Können sie sich selber steuern?

Von den vier Sammelreferaten zur Gruppenforschung zwischen 1991 und 2007 befassen sich drei ausschließlich mit Gruppen in Arbeitszusammenhängen – in zweien geht es um Teamarbeit (Guzzo/Dickson 1997; Ilgen u. a. 2005), im letzten (van Knippenberg/Schippers 2007) um Diversity in Arbeitsgruppen.

Die wichtigsten Veränderungen, die diese Sammelreferate notieren, sind folgende:

- Das Interesse an anwendungsbezogener Forschung nimmt merklich zu.
- Das Gruppenkonzept, über das zumindest in der Theorie Einigkeit besteht, ist deutlich komplexer geworden.
- Immer häufiger werden Gruppen eingebettet in Organisationen gesehen und auch so untersucht – sie werden »rekontextualisiert«.
- Der zeitlichen Dimension wird mehr Bedeutung eingeräumt, allerdings bislang mehr als »Projekt« und weniger in der tatsächlich vorliegenden Forschung.
- Es gibt ein deutliches Interesse, zur Untersuchung natürlicher Gruppen anspruchsvollere Instrumente zu entwickeln als einfach Vorher/Nachher-Befragungen oder extrem aufwendige Langzeitbeobachtungen.
- Der »reductionist approach«, der die Betrachtung des komplexen Gruppengeschehens aus praktischen Gründen auf wenige Variablen reduziert und das Gruppengeschehen als Summe des Verhaltens Einzelner sieht, ist, so scheint es, auf dem Rückzug.

Das Sammelreferat von Guzzo und Dickson (1997) hat zwei große Schwerpunkte: Sie stellen Untersuchungen zum Teamtraining aus verschiedenen Arbeitsfeldern vor und erstmals auch Arbeiten über virtuelle Teams.

Es geht zum Beispiel um die Frage, wie die Grenzen eines Teams zu ziehen seien. Bei Flugzeugbesatzungen – die häufig studiert werden – geraten wichtige Bereiche der Zusammenarbeit nicht in den Blick, wenn nur die Besatzung als zum Team gehörig betrachtet wird. Auch die Teamaufgaben werden als unabhängige Variablen bedeutsamer: Wie sieht der Zusammenhang zwischen Teamleistung und Aufgabe aus? (ausführlicher bei Hackman/Wageman 2005). Großen Raum nimmt die Frage ein, ob und in welcher Weise Teams von Trainingsmaßnahmen profitieren (ja, sie tun es). Ausführlich gehen die Autoren auf die Notwendigkeit ein, Gruppen als Teil der sie umgebenden Organisation zu verstehen; das Beispiel, das sie näher ausführen, enttäuscht allerdings. Denn dieses befasst sich nicht damit, wie die Organisation in das Team hineinwirkt, sondern wie sich die Einführung von Teamarbeit auf die Leistungsfähigkeit der Organisation auswirkt. Und wer in dieser Frage auf interessante Ergebnisse hofft, hofft vergebens. Zeitgleich mit der Teamarbeit wurden nämlich so viele Veränderungen vorgenommen, dass sich die tatsächlich höhere Leistungsfähigkeit der Organisation nicht mehr einer bestimmten Maßnahme zuordnen lässt.

Umfassender, in vieler Hinsicht »neuer« und theoretisch anspruchsvoller ist das Sammelreferat von Ilgen u. a. neun Jahre später (2005). Sie können sich auf eine wichtige Veröffentlichung stützen, die inzwischen erschienen ist. McGrath und seinen Mitarbeiterinnen legen das bislang am weitesten ausgearbeitete Konzept von »Gruppe« vor (Arrow/McGrath/Berdahl 2000). Ihre Absicht ist, die Gruppenforschung aus ihrer Sackgasse herauszuführen und durch ein komplexeres Gruppenkonzept neue Arbeiten zu befruchten.

Ilgen u. a. beziehen sich auf dieses Modell, wenn sie schreiben: »Teamforscher sind sich heute weitgehend einig darin, dass sie Teams als komplexe, lernfähige, dynamische Systeme verstehen. Diese existieren in einem Kontext, sind also ihrerseits

Bestandteil größerer Systeme. Diese wiederum bestehen aus Menschen, Aufgaben, Technologie und Settings. In diesem Kontext und über die Zeit hinweg durchlaufen Teams und ihre Mitglieder immer neue Zyklen der Veränderung. Die Teammitglieder interagieren untereinander und mit anderen Personen in der Umwelt des Teams. Diese Interaktionen verändern das Team, die Teammitglieder und ihre Umwelt in einer Art und Weise, die komplexer ist, als dass man sie mit einfachen Ursache-Wirkungs-Sichtweisen erfassen könnte« (S. 519). – Mit dieser Definition ist ein sehr anspruchsvolles Programm skizziert.

Obwohl die große Masse der Studien immer noch im Laboratorium erfolgt, ist klar, dass für reale Gruppen, also zum Beispiel für arbeitende Teams, raffiniertere Untersuchungsdesigns notwendig sind als Selbsteinschätzungen durch Fragebogen. Und da Teams in eine Organisation eingebettet sind, müssen Wechselwirkungen zwischen Team und Umwelt verstehbar werden. Man will nicht mehr so tun, wie in experimentellen Arbeiten jahrelang geschehen, als würde die Gruppe kontextfrei im Raume schweben. Zeitliche, räumliche, organisatorische und interaktionelle Kontexte wollen in ihrer Wirkung untersucht und verstanden werden (ausführlich dazu s. den Beitrag von Cornelia Edding »Die Umwelt von Gruppen – Kontextorientierung und Kontextsteuerung«, S. 467 ff.). Angesichts dieser ehrgeizigen Ziele verwundert es nicht, wenn die Verfasser anmerken, die Praxis der Forschung bewege sich zwar in Richtung dieses Konzepts, habe es aber bei Weitem noch nicht erreicht.

> Die Untersuchungsdesigns werden anspruchsvoller. Zeitliche, räumliche, organisatorische und interaktionelle Kontexte wollen verstanden werden.

Ilgen u. a. (2005) setzten nicht nur theoretisch neue Standards, sondern sie haben auch inhaltlich Interessantes zu berichten. Wie immer sind die Ergebnisse uneinheitlich und/oder widersprüchlich, aber die Fragen sind anregend. Zum Beispiel: Unter welchen Bedingungen helfen Teammitglieder einander? Wie lernen Teams und wie passen sie sich veränderten Anforderungen an? Welche Teameigenschaften sind dabei förderlich, welche hinderlich? Ist es wichtig, dass alle Teammitglieder den gleichen Kenntnisstand haben und über die gleichen mentalen Modelle verfügen – oder ist es wichtiger, dass sie alle Experten in einem bestimmten Gebiet sind und dies detailliert voneinander wissen (transaktives Wissen)? Möglicherweise, so erste Ergebnisse, hängt dies von der Art der Aufgabe ab. Über den praktischen Nutzen transaktiven Wissens informiert der Aufsatz von Busch (2008).

Das bislang letzte Sammelreferat (van Knippenberg/Schippers 2007), zum Thema Diversity in Arbeitsgruppen, verdeutlicht in der Zusammenschau einer längeren Entwicklung exemplarisch den mühsamen Prozess der konzeptionellen und empirischen Differenzierung eines Forschungsgegenstandes. Da zugleich sehr deutlich wird, was diese Forschung für den Praktiker leisten kann und was nicht, habe ich dem Suchprozess, der sich in diesem Sammelreferat abbildet, einen gesonderten Abschnitt gewidmet (s. S. 73 ff.).

Der zweite Zugang: »Erkenntnisprogramme«

Wie beobachtet die Forscherin die Gruppe und was sieht sie dort? – Unterschiedliche Forschungsperspektiven

Die Systemtheorie lehrt uns: Wir sehen nicht »die Wirklichkeit«, sondern wir sehen das Bild, das wir uns von ihr machen. Dies gilt nicht nur für den einzelnen Menschen, sondern ebenso für Berufsgruppen. Eine solche Berufsgruppe sind die Forscher. Die Fragen, die sie im Laufe von Jahrzehnten an Gruppen gestellt haben und noch stellen, die Aspekte von Gruppen, die sie sehen und die sie interessant finden, die blinden Flecke, die sie haben, die Kodierung von Beobachtungen, die sie als Ergebnisse bezeichnen, die Bezüge, mit deren Hilfe sie den Beobachtungen einen Sinn geben, sind bei einer Berufsgruppe nicht in erster Linie durch individuelle Unterschiede bestimmt. Es handelt sich vielmehr um Regelungen und Übereinkünfte der Forschergemeinschaft, die damit Verständigung sichern will.

Diese Übereinkünfte sind bei den Gruppenforschern nicht einheitlich. Es lassen sich vielmehr verschiedene Forschungsperspektiven unterscheiden, mit denen Verhalten in Gruppen beobachtet und untersucht wird. Beim Bemühen, sich im Labyrinth der Kleingruppenforschung zu orientieren, sind solche Unterscheidungen hilfreich (ausführlicher zum systemtheoretischen Ansatz s. Schattenhofer: Was ist eine Gruppe? S. 16 ff.).

1998 hatte Professor John Rohrbaug an der University of Albany, NY, eine folgenreiche Idee: Gruppenforscher aus unterschiedlichen Fachgebieten sollten zu Ehren des neuen Jahrtausends einmal Inventur machen und Bilanz ziehen, und zwar fach-, schulen- und länderübergreifend. Die Idee wurde aufgegriffen, und es entstand ein umfangreiches Projekt: »Evaluation Theory and Research on Groups: What Do We Know and What Do We Need to Know?« Auf dem Weg über verschiedene Konferenzen wurde daraus schließlich ein Buch, das für jeden eine Hilfe ist, der sich im Dschungel der Gruppenforschung orientieren möchte. In dem Werk »Theories of Small Groups – Interdisciplinary Perspectives«, herausgegeben von Poole und Hollingshead (2005), werden neun verschiedene Forschungsperspektiven dargestellt und anhand ausgewählter Kriterien miteinander verglichen. Auf diese Weise sollen die hochgradig fragmentierte Forschung über Gruppen und die vielfältigen theoretischen Ansätze zum Verständnis von Gruppen über die gängigen Wahrnehmungsgrenzen hinweg gesichtet und gebündelt werden. Die Autoren sprechen von »Forschungsperspektiven«, die sie miteinander vergleichen, um deutlich zu machen: Es geht ihnen nicht um die Darstellung einzelner Theorien oder Theorieansätze, sondern darum, Ansätze zu bündeln, die die Gruppen aus einem ähnlichen Blickwinkel betrachten – und sie von solchen zu unterscheiden, die eine andere Perspektive einnehmen.

Die neun Forschungsperspektiven von Poole und Hollingshead (2005)

Die funktionale Perspektive: Die Gruppe wird als Leistungsträger betrachtet, der seine Aufgabe mehr oder weniger gut macht. Die Forscher möchten verstehen, wie die Leistung zustande kommt, und suchen nach Wegen, sie zu optimieren.

Die psychodynamische Perspektive: Im Mittelpunkt des Interesses stehen die Gefühle und die nicht bewussten Prozesse der Gruppenteilnehmer, die sich in ihren Interaktionen ausdrücken. Das Projekt der Gruppe ist die Gruppe selbst, und Ziel der Erforschung ist Heilung oder persönliches Wachstum.

Die Perspektive der sozialen Identität: Menschen definieren sich auch über ihre Zugehörigkeit zu sozialen Gruppen. Sie identifizieren sich mit ihren Normen, Zielen und Eigenarten und lehnen andere ab (wir–sie). Schwerpunkt der Forschung sind Spannungen zwischen Gruppen, ihre Entstehung und Möglichkeiten ihrer Beeinflussung.

Konflikt, Macht und Status: Die Forschung fragt, welches die Ursachen der Vorlieben, Wahlentscheidungen und der ungleichen Verteilung von Ressourcen unter den Gruppenmitgliedern sind und wie sie sich auswirken.

Die symbolische Perspektive: Es geht um die Erforschung von Symbolen: Welche Art nutzt eine Gruppe, welche Praktiken verwendet sie mit welchen Folgen? Wie können Gruppen und Gruppenprozesse selbst als Produkte symbolischer Aktivitäten verstanden werden?

Die feministische Perspektive: Ziel ist es, die Benachteiligung von Frauen und anderen marginalisierten Gruppen zu beseitigen. Das Forschungsinteresse richtet sich auf die Untersuchung von Gender in Gruppen.

Die Netzwerkperspektive: Entscheidender Konzeptbaustein ist das Konzept der Bindung (tie) – zwischen Individuen, zwischen Gruppen und zwischen Individuum und Gruppe.

Die Zeitperspektive: Unter dieser Perspektive werden Untersuchungen zusammengefasst, die Veränderung oder Zeit als Hauptthema haben oder die die Zeit als Mediator anderer Phänomene betrachten.

Die evolutionäre Perspektive: In dieser Forschung geht es immer um Anpassungsvorgänge: Der funktionale Ansatz versteht Gruppen als ein Nebenprodukt individuellen Verhaltens mit dem Ziel, das Fortpflanzungspotenzial zu maximieren. Der historische Ansatz geht davon aus, dass Gruppenleben durch Anpassung an vergangene Zustände entstanden ist.

Drei dieser Perspektiven und ihre Ergebnisse stelle ich ausführlicher dar, nämlich

- die funktionale Perspektive,
- die Perspektive der sozialen Identität
- und die Konflikt-Macht-Status- Perspektive.

Sie decken über 90 Prozent der empirischen Kleingruppenforschung ab. Jede Forschungsperspektive richtet den Scheinwerfer ihres Interesses auf einen anderen Aspekt der Gruppe. Jede verfolgt andere Ziele. Jede ist theoriegebunden, wenn auch in unterschiedlichem Maße. Jede hat ein etwas anderes Verständnis von »Gruppe« und jede forscht mit anderen Fragen. Sie bieten Orientierung und schaffen Klarheit durch Unterscheidung und Vergleich. Sie scheinen mir außerdem gut geeignet, den Praktikern zu helfen, ihren Standort zu bestimmen oder sich seiner zu versichern: Welchen Denktraditionen fühlen wir uns verpflichtet? Worauf richten wir unseren Blick, wenn wir das Gruppengeschehen betrachten? Was sind unsere Ziele – und was sind die unserer Klienten und Auftraggeber?

Die funktionale Perspektive

Unter diesem Blickwinkel erscheint die Gruppe als ein Leistungsträger, der seine Aufgaben mehr oder weniger gut macht. Die Forscher möchten herausfinden, welche Inputs und welche Prozesse dazu führen, dass die Leistung gut wird – und welche die Qualität mindern. Sie möchten zudem Interventionen entwerfen, die nützliche Prozesse befördern und schädliche, das heißt leistungsmindernde, abschwächen oder verhindern.

> Die Gruppe ist ein Leistungsträger und die Forschung will herausfinden, welche Interventionen ihre Leistung steigern.

Alle Untersuchungen zu Leistungssteigerung und Leistungsvorteilen von Gruppen (vgl. auch den Beitrag von Hubert Kuhn: Die Gruppe als Mittel zur Leistungssteigerung, s. S. 124 ff.) entstammen dieser Perspektive. Ich schildere im Folgenden ihre Kennzeichen und ihre verschiedenen theoretischen Ansätze in Anlehnung an Hollingshead u. a. (2005).

Allen funktionalen Ansätzen gemeinsam sind vier Grundannahmen:

- Gruppen sind zielorientiert. Die Ziele können unterschiedlicher Art sein; meist jedoch sind es aufgabenorientierte Ziele.
- Gruppenverhalten und Gruppenleistung sind unterschiedlich und können anhand von Standards evaluiert werden. Wenn die Standards nicht erreicht werden, kann die Gruppe mit Interventionen unterstützt werden.
- Interaktionsprozesse haben einen Nutzen; manche sind nützlicher als andere. Sie können durch passende Interventionen beeinflusst werden.
- Interne und externe Faktoren beeinflussen die Gruppenleistung auf dem Weg über die Interaktion der Mitglieder. Die Gruppenleistung hängt kausal von internen und externen Inputs ab.

Nicht lineare Prozesse können unter dieser Perspektive weder entdeckt noch erklärt werden. Die empirische Kleingruppenforschung wurde in erster Linie durch Arbeiten dieser Perspektive geprägt. Sie liegt der großen Mehrheit von Untersuchungen zugrunde. Innerhalb der funktionalen Perspektive lassen sich verschiedene theoretische Ansätze und die ihnen zugehörigen Forschungen ausmachen.

Die funktionale Theorie der Entscheidungsfindung in Gruppen (Hirokawa/Poole 1996)

Die Frage, warum manche Gruppen bessere Entscheidungen treffen als andere, hat Forscher verschiedener Disziplinen immer wieder interessiert. Inzwischen ist man zu der Überzeugung gelangt, dass die Ursache dafür in der Qualität der Interaktion *vor* der Entscheidung zu suchen ist. Die meisten Untersuchungen konzentrieren sich auf die Beziehung zwischen der Gruppenleistung und der Fähigkeit der Gruppe, etliche »Regeln« für gute Entscheidungsfindung, die sich aus einer Fülle von Studien herausgeschält haben, zu berücksichtigen. Diese Regeln sind:

● Das Problem verstehen.
● Anforderungen an eine akzeptable Lösung definieren.
● Eine Liste akzeptabler und realistischer Alternativen entwickeln.
● Vor- und Nachteile jeder Alternative gründlich studieren und herausarbeiten.

Die empirischen Tests dieser Regeln zeitigten widersprüchliche Ergebnisse, bis klar wurde, dass die Einhaltung dieser Regeln bei manchen Aufgaben wichtiger war als bei anderen. In einer Metaanalyse vorliegender Arbeiten erwies sich

● die sorgfältige Prüfung der negativen Konsequenzen einer jeden Alternative als wichtigste Regel (Orlitzky/Hirokawa 2001).
● Bei komplexen Aufgaben mit unklaren Zielen wurde die sorgfältige Problemanalyse immer wichtiger.

Brainstorming

Ein von Gruppenleitern gern eingesetztes Instrument, um die Leistungsfähigkeit der Gruppe zu nutzen, ist das Brainstorming. Osborn, der die Idee 1953 populär machte, war davon überzeugt – wie viele nach ihm –, dass Gruppen, die nach den Regeln des Brainstormings arbeiten, »den Geist befreien« und besonders viele und gute Ideen hervorbringen. Sie sind, so die Annahme, Ansammlungen von Personen, die nicht in der durch die Regeln definierten Weise interagieren, überlegen. Hierzu gibt es mittlerweile eine Fülle von Untersuchungen, auch aus den letzten Jahren, die alle zeigen: Brainstorming in einer Face-to-Face-Gruppe liefert keineswegs die besten Ergebnisse.
Nominelle Gruppen, also Einzelne, deren Leistungen zu einem Gruppenergebnis zusammengefasst werden, sind in der Ideenfindung dem Brainstorming überlegen. Noch besser sind die Leistungen, wenn die Personen je einzeln vor einem Computer sitzen und dort ihre Ideen eingeben, wobei gleichzeitig die Ideen der anderen eingespeist werden. So bleibt einerseits die anregende Wirkung der Einfälle anderer erhalten, andererseits sind die Störungen, die durch die Gruppe entstehen, weitgehend ausgeschaltet.
Für den »process loss« – also den Leistungsverlust, der durch die Gruppenarbeit entsteht – gibt es folgende Erklärungen:
● Gruppenmitglieder halten sich aus Angst, von den anderen bewertet zu werden, mit Ideen zurück.

- Die Tatsache, dass mehrere zugleich sprechen, blockiert eigene Gedankengänge (»production blocking«).
- Es entwickeln sich durch den Vergleich mit den Ideen der anderen Prozesse der Konvergenz, der gegenseitigen Angleichung. Stark abweichende Ideen werden unterdrückt. Dadurch pendelt sich die Gruppe auf einem niedrigen Leistungsniveau ein.

(Zusammenfassend zu finden bei Kerr/Tindale 2004.)

Der »Social-Combination«-Ansatz

Dieser Ansatz befasst sich damit, wie aus den Einzelmeinungen der Gruppenmitglieder eine Gruppenmeinung entsteht. Die Forscher entwerfen und untersuchen Modelle, wie man sich den Weg von der Einzelmeinung zur Gruppenmeinung vorstellen könnte. Die wichtigsten Ergebnisse sind:

- Gruppen sind schlechte Nutzer von Informationen, die unter ihren Mitgliedern vorhanden sind. Sie neigen dazu, solche Informationen zu ignorieren, es sei denn, viele Gruppenmitglieder bringen sie ein.
- Es werden in Gruppen nur die Lösungsalternativen diskutiert, die bereits vor der Diskussion von einem Gruppenmitglied vertreten wurden.
- Die Neigung von Gruppen, vorwiegend Informationen zu diskutieren, die viele Gruppenmitglieder gemeinsam haben, führt dazu, dass wichtige Fakten, über die nur einzelne Mitglieder verfügen, oft unentdeckt und daher ungenutzt bleiben.
- Wenn Gruppen allerdings eine längere Diskussionszeit bekommen, steigen die Chancen, diese Informationen zu entdecken.
- Die Art, wie aus den Einzelmeinungen ein Konsens wird, hängt von der Art der Aufgabe ab.
- Es wird unterschieden zwischen Aufgaben, bei denen es eine richtige Lösung gibt, die nur gefunden werden muss (Aufgaben des Suchens und Findens, s. Hofstätter 1958), und Aufgaben, bei denen die Gruppe zu einer bewertenden Entscheidung kommen muss, wie zum Beispiel bei einer Jury-Entscheidung (Aufgaben des Bestimmens, bei Hofstätter).
- Ergebnisse bei Aufgaben, für die eine korrekte Lösung existiert, lassen sich am besten durch ein »Truth-supported-wins«-Modell voraussagen, das heißt, die richtige Lösung setzt sich dann durch, wenn sie von mindestens einem Gruppenmitglied unterstützt wird.
- Wenn es kein Richtig oder Falsch gibt, sondern die Gruppe zu einem bewertenden Urteil kommen, also einen Konsens erreichen muss, lässt sich das Ergebnis durch Mehrheitsmodelle am besten voraussagen. Wenn die Mehrheit der Gruppenmitglieder zu einer bestimmten Entscheidung tendiert, wird dafür schließlich auch ein Konsens erreicht. Zahllose sogenannte »Jury-Versuche«, in denen die Geschworenen zu einem Urteil kommen sollen, belegen dies.

In den 1970er-, 1980er- und 1990er-Jahren war der »Social-Combination«-Ansatz in der sozialpsychologischen Gruppenforschung sehr beliebt und einflussreich. In ihrem Sammelreferat aus dem Jahr 2004 erwähnen Kerr und Tindale ein weiteres Forschungsfeld: Wie verbinden sich die verschiedenen Meinungen zu einer Entscheidung, wenn es keine Diskussion gibt? In manchen Settings bekommt eine Person, beispielsweise der Leiter, von vielen Menschen Ratschläge, entscheidet aber schließlich allein. Wie viel Einfluss haben die Ratgeber auf die Entscheidung?

- Entscheider halten ihre eigenen Einschätzungen für wichtiger als die der Ratgeber.
- Sie hören mehr auf Ratgeber, deren Meinungen ihrer eigenen Position entsprechen.
- Ratgeber, die in der Vergangenheit »richtig« beraten haben, sind einflussreicher.
- Je höher das Selbstvertrauen der Ratgeber, desto größer ihr Einfluss. Wenn man versucht, den Einfluss eines Ratgebers vorherzusagen, dann sagt die Messgröße »Selbstvertrauen des Ratgebers« den Einfluss am besten voraus.

Konfliktmanagement im Team

Konflikte in Gruppen sind ein altes Forschungsthema innerhalb der funktionalen Perspektive. Lange Zeit wurde bei emotionalen oder Beziehungskonflikten in Gruppen eine Leistungsminderung, bei Aufgabenkonflikten jedoch eine Verbesserung der Leistung erwartet. Diese Annahmen lassen sich so nicht halten. Neuere Arbeiten konzentrieren sich vor allem auf Teams in Organisationen. Sie nehmen an, dass diese Teams zielorientiert arbeiten und dass die Mitglieder, auch wenn sie individuelle Ziele haben, dennoch gleichzeitig Teamziele verfolgen. Trotz gemeinsamer Ziele gibt es jedoch Konflikte. Die Studien unterscheiden zwischen Beziehungskonflikten, Aufgabenkonflikten und Prozesskonflikten. Beziehungskonflikte werden definiert als Streitigkeiten über persönliche Themen, die mit der Arbeit nichts zu tun haben. Sie ziehen Energie von der Arbeit ab. Aufgabenkonflikte werden definiert als Uneinigkeit in arbeitsbezogenen Themen; als Prozesskonflikte werden Auseinandersetzungen über die Delegation der Aufgaben und die Zuständigkeit sowie über die Verteilung der Ressourcen definiert. Die wichtigsten Forschungsergebnisse sind:

- Beziehungskonflikte haben negative Auswirkungen; sie führen zu verringertem Engagement, geringerer Leistung, höherer Abwesenheit und geringerer Arbeitszufriedenheit.
- Aufgabenkonflikte führen zu Auseinandersetzungen über aufgabenbezogene Fragen. Dies kann die Arbeitsleistung verbessern, wenn die Aufgabenkonflikte zu einer vertieften Auseinandersetzung über die Aufgabe führen.
- Neuere Untersuchungen stellen diese Auffassung infrage. Auch Aufgabenkonflikte, so die Forscher nun übereinstimmend, schaden der Teamarbeit (vgl. Ilgen u. a., 2005).

- Prozesskonflikte entstehen durch Uneinigkeit über die Arbeitsverteilung und Ressourcenzuteilung. Die resultierenden Spannungen führen zu geringerer Arbeitszufriedenheit.
- Die Erforschung von Prozesskonflikten entlang einer Zeitleiste ergab, dass Teams mit hoher Leistung sich zu Beginn eines Projektes stärker über Prozessfragen auseinandersetzten; in der Mitte, also während die Arbeit gemacht wurde, fehlten Prozesskonflikte fast völlig, um gegen Ende des Projekts noch einmal anzusteigen – dann nämlich, wenn geklärt wurde, wer in der anstrengenden Abschlussphase welche Arbeiten übernehmen sollte.

Ein anderer Zweig der funktionalen Konfliktforschung konzentriert sich auf das Thema Unterschiedlichkeit in Teams (Diversity). Fragen und Ergebnisse zu diesem Thema sind auf Seite 73 ausführlich dargestellt.

Die Perspektive der sozialen Identität (vgl. Abrams u. a. 2005)

Das Interesse der Kleingruppenforscher hat immer auch den Beziehungen zwischen Gruppen gegolten. Seit Muzafer Sherifs berühmten Sommerlager-Experimenten Mitte der 1950er-Jahre sind die Spannungen zwischen Gruppen und Möglichkeiten, Entspannung herbeizuführen, Gegenstand vieler Studien gewesen. (Überblick bei Hewstone/Rubin/Willis 2002). Motor dieser Forschung war lange Jahre das Interesse, Spannungen zwischen Gruppen unterschiedlicher Rasse oder Religion zu verstehen und zu verringern. In den letzten Jahren hat das Thema im Zusammenhang mit Fusionen neue Aktualität gewonnen.

Die Klassiker: Das »Robbers Cave«-Experiment

Im Jahre 1954 lud der Sozialpsychologe Muzafer Sherif 22 Jungen aus Oklahoma City in ein Sommerlager (»Robbers Cave«) ein. Die Kinder, die einander nicht kannten, reisten in zwei verschiedenen Bussen an. Jede Gruppe bezog eine Hütte. Und schon bevor das Programm begann, sprachen sie abfällig über die jeweils andere Gruppe (ohne einander je gesprochen zu haben).
Im Lager fand eine Reihe von Wettkämpfen zwischen den beiden Gruppen statt – Tauziehen, Baseball, Schatzsuche und Ähnliches. Diese Wettkämpfe führten dazu, dass jede Gruppe sich fester zusammenschloss; Feindseligkeiten gegen die andere Gruppen, nahmen zu. Sie wurde mit abfälligen Bezeichnungen belegt, es gab Prügeleien, und die Fahne einer Gruppe wurde verbrannt. Ein starkes Wir ihr Gefühl war entstanden.
Wie würde es möglich sein, dieses Gefühl zum Verschwinden zu bringen und durch ein Gemeinschaftsgefühl zu ersetzen, das beide Gruppen einschloss?
Ein gemeinsamer Kinobesuch – also einfacher Kontakt – führte nicht zu einer Veränderung. Erst als verschiedene Missgeschicke das Lager heimsuchten – die Wasserzufuhr war unterbrochen; ein Lastwagen, der die Kinder zu einem Picknick bringen sollte, blieb stecken –, legte sich die Feindschaft. Probleme, die alle betrafen und die nur gemeinsam gelöst werden konnten, beseitigten die Spannungen zwischen den Gruppen.

Wichtige Annahmen und Konzepte

Den meisten neueren Arbeiten in diesem Forschungsfeld liegt die »Theorie der sozialen Identität« zugrunde (Tajfel/Turner 1979). Diese nähert sich dem Thema »Intergruppenbeziehungen« auf ungewöhnliche Weise, nämlich über das Individuum. Jeder Mensch hat nicht nur eine persönliche, sondern auch eine soziale Identität. Diese entsteht aus dem Sich-zugehörig-Fühlen zu sozialen Gruppen. Auf der Grundlage dieser Identifikation führt der Einzelne fortlaufend Prozesse der sozialen Kategorisierung durch: Bist du einer von uns oder einer von denen?

Kurz gesagt, der Ansatz der sozialen Identität beginnt mit der Annahme, dass »die Gruppe im Individuum ist – und nicht umgekehrt« (Abrams u. a. 2005, S. 100).

Die funktionale Perspektive sieht die Gruppe als eine soziale Größe, die unabhängig vom Einzelnen existiert. Der Ansatz der sozialen Identität dagegen behauptet: Eine Gruppe gibt es nur insoweit, als ihre Mitglieder das Gefühl einer gemeinsamen Identität haben. Die Gruppe ist also eine subjektive Größe.

Motor des Gruppenprozesses, so eine weitere Annahme, ist das Vergleichen. Die Gruppenmitglieder streben eine positive soziale Identität an. Um diese zu sichern, vergleichen sie sich innerhalb der Gruppe und mit anderen Gruppen. Ziel ist es, den Wert und die Besonderheit ihrer Gruppe zu verdeutlichen. Aspekte des Vergleichs sind solche, die für die Gruppe als Ganzes wichtig sind.

Die Kohäsion der Gruppe wird nicht über Ziele, Status oder gegenseitige Sympathie gesichert, sondern über die geteilte Identität.

Selbstkategorisierung. Die soziale Kategorisierung, die der Einzelne vornimmt, wenn er zwischen wir und ihr unterscheidet, setzt eine Selbstkategorisierung voraus: Das Individuum muss sich selbst einer Gruppe zuordnen. Laut Tajfel und Turner geschieht dies laufend. In jeder sozialen Situation ordnet der Einzelne sich selbst und andere den Kategorien zu, die gerade am besten passen. Auf dem Flughafen können das Passagiere und Angestellte sein; beim Fußballspiel Deutsche und Ausländer; beim Elternabend Lehrer und Eltern. Und immer definiert sich der Einzelne als einer bestimmten Gruppe (im Moment) zugehörig, einer anderen nicht. Wir definieren uns über vielfache Zugehörigkeiten und nicht nur über eine. Nicht alle Zugehörigkeiten sind gleich wichtig – nur manche sind für die eigene Identität von zentraler Bedeutung. Wenn die soziale Situation sich verändert, werden dadurch möglicherweise andere Zugehörigkeiten aktiviert: So können sich zwei Nachbarn in einem Moment gemeinsam über die lauten Russlanddeutschen nebenan aufregen und sich darin ganz einig sein – im nächsten jedoch untereinander in einen Streit geraten, weil der eine die Grünen, der andere eine konservative Partei wählt. Um sich einer Gruppe zugehörig zu fühlen, bedarf es keiner Face-to-Face-Begegnung.

Depersonalisierung. Die wichtigste Folge der sozialen Kategorisierung ist die wahrgenommene Unterschiedlichkeit zwischen Wir-Gruppe und Die-Gruppe – eine Polarisierung der Unterschiede, die nichts mit konkreten Personen zu tun hat. Beide Gruppen werden durch Prototypen definiert – der typische Grünen-Wähler, der typische Russlanddeutsche – und nicht durch reale Personen. Aber die Gruppenmitglieder – und auch die eigene Person – werden diesem Prototyp ähnlich gemacht. In der Social-Identity-Perspektive heißt dieser Prozess »Depersonalisierung«. Gruppenmitglieder werden danach beurteilt, wie ähnlich sie dem Prototyp sind, und auch in der Selbstwahrnehmung ist der Prototyp die Vergleichsgröße. Je bedeutsamer die jeweils aktivierte Zugehörigkeit für den Einzelnen ist, desto stärker ist die Depersonalisierung.

Depersonalisierung heißt: Der Einzelne nimmt den Wir-Gruppen-Prototyp als Norm, das Wir-Gruppen-Stereotyp wird zu seiner Selbstbeschreibung; die Interessen der Wir-Gruppe werden zu seinen eigenen; eine Bedrohung der Wir-Gruppe wird zu einer Bedrohung seiner selbst.

Attraktivität und Status einzelner Gruppenmitglieder hängen davon ab, inwieweit sie die Gruppenidentität verkörpern, also »prototypisch« sind.

Zusammengefasst einige Forschungsergebnisse

- Viele Entscheidungsprozesse in Gruppen finden im Kontext von Intergruppenbeziehungen statt. Deswegen nimmt die Perspektive der sozialen Identität an, dass Gruppenmitglieder, deren Meinung ganz besonders prototypische Unterschiede zur anderen Gruppe zum Ausdruck bringt, besonders einflussreich sein werden.
- In Entscheidungssituationen suchen die Gruppenmitglieder zumindest zu Beginn einen Konsens, indem sie sich auf prototypische Meinungen und Gruppenmitglieder konzentrieren.
- Die Attraktion zu Gruppenmitgliedern wird stärker bestimmt durch die geteilte Identität als durch zwischenmenschliche Attraktion oder Ähnlichkeit. Hogg (1992) unterscheidet daher zwischen sozialer und persönlicher Attraktivität. Die soziale Attraktivität hängt von der Ähnlichkeit zwischen Gruppenmitglied und Prototyp auf der einen und der Bedeutung der Gruppenidentität für das Individuum auf der anderen Seite ab.
- Die Ergebnisse dieser Untersuchungen führen zu der Idee, dass das warme Gefühl des Gruppenzusammenhalts nicht auf zwischenmenschlicher Sympathie fußt, sondern dem Angezogensein durch den Prototyp entspringt. Genaueres über die Bedeutung dieses Ansatzes für die Leitung von Gruppen schreibt Gisela Clausen (s. S. 358 ff.). Die Perspektive der sozialen Identität hat sich als nützlich erwiesen, abweichendes Verhalten von Menschen gegenüber einer Gruppe, der sie sich zugehörig fühlen, oder gar den Austritt aus dieser Gruppe zu erforschen. Bei jugendlichen Straftätern, bei Sektenmitgliedern, bei Gangmitgliedern oder rechten Gruppen ist es interessant, zu wissen: Unter welchen Bedingungen tritt abweichendes Verhalten auf, was sind die Voraussetzungen und die Folgen?
- Die Reaktion auf abweichendes Verhalten einzelner Gruppenmitglieder hängt offenbar sehr davon ab, ob sie Mitglieder der eigenen oder einer fremden Gruppe

sind. Der »Schwarze-Schaf-Effekt« besagt, dass abweichende Wir-Gruppen-Mit-glieder viel schärfer kritisiert werden als abweichende Die-Gruppen-Mitglieder. Es scheint, als ginge es nicht um das jeweilige Verhalten an sich und seine Kritik-würdigkeit, sondern allein um die Frage, ob dieses Verhalten der eigenen Gruppe schadet oder nicht.

- Folglich sind Gruppenmitglieder bereit, ein Verhalten bei einem Gruppenmitglied zu tolerieren oder zu verzeihen, das extremer ist, als die Normen der Gruppe es fordern. Dagegen treffen Abweichler, die »mildere« Einstellungen gegenüber an-deren Gruppen an den Tag legen, auf viel größere Missbilligung.
- Wenn die eigene Gruppe heterogen und die Konkurrenz zur anderen Gruppe groß ist, wird auf abweichendes Verhalten schärfer reagiert.

Das »Minimal-Group«-Paradigma (Gruppierungseffekte unter minimalen Bedingungen)

Der überwiegende Teil der Forschungen zur sozialen Identität arbeitet mit dem »Mi-nimal-Group«-Paradigma. Einzelpersonen werden nach dem Zufallsprinzip in zwei oder mehr Gruppen eingeteilt, aber auf der Basis eines scheinbar bedeutsamen Kri-teriums – zum Beispiel Kandinsky-Liebhaber versus Van-Gogh-Liebhaber. Alle Teil-nehmer am Versuch bleiben anonym. Sie kennen sich untereinander nicht und wissen nicht, wer zu welcher Kategorie gehört. Die Teilnehmer werden dann gebeten, Beloh-nungen zu verteilen, und dabei hat sich immer wieder gezeigt, dass allein die Tatsache einer Selbstkategorisierung (Kandinsky-Liebhaber) beim Einzelnen bereits zu einer Ingroup-Outgroup-Bildung und zu einer Bevor-zugung von – persönlich unbekannten – anderen Kandinsky-Liebhabern führt.

> Allein die Tatsache, dass wir uns innerlich einer Gruppe zuordnen, führt bereits zu einer Bevorzugung dieser Gruppe.

Diese »Minimal-Group«-Methode wird ver-wendet, weil sie erlaubt, andere Einflussfakto-ren wie Geschichte, persönliche Beziehungen, Vertrautheit auszuschließen. Die Methode zeigt, wie allein die Selbstkategorisierung bereits eine Bevorzugung der Wir-Gruppe hervorbringt. Etliche solcher Versuche re-feriert Hogg (1992).

Die Konflikt-Macht-Status-Perspektive

Unter dem Begriff Konflikt-Macht-Status-Perspektive (vgl. Lovaglia u. a. 2005) wer-den Arbeiten zusammengefasst, die sich für drei Merkmale der Dynamik von Klein-gruppen interessieren: für Konflikte, für Macht und für Status. Manchmal erforschen sie auch Zusammenhänge zwischen diesen drei Merkmalen, aber meist nicht. Es gibt keine verbindende Theorie dieser Perspektive, aber eben verschiedene Theorien-ansätze.

Die wichtigsten Theorieansätze und Forschungskonzepte dieser Perspektive sind: die Social-Exchange-Theorie (Thibault/Kelley 1952), die Social-Dilemma-Forschung, die Expectation-State-Theorie (Berger/Zelditch 1985) und die Power-Dependency-Theorie (Emerson 1962).

Sie alle unterstellen, dass Gruppenmitglieder sich hinsichtlich ihrer Ressourcen, ihres Status und ihrer Macht unterscheiden. Sie konzentrieren sich auf die Frage, wie diese Unterschiede entstehen und sich reproduzieren, und sie wollen wissen, wie diese Unterschiede Gruppenprozesse und Gruppenergebnisse beeinflussen.

Die grundlegenden Annahmen sind:

- Alle Interaktionen sind Tauschgeschäfte.
- Die beteiligten Akteure wollen ihr eigenes oder das Ergebnis ihrer Gruppe maximieren.
- Die Akteure brauchen einander, um Ergebnisse zu erzielen.
- Viele Gruppeninteraktionen sind sogenannte »Mixed-Motive«-Interaktionen, das heißt, persönliche Vorteile und solche für die Gruppe müssen ausbalanciert werden.
- Die Akteure unterscheiden sich in ihren Vorlieben, Ressourcen und Entscheidungen für oder gegen den Gruppenvorteil, für oder gegen den persönlichen Gewinn.
- Als Resultat entwickeln sich Konflikte, aber auch Macht- und Statusunterschiede.

Im Unterschied zur funktionalen Perspektive, deren Forscher dazu beitragen möchten, dass Gruppen besser funktionieren, und im Unterschied zur Perspektive der sozialen Identität, deren Forscher Spannungen zwischen Gruppen abbauen wollen, verfolgen diese Studien keine Verbesserungsziele. Ihnen geht es – von den Interessen einzelner Forscher einmal abgesehen – vorrangig um das Verstehen. Sie sind in ihrer normativen Orientierung »agnostisch« (vgl. Poole u. a. 2005).

Social-Dilemma-Forschung

Soziale-Dilemmata-Spiele – auch »Mixed-Motive«-Spiele genannt – sind Experimente, die das Individuum in eine Konfliktsituation bringen: Verfolgt die Person kurzfristigen persönlichen Nutzen oder Gruppeninteressen? (Die Forschungen zur sozialen Identität »ruinieren« das Social-Dilemma-Konzept an einer Stelle, denn bei genügend hoher Identifikation mit der Gruppe verschwindet der Konflikt zwischen Einzel- und Gruppeninteresse; der Einzelne erlebt sich als mit der Gruppe identisch.)

Das klassische Experiment ist das Gefangenendilemma, bei dem zwei Gefangene (in Einzelhaft!) sich entscheiden müssen, ob sie kooperieren oder den anderen verraten wollen.

Die Grundstruktur dieses Settings ist oft variiert worden. Viele Aspekte des Themas wurden beforscht, zum Beispiel die Bedeutung der Gruppengröße für die Entscheidung. Was passiert, wenn nicht nur zwei, sondern drei, vier Personen kooperieren müssen?

- Viele Untersuchungen haben ergeben, dass mit zunehmender Gruppengröße die kooperativen Entscheidungen abnehmen, also der Egoismus zunimmt. Aber dieses Ergebnis ist nicht unumstritten. Kerr (1989) hat dazu eine Reihe interessanter Experimente gemacht.
- Offenbar wirkt sich die Gruppengröße auf die Überzeugung des einzelnen Gruppenmitglieds aus, es könne einen signifikanten Beitrag zum Gelingen der Gruppenaufgabe leisten. Je größer die Gruppe, desto geringer das Vertrauen in diese eigene Möglichkeit. Das heißt, mit wachsender Gruppengröße nimmt nicht die Neigung zur Zusammenarbeit ab, sondern das Zutrauen in die Bedeutung des eigenen Beitrags.
- Auch der Status ist für die Kooperationsneigung von Bedeutung. Gruppenmitglieder mit hohem Status sind eher bereit, zum Gemeinwohl beizutragen, als solche mit niedrigem Status. Sie tun dies, weil sie erwarten, größeren Einfluss auf die Strategie der Gesamtgruppe ausüben zu können.
- Für viele Organisationen ist die Frage wichtig, ob die Neigung, individuelle Interessen zugunsten des gemeinsamen Ganzen zurückzustellen (also zu kooperieren, wie es in der Sprache der Social-Dilemma-Forscher heißt), sich durch Belohnungen oder Strafen beeinflussen lässt.
- Frühe Untersuchungen fanden, dass die Belohnung von Kooperation effektiver ist als die Bestrafung des konkurrierenden Verhaltens (Komorita/Barth 1985). Allerdings hat sich inzwischen gezeigt, dass sich auch durch Bestrafung eine hohes Maß an Kooperation erreichen lässt (z.B. Ostrom/Walker/Gardner 1992).

Die meisten Social-Dilemma-Arbeiten untersuchen, wie sich die Neigung zur Kooperation in Abhängigkeit von verschiedenen Bedingungen verändert. Stabil bleiben dabei die institutionellen Regeln. Es gibt allerdings auch Studien zu der Frage, wann Gruppen kooperieren, um diese institutionellen Regeln zu ändern. Die verlässlichsten Ergebnisse sind:

- Gruppenmitglieder wollen strukturelle Veränderungen (und zwar weg von größerer Freiheit hin zu stärkeren Eingriffen der Vorgesetzten, Einrichtung eines Bestrafungssystems; »Privatisierung« des vorher allen zugänglichen Ressourcen-Pools) dann, wenn das Gruppenergebnis schlecht ist aufgrund von übermäßigem Verbrauch der Ressourcen und/oder übermäßigem Trittbrettfahren.
- Ungleiche und unfaire Verteilung der Ressourcen allein ist keine hinreichende Bedingung dafür, dass Gruppenmitglieder eine strukturelle Veränderung anstreben.

Diese Ergebnisse sind ernüchternd für die Idee, Teams als Ausgangspunkt für Organisationsveränderungen zu nutzen. Sie dürften auch im Zusammenhang mit dem Thema »Selbststeuerung« (s. Schattenhofer, S. 437 ff.) von Interesse sein. Ein theoretisches Modell, um einzuordnen und die Entscheidungsfindung bei strukturellen Veränderungen zu verstehen, haben Charles D. Samuelson und David M. Messick (1995) entwickelt.

Status und Macht

Weiten Teilen der Forschung zu Status und Macht liegt die »Expectation-State«-Theorie zugrunde. Danach beruht der Status eines Gruppenmitglieds auf den Erwartungen der anderen Gruppenmitglieder an ihn oder sie. Aufgrund der jeweiligen Statusmerkmale erwarten sie einen größeren oder geringeren Beitrag zu wichtigen Gruppenzielen.

Ein zuverlässiges Ergebnis der Statusforschung lautet: Status »organisiert« die Interaktion der Gruppenmitglieder dadurch, dass Statusmerkmale eine Struktur liefern, innerhalb derer Machtausübung (oder der Verzicht darauf) akzeptiert wird. Je höher der Status, desto mehr Macht und Prestige wird dem Gruppenmitglied zugestanden, desto mehr lassen sich andere Gruppenmitglieder von ihm oder ihr beeinflussen.

Eine noch nicht abschließend beantwortete Frage ist: Wie geschieht das? Auf welche Weise erzeugen und erhalten Statusmerkmale Ungleichheit in Macht und Einfluss?

Statusmerkmale können diffus oder spezifisch sein. Diffuse Merkmale sind offensichtlich, wie beispielsweise Geschlecht, Rasse, Alter. Spezifische Merkmale sind mit besonderen Fähigkeiten und Kompetenzen verbunden, wie zum Beispiel besondere Geschicklichkeit im Umgang mit Computern oder die Fähigkeit, Konflikte zu schlichten. Die Bewertung der Statusmerkmale kann gesellschaftlich sein – wie sie es in der Regel bei diffusen Statusmerkmalen ist –, sie kann aber auch gruppen- oder situationsspezifisch sein.

Die Statusmerkmale eines Gruppenmitglieds erzeugen in den anderen eine Erwartungshaltung, die dazu führt, dass sie dem Mitglied mit höherem Status mehr Macht einräumen und mehr Prestige zuschreiben als dem Mitglied mit niedrigerem Status.

Allerdings gibt es Ausnahmen für diese Regel. Es kann sein, dass ein Ereignis oder ein anderes Merkmal die Ausrichtung der Erwartungen außer Kraft setzt. Dabei wirkt etwas, was die Forscher den »burden of proof process« (Beweislast-Prozess) nennen. Das bedeutet: Ein Statusmerkmal ist immer »automatisch« wirksam, es sei denn, ein Ereignis signalisiert, dass die automatische Wirkung des Merkmals außer Kraft gesetzt werden soll. Der Träger eines Statusmerkmals muss also nicht Einfluss einfordern, sondern eine Intervention muss den Einfluss verhindern.

Das Merkmal »Geschlecht«, ein diffuses Statusmerkmal in dem Sinne, dass es offensichtlich ist und dass es alles durchdringt, ist ganz gut untersucht worden.

- Danach gibt es bei sonst statusgleichen Männern und Frauen nur wenige Verhaltensunterschiede in Gruppen, alle im Bereich des sozioemotionalen Verhaltens (zum Beispiel lächeln Frauen mehr).
- Wenn Frauen in der Leitungsrolle sind, verschwinden diese Unterschiede.

Die Untersuchungen in diesem Bereich legen nahe, dass nicht die Statusmerkmale eines Individuums an sich von Bedeutung sind, um die Folgen vorherzusagen, sondern die Zusammensetzung der Gruppe, also die Statusmerkmale in ihrer Zusammensetzung. Ein Statusmerkmal wird zum Beispiel mehr beachtet, wenn es in einer Gruppe sehr selten vorkommt, beispielsweise wird das Merkmal Geschlecht umso wichtiger, je größer der Unterschied in der Zahl von Männern und Frauen in der Gruppe ist.

Der Prozess, der dem Statusmerkmal zu seiner Wirksamkeit verhilft, sieht folgendermaßen aus:

- Das Statusmerkmal wird sichtbar.
- Das Statusmerkmal wirkt: Die Gruppenmitglieder erkennen es an und unterwerfen sich.
- Anerkennung und Unterwerfung wirken verstärkend sowohl auf die Person mit dem Merkmal als auch auf die anderen Gruppenmitglieder.
- Das zeigt: Erste Interaktionen sind besonders wichtig, denn damit beginnt eine vorgezeichnete »Flugbahn« des Verhaltens.

Elizabeth Cohen (1982, 1993) hat Experimente in Kindergruppen gemacht mit dem Ziel, Statusunterschiede zwischen Angehörigen der Majorität und Kindern der Minorität zu verringern. Ihr Ziel war, den Status-»Automatismus« in seiner Wirksamkeit zu dämpfen. Dazu erwarb ein Minoritätenkind eine spezifische neue Fertigkeit und wurde dann gebeten, diese einem Kind, das zur Majorität gehörte, beizubringen. Dadurch entstand ein Widerspruch zwischen dem diffusen Statusmerkmal »Minorität« und dem spezifischen Statusmerkmal »besondere Fertigkeit x« (»inconsistency principle«). Die Status- und Einflussunterschiede verringerten sich.

Eine Intervention, die Cohen in ihren Gruppen anwandte, bestand darin, die Kinder gemeinsam an Aufgaben arbeiten zu lassen, deren Lösung ganz unterschiedlicher Fertigkeiten bedurfte. Die Annahme, dass sich die Bedeutung von Statusmerkmalen verändert, wenn sich die Aufgabe der Gruppe verändert, liegt nahe, ist aber bisher (empirisch) noch nicht geklärt.

Der dritte Zugang: Forschen für die Praxis?

Forscher forschen in der Regel nicht für die Praxis, sondern verfolgen eigene Ziele, die mit denen der Praktiker nur wenig gemein haben. Sader (1991a, S. 20) meint dazu:

> »Diese Frage des praktischen Nutzens wird in der Fachliteratur allgemein merk-würdig zurückhaltend behandelt. In der wissenschaftstheoretischen Diskussion kommt sie anscheinend deshalb zu kurz, weil sich der Wissenschaftstheoretiker fast ausschließlich an den forschenden Kollegen und nicht an den Praktiker wen-det.«

Es ist bedauerlich, dass Forscher Praktiker nicht als mögliche Adressaten ihrer Arbeit betrachten. Allerdings sehen auch die Praktiker in den Forschern keine Gesprächs-partner. Sie sind gegenüber der Kleingruppenforschung skeptisch (»das bringt mir nichts«) und kritisch (»das sind alles nur Studenten, die ihre Versuchspersonenstun-den ableisten«), auch dann, wenn sie seit vielen Jahren keine empirischen Untersu-chungen mehr gelesen haben. Das ist ebenfalls bedauerlich. Wenn sie es doch tun, finden sie sich darin bestätigt, dass diese Forschung mit der eigenen Arbeit wenig zu tun habe.

Bei dem Versuch, das Gefühl der Fremdheit gegenüber empirischen Arbeiten zu verstehen, helfen uns Aussagen des Konstruktivismus. Danach hat jeder Beobachter der Welt einen unterschiedlichen Zugang zur Wirklichkeit, der standpunkt- und me-thodenabhängig ist. Wir machen uns ein Bild von der Wirklichkeit und nehmen die-ses Bild für die Wirklichkeit. So konstruieren wir unsere Welt. Praktiker und Forscher, so scheint es, konstruieren sich so unterschiedliche Welten, dass es schwer ist, Aussa-gen zu machen, die für beide Welten gültig sind.

Wenn sich jedoch die Praktikerin in die fremde Welt hineinbegibt, so meine Er-fahrung, wird sie dort vielleicht nicht finden was sie sich wünscht, aber doch manches Anregende und Überraschende. An der nun folgenden Darstellung eines Sammelre-ferats zum Thema »Diversity« lässt sich dies verdeutlichen.

Wozu taugt ein Sammelreferat und wozu nicht? Eine Fallstudie

Gruppen in Organisationen werden immer heterogener. In Projektgruppen sollen Vertreter unterschiedlicher Fachrichtungen gut zusammenarbeiten. Die Zahl von Ad-hoc-Gruppen, die für kurze Zeit zur Lösung einer bestimmten Aufgabe geschaffen werden, nimmt zu. Internationalisierung, Fusionen und Joint Ventures zwingen die Betroffenen, über Organisations- und Kulturgrenzen hinweg zu kooperieren. Selbst die »normalen« Teams sind unterschiedlicher geworden, da die Deregulierungsprozesse der vergangenen Jahre dazu geführt haben, dass Menschen, die unterschiedlich bezahlt werden, unterschiedliche Arbeitszeiten haben, einen unterschiedlichen fachlichen Hintergrund, die Vollzeit- oder Teilzeitstellen haben, die fest angestellt oder auf Honorarbasis tätig sind, gemeinsam in einem Team sitzen. Jede, die Teamberatung oder Teamsupervision macht, kann davon berichten.

Wie wirkt sich diese Unterschiedlichkeit aus? Sind heterogene Teams wirklich produktiver? Welche besonderen Leitungsaufgaben entstehen durch die Verschiedenartigkeit? – Supervisorinnen, Teamberater und Vorgesetzte beschäftigen sich mit solchen Fragen und hätten gern ein paar Antworten. Forscher befassen sich ebenfalls damit, allerdings auf ihre Weise.

Zwei Sozialpsychologen aus Rotterdam (van Knippenberg und Schippers) haben 2007 zum Thema »Work Group Diversity« ein ausgezeichnetes Sammelreferat veröffentlicht, in dem sie die Untersuchungen der Jahre 1997–2005 sichten und verarbeiten. (Einen Überblick zum gleichen Thema mit einem etwas anderen Schwerpunkt bietet auf Deutsch der Aufsatz von Rastetter 2006).

Um es vorwegzunehmen: An den meisten der referierten Ergebnisse kann man ob ihrer Widersprüchlichkeit verzweifeln. Aber die Weiterentwicklung der Konzepte und Fragestellungen, die gerade durch die unbefriedigenden Ergebnisse angestoßen werden, ist faszinierend und lehrreich.

Im Zentrum der Studien steht die Frage: Wie wirkt sich die Unterschiedlichkeit der Teammitglieder auf die Teamleistung aus? – Auf der Suche danach, wie Unterschiedlichkeit in Gruppen wirkt, lassen sich zwei Forschungstraditionen unterscheiden.

Dem Ansatz der sozialen Kategorisierung (s. »Die Perspektive der sozialen Identität«, S. 67 ff.), liegt die Idee zugrunde, dass die Mitglieder einer Gruppe sich eine Ordnung des »Wir« und »Die« schaffen. »Wir« sind diejenigen, die der eigenen Person ähnlich sind, »Die« sind die anderen. Für solche Unterscheidungen seien in erster Linie demografische Merkmale wichtig (Alter, Geschlecht, Herkunft, Rasse). Weil alle Teammitglieder einander nach »Wir« oder »Die« einordnen, entstehen unsichtbare Subgruppen. Die in der Forschung vorherrschende Annahme ist, dass Menschen es vorziehen, in homogenen Gruppen zu arbeiten. Hier seien Zusammenhalt und Zufriedenheit höher, die Mitgliedschaft stabiler und die Leistung besser.

Eine andere Forschungstradition befasst sich mit Unterschieden in Fachlichkeit, Wissen, Können. Sie fragt nach der Informationsverarbeitung und Entscheidungsfindung. Sie nimmt an, dass Unterschiedlichkeit in Wissen und Können, in Meinungen und Werten, die Ressourcen einer Gruppe, aus denen sie für ihre Arbeit schöpfen kann, vergrößert.

Diese Art von Unterschiedlichkeit, so die Ausgangshypothese, führe dazu, kreativere und innovativere Lösungen hervorzubringen. Auch die Entscheidungen seien besser, weil eine vorschnelle Einigung verhindert werde.

In einer ersten Arbeitsphase sichten van Knippenberg und Schippers die empirischen Arbeiten zu beiden Forschungsrichtungen und finden Widersprüchlichkeit und Uneinheitlichkeit. In beiden Fällen ist die Suche nach der Auswirkung eines bestimmten Unterschiedsmerkmals auf ein bestimmtes Leistungsmerkmal nicht ergiebig. Nicht ergiebig heißt: In manchen Untersuchungen zeigen sich Ergebnisse, aber sie lassen sich nicht in einer weiteren Untersuchung wiederholen, also bestätigen.

In einem nächsten Schritt suchen sie nach Typen. – Gibt es vielleicht manche Unterschiede, die wirken, andere dagegen nicht? Es beginnt die Suche nach Typen von Unterschiedlichkeit, zum Beispiel Geschlecht, Einstellungen, Wertorientierung, fachlicher Hintergrund. Vielleicht wirken sichtbare Unterschiede, unsichtbare dagegen nicht – oder genau umgekehrt? Möglicherweise sind arbeitsbezogene Unterschiede von Bedeutung, nicht arbeitsbezogene aber bedeutungslos – oder umgekehrt?

> Die Widersprüchlichkeit der Forschungsergebnisse lässt die Leserin verzweifeln.

Die Ergebnisse bleiben widersprüchlich: Persönlichkeitsunterschiede erweisen sich in ihrer Wirkung als inkonsistent, Wertunterschiede ebenso. Unterschiedliche Einstellungen zur Arbeit sind in einigen Untersuchungen von Bedeutung, in anderen aber nicht. Unterschiede in dem Ausmaß, in dem eigene Gefühle mitgeteilt werden, erweisen sich in der Wirkung als inkonsistent. Das Gleiche gilt, wenn die Auswirkung eines unterschiedlichen Verständnisses der Arbeitsaufgabe untersucht wird.

Der jetzige Stand der Forschung erlaube es, zu sagen, so teilen die Autoren des Sammelreferats der bereits etwas erschöpften Leserin in einer Art Zwischenbilanz mit, dass die Folgen demografischer Unterschiede in Gruppen weniger negativ und die Folgen fachlicher Unterschiede (interdisziplinäre Zusammenarbeit) weniger positiv seien, als erwartet.

Sie suchen jedoch weiter und »entdecken« die Interdependenz. – Versuche, aus der Fülle möglicherweise wirksamer Variablen die tatsächlich wirkenden herauszufinden, waren, wie wir gesehen haben, unergiebig. Die Aufmerksamkeit richtet sich nun auf die Interdependenz von Variablen: Möglicherweise wirken verschiedene Dimensionen von Unterschiedlichkeit nicht unabhängig voneinander, sondern verstärken oder schwächen sich gegenseitig. Ein Team, in dem alle Männer alt und alle Frauen jung sind, wird wahrscheinlich stärkere Subgruppen hervorbringen als eines, in dem Männer und Frauen gleichaltrig sind.

Aufgrund der Wechselwirkung der verschiedenen Unterschiedlichkeiten sind die Gräben zwischen den Subgruppen verschieden tief. Lau und Murnighan (1998) haben vorgeschlagen, sie »Faultlines«, Bruchlinien, zu nennen. Mit diesem Begriff aus der Geologie werden Brüche oder potenzielle Brüche der Erdkruste bezeichnet, wie zum Beispiel der Andreasgraben in Kalifornien. Der »Faultline-Index« in der Diversity-Forschung berechnet die durch die Wechselwirkung der vorhandenen Unterschiede zu erwartende Stärke der Subgruppen. Je höher der Wert, desto tiefer die Gräben.

Bestimmte Kombinationen von Unterschiedlichkeiten bringen stärkere Subkategorien hervor – und je ausgeprägter diese sind, desto größer ist die Wahrscheinlichkeit, dass die Gruppenarbeit gestört wird. Die Hoffnung allerdings, eine hohe Korrelation zwischen Faultline-Index und Gruppenleistung zu finden – je höher der Wert, desto schlechter die Gruppenleistung –, erfüllt sich nicht. Wie so oft, sind die Ergebnisse widersprüchlich.

Parallel zur Suche nach den wirkenden Unterschieden entwickelt sich eine Forschungsrichtung, die nach den wirkenden Prozessen fragt: Auf welche Weise führt die Unterschiedlichkeit der Mitglieder zur Unterschiedlichkeit der Leistung?

Eine mittlerweile oft bestätigte Hypothese ist die Annahme, dass Reflexivität einer dieser wirkenden Prozesse sei. Unterschiedliche Ansichten in der Gruppe fördern Teamdiskussionen über Art und Qualität der Zusammenarbeit, und diese wiederum wirken positiv auf Teamleistung, Engagement und Zufriedenheit der Gruppenmitglieder.

Eine ähnliche Bedeutung haben offenbar Aufgabenkonflikte, also unterschiedliche Auffassungen über die zu erledigende Aufgabe. Diversity, so die Vorstellung, stimuliert Aufgabenkonflikte, weil unterschiedliche Meinungen, Gesichtspunkte und Ideen in der Gruppe vorhanden sind. Aufgabenkonflikte wiederum erhöhen möglicherweise die Qualität der Aufgabenerledigung, weil diese sorgfältiger geprüft werde. Manche Untersuchungen bestätigen diesen Zusammenhang. Metaanalysen (Arbeiten, die viele Untersuchungen zum gleichen Thema auswerten und die Ergebnisse in einer Zusammenschau darstellen) über die Beziehung zwischen Aufgabenkonflikt und Teamleistung haben allerdings eine negative Beziehung ergeben. Möglicherweise, so die Autoren, ist es gar nicht der Aufgabenkonflikt, der wirkt, sondern die mit dem Konflikt verbundene Ausbreitung vielfältiger Informationen und Meinungen, denn dadurch verbessere sich die Informationsverarbeitung und damit die Leistung.

Die Uneinheitlichkeit der Ergebnisse in diesem Punkt führt wiederum zu einer neuen Frage: Unter welchen Bedingungen unterstützt Diversity das Zutagefördern unterschiedlicher Informationen – und unter welchen Bedingungen führt Diversity dazu, dass die Informationsverarbeitung in der Gruppe gestört wird? Diese Frage ist bisher unbeantwortet.

Eine wichtige Prozessvariable ist die Zeit. Über ihre Wirkung weiß man wenig, da Untersuchungen aufwendiger angelegt werden müssten, soll die Zeitachse berücksichtigt werden. Es wäre möglich, dass die Wirksamkeit von Diversity sich mit der Dauer der Zusammenarbeit verändert. Erste Arbeiten zu dieser Frage weisen in beide Richtungen: Es kann sein, dass die Zusammenarbeit sich verbessert, weil vor allem demografische Unterschiede mit der Zeit an Bedeutung verlieren – es kann aber auch sein, dass Unterschiede und ihre Bedeutung für die Zusammenarbeit erst nach einiger Zeit sichtbar werden, wenn es sich zum Beispiel um unterschiedliche Wertvorstellungen handelt, die erst allmählich deutlich werden.

So weit das Sammelreferat. Acht Jahre empirischer Forschung wurden ausgewertet. Und was haben wir gewonnen? Wir können die Frage, welche Bedeutung welche

Unterschiede für die Gruppenleistung haben, welche Interdependenzen wie wirken und welche Prozessmerkmale dabei eine Rolle spielen, nicht beantworten.

Wir haben erfahren:

- Es gibt verschiedene Arten von Unterschieden; manche sind wirksam, andere nicht. Alle sind manchmal wirksam, manchmal nicht.
- Es sind Interdependenzen zu berücksichtigen. Aber welche Interdependenzen wie wirken, ist unklar.
- Unterschiede können gemeinsam wirken und sich gegenseitig verstärken. Sie produzieren möglicherweise unsichtbare Untergruppen in einem Team.
- Diskussionen über die Zusammenarbeit und das Aufgabenverständnis wirken sich positiv aus.
- Die Zeit scheint für die Auswirkung von Unterschiedlichkeit wichtig zu sein. Manche Merkmale wirken nur zu Beginn der Zusammenarbeit, andere beginnen erst nach längerer Zeit, wirksam zu werden. Diese Variable ist jedoch weitgehend unerforscht.

Warum ist die Lektüre trotz dieser mageren Ausbeute anregend? Es sind gewiss nicht die Ergebnisse, die diese Empfindungen hervorrufen. Aber die sorgfältige Diskussion der vorliegenden Untersuchungen rückt eigene Selbstverständlichkeiten ins Blickfeld und wirft neue Fragen auf:

- Offenbar ist es nicht so, dass Heterogenität einer Gruppe an sich schon ein Gewinn ist. Um welche Art von Unterschiedlichkeit handelt es sich? Kann der Gruppenleiter etwas dazu tun, dass die Unterschiede produktiv werden? Was wäre das?
- Gibt es auch unüberbrückbare Unterschiede? Welche Rolle spielt der Arbeitsauftrag der Gruppe für die Bedeutung von Unterschieden?
- Wie sieht die Subgruppenlandschaft einer Gruppe aus? Untersuchungen weisen darauf hin, dass sehr heterogene und sehr homogene Gruppen besonders leistungsfähig sein könnten. Wenn schwache Subgruppen existieren, so andere Studien, werden abweichende Meinungen am ehesten geäußert. Wie verhalten sich diese Aussagen zu den eigenen Arbeitserfahrungen?

Auch neue Fragen sind Erkenntnisse.

Ratgeberliteratur als Wissenschaftsersatz

In der Regel beschaffen sich die Praktiker ihre Sicherheiten auf andere Weise – und es gibt genug Aspiranten, die bereit sind, solche Sicherheiten zu liefern.

Die Ratgeberliteratur floriert – solche für Chefinnen, aber auch die für ihre Berater. Unter Bezeichnungen, die eher an Diät-Ratgeber erinnern, werden Antworten gegeben und Lösungen versprochen, die die Wissenschaft nicht liefert. Ob »Paprika-Prozess«, »Minuten-Manager« oder »Super-Team« – die Qualität dieser Ratgeber ist unterschiedlich, aber die Rolle, die die empirische Forschung dabei spielt, ist ähnlich.

Nehmen wir einmal einen günstigen Fall an: Die Autoren sind ausgewiesene Praktiker, sie verfügen über umfangreiche Erfahrungen als Gruppentrainer und haben viele Prozesse in Teams und in Organisationen am eigenen Leibe erlebt, begleitet oder gesteuert. Sie haben viel über ihre Arbeit nachgedacht und im Laufe der Jahre Konzepte und Vorstellungen entwickelt, wie sie in einem Fall vorgehen, und auch darüber, welches Vorgehen zum Erfolg führt. Sie arbeiten mit Versatzstücken verschiedener Theorien und Modelle; sie machen Anleihen bei Freud, bei Lewin, bei der Systemtheorie, der Verhaltenstherapie und anderen mehr. Ihre Erfahrungen und Überzeugungen formulieren sie zu einem normativen Modell, das einen Interesse weckenden Namen bekommt und das sie Kolleginnen und Kollegen zur Orientierung oder zum Befolgen anbieten. »Wenn ihr so arbeitet, wie hier geschildert, und wenn ihr alles richtig macht, werdet ihr Erfolg haben (genauso wie ich Erfolg habe/hatte).«

Empirische Forschung kommt in diesen Darstellungen entweder überhaupt nicht vor – das ist der seltenere Fall –, oder sie wird auf folgende Weise eingesetzt:

- Variante 1: Eingeflochten in die Darstellung der Verhältnisse und Problemlagen sind zahlreiche Aussagen zum Beispiel über Teams, in denen »Gesetzmäßigkeiten« geschildert werden, ohne dass deutlich würde, woher das Wissen stammt. Manche dieser Aussagen sind unbestätigt, manche zutreffend und manche unhaltbar.
- Variante 2: Es werden punktuell wissenschaftliche Arbeiten zitiert, und zwar dann, wenn es darum geht, eigene Konzepte zu legitimieren. Die Nutzung der Wissenschaft ist ausgesprochen unwissenschaftlich, denn es wird zitiert, was in die eigene Argumentationslinie passt, und es wird ausgelassen, was stört oder widerspricht.

Diese Literatur ist für die Entwicklung unserer Arbeitspraxis mit Gruppen viel bedeutungsvoller als die empirische Forschung. Denn die Klienten wollen in erster Linie ihre Probleme gelöst haben. Und die Praktiker möchten Erfolg haben, und sie möchten ihren Kunden beschreiben können, wie sie vorgehen. Sie machen sich ein Modell zu eigen, arbeiten damit, erklären es anderen, modifizieren es, passen es an ihre Erfordernisse an – und schlagen so eine Bresche in die Komplexität von Gruppensituationen. Möglicherweise entwickeln sie eigene Arbeitskonzepte, die auf dem Modell eines anderen fußen. Und so tasten sie sich vor in eine beschreibbare Arbeitspraxis, die ohne empirische Forschung – und oft auch ohne verbindende Theorie – auskommt.

Der Nutzen der Kleingruppenforschung für die Praxis

Es gibt viele gute Gründe, warum diese Forschung für Praktiker beschwerlich zu rezipieren ist. Eine Sorte von Gründen betrifft die Qualität der Forschung: Ist sie methodisch korrekt, ist das Vorgehen dem Gegenstand angemessen, entspricht die Interessenlage der Forscher der der Praktiker?

Darüber hinaus scheinen Forschung und Praxis in der Regel seltsam unverbunden. Praktiker und Forscher arbeiten mit unterschiedlichen mentalen Modellen ihres »Gegenstandes«, der Gruppe.

- Die Praktiker meinen in der Regel, eine Gruppe werde von ihren Mitgliedern erschaffen, sie entstehe in einem Prozess der Interaktion zwischen den Beteiligten.
- Die meisten Forscher meinen, die Gruppe werde vom Versuchsleiter erschaffen oder von dem Vorgesetzten, der sie eingerichtet hat.
- Die Praktiker versuchen, durch eine Zusammenschau der wirkenden Faktoren in einer Gruppe zu einem Verständnis zu gelangen, die Forscher reduzieren die betrachteten Variablen auf eine möglichst geringe Zahl, um sie kontrollieren zu können.
- Die Praktiker gehen davon aus, dass die Geschichte einer Gruppe Bedeutung hat – die Forscher blenden die historische Dimension aus.
- Die Praktiker gehen davon aus, dass Prozesse sich zu verschiedenen Zeitpunkten wiederholen, dass also das Gruppengeschehn zyklisch verläuft. Die Forscher sind meist auf der Suche nach Kausalketten.
- Die Praktiker sind der Überzeugung, dass die Emotionen in einer Gruppe ein entscheidender Motor für das Gruppengeschehen sind. Die Forscher interessieren sich in der Regel nicht für Gefühle.
- Die Praktiker schreiben sich selbst einen wichtigen Einfluss auf das Gruppengeschehen zu – den Forschern liegt ein solcher Gedanke eher fern.

Der folgenreichste Unterschied ist möglicherweise dieser: Die empirische Kleingruppenforschung zerlegt das Gruppengeschehen in einzelne Variablen und versucht, sie in ihrer Wirkung zu verstehen, manchmal auch mehrere Variablen, manchmal auch, sie in ihrer Interdependenz zu erfassen.

Sader (1991a, S. 116 ff.) unterscheidet vier Strategien, denen die Forschung folgen kann, wenn die Komplexität zu hoch ist (und das ist in der Gruppenforschung stets der Fall!):

- Komplexe Themen meiden – das ist sicher einer der Gründe, warum es so wenige empirische Studien zum Thema Gruppe und Zeit gibt. Der Aufwand scheint zu hoch, die zu bewältigende Komplexität zu hoch.
- Sachverhalte herausgreifen und den Kontext ignorieren – diese Strategie verwenden die meisten Untersuchungen. Die interessierenden Variablen werden untersucht, einen Kontext scheint es nicht zu geben.
- Sachverhalte herausgreifen und Kontext thematisieren.
- Komplexität stehen lassen.

Viele Studien folgen der ersten oder zweiten Strategie. Angesichts der Komplexität der Gruppensituation, in der sie sich bewegen, entscheiden und handeln muss, ist die Praktikerin enttäuscht von dem mageren Ergebnis. Wie aber gehen die Männer und Frauen der Praxis selbst mit der Komplexität um? Ignorieren sie sie? Analysieren sie sie, aber besser als die Forscher? Berücksichtigen sie sie angemessen in ihren Diagnosen und Interventionen? Ja und nein – sie berücksichtigen sie nicht angemessen in dem Sinne, dass sie etwa bei einer Diagnose einem inneren Forschungsprojekt folgen würden, das die Komplexität angemessen abbildet. Sie »verstehen« und handeln vielmehr oft intuitiv im Sinne von Gigerenzer (2006). Er definiert Intuition als etwas, was rasch im Bewusstsein auftaucht, dessen tiefere Gründe uns nicht ganz bewusst sind und das stark genug ist, um danach zu handeln. Diese Intuition, die er »Bauchgefühl« nennt, besteht aus einfachen Faustregeln, die sich »die evolvierten Fähigkeiten des Gehirns zunutze machen« (S. 26). Praktiker haben gelernt, ihren Bauchgefühlen zu trauen; ich bin davon überzeugt, dass wir in vielen Situationen mit Faustregeln arbeiten – obwohl diese Vorstellung natürlich etwas kränkend ist, da wir uns nicht als Vereinfacher, sondern eher als Meister im Umgang mit Komplexität sehen. Die Faustregeln reduzieren die Komplexität einer Situation auf einige wenige Merkmale. Und die Erfahrung hilft dem Praktiker in der konkreten Situation, zu entscheiden, ob er einer Faustregel vertrauen kann – ohne dass ihm dies bewusst würde. Gigerenzer nennt diese Art von subkutaner Urteilsbildung »die Intelligenz des Unbewussten«. Sie besteht darin, »… dass es, ohne zu denken, weiß, welche Regel in welcher Situation vermutlich funktioniert« (S. 27).

Die Praktiker fahren nicht schlecht damit, auch wenn sie meist weder ihre »Faustregeln« benennen noch beschreiben können, wann sie gelten und wann nicht. Dennoch gibt es eine Reihe von guten Gründen, sich mit den Themen und den Ergebnissen empirischer Kleingruppenforschung zu befassen.

 Die Forschung begrenzt die Praxis: Manche Arbeiten regen dazu an, eigene Selbstverständlichkeiten zu überdenken, weil die Ergebnisse eindeutig anders sind als unsere Überzeugungen (zum Beispiel Untersuchungen zum Brainstorming) oder weil gerade die Uneindeutigkeit der Ergebnisse und die Diskussion darüber die Eindeutigkeit unseres eigenen Standpunkts fraglich werden lässt (beispielsweise die Annahme, dass Gruppenkohäsion etwas Gutes sei oder dass Unterschiedlichkeit anregend und produktiv sei). Eine weitere Selbstverständlichkeit, die überprüft werden sollte, ist die Annahme, Heterogenität mache Gruppen produktiv. Die allseits beliebten Phasenmodelle der Gruppenentwicklung sind ein weiteres Beispiel – sie sind samt und sonders unbefriedigend und unbewiesen, auch das populärste unter ihnen (Tuckman: Forming, Storming, Norming, Performing). Sie suggerieren eine Ordnung, die wir selbst setzen und dann bestätigt finden.

 Die Forschung bestätigt die Praxis: Wenn wir auf Ergebnisse empirischer Untersuchungen treffen, die mit unseren Erfahrungen übereinstimmen, ist dies erfreulich und stärkend. Wenn zum Beispiel Ergebnisse ganz verschiedener Untersuchungen immer wieder darauf hinweisen, wie produktiv für Leistung und Gruppenklima das Reflektieren des Arbeitsprozesses ist, dann bekommen eigene Überzeugungen eine andere Grundlage. In Gesprächen mit Auftraggebern und Klientinnen sind wir argumentativ gestärkt.

Interventionen, die darauf zielen, Gruppenentscheidungen zu verlangsamen, können dafür aus der Forschung eine Fülle legitimierender Gründe angeben.

Es ist einfacher, sich dem Leistungsdruck entgegenzustemmen, wenn wir wissen, wie wichtig es ist, Vertrauen in die Teammitglieder zu entwickeln.

Forschungsergebnisse, die unsere Praxis bestätigen, richten den Scheinwerfer unserer Aufmerksamkeit auf bestimmte Vorgehensweisen und Beobachtungen. Diese werden bewusst, benennbar und beschreibbar. Möglicherweise können wir die eine oder andere Faustregel nun erkennen (und eventuell modifizieren).

Die Forschung regt die Praxis an und erweitert ihre Möglichkeiten: Sie thematisiert Sachverhalte oder Probleme, über die wir noch nicht nachgedacht haben, über die nachzudenken aber gut wäre. Also zum Beispiel: Wie lernen eigentlich Teams, die in »high reliability organizations« arbeiten, in Organisationen, in denen ein Fehler katastrophale Folgen haben und man daher nicht von Fehlern lernen kann? (Sutcliffe, Weick und Klostermann haben darüber vor einigen Jahren ein interessantes Buch geschrieben, 2003.)

Wann helfen die Mitglieder von teilautonomen Arbeitsgruppen eigentlich einander? Hängt das von der Persönlichkeit der Helfer oder der der Hilfsbedürftigen ab? Von ihrem Verhalten? Von der Aufgabe? Von der Zusammensetzung der Gruppe? Welche Folgen haben die Arbeiten über den Automatismus, mit dem offensichtlich Status in Gruppen wirkt, für das, was wir Klienten, die gern einflussreicher wären, auf den Weg geben können?

Systemtheoretiker weisen darauf hin, dass Beobachtungen zu Unterscheidungen führen. Jedes neue Wissen, das so entsteht, erzeugt zugleich neues Nichtwissen; daher kann es auch den Erfahrensten unter uns nur guttun, sich auf Fragen der Forscher einzulassen. Wenn dadurch bisherige Bereiche blinder Flecken thematisiert werden, ist dies auch eine Erkenntnis. Neue Unterscheidungen werden möglich, das Nichtwissen nimmt ab – und dafür an anderer Stelle zu.

Abschnitt II
Die Gruppe als Instrument, Hilfsmittel und Methode

Klaus Doppler

Die Gruppe als Mittel zum Wandel und Folge des Wandels

»A fool with a tool is still a fool«

Vorbemerkungen

Vielleicht war es ja noch nie wirklich anders, vielleicht haben wir früher nur nicht alles in Echtzeit und in voller Härte wahrgenommen: Wir leben in einem in sich instabilen, andauernd in Veränderung begriffenen Umfeld und sind davon teils unmittelbar betroffen, teils glauben wir, uns dies alles als nicht betroffene Zuschauer vom Sessel aus im Heimkino anschauen zu können. Alles ändert sich – und keineswegs nur zum Besten. Wandel passiert in mehreren Dimensionen: politisch-gesellschaftlich, wirtschaftlich, organisatorisch, psychologisch – und das alles gleichzeitig, vielfältig miteinander vernetzt und sich wechselseitig beeinflussend, teils geplant und gesteuert, teils überraschend, unerwünscht oder auch willkommen, teils global, teils lokal – insgesamt von einer kaum durchschaubaren Komplexität. Unsere Fragestellung: Welche Rolle spielt die Gruppe als Mittel für den Wandel, wie weit ist sie betroffen von den Folgen des Wandels?

Gruppen bestehen aus einer Binnenwelt, in der verschiedene Individuen in unterschiedlichen Beziehungen miteinander verbunden sind oder sich voneinander abgrenzen. Gruppen sind zu einem bestimmten Zweck etablierte formelle Gebilde oder eher informelle lose Koppelungen von Individuen mit unterschiedlichen, zum Teil stabilen und zum Teil wechselnden Bedürfnissen. Gruppen sind zum Teil offene Systeme, die man bilden und die man auch auflösen, in denen man Mitglied werden oder auch die Mitgliedschaft verlieren oder beenden kann, und zum Teil geschlossene Systeme, in die man ungefragt hineingeboren (zum Beispiel Familie) beziehungsweise hineinkooptiert wird (zum Beispiel konfessionelle Gemeinde). Gruppen sind in ihrer Dynamik je nach Grad ihrer Formalisierung, Klarheit und Nachdrücklichkeit der Aufgabenstellung, Zusammensetzung und Befindlichkeit der Mitglieder bestimmten Gesetzmäßigkeiten unterworfen. Gruppen haben eine mehr oder weniger formelle Infrastruktur und Rollenverteilung. Gruppen leben immer auch in unterschiedlichen Umwelten, denen sie mehr oder weniger verpflichtet sind und von denen sie mehr oder weniger beeinflusst werden bis zu dem Punkt, wo ihre Existenz zum Beispiel nicht vom Willen ihrer Mitglieder, sondern ausschließlich von der Institution, von der sie etabliert wurden, ihre Legitimation erfährt. Was sich in Gruppen abspielt, was auf Gruppen einwirkt und welche Wirkungen Gruppen entfalten können ist insgesamt ein komplex vernetztes interdependentes Geschehen zwischen Individuen, Gruppen, Institutionen und äußeren Rahmenbedingungen.

Ich möchte mich diesem Thema einerseits nach dem Modell einer russischen Puppe, der Matrioschka, von außen nach innen nähern: Ich skizziere in groben Zügen, wie der jeweilige äußere Kontext auf die nächste umschlossene innere Form – ob Institution oder Individuum – wirkt, beispielsweise Handlungsdruck auslöst, Zwänge aufdeckt beziehungsweise bislang nicht vorhandene Möglichkeiten erschließt. Andererseits möchte ich aufzeigen, wie Individuen mit ihren Einstellungen und Verhaltensmustern von innen her das Wohl und Wehe der Gruppe(n), der (denen) sie angehören, der umgebenden äußeren Institutionen und begrenzt auch die Rahmenbedingungen (mit)beeinflussen. Schließlich zeige ich, wie Institutionen ihrerseits in ihrer dreifaltigen Verfassung von Strategie, Struktur und Kultur sowohl auf den äußeren Rahmen als auch auf die eingeschlossenen Individuen einwirken.

Ich werde mich also in diesem Beitrag mit drei Fragestellungen auseinandersetzen:

- *Erstens*: In welchem Makroumfeld beziehungsweise in welchen Rahmenbedingungen bewegen sich heute Institutionen und Menschen generell? Welche Anforderungen und/oder Chancen ergeben sich daraus für Institutionen und Individuen?
- *Zweitens*: Wie geht es und wie verhalten sich Menschen unter diesen Rahmenbedingungen? Welche Konsequenzen ergeben sich daraus für die Gestaltung von Veränderungen sowohl im Hinblick auf Individuen als auch im Hinblick auf die Zukunftsfähigkeit von Institutionen?
- *Drittens:* Welche Rolle spielen dabei Gruppen, sowohl formelle als auch informelle – und welche Möglichkeiten ergeben sich daraus für den professionellen Einsatz von Gruppendynamik?

Anmerkung: Nachdem ich mich bereits in den Büchern von Klaus Doppler, Christoph Lauterburg (2008), Klaus Doppler, Hellmuth Fuhrmann, Birgitt Lebbe-Waschke, Bert Voigt (2002) und Klaus Doppler (2003) mit dem vorliegenden Thema eingehend beschäftigt habe, war es unvermeidbar, dass ich eine Reihe von Gedanken und Formulierungen hier übernommen habe. Mein besonderer Dank gilt Bert Voigt für eine Reihe sehr wertvoller Anregungen.

Das allgemeine Umfeld und die Auswirkungen auf die Form und Funktion von Gruppen

> »It is not the strongest of the species that survive,
> nor the most intelligent.
> It is the one most adaptable to change.«
> *Charles Darwin*

Unser derzeitiges Umfeld ist geprägt von einer Reihe von globalen politischen, technologischen, wirtschaftlichen und als Konsequenz auch gesellschaftlichen Entwicklungen mit direkten Auswirkungen auf die Formen und Funktionen von Gruppen.

Generelle Entwicklungen und ihre Herausforderungen

 Innovationssprünge in der Informatik und Telekommunikation. Sie haben die Art, wie wir arbeiten und uns organisieren, dramatisch verändert und werden dies auch weiterhin tun. E-Commerce und Internet ermöglichen völlig neue Wertschöpfungsketten. Praktisch zum Nulltarif können wir ohne mengenmäßige oder regionale Einschränkung in Echtzeit Informationen austauschen und dadurch globale und funktionsübergreifende Netzwerke knüpfen. Wir sind in der Lage, virtuelle Organisationen zu schaffen, in der alle Partner – Käufer, Verkäufer, Produzent, Dienstleister, Wettbewerber, Kunde – miteinander verbunden sind.

 Verknappung der Ressource Zeit. Schnelligkeit ist auf diesem Hintergrund ein strategischer Erfolgsfaktor. Wer mit seinen Produkten und Dienstleistungen nicht schnell genug in der definierten Qualität und mit dem passenden Preis am Markt ist, braucht es gar nicht mehr zu versuchen. Der Markt ist eigentlich besetzt: Weil fast alle relevanten Informationen für alle offen zugänglich sind, bestimmt weitgehend der Käufer und nicht der Verkäufer das Geschehen; es herrscht das Prinzip der Verdrängung; ein Anbieter, der untergeht, wird nicht vermisst, es liegen immer Wettbewerber auf der Lauer, die ihn schnell und nahtlos ersetzen.

 Interkulturelle Zusammenarbeit in einer globalen Ökonomie. Informationen und die neuartigen Formen von Kooperation machen nicht Halt an den Grenzen von Nationen oder Kulturen. Wir sehen uns herausgefordert, mit sehr unterschiedlichen Denkmustern, Wahrnehmungsfiltern, Erlebens- und Handlungsgewohnheiten zu kommunizieren, zu kooperieren oder uns von ihnen abzugrenzen. Das Schwierige daran sind weniger die Unterschiede selbst, sondern die Tatsache, dass sich die Betroffenen der Unterschiede oft gar nicht bewusst sind. Sie halten ihre eigene Einstellung für die normale und damit für die einzig richtige und wahre.

 Wirtschaftliche und gesellschaftliche Polarisierung. Die Kluft zwischen Arm und Reich wird immer größer. Die Reichen werden reicher, die Armen ärmer. Das Nord-Süd- und das West-Ost-Gefälle bleiben ein Dauerthema, trotz – oder auch wegen? – der Globalisierung. Viele Staaten sind immer weniger in der Lage, ihren gesellschaftlichen Aufgaben im Bereich der Sozial-, Gesundheits- und Bildungssysteme nachzukommen.

 Dramatische Steigerung der Komplexität. Insgesamt gehen wir einer Zukunft entgegen, die turbulent, in sich nicht stimmig, sondern voller Brüche und Widersprüche ist. Unser Handeln unterliegt so vielen Einflüssen, dass es nie möglich sein wird, eindeutige Kausalitäten zu identifizieren. Alles ist mit allem vernetzt – und trotzdem müssen Entscheidungen getroffen werden, die zumindest in ihrer groben Zielausrichtung nicht nur kurz-, sondern möglichst auch mittelfristig Bestand haben sollten. Wer wegen der unsicheren Lage Entscheidungen vertagt, erliegt einer Illusion: Auch er hat damit eine Entscheidung getroffen, er hat entschieden, nicht zu entscheiden. Auch dafür trägt er die Verantwortung.

Anforderungen an Menschen und Institutionen. Auf dem Hintergrund dieser Entwicklungen müsste sich eigentlich jedes Unternehmen ebenso wie das einzelne Individuum grundsätzlich infrage stellen, seine Produkte beziehungsweise Leistungen, seine Strategien, seine Organisationsstruktur und die Spielregeln seines Handelns überprüfen, gegebenenfalls neu erfinden und neu definieren. Dreh- und Angelpunkt: schneller am Kunden und am Markt sein, dazu kostengünstig und trotzdem mit der vom Kunden geforderten Qualität. Um dies zu gewährleisten, müssten viele herkömmliche Lösungen über den Haufen geworfen und völlig neue Formen der Zusammenarbeit entwickelt werden. Wandel wäre Punkt eins auf der Tagesordnung.

Falsch programmiert?

Wie aber reagiert der durchschnittliche, also normale Mensch auf diese Situation? Gefordert wären Aufgeschlossenheit allem Neuen gegenüber, Lernbegierde und hohe Flexibilität. Fast das genaue Gegenteil finden wir aber vor! Menschen haben das Grundbedürfnis nach Klarheit, Ordnung und Sicherheit. Veränderung ist nur so weit und so lange interessant, wie es andere betrifft.

Darüber hinaus haben Menschen bestimmte Leitmodelle (mentale Modelle) im Kopf, nach denen sie ihr Handeln prinzipiell ausrichten und das Handeln anderer bewerten.

Zum Beispiel: Im Hinblick auf die Gestaltung von *Organisationen* standen und stehen häufig drei Elemente im Vordergrund: Trennung von Funktionen, eindeutige Zuständigkeiten, auf den eigenen Teilbereich eingegrenzte Verantwortung. Jeder handelt und optimiert nur im Interesse seines Sektors. Wissen und Information sind Herrschaftsgüter der einzelnen Funktionsträger oder Ab-Teilungen. Die Beziehungen zu anderen Bereichen sind geprägt von Vorsicht, Misstrauen, auf jeden Fall von Abgrenzung – und viele Vorhaben verenden im Niemandsland zwischen den einzelnen Zuständigkeitsbereichen. Fataler noch als die Funktionsteilung ist die daraus folgende Teilung der Verantwortung. Im »Olymp«, wo die übergreifende Gesamtverantwortung angesiedelt ist, ist das für die Koordination notwendige konkrete Wissen in den meisten Fällen nicht mehr verfügbar.

Ebenso klar ist das Leitbild für gute *Führung* und damit eines guten Managers und guten Mitarbeiters: Wer führt, ist oben, die anderen sind Untergebene. Ein Manager ist ein Macher, er treibt an, zieht und motiviert, die Untergebenen haben zu folgen. Der Manager hat alle und alles im Griff, hat das Sagen und trägt die Bürde der Verantwortung (damit rechtfertigt er auch sein höheres Einkommen). Je mehr Menschen er unter sich hat, desto wichtiger ist er. Geläufiges Prinzip: Viel Leut, viel Ehr. Als Gegenleistung wird ein Manager mit allen Privilegien und Insignien der Macht ausgestattet. Gängiges Führungsprinzip ist: »*Führen durch An- und Zurechtweisung*«. Der herkömmliche gute Mitarbeiter arbeitet eben (nur) mit – und passt sich an, damit er in diesem System überleben und gegebenenfalls auch Karriere machen kann.

Was tun mit Menschen, die in der beschriebenen Weise innerlich programmiert sind, denen jegliche Veränderung, die sie selbst betrifft, suspekt ist? Was tun, wenn diejenigen, die allein den notwendigen Wandel in die Wege leiten könnten, dies nicht wollen oder nicht können – es auf jeden Fall nicht ohne Weiteres tun?

Zeitgemäße Leitbilder für Prozesse, Strukturen und Führung

>»The buck stops here.«
>*Motto auf dem Schreibtisch von Harry S. Truman*

Die aktuellen Entwicklungen im jeweiligen Umfeld stellen alle – Institutionen und Menschen – vor neue Herausforderungen. Verlangt werden Reaktionsfähigkeit und Flexibilität, um den notwendigen Wandel sicherzustellen. Viele Probleme und Situationen lassen sich aber innerhalb der herkömmlichen funktionsteiligen Linienorganisation kaum noch oder nicht schnell genug lösen. Gefragt sind neue Leitbilder und Modelle im Hinblick auf Organisation, Führung und Verantwortung.

Von der vertikalen funktionsteiligen Ab-Teilungs-Struktur zur horizontalen funktionsübergreifenden Wertschöpfungskette

Gewachsene Organisationsstrukturen werden aufgebrochen, funktionale Abteilungsgrenzen eingerissen und im Sinne von übergreifenden Geschäftsprozessen radikal neu gestaltet. Jede Leistung wird streng an ihrer eigentlichen Wertschöpfung gemessen und als überschaubare Abfolge von Lieferanten-Kunden-Beziehungen neu konzipiert. In der alten Form kam es darauf an, die für die Leistungserstellung notwendigen Funktionen gut zu positionieren und klar voneinander abzugrenzen. Das Schlüsselwort war Zuständigkeit. Das Hauptinteresse: die eigene (Teil-)Leistung darstellen – unabhängig vom Gesamterfolg. Die eigene (Teil-)Leistung war umso besser, je schlechter die anderen waren. In der neuen Form bleibt es nach wie vor wichtig, Verantwortung und Kompetenzen einzelnen Bereichen klar zuzuordnen. Aber es geht in erster Linie darum, das Zusammenwirken der für die Leistungserstellung insgesamt relevanten Funktionen zu organisieren. Statt in starren Verfahren und eindeutigen Zuständigkeiten zu denken, müssen alle in erster Linie nach guten und schnellen Lösungen suchen – über die Grenzen von Bereichen, Funktionen, selbst über die Grenzen des Unternehmens hinweg. Die entscheidende Messgröße ist nicht die Einzelleistung, sondern der Gesamterfolg.

Stichworte: Geschäftsprozesse, Prozesskette, Prozessorganisation, Wertschöpfungskette, Wertstromdesign, durchgängige Verantwortung.

Die klassische Hierarchie wird abgeflacht

Entscheidungswege werden verkürzt, Entscheidungsbefugnisse werden möglichst dorthin verlagert, wo die Arbeitsprozesse tatsächlich ablaufen, nämlich an die Basis. Dadurch werden auch der Handlungs- und Steuerungsspielraum drastisch verlagert – weg von den (zentralen) Funktionshierarchien hin zum Ort der Wertschöpfung.

> *Stichworte:* Lean Management, flache Hierarchien, Teamsteuerung.

Kontinuierlicher Verbesserungsprozess (KVP)

Die Bereitschaft, die eigenen Produkte oder Leistungen und ihre Erstellung ständig zu verbessern, wird zum Kernthema von Unternehmensführung.

Das bedeutet für die beteiligten Personen, in eigener Verantwortung immerfort die Abläufe im Hinblick auf die dadurch erreichte Wertschöpfung unter den Aspekten Zeit, Kosten und Qualität zu überprüfen sowie Vorschläge zu entwickeln, die Prozesse zu optimieren und Verschwendungen zu eliminieren, aktuelle Probleme zu lösen – und das nicht eingeschränkt auf den eigenen Bereich, sondern funktions- und bereichsübergreifend.

> *Stichworte:* KVP, Kaizen, Muda, Netzwerkorganisation, lernende Organisation, Benchmark, Best Praxis.

Führung wird neu definiert: Selbstführung und Führung als Dienstleistung

Im Vordergrund steht die individuelle eigenverantwortliche Selbstführung des Mitarbeiters als Unternehmer im Unternehmen. Wer andere führen will, muss eine wahrnehmbare zusätzliche Wertschöpfung zu bieten haben, sonst wäre Führung eine Form von Entmündigung. Führung von anderen wird so zur begründungspflichtigen Dienstleistung. Darüber hinaus spielt Selbstführung im Rahmen von Teamstrukturen eine immer größere Rolle.

> *Stichworte:* Selbstführung, Selbstverantwortung, Selbstmarketing, Führung als wertschöpfende Dienstleistung, Teamführung, (teilautonome) Gruppen.

Die neuen Leitbilder sollen helfen, unfunktionale Führungs- und Silo-Organisationszustände in ein Modell zu transformieren, das sich durch hohe Mobilität, kurze Wege, zwangsläufige Kommunikation und geringen Formalisierungsgrad auszeichnet.

So weit die generelle Ausgangssituation, die damit verbundenen Anforderungen und die Trends für die Gestaltung von Organisationen und Führung, die sich daraus ableiten. Diese Trends sind allgemein bekannt und relativ unstrittig. Die eigentlichen Fragen kreisen um ein anderes Thema, nämlich nicht darum, was sein sollte, sondern wie die Transformation gelingen kann.

Transformation von der alten in die neue Welt

Es gibt kaum ein Unternehmen, das nicht dabei ist, sich in irgendeiner Form den neuen Herausforderungen zu stellen. Viele tun es deshalb, weil sie aus Gründen immer knapper werdender Ressourcen gar nicht anders können, einige auch, weil sie den Zug der Zeit nicht verpassen wollen, ohne genau zu wissen, warum und wohin. Aber es gibt zwei unterschiedliche, geradezu gegensätzliche Wege, die Transformation zu gestalten:

● entweder von oben in das Unternehmen hineingedrückt oder
● gemeinsam mit den Betroffenen entwickelt und umgesetzt.

Die sichtbaren Formen – Prozessketten und Strukturen – mögen sich im Endergebnis nach außen nicht sehr unterscheiden, aber die Art, wie die Transformation zustande kommt, hat dramatische Konsequenzen für die Energie und Motivation der Betroffenen – und somit für die Nachhaltigkeit der Umsetzung im Hinblick auf die beabsichtigte Wirkung. Im ersten Ansatz werden die Mitarbeiter wie Schachfiguren auf dem neu gestalteten Spielbrett um-, gegebenenfalls auch aussortiert; Befindlichkeiten und die Dynamik in und zwischen Gruppen werden ausgeblendet, scheinbar vorübergehend stillgelegt, wie ein Patient während einer Operation durch die Narkose. Im zweiten Ansatz spielen die Mitarbeiter eine zentrale Rolle, und damit wird auch die Dynamik in und mit Gruppen zu einem essenziellen Gestaltungs- und Steuerungsfaktor. Um dem eingangs erhobenen Anspruch gerecht zu werden, sehen wir allerdings Gruppen nie isoliert, sondern, wo immer es relevant ist, eingebunden in den weiteren Kontext ihrer institutionellen und unternehmerischen Umwelt.

Change-Management im Geist des alten Denkens

Viele Unternehmen und Institutionen werden stringent nach einem rein sachlich-betriebswirtschaftlichen Ansatz geführt und in Anbetracht der aktuellen Herausforderungen zügig umstrukturiert: Hierarchien werden abgeflacht, aus ehemaligen Meistern werden Coaches, die Führungsspannen werden drastisch erhöht mit der auffordernden Begründung, die Mitarbeiter sollen als »Unternehmer im Unternehmen« mehr persönliche Verantwortung übernehmen. In der Produktion wird den Arbeitsgruppen mehr Entscheidungskompetenz zugeordnet, sie sollen zum Beispiel ihre Urlaube, Krankheitsvertretungen und die Qualifikationsschritte der einzelnen Mitglieder selbst regeln. Die Gruppen sollen in regelmäßigen Treffen den kontinuierlichen Verbesserungsprozess gewährleisten. Die Führungskräfte sollen ihre Mitarbeiter dahin bringen, mehr Selbstverantwortung zu übernehmen mit dem klaren Ziel, dadurch die Produktivität zu erhöhen. Zusätzlich wird den Führungskräften die Rolle des Change-Managers zugeteilt mit dem Auftrag, den anstehenden Wandel zu gestalten.

Interne und externe Berater entwickeln im Auftrag der Geschäftsführung entsprechende Konzepte, formulieren dazu passende Leitbilder, gestalten daraus beeindruckende mehrfarbige Folien als Entscheidungsvorlage für die Geschäftsführung. Ist das Konzept entschieden, wird es im Rahmen einer großen Führungskräfteveranstaltung offiziell verkündet und anschließend – wie es so schön heißt – »heruntergebrochen« oder in das Unternehmen »kaskadiert«: Die Führungskräfte erhalten die Aufgabe, das neue Modell mithilfe eines vorgefertigten Foliensatzes in ihren Bereichen zu kommunizieren, das heißt, den sogenannten Rollout zu bewerkstelligen. Mit der Entscheidung für das Konzept und den Rollout betrachten die meisten Geschäftsführungen ihre Aufgabe als erledigt. Die Umsetzung wird als eine Angelegenheit des mittleren und unteren Managements in den Niederungen des Unternehmens angesehen, im »Olymp« wendet man sich derweil wieder höheren strategischen Aufgaben zu.

In den Konzepten, Leitlinien, Leitbildern und Folien liest sich das neue Modell sehr klar, ziemlich einleuchtend und in sich schlüssig. Die neuen Organigramme vermitteln nach außen ein eindrucksvolles Bild einer modernen, zukunftsfähigen Organisation – und das scheinbar alles ohne große Irritationen.

Schaut man aber hinter die Kulissen, dann stellt man schnell fest: Es hat sich nichts geändert; nur die Fassade wurde neu gestaltet. Das neue Struktur- und Rollenmodell wurde nämlich ganz nach dem alten Führungsverständnis eingeführt: Die obere Hierarchie wird nicht in Frage gestellt und führt unangefochten von oben nach unten, ohne die Betroffenen einzubeziehen und ihre Energien zu nutzen – völlig im Widerspruch zu dem, was durch die neuen Rollen und Organisationsstrukturen eigentlich bewirkt werden sollte, nämlich Stärkung der Eigenverantwortung, Denken und Handeln in übergreifenden Wertschöpfungsketten, offene Kommunikation.

Die gruppendynamische Transformationsvariante

Menschen sind immer irgendwie in Gruppen eingebunden. Gruppen beeinflussen das Verhalten der einzelnen Gruppenmitglieder, und gleichzeitig beeinflussen die einzelnen Mitglieder die Gruppe, ihre Normen, Werte und Rollen. Wer in einem Unternehmen Strukturen und Prozesse einführen will, die viel Selbststeuerung beinhalten, tut gut daran, den Kontext Gruppe und Gruppendynamik, in dem sich alles abspielt, voll mit ins Kalkül zu ziehen und in seiner Transformationsarchitektur zu berücksichtigen. Die Transformation zu den skizzierten neuen Modellen kann folgerichtig optimal nur in einer gruppendynamischen Variante geschehen, weil nur dadurch gewährleistet ist, dass sich bereits die Entwicklung und Einführung dieser Modelle an den Prinzipien ausrichtet, auf denen die neuen Modelle ruhen. Wie das nun im Einzelnen bewerkstelligt werden kann und worauf vor allem geachtet werden muss, wird im Folgenden in mehreren Schritten beschrieben.

Zwei Gruppen von Kriterien sind grundsätzlich zu unterscheiden: Es gilt, zunächst einmal zwei übergreifende Kriterien zu beachten, die gewährleisten, dass die Situation nicht individualisiert und psychologisiert, sondern in ihrem größeren Kontext wahrgenommen, beurteilt und entsprechend vernetzt angegangen wird. Innerhalb dieses Kontextes geht es dann darum, die gruppendynamischen Aspekte zu erkennen und im Vorgehen entsprechend zu berücksichtigen beziehungsweise gezielt einzusetzen.

 Übergreifendes Kriterium 1: Ganzheitlicher Ansatz. Jede Führungskraft, jeder Berater und damit auch jeder Change-Manager hat irgendeine spezielle Kompetenz und neigt spontan dazu, seine Interventionen aus der eingeengten Perspektive seiner Kompetenz und der damit verbundenen Erfahrungen vorzunehmen. Wer aus dem Personalbereich kommt, schaut zuerst auf das Personalkonzept, Bildungsleute werden vor allem die Qualifikation im Auge haben, Organisatoren wird die Struktur ein Herzensanliegen sein, Refafachleute werden vielleicht die Geschäfts- oder Arbeitsprozesse genauer unter die Lupe nehmen wollen. Das alles ist zwar verständlich, aber unzureichend. Denn in den meisten Fällen erfordert die Komplexität der Lage, an mehreren Dimensionen anzusetzen und zwar gleichzeitig, weil eine einzelne Dimension für sich allein zu wenig bewirken, sondern nur im Zusammenspiel mit anderen ihre volle Wirkkraft entfalten kann: Häufig geht es sowohl um individuelle persönliche Entwicklungsprozesse im Hinblick auf innere Einstellungen (»mental models«), Emotionen, Wollen, Können, als auch um Strategien, Geschäftsprozesse, Strukturen, um Führungs- und Kooperationsmodelle und schließlich um die notwendigen unterstützenden Rahmenbedingungen. Wichtig ist vor allem, dass die ungeschriebenen Regeln, nach denen man sich im Unternehmen profiliert und vorankommt, den neuen Ansatz nicht konterkarieren.

 Ein nicht seltenes Beispiel: In vielen Unternehmen werden in den Leitlinien offene Kommunikation, ehrliches Feedback und Konfliktfähigkeit postuliert. Aber wehe, ein Mitarbeiter drückt seinem Vorgesetzten auch nur ein einziges Mal offen und ungeschminkt sein Missfallen über eine bestimmte Entscheidung aus – und erwischt dabei entweder einen schlechten Tag oder merkt erst relativ spät, dass er mit seiner Stellungnahme einer Lieblingsidee seines Chefs in die Quere kommt. Anhand der Reaktion des Chefs in Form belehrender Bemerkungen, indignierter Miene oder im Ausnahmefall auch Ermutigung zum offenen Dialog wird der Mitarbeiter sehr schnell erkennen, ob das offizielle Leitbild wirklich ernst gemeint ist oder ob es sich lediglich um ein den ehrenwerten Schein wahrendes Feigenblatt handelt. In jedem Fall wird er sein zukünftiges Verhalten klugerweise nach der erlebten Reaktion ausrichten und den Kollegen in seinem Umfeld einschlägige Hinweise geben.

Vielleicht beinhaltet der in Leitbildern bei der gewünschten Konfliktfähigkeit häufig gebrauchte Zusatz »konstruktiv« den verdeckten Hinweis, man tue gut daran, darauf zu achten, dass, was immer man sagt, dem Vorgesetzten ins Konzept passt, dass es also für ihn konstruktiv ist …

 Übergreifendes Kriterium 2: Schneller Wissenstransfer und zuverlässige Handlungsfähigkeit. Damit ein Unternehmen erfolgreich ist, müssen sehr unterschiedliche, zum Teil widersprüchliche Kompetenzen und Perspektiven unter einen Hut gebracht, kooperationsfähig und kooperationswillig gemacht werden.

> Die Entwicklung will zum Beispiel alles möglichst toll und raffiniert (und damit teuer) machen, die Produktion aus ihrer Sicht besteht auf praktikablen Lösungen, für den Vertrieb ist der Preis entscheidend, für den Kunden die einwandfreie und termingerechte Lieferung durch die Logistik des Unternehmens und auf Dauer der eigentliche Nutzen des Produktes im Vergleich zum Wettbewerbsangebot.

Das alte Modell hat versucht, diesem Anspruch durch ein ausgeklügeltes System von klar abgegrenzten Funktionen, Zuständigkeiten und unterschiedlichen Wertigkeiten gerecht zu werden. Wer bei wem und bei was mitreden und wer von was die Finger lassen soll, war bis ins Einzelne in klaren Spielregeln vorgeschrieben, inklusive der für die Abstimmung untereinander notwendigen Gremien. Der Gesamtüberblick und damit die Oberhoheit über alle Einzelperspektiven und Partikularinteressen – und dadurch auch der eventuell notwendige Interessensausgleich – blieben per definitionem der Unternehmensleitung vorbehalten.

Je nach persönlicher Welt- und Wertanschauung kann man zwar die neuen Modelle schon allein aufgrund ihres partizipativen Ansatzes und des höheren Ausmaßes an Selbstbestimmung und Selbstverantwortung hoch schätzen. Im Endeffekt misst sich allerdings ihr Wert vor allem daran, wie weit es durch sie besser gelingt, den notwendigen Wissenstransfer zu generieren, die immer vorhandenen unterschiedlichen Perspektiven unter einen Hut zu bringen, die dazu nötigen Auseinandersetzungen fair auszutragen – und dann auch noch mit der vom Markt geforderten Zügigkeit die anstehenden Entscheidungen zu treffen und umzusetzen.

 Der Wert der Gruppe. Der notwendige Wandel fällt weder wie Manna vom Himmel, noch kann er per »An- und Zurechtweisung« veranlasst werden. Es bedarf vielmehr eines differenzierten Prozesses der Reflexion, um den einzelnen Funktionsträgern die unterschiedlichen Dimensionen, zum Beispiel Einstellungen, Emotionen, Wollen, Können, Rollenverteilung der Beteiligten, ins Bewusstsein zu holen, ihnen deutlich werden zu lassen, worin ihr spezielles Beitragspotenzial liegt. Das Ganze allerdings auf dem Hintergrund des allgemeinen Markt- und Ergebnisdrucks und in einem heiklen Geflecht von teilweise widersprüchlichen Partikularinteressen der Beteiligten. Hier kommt nun die Gruppe ins Spiel – und das in mehrfacher Hinsicht: Gruppen sind sowohl die Orte, in denen sich die neuen Organisationsformen und die

Dynamik aus dem Verlauf des gesamten Veränderungsprozesses unmittelbar auswirken, zugleich werden aber die Organisationsentwicklungsprozesse auch aus den spezifischen Zuständen und Dynamiken dieser Gruppen gespeist. Diese entstehen durch individuelle Befindlichkeiten und die Beziehungen zwischen Individuen und Untergruppierungen, zum Beispiel zwischen Gewinnern und Verlierern der Umorganisation oder Menschen, die sich dafür halten. Solche Zustände und Dynamiken bergen latente Sprengkraft, die positiv genutzt werden, aber auch, wenn unkontrolliert, zerstörerisch wirken kann. Wenn man die Gesetzmäßigkeiten dieser Dynamiken und ihrer Steuerbarkeit kennt, ist die Dynamik in und von Gruppen das Mittel der Wahl, den Wandel in der Steuerung von Organisationen maßgeblich mitzugestalten.

Die folgende Übersicht soll einige wesentliche Unterscheidungsmerkmale zwischen einem betriebswirtschaftlich-strukturellen Ansatz und einem Ansatz verdeutlichen, der sich an der Beteiligung der Betroffenen und der Dynamik von Gruppen unter Einbeziehung ihres institutionellen Kontextes ausrichtet:

Prinzipien der Transformation von Führung und Organisation im Rahmen angewandter Gruppendynamik und Change-Management

Rein betriebswirtschaftliches und an der Struktur orientiertes Beratungs-, Interventions- und Gestaltungskonzept.	An Prinzipien der Organisationsentwicklung und Gruppendynamik orientiertes Beratungs-, Interventions- und Gestaltungskonzept
Generelle Leitlinie	
Versachlichen! Werkzeuge und das angestrebte Sachergebnis stehen im Vordergrund und im Blickpunkt der Aufmerksamkeit.	Ein System ganzheitlich betrachten: Sache, Bedürfnisse, Personen und ihre zwischenmenschlichen Beziehungen, innere Einstellungen, Strukturen, Geschäftsprozesse, Umfeld, involvierte Interessen aller Art spielen eine Rolle.
Kontext...	
... betriebswirtschaftliche Kriterien und Wettbewerbsvergleich.	... Individuum – Gruppe – Institution – gesellschaftliche, politische, wirtschaftliche Rahmenbedingungen.
Widerstand...	
... gehört sich in einem hierarchischen System nicht; wird unterdrückt.	... normale Reaktion auf Veränderung; Information und Teil des Kräftefeldes.
Emotionen...	
... sind Störfaktoren (typischer Ordnungsruf: »Jetzt bleiben Sie doch mal sachlich!«).	... werden als wichtiger Indikator im Hinblick auf (blockierte) Energiepotenziale und ihre Auswirkung auf die Sachebene identifiziert und bearbeitet.

Das beauftragende Management …	
… ist in seiner Rolle als Auftraggeber weder Ziel noch im engeren Sinn Betroffener der Entwicklungsprozesse; Motto: Ober sticht Unter; ausreichende Positions- und Funktionsmacht schützen davor, hinterfragt zu werden.	… ist möglicherweise Teil des Problems, deshalb immer sowohl als betroffene Funktion wie als Ziel der Entwicklung mit im Spiel; Macht wird immer auch als »geliehene Macht« und als Prozess gesehen, entsprechend souverän ist der Umgang mit Macht und Mächtigen.

Beratungsschwerpunkte …	
Die inhaltlich-fachlichen Aspekte stehen eindeutig im Vordergrund (⇨ Fachberatung); der Berater versteht sich teilweise auch als Ersatzmanager; Gruppendynamik ist eingegrenzt auf die Steuerung expliziter Konfliktsituationen.	Das Vorgehen des Beraters orientiert sich (auch) maßgeblich an der Befindlichkeit der Betroffenen (⇨ Prozessberatung); Gruppendynamik ist immer im Spiel; der Berater beachtet vor allem auch den Energiezustand des Systems und steuert seine Interventionen entsprechend.

Workshops …	
… dienen teils zum Sammeln inhaltlicher Aspekte (»Abmelken«), teils bieten sie eine Bühne zum Abgeben programmatischer Erklärungen und Commitments – nicht selten auch interaktiv nach vorgegebenen Spielregeln: Sammeln ⇨ Ordnen ⇨ Gewichten ⇨ Entscheiden – mit simultaner Visualisierung (»Metaplanieren«).	… sind über die sachlich-inhaltlichen Aspekte hinaus Orte der gezielten Illustration, Reflexion und Irritation der in der aktuellen Situation relevanten Denk- und Handlungsmuster der Betroffenen mit den Zielen grundsätzliche Sensibilisierung, Aufmerksamkeit wecken für eventuellen Handlungsbedarf (⇨ sense of urgency), Energie und Ownership überprüfen beziehungsweise stärken, Konflikte erkennen und austragen.

Die Rolle der Gruppe …	
… formeller Ort von Diskussionen und Entscheidungen (zum Beispiel Geschäftsführung, Bereichsleitungen; Projektleitungen); unverbindlicher Raum für informelle Begegnungen.	… über den formellen Raum hinaus: Gruppe als Medium und Verstärker von Einstellungen und Verhaltensmustern; verbindlicher Ort der Auseinandersetzung und Integration von ansonsten informellen Geschehnissen.

Rolle von zwischenmenschlichen Beziehungen …	
Hilfreiche oder störende Netzwerke (»Seilschaften«).	Die Interaktionen der handelnden Personen und/oder Funktionsgruppen sind wesentlicher Bestandteil der Analyse und der Handlungskonzepte.

Auftrags- und Rollenklärung	
Rein sachlich anhand definierter Ziele und entsprechender Messgrößen wird verhandelt.	… darüber hinaus: Erläuterung und gegebenenfalls Kompetenzdemonstration des gruppendynamischen Ansatzes; Überprüfung der Belastbarkeit der Beziehung zwischen Klient und Berater.

Gesamtarchitektur eines Veränderungsprojektes …	
Terminlich und inhaltlich strukturierter Masterplan mit exakt definierten verbindlichen Meilensteinen oder Roadmap.	Halb offenes Design: schrittweises Vorgehen mit regelmäßigen Reflexionsschleifen (eingedenk des Hinweises von Kurt Lewin »Ein System lernt man erst kennen, wenn man versucht, es zu verändern«) – unter Beobachtung und Berücksichtigung des Kräftefeldes der tangierten Interessen.

Die Gruppe als Struktur- und Organisationsprinzip

Auf der Basis der Erfahrung, wie sich zum Beispiel Teams in einer dynamischen Form von Selbstorganisation weitgehend selbst führen und wie sich Menschen gegenseitig, ohne laufende hierarchische Eingriffe, mehr und mehr selbst in die Pflicht nehmen und steuern können, gibt es eine Reihe von fest installierten gruppenorientierten Organisationsstrukturen, die im Folgenden behandelt werden.

 Durchgängige Prozesskette auf der Basis von Wertschöpfung und Wertstromdesign. Im Gegensatz (oder manchmal auch als ergänzende Alternative für ganz bestimmte Aufgabenstellungen) zur vertikal strukturierten Silo-Organisation steht die horizontal strukturierte Wertschöpfungskette. Ihr Erfolgsgeheimnis liegt darin, möglichst alle relevanten Tätigkeiten, Funktionen und Disziplinen, die für die Erreichung einer Zielsetzung wichtig sind, in einer durchgängigen ungebrochenen Wertschöpfungskette miteinander zu verbinden und alle bisher nicht wertschöpfenden Schritte zu eliminieren. Diese Gruppe arbeitet wie ein kleines eigenständiges Unternehmen: Die Mitglieder einer solchen Wertschöpfungsgruppe sind in dieser Aufgabe nur dem Leiter der Wertschöpfungskette verantwortlich, nicht dem jeweiligen zentralen (Silo-) Bereich (Marketing, Finanzwesen, Personalwesen, Logistik etc.), dem sie von ihrer Funktion her eventuell nach wie vor disziplinarisch zugeordnet sind. Durch diese neue Struktur überwinden sie ihre bisherigen eng abgegrenzten Arbeitsspezialisierungen (Ab-Teilungen). Dies geschieht hierarchie- und bereichsübergreifend. Der Überblick über die gesamte Prozesskette, die Notwendigkeit des Mitdenkens für andere, Prinzipien wie »*Jeder lernt von jedem*« und »*Jeder hilft jedem*« entwickeln übergreifende Fähigkeiten und Selbstverantwortung der Mitarbeiter – und unterstützen gleichzeitig das Verflachen der traditionellen Hierarchie.

Diese radikale Ausrichtung an einer umfassenden Zielsetzung statt an den abgeteilten Interessen des eigenen Funktionsbereiches und die übergreifende Verantwortung verursachen eine neue Organisationsdynamik und damit auch eine mehrfache Herausforderung im Hinblick auf bisherige Gewohnheiten und Machtstrukturen. Und genau dieser Zusammenhang wird bei dem bereits skizzierten »versachlichten« Schnell- und Schonwaschgang (s. S. 94) nur sehr ungenügend oder überhaupt nicht berücksichtigt.

Im bisherigen Organisationsaufbau waren und sind die Menschen viel stärker abgepuffert. Die hierarchischen Positionen, funktionalen Zuständigkeiten und vorgegebenen Rollen grenzen eben nicht nur ab, sondern genau diese Abgrenzung schützt sie gleichzeitig voreinander. Persönliche Nähe, wo man sich gegenseitig auf den Pelz rückt, indem man sich einmischt, auch wenn es dem anderen im Moment gar nicht in den Kram passt, war im alten Modell nicht vorgesehen. Das eigene Handeln war immer begründbar mit der fachlichen Zuständigkeit, der hierarchischen Verantwortung, der Stellenbeschreibung oder durch Verweis auf festgelegte Regelungen und Vorgaben. Wird nun dereguliert, indem Strukturen – zum Beispiel Führungsebenen – herausgezogen werden, dann bedeutet dies, dass der Wechsel der Zuständigkeiten an bisher messerscharf gezogenen Schnittstellen sich nun unscharf überlappt, in gemeinsame Verantwortung übergeht und damit der Absprache und Aushandlung bedarf.

Die im alten Abgrenzungsmodell wegstrukturierte Gruppendynamik kommt nun voll ins Spiel, sowohl innerhalb der Gruppe als auch im Zusammenspiel mit anderen ähnlichen Gruppen. Dabei geht es um Kräfte der gegenseitigen Anziehung einerseits und der Rivalität und Ablehnung andererseits, Wünsche nach gegenseitiger Beherrschung und Unterwerfung, aber auch um Bestreben zur Solidarisierung miteinander, Bedürfnisse nach Nähe, Distanz und Abgrenzung, Gefühle des Vertrauens zueinander und des Misstrauens gegeneinander. Diese Kräfte sind ein großes Reservoir an Energie, das genutzt werden kann. Vorhanden sind sie allemal, wirksam auch: entweder als Brems- und Blockadeenergie oder als eine treibende Kraft der Gestaltung und Selbstorganisation. Und genau dieses Kräftefeld gilt es zum Beispiel im Rahmen von Workshops laufend zu beobachten, um rechtzeitig potenzielle Konfliktfelder zu lokalisieren und die Befriedigung und Kompetenz auszubauen, sich allein auf der Basis von Selbststeuerung und Selbstverantwortung auch mit Kollegen anzulegen, ohne sich nach der Rückgriffsmöglichkeit auf hierarchische Sanktionsmacht zurückzusehnen.

 Projektorganisation als Sonderorganisation auf Zeit: neues mentales Modell. Es gibt immer häufiger Aufgabenstellungen, die in der bestehenden Organisationsstruktur, ob alt oder neu, nicht optimal bearbeitet werden können. Die schon länger praktizierte Lösung für solche Fälle: Man schafft eine Sonderorganisation auf Zeit, in der ähnlich wie in der übergreifenden Prozessgruppe alle für die Bearbeitung des Problems relevanten Funktionen und Bereiche vertreten sind. Projektmanagement ist ein eingespieltes Verfahren mit klar definierten Vorgehensweisen, allerdings eher von Ingenieuren geprägt. Sogenannte weiche Faktoren spielen kaum eine Rolle.

Mittlerweile haben sich die Rahmenbedingungen für das Projektmanagement drastisch geändert: Der Druck auf Lösungen ist stark gestiegen; wenn nicht unbedingt erforderlich, wird auf hundertprozentige Lösungen verzichtet; alles wird operativ hektischer; im Vordergrund steht die Umsetzung; Vernetzungen und Interdependenzen spielen eine größere Rolle.

Wer die daraus resultierenden dynamischen Anforderungen an Organisationsformen und Führung auf das Projektmanagement anwendet, dem werden einige Aspekte deutlich, die es in der Steuerung von Projekten zu berücksichtigen gilt:

- Statt ein Projekt sauber abzuschließen, werden alle darauf gefasst sein müssen, immer häufiger wie bei einem Stafettenlauf mitten im Lauf den Stab an neue Themen zu übergeben – mit dem Unterschied, dass man vorher weder den Zeitpunkt noch den Ort der Übergabe kennt.
- Bei Projekten sind immer Interessen im Spiel, aber nicht immer offen deklariert. Projekte sind deshalb immer auch als mikropolitische Strategien anzulegen. Wer ein Projekt beginnt oder übernimmt, muss wissen, dass er sich in ein bestehendes Kräftefeld von Interessen einmischt. Dieses Kräftefeld gilt es zu erfassen und seine potenzielle Neuausrichtung im Rahmen des Projektes einzukalkulieren.

> Projekte sind immer auch als mikropolitische Strategien anzulegen.

- Nicht selten werden Projekte unterteilt in drei Phasen: Konzeption, Entscheidung, Umsetzung. Diese Aufteilung basiert auf der Logik des herkömmlichen ingenieurmäßigen versachlichten Modells. In der Logik der Gesetzmäßigkeiten von Organisationsentwicklung und Gruppendynamik verbietet sich diese Trennung; die Umsetzung muss vielmehr von Anfang an mitbedacht werden. Das hat folgende Konsequenzen: Erstens, die von der Umsetzung Betroffenen müssen von Anfang an in die Gestaltung miteinbezogen werden. Zweitens, die Minimalform der Einbeziehung ist Kommunikation – nicht Information! Drittens, um Betroffene einbeziehen zu können, müssen diese bereits zu Beginn im Hinblick auf ihre Interessen, ihr Wissen, ihre Einstellung dem Projektvorhaben gegenüber und ihre Befindlichkeit identifiziert werden.
- Es ist entscheidend für den Erfolg, von vornherein zu klären, wer der eigentliche Träger des Projektes ist und wer die unbestrittene Verantwortung nicht nur für das Konzept, sondern auch für die Umsetzung übernimmt – und diesem die entsprechende Rolle bereits im Projekt zuzuteilen. Nicht selten passiert nämlich Folgendes: Die Aufgabe wird einem Projekt zugeordnet, die Macht der Ressourcenzuteilung und die entscheidende Steuerung bei der Umsetzung bleiben aber in der Linie angesiedelt. Rivalitäten und Machtkämpfe sind dadurch vorprogrammiert.

Die Alternative: Entweder die Linie ist von vornherein Eigner und Auftraggeber des Projektes, oder Projektmanagement und Linienmanagement spannen sich gemeinsam vor den Karren.

 Projektarchitektur. Einige Grundelemente der herkömmlichen Projektarchitektur haben sich durchaus bewährt und es spricht nichts dagegen, sie unverändert beizubehalten. Relativ einfach ist die Projektarchitektur, wenn die Arbeit in einer einzelnen *Projektgruppe* organisiert werden kann. Aber schon hier ist auf einige erfolgskritische Punkte zu achten:

- Eine klare Aufgabenerteilung ist unerlässlich.
- Wichtig: Eindeutige Klärung von Rollen und Verantwortung (Wer ist für das Konzept, wer für die Entscheidung, wer für die Umsetzung, wer für die Nachhaltigkeit verantwortlich?).
- Stehen ausreichend Ressourcen (Personen, Zeit, Geld …) zur Verfügung, und wer verfügt letztlich über diese Ressourcen?

Macht die Komplexität der Problemstellung die Verteilung der Aufgaben auf mehrere Projektgruppen erforderlich, dann bedarf es einer übergreifenden *Steuergruppe*. Im Normalfall gehören alle Projektleiter der Steuergruppe an. Die Leiter der Teilprojekte haben in der Steuergruppe die Aufgabe, den aktuellen Stand ihres Teilprojektes einzubringen. Zudem sollen sie das eigene Teilprojekt im Rahmen des Gesamtprojektes sehen und sich in der Steuergruppe Anregungen holen und geben.

Inwieweit der Leiter der Steuergruppe gleichzeitig ein Teilprojekt leiten sollte, hängt von seiner zeitlichen Kapazität ab und von der Notwendigkeit, basisnahe detaillierte Kenntnis von bestimmten Aspekten zu haben, um in der Gesamtsteuerung nicht abzuheben.

Besteht die Steuergruppe aus mehr als fünf Mitgliedern, sollte der Leiter der Steuergruppe mit einem definierten kleinen Kreis (insgesamt nicht mehr als drei Personen) eine übergreifende Koordination gewährleisten.

Größere Projekte benötigen zusätzlich eine *maßgeschneiderte Kommunikationsbeziehungsweise Marketingstrategie*, um die Betroffenen rechtzeitig und angemessen in den Gesamtprozess einzubeziehen, durch Information, aber auch Einholen von Feedback. Besonders im Hinblick auf die Wirksamkeit und Nachhaltigkeit der späteren Umsetzung ist rechtzeitige und angemessene Kommunikation die minimale Erfüllung des Grundprinzips, »Betroffene zu Beteiligten zu machen«. Ob diese Funktion von einem Mitglied der Steuergruppe zusätzlich übernommen wird oder ob dafür ein eigenes Mitglied in die Steuergruppe kooptiert wird und inwieweit diese Aufgabe von einem Einzelnen oder von einem eigenen kleinen Team erledigt wird, muss im Einzelfall entschieden werden.

Sind die Projektleiter und damit auch die Mitglieder der Steuergruppe nicht gleichzeitig die Entscheider, dann bedarf es eines eigenen *Lenkungsausschusses* oder eines *Entscheidungsgremiums*. Dessen Aufgabe besteht in der Auftragsvergabe, im Fortschrittscontrolling und im Entscheiden.

Zur Projektarchitektur gehören nicht nur geeignete Strukturen, sondern auch ein zeitgemäßes Instrumentarium und die dazu passende *Prozessarchitektur*. Ein wesentlicher Erfolgsfaktor besteht darin, den Wissenstransfer und die Kooperation in der Projektgruppe, zwischen den Teilprojekten, zwischen Projekt und beauftragenden Entscheidern sowie zwischen Projekt und Anwendern in geeigneter Form sicherzustellen. Dazu gehört eine optimale Nutzung der informationstechnologischen Instrumente, zum Beispiel E-Mail, Blogs, Corporate Weblogs, Social-Networking-Plattformen (Facebook, Xing), Wikis, Podcasts/Videocasts, Internet- beziehungsweise Intranetforum, Teamspace, Projektportale.

Aber genauso wichtig sind Face-to-Face-Treffen in Form von mehrtägigen *Klausuren*, auf denen neben dem Ideenaustausch vor allem auch die unterschiedlichen Perspektiven aus den unterschiedlichen Funktionslogiken deutlich werden und in Ruhe so ausdiskutiert werden können, dass sich diese nicht in unüberwindbaren mentalen und persönlichen Lagern verfestigen beziehungsweise dass vorhandene Verfestigungen gelockert werden können. Diese Klausuren sind zu Beginn eines Projektes sinnvoll, zwischendurch in heißen Phasen zur Überprüfung und Konfliktklärung und am Ende zum Absegnen des Ergebnisses, der Empfehlungen für die Entscheider und der Abwägung möglicher Alternativen. Die Zusammensetzung des Teilnehmerkreises (Projektmitarbeiter – Anwender – Entscheider) erfolgt nach Einschätzung der aktuellen Situation im Hinblick auf die angepeilte Wirkung des Projektes.

Häufige Problemsituationen

Projektorganisation als verdeckter Bypass zur Kompensation von Defiziten in der Linienorganisation

Manchmal werden Projekte zum Lückenbüßer. Für die Bearbeitung einer neuen Herausforderung gäbe es durchaus eine zuständige Organisation. Man hält aber diese Gruppe, Funktion oder auch Person nicht für kompetent. Oder sie ist bereits zu mächtig und man möchte ihren Einfluss mit der Zuteilung des Projektes nicht auch noch vergrößern. Weil man aus bestimmten Gründen nicht willens oder auch nicht fähig ist, dieses Thema offen anzugehen, die Aufgabe aber erledigt werden muss, schafft man mit dem Projekt einen Bypass. Es kann durchaus Gründe geben, die dieses Vorgehen im Blick auf ein größeres Ganzes vernünftig erscheinen lassen. Wichtig wäre nur, dass die Projektverantwortlichen wissen, was da gespielt wird, und dass sie ihre Erkenntnisse bei der Mikropolitik des Projektes berücksichtigen – vor allem in Hinblick auf die konsequente Umsetzung.

Projektmitglieder ohne volles Engagement

Projektmitglieder werden von ihrem verantwortlichen hierarchischen Funktionsvorgesetzten für das Projekt zwar formell freigestellt, erhalten aber klare Order, alles zu verhindern, was den Partikularinteressen des entsendenden Funktionsbereiches zuwiderlaufen könnte. Oder es werden diejenigen freigestellt, die man am leichtesten entbehren kann. Oder es erfolgt zwar eine Freistellung, gleichzeitig lasten aber so viele Aufgaben auf den Betroffenen, dass diese sich trotz besten Willens kaum in der Lage sehen, einen echten Beitrag für das Projekt zu leisten.

Nicht zuletzt solchen Problemen kann im Rahmen der skizzierten Klausuren auf den Grund gegangen werden, zum Beispiel anhand folgender Fragestellungen:

- Wer will dieses Projekt wirklich, in welchem Kräftefeld von Interessen bewegt es sich – und sind damit ausreichend Macht und Gestaltungsenergie vorhanden?
- Welches Verständnis haben die Mitglieder der Projektgruppe und die Entscheider von der Aufgabenstellung, wie stark können sie sich damit identifizieren – und wie kann es gelingen, eine tragfähige gemeinsame Basis zu schaffen?
- Sind im Projekt ausreichend fachliche und soziale Kompetenz und Zeit vorhanden im Hinblick auf die Aufgabenstellung und den vorgesehenen Zeitrahmen?

- Welche ähnlichen oder verwandten Themen werden parallel bearbeitet oder wären parallel zu bearbeiten und wie müssten diese vernetzt werden, damit ein nachhaltiger Erfolg des Projektes gewährleistet werden kann?

Die Funktion von Netzwerken. Im alten Organisationsmodell wusste jeder, wo sein Platz im hierarchischen System war und was er tun musste, um sich gut zu halten oder weiter Karriere zu machen. Seine Ansprechpartner waren der zuständige Linienvorgesetzte oder die Personalabteilung im Rahmen verbindlicher Karriereentwicklungsprogramme (»Goldfischteiche«). Wenn er Glück hatte, gehörte er darüber hinaus einer Seilschaft an, als deren Mitglied er darauf hoffen konnte, schrittweise nach oben gezogen zu werden. Ebenso klar war, mit wem er was zu verhandeln hatte.

In Zeiten flacher Hierarchien und flexibler hybrider Strukturen innerhalb eines Unternehmens und angesichts der Bestandsunsicherheit des Unternehmens selbst sind diese ehemals sicheren Anker obsolet. Das neue Zauberwort für Orientierung und Bündelung von Interessen heißt Netzwerk. Netzwerke gibt es in vielfacher Hinsicht und zu unterschiedlichen Zwecken, zum Beispiel Netzwerke (Cliquen) von Mächtigen; funktionsübergreifende Netzwerke zur Früherkennung und Abstimmung von unterschiedlichen Interessenlagen (Netzwerk von Vertrieb/Marketing und ausgewählten Kunden; Entwicklungsbereich mit Konstruktion, Produktion und Vertrieb; die Logistik mit Vertrieb, Finanzbereich und Controlling und Produktion; Personal mit den jeweiligen Geschäftsbereichen, denen es als Partner zur Verfügung stehen soll, usw.); Netzwerke zur Karriereentwicklung der Selbst GmbH (Selbstmarketing).

Kriterien für die Bildung von und das Verhalten in Netzwerken:

- Man muss etwas zu bieten haben (kostbares und rares Gut), das für andere die Vernetzung attraktiv macht; beispielsweise spezielles Wissen, anerkannte Fachkompetenz, Einblick in noch nicht veröffentliche Vorhaben, Einfluss oder auch eine zukunftsträchtige Selbst GmbH.
- Die Mitgliedschaft geschieht auf Aushandlungsbasis und ist jederzeit widerrufbar.
- Der Wert eines Netzwerkes liegt nicht nur im direkten Kontakt zu den einzelnen Mitgliedern, sondern in deren Kontakten zu weiteren Personen, Funktionen, Bereichen, Institutionen …
- Netzwerke sind äußerst fragile Gebilde, sowohl, was die Mitglieder, als auch, was ihren Marktwert betrifft, deshalb muss man immer auf dem Sprung sein, gegebenenfalls neue Verbindungen aufzunehmen. Wer allerdings zu früh und zu häufig »fremdgeht« oder wie ein Schmetterling versucht, sich an unterschiedlichen Blüten zu erlaben, riskiert, nie den richtigen Anschluss zu finden.
- Netzwerke müssen regelmäßig gepflegt werden im Hinblick auf generelle Wertschöpfung durch das Netzwerk für das Unternehmen und/oder für die einzelnen Mitglieder, eine ausgeglichene Balance von Geben und Nehmen der einzelnen Mitglieder, Attraktivität der Zusammensetzung. Gegebenenfalls muss man Mitglieder aussortieren oder neue hinzugewinnen.

- Allgemeine Grundregel: Mehr investieren als abschöpfen; Abstauber werden, oft ohne dass sie es merken, schnell aus dem Netzwerk gelöscht.
- Netzwerke sind in den meisten Fällen informell: Man kann deshalb die Mitgliedschaft nur andeuten (zum Beispiel per Name-Dropping ...), sich aber nicht offiziell auf sie berufen. Bei zu starker Beleuchtung lösen sie sich sozusagen temporär in Nichts auf.

Die Beachtung und Pflege der *Gruppendynamik eines Netzwerkes* erfordert ein ganz besonderes Fingerspitzengefühl. Denn es handelt sich in aller Regel um eine virtuelle Gruppe, zusammengesetzt aus sehr unterschiedlichen Interessen, die kaum jemals als Gesamtgruppe körperlich in Erscheinung treten wird. Und trotzdem sind die üblichen gruppendynamischen Prozesse zu beachten, wie zum Beispiel Akzeptanz, Rivalitäten, Machtstreben. Ziel und Zweck eines Netzwerkes bestehen zwar einerseits darin, möglichst schnell Informationen zu erhalten, die ansonsten in den Ab-Teilungen oder auch in den neuen prozessorientierten Gliederungen zunächst einmal zurückgehalten werden. Zum anderen geht es aber auch um den Hintergrundaustausch von Erfahrungen, Hinweisen, Wissen und Know-how, Vermutungen, wie Erfolge zustande kommen, Erklärungen für Probleme, Einschätzungen über die Leistungen und das Potenzial bestimmter Entwicklungskandidaten. Informationen dieser Art, also heiße Ware, die ansonsten als Insiderwissen gerne versteckt gehalten werden, eignen sich natürlich auch im Netzwerk für Versteck-, Macht- und Politikspiele im Spannungsfeld zwischen Kooperation und konkurrierender eigener Profilierung.

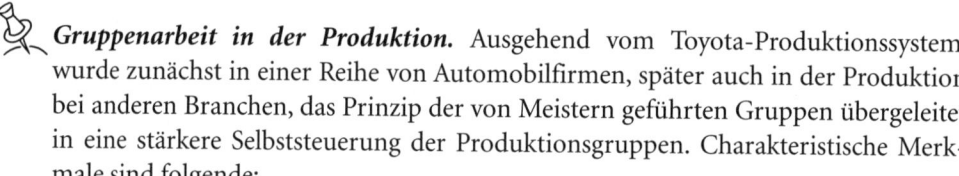 *Gruppenarbeit in der Produktion.* Ausgehend vom Toyota-Produktionssystem, wurde zunächst in einer Reihe von Automobilfirmen, später auch in der Produktion bei anderen Branchen, das Prinzip der von Meistern geführten Gruppen übergeleitet in eine stärkere Selbststeuerung der Produktionsgruppen. Charakteristische Merkmale sind folgende:

- Die Gruppe steuert sich weitgehend selbst, zum Beispiel im Rahmen der insgesamt festgelegten wöchentlichen Produktionsvorgaben, im Hinblick auf den Tageseinsatz von Mitarbeitern, Stellvertretung von Kranken, Planung von Urlauben, Planung der fachlichen Weiterbildung der einzelnen Gruppenmitglieder, Versorgung mit den notwendigen Rohstoffen aus dem Lager, Reinigung und Pflege der Maschinen und Werkzeuge und Ähnliches.
- Die Gruppe wählt aus ihrer Mitte einen Gruppensprecher, der ohne hierarchische Weisungsmacht Koordinationsaufgaben nach innen und außen übernimmt.
- Die Gruppe trifft sich mindestens einmal pro Woche für ungefähr ein bis zwei Stunden zu einem Gruppengespräch unter Leitung des Gruppensprechers, um über die Art ihres Zusammenspiels zu reflektieren.
- Ein wesentliches Hilfsmittel der Gruppenarbeit ist die Visualisierung der relevanten Aspekte mithilfe entsprechender Moderationsmaterialien (Flipchart, Metaplanstellwände, Monitore).

- In manchen Unternehmen werden bisher abgetrennte unterstützende Funktionen wie zum Beispiel Einrichter an den Maschinen (»Maschinenflüsterer«) und Betriebsingenieure als normale Mitglieder in die Gruppe integriert.
- Der bisherige Meister übernimmt mehrere Gruppen in seiner neuen Rolle als Coach vor allem für die Gruppensprecher.

Es versteht sich von selbst, dass diese Transformation nicht verordnet werden kann und dann problemlos umgesetzt wird. Ähnlich wie in der prozessorientierten Wertschöpfungsgruppe ist nicht nur einmalige Teambildung angesagt, sondern regelmäßige Teamwartung, denn:

- Aus Meistern werden nicht auf Ansage hin Coaches.
- Gruppensprecher ohne disziplinarische Weisungsmacht müssen ihre Rolle verstehen, vor allem aber müssen Menschen ermutigt werden, auf diese Weise aus der schützenden Reihe der Kollegen hervorzutreten und sich je nach Drucksituation als Koordinator, der gleichzeitig immer auch als Ermahner angesehen wird, angreifbar zu machen.
- Die Gruppe insgesamt und die einzelnen Gruppenmitglieder müssen sich immer wieder bewusst machen, was in diesem Rahmen Selbstverantwortung heißt. Wie gehen sie zum Beispiel damit um – ohne diese Aufgabe auf den Gruppensprecher abzuschieben –, wenn Einzelne sich auf Kosten anderer einen Lenz machen und andere dazu neigen, sich selbst auszubeuten?
- Bislang abgegrenzte und dadurch herausgehobene Dienstleistungsfunktionen müssen lernen, es attraktiv zu finden, normale Gruppenmitglieder zu sein, die gerne ihr Fachwissen auf andere transferieren und die gleichzeitig bereit sind, auch für normale Bandarbeiten einzuspringen, wenn Not am Mann ist und sie in ihrer speziellen Situation gerade nicht gefragt sind.

Qualitätszirkel. Im Hinblick auf die Zukunftsfähigkeit eines Unternehmens sind laufendes (Ver-)Lernen und Innovation angesagt. Das alles firmiert in vielen Unternehmen unter dem Stichwort Qualitätssicherung. Dafür gibt es meistens eine spezielle unternehmensübergreifende Funktion mit der Aufgabe, die richtigen Prüfmodelle zu etablieren und damit sicherzustellen, dass keine schlechte Qualität das Unternehmen verlässt. Schließlich soll der Kunde und nicht die Ware wiederkommen... Immer mehr Unternehmen sind jedoch dazu übergegangen, Mitarbeiter zu motivieren, meist auf freiwilliger Basis, sich regelmäßig monatlich oder zum Teil auch häufiger für etwa 1–2 Stunden in sogenannten Qualitätszirkeln zu treffen. Hier sollen sie darüber reflektieren, wie die Arbeitsbedingungen und Abläufe so weiterentwickelt werden könnten, dass man das definierte Qualitätsniveau (nicht unbedingt hundertprozentig) verlässlich einhalten kann.

Auch solche Gruppen bedürfen der Wartung: Ihre Produktivität als Qualitätszirkel im Verhältnis zum betriebenen Aufwand, die Effizienz ihrer Arbeit, ihre Durchsetzungsfähigkeit im Unternehmen in Bezug auf ihre Verbesserungsvorschläge, die Rollenverteilung und Führung in der Gruppe und die Auswirkung auf die Befindlichkeit und Motivation ihrer Mitglieder sollten regelmäßig reflektiert werden.

Ad-hoc-Problemlösegruppen. Treten überraschende Probleme auf, für die es keine lokalisierbare zuständige Organisationsform gibt, kann man zwar ein Projekt etablieren. Aber nicht jede Problemstellung bedarf dieses Aufwandes. Häufig reicht es, eine sogenannte Ad-hoc-Gruppe zusammenzustellen mit dem Auftrag, das Problem zu analysieren und Vorschläge zur Lösung zu finden. Weil eine solche Gruppe diese Aufgabe – und nur diese Aufgabe – bearbeiten soll, ist es entscheidend, folgende Fragen vorab zu klären:

- Was ist die Aufgabe?
- Bis wann soll sie erledigt sein?
- Wer ist Auftraggeber und Abnehmer der Leistung?
- Welche Ressourcen werden zur Verfügung gestellt?
- Wer soll die Gruppe leiten und ist für das Ergebnis verantwortlich?

Ohne solche Klärungen vorab eröffnet man ein unstrukturiertes gruppendynamisches Kräftefeld, in dessen Folge es die Gruppe selbst eventuell mehr Zeit kostet, sich als Gruppe arbeitsfähig zu machen, als das Sachthema zu bearbeiten, um das es eigentlich geht.

Ein offenes, unstrukturiertes Vorgehen würde sich allerdings dann empfehlen, wenn nicht (nur) die sachliche Problemlösung im Vordergrund steht, sondern wenn solche Situationen gleichzeitig genutzt werden sollen, um einer Gruppe von Potenzialkandidaten ein Trainingsfeld zu schaffen, sich selbst zu organisieren und sich dadurch auch zu profilieren.

Teamentwicklung und Teamwartung

Teamorientierte und vernetzte Organisationen sind anstrengende, pflegebedürftige Gebilde. Die Steuerungsaufwände sind erheblich, keineswegs geringer als in der klassischen Organisation, sie sind lediglich anderer Art und setzen zudem an anderer Stelle an. Durch teamorientierte Struktur- und Ablauforganisation, durch dynamische Systeme der Selbstorganisation spart man also keinen Aufwand, man verlagert ihn nur. Statt des Aufwandes für Kästchenmalerei und das Erfinden vielfältiger Vorschriften entstehen Aufbau- und Pflegeaufwand. Der Gewinn: Energie und Selbststeuerung der Betroffenen. Aus den ehemaligen Waggons, die so schwer zu ziehen waren, werden sich eigenständig zusammenkoppelnde selbststeuernde flexible Antriebssysteme.

Wer eine schlanke, intelligente und flexible Organisationsstruktur nicht nur als Konzept, Leitbild und Organigramm auf dem Papier haben, sondern sie zum Leben bringen will, sollte sich darauf einstellen, auf einer ewigen Baustelle zu arbeiten. Mit bloßen Initialzündungen und Symbolaktivitäten ist es nicht getan. Bei solchen Veränderung sind Irritationen und Spannungen völlig normal. Es gilt zunächst, die in der Regel wegstrukturierten und verdrängten (gruppendynamischen) Prozesse sichtbar zu machen, sie sorgsam zu beobachten, zu analysieren, um sie dann konsequent zu bearbeiten – und diesen Prozess gegebenenfalls (unter)stützend zu begleiten.

Gruppen haben ein sehr ambivalentes Potenzial: Sie verstärken gute und schlechte Überzeugungen, schaffen und stabilisieren gute und schlechte Sitten (vgl. den Beitrag von Klaus Antons, s. S. 324 ff.). Die besondere Macht von Gruppen liegt in ihren äußerst wirksamen Belohnungs- und Bestrafungsmechanismen, von der Anerkennung über die Missachtung bis zum informellen Entzug der Mitgliedschaft – der Störenfried wird in die Ecke eines Außenseiters gemobbt. Und das alles mit positiver oder/und negativer frühkindlicher Erfahrung in der Familie im Hintergrund, die dem ganzen Geschehen oft zusätzlich eine unbewusste und kaum steuerbare Dynamik verleiht.

Gruppen können im Rahmen solcher frei fluktuierenden Gruppendynamik die Energie, die sie einmal hatten, auch wieder verlieren. Sie können erstarren und zum Selbstzweck degenerieren. So gibt es in manchen Unternehmen eine Fülle von obsolet gewordenen Projektgruppen oder Arbeitskreisen, die ohne klare Zielsetzung, ohne Führung und ohne besonderes Engagement ihrer Mitglieder vor sich hindümpeln. Der soziale Kontakt im Team sowie gegebenenfalls der Status der Teamzugehörigkeit reichen oft als alleinige Beweggründe für die Bestanderhaltung – und wenn niemand die Gruppe auflöst, kann sie auch ohne echte Funktion Monate oder gar Jahre überdauern.

Wird eine Gruppe nicht gepflegt, entwickelt sie sich wie eine Neuanpflanzung, der man keine weitere Betreuung angedeihen lässt. Die Folge: Verwilderung. In solchen Fällen wird eine Gruppe leicht zu einem Ort und Instrument der Verhinderung: Es bilden sich Cliquen, die versuchen, sich die Mehrheit zu verschaffen und Minderheiten zu unterdrücken. Es herrscht das Prinzip des kleinsten gemeinsamen Nenners.

Wer aus einer per Aufgabenstellung und Struktur zusammengestellten Anzahl von Menschen Teams bilden und die grob skizzierten Degenerationserscheinungen verhindern will, muss Zeit und Mühe in verbindliche und regelmäßige Teambildung und Teamwartung investieren. Das aber kann nicht zwischen Tür und Angel geschehen oder eingezwängt in einer der üblichen, mit Tagesordnungspunkten überfüllten operativen Besprechungen abgewickelt werden. Mindestens einmal pro Jahr, bei Bedarf auch häufiger, sollte eine Klausur von etwa zwei Tagen abgehalten werden, in der sich die Gruppe in der Regel unter der Moderation eines professionellen, gruppendynamisch qualifizierten Begleiters in aller Ruhe mit den immer relevanten Grundproblemen einer Gruppe auseinandersetzen kann. Themen können beispielsweise sein:

- Selbstverständnis (Identität) der Gruppe in den Augen der einzelnen Mitglieder im Abgleich mit der offiziellen Aufgabenstellung,
- Wertschätzung und Akzeptanz der Mitglieder in ihrer Selbstwahrnehmung und in der Bewertung durch die anderen in der Gruppe,
- Übernahme von Macht und Führung innerhalb der Gruppe sowie die Art und Weise, wie dies geschieht und von den anderen Gruppenmitgliedern erlebt wird,
- Image der Gruppe im Umfeld – vor allem bei den Abnehmern ihrer Leistung – und Konsequenzen daraus für das Marketing (Mikropolitik) der Gruppe,
- Identifizierung potenzieller Konfliktfelder innerhalb und außerhalb der Gruppe,
- Lokalisierung bislang ungehobener Potenziale.

Die Gruppe als Mittel zum Wandel

Im bisherigen Teil stand die Gruppe als Ort der Veränderung im Fokus, wenn auch mit den Strukturelementen immer wieder die ablaufenden Prozesse kurz beschrieben wurden. Im folgenden Teil wird der Schwerpunkt auf die Prozessarchitektur gelegt, um deutlich zu machen, wodurch und durch welche Interventionen die Gruppe ihre verhaltenssteuernde Wirksamkeit entfaltet.

 Die Gruppe – Ort des sozialen Lernens und Verlernens (vgl. Beitrag von Klaus Brosius, s. S. 258 ff.). Menschen haben ihr soziales Verhalten, ihre inneren Einstellungen und Haltungen in und mithilfe von Gruppen – Familie, Kindergarten, Clique, Schulklasse – gelernt. Was für Kinder gilt, gilt für Erwachsene nicht anders: Es bedarf sozialer Bezugsfelder, um alte Muster zu ver- und neue zu erlernen. Dies geschieht häufig ungesteuert, sozusagen automatisch, nachdem Menschen sich immer in irgendwelchen wie auch immer gearteten Bezugsfeldern befinden. Wer Menschen dabei unterstützen will, gezielt und gesteuert bestimmte Einstellungen und Verhaltensmuster zu ver- oder neu zu erlernen, muss dafür geeignete soziale Bezugssysteme schaffen, zum Beispiel in Form entsprechender Gruppen, in denen der Grad der Zugehörigkeit genügend hoch und die Intensität der Beziehungen ausreichend emotional ist. Nur eine derartige überschaubare emotionale Infrastruktur schafft die Voraussetzung, um an die Ebene innerer Einstellungen oder von Verhaltensmustern heranzukommen. Die Gruppe dient sozusagen als Plazenta, in der man im geschützten Raum Zumutungen verarbeiten, sich mit Neuem konfrontieren (lassen) und Altes, ohne in Panik zu verfallen, loslassen kann.

> Es bedarf sozialer Bezugsfelder, um alte Muster zu verlernen und neue zu erlernen.

Die Gruppe hat in diesem Prozess eine doppelte Funktion: Sie ist einerseits der Ort, um unterschiedliche Meinungen miteinander konfrontieren zu können, und ist andererseits ein wirksames Instrument der sozialen Beeinflussung und der sozialen Kontrolle, das die Gewähr bietet, dass sich jemand anderen gegenüber profilieren und verpflichten kann beziehungsweise muss. Die Kunst besteht darin, die Gruppen richtig zusammenzustellen, die Themen und den damit geforderten Wandel richtig zu dosieren und die Gruppe professionell zu begleiten.

Gruppen als Trainingsfeld und Laboratorium. Gruppendynamische Trainings dienen dazu, in einem geschützten, weil professionell geleiteten Rahmen, gezielt gruppendynamische Prozesse – in Kleingruppen, Großgruppen, zwischen Kleingruppen – »künstlich« zu erzeugen, besser gesagt, die Voraussetzungen dafür zu schaffen, dass sie entstehen. Ziel: im Rahmen dieser Prozesse individuelle Verhaltensmuster, Sichtweisen und Deutungsmuster deutlich werden lassen, diese auf ihre individuelle und institutionelle Entstehungsgeschichte und ihren Bedingungszusammenhang hin hinterfragen, ihre Brauchbarkeit in der aktuellen individuellen und institutionellen Lage überprüfen – und gegebenenfalls neue, passendere Muster entdecken und ausprobieren.

Es gibt verschiedene Ansätze, gruppendynamische Trainings zu gestalten, zum Beispiel eher therapeutisch oder ausschließlich fokussiert auf das Hier und Jetzt der Prozesse im Training unter völliger Ausklammerung des »Woher und Wohin« oder stärker bezogen darauf, wie Menschen sich in unstrukturierten Situationen nicht nur individuell verhalten, sondern wie sie sich organisieren. Im Rahmen unseres Themas bevorzuge ich einen integrierten Ansatz, gemischt aus der Arbeit mit aktuellen gruppendynamischen Prozessen, Formen der Selbstorganisation und unter Hereinnahme des Woher und Wohin, d. h. konkreter Problemstellungen aus der Praxis der Teilnehmer, verkürzt bezeichnet als *praxisbezogener* gruppendynamischer Ansatz.

Kernelemente eines praxisbezogenen Trainings

- Klausur von mehreren Tagen, mindestens zwei Tage.
- Freiwillige Teilnahme und Grundbereitschaft, sich zu öffnen.
- Mit zunehmender Vertrautheit der Teilnehmer mit gruppendynamischen Prozessen entsteht Raum für die Gruppenmitglieder, Struktur und Vorgehensweisen selbst zu entwickeln und dabei ihre Erfahrungen zu machen.
- Arbeiten nach dem Prinzip eines Doppeldeckers: auf der einen Seite die Teilnehmer ihre eigenen Themen und Problemstellungen einbringen lassen, die sie im Rahmen des Generalthemas *Sozialkompetenz* beschäftigen, auf der anderen Seite die aktuellen gruppendynamischen Prozesse, die im *Hier und Jetzt* der Trainingssituation ablaufen, sichtbar machen und dadurch exemplarisch das Zusammenspiel der inhaltlichen Sachebene und der emotionale Ebene der Gruppendynamik miteinander in Beziehung zu setzen lernen.
- Die Bearbeitung echter Probleme der Teilnehmer und die gleichzeitige Analyse der bei der Bearbeitung auftretenden Einstellungs- und Verhaltensmuster und die Chance, aus der Analyse resultierende alternative Muster auszuprobieren machen die eigentliche Praxisbezogenheit aus und reduzieren drastisch ein sonst nach dem Training auftretendes Problem der Übertragung (Transfer) des Gelernten in die Praxis.
- Im Training durchgehend mehrere Ziele parallel verfolgen: Sensitivität in der Selbst- und Fremdwahrnehmung verbessern; die Kunst des aktiven und passiven Feedbacks ausbauen; bestehende Einstellungs- und Verhaltensmuster, ihre Entstehung und früheren Nutzen im eigenen Entwicklungskontext überprüfen – und gegebenenfalls passendere Alternativen für den neuen Kontext ausprobieren, dadurch insgesamt den Ausbau der Sozialkompetenz verstärken.

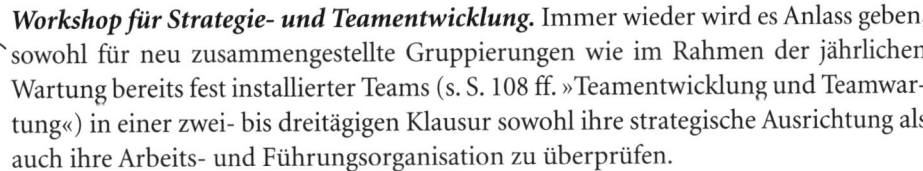

Workshop für Strategie- und Teamentwicklung. Immer wieder wird es Anlass geben, sowohl für neu zusammengestellte Gruppierungen wie im Rahmen der jährlichen Wartung bereits fest installierter Teams (s. S. 108 ff. »Teamentwicklung und Teamwartung«) in einer zwei- bis dreitägigen Klausur sowohl ihre strategische Ausrichtung als auch ihre Arbeits- und Führungsorganisation zu überprüfen.

Die Beachtung der folgenden Faktoren macht den nachhaltigen Erfolg einer solchen Maßnahme wahrscheinlicher:

- Systeme – ob Teams oder Bereiche – nicht isoliert, sondern immer eingebettet in ihre speziellen Kontexte und Vernetzungen anschauen, die sie zu ihren internen und externen Kunden haben. Das bedeutet konkret, Vorgesetzte, Kunden, Partner, externe und interne Abnehmer der Gruppenleistung in den Workshop einbeziehen, zumindest in Form vorher eingeholter Rückmeldungen über die Gruppe. Im Workshop muss sozusagen das Gesamtsystem mit seinem Kontext repräsentiert sein. Ansonsten besteht die Gefahr, dass ein Teilsystem nur um sich selbst kreist – und den eigentlichen Grund seines Bestehens aus den Augen verliert.

- Unter Zuhilfenahme geeigneter, auch projektiver Verfahren, zum Beispiel Bilder ohne Worte malen und die nicht am Bild Beteiligten dazu frei assoziieren lassen, dafür Sorge tragen, dass die unterschiedlichen Sichtweisen wirklich zutage kommen können, auch solche, die im operativen täglichen Umgang miteinander unter dem Teppich gehalten werden (müssen).
- Strategische und strukturelle Aspekte, Rollen und Arbeitsbeziehungen werden bearbeitet und ebenso die emotionalen Beziehungen zwischen den Mitgliedern der Gruppe und der Leitung – sowie mit den Partnern von außen.
- Auf einer konzeptuellen sachlichen Ebene wird diskutiert, analysiert – und dazu werden entsprechende Vereinbarungen getroffen, dabei gleichzeitig die inneren Haltungen und mentalen Einstellungen ins Visier nehmen, die dem Verhalten zugrunde liegen.

 Konfliktlöseworkshops. Nicht nur in Zeiten der Veränderung, aber in diesen besonders, sind Konflikte an der Tagesordnung. Konflikte nicht eskalieren zu lassen, sondern frühzeitig zu lokalisieren und durch offenes Verhandeln der betroffenen Interessen einer Lösung zuzuführen gehört mittlerweile zum Alltagsgeschäft von Gruppen und Managern. Schwieriger wird es, wenn Konflikte bereits mit starken Emotionen überlagert sind oder wenn sie erkaltet, sozusagen tiefgefroren, als nicht einlösbare Hypothek mit herumgeschleppt werden. Schwierig sind auch Konflikte, in denen die Beteiligten aufgrund völlig unterschiedlicher, nicht kompatibler Logiken die anderen in ihrer Rolle, ihren Erwartungen und Deutungen einfach nicht verstehen (wollen beziehungsweise können), weil in ihrem Weltbild, das heißt in der jeweiligen Konstruktion von sozialer Wirklichkeit, dafür kein Raum vorgesehen ist.

Am Beispiel des häufig sehr konfliktreichen Zusammenspiels von Ehrenamt und Hauptamt in Vereinen und NPOs lässt sich das eindrücklich verdeutlichen: Der ehrenamtliche Vorstand sieht sich (mit Recht) als eigentlichen Entscheider und Wertebewahrer der Institution und befriedigt sich häufig zusätzlich damit, viel konkretes Engagement einzubringen, zum Beispiel auf dem Hintergrund der persönlichen Erfahrung als (ehemaliger) Manager. Der hauptamtliche Mitarbeiter seinerseits sieht seine Aufgabe in erster Linie im professionellen Management des Vereins, betrachtet es aber eventuell durchaus auch als Aufgabe, den Wertekanon des Vereins zeitgemäß weiterzuentwickeln. Aus der jeweiligen Sicht des anderen wird beides als Einmischung in das eigene Rollenverständnis gesehen und entsprechend abqualifiziert, das eine als dreister Honoratiorendilettantismus und altersbedingter Größenwahn, das andere als versuchte Entmachtung und Hintergehen des Ehrenamtes. Nimmt man noch eine dritte Logik mit ins Kalkül, nämlich die der Mitglieder des Vereins, dann kann es durchaus passieren, dass sich die beiden Funktionärsinteressen miteinander verbünden, sich verselbstständigen und den Verband gegen die Interessen seiner Mitglieder für sich instrumentalisieren.

Die Kunst eines Konfliktlöseworkshops besteht darin, einen Reflexionsraum zu schaffen, um die im folgenden Schaubild dargestellten möglichen unterschiedlichen Logiken zur Geltung kommen zu lassen, zu verstehen und dann eine Ermessensentscheidung zu treffen, in der möglichst viele Interessen sich wiederfinden. Und dafür ist weniger eine Serie von Einzelgesprächen geeignet als eine Gruppe, in der die wichtigsten Perspektiven durch geeignete Repräsentanten simultan vertreten sind.

Konfliktlöseworkshop – die Logiken im Spiel

die individuellen Psychologiken im Hinblick auf Konflikte

Beziehungslogiken zwischen Individuen

die gruppen-dynamische Logik in der Gruppe der Beteiligten

die Prozess-/ Entscheidungslogik des Mediators bzw. Vermittlers

die Sachlogiken der Themen aus Sicht der »Kämpfer«

die Funktions-logiken/Perspektiven der betroffenen Bereiche

die Logik der jeweiligen Orga-nisationskultur im Hinblick auf Konflikte

die Logiken im relevanten Umfeld (Kunde, Wettbewerb, gesellschaftliche Rahmenbedin-gungen)

 Entwicklungsprogramm für General Management. Größere Unternehmen investieren im sogenannten »War for Talents« zunehmend in die rechtzeitige Qualifizierung ausgewählter Potenzialkandidaten. Parallel zu individueller Weiterbildung zum Beispiel im Rahmen einer ausgesuchten Business-School wird eine Gruppe von 10 bis 20 Potenzialträgern zusammengestellt, die über einen Zeitraum von ein bis zwei Jahren gemeinsam ein Programm durchlaufen. Die inhaltlichen Schwerpunkte werden aus den verschiedenen Managementdisziplinen zusammengestellt, die für die Führung von Unternehmen als relevant erachtet werden.

Entscheidend ist die ineinander verzahnte Kombination von Individualentwicklung, Lernen in und von der Dynamik der Gruppe, Bearbeitung von Themen aus dem Bereich strategisches Management, Unternehmenskultur und Change-Management. Selbst gesteuerte Lernpartnerschaften in Form kleiner fester Bezugsgruppen dienen als Basislernsystem innerhalb des Lehrgangs und zwischen den Workshops, um die »gelernten Inhalte« auf konkrete Anwendungs- und Übungsfelder im eigenen Unternehmen zu übertragen, dabei die eigene soziale Kompetenz auszubauen und zu stabilisieren nicht zuletzt auch durch Selbstverantwortung und Mitgestaltung im Lehrgang.

Solche Gruppen entwickeln im Verlauf dieser Maßnahme erfahrungsgemäß ein Netzwerk, das in seinem Kern viele Jahre wirksam bleibt – zum Nutzen der Mitglieder und zum Nutzen des Unternehmens.

 Fachlich geleitetes oder kollegiales Coaching. Um die Arbeit an konkreten Entwicklungszielen und den sich daraus gegebenenfalls ergebenden hinderlichen Spannungen und Konflikten zu unterstützen, kann es hilfreich sein, sich bei Bedarf oder auch regelmäßig einer Teamsupervision zu unterziehen. Die Teamsupervision kann sich auf das gesamte Team beziehen oder auf einen Teil des Teams, das sich mit einer besonderen Aufgabe beschäftigt. In der Supervision werden Fragen bearbeitet, für die im üblichen Arbeitsalltag des Teams kein Reflexionsraum zur Verfügung steht. Bewährt hat sich das Modell der externen Begleitung, soweit der Begleiter bereit ist, sich in die spezielle Rahmensituation des Unternehmens hineinzudenken.

Aber auch eine kollegiale Supervision untereinander kann sich als sehr fruchtbar erweisen, wenn das professionelle Vorgehen gesichert und innerhalb des Teams jeweils vorher festgelegt ist, wer die Leitung übernimmt – wobei die Leitung durchaus von Treffen zu Treffen wechseln kann. Andernfalls neigen solche Gruppen leicht dazu, zur Kaffeerunde zu degenerieren.

Übergreifende Prinzipien und Verhaltensmuster

Das Organisationsmodell, das sich an kleineren Gruppen, Selbstverantwortung, Selbststeuerung, Vernetzung, Wertschöpfung und enger Markt- und Kundenorientierung ausrichtet, kann seine Leistungsfähigkeit nur in dem Ausmaß entfalten, in dem die beteiligten Personen den dazu passenden Mindset und entsprechende Verhaltensmuster entwickeln. Die Entwicklung dieser Aspekte ist integraler Bestandteil der Arbeit in den geschilderten Systemen – und auch das bleibt eine Dauerbaustelle, sich diese mentalen und verhaltensbezogenen Aspekte immer wieder in ihrer unmittelbaren Auswirkung auf das Funktionieren der neuen Strukturen bewusst zu machen.

 Ambiguitätstoleranz und Offenheit als Prinzip des Lernens. Weil Dinge oft unscharf sind, sich in ihrer Bedeutung schnell ändern können oder in der Art, wie sie ein- oder sich auswirken, in aller Regel mehrere Aspekte und Perspektiven gleichzeitig eine Rolle spielen und deshalb ins Kalkül zu ziehen sind, wird die Fähigkeit, Mehrdeutigkeiten zu ertragen und trotz Ambivalenzen entscheidungs- und handlungsfähig zu sein, zur tragenden Säule sozial erfolgreichen Verhaltens. Wer Eindeutigkeit braucht, kann sich diese nur um den Preis von Vereinfachungen, Verkürzungen oder Verabsolutierungen von Perspektiven zurechtbiegen. Dazu passen die Worte von Einstein: »*Every system should be as simple as possible – but not simpler…*«

Die zweite tragende Säule der Brücke in die neue Welt heißt Offenheit, verstanden als prinzipiell dauerhafte Suche nach einer anderen, (noch) besseren Lösung. Das einzig Beständige ist der Wandel, so lautet ein altes und zugleich hochaktuelles Sprichwort. Dies gilt für Menschen und für Organisationen.

Dem stehen allerdings ernsthafte Barrieren im Weg: Der Mensch fühlt sich innerlich umso wohler, je klarer, ordentlicher und eindeutiger die Dinge sind. Eindeutigkeit, Klarheit und Ordnung erleichtern ganz erheblich die Orientierung und das persönliche Wohlbefinden. Permanenter Zweifel, laufendes Infragestellen, immer auf der Suche nach der noch besseren Lösung, die eigene Sichtweise so relativieren, dass andere, wirklich andere Perspektiven gleichzeitig Platz haben, ist eine der größten Zumutungen, die wir einem normalen Menschen antun können. Zum Nulltarif wird dieser Zumutung, die gewohnte Komfortzone zu verlassen, kein Erfolg beschieden sein. Es braucht viel Aufklärungs- und Überzeugungsarbeit, dass der Verzicht auf Klarheit und Eindeutigkeit nicht als Verlust erlebt wird, sondern als Gewinn an Wahrheit, als Befreiung aus der Abhängigkeit von falschen Autoritäten und falschen Sicherheiten. Dies wird nur gelingen mithilfe einer Kombination von zwei Ansätzen: erstens permanente Arbeit an sich selbst, um den immer vorhandenen Verführungsangeboten nicht zu erliegen, zur Vereinfachung die Komplexität zu reduzieren, und zweitens Aufbau von neuen Netzwerken mit Menschen, die sich regelmäßig in diesem Bemühen gegenseitig austauschen und stützen.

Dazu reicht es aber nicht, an die Mitarbeiter zu appellieren, sich weiterzubilden, und es reicht auch nicht, vonseiten des Unternehmens unverbindliche Angebote zu machen. Ein Unternehmen kann dazu viel mehr beitragen, wenn es solche Erkenntnisse in der Gestaltung seiner Strukturen und Geschäftsprozesse berücksichtigt, zum Beispiel durch »erzwungenen« Perspektivenwechsel im Rahmen von verpflichtenden Rotationen.

 Das Zusammenspiel zwischen Sachthemen und Emotionen. Es geht um den grundlegenden Zusammenhang zwischen der Ebene von Emotionen und der Ebene sachlicher Themen und inhaltlicher Argumente, auf der man sich in der Geschäftswelt, vor allem in der Männerwelt, am liebsten bewegt, wo alles Emotionale mit der Aufforderung, »sachlich zu bleiben«, unter den Teppich gekehrt wird und man sich, um die Form zu wahren, gezwungen sieht, das eigentlich Emotionale in sachliche Argumente zu verpacken und damit insgesamt zu verschleiern.

Solange aber die emotionalen Themen unter falscher, nämlich versachlichter Flagge segeln, sind sie einerseits nicht bearbeitbar und beeinflussen andererseits gleichzeitig auf eine nicht kalkulierbare Weise die sachliche Arbeit. Sich immer wieder zu trauen, das Versachlichungsritual zu durchbrechen, bleibt eine dauerhafte Anforderung.

 Betroffene zu Beteiligten machen. Wer von einer Veränderung betroffen ist, hat ein hohes, nicht selten existenzielles Interesse daran, rechtzeitig zu erfahren, worum es da genau geht, welche Konsequenzen sich daraus für ihn eventuell ergeben könnten – und daraus resultiert das grundlegende Bedürfnis, in angemessener Weise beteiligt zu werden.

Dieses Anliegen der Betroffenen beißt sich allerdings mit dem Bedürfnis vieler Manager, den großen Helden zu spielen, der als Einziger weiß, wo es langgeht. Würde man die Betroffenen sehr früh beteiligen, könnten aus Sichtweise solcher Managerhelden zwei Dinge passieren, die beide das Bild des Helden beeinträchtigen könnten: Erstens könnten die Betroffenen merken, dass der Manager in seinem Vorgehen gar nicht so sicher ist, wie er sich gibt, dass er eine Ermessensentscheidung trifft, für die es durchaus Alternativen gäbe. Zweitens wäre die Beteiligung der Betroffenen zunächst einmal purer Zeitverlust, was im Gegensatz zum klaren, entschlossenen Handeln eines zupackenden Helden stünde.

 Energie und Ownership an der richtigen Stelle. Viele Vorhaben misslingen oder erreichen nicht den erwünschten Erfolg, wenn die Trägerschaft nicht klar ist oder wenn sie zwar formell zugeordnet, aber emotional nicht akzeptiert wird. Deshalb gilt es, immer wieder darauf zu achten, dass die Verantwortung dort angesiedelt ist und auch bleibt, wo sie wirklich hingehört.

 Auftauen (Lewin) oder Aufwecken (Tichy) – entscheidende Vorphase. Bei vielen neuen Themen ist zu Beginn kein Problembewusstsein vorhanden, kein Gefühl von Dringlichkeit, und damit fehlt auch die Bereitschaft, sich damit auseinanderzusetzen. Vielleicht fühlen sich die Betroffenen auch unsicher mit der neuen Situation und versuchen deshalb, Dinge eher zu verdrängen. Je sensibler die Themen und je stärker eigene Interessen berührt sind, desto mehr Zeit muss den Menschen eingeräumt werden, um sich vorsichtig an die heißen Fragen heranzutasten und sich mit dem geplanten Neuen zu identifizieren.

 Kräftefeld und Macht – oder die Kunst der Politik. Bei jeder Veränderung sind immer Interessen im Spiel. Dieses Kräftefeld frühzeitig zu erkennen bedeutet auch, sich rechtzeitig der Machtkonstellationen bewusst zu werden, innerhalb derer sich ein

Thema bewegt – und sich dabei klar sein, dass es nicht nur die hierarchische Amts- und Positionsmacht gibt. Macht kann vielmehr in vielfältiger Weise auftreten oder ausgeübt werden, zum Beispiel als Expertenwissen, Charisma, Solidarisierungsphänomen, Blockademacht beziehungsweise Widerstand vonseiten der Betroffenen oder in anderen Formen. Es geht immer darum, für das, was man will, genügend Schubkraft zuwege zu bringen, so viel, um die vorhandenen Gegenkräfte neutralisieren und überwinden zu können.

 Führung in Selbstverantwortung und die neue Rolle des Managers. Führung in Selbstverantwortung bedeutet zunächst einmal einen Rollenwandel des Mitarbeiters. Gefragt ist nicht mehr der Untergebene, der beim Betreten der Firma das eigenständige Denken nur noch auf Anweisung einschaltet und sich damit selbst entmündigt, sondern der normale, mündige Mensch, der das, was er weiß und kann, auch in die Waagschale wirft – so, wie er es in seinem privaten Umfeld auch tut. Jemand, der im Rahmen seiner Möglichkeiten für sein Tun oder Unterlassen auch die Verantwortung übernimmt. Oberstes Prinzip: so viel Selbstführung, Selbststeuerung und Selbstverantwortung wie möglich, so wenig Führungseingriffe von oben oder außen wie nötig. Es gilt, sich und andere zu ermutigen, auch und gerade dann nicht zu verzagen, wenn Handeln über die eigene Zuständigkeit hinaus notwendig wird, und sich auch nicht abschrecken zu lassen, wenn solche Eigenmächtigkeit von den Bereichshierarchien zunächst einmal abgewehrt wird.

Auf der Seite des Managements bedarf es des dazu passenden Rollenwechsels: vom allein verantwortlichen großen Macher und Helden hin zum Trainer und Coach der Mitarbeiter – entschlossen, der Versuchung zu widerstehen, die Fehler oder Defizite der Mannschaft durch eigenes, besseres Tun zu kompensieren, stattdessen als Trainer oder als Coach sein Wissen und seine Fertigkeiten an die Spieler der Mannschaft weiterzuvermitteln. Vom Würdenträger zum Spielertrainer!

 Dauerkampf gegen das hierarchische Syndrom. Es geht um eine Grundhaltung, die die alten Muster von Organisation und Führung stabilisiert und Veränderungen im Weg steht, das in Jahrtausenden eingespielte Miteinander von oben und unten.

Oben sind diejenigen, die die Macht über unten für sich in Anspruch nehmen. Nicht vergessen, Hierarchie heißt von der Wortbedeutung her »heilige Herrschaft« oder »Herrschaft der Heiligen«. Wer heilig ist, ist unangreifbar, er ist tabu. Mächtige demonstrieren ihre Macht durch Insignien und Privilegien, damit die unten gar nicht auf die Idee kommen, dass eventuell nicht alles seine Ordnung haben könnte. Und wer oben ist, tut alles, um oben zu bleiben. Kampf um Prestige und Anerkennung sowie Machtspiele sind an der Tagesordnung. Jeder, der zu nahe kommt, wird weggebissen. Und nicht zu übersehen: Mächtige unterstützen sich gegenseitig in ihrem Machtanspruch, um so nach außen und unten eine natürliche Selbstverständlichkeit dieses Anspruches zu suggerieren – und um sich durch diese demonstrierte Selbstverständlichkeit selbst in ihrem Anspruch zu stabilisieren. Dazu gehört vor allem auch die absolute Deutungshoheit.

Die unten sind aber keineswegs nur Opfer. Nein, viele haben sich mit dieser Situation durchaus abgefunden. Anpassung und Opportunismus sind die Tugenden, die das Überleben in diesem hierarchischen Umfeld sichern. Und das ist das eigentliche Problem: Die unten vergessen, dass Macht immer nur geliehene Macht ist, die jederzeit zurückgefordert und in Selbstverantwortung umgewandelt werden könnte. Dies allerdings würde ein zweifaches Risiko nach sich ziehen: *Erstens* müsste man damit rechnen, dass Machthaber mit allen erlaubten und unerlaubten Mitteln um den Erhalt »ihrer« Macht kämpfen. Ein Sieg über die aktuellen Machthaber wäre keineswegs selbstverständlich. *Zweitens* ist Selbstverantwortung zu übernehmen in unsicheren Zeiten des Wandels auch nicht jedermanns Sache. Man könnte ja als Letztverantwortlicher zur Rechenschaft gezogen werden. Im hierarchischen Abhängigkeitsverhältnis mag zwar vieles beklagenswert sein, aber eines ist auf jeden Fall klar geregelt: Die letzte Verantwortung liegt immer oben – und damit ist auch die mögliche Suche nach Schuldigen für irgendwelche Missstände von vornherein geklärt. Hierarchische Unterordnung bedeutet zwar einerseits Entmündigung, andererseits garantiert sie aber gleichzeitig die generelle Freiheit von Verantwortung. In diesem Sinn lässt es sich als Entmündigter in voller Verantwortungslosigkeit ganz genüsslich leben.

> Anpassung und Oppurtunismus sind die Tugenden, die das Überleben im hierarchischen Umfeld sichern.

 Widerstand – der siamesische Zwilling von Veränderung. Konstruktiver Umgang mit Widerstand ist einer der zentralen Erfolgsfaktoren beim Management von Veränderungen und bei der Einführung neuer Modelle von Organisation und Führung. Weil Widerstand nicht als Tugend gilt, sondern meist negativ apostrophiert wird, wird er gern verdeckt ausgeübt, zum Beispiel in Form von Unaufmerksamkeit, Zähflüssigkeit, Unpünktlichkeit, Fernbleiben, Verzögern von Entscheidungen, Lustlosigkeit, Schweigen, Grundsatzdiskussionen.

Die Ursachen für Widerstand sind durchaus naheliegend, eben »psychologisch«: Die Betroffenen wissen nicht, worum es eigentlich geht; sie verstehen die Ziele, Hintergründe oder Motive einer Maßnahme nicht; sie glauben nicht, was man ihnen sagt; sie wollen oder können nicht mitgehen, weil sie zum Beispiel befürchten, den neuen Anforderungen nicht gewachsen zu sein oder ihren aktuellen Status zu verlieren. Im Endeffekt ist Widerstand eine sachlich »verschlüsselte Botschaft«, die es zu entschlüsseln gilt.

Widerstand zu unterdrücken oder zu verteufeln ist das Dümmste, was man machen kann. Widerstand zur Seite schieben heißt nämlich, ein wichtiges Signal ausschalten, ohne die eigentliche Quelle der Störung zu kennen. Es gilt, mit gezielten Fragen zu sondieren, was das eigentliche »Widerstandsthema« sein könnte – Einkommen, Sicherheit des Arbeitsplatzes, Zuordnung zu bestimmten Gruppen oder Vorgesetzten, zukünftig erforderliche Qualifikation, Handlungsspielraum, persönliche Karriere – und dann gut zuzuhören. Nur wenn klar ist, wo die Hauptursachen des Widerstandes liegen, können Wege für Vorgehensweisen gefunden werden, die nicht nur die Ziele des Projektes, sondern vielleicht auch die »egoistischen« Interessen der Betroffenen berücksichtigen. Zumindest können Hinweise gefunden werden, wo einen Umweg zu machen ratsam wäre. Selbst wenn bestimmte Erwartungen nicht berücksichtigt werden können, allein das Zuhören signalisiert ein klares Interesse an den anderen Betroffenen.

 Dreh- und Angelpunkt: aktive Kommunikation. Im Bereich von Unternehmensführung herrscht ein doppeltes Missverständnis:

- *Erstens:* Kommunikation wird mit Information gleichgesetzt und diese wiederum rechnet mit einem Adressaten, der wie ein offener Trichter immer aufnahmebereit ist. Bei genauerem Hinsehen ist aber genau das Gegenteil der Fall: Der Empfänger kommt einem umgedrehten Trichter gleich, mit kleinem Einlassstutzen, den man überhaupt erst einmal erwischen muss, damit die Botschaft nicht von vornherein abprallt. Dieser Trichter hat aber noch die Besonderheit, mit zumindest drei Vorfiltern versehen zu sein: (1) Vorerfahrung, (2) aktuelle Bedürfnislage des Empfängers und (3) Glaubwürdigkeit des Senders. Die Beschaffenheit dieser Filter entscheidet, ob die Botschaft und wie viel von der Botschaft wirklich durchkommt – und wie viel außen hängen bleibt. Aber auch das ist noch der Normalfall. Nicht selten ist der gesamte Einlassstutzen aufgrund negativer Vorerfahrungen oder spezieller aktueller Gefühlslage völlig verschlossen.
- *Zweitens:* Kommunikation ist ein offener Prozess zwischen mehreren, was den Prozess der Kommunikation angeht, gleichberechtigten Partnern. Dass unter der Bezeichnung Kommunikation einseitige Information verstanden und dies auch so gehandhabt wird, kommt aber vielleicht nicht von ungefähr. Möglicherweise hat es mit dem Selbstverständnis des alten Managementmodells zu tun: Alles ist machbar, alles ist steuerbar – und zwar top-down. Aufwendigere, partnerorientierte Verarbeitungsprozesse sind in diesem Modell nicht vorgesehen.

Richtig kommunizieren kann nur, wer vorher sondiert, wie seine Adressaten innerlich eingestellt sind, damit er seine Kommunikation präzise auf den Empfänger ausrichten kann.

Hängt die Wirksamkeit einer Botschaft davon ab, dass sie schnell und möglichst unverfälscht ihren Adressaten erreicht, muss sie auf möglichst kurzem Weg, direkt, also ohne Zwischenstationen, und mit der Möglichkeit von direktem Feedback (zum Beispiel Rückfragen) an den Empfänger transportiert werden. Und hierfür ist die Kaskade des hierarchischen Dienstweges in der Regel höchst ungeeignet. Wer über Zwischenvermittler zentrale Botschaften versendet, kann mit an Sicherheit grenzender Wahrscheinlichkeit davon ausgehen, dass etwas anderes ankommt: Niemand wird nämlich etwas weiterleiten, was ihn selbst in ein ungünstiges Licht stellen könnte; er wird alles für ihn Schädliche herausnehmen oder zumindest durch Relativierungen entschärfen, wird vielmehr darauf achten, dass es ihm von Nutzen ist; also wird er es mit eigenen »Duftmarken« versehen.

Zur neuen Welt passende Steuerungssysteme

Alles bleibt Stückwerk und kann keine dauerhafte Wirkung entfalten, wenn das Unternehmen dafür nicht die notwendigen Rahmenbedingungen schafft (vgl. den Beitrag von Cornelia Edding zum Thema »Kontextsteuerung«, s. S. 467 ff.). Zuallererst müssen die vielen Beschränkungen und Begrenzungen abgeschafft werden, die einst dazu gedient haben, den Untergebenen in die vorgeschriebenen Bahnen zu lenken und exakt drinnen zu halten. Es wird notwendig sein, das gesamte Regelwerk und alle Vorschriften daraufhin zu überprüfen, inwieweit sie die geforderte Selbstständigkeit und Selbstverantwortung in der individuellen Funktion und im Rahmen von Gruppen ermöglichen, forcieren oder behindern. Das betrifft Arbeitszeiten genauso wie Vorschriften zur Arbeitserledigung, Beurteilungssysteme ebenso wie Bezahlungs- und Anreizsysteme. Es bedarf neuer Steuerungssysteme, die im gleichen Geist entwickelt und praktiziert werden wie die neuen Strukturen und die hier beschriebenen Entwicklungsmaßnahmen.

 Wer zum Beispiel die Teilautonomie von Gruppen und dazu ein die jeweils eigene Funktion übergreifendes Handeln will, darf die Bezahlung nicht an den isolierten Einzelleistungen ausrichten. Es wird auch keine eindeutigen sachlichen Kriterien geben, nach denen man solche variablen Bezüge zuteilen kann. Die Zuteilung wird vielmehr ein gruppendynamischer Aushandlungsprozess unter den Betroffenen sein, für den man sinnvollerweise einen Rahmen vorgeben und dessen Ergebnis man auch auf Plausibilität hin überprüfen, in den man aber als Vorgesetzter auf keinen Fall direktiv eingreifen sollte.

Perspektiven

Sich auf einen dauerhaften Ausnahmezustand einrichten

Realistisch gesehen tun wir gut daran, uns auf Dauer auf zwei Rahmenbedingungen einzurichten: auf der einen Seite darauf, dass die Umwelten unkalkulierbar bleiben und wir wegen der damit verbundenen Unsicherheit immer auf Überraschungen vorbereitet sein und trotzdem schnell entscheidungsfähig sein müssen, und auf der anderen Seite darauf, dass Menschen immer auf der Suche bleiben nach Stabilität, Klarheit und Ordnung, um ihren seelischen Haushalt ins Gleichgewicht zu bringen, deshalb jeden Strohhalm als scheinbaren Rettungsanker ergreifen und wir ihnen und uns keinen Gefallen tun, wenn wir sie sich daran klammern lassen, statt in innerer Souveränität ihnen die Unsicherheit zuzumuten.

Die Kehrseite der Flexibilität: Begrenzte Loyalität

Ich möchte diesen Beitrag nicht beenden, ohne auf eine heikle Kehrseite der in allen Modellen der neuen Organisation geforderten Flexibilität hinzuweisen: Ein Unternehmen, das von seinen Mitarbeitern eine Art von Flexibilität fordert, die im Endeffekt bedeutet, im Rahmen ihres Arbeitslebens bereit zu sein, mehrfach die Arbeitsinhalte, den Arbeitsplatz, die Arbeitsorganisation zu wechseln, Unternehmer ihrer eigenen Arbeit zu sein, ein Unternehmen, das sich selbst lediglich (noch) bereit erklärt, in begrenztem Ausmaß in die »employability« seiner Mitarbeiter zu investieren, dieses Unternehmen muss eventuell mit einer unerwünschten Nebenwirkung rechnen. Wer sich als kompetenter Unternehmer seiner eigenen Arbeit einschätzt und seine Marktchancen entsprechend gut beurteilt, wird volle Loyalität dann auch nur seinem eigenen Ich-Unternehmen, also sich selbst entgegenbringen – ganz so, wie es nicht wenige Manager auf höchster Ebene immer wieder vormachen. Er wird seinen eigenen Ansprüchen und Interessen Vorrang einräumen, wenn es darum geht, zu entscheiden, für wen, wie, wo und zu welchem Preis er seine Leistung am besten vermarkten kann. Das Modell der »Teilzeitlebensabschnittspartnerschaft«, wie es sich im Privatbereich entwickelt hat, wird verstärkt auf den beruflichen Sektor übergreifen. Damit würden Firmen, die sich mithilfe modischer Schlagworte, wie zum Beispiel »Employability« absichern wollen, die sich aber im Grunde – auch oder nur – davor drücken, durch geeignete Maßnahmen der Personalentwicklung ihre Mitarbeiter frühzeitig, vorausschauend und vorsorgend in beiderseitigem Interesse zu qualifizieren, ein nicht unerhebliches Risiko eingehen: Sie riskieren, dass gerade die interessantesten Potenzialträger dem Unternehmen nur partiell zur Verfügung stehen oder es ganz verlassen. Wer diesen völlig freien Markt nicht will, wird sich etwas einfallen lassen müssen, um auch in schlechten Zeiten gute Leute auf Dauer an sich zu binden.

Neue Rolle und Kompetenz der Begleiter

In der Szene der herkömmlichen Gruppendynamik und Organisationsentwicklung gab und gibt es nicht selten Konzepte der Beratung und Begleitung, die sich daran orientieren, inhaltlich abstinent zu bleiben und sich auf den Ablauf des Prozesses zu konzentrieren. Unter Prozessbegleitung wird dann vielfach verstanden, darauf zu achten, dass die gruppendynamischen Prozesse analysiert werden oder dass in einer als »systemisches Beratungskonzept« bezeichneten Begleitung vor allem auf die Andockfähigkeit der Interventionen Wert gelegt wird.

Diese sanfte und völlig neutrale Art der Begleitung reicht meines Erachtens nicht aus, dass Menschen bereit sind, sich auch auf sehr grundsätzliche Fragen einzulassen, die ihr bisheriges Verhalten völlig infrage stellen können.

Das für die neue Situation erforderliche Rollenprofil eines Begleiters müsste in etwa folgende Elemente aufweisen:

- Die Gesamtsituation – Rahmenbedingungen/Umwelten, Institution, Individuen, Gruppendynamik, Kräftefeld der unterschiedlichen Interessen – sollte mit allen wesentlichen Interdependenzen im Blick behalten werden.
- Integrationsfähigkeit sollte vorhanden sein, damit unterschiedliche Sichtweisen, Logiken und Perspektiven der jeweils anderen gut in deren eigene Denk- und Sprachwelt übersetzt werden können,
- Die Fähigkeit zur Konfrontation und Mediation, also Fähigkeit und Wille, Konflikte und Interessensunterschiede sowie ihre längerfristigen Auswirkungen herauszuarbeiten und die Betroffenen dazu anzuleiten, wie sie diese Unterschiede miteinander austragen können.
- Auch in turbulenten und emotional aufgeladenen Situationen sollte stets die innere Ruhe bewahrt und der Überblick über die Gesamtsituation mit allen relevanten Aspekten behalten werden. Gleichzeitig sollte der Begleiter in der Lage sein, diesen Gesamtrahmen auch streitenden und emotional erhitzten Gemütern (wieder) zugänglich zu machen.
- Innere und äußere Unabhängigkeit (engagierte Neutralität) gehören ebenfalls dazu.

Insgesamt ein Begleiter, der sich weder als dienstwilliger Zuteiler von Wortmeldungen, »Metaplanierer« oder Protokollant noch als ausschließlich verständnisvoller Einzeltherapeut oder »Beziehungsklempner« versteht oder instrumentalisieren lässt, sondern immer auch das System in seinem jeweiligen Kontext mit sich selbst, seiner eigentlichen Aufgabenstellung, dem, was de facto läuft, und dem, was eigentlich möglich wäre, so konfrontiert, dass er einerseits nicht aus dem Blick verliert, wozu und für wen es eigentlich existiert, und dass andererseits über die Art und Weise der Begleitung, gerade auch bei konfrontierenden Interventionen gleichzeitig eine wertschätzende Einladung mitvermittelt wird, sich mit diesen Fragen wirklich ganzheitlich auseinanderzusetzen – und das Zutrauen, dies auch zu können. Dazu muss der Begleiter immer auch wahrgenommen werden in der Rolle eines Containers, in dem heiße Emotionen zwischengelagert werden können und der die Kunst versteht, diese zwischengelagerten Aspekt zum richtigen Zeitpunkt und in der richtigen Dosierung wieder zur Verfügung zu stellen.

Um keine Missverständnisse aufkommen zu lassen: Begleitung muss keineswegs ausschließlich von außen kommen durch professionelle Berater. Es wird in Zukunft mehr und mehr zur Kompetenz von Managern und Mitgliedern der Gruppe gehören, solche Prozesse begleiten zu können. Zur neuen Rolle der (Selbst-)Führung gehören auch Fertigkeiten wie durch gute Moderation Menschen innerlich aufzuschließen sowie ihre Diskussions- und Meinungsbildungsprozesse fair zu steuern, sodass sich auch vermeintliche Verlierer in der neuen Lage zurechtfinden und sich für die weitere Entwicklung des Unternehmens engagieren können – und die Kompetenz, Konflikte von ihrer versachlichten Beflaggung zu befreien, aus überbordender Emotionalisierung oder aus ihrer Erstarrung zu lösen und sie wieder verhandelbar zu machen – und zwar auf der Ebene, wo sie wirklich liegen.

Hubert Kuhn

Die Gruppe als Mittel zur Leistungssteigerung

Einleitung

Gruppen sind die älteste Form des Zusammenlebens in der Geschichte der Menschheit. Sie sorgten für die notwendigen Lebensmittel aus den Erträgen der Jagd, aus Ackerbau und Viehzucht, boten Schutz vor äußeren Feinden und bildeten nach innen Strukturen. Rituale und Traditionen vermittelten Sicherheit und sorgten für die Reproduktion der Gruppe (vgl. Schwarz 1987). Die Leistung der Gruppe zeigte sich darin, inwieweit sie in ihrer Umwelt lebensfähig war.

Die heutige Welt wäre ohne die genialen Erfindungen und Entdeckungen Einzelner nicht denkbar, aber genauso wenig ohne die Leistungen von genialen Teams, zum Beispiel die Erfindung des Personal Computers (vgl. Bennis/Biedermann 1998).

Wann ist die Leistung einer Gruppe der von Einzelnen überlegen, wann nicht? Schon 1958 beschreibt Peter Hofstätter die Vorteile der Gruppe im »Tragen und Heben« (Prinzip der Addition der Kräfte) und »Suchen und Beurteilen« (Prinzip des Fehlerausgleichs) (vgl. Hofstätter 1958, S. 29 ff.). Jörg Fengler bringt die Qualitätsmerkmale von Teams auf die griffige Formel: Das Team regt an, das Team weiß mehr, das Team gleicht aus (vgl. Fengler 1996, S.198 ff.). Eine Gruppe ist dann leistungsfähiger, wenn eine große Vielfalt von Können oder Wissen erforderlich ist, um eine Aufgabe zu lösen. Wenn dagegen eine einzelne Gesamteinsicht oder eine originelle Reihe von Entscheidungen ein Problem lösen würde, dann sind kompetente Individuen besser geeignet (vgl. Luft 1993, S. 39). Gruppen oder Teams sind für viele komplexe Aufgaben die sinnvollste Arbeitsform. Ein Team zu beauftragen heißt allerdings noch nicht, dass das Ergebnis mehr ist als die Summe seiner Teile. Teams können mehr, aber auch weniger leisten als einzelne Mitglieder. Im Folgenden wird der Frage, welche Faktoren die Leistung einer Arbeitsgruppe beeinflussen, ausführlich nachgegangen. Dazu werden Forschungsergebnisse zu Gruppenleistungen, zu unterschiedlichen Formen der Zusammenarbeit in Gruppen sowie Konzepte, wie Berater die Teamleistung verbessern können, vorgestellt. Die Faktoren erfolgreicher Teamarbeit werden in einem Modell zusammengefasst, das sich zur Erklärung, aber auch zu praktischer Teamberatung eignet.

> Das Team regt an,
> das Team weiß mehr,
> das Team gleicht aus.

Das Ergebnis der Forschungen zur Gruppenleistung ist, dass diese abhängig ist:

- vom Rahmen des Teams,
- von den Zielen,
- von Funktionsrollen,
- von den unterschiedlichen Handlungsweisen sowie
- von Beziehungen.

Welcher dieser Faktoren entscheidend zur Leistungsverbesserung beiträgt, kann nur durch eine spezifische Diagnose des einzelnen Teams geklärt werden. Den Rahmenbedingungen, den Zielen und den Beziehungen unter den Teammitgliedern kommen dabei eine besondere Bedeutung zu.

Die Begriffe »Team« und »Arbeitsgruppe« werden hier synonym verwendet. Entscheidend für den Unterschied zu anderen Gruppen ist, dass eine gemeinsame Arbeitsaufgabe die unmittelbare Zusammenarbeit für eine gewisse Dauer erfordert. Die Art der Aufgabe – ein neues Produkt zu entwickeln, Produktionsziele am Fließband umzusetzen oder mit der eigenen Abteilung zum Unternehmensziel beizutragen – bestimmt wesentlich, wie intensiv diese Zusammenarbeit erforderlich ist.

Wie hat sich die Forschung zur Gruppenleistung entwickelt?

Die wissenschaftliche Auseinandersetzung mit der Gruppenleistung begann schon früh (vgl. Shaw 1932). Eine der ersten Untersuchungen Ende des 19. Jahrhunderts führte der französische Agraringenieur Maximilian Ringelmann durch. Er stellte bei Modellversuchen im Tauziehen fest, dass Menschen in einer Gruppe geringere körperliche Leistung erbringen, als aufgrund der vorher gemessenen Einzelleistungen zu erwarten gewesen wäre. Bei Experimenten in jüngerer Zeit wurden seine Ergebnisse bestätigt (vgl. Latane/Williams/Harkins 1979). Dieses Phänomen wird als *»Ringelmann-Effekt«* oder *»social loafing«* bezeichnet: »die Tendenz von Gruppenmitgliedern, sich weniger anzustrengen, wenn sie zusammenarbeiten, als wenn sie alleine arbeiten«, (vgl. Levine/Moreland 1990, S. 615). Allerdings kann diese Leistungseinbuße auch an den »Schwierigkeiten einer genauen Koordination des Kräfteeinsatzes bezüglich Richtung und Zeitpunkt« (Hofstätter 1958, S. 29) liegen.

Wegweisend für die Auseinandersetzung mit der Leistung von Gruppen in Unternehmen waren die sogenannten Hawthorne-Experimente von Elton Mayo und seinen Mitarbeitern Fritz Roethlisberger und William Dickson (vgl. Mayo 1933, Roethlisberger/Dickson 1939) in den Hawthorne-Werken der

> Die Hawthorne-Experimente ebnen den Weg für die Untersuchung der Leistung von Gruppen.

Western Electric Company. Dabei wurde der Zusammenhang zwischen den Arbeitsbedingungen, zum Beispiel der Arbeitsplatzbeleuchtung, und der Produktivität untersucht. Entgegen ihrer Annahme registrierten die Forscher bei schlechteren Lichtverhältnissen eine höhere Produktivität. Die Erklärung dieses *»Hawthorne-Effektes«* lautete, »dass nicht die Arbeitsbedingungen den wesentlichen Einfluss auf die Produktivität ausüben; vielmehr seien es die sozialen Beziehungen, die Aufmerksamkeit, die den Beschäftigten entgegengebracht wird, die deren Produktivität zu steigern vermag« (Jatzek 2001, S. 119). Auch wenn mittlerweile kritische Reinterpretationen des ursprünglichen Datenmaterials die damaligen Schlussfolgerungen so nicht mehr aufrechterhalten lassen (vgl. Moldaschl/Weber 1998), wurden damit doch erstmals die sozialen Beziehungen im Unternehmen mit ihrem Einfluss auf die Produktivität thematisiert und finden seither breite Beachtung in der Personalentwicklung (vgl. Becker/Langosch 1995, S. 141).

Ein weiterer Meilenstein in der Forschung zu Gruppenleistung waren die Untersuchungen des Londoner Tavistock-Institutes im englischen Kohlebergbau Anfang der 1950er-Jahre. Nachdem dort neue technische Anlagen eingeführt worden waren, sank die Motivation erheblich, Fehlzeiten und Fluktuation stiegen, Unfälle häuften sich. Die

Forschungen zeigten, dass die neue Technologie die bestehende Selbststeuerung kleiner Gruppen durch enge Aufsichts- und Kontrollfunktionen zerstörte. In folgenden Vergleichsstudien konnte nachgewiesen werden, dass selbstregulierende Gruppenarbeit zu Produktivitätseffekten führen kann, die den herkömmlich-tayloristischen Arbeitsformen überlegen ist. Aufgrund dieser Ergebnisse wurde der sogenannte »soziotechnische Systemansatz« entwickelt, der ein Unternehmen als Verbund von sozialem und technischem Teilsystem begreift. Eines der zentralen Gestaltungskonzepte ist die (teil-)autonome Gruppenarbeit oder synonym die (teil-)autonome Arbeitsgruppe oder die selbststeuernde Arbeitsgruppe (vgl. Hollmann/Mickler/Niemeyer 2002).

Exkurs: Die »wissenschaftliche Betriebsführung«

Frederick W. Taylor begründete die sogenannte »wissenschaftliche Betriebsführung«, die durch systematische Arbeits- und Zeitstudien die Rationalisierung von Arbeitsabläufen festlegen will (vgl. Taylor 1919). Fließbandarbeit wird auch als tayloristische oder fordistische Produktionsweise bezeichnet. Die wissenschaftliche Betriebsführung ist auch heute Grundlage vieler nicht nur technischer Prozesse, zum Beispiel in der Automobilproduktion, aber auch in der Pflege (vgl. Becker/Langosch 1995, S. 131).

Der aktuelle Forschungsstand zur Gruppenleistung

Nach den Anfängen beschäftigen sich mittlerweile unterschiedliche Disziplinen (Sozialpsychologie, Soziologie, Betriebswirtschaft) mit Gruppen (vgl. Beitrag von Cornelia Edding, s. S. 47 ff.). Im Rahmen der Zielsetzung dieses Artikels wird speziell der Frage nach der Effektivität einer Gruppe im Spiegel der sozialwissenschaftlichen Forschung nachgegangen. In der unübersichtlichen Forschungslandschaft lassen sich drei »Forschungskonjunkturen« (vgl. Greifenstein/Kießler 1994) unterscheiden.

Im Rahmen des Regierungsprogramms zur Humanisierung der Arbeit in den 1970er-Jahren konzentrierten sich die Fragen der ersten Forschungswelle auf die Veränderung der objektiven Arbeitsbedingungen, zum Beispiel der ergonomischen Beanspruchung, und deren Folgen für die Beschäftigten. Untersucht wurde dies vorwiegend mit Fallstudien. Dazu im Gegensatz stehen die Forschungen der 1980er-Jahre, in denen die Technologiepolitik zur treibenden Kraft der Gruppenarbeitsforschung wurde (vgl. Greifenstein/Kießler 1994, S. 7). Schwerpunkt war die Fragestellung, wie sich die technikzentrierten Veränderungen der Arbeitsbedingungen auf die Beschäftigten auswirkten. Es begannen auch schon Forschungen zur Einführung von Gruppenarbeit. Ab Mitte der 1980er-Jahre stieg die Zahl der Veröffentlichungen erheblich, zunehmend werden repräsentative Querschnittsuntersuchungen über mehrere Branchen hinweg durchgeführt (vgl. Jatzek 2001, S. 136 f.).

Seitdem versucht die sozialwissenschaftliche Forschung in zahlreichen Studien, den Einfluss situativer Bedingungen wie der Art der Aufgabe, der Autonomie der Gruppe bei der Aufgabenerfüllung oder des Organisationsklimas auf die Gruppenleistung festzustellen. Hintergrund dieser Art von Forschung ist die Annahme eines Kausalmodells: Es werden generelle Gesetzmäßigkeiten gesucht, die einen vorhersagbaren Einfluss auf die Gruppenleistung haben. Um es vorwegzunehmen: Trotz zahlreicher Forschungen bleiben die Ergebnisse widersprüchlich. Obwohl einflussreiche Faktoren identifiziert wurden (s. »Faktoren erfolgreicher Teamarbeit«, S. 151), lässt sich aus Sicht der Forschung der Effekt auf die Gruppenleistung nicht eindeutig vorhersagen. Prominentes Beispiel dafür ist die »Gruppenkohäsion«, verstanden als Zusammengehörigkeitsgefühl. Sie wirkt sich in der Regel positiv auf die Gruppenleistung aus, kann sich aber auch gegen die Leistungsziele der Organisation richten.

Zwei grundsätzliche Probleme bedingen die widersprüchlichen Forschungsergebnisse:

• Die Annahme kausaler »Wenn-dann«-Bedingungen wird dem Charakter von Gruppen als selbststeuernden, eigensinnigen Systemen nicht gerecht. Die gleichen

Umweltbedingungen oder Steuerungsimpulse können von zwei Teams deutlich unterschiedlich verarbeitet werden.

- Die meisten Untersuchungen wurden in künstlichen Arbeitsgruppen ohne Berücksichtigung der umgebenden Organisation durchgeführt. Die Wechselwirkungen zwischen Organisation und Arbeitsgruppe und ihre Bedeutung für die Leistungsfähigkeit können damit nur unzureichend erfasst werden (vgl. Guzzo/ Dickson 1997, S. 326).

Ein Ausweg aus diesem Forschungsdilemma – einerseits allgemeingültige Aussagen zu treffen, andererseits dem speziellen Charakter des sozialen Systems Gruppe gerecht zu werden – könnte in einer »Kontextualisierung« und einem ressourcentheoretischen Forschungsansatz liegen (vgl. Moldaschl 2005, S. 221 f.). Dies meint, reale Arbeitsgruppen im Kontext ihrer Organisation zu untersuchen und dabei nicht die Wirkung einzelner Faktoren auf die Gruppenleistung isolieren zu wollen, sondern auf das Verhältnis der Ressourcen einer Arbeitsgruppe in Bezug auf ihre betrieblichen Anforderungen abzustellen.

Trotz der genannten Einschränkungen werden einige Ergebnisse zu den Anforderungen an Arbeitsgruppen und zu typischen Reaktionen auf die Zumutung der Autonomie ausgewählt: Delegiert der Vorgesetzte Entscheidungen an die Arbeitsgruppe, so ist dies zweischneidig. Einerseits bietet es die Möglichkeit, selbst über Planung und Ausführung der Arbeitsaufgaben zu entscheiden und dabei eigene Wünsche umzusetzen. Andererseits müssen nun in der Gruppe schwierige und strittige Fragen geklärt werden, die früher der Vorgesetzte, der Vorarbeiter oder die Gruppenleitung entschieden hat.

Die Autonomie von Arbeitsgruppen beinhaltet das Risiko, die unvermeidlichen Konflikte unzureichend zu lösen und damit die Leistungsfähigkeit der Gruppe zu beeinträchtigen. Auf der persönlichen Ebene kann dies zu nicht unerheblichen Belastungen führen.

Konflikte und der Zusammenhalt von Arbeitsgruppen, ihr »soziales Kapital«, sind wichtige Themen in der Forschung zur Gruppenleistung, auf die deswegen hier näher eingegangen wird.

Die unterschiedlichen Konflikte in Arbeitsgruppen

Arbeitsgruppen können auf die neuen Aufgaben der Autonomie mit Konflikten reagieren. Diese Konflikte können differenziert werden in Beurteilungskonflikte (vgl. Jatzek 2001, S. 209 ff.),

- die *personenbezogen* (zum Beispiel Ablehnung eines speziellen Urlaubsanspruches, schlechtere Bewertung als andere, keine Höhergruppierung oder keine Prämie, ungerechtfertigte Abstufung in niedrigere Lohngruppe) oder
- *situationsbezogen* (zum Beispiel Planungsbeiträge eines Teammitglieds werden ignoriert, Probleme bei der Ausführung der Arbeit) sein können.

Zum großen Bereich der Verteilungskonflikte gehören: Konzentration von Fehlerverantwortung oder von unangenehmer, gesundheitsgefährdender Arbeit bei Einzelnen, Überlastung, fehlende Lernchancen oder fehlende Chancengleichheit für angenehmere Arbeiten, nicht bewilligter Urlaub.

Die folgende Tabelle fasst die Risiken dieser Konflikttypen zusammen (vgl. Jatzek 2001, S. 220):

Risiken verschiedener Konflikttypen	
Konflikttyp	**Risiko für Beschäftigte**
Verteilungskonflikte	Ungerechte Chancen– beziehungsweise Lastenverteilung Ausgrenzung infolge ungerechter Lastenverteilung
Personenbezogene Beurteilungskonflikte	Ungerechte Beurteilung Positionsverlust
Situationsbezogene Beurteilungskonflikte	Fehlende Wertschätzung persönlichen Engagements Erschwerung der Arbeitsausführung

Diese Zusammenstellung entstand aus der Untersuchung autonomer Fertigungsgruppen in der Metallindustrie. Allerdings können die Ergebnisse durchaus auf Arbeitsgruppen in anderen Branchen übertragen werden, da die unterschiedlichen Aufgabentypen mit ihrem zugehörigen Regelungsbedarf unabhängig von der jeweiligen Tätigkeit sind.

Das größte Potenzial für Konflikte bergen in der Regel Verteilungsfragen zu Aufgaben, Überstunden und Urlaub. Es geht darum, wie einerseits die Gruppenanforderungen hinsichtlich der Leistungserbringung erfüllt, andererseits individuelle Wünsche und Möglichkeiten berücksichtigt werden können und wie eine für alle gerechte Lösung gefunden wird. Werden Anforderungen dieses Spannungsfeldes nicht erfüllt, entstehen oft Konflikte innerhalb der Gruppe beziehungsweise mit der Organisation. Verteilungsfragen sind daher am risikoreichsten. Weniger riskant sind die Beteiligungsaufgaben, wobei es in den untersuchten Gruppen meist um die Wahl des Gruppensprechers ging. Am einfachsten sind Planungsaufgaben mit Produktionsbezug.

Da in der Praxis am häufigsten Verteilungsaufgaben an Gruppen übertragen werden, handelt es sich bei dieser standardisierten Gruppenarbeit um eine besonders risikoreiche Arbeitsform. Die Selbstorganisation der Gruppe beschränkt sich in vielen Fällen darauf, kollektive Verteilungsaufgaben zu bewältigen (vgl. Jatzek 2001, S. 258). Wenn die Konflikte nicht zufriedenstellend gelöst werden können, wächst das Misstrauen, die Selbstorganisation der Gruppe funktioniert nicht und alle Beteiligten nehmen Zuflucht zur »alten Ordnung« mit weisungsbefugtem Vorgesetzten anstelle des Gruppensprechers (vgl. Janning 2002, Hollmann/Mickler/Niemeyer 2002, S. 173).

Das soziale Kapital eines Teams und seine Verwendung

Das soziale Kapital, die wechselseitige Unterstützung, kann nach Moldaschl unterschiedlich ausgeübt werden:

- *Modus des Helfens*: Die Mitglieder der Gruppe unterstützen sich, die Arbeitsaufgabe zu erledigen, insbesondere bei außergewöhnlichen Belastungen.
- *Modus der Kontrolle nach innen*: Über die soziale Kontrolle wird die Leistung der anderen überwacht und eingefordert, um als Gruppe die gemeinsame Leistungsverpflichtung zu erfüllen.
- *Modus der Kontrolle nach außen:* Die Handlungsbedingungen der Gruppe werden gegenüber äußeren Zugriffen geschützt.

Hier wird deutlich, dass der Zusammenhalt einer Arbeitsgruppe sich sowohl gegen die Autonomie der einzelnen Mitglieder als auch gegen das Verwertungsinteresse des Managements richten kann. Untersuchungen in der Industrie zeigen, dass insbesondere wenn Gruppenarbeit mit dem Ziel der Rationalisierung eingeführt wurde, Gruppen vom Modus der gegenseitigen Hilfe in den Modus der sozialen Kontrolle nach innen wechseln (vgl. Moldaschl 2005, S. 231 f.).

Zusammenhalt wird damit ambivalent, sowohl für die Mitglieder einer Arbeitsgruppe (unterstützend versus kontrollierend), aber auch für das Management. Die folgende Tabelle stellt Absichten und mögliche Folgen, Sozialkapital zu nutzen, für die zwei wesentlichen Akteursgruppen gegenüber (vgl. Moldaschl 2005, S. 234):

Sozialkapital – erwünschte und unerwünschte Folgen		
Sozialkapital	**Erwünschte Folgen**	**Unerwünschte Folgen**
Management-perspektive	Commitment zur Gruppenaufgabe Social Support zur wechselseitigen Ersetzung (Flexibilität) Kohäsion als Peercontrol Wettbewerb zwischen Gruppen Effizienz	Groupthink (vgl. Beitrag von Klaus Antons, s. S. 324 ff.) Desintegration (»Einzelkämpfer«)
Arbeitskraft-perspektive	Identifikation Support, emotionaler Rückhalt, Entlastung, Gruppenleistung Gegenmacht/Autonomie	Gruppendruck, verminderte individuelle Autonomie Konditionalisierung und Abbau von Social Support Entsolidarisierung zwischen Gruppen

Als eine relativ neue und noch weiter zu vertiefende Frage für die empirische Forschung ist die Zeitdimension von Teamarbeit zu berücksichtigen (vgl. Ilgen u. a. 2005).

Nach dem Blick in die Forschung zur Gruppenleistung geht es im Folgenden um die Motivationen für Gruppenarbeit und unterschiedliche Gruppentypen.

Die unterschiedlichen Motivationen, Gruppenarbeit einzuführen, und Gruppentypen

Interessant für die Frage der Leistungsfähigkeit sind auch die Absichten, mit denen Gruppen in Organisationen eingeführt wurden. Buchinger und Schattenhofer unterscheiden hier drei Zielsetzungen (vgl. Buchinger 2006, S. 210 ff., Schattenhofer 2004, S. 80 ff.):

 Das Team als Gegenwelt. Wie unter »Humanisierung der Arbeit« angesprochen, wurden Teams in den 1970er-Jahren in erster Linie eingeführt als Gegengewicht zu einer fremdbestimmten und entfremdeten Arbeitswelt. Aus sozialpsychologischen und politisch-idealistischen Motiven heraus sollten Teams zu einer höheren Arbeitszufriedenheit durch mehr persönlichen Kontakt und höhere Selbstbestimmung führen. In vielen sozialen und anderen Non-Profit-Organisationen waren Selbstorganisation und Teamarbeit schon lange tragende Elemente ihrer Kultur (vgl. Kuhn/Moldaschl/Moritz 2004). Leistung bedeutete in diesem Kontext nicht zuvorderst bessere Arbeitsergebnisse, sondern eine persönlich zufriedenstellende Zusammenarbeit. Nachdem der Rationalisierungsdruck auch auf öffentliche und soziale Organisationen steigt, steht das »Team als Gegenwelt« vor der Aufgabe, effizienter zu werden. Strukturen, Abläufe, Führungsfunktionen müssen transparent und eindeutig gestaltet werden, auch wenn dies oft mit Widerstand verbunden ist.

 Das Team als Hilfsmittel – Projektarbeit und Matrixstruktur in hierarchischen Organisationen. Zunehmende Dynamik und Konkurrenz auf vielen Absatzmärkten, zum Beispiel in der Automobilindustrie, zeigten in den 1980er- und 1990er-Jahren die Trägheit einer hochgradig arbeitsteiligen, formalisierten Organisation mit langen Dienstwegen und vielen Hierarchiestufen. Um dies auszugleichen, wurde für besondere übergreifende oder einmalige Aufgaben eine neue, zeitlich befristete Organisationsform – das Projekt – geschaffen. Ohne die traditionelle Linienstruktur infrage zu stellen, wurde sozusagen »quer« dazu eine andere (Matrix-)Struktur geschaffen, um Aufgaben zu bearbeiten. Teamleistung bedeutet hier, schnellere und bessere Ergebnisse als über den »Dienstweg« der traditionellen Linie zu erreichen (vgl. Glatz/Graf-Götz 2007, S. 96 ff., ausführlich s. »Projektteams«, S. 133 ff., und im Beitrag von Klaus Doppler, s. S. 101 ff.)

 Das Team als Instrument der Rationalisierung. Wie im Folgenden näher beschrieben, sollten teilautonome Arbeitsgruppen in der Industrie die Effizienz erhöhen. Dies beschränkte sich aber im Laufe der Zeit nicht auf diesen Sektor. Auch im Sozial- und

Gesundheitswesen werden Hierarchieebenen abgebaut und Teams aus Mitarbeitern gegründet, die vorher in getrennten Abteilungen parallel oder nacheinander arbeiteten. So bilden zum Beispiel Verwaltungsbeamte und Sozialpädagogen in einem »Sozialbürgerhaus« ein Team, das die bestmögliche Lösung für den Kunden entwickeln soll, statt wie bisher den Bürger von einer Anlaufstelle zur nächsten zu schicken. Eine wesentliche Triebfeder, diese Teams einzurichten, ist neben der höheren Bürgerfreundlichkeit – ähnlich wie in der Industrie –, Doppelarbeiten zu vermeiden, Bearbeitungszeiten zu verkürzen und Verantwortlichkeiten eindeutig zu klären. Teamleistung bedeutet hier, eine bessere Leistung für den Bürger mit weniger Ressourcen zu erreichen.

Die Leistungsfähigkeit unterschiedlicher Gruppentypen soll hier für die in der Praxis wichtigsten Typen näher untersucht werden: (teil)autonome Arbeitsgruppen, vor allem in der Industrie, Projektteams und virtuelle Teams (zu anderen Gruppentypen vgl. Beitrag von Klaus Doppler, s. S. 104 f.).

Arbeitsgruppen in der Industrie

Die lange Tradition von Gruppenarbeit in der Industrie gründet auf erste Versuche mit der sogenannten Gruppenfabrikation bei Daimler-Benz in den 1920er-Jahren (vgl. Hellpach/Lang 1922, zit. nach Jatzek 2001, S. 108). Wie oben beschrieben, erlebte Gruppenarbeit in den 1970er-Jahren einen Höhepunkt im Rahmen der staatlichen Förderung zur Humanisierung der Arbeit. Nach dem Ende der Förderung wurde die Einführung in den meisten Unternehmen wieder gestoppt und zur herkömmlichen tayloristischen Einzelarbeit zurückgekehrt. Mit zunehmender internationaler Konkurrenz auf dem Automobilmarkt und der Studie des Massachusetts Institute of Technology (MIT) über die Autoproduktion bei Toyota rückte Gruppenarbeit wieder in den Fokus für Industrie (und Wissenschaft).

Die Studie des MIT hatte einen außerordentlichen Einfluss auf die industrielle Fertigung. Aufgrund der Ergebnisse der MIT-Studie zu »Lean Production« (vgl. Womack/Jones/Roos 1994) wurden in den 1990er-Jahren Arbeitsgruppen in der Montage gebildet. Kennzeichnend war, dass ein Team entlang einem bestimmten Abschnitt eines Montagebandes gebildet wurde. Jedes Team hatte eine bestimmte Anzahl von Arbeitsschritten zu bearbeiten. Ein Teamleiter wurde eingesetzt und hatte die Aufgabe der internen Koordination. Falls erforderlich, arbeitete er auch mit in der Montage. Das Team sollte über den besten Weg der Bearbeitung entscheiden, Reinigungsarbeiten, kleinere Reparaturen, Qualitätsprüfung und Materialbestellung wurden dem Team übertragen.

Die (teil)autonome Arbeitsgruppe gilt allgemein als die »weitreichendste kollektive Arbeitsform« in der Industrie (vgl. Antoni 1994). Als wesentliche Kennzeichen dieser Gruppen gelten eine gemeinsame Aufgabe, wechselseitige Abhängigkeit der Teilaufgaben, interne gemeinsame Koordinierung der Arbeiten sowie interne gemeinsame Rollen- und Funktionsaufteilung (vgl. Weber 1997, S. 55). Da in der Praxis unterschiedliche Entscheidungsbefugnisse an die Gruppen übertragen werden, sind die Gruppen unterschiedlich autonom (zu Kriterien der Autonomie s. Gulowsen 1972).

Sogenannte »Prozessteams« erhalten im Konzept des Businessreengineering einen zentralen Stellenwert. Es kann sich dabei um dauerhafte Teams oder eine nur projektbezogene Zusammenarbeit handeln, je nach Art der Aufgabe. Als allgemeines Kennzeichen der Prozessteams wird die Selbststeuerung angegeben in den Grenzen des Unternehmens, wie Lieferfristen, Produktivitätsziele, Qualitätsnormen und Ähnliches. Innerhalb dieses Rahmens entscheiden die Teams, wie und wann die Arbeiten auszuführen sind. Ähnlich erweiterte Gestaltungsmöglichkeiten erhalten Gruppen im Konzept der »fraktalen Fabrik« (vgl. Ulich 2001).

Selbststeuernde Gruppen, die auch kollektive Planungsaufgaben bewältigen und nicht nur die Arbeit verteilen, werden auch als »echte« Gruppenarbeit bezeichnet (vgl. Jatzek 2001, S. 113).

Die repräsentativen Querschnittsuntersuchungen der 1990er-Jahre über mehrere Branchen hinweg lassen Aussagen zur Verbreitung von Gruppenarbeit zu. Eine Expertenbefragung unter den 100 umsatzstärksten deutschen Industrieunternehmen unterschiedlicher Branchen kam zu dem Ergebnis, dass teilautonome Arbeitsgruppen bei knapp einem Drittel der Unternehmen eingeführt worden war, überwiegend in der Produktion. Dabei übernahm die Metallindustrie eine Vorreiterrolle (vgl.

> Arbeitsgruppen mit anspruchsvollen Gestaltungsmöglichkeiten sind selten.

Antoni 1996). Die Autonomie umfasste in der Regel die Wahl des Gruppensprechers, die interne Arbeitsverteilung, die Übernahme zusätzlicher Aufgaben, die Planung der Gruppenbesprechungen, der Arbeitspausen und des Urlaubs. Als Funktionen wurden indirekte Tätigkeiten, Prozessverbesserungen und das Einrichten der Maschinen integriert.

Auch eine Untersuchung von Walter Bungard und Ingela Jöns kommt 1997 zu einem ähnlichen Ergebnis: Der Schwerpunkt der Gruppenautonomie lag in der internen Auftragsverteilung, der Wahl des Gruppensprechers sowie bei der Urlaubsplanung.

Insgesamt sind die Ergebnisse hinsichtlich der Verbreitung anspruchsvoller Gruppenarbeit quantitativ und qualitativ ernüchternd. Die Gestaltungsmöglichkeit der Gruppen bezieht sich überwiegend auf Verteilungsfragen, kollektive Planungsaufgaben sind eher selten (vgl. Pekruhl 2000, S. 199).

Hinsichtlich der Leistungsfähigkeit zeigen Fallstudien unterschiedlicher industrieller Arbeitsgruppen, dass sie sowohl von der Kooperation innerhalb des Teams als auch von den Rahmenbedingungen abhängt.

Reiner Hollmann, Otfried Mickler und Edzard Niemeyer untersuchten Gruppen in hoch technisierten Schweißanlagen, Frontend-Montage, Spritzgießerei und Airbagdeckel-Fertigung. Sie ziehen daraus den Schluss:

»Entscheidend für eine stabile Gruppenentwicklung war, ob es den Gruppen-mitgliedern untereinander und zusammen mit dem Vorgesetzten gelang, einen tragfähigen Kompromiss über die Leistungsverausgabung zu erzielen. In einigen Fällen, in denen kein alle Gruppenmitglieder befriedigender Leistungskompro-miss gelang, entstand mit einem Gruppenklima voller Misstrauen und einer defi-zitären Praxis der Selbstorganisation eine desolate Situation, die eine produktive Konfliktbewältigung blockierte und alle Beteiligten zu traditionell tayloristischen Steuerungsmodi Zuflucht nehmen ließ.

Die Beziehungen zwischen den einzelnen Gruppenmitgliedern sind für die Ar-beitskraft-Transformation also genauso wichtige Einflussfaktoren wie die Bezie-hung zwischen Gruppe und betrieblichem Vorgesetzten. Gelingt im Innenverhält-nis der Gruppe keine befriedigende Integration der einzelnen Gruppenmitglieder – mit ihren unterschiedlichen Erfahrungen, Interessen, Motiven und Leistungs-vermögen –, dann ist auch die Integration der gesamten Gruppe in den Betrieb – und damit die Nutzung ihres kollektiven Leistungsvermögens – gefährdet. Die be-triebliche Integration steht andererseits auch infrage, wenn von den Vorgesetzten zu stark in die Selbstorganisation der Gruppe eingegriffen wird. Die Bedingun-gen der Selbstorganisation werden an beiden Schnittstellen ausgehandelt, und die Gruppe wird nur dann erfolgreich arbeiten, wenn ein Konsens oder wenigsten ein tragfähiger Kompromiss für beide Beziehungebenen erreicht wird« (Hollmann/ Mickler/Niemeyer 2002, S. 173).

Obwohl Kommunikation und Individualität der Gruppenmitglieder und des Vorge-setzten aufgewertet werden, wenden sich die Autoren gegen eine »Personalisierung der Organisation« (vgl. Minssen 2001, S. 94). Ihre Fallstudien belegen, dass die be-trieblichen Bedingungen, zum Beispiel Zeit für Gruppengespräche und die spezifische Gestaltung der Gruppenarbeit, die nachhaltige Entwicklung von Einsatzflexibilität, Selbstorganisation und Sozialintegration entscheidend strukturieren. Die Gruppen bewegen sich in einem weiteren oder engeren Handlungsrahmen, keine Gruppe konnte so viel Macht entwickeln, diesen Handlungsrahmen zu ihren Gunsten zu ver-ändern (vgl. Hollmann/Mickler/Niemeyer 2002, S. 174 f.). Die größten Vorteile er-zielte Gruppenarbeit in den untersuchten Betrieben in komplexeren Produktionsbe-reichen und in Organisationen, die weniger auf tayloristische Kontrolle als vielmehr auf einen Leistungskonsens mit den Beschäftigten angelegt waren.

Neben den Fertigungsgruppen in der Industrie spielen Projektteams im Profit- wie Non-Profit-Sektor eine wichtige Rolle.

Projektteams

Die vielfältigen Erfahrungen in der Geschichte mit Groß-»Projekten« wie Feldzügen, Expeditionen, Tempel-, Festungsbauten wurden erst im 20. Jahrhundert systematisch zusammengefasst und wissenschaftlich untersucht.

Exkurs: Definition und Projektarten

Nach DIN 69901 ist ein Projekt ein »Vorhaben, das im Wesentlichen durch Einmaligkeit der Bedingungen in ihrer Gesamtheit gekennzeichnet ist wie zum Beispiel die Zielvorgabe, zeitliche, finanzielle, personelle und andere Begrenzungen, Abgrenzung gegenüber anderen Vorgaben und projektspezifische Organisation«.

Projekte lassen sich aufgrund ihrer Art unterscheiden nach

- Anlass beziehungsweise Inhalt: zum Beispiel IT-, Bau-, Innovations-, Forschungs-, Marketing-, Kultur- und andere Projekte,
- Beteiligung beziehungsweise Initiierung: interne oder externe Projekte,
- Komplexität: Klein-/Großprojekte,
- Wiederholungsgrad: Pionier-/Routineprojekte.

Projektteams sind für komplexe, funktionsübergreifende Probleme sinnvoll und haben dazu beigetragen, innovationsfeindliche Hierarchien aufzuweichen (vgl. Becker-Beck/Fisch 2001, S. 37). Dies gilt nicht nur für profitorientierte Organisationen, sondern auch für die öffentliche Verwaltung. Im Jahr 2001 nutzten 60–70 Prozent der Unternehmen Projekte als Arbeitsform. Eine Studie von 1993 berichtet von Projektarbeit in 50 Prozent der mittelständischen Betriebe und 69 Prozent bei Großunternehmen (vgl. Becker-Beck/Fisch 2001, S. 32 ff.). Nachdem Innovations- und Termindruck seitdem in der Tendenz zugenommen haben, dürfte heute der Anteil von Projektarbeit gewachsen sein.

Auch in der öffentlichen Verwaltung werden Projektgruppen von einer Ausnahmeerscheinung zur Normalität. Als ein Hinweis wird in der Studie von Sebastian Dworatschek, Detlef Griesche und Helga Meyer untersucht, wie oft in über 2.000 Veröffentlichungen der Fachverbände Project Management Institute (PMI) und der International Project Management Association (IPMA) Projekte aus der Verwaltung genannt wurden: Im Zeitraum von 1967 bis 1987 waren es 4,5 Prozent, aber 1992–1994 schon 13,5 Prozent (vgl. Dworatschek/Griesche/Meyer 1995, zit. nach Becker-Beck/Fisch 2001, S. 33). Eine neuere Umfrage kommt zu dem Ergebnis, dass 90 Prozent der Bundes- und Landesbehörden sowie die Rechnungshöfe mit Projektgruppen arbeiten, insbesondere mit dem Ziel der Modernisierung (vgl. Fisch 2001, S. 114).

Für die Leistung von Projektteams sind noch mehr als für »normale« Teams die Umweltbedingungen der Organisation bedeutsam: Teamzusammensetzung, Ressourcen, Organisationskultur, Projektleitung, (s. »Faktoren erfolgreicher Teamarbeit«, S. 151) sowie die Qualität des Gruppenprozesses.

Die Größenordnung von Projekten reicht vom Einpersonenprojekt bis zu Projekten mit mehreren Tausend Personen. Ein Projektteam kann das Projekt selbst durchführen oder bei großen Projekten allein mit der Steuerung befasst sein. Entsprechend unterschiedlich sind die Methoden, die für das Projektmanagement entwickelt wurden. Die Bandbreite erstreckt sich von einfachen Checklisten bis hin zu verschiedenen internationalen Projektmanagementstandards mit entsprechender Software. Für Deutschland gibt es die Normen DIN 69900-1, DIN 69900-2, DIN 69901-05, international ISO 10006:2003. Das Standardwerk zum Projektmanagement ist »Guide to the Project Management Body of Knowledge«.

Als magisches Dreieck der Projektsteuerung gilt (vgl. www.pmqs.de):

Das magische Dreieck der Projektsteuerung

Zeit

Kosten

Erwartungen
der Stakeholder

Inhalt und Umfang (Qualität)

Mit »Stakeholder« werden die Anspruchsgruppen an das Projekt bezeichnet, das heißt, wer welche Interessen mit dem Projekt verbindet. Diese oft sehr unterschiedlichen Interessen sind eine wesentliche Herausforderung für den Erfolg von Projekten.

Bei größeren Vorhaben wird ein Projektteam nach der Projektdefinition (Ziele, Inhalte, Kosten, Umfang und Termine) in der Projektplanung zusammengestellt und es werden Umsetzungspläne mit »Meilensteinen« definiert. In der anschließenden Durchführung zeigen sich dann oft die Probleme, an denen viele Projekte scheitern (s. S. 138).

Ein wesentliches Kennzeichen – neben der Terminierung – von Projekten in Unternehmen ist, dass die Mitglieder zu »Dienern zweier Herren« werden. Sie arbeiten weiterhin für ihren Linienvorgesetzten und sind mit einem gewissen Zeitbudget für das Projekt freigestellt. Der Frage, wie das Problem von mehrfacher Zugehörigkeit und mehrfacher Loyalität gelöst wird, wird für den Erfolg des Projektes eine entscheidende Bedeutung beigemessen (vgl. Doppler u. a. 2002). Schon beim Start über die Frage der Zusammensetzung des Projektteams (»Wer kommt warum aus welcher Hierarchieebene mit welchen Vorinformationen/-belastungen in das Projekt?«) und besonders in der Umsetzung muss das Problem unterschiedlichen Engagements und unterschiedlicher Interessen gelöst werden.

Hinsichtlich der empirischen Untersuchungen zur Leistung von Projekten ist die bekannteste und wichtigste Langzeitstudie die sogenannte »*Chaos-Studie*« der Standish Group (vgl. www.standishgroup.com/sample_research/register.php). In ihr wurden seit 1994 über 40.000 Einzelprojekte der Informationstechnologie wissenschaftlich untersucht.

Die Studie kommt zu folgendem Ergebnis:

- Ungefähr 16 Prozent aller Projekte wurden erfolgreich abgeschlossen, das heißt, sie arbeiteten termingerecht, ohne Kostenüberschreitung und im geplanten Umfang.
- Etwa 53 Prozent der Projekte waren teilweise erfolgreich, es kam zu teilweise erheblichen Kosten- und/oder Zeitüberschreitungen oder es wurde nicht der vollständige Umfang erreicht.
- Etwa 31 Prozent aller Projekte scheiterten und wurden abgebrochen.

Untersucht wurden nicht nur die Ergebnisse, sondern auch die Gründe für Erfolg beziehungsweise Misserfolg des Projektes. Als Faktoren für erfolgreiche Projekte nennt die Studie:

- Endbenutzer werden einbezogen.
- Das höhere Management unterstützt das Projekt.
- Es existieren klare Vorgaben.

Faktoren, die Projekte scheitern ließen, waren:

- Fehlende Zuarbeit der Endbenutzer.
- Die Vorgaben waren unklar oder unvollständig.
- Es ergaben sich häufige Änderungen der Anforderungen.

Andere Untersuchungen kommen zu einem ähnlichen Ergebnis: Als kritische Erfolgsfaktoren werden eine klare Definition von Projektziel und -aufgabe genannt, ferner die Unterstützung des Projektes durch das Topmanagement sowie die Bereitstellung der erforderlichen Ressourcen (vgl. Becker-Beck/Fisch 2001, S. 31 f.).

Optimale Rahmenbedingungen sind eine bedeutende und notwendige, aber noch keine hinreichende Bedingung für den Projekterfolg. Für ergebnisorientierte Arbeit innerhalb der Projektgruppe sind die Fähigkeiten des Projektleiters, die Zusammensetzung des Teams sowie die Interaktion im Team wichtig.

Für die Projektleitung wird es als zentral angesehen, konstruktiv mit Konflikten umgehen zu können. Wie wird die Balance zwischen Perfektion, Zeit und Kosten gehalten, wie werden die Interessen zwischen den Linienvorgesetzten und dem Projekt ausgeglichen? Hinsichtlich des Stils, Konflikte zu lösen, zeigten sich kooperativer und bestätigender Stil einem konfrontierenden oder vermeidenden überlegen. Die Kompetenzen eines Projektleiters lassen sich in technische, administrative und kommunikative beziehungsweise politische Fähigkeiten klassifizieren (vgl. Becker-Beck/Fisch 2001, S. 30 f.).

Hinsichtlich der Projektmitarbeiter fördert eine persönliche qualifikatorische Heterogenität insbesondere bei innovativen und kreativen Projektaufgaben die Gruppenleistung (vgl. von Knippenberg/Schippers 2007). Allerdings sind der Preis dafür eine größere Anfälligkeit für Konflikte und eine höhere Fluktuationsrate.

Für die Zusammenarbeit im Projektteam stehen Gruppenkohäsion, Innovationsorientierung, Arbeitszufriedenheit und Kommunikationsdichte, verstanden als Häufigkeit aufgabenbezogenen Informationsaustausches, in einem positiven Zusammenhang zur Gruppenleistung (vgl. Becker-Beck/ Fisch 2001, S. 28 f.).

Hilfreich, wenn nicht notwendig für eine förderliche Zusammenarbeit im Projektteam ist am Anfang und in regelmäßigen Abständen eine Unterstützung zur Teambildung beziehungsweise »Teamwartung«. Empfohlen wird am Anfang ein Start-Workshop, der hilft, die klassischen Gruppenphasen zu bewältigen, verbunden mit dem Grundwissen zu gruppendynamischen Prozessen. Im Projektverlauf können in Form einer »Teamwartung« je nach dem spezifischem Bedarf, insbesondere bei wichtigen, längerfristigen Projekten, die »Schubkraft« des Projektes im Kräftefeld der unterschiedlichen Interessen überprüft sowie die interne Zusammenarbeit reflektiert und relevante Emotionen besprechbar gemacht werden (vgl. Ardelt-Gattinger/Lechner 2001 und vgl. Beitrag von Klaus Doppler, s. S. 108 f.). Aufgrund der hohen Komplexität aufgabenbezogener und gruppendynamischer Prozesse hält es Siegfried Greif für erforderlich, diese Workshops von einem externen, kompetenten Berater moderieren zu lassen (vgl. Greif 2008, S. 351 f.).

Projektteams sind anspruchsvolle soziale Gebilde, oft mit hoher Verantwortung hinsichtlich Ergebnis und Ressourcen. Sie können Hervorragendes leisten, wenn sie klug in der Organisation »aufgesetzt« und im laufenden Betrieb kompetent gesteuert werden.

Oft eine Sonderform eines Projektes – und in Zeiten der Globalisierung von wachsender Bedeutung – sind virtuelle Teams.

Virtuelle Teams

Das Wort »virtuell« bedeutet ursprünglich »der Kraft oder Möglichkeit nach vorhanden« und wird heute oft verstanden als »nicht wirklich, nicht real, fast wie« (vgl. Zaccaro/Bader 2003). Daher wird, um diesen missverständlichen Begriff zu vermeiden, auch von »standortverteilten« oder »dezentralen« Teams gesprochen.

Kennzeichnend für ein standortverteiltes oder virtuelles Team ist, dass seine Mitglieder

- in der Regel zeitlich befristet,
- mit einem gemeinsamen Ziel,
- an verschiedenen Orten und möglicherweise zu verschiedenen Zeiten,
- über regionale, nationale oder Organisationsgrenzen hinweg zusammenarbeiten und
- überwiegend über Medien kommunizieren (vgl. Duarte/Snyder 2001).

Die Vorteile eines »dezentralen« Teams sind: Es kann mehr als bei normalen Teams nach Fachkompetenz zusammengesetzt werden, räumliche Barrieren werden leicht überwunden, Reisekosten und Reisezeiten entfallen.

Sinnvoll kann diese Arbeitsform für Aufgaben sein, die eine überregionale, internationale oder organisationsübergreifende Zusammenarbeit erfordern (vgl. Stöger/ Thomas 2007). Angesichts der technologischen Entwicklung, des wachsenden Effizienzdrucks und der Tendenz zu Zentralisierung wird vermutet, dass »virtual teaming« erst am Anfang seiner Entwicklung steht (vgl. Meier 2006, S. 49). Rund 75 Prozent der Global-2000-Unternehmen setzen nach aktuellen Schätzungen auf diese Form der Teamarbeit, wobei dies nicht auf Großunternehmen beschränkt ist. Laut dem Institut für Mittelstandsforschung, Bonn, sind virtuelle Teams für mehr als 5.000 deutsche mittelständische Betriebe eine normale Form, mit ausländischen Unternehmen oder ihren Auslandsstandorten zusammenzuarbeiten. Es wird prognostiziert, dass bis zum Jahr 2012 weltweit rund 30 Prozent der fest angestellten Mitarbeiter virtuell zusammenarbeiten werden (FOCUS online, 23.03.2008).

Virtuelle Teams können aufgrund der genannten Vorteile in ihrer Leistungsfähigkeit »normale« Teams übertreffen. Sie sind allerdings »fragile Gebilde« (vgl. Meier 2006, S. 46), die folgende Herausforderungen meistern müssen, um erfolgreich zu sein:

- Es ist wichtig, Vertrauen aufzubauen, obwohl der direkte persönliche Kontakt untereinander begrenzt ist.
- Fähigkeiten, mit den jeweiligen Medien kompetent umzugehen, sind unerlässlich.
- Unterschiedliche Zeitzonen begrenzen die Möglichkeiten für gemeinsame Telefon- oder Videokonferenzen.
- Sich zu verständigen und Probleme zu lösen trotz der meist größeren kulturellen Unterschiede ist ebenfalls keine leichte Aufgabe (vgl. Schroll-Machl 2000).

Dementsprechend werden für die Auswahl der Mitarbeiter eines virtuellen Teams als Kriterien empfohlen:

 + mediale Kompetenz: Dies meint sowohl die technische Fähigkeit, mit den verwendeten modernen Kommunikationsmitteln effizient zu arbeiten, als auch die Fähigkeit, mit der wachsenden Informationsmenge umzugehen. Als Herausforderung wird gesehen, sowohl die medienvermittelte Kommunikation als auch die medienvermittelte Wahrnehmung zu schulen. Die Komplexität der Kommunikationsmedien sollte nach dem »Media Richness«-Ansatz der Komplexität der Aufgabe entsprechen (vgl. Reichwald u. a. 2000). Teams und Führungskräfte sind dann erfolgreicher, wenn sie für komplexe Aufgaben Medien einsetzen, die viele Informationskanäle (Sprache, Ton, Gestik, Mimik) nutzen.

 + soziale Kompetenz: Hier werden genannt: konstruktives Feedback, Bedürfnisse erkennen auch ohne Face-to-Face-Kontakt, hohe partizipative Orientierung, Vertrauensbereitschaft und Gerechtigkeitssinn, Sensibilität und Offenheit gegenüber unterschiedlichen Kulturen. »Diversity-Kompetenz« im Umgang mit kulturellen Unterschieden wird in virtuellen Teams noch wichtiger als in klassischen Teams. In virtuellen Teams können gleich mehrere unterschiedliche Formen von Kulturen aufeinandertreffen: funktional-professionelle Kulturen, zum Beispiel Ingenieure und Vertriebsleute, nationale/regionale und organisationsspezifische Kulturen (vgl. Remdisch/Utsch 2006, S. 42).

 + *Selbstorganisationskompetenz und Motivation:* Mitarbeiter müssen fachlich selbstständig arbeiten und sich selbst organisieren können. Sie brauchen ein besonders hohes Engagement für die Arbeit und das gemeinsame Ziel aufgrund der begrenzten Kontrolle einer »Führung auf Distanz« (s. u.) (vgl. Meier 2006, S. 46).

Neben der Zusammensetzung beeinflusst der gruppendynamische Prozess die Qualität der Zusammenarbeit. Auch virtuelle Teams durchlaufen die »normalen Gruppenphasen«, sie unterscheiden sich darin nur wenig von anderen Teams (vgl. Hertel/Konradt 2007). Um dies zu erleichtern und für eine regelmäßige »Teamwartung« werden ein mehrtägiger Kick-off-Workshop zu Beginn und mehrmals im Jahr mehrtägige (physische) Treffen mit gemeinsamer Freizeit empfohlen. Über diesen direkten, persönlichen Kontakt in der Arbeitszeit, aber besonders auch in den Pausen, kann Vertrauen entstehen (»trust needs touch«, vgl. Handy 1995b). Das kann die unvermeidlichen Missverständnisse distanter Kommunikation und die ebenso unvermeidlichen Konflikte überwinden helfen (vgl. Remdisch/Utsch 2006, S. 37).

Strukturelle Erfolgsfaktoren sind eine klare Projektstruktur mit absolut regelmäßigen »Progressmeetings« sowie die Klarheit beziehungsweise Klarstellung von Berichtswegen, Sanktionsmöglichkeiten, Ressourcenverteilung und -verrechnung (vgl. Meier 2006, S. 48). Auf ein Problem, das für virtuelle Teams noch mehr als für normale Teams bedeutsam werden kann, weist Christian Scholz hin: Wie können Leistungsträger im Team gehalten werden? Die »losere Kopplung« eines standortverteilten Teams kann dazu führen, dass Einzelne ihre Kenntnisse für ihre berufliche Karriere auf Kosten des Teams nutzen, zum Beispiel durch Arbeitsplatz- oder Arbeitgeberwechsel. Diese generelle Möglichkeit werde laut Scholz durch die »Führung auf Distanz« und schwächer ausgeprägte Teamintegration in einem virtuellen Team wahrscheinlicher (vgl. Scholz 2001).

Diese »Führung auf Distanz« virtueller Teams wird gleichzeitig als wichtig und anspruchsvoll angesehen (vgl. Herrmann/Hüneke/Rohrberg 2006). Als schwierige Aspekte nannten Führungskräfte in der Untersuchung von Remdisch/Utsch

> Führung und gruppendynamische Prozesse virtueller Teams sind besonders anspruchsvoll.

vor allem: Kultur und Vertrauen zu etablieren, Unterschiedlichkeit zu überwinden, gute Kommunikation und Teamentwicklung (vgl. Remdisch/Utsch 2006, S. 38 ff.). Wesentlich sei hier die neue Rolle der Führungskraft: Sie ist kaum noch in der Rolle des Entscheiders und Kontrolleurs mit entsprechenden Sanktionsmöglichkeiten, sondern vielmehr in der Rolle des »Beziehungsmanagers«, der Vertrauen schafft und Probleme, zum Beispiel mit der Linienorganisation seines Mitarbeiters, kommunikativ löst beziehungsweise lösen muss (vgl. Jarvenpaa/Tanriverdi 2003). Eine solche

Führungskraft verwendet viel Zeit für Kommunikation mit den Mitgliedern des virtuellen Teams mit möglichst vielen Face-to-Face-Kontakten (in der genannten Untersuchung geben 81 Prozent der Führungskräfte an, ihre Mitarbeiter ein- bis zweimal im Monat zu treffen, 60 Prozent telefonieren mindestens einmal täglich mit einem »distanten« Mitarbeiter, 97 Prozent einmal pro Woche. Die E-Mail-Frequenzen liegen zum Teil noch deutlich höher (vgl. Remdisch/Utsch 2006, S. 39). Inwieweit die »sozioemotionale Lücke« damit geschlossen werden kann, wird unterschiedlich beurteilt (vgl. Grunwald 2001, S. 38). Auch wenn die Entwicklung computervermittelter Moderation noch am Anfang steht, ist darüber allein dieses Problem kaum zu lösen (vgl. Unger/Witte 2007). Die Anforderungen an Mitarbeiter virtueller Teams gelten damit in höherem Ausmaß für Führungskräfte, hinzu kommen noch hohe Mobilität und Kontaktfähigkeit (vgl. Remdisch/Utsch 2006, S. 42).

Vielleicht trifft die Aussage zu, dass virtuelle Teamarbeit in Zukunft wesentlich wichtiger sein wird als heute. Es wird sogar prognostiziert, dass in naher Zukunft die Unterscheidung zwischen realen und »virtuellen« Teams aufgehoben sein wird. Wie dem auch sei, virtuelle Teamarbeit verlangt neben den technischen vor allem deutlich höhere soziale »Teamkompetenz«.

Wie die Leistungsfähigkeit eines Teams in der Beratungsrolle verbessert werden kann, beschreibt das folgende Kapitel. Die Möglichkeiten und Grenzen der Teamleitung werden im Beitrag von Gisela Clausen diskutiert (s. S. 358 ff.).

Beratungskonzepte, um die Teamleistung zu verbessern

Wie kann nun ein Berater Einfluss auf die Leistungsfähigkeit eines Teams nehmen? Beratung wird hier als Überbegriff zu Coaching und Supervision verstanden (zu den Standards professioneller Beratung/Supervision siehe www.dgsv.de). Näher betrachtet werden hier die wichtigsten beraterischen Arbeitsformen oder »Settings«: Leitungsberatung, Teamberatung und Teamentwicklung. Sinnvoll für eine Leistungsverbesserung können auch Fortbildungen sein, die bestimmte Qualifikationsdefizite im Team ausgleichen. Gerade wenn Soft Skills vermittelt werden sollen, zum Beispiel in einem Teamtraining, ist die Abgrenzung zu einer Teamberatung oder Teamentwicklung fließend.

Probleme und Prozesse in einem Team sind auf dem Hintergrund der Organisation und der Kunden-/Klientendynamik besser zu verstehen und zu bearbeiten. Teamberatung bewegt sich im Spannungsfeld von:

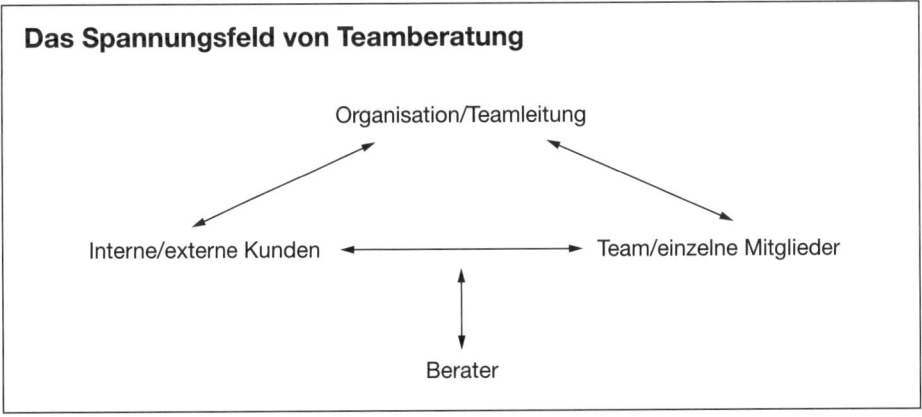

Das Spannungsfeld von Teamberatung

Organisation/Teamleitung

Interne/externe Kunden ⟷ Team/einzelne Mitglieder

Berater

Dieses Spannungsverhältnis mit den unterschiedlichen Interessen der Mitarbeiter, der Organisation, der Kunden und auch der eigenen gilt es zu berücksichtigen. In der Beratungstheorie wird diese Haltung je nach konzeptioneller Ausrichtung als Neutralität, Allparteilichkeit oder Triangulierung bezeichnet.

Die Anlässe einer Teamberatung oder Teamentwicklung können sein: Verdeckte oder offene Konflikte erschweren die Zusammenarbeit; hohe Fluktuation; Aufgaben und Rollen im Team ändern sich; eine neue Führung; Konflikte mit Kunden oder Klienten; neue Unternehmensstrategie, Fusion oder Neugründung des Teams und Ähnliches, das die Leistungsfähigkeit eines Teams beeinträchtigt.

Typische Problemfelder einer Teamberatung sind: diffuse oder unrealistische Ziele; unklare Entscheidungsabläufe; fehlende Akzeptanz der Leitung; Abwehr von Veränderung; massive Beziehungskonflikte; unklare Identität und mangelnde Abgrenzung des Teams; schwierige Kunden/Klienten.

Grundsätzlich lässt sich hier unterscheiden, ob es sich um eine mehrmalige und zeitlich kürzere Beratung der Teamleitung/des Teams oder um eine ein- oder mehrtägige Teamentwicklung handelt.

Leitungsberatung

Die Leitung eines Teams wird beraten, welche Möglichkeiten in ihrer Rolle liegen, die Teamleistung zu erhöhen. Die Besonderheiten der Leitungsberatung sind, dass die Leitung das Teamergebnis nach außen vertritt und daher meist unter höherem Leistungsdruck steht als die Teammitglieder. Auch stehen der Leitung in der Regel Sanktionsmöglichkeiten zur Verfügung und sie kann Anweisungen erteilen. Eine zu hohe (Fremd-)Steuerung durch die Leitung wird aber die Selbststeuerungsfähigkeit des Teams beeinträchtigen (vgl. Schattenhofer 1992). Hier gilt es, eine Balance von Fremd- und Selbststeuerung zu entwickeln, die dem Team, der Aufgabe und der Situation, aber auch der Führungskraft gerecht wird.

Ein weiteres Kennzeichen der Leitungsberatung liegt darin, dass die Sichtweise der Führungskraft im Vordergrund steht. Sowohl die Diagnose der Ausgangssituation als auch Ziele und mögliche Wege dahin können von Teammitgliedern erheblich anders gesehen werden. Diese Differenz muss in der Beratung berücksichtigt werden im Sinne der »Triangulierung« oder »Allparteilichkeit«.

Exkurs: Ziele in der Leitungsberatung

Ziele einer Leitungsberatung können sein:
- Diagnose der Teamsituation und der Rolle der Teamleitung,
- Identifizieren der wesentlichen Faktoren der aktuellen Probleme,
- Entwickeln der wirksamsten Ansatzpunkte, das Problem zu lösen, und konkreter Handlungsmöglichkeiten der Teamleitung,
- Klären, welche Ressourcen das Team und/oder die Teamleitung dafür benötigen,
- Bearbeiten möglicher Widerstände/Ängste der Teamleitung, die erforderlichen Schritte umzusetzen,
- Begleitende Unterstützung in der Umsetzung.

Methodisch kann für die Diagnose das Modell »Faktoren erfolgreicher Teamarbeit« nach Shonk (s. »Faktoren erfolgreicher Teamarbeit«, S. 151) verwendet werden.

Wie in der Beratung vorgegangen wird, hängt von der konzeptionellen Ausrichtung des Beraters ab. Verbreitete Konzepte von Supervision beziehungsweise Coaching sind: systemische Beratung und Therapie, Psychoanalyse, Psychodrama, NLP, Hypnotherapie, Gestalttherapie (vgl. Migge 2007).

Teamberatung

Eine andere Möglichkeit ist, das Team zu beraten, wie es die Leistung verbessern kann. Das Spezifische der Teamberatung ist, dass das Team über eine Sicht von außen erkennen kann, wie es erfolgreicher sein könnte und wie es dies verwirklichen kann. Hier wird davon ausgegangen, dass das Team besteht und im laufenden Arbeitsprozess beraten wird.

Exkurs: Ziele in der Teamberatung

Ziele einer Teamberatung können sein:

- Diagnose der aktuellen Teamsituation aus der Sicht der Teammitglieder und der wichtigsten »Stakeholder« wie Vorgesetzte, Kunden, andere Teams,
- Identifizieren der wesentlichen Faktoren der aktuellen Probleme,
- Klären, was das Team dazu beiträgt/beitrug,
- Entwickeln der wirksamsten Ansatzpunkte, das Problem zu lösen und konkreter Handlungsmöglichkeiten des Teams,
- Klären, welche Ressourcen das Team dafür benötigt und wie es diese aktivieren kann,
- Bearbeiten möglicher Widerstände/Ängste im Team, die erforderlichen Schritte umzusetzen,
- Begleitende Unterstützung in der Umsetzung.

Für die Diagnose kann methodisch mit dem Modell »Faktoren erfolgreicher Teamarbeit« nach Shonk (s. »Faktoren erfolgreicher Teamarbeit«, S. 151) gearbeitet werden.

An folgenden Ebenen kann Teamberatung ansetzen (vgl. Gellert/Nowak 2002, S. 272):

- *Organisation:* die Rolle des Teams in der Organisation, zum Beispiel Kooperation mit anderen Teams oder Abteilungen; oder: Wie klar und realistisch sind die Ziele?
- *Interaktion:* Wie wird innerhalb des Teams und mit der Teamleitung zusammengearbeitet? Welche (latenten) Konflikte behindern die Kooperation?
- *Kompetenz:* Wie passen die Qualifikationen der Teammitglieder mit den aktuellen Anforderungen zusammen?
- *Kunden/Klienten:* Wie kann mit »critical incidents« besser umgegangen werden?

Fallvignette: Leitungsteam katholische Familienhilfe

Fokus: Klären der Erwartungen an Geschäftsführer und neue Rollen und verkrustete Beziehungskonflikte bearbeiten.

Ausgangssituation: Ein katholischer Verein der Kinder-, Jugend- und Familienhilfe vereinigt stationäre und teilstationäre Einrichtungen, die teilweise weit über die Diözese verstreut sind. Der Verein wurde vor etwa 20 Jahren vom jetzigen Direktor gegründet und hat sich eine hohe Reputation erarbeitet. Aktuell sieht er sich vonseiten der Finanzgeber dem Druck nach klarem Profil und einheitlichen Qualitätsstandards gegenüber. Die Einrichtungsleiter treffen sich monatlich zu einer mehrstündigen Besprechung mit dem Direktor. Diese Besprechung wird von vielen als ineffizient empfunden.

Design der Maßnahme: Ziele der Teamberatung sind, unterschwellige Konflikte zu klären, eine bessere Entscheidungsfindung und Konfliktlösung im Team zu fördern und eine Integration der unterschiedlichen Führungsstile zu erreichen. Die Teamberatungen finden in der Zentrale des Vereins statt.

Rahmen: Es werden vier Teamberatungen von jeweils vier Stunden vereinbart. Es nehmen die sechs Einrichtungsleitungen, die Verwaltungsleitung, der Direktor und sein Stellvertreter daran teil. Die meisten Einrichtungsleiter arbeiten seit mehr als zehn Jahren im Verein und auch in dieser Teambesprechung zusammen.

Fokus-Szene: In der ersten Beratungssitzung werden zur Diagnose die Rolle der Leitungsbesprechung sowie die Rollen in der Leitungsbesprechung thematisiert mit den Fragen: »Welche Erwartungen bestehen an die Leitungsbesprechung vonseiten der Finanzgeber, Kooperationspartner, der Mitarbeiterinnen und Mitarbeiter, der Einrichtungsleiter? Welche Bedeutung hat dies für die Rollen des Direktors, des Stellvertreters der anderen Mitglieder?« Das wesentliche Ergebnis der Kleingruppen ist, dass die Leitungsbesprechung nach außen für eine einheitliche Strategie wichtig ist. Um dies zu erreichen, müssten die Rollen innerhalb der Leitungsbesprechung, insbesondere die des Stellvertreters geklärt werden. Der Direktor kann aufgrund seines politischen Engagements nur noch selten, etwa an der Hälfte der Leitungsbesprechungen, teilnehmen. Es ist schwierig, sich auf eine gemeinsame Strategie zu verständigen, da teilweise alte Konflikte auf der Beziehungsebene über Sachfragen abgehandelt werden. Die Konflikte beruhen teilweise auf persönlichen Kränkungen, auf Unterschieden in der Ergebnis- oder Prozessorientierung der Einrichtungsleiter sowie auf latenter Konkurrenz der stationären und der Tageseinrichtungen. Der Stellenwert der Leitungsbesprechung wird unterschiedlich eingeschätzt: zwischen sie ausfallen zu lassen wegen Ineffizienz und sie deutlich aufzuwerten und die Konflikte zu bearbeiten.

Die folgende Beratungssitzung beginnt in der Einstiegsrunde mit einem Rüffel durch den Stellvertreter, weil ein Einrichtungsleiter zu spät kommt und das »bei ihm ja typisch sei«. Die Runde wird abgeschlossen, der Berater greift die Eingangsszene noch einmal auf. Schnell wird die Ambivalenz des Teams gegenüber den latenten Konflikten deutlich. Einerseits der Wunsch, sie (endlich) anzugehen und offen anzusprechen, andererseits die Angst, dass dies eskaliert. Mit einem Soziogramm – »Wer will das jetzt besprechen, wer nicht, wer ist unentschieden, jeweils mit Begründung?« – kann diese Frage geklärt und entschieden und dann die Rolle des Stellvertreters in der Leitungsbesprechung angesprochen werden. Missverständnisse und frühere Kränkungen werden besprochen und geklärt. Dabei wird deutlich, dass der Stellvertreter als Protagonist der Ergebnisorientierung und seine

Konfliktfreude durchaus geschätzt werden, seine Wertschätzung des anderen Pols der Prozessorientierung aber oft zu wenig transparent wird.

Die Sitzung verläuft sehr emotional und intensiv. Der Stellvertreter verlässt einmal den Raum, als er seine Akzeptanz gefährdet sieht, kann aber zurückkommen und die für ihn auch positive Klärung fortsetzen. Auch der Berater wird von der Gruppe zu einem Feedback aufgefordert. Seine differenzierte Aussage ist wichtig für seine Glaubwürdigkeit und das Vertrauen in die Kompetenz des Beraters. Am Ende sind alle erleichtert, dass dieses schwierige und belastende Thema der unterschwelligen Konflikte endlich auf den Tisch kam und offen sowie ohne Beziehungsabbruch bearbeitet werden konnte. Die »Bremsmuster« der Gruppe, die Konflikte immer wieder anzustacheln, dann aber vor der Bearbeitung zu kneifen, wurden bewusst und konnten diesmal überwunden werden.

In der folgenden Sitzung wollten auch die anderen Einrichtungsleiter Feedback und einige konnten Unsicherheiten in ihrem Verhalten in der Leitungsbesprechung klären.

Reflexion des Beraters: In diesem langjährigen Leitungsteam hatte sich ein Status quo der Zusammenarbeit eingespielt, der für die aktuelle Arbeit in den weitgehend autonomen Einrichtungen ausreichend war. Die unterschwelligen Konflikte und früheren Kränkungen mussten so nicht ausgetragen beziehungsweise aufgearbeitet werden. Mit den verschärften Außenanforderungen an das Auftreten des Vereins in der Öffentlichkeit und der häufigen Abwesenheit des allseits geschätzten Direktors ließ sich dieses labile Gleichgewicht nicht mehr aufrechterhalten. Die bisher ungelösten Fragen eines einheitlichen pädagogischen Konzeptes und Führungsstiles konnten nur im Leitungskreis geklärt werden.

Mit den Fragen der ersten Besprechung kamen die unausgesprochenen Erwartungen und auch Kritik an der Führung des Leitungskreises zur Sprache. Dies war für den Direktor und die eingespielte Kultur neu und durchaus eine Zumutung. Daraus entstand auf der Sachebene eine Strategieklausur, die überwiegend positiv beurteilt wurde. Auf der Beziehungsebene wurde der Boden bereitet, die vermiedenen »heißen Eisen« endlich anzupacken. Die zentrale und zugleich umstrittenste Rolle war die des Stellvertreters, hatte er doch in Abwesenheit die Leitung übernommen und repräsentierte die neuen, auch vom Umfeld geforderten Standards. Bevor diese Standards im Sinne eines gemeinsam getragenen pädagogischen und Führungskonzeptes wirklich offen diskutiert werden konnten, mussten die entstandenen Irritationen und Kränkungen besprochen werden.

Der Beginn der zweiten Sitzung war sozusagen paradigmatisch für Inhalt und weiteren Verlauf: Die Protagonisten geraten beim Thema Pünktlichkeit öffentlich und heftig aneinander. Die damit verbundenen vielfältigen Gefühle wie Ärger, Solidarisierung, Rachewünsche gehen in den Untergrund und belasten die weitere Arbeit auf der Sachebene. Dieser Problemdruck war in dieser Sitzung so offensichtlich, dass sich der Veränderungswunsch gegenüber der Konfliktvermeidung durchsetzte. Dabei wurden die Belastbarkeit, Wahrnehmungskompetenz und Glaubwürdigkeit des Beraters getestet, bevor gefährliches Terrain betreten wurde.

Weitere Entwicklung: Nachdem sich in der zweiten Sitzung die wesentlichen Ängste vor einer Klärung der unterschwelligen Konflikte aufgelöst hatten, konnten die weiteren Themen in einer weitgehend entspannten Atmosphäre bearbeitet werden. Aufgrund veränderter Finanzierungsbedingungen wurde es notwendig, dass sich vier Einrichtungen zu einem engeren Verbund zusammenschlossen. Diese Veränderung und ihre Auswirkungen auf die Leitungsbesprechung und die anderen Einrichtungen waren nun offener und konstruktiver zu besprechen als früher.

Teamentwicklung

Ein Team wird darin unterstützt, optimal arbeitsfähig zu werden. Das Besondere an Teamentwicklung im engeren Sinne ist, dass es sich um ein neu gebildetes (Projekt-) Team handelt. Teamentwicklung kann somit als Teamberatung zu einem besonderen Zeitpunkt, in der Anfangsphase der Zusammenarbeit, verstanden werden. In der Praxis werden aber viele Maßnahmen als Teamentwicklung bezeichnet, die eigentlich eine Teamberatung oder Konfliktklärung sind.

Die Ziele der Teamentwicklung sind auf der Sachebene: sich mit Teamzielen, Funktionsrollen und Aufgaben auseinanderzusetzen und geeignete Handlungsweisen zu finden (s. »Faktoren erfolgreicher Teamarbeit«, S. 151). Auf der Beziehungsebene geht es darum, die Gruppenphasen »Forming« und »Storming« beziehungsweise Positions- und Rollenklärung gut zu bewältigen. Dafür ist es hilfreich, ein ausführliches Kennenlernen, »Beschnuppern« und insbesondere bei den Sachfragen eine offene, direkte und nicht zu harte Differenzierung der persönlichen Interessen und Standpunkte zu fördern.

Sinnvoll und effizienzfördernd ist es, regelmäßig, mindestens einmal pro Jahr, eine »Teamwartung« durchzuführen (s. »Projektteams«, S. 138 und den Beitrag von Klaus Doppler, s. S. 101 ff.). Sie dient dazu, die aktuelle Leistungsfähigkeit des Teams auf den relevanten Ebenen kritisch zu beleuchten. Damit kann das Profil des Teams nach außen geschärft und die Zusammenarbeit gefördert werden, wenn unerledigte, belastende Störungen ausgeräumt werden können. Nach den Untersuchungen von West sind Teams bei komplexen und herausfordernden Aufgaben effektiver, wenn sie sowohl über ihre Aufgaben und Strukturen (»Aufgabenreflexivität«) als auch über ihre sozialen Interaktionen (»soziale Reflexivität«) reflektieren (vgl. West 2004).

Soll eine Teamentwicklung – oder genauer: Teamberatung oder Konfliktklärung – aufgrund akuter Probleme im oder mit dem Team durchgeführt werden, gilt es, sehr genau zu prüfen, ob die (vorgeschlagene) Maßnahme die richtige Lösung für das zugrunde liegende Problem darstellt. In der sogenannten Auftrags- oder Nachfrageanalyse wird mit dem Auftraggeber zuerst eine fundierte Diagnose erarbeitet und danach geklärt, ob, und dann, welche Maßnahme sinnvoll ist (vgl. Schein 2000). Konkret kann das heißen, zuerst mehrere Gespräche mit dem Auftraggeber und anderen wichtigen

Partnern des Teams zu führen, um so herauszukristallisieren, an welcher Stelle mit welcher Maßnahme angesetzt werden sollte.

Ein Team zu beraten und in der Entwicklung zu fördern ist anspruchsvoll und erfordert sowohl theoretische Kenntnisse zu Lern- und Veränderungstheorie, Gruppen- und Organisationsdynamik als auch Interventionsfähigkeiten für Problem- und Konfliktlösung sowie Beziehungsklärung. Darüber hinaus ist von besonderer Bedeutung, in fundierter Selbsterfahrung in Gruppen die eigenen Ängste in Gruppen zu bearbeiten und so konfliktfähiger zu werden (vgl. Reddy 1999, S. 175 ff.).

Methodisch kann aus dem Fundus der angewandten Gruppendynamik, des Psychodramas, der systemischen Beratung oder auch des Outdoortrainings geschöpft werden: von Soziometrie, Klein-/Großgruppengesprächen, Rollenspielen, Gruppenübungen, Teamaufstellung bis zu künstlerischen Formen (vgl. von Ameln/Kramer 2007, Alf-Jähnig/Hanke/Preuß-Scheuerle 2008). Wie jeweils mit einem Team gearbeitet wird, entscheidet sich aufgrund des Gruppenprozesses.

Fallvignette: Exportteam einer Maschinenbaufirma

Fokus: Latente Konflikte mit Feedback klären

Ausgangssituation: Ein mittelständisches metallverarbeitendes Unternehmen ist in seiner Sparte Weltmarktführer. Nach vier Jahrzehnten Führung durch den Eigentümer wird es an eine Holding verkauft und erhält einen neuen Geschäftsführer, der im Unternehmen Teamarbeit einführt. Neben den Führungskräften machen alle Arbeitsbereiche Teamtrainings, um damit schnellere Information und Kooperation zu erreichen. Die wirtschaftliche Situation des Unternehmens ist solide. Innerbetrieblich haben sich lange Berichtswege, hohe Bürokratisierung von Abläufen und starkes Bereichsdenken etabliert. Hier sieht der Geschäftsführer erreichbare Effizienzgewinne.

Design der Maßnahme: In den zweitägigen Teamtrainings sollen die Vor- und Nachteile der Reorganisation diskutiert werden. Bedeutung von Teamarbeit in anderen Industrieunternehmen, gruppendynamisches Basiswissen und kommunikative Methoden werden vermittelt. Die Teams sollen sich Spielregeln und eine eigene Identität mittels eines »Wappens« erarbeiten. Störungen in der Zusammenarbeit und Konflikte zwischen Mitarbeitern, mit dem Vorgesetzten oder mit anderen Teams sollen bearbeitet werden.

Das Design kann entsprechend dem Bedarf des jeweiligen Teams beziehungsweise der Teilnehmenden angepasst werden. Wesentliches Ziel ist, die aktive Auseinandersetzung mit der neuen Organisationsform zu fördern und einzuüben.

Grundsätzlich sollen »Echt-Teams« vollständig teilnehmen, was aufgrund von Produktionserfordernissen nicht immer möglich ist. Es können auch kleinere Teams zusammengefasst werden. Die Trainings finden extern ohne Übernachtung statt. Der direkte Vorgesetzte nimmt teil, abends kommt ein Mitglied der obersten Leitung zum Gespräch.

Rahmen: An diesem Teamtraining nehmen das Exportteam mit acht Personen teil, der Einkauf mit drei Personen und zwei Sekretärinnen, die dem Export zuarbeiten. Das Exportteam unter der Leitung eines Chinesen hat zwei neue Mitglieder: einen Engländer als Regional Salesmanager und eine Sachbearbeiterin. Die Teilnehmenden sind zwischen Ende 20 und Ende 40 Jahre alt. Die Betriebszugehörigkeit variiert zwischen acht Wochen – Regional Salesmanager – und 30 Jahren in der Verwaltung.

Fokus-Szene: In der Erwartungsklärung mithilfe des Modells »Faktoren erfolgreicher Teamarbeit« (s. S. 151) formulieren Mitglieder des Exportteams den Wunsch, an den internen Beziehungen zu arbeiten. Vorbereitend werden am Nachmittag des ersten Tages die Feedbackregeln kurz vorgestellt und anschließend im Exportteam der wesentliche Konflikt besprochen. Die anderen Teilnehmenden arbeiten an anderen Themen. In diesem Konflikt geht es darum, wie der Regional Salesmanager seine Reisetätigkeit mit der Information der Zentrale und auch seiner Anwesenheit verbindet. Damit sind die Kollegen und der Teamleiter unzufrieden. Die Kritikpunkte können offen angesprochen und geklärt werden.

Reflexion des Beraters: Die Zusammenarbeit im Exportteam ist geprägt von einer lockeren Atmosphäre. Der Teamleiter wird akzeptiert und geht aktiv auf die Teammitglieder zu. Der Konflikt mit dem Regional Salesmanager schwelte seit einiger Zeit, konnte bisher aber nicht angesprochen werden. Aufgrund seiner stabilen Persönlichkeit konnte er auch Kritik von mehreren Personen gut hören und seine Sicht und Motivation darstellen. Anschließend konnten gemeinsam tragfähige Vereinbarungen gefunden werden. Der Trainer unterstützte das Gespräch mit klärenden Fragen, um damit undeutliche Aussagen zu pointieren.

Im weiteren Seminar wurden realistische Strukturen erarbeitet, wie künftig die Zusammenarbeit und mögliche Störungen frühzeitig besprochen werden können.

Weitere Entwicklung: Im Verlauf der weiteren Zusammenarbeit mit dem Unternehmen gab es vom Exportteam positive Rückmeldungen zur Wirkung dieser Klärung auf ihre Zusammenarbeit mit deutlich geringeren Reibungsverlusten.

Was lässt Teams erfolgreich werden?

Die bisher an unterschiedlichen Stellen genannten Faktoren erfolgreicher Teamarbeit werden nun zusammengefasst und beschrieben.

James Shonk bringt die Faktoren der Gruppenleistung in ein Bild, das sich sowohl zur Erklärung als auch zu Diagnose und Planung des Vorgehens mit einem Team eignet (vgl. Shonk 1982, Shonk 1992).

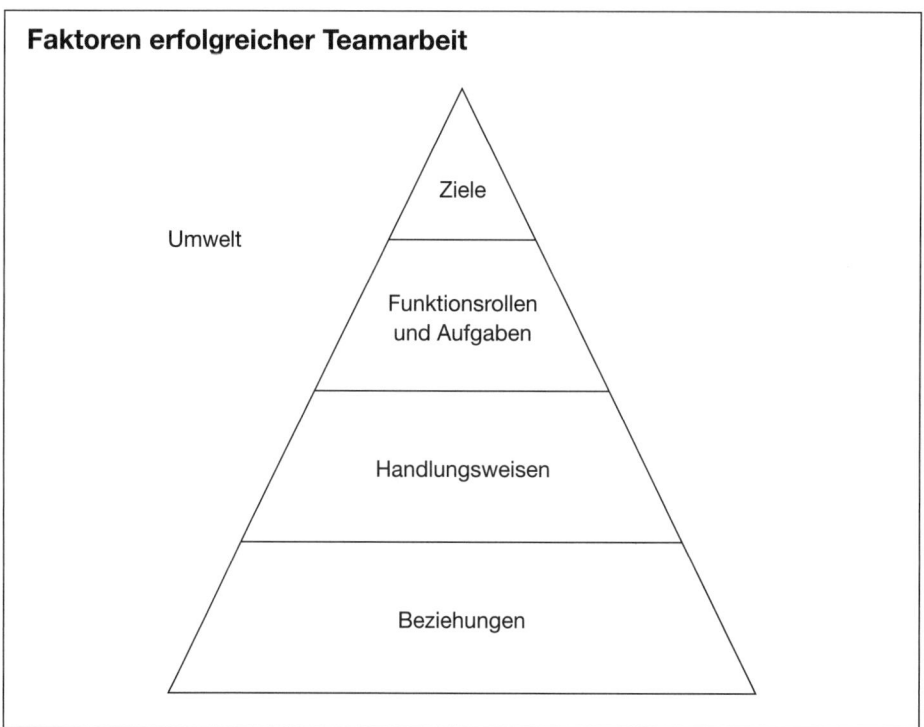

Faktoren erfolgreicher Teamarbeit

- Ziele
- Umwelt
- Funktionsrollen und Aufgaben
- Handlungsweisen
- Beziehungen

Die fünf kritischen Faktoren erfolgreicher Teamarbeit sind in diesem einfachen Modell beschrieben. Wenn sowohl das Team als auch seine »Umgebung« (Auftraggeber, Vorgesetzte) diese Faktoren ausdrücklich beachten – zu Beginn und periodisch im Arbeitsprozess –, dann hat das Team gute Chancen, sowohl beste Ergebnisse als auch persönliche Zufriedenheit der Mitglieder zu erreichen.

Die Faktoren werden nun von außen nach innen vorgestellt.

Die Umweltfaktoren des Teams

Damit sind Faktoren gemeint, die als Rahmenbedingungen für die Teamarbeit bedeutsam sind:

- Zusammensetzung des Teams,
- Führung des Teams,
- Kultur der Organisation, in der das Team arbeitet,
- Ressourcen des Teams: Zeit, Geld und Arbeitsstrukturen.

 Zusammensetzung des Teams: Im Idealfall können Teams neu gebildet werden, zum Beispiel als Projektteam mit dem Ziel, ein neues Produkt zu entwickeln, ein bestehendes Verfahren zu verbessern und Ähnliches. Eine Orientierung bietet hier: »So wenig (Personen) wie möglich, so viel (Fachlichkeit, Erfahrung) wie nötig.« Dabei ist die Art der Aufgabe zu beachten.

Bei kreativen, anspruchsvollen Aufgaben oder bei schwierigen Entscheidungen sind heterogen besetzte Teams erfolgreich als Teams, deren Mitglieder sich fachlich, professionell und persönlich ähnlicher sind. Die heterogenen Teams leisten anfangs weniger, weil mehr Zeit erforderlich ist, aus der Unterschiedlichkeit eine gemeinsame Arbeitsbasis zu entwickeln (vgl. Guzzo/Dickson 1997, S. 311 f.). Allerdings kann dies auch scheitern, da das Konfliktpotenzial aufgrund der Unterschiedlichkeit höher ist. Zu ähnlichen Ergebnissen kommen auch die Untersuchungen multikultureller Arbeitsgruppen (vgl. Jedrzejczyk 2007).

Die Unterschiedlichkeit bezieht sich nicht nur auf den fachlichen Hintergrund, sondern auch auf die persönlichen Präferenzen, in Gruppen bestimmte (Steuerungs-) Rollen zu übernehmen (vgl. Doppler u. a. 2002, S. 305 ff.). Für neu zu bildende Teams können Analysemethoden zu den bevorzugten sozialen Rollen in Teams, zum Beispiel Ideengeber, Umsetzer, Entscheider, Kontrolleur und ähnliche, eine Hilfe sein (vgl. Alf-Jähnig/Hanke/Preuß-Scheuerle 2008, S.68 ff., vgl. auch den Beitrag von Andreas Amann, s. S. 404 ff.).

Im Normalfall kann jedoch die Arbeitsgruppe nicht neu gebildet werden beziehungsweise sind die personellen Wahlmöglichkeiten eingeschränkt.

Führung des Teams: Interessant ist die Frage, auf welche Weise die Arbeitsgruppe zu ihrer Leitung kommt: per Wahl, von außen eingesetzt oder ist es eine »führerlose«, sich selbst organisierende Gruppe?

Nach den Ergebnissen von Kehr (vgl. Kehr 2000, S. 227) ist es sinnvoll, die Art der Arbeitsaufgabe und die Teamzusammensetzung für die Antwort auf diese Frage zu berücksichtigen.

Wird zwischen den Gruppenmitgliedern eine komplexe Interaktion verlangt aufgrund der Aufgabe, zum Beispiel bei Projektgruppen in Unternehmensberatungen oder bei Planungsstäben in der Verwaltung, so waren die Gruppen erfolgreicher, die einen formal bestimmten Führer besaßen. Die Gruppenleitung fühlte sich für den Gruppenprozess verantwortlich und übernahm die strukturierenden und richtungweisenden Gruppenfunktionen. Bei dieser Art von Aufgaben erzielen Gruppen mit einer formal bestimmten Leitung eine bessere Leistung.

Wenn es dagegen bei schwierigen Aufgaben vor allem auf die Einzelleistung von Spezialisten ankommt, zum Beispiel in Forschung und Entwicklung, bei Informatikern oder (mit Einschränkungen) auch im Vertrieb, lassen führerlose Gruppen eine höhere Leistung und eine größere Zufriedenheit erwarten. Eine formal bestimmte Gruppenleitung, die sich um eine Strukturierung der hochgradig individualisierten Tätigkeiten bemüht, ist gefährdet, die Arbeit zu behindern und aufzuhalten. Falls eine Koordination der Einzeltätigkeiten erforderlich ist, dann ist die Wahl einer Leitung sinnvoll, aber ohne Weisungsbefugnis und ohne sich in die konkrete Arbeit der Spezialisten einzumischen.

Bei Aufgaben mit Wettbewerbscharakter ist es zweckmäßig, wenn eine Führung bestimmt ist, die den Gruppenprozess in eine kooperative Richtung lenkt. Bei wettbewerbsorientierten Aufgaben eignet sich als Quelle der Autorität am ehesten die Wahl, weil die gewählte Leitung zum einen von der Akzeptanz ihrer Geführten abhängig ist und daher an einem hohen Niveau an Kooperation interessiert ist und weil sie zum anderen die für die Schlichtung von Meinungsverschiedenheiten erforderliche Legitimation besitzt. Auch von außen benannte Führer besitzen eine hohe Legitimation. Bei dieser Legitimation kommt es jedoch häufiger zu Reibungen zwischen den Gruppenmitgliedern, was sich im Vergleich zur Wahl negativ auf die Gruppenleistung auswirkt (vgl. Kehr 2000, S. 227).

Wichtig ist nicht nur die direkte Führung des Teams, sondern auch, wie mit den Ergebnissen eines Teams in der Hierarchie umgegangen wird. Die Führung muss die Vorschläge einer Arbeitsgruppe nicht akzeptieren, aber es ist nichts demotivierender, als wenn die Arbeit eines Teams ohne jeden Einfluss auf die Entscheidungen der Hierarchie bleibt (vgl. Dechant/Marsick/Kasl 2000, S. 16). Leider ist dies – vor allem in großen Organisationen – nicht gerade die Ausnahme. Wer erlebt hat, dass die Fachkompetenz und das Engagement des eigenen Teams letztendlich wenig gewürdigt wurden, der wird sich die Bereitschaft zu weiterer Teamarbeit genau überlegen.

Die Kultur der Organisation, in der das Team arbeitet: Auch die Frage, ob und wie eine Arbeitsgruppe geleitet werden soll, findet nicht im luftleeren Raum statt, sondern auf dem Hintergrund der Organisation, in der das Team arbeitet. Die bisherige Erfahrung mit Teams und die vorhandene Selbststeuerungsfähigkeit müssen dabei berücksichtigt werden, um die Mitglieder nicht zu überfordern (vgl. Krainz/Simsa 2005, S. 291). Wenn die Organisation bisher durch eine straffe Führung geprägt war, dann wäre alles andere als eine klare Benennung der Führung verunsichernd und kontraproduktiv.

Teamarbeit verlangt andere Qualitäten der Kommunikation und Kooperation als bürokratisch-tayloristisch organisierte Einzelarbeit. Teamarbeit, die nicht nach dem Muster »Ober sticht Unter« funktioniert, ist diesem System (noch) fremd (vgl. Marx 2003, S. 313). Je länger die Mitglieder einer Arbeitsgruppe in einer autoritär-patriarchalen Unternehmenskultur gearbeitet haben, mit umso mehr Schwierigkeiten muss

bei der Einführung von Teamarbeit gerechnet werden – und mit einem höheren Zeit-
aufwand.

 Ressourcen des Teams: Zeit, Geld und Arbeitsstrukturen. Teams brauchen Zeit, um
arbeitsfähig zu werden. Die Phasen der Gruppenbildung muss jedes neue Team bewältigen. Am Anfang braucht dies länger und wird bei jedem Treffen von Neuem,
aber in kürzerer Form durchlaufen (vgl. Heintel 2001, S. 255).

Ein besonderes Problem entsteht durch häufige Fluktuation: Neben dem Verlust
an Know-how und den Kosten der Einarbeitung kann ein erfolgreicher Lernzyklus
des Teams durch wiederholte Fluktuation immer wieder gestört und unterbrochen
werden (vgl. Milowiz/Käfer 1989). Teams bleiben dadurch dauerhaft unter ihren Leis-
tungsmöglichkeiten.

Teams benötigen die Unterstützung ihrer Organisation. Operatives Management,
Informations- und Entscheidungswege müssen darauf ausgerichtet sein, Teamarbeit
zu unterstützen. Hackman betont, dass vor allem günstige Rahmenbedingungen in
der Organisation für eine erfolgreiche Gruppenarbeit erforderlich seien (vgl. Hackman 2002, S. 251 ff.). Wie bereits angesprochen (s. Projektteams, S. 138), ist insbesondere für die Mitglieder einer Projektgruppe die Abstimmung zwischen ihrer »normalen« Tätigkeit in der Linie und der Arbeit für das Projekt wesentlich (vgl. Heintel/
Krainz 1994).

Fallvignette: Geschäftsstelle eines Sozialbürgerhauses

Fokus: Verhalten gegenüber Kontextanforderungen

Ausgangssituation: Die Geschäftsstelle eines Sozialbürgerhauses (SBH) hat eine
Dienstleistungsfunktion gegenüber allen anderen Abteilungen. Dazu gehören
die Postverteilung, die »Infothek« als Anlauf- und Zuweisungsstelle der Kunden,
Kasse, Vorzimmer der Leitung, EDV. In einem der größten Sozialbürgerhäuser arbeitete die Geschäftsstelle trotz sehr hoher Arbeitsbelastung bisher mit geringer
Fluktuation. Der Wechsel in der Leitung der Geschäftsstelle wurde erfolgreich bewältigt.

Design der Maßnahme: Die zunehmend auftretenden Störungen in den verschiedenen Arbeitsbereichen sollen früher in Eigeninitiative gelöst werden, um die Leitung der Geschäftsstelle zu entlasten. Ziele des Workshops sind:

- Der Zusammenhalt im Team soll gefördert werden.
- Die Aufgaben und Verantwortung der einzelnen Arbeitsbereiche sind zu klä-
  ren.
- Mut und Sicherheit sollen gefördert und Störungen frühzeitig angesprochen
  werden.
- Lösungen für Probleme der Teilnehmer werden erarbeitet und vereinbart, die
  Umsetzung wird kontrolliert.

Vermittelt werden soll darüber hinaus Theorie zu Teamarbeit sowie zu Konfliktlösungsmöglichkeiten.

Rahmen: Der Workshop findet zweitägig, extern und ohne Übernachtung statt. Es
nehmen teil: Leitung der Geschäftsstelle, neun Mitarbeiterinnen und Mitarbeiter,
vier sogenannte »MAW« (Mehraufwand-)Kräfte. Für die meisten der Mitarbeiter
ist der Workshop die erste Erfahrung mit Teamentwicklung, an die sie mit Vorsicht
und Skepsis herangehen. Am Ende des Workshops will die Leitung des Sozialbürgerhauses für eine Stunde zum Gespräch kommen.

Fokus-Szene: Zur Diagnose wird die folgende Aufgabe gestellt:
»Rollen im Team«.

- Erstens: Überlegen Sie sich ein Bild für Ihre Geschäftsstelle im SBH (Zirkus,
  Schiff, Bergtour…).
- Zweitens: Verteilen Sie die wichtigsten Rollen in diesem Bild.
- Drittens: Malen Sie dieses Bild. Zwei Gruppen bearbeiten dies und präsentie-
  ren das Ergebnis auf einer Pinnwand.

Das wesentliche Ergebnis beider Bilder ist, dass sich die Mitarbeiterinnen und
Mitarbeiter ausgenutzt und innerhalb des SBH missachtet fühlen. Dies formulieren die Mitarbeiterinnen und Mitarbeiter wesentlich schärfer als die Leitung der
Geschäftsstelle. In der Folge geht es darum, sich mit der Veränderung des Status
quo auseinanderzusetzen, hier mit der Methode Soziogramm. Das bedeutet:

- Aufstellung zu »Wir bleiben gutmütig!« (pro) und »Wir ändern das!«
  (kontra).
- Sammeln von Argumenten für jede Seite, dann Seitenwechsel und weitere Argumente sammeln.
- Konklusion: Mein Standpunkt jetzt hinsichtlich Veränderung? Was bedeutet
  das Gesamtbild für die Geschäftsstelle?

Anschließend werden Arbeitsgruppen gebildet, die vorbereiten, wie die gemeinsam erarbeitete Haltung konkret umgesetzt werden kann.

Reflexion des Beraters: Die Vorinformation zum Workshop basiert auf der Einschätzung des Leiters. Auf dem Workshop zeigt sich, dass er die Belastung seines Teams deutlich unterschätzte. Der Workshop wird als dringend nötiges Ventil
empfunden, die Überlastung auszusprechen und sich mit den anderen Klarheit zu
verschaffen. Um aus dem Klagen in die Veränderung zu kommen, können die Ambivalenzen über die Argumente für beide Alternativen so geklärt werden, dass alle
für eine Veränderung stehen. In der konkreten Umsetzung dieser Veränderung,
insbesondere in dem anstehenden Konflikt mit der Hausleitung, wollen einige
Mitarbeiterinnen und Mitarbeiter die Leitung der Geschäftsstelle unterstützen.
Dieser inhaltliche Klärungsprozess und die Einigung innerhalb des Teams fördern
deutlich Zusammenhalt und Arbeitsmotivation.

Weitere Entwicklung: Es gelingt nicht, die Umsetzung der Veränderung schon auf
dem Workshop zu beginnen, da die SBH-Leitung kurzfristig absagt. Daher wird
ein verbindlicher Zeitplan vereinbart, welche Schritte »back home« zu gehen sind.
Mit dem Team soll es nach einem Jahr einen Folge-Workshop geben.

Was ist innerhalb des Teams bedeutsam?

Nach der Teamumgebung nun zu den Faktoren innerhalb des Teams: Ziele, Funktionsrollen, Handlungsweisen und Beziehungen.

Ziele: Ziele haben einen positiven Einfluss auf die Leistung einer Arbeitsgruppe. Dabei ist es nicht wesentlich, ob neben Gruppenzielen, auch (Leistungs-)Ziele für die einzelnen Mitglieder der Arbeitsgruppe formuliert sind (vgl. Guzzo/Dickson 1997, S. 314). Eine sinnvolle Arbeitsaufgabe und damit die Ziele der Arbeit scheinen für das subjektive Wohlbefinden noch wichtiger zu sein als die Orientierung an der Person (vgl. Angehrn 2004, S. 310). Nach Shonk sind folgende Fragen für die Zielorientierung erfolgreicher Teamarbeit wichtig:

- Sind die Ziele klar formuliert? – Gebräuchlich in vielen Organisationen ist die Zielformulierung nach dem »SMART-Modell«.

Das SMART-Modell

S – spezifisch, konkret
M – messbar, zum Beispiel an Zahlen, Terminen, definierten Qualitätskriterien
A – attraktiv, anspruchsvoll
R – realisierbar
T – terminiert

- Sind die Ziele von allen geteilt und haben alle zugestimmt? – Diese Frage ist in der Regel nicht ohne intensive Auseinandersetzung zu beantworten. Wird dem zu wenig Raum gegeben und eine schnelle Zustimmung des Teams eingefordert, so machen sich ungeklärte Fragen, Bedenken oder auch Kritik später als Schwierigkeiten in der Umsetzung bemerkbar. Dann ist es nicht leicht, »normale« Sachprobleme von verborgenen Widerständen (vgl. Doppler u. a. 2002) zu trennen.
- Sind die Ziele verbindlich? Wie ernst nimmt die Organisation die Ziele für Teams? Wenn es keine nachvollziehbare Auswirkung hat, Ziele zu erreichen oder zu verfehlen, dann schwindet ihre motivierende Wirkung. Herausfordernde Ziele sollten mit einer Prämie für das Team verbunden sein. Wenn Prämien nur individuell gewährt werden, können sie Teamarbeit hemmen. In Umsetzung und Höhe von Leistungsprämien gibt es große Unterschiede zwischen Organisationen des Profit- und des Non-Profit-Sektors. Auch Kommunen sowie Landes- und Bundesbehörden erhalten mittlerweile mit der sogenannten »leistungsorientierten Bezahlung«, die tariflich im öffentlichen Dienst beschlossen wurde, dafür einen größeren Spielraum. Die Leistung eines Teams kann aber auch in einer anderen »Währung« als Geld anerkannt werden.
- Sind die Ziele anschlussfähig? Auch nach »oben«? – Können Ziele im Team formuliert werden, so muss die Führungskraft beziehungsweise das Team darauf achten, wie weit der Entscheidungsspielraum reicht.

Funktionsrollen und Aufgaben: Hier geht es um die (Funktions-)Rollen und Aufgaben auf der Sachebene, nicht um Rollen auf der Beziehungsebene.

Die Art und Verteilung der Tätigkeiten hängt ab von der Art der Aufgabe. Je innovativer und neuartiger das Ergebnis der Arbeitsgruppe sein kann oder soll, desto weniger lassen sich zu Beginn die Aufgaben vollständig festlegen. Es empfiehlt sich generell und hier umso mehr, in regelmäßigen, nicht zu großen Abständen die Teamarbeit gerade auch unter dem Rollenaspekt zu besprechen (s. S. 146 die Aufgabenreflexivität von West 2004). Können die Funktionsrollen optimal ausgefüllt werden, ist dies ein zentraler Beitrag zu der Leistungsfähigkeit eines Teams.

Dafür sind folgende Fragen hilfreich:

- Sind alle Aufgaben klar definiert? Weiß jeder, was von ihm erwartet wird? – Dies sollte am Anfang geklärt werden, soweit dies zu diesem Zeitpunkt möglich ist. Dazu gehören auch die Erwartungen der Kollegen im Team.
- Werden die Funktionsrollen angenommen? Erfüllen die Mitglieder ihre Verantwortung? – Im Arbeitsprozess zeigt sich, wie die Rollen ausgefüllt werden. Dabei auftretende Probleme werden in der Regel zwischen den betroffenen Teammitgliedern, falls erforderlich auch mit der Teamleitung, geklärt. Wie diese Probleme konstruktiv gelöst werden können, verlangt – oft – eine gute Diagnose und viel Fingerspitzengefühl der Leitung.
- Überlappen sich Aufgaben oder beinhalten sie Konfliktstoff, zum Beispiel wer welche Arbeitsmittel dafür nutzt? Gibt es Lücken zwischen Rollen, »keiner ist zuständig«? – Im letzteren Fall kommt es nicht zu einem Konflikt im Team – erst einmal. Werden wichtige Aufgaben von niemandem übernommen, erfolgt die Rückmeldung über die Umwelt des Teams, beispielsweise über andere Teams, die mit dem Ergebnis weiterarbeiten, die nächsten Führungsebenen, auch Stabsabteilungen, Adressaten oder Kunden der Organisation.

 Handlungsweisen: Arbeitsgruppen brauchen schnelle und effektive Kommunikation. Neben den informellen Kanälen sind vor allem wirksame Instrumente erforderlich, um die Probleme zu bearbeiten, Entscheidungen zu treffen und Konflikte zu lösen. Der wichtigste Ort dafür sind die Teambesprechungen, sie sollten daher professionell geleitet werden (können). Es geht hier darum, welche Instrumente dem Team zur Verfügung stehen, wie sie akzeptiert und umgesetzt werden.

- Welche Instrumente gibt es für die Vorbereitung, Durchführung und Nachbereitung von Besprechungen? Gibt es zu viele oder zu wenige Besprechungen? Sind daran die richtigen Personen beteiligt? Wie werden die Ergebnisse, zum Beispiel Arbeitsaufträge, weiterverfolgt? Wie wird die Kommunikation vor, während und nach der Besprechung gestaltet?
- Wie werden Probleme der Arbeitserledigung angegangen? Werden strukturierte Verfahren der Problemanalyse und Entwicklung von Lösungsideen angewandt?
- Wie werden Entscheidungen getroffen? Wie werden Entscheidungen vorbereitet, die Informationen gesammelt und wie wird die Entscheidungsanalyse durchgeführt?

● Welche Mittel werden eingesetzt zur Lösung von Uneinigkeit und Konflikten? Welche Verfahren von Zweier-, Dreier- oder Teamgesprächen haben sich bewährt? Unter welchen Umständen können andere Möglichkeiten wie Supervision, Coaching oder Mediation genutzt werden?

Beziehungen: Die zwischenmenschlichen Beziehungen bilden die Basis in Shonks Modell für eine erfolgreiche Teamarbeit. Wie bereits dargestellt, wird die Gruppenkohäsion, das Zusammengehörigkeitsgefühl der Teammitglieder, als ein zentraler Faktor für die Leistungsfähigkeit einer Arbeitsgruppe angesehen. Allerdings wird ebenso die Position vertreten, dass gute interpersonelle Beziehungen nicht die Voraussetzung, sondern das Ergebnis erfolgreicher Arbeit sind (vgl. Hackman/Wageman 2005a, S. 274).

Der Faktor Beziehung meint nicht, dass sich in einem guten Team alle Mitglieder sympathisch sind, und schon gar nicht von Anfang an. Es reicht aus, wenn die zwischenmenschlichen Beziehungen respektvoll und »arbeitsfähig« sind. Wenn eine gewisse gegenseitige Wertschätzung vorliegt.

Das heißt für die Zusammenarbeit:

● Wird Unterschiedlichkeit akzeptiert und genutzt? Werden unterschiedliche fachliche Sichtweisen und Erfahrungen anerkannt und können sie in die Diskussion eingebracht werden?
● Wie hoch ist der Grad an Vertrauen, Respekt und Offenheit? Können spontane Ideen und Einzelmeinungen geäußert werden, ohne dafür (subtil) sanktioniert zu werden? Wird bei Spannungen ein Mindestmaß an Umgangsformen, wie sich zu grüßen, eingehalten? Werden Informationen vollständig und zeitnah weitergegeben?
● Werden Konflikte ausgetragen, ohne den gegenseitigen Respekt zu gefährden? Können Störungen in der Zusammenarbeit rechtzeitig angesprochen werden, bevor sie eskalieren?

Eine funktionierende Beziehungsebene ist nicht ohne Konflikte zu haben. Wie das umgangssprachliche Bild »ein Team zusammenschweißen« ausdrückt, erfordert dieser Prozess einiges an Energie, es entsteht Wärme und vorher unverbundene Teile werden fest zusammengefügt.

Die Beziehungen unter den Mitgliedern der Arbeitsgruppe differenzieren sich über die Auseinandersetzungen zu Zielen, Funktionsrollen und Handlungsweisen. Dafür und für die auf der Beziehungsebene ablaufenden Phasen der Gruppenbildung braucht es Zeit und die erforderlichen sozialen und kommunikativen Kompetenzen sowohl der Teamleitung wie der Teammitglieder.

Wie die Erfahrung zeigt, können gravierende Störungen zu tief sitzenden Kränkungen führen, die noch Jahre später die Zusammenarbeit belasten.

Fallvignette: Abteilungsleiter eines Hotels mit Seniorenresidenz

Fokus: Klären der Funktionsrollen und der Zusammenarbeit an den Schnittstellen

Ausgangssituation: Das Unternehmen wurde vor 18 Monaten eröffnet und Schritt für Schritt wurden die einzelnen Abteilungen aufgebaut. Ziel ist, der führende Altersruhesitz für Senioren mit sehr gutem Einkommen zu werden. Integrale Bestandteile sind ein gehobenes Restaurant, ein exklusives Hotel in attraktiver landschaftlicher Lage und eine Pflege- und Wellnessabteilung. Die Investitionen bewegen sich in einem dreistelligen Millionenbetrag.

Fortbildungen, insbesondere zum Thema Teamentwicklung, sind im Hotelgewerbe unüblich. Der Geschäftsführer kommt aus der Hotellerie und hat noch keine Erfahrung mit Teamentwicklung. Er stand im Vorgespräch dem Vorhaben, das der Eigentümer anregte, skeptisch gegenüber.

Design der Maßnahme: Vereinbart wurden ein Strategie-Workshop (1 Tag), ein Workshop zur Teamentwicklung der Abteilungsleiter (1,5 Tage) und ein Verwaltungskräfte-Workshop (0,5 Tage).

Ziel des Workshops Teamentwicklung ist, die Zusammenarbeit zu verbessern sowie Stellenbeschreibungen zu erarbeiten und abzustimmen. Der Workshop findet 1,5 Tage extern ohne Übernachtung statt. Der direkte Vorgesetzte nimmt teil, abends kommt der Eigentümer zu einem (festlichen) Essen.

Rahmen: Teilnehmen an diesem Workshop zur Teamentwicklung sollten neben dem Geschäftsführer noch sieben Abteilungsleiter: Marketing, Rezeption, Erste Hausdame, Rechnungswesen, Pflege, Personal, Chefkoch. Der Abteilungsleiter Pflege, mit dem es sehr viele Spannungen gibt, nimmt wegen Krankheit nicht teil.

Fokus-Szene: Zunächst erfolgt die Auftragsklärung. Dazu werden die mit der Leitung vereinbarten Ziele vorgestellt, anschließend das »Eisberg-Modell der Kommunikation« sowie das Modell »Faktoren erfolgreicher Teamarbeit«. Die Teilnehmer benennen in Gruppen anhand des zweiten Modells ihre Ziele mit der Frage: »Welche Verbesserungen unserer Zusammenarbeit wollen wir in diesem Workshop erreichen?«

Die meisten Karten kommen zum Thema Rollenklärung. Eine Karte zu »Zielen« beinhaltet einen Konflikt zwischen Service und Küche, der angesprochen wird und sich auch lösen lässt.

Zur Frage der Rollenklärung zeichnet der Berater einen Kreis mit allen Abteilungsleitern und trägt die wahrgenommenen Rollenüberschneidungen oder im Alltag zu beobachtende Reibungen ein. Einzelne Konflikte lassen sich mit einem Organigramm sichtbar machen und darüber lassen sich Lösungen finden. Die Teilnehmer arbeiten weiter an den als unklar benannten Aufgaben und halten Verbesserungen fest. Das Ergebnis mündet in Stellenbeschreibungen, die klare Zuständigkeiten, Kompetenzen und Verfahren an den Schnittstellen zu den wichtigsten angrenzenden Abteilungen beinhalten.

Reflexion des Beraters: Ausgangspunkt des beschriebenen Falles waren zu geringe Umsatzzahlen, wofür die mangelnde Leistung des Leitungsteams verantwortlich gemacht wird.

Die Abteilungsleiter müssen ihre Bereiche an den Schnitt- oder besser Kontaktstellen so aufeinander abstimmen, dass der jeweils andere Arbeitsbereich nicht beeinträchtigt wird. Hier betrifft dies vor allem das Zusammenspiel von Altersruhesitz/Pflege mit gehobenem Hotel/Gastronomie.

Die Unklarheiten in den Rollen und Handlungsweisen konnten angesprochen und geklärt werden. Allerdings wurde auch deutlich, dass im Hintergrund ein erheblicher Ärger der Marketingleiterin über den Geschäftsführer wirkte wegen der fehlenden Unterstützung, den Altersruhesitz zu verwirklichen. Wesentlich war hier ein Konflikt auf der Zielebene: zuerst das Hotel ausbauen und den Altersruhesitz diesem unterordnen oder umgekehrt? Geht beides gleichzeitig und zu welchem Preis? Diese strategische Frage kann aber auf der Ebene des Teams nicht geklärt, sondern muss vom Eigentümer entschieden werden. Für den Workshop war es ein Erfolg, dass immerhin der Konflikt benannt und offen wurde, auch wenn noch keine Lösung erreicht werden konnte.

Weitere Entwicklung: Der Zielkonflikt wurde nicht entschieden. Die Leiterin Marketing verließ das Unternehmen.

Was ist das Gesamtergebnis?

Alle fünf Ebenen gehören zusammen, keine lässt sich in ihrer Wirkung auf die Gruppenleistung isolieren. In Arbeitsgruppen steigt gegenüber einer bürokratisch-tayloristisch strukturierten Einzelarbeit die Bedeutung der Akteure, Mitglieder wie Leitung der Gruppe, und ihrer Fähigkeiten, zu kommunizieren, sich sozial kompetent zu verhalten sowie flexibel einsetzbar zu sein (vgl. Schwarzbach 2005, S. 252).

Allerdings braucht auch ein gut zusammenarbeitendes Team sinnvolle und passende Rahmenbedingungen.

Guzzo und Dickson fassen die Ergebnisse der Forschungen zu drei zentralen Ergebnissen in Bezug auf Leistung zusammen (vgl. Guzzo/Dickson 1997, S. 334 f.):

- *Design der Gruppe:* Eine heterogene Zusammensetzung eignet sich vor allem für kreative Aufgaben; die Größe der Gruppe muss der Aufgabe angepasst sein; Ziele wirken überwiegend positiv.
- *Gruppenprozess:* Gruppenkohäsion kann zur Leistung beitragen, eine strukturierte Problembearbeitung ist hilfreich.
- *Kontext:* Teamleistung kann erhöht werden durch die Änderung der Rahmenbedingungen, dazu gehört auch die Führung mit ihrem Einfluss auf die Gruppenleistung. Dieser Punkt findet die größte Unterstützung durch die Forschung.

Es ist gerechtfertigt, zu sagen, dass die größten Veränderungen in der Teamleistung entstehen, wenn veränderte Rahmenbedingungen begleitet werden durch ein angemessenes Teamdesign und einen qualifiziert durchgeführten Teamprozess. Bei aller Komplexität kann Teamleistung strukturell unterstützt werden: »Je systematischer und regelmäßiger ergebnisorientierte Problem- und Selbstreflexionen in Gruppen gefördert werden, die komplexe Aufgaben bearbeiten…, desto größer ist die Wahrscheinlichkeit, dass sich Effektivität und Innovativität der Gruppe verbessern« (Greif 2008, S. 351).

Abschließende Bemerkungen

Teams sind komplex und anspruchsvoll – soziale Systeme, die sich nicht linear steuern lassen wie Maschinen. Die Leistung einer Arbeitsgruppe kann sowohl größer als auch kleiner sein als die Summe der Einzelleistungen. Klare Ziele und genügend Disziplin sind wichtig, aber allein nicht ausreichend.

Teams brauchen nicht nur gute Rahmenbedingungen, sondern auch »Pflege« im laufenden Prozess. Das heißt vor allem eine regelmäßige Reflexion über den Verlauf der gemeinsamen Arbeit und sich daraus ergebende Folgen für die Zukunft. Diese Feedbackschleifen zu fördern, mit Komplexität umzugehen und die Qualität der Zusammenarbeit zu erhalten und zu erhöhen, dafür braucht es Zeit, Kompetenz und oft auch Mut.

Bernadette Grawe

Selbsthilfegruppen

Ein Blick in die Geschichte

Die bis heute erfolgreiche Geschichte der Selbsthilfe hat viele Gesichter. In den letzten 20 Jahren kann man Selbsthilfe als den Versuch von Menschen verstehen, die Initiative zu ergreifen, ihre eigenen Probleme nicht den Experten zu überlassen, sondern allein durch den Kontakt und die Beziehung zu Menschen mit ähnlichen Fragen und Problemen Unterstützung und Hilfe zu erfahren oder Öffentlichkeit für ein Thema herzustellen.

Dieser Vorgang ist in der Geschichte der Menschheit nicht unbedingt neu – so sind auch im Industrialisierungsprozess des 18. und 19. Jahrhunderts mit seinen sozialen Umwälzungen (zum Beispiel Trennung von Arbeiten und Wohnen, Landflucht) Bewegungen entstanden, die sowohl politische als auch soziale Ziele hatten (wie beispielsweise die Arbeiterbewegung und – daraus entstehend – die Gründung der Gewerkschaften, die Frauenbewegung, aber auch die Jugendbewegung und ihre Jugendbünde).

> Modernisierungsprozesse in der Gesellschaft führten zur Selbsthilfebewegung.

In der Nachkriegszeit des 20. Jahrhunderts sind es anhaltende gesellschaftliche Modernisierungsprozesse, die Selbsthilfebewegungen befördert haben. Nach einem wirtschaftlichen Aufschwung in den 1950er-Jahren, begleitet von einer gesellschaftlichen Restauration, rückte in den 1960er-Jahren in der Bundesrepublik die »Bildungskatastrophe« in den Blick. Damit begannen umfangreiche Bildungsreformen, mit denen auch den bisher gesellschaftlich benachteiligten Gesellschaftsschichten Chancengleichheit, und das hieß Zugang zur Bildung, ermöglicht werden sollte.

Im Verlauf einer breiten Demokratiebewegung – zum Beispiel der Studentenbewegung wie auch erneut der Frauenbewegung (»das Private ist politisch«) – wurden überkommene gesellschaftliche Strukturen, Mentalitäten und Autoritäten auf den Prüfstand gestellt.

Die Gruppe als »herrschaftsfreier« Raum

»Bietet die Gruppe dem Menschen neue Chancen, seine inneren Probleme, seine soziale Ohnmacht und seine politische Ineffizienz zu überwinden?« – so beginnt Horst-Eberhard Richter 1972 sein damals sehr verbreitetes Buch »Die Gruppe, Hoffnung auf einen Weg, sich selbst und andere zu befreien«. Seine psychoanalytisch motivierte Reflexion der Gruppe als Instrument der Selbstbefreiung und der Auflösung verkrusteter gesellschaftlicher Strukturen markierte eine soziale Bewegung in diesem zeitgeschichtlichen Kontext der Demokratiebewegung.

In den Wohngemeinschaftsprojekten, in Kommunen und Kinderläden der 1960er- und 1970er-Jahre wurde die Gruppe als eine Art herrschaftsfreier Raum verstanden, mit dessen Hilfe man sich aus verschiedenen, sowohl psychischen als auch politischen und sozialen Zwängen befreien wollte. Horst Eberhard Richter wies mit diesem Buch auf die Chancen einer permanenten Selbstreflexion und Gruppenreflexion auch für politische Veränderungsprozesse hin. Mit Gruppenarbeit sollte der Krise des Individuums, seiner sozialen Vereinsamung und Ohnmacht begegnet werden.

Wenn wir heute an Selbsthilfegruppen denken, assoziieren wir damit weniger diese sozialen und politisierten Gruppen als vielmehr solche, die sich im Bereich des Gesundheitswesens etabliert haben. Wir denken eher an Gruppen, die sich mit Krankheiten und Behinderungen, mit verschiedenen psychosozialen Belastungen, mit persönlichen Grenzen und Schicksalen auseinandersetzen und in denen die Beteiligten durch Gespräche und gemeinsame Aktionen die eigene Gesundheitsförderung vorantreiben.

Die Gruppe als Weg aus eigenen psychosozialen Problemen

In der Darstellung dieser Strömung der Bewegungsgeschichte wird in der Fachliteratur auf die Anonymen Alkoholiker hingewiesen, als deren Geburtsdatum das Jahr 1935 gilt (vgl. Moeller 1978). Die wirtschaftliche Depression der 1930er-Jahre führte in den USA zu einem psychosozialen Elend, das die Menschen massenhaft mit Alkohol zu betäuben versuchten. Gleichzeitig entstanden verschiedene soziale Experimente zur Verbesserung der psychosozialen Lage – auch religiös motivierte Arbeitsschritte. Der Gedanke dabei war folgender: Ein sündig gewordener Mensch kann sich durch ein Geständnis ändern und wird geheilt, wenn er versucht, auch andere von der Sünde des Alkoholismus zu bekehren.

Auf diese Weise entwickelten sich die Anonymen Alkoholiker, die sich in Gruppentreffen – strukturiert durch zwölf Schritte – gegenseitig dazu ermunterten, sich zu ihrem Alkoholismus zu bekennen und durch diese Bekenntnisse Heilung und Katharsis zu erfahren.

Die zwölf Schritte der Anonymen Alkoholiker

1. Schritt: Wir gaben zu, dass wir dem Alkohol gegenüber machtlos sind – und unser Leben nicht mehr meistern konnten.

2. Schritt: Wir kamen zu dem Glauben, dass eine Macht, größer als wir selbst, uns unsere geistige Gesundheit wiedergeben kann.

3. Schritt: Wir fassten den Entschluss, unseren Willen und unser Leben der Sorge Gottes – wie wir Ihn verstanden – anzuvertrauen.

4. Schritt: Wir machten eine gründliche und furchtlose Inventur in unserem Inneren.

5. Schritt: Wir gaben Gott, uns selbst und einem anderen Menschen gegenüber unverhüllt unsere Fehler zu.

6. Schritt: Wir waren völlig bereit, all diese Charakterfehler von Gott beseitigen zu lassen.

7. Schritt: Demütig baten wir Ihn, unsere Mängel von uns zu nehmen.

8. Schritt: Wir machten eine Liste aller Personen, denen wir Schaden zugefügt hatten, und wurden willig, ihn bei allen wiedergutzumachen.

9. Schritt: Wir machten bei diesen Menschen alles wieder gut – wo immer es möglich war –, es sei denn, wir hätten dadurch sie oder andere verletzt.

10. Schritt: Wir setzten die Inventur bei uns fort, und wenn wir Unrecht hatten, gaben wir es sofort zu.

11. Schritt: Wir suchten durch Gebet und Besinnung die bewusste Verbindung zu Gott – wie wir Ihn verstanden – zu vertiefen. Wir baten Ihn nur, uns Seinen Willen erkennbar werden zu lassen und uns die Kraft zu geben, ihn auszuführen.

12. Schritt: Nachdem wir durch diese Schritte ein spirituelles Erwachen erlebt hatten, versuchten wir, diese Botschaft an Alkoholiker weiterzugeben und unser tägliches Leben nach diesen Grundsätzen auszurichten.

Neben einer religiösen Motivation wurden auch andere Ideale beschrieben, die zur Durchsetzung dieser außerordentlich erfolgreichen Bewegung beitrugen: ein konsequentes demokratisches Gleichheitsideal und stark humanitäre Einstellungen.

Zwar wurden in den USA die sozialen Strukturen, die zum Alkoholismus führten, zunächst eher ausgeblendet, aber die therapeutische Wirksamkeit der Gruppe rückte den sozialen Zusammenhang in den Blick. Die Anonymen Alkoholiker stellten relativ bald fest, dass Alkoholiker eine typische Partnerwahl vornahmen, dass Kinder von Alkoholikern besondere Belastungen zu bestehen hatten. So bildeten sich folgerichtig parallele Angehörigengruppen, die den Kreis der Selbsthilfegruppen erweiterten.

Nach diesem Modell entwickelten sich in Amerika vielfältige Selbsthilfegruppen auch für andere Problemgruppen. Mit der Erweiterung entstand eine plausible Differenzierung der Arbeitsformen, da die Gruppenselbstbehandlung bei einem Suchtproblem anders ansetzen musste als zum Beispiel in einer Gruppe für alleinstehende Väter oder Mütter.

Selbstveränderung und Sozialveränderung

Schon für die sich in Amerika entwickelnde und breit gefächerte Selbsthilfebewegung beschreibt Moeller (1997) eine Doppelstrategie: Sie wollte *Selbst*veränderung und *Sozial*veränderung. Diese Doppelstrategie – Selbstbefreiung, Selbsthilfe in einem engeren Sinn und zugleich soziale und politische Bewegung in einem weiteren Sinn – kann bis heute in den Thematisierungsstrategien der Selbsthilfebewegung auch in unseren Breitengraden beobachtet werden.

Selbsthilfegruppen waren in der Bundesrepublik der Nachkriegszeit zunächst wenig bekannt oder wurden als Kuriosum abgetan. Etwa nach 1975 konnten sie aber nicht mehr übersehen werden, und die 1970er- und 1980er-Jahre markieren den Beginn der Selbsthilfebewegung in der Bundesrepublik.

Soziale Notlagen, Erfahrung von eigener Hilflosigkeit als Patient, Informationsinteressen von chronisch Kranken, Gesprächsbedarf von Eltern oder Geschwistern psychisch kranker oder behinderter Menschen: Die Anlässe, eine Selbsthilfegruppe zu gründen, waren von Beginn an vielfältig und ihre Verbindungen mit den anderen neuen sozialen Bewegungen der Zeit offensichtlich.

So wie Frauenbewegung, ökologische Bewegung und Friedensbewegung neue Werte und bürgerliche Partizipation »von unten« reklamierten, setzten Selbsthilfegruppen bei der Bewältigung ihrer persönlichen Fragestellungen auf die Kraft der eigenen Erfahrung und Betroffenheit, auf Selbstorganisation, Selbstverwirklichung und eine demokratische Teilhabe aller am Gruppengeschehen.

Flankierend entstanden Veröffentlichungen, die hohen Verbreitungsgrad erlangten. Die Titel der bis heute lesenswerten Bücher zum Beispiel von Michael Lukas Moeller (1978): »Selbsthilfegruppen. Selbstbehandlung und Selbsterkenntnis in eigenverantwortlichen Kleingruppen« oder von Alf Trojan (Hrsg.) (1986): »Wissen ist Macht. Eigenständig durch Selbsthilfe in Gruppen« beschreiben bereits treffend den Anspruch und diese doppelte Programmatik von Selbsthilfegruppen.

Mündige Laien: Expertenkritik

Selbsthilfegruppen entstanden in den 1970er-Jahren im Zusammenhang mit einer offen formulierten Expertenkritik – die (schul)medizinische Versorgung war in eine Legitimationskrise geraten, Zivilisationskrankheiten nahmen zu und die krankheitsverursachenden sozialen Faktoren aus dem Alltag von Familie und Beruf wurden deutlicher gesehen.

Das Vertrauen in die Problemlösekapazität und der Glaube an das Wissen von Experten erhielten Risse. Freidson (1975) verwies darauf, dass neben dem exklusiven Expertenwissen auch die Amtsautorität den Eingriff in die Lebenswelt des Klienten und damit eine Dominanz des Experten ermögliche, und Ivan Illich (1983) kritisierte die gesetzlich verankerte Hegemonie der Experten, die nicht nur die Macht über die Mittel, sondern auch über die Definition der Hilfsbedürftigkeit hätten. Er verlangte die Aufarbeitung der Expertenherrschaft, die den Weg bereiten würde »zur freien Entfaltung nicht hierarchischer, aus der Gemeinschaft hervorgegangener Kompetenz«.

> »Die Ärzte wissen besser als wir, wie die Kranken zu behandeln sind, wir wissen besser als sie, wie die Kranken als Menschen zu behandeln sind.«
> (Slogan der US-Amerikanischen Selbsthilfebewegung, zitiert nach Moeller 1991).

Diese Expertenkritik beschränkte sich nicht auf den medizinischen Bereich. Die Verformungen asymmetrischer Beziehungen zwischen Helfern und ihren Klienten, zwischen Ärztinnen und Patienten, zwischen Lehrern und Schülerinnen waren insgesamt in der Diskussion (vgl. zum Beispiel Schmidbauer 1977).

Netzwerke als Gegenmodelle: Institutionskritik

Zum Entstehungskontext und zur Verbreitung von gesundheitsbezogenen Selbsthilfegruppen gehörten nicht zuletzt die Psychiatriereform und die damit einhergehende Institutionskritik. Überfüllte psychiatrische Anstalten, mangelnde psychiatrische Versorgung in den Gemeinden entfachten in den 1970er-Jahren eine psychiatriepolitische Debatte. 1975 kam es zur Psychiatrie-Enquete des Deutschen Bundestages, in deren Folge grundlegende institutionelle Veränderungen im psychiatrischen Versorgungssystem entwickelt wurden, wie zum Beispiel teilstationäre und ambulante sozialpsychiatrische Dienste.

Wenn man vielleicht auch nicht sagen kann, dass Selbsthilfegruppen diese Reformen selbst vorangetrieben haben, so kann nicht übersehen werden, dass zum Beispiel psychotherapeutisch orientierte Selbsthilfegruppen an vielen Orten flankierend zu diesen Reformen entstanden sind. Heute gelten sie als wichtige Bausteine in einer »therapeutischen Kette« im Zusammenwirken von stationären und ambulanten Hilfen psychosozialer Dienste (vgl. dazu Hüllinghorst 2007).

In dem Moment, in dem es in den Gruppen nicht mehr nur um eine *Selbst*veränderung ging, sondern offene Solidarität und politisches Engagement gefragt waren, entstanden Organisationsformen, die auch eine *Sozial*veränderung vorantreiben konnten. Neben längst etablierten Selbsthilfeorganisationen wie zum Beispiel der »Lebenshilfe für das geistig behinderte Kind« oder dem »Deutschen Blindenverband« und anderen Verbänden chronisch kranker und behinderter Menschen entstanden Netzwerke für regional entstehende Selbsthilfegruppen, die heute das ausgesprochen vielfältige Bild abgeben.

Angesichts einer expertenkritischen und institutionskritischen Mentalität war und ist die Selbsthilfebewegung insgesamt eine »bunte« Erscheinung, die ihrer eigenen Institutionalisierung durchaus ambivalent gegenüberstand und zu weiten Teilen bis heute gegenübersteht.

> Netzwerke – keine neuen Institutionen!

Gesellschaftliche und rechtliche Anerkennung

Mit der Ausbreitung der Selbsthilfebewegung kamen die ersten wissenschaftlichen Forschungen zu Selbsthilfegruppen, und mit diesen Forschungen entstanden auch Fachorganisationen wie zum Beispiel die Deutsche Arbeitsgemeinschaft Selbsthilfegruppen (DAG SHG e.V.), die nach eigenen Angaben seit 1982 besteht.

1984 entstand für den fachlichen Austausch, für Studien, Forschung und Fortbildung die NAKOS, Nationale Kontaktstelle zur Förderung und Unterstützung der Selbsthilfegruppen in Berlin, die von der DAG SHG getragen wird.

Heute gibt es etwa 300 regionale und überwiegend professionell geleitete Selbsthilfekontaktstellen. Deren systematischer Aufbau wurde unter anderem durch Modellprogramme der Bundesregierung von 1987–1991 begleitet.

Seit 1999 gibt die DAG SHG e.V. turnusgemäß ein Jahrbuch heraus, in dem die fachlichen und politischen Aspekte der Selbsthilfebewegung und der Selbsthilfegruppen reflektiert und neue Forschungsergebnisse vorgestellt werden.

Links und Arbeitshilfen für Selbsthilfegruppen (Auswahl)

Die Deutsche Arbeitsgemeinschaft Selbsthilfegruppen (DAG SHG e.V.) ist der bundesweit tätige Fachverband für Selbsthilfegruppen, Trägerin verschiedener Organisationen, deren Interesse der Aufbau eines Netzes von Selbsthilfekontaktstellen ist. Die DAG SHG unterstützt Selbsthilfegruppen und berät Menschen, die an Selbsthilfe interessiert sind. Neben einem fachlich ausgerichteten Selbsthilfegruppenjahrbuch gibt die DAG SHG weitere Materialien zum Aufbau von Selbsthilfegruppen heraus. Homepage: www.dag-selbsthilfegruppen.de

Die Nationale Informationsstelle zur Anregung und Unterstützung von Selbsthilfegruppen (NAKOS) verweist bundesweit auf Selbsthilfekontaktstellen und Selbsthilfeorganisationen. Sie bietet selber Fortbildungen an und veröffentlicht Arbeitshilfen. Homepage: www.nakos. de.

Kostenlose Informationsmaterialien wie zum Beispiel »Gruppen im Gespräch. Ein Leitfaden für Selbsthilfegruppen« oder »Starthilfe zum Aufbau von Selbsthilfegruppen« sind praktische Arbeitshilfen, die von der DAG SHG e.V. herausgegeben werden und über NAKOS erhältlich sind. Ein »Leitfaden für die Gruppenarbeit« ist als Download zu erhalten über www. selbsthilfe-hessen.de.

Hingewiesen werden soll auch auf die Stiftung Mitarbeit, die umfangreiche fachliche Hilfestellungen und Arbeitshilfen für bürgerschaftliches Engagement und Selbsthilfegruppen bietet und lokalen Gruppen auch finanzielle Starthilfen gewährt. Homepage: www.mitarbeit. de.

Einen kurzen, aber kenntnisreichen Überblick leistet Jürgen Matzat (2004) in seinem Buch: Wegweiser Selbsthilfegruppen. Eine Einführung für Laien und Fachleute. Gießen, Psychosozial-Verlag.

Die Zahl der Menschen, die in 70.000–100.000 Selbsthilfegruppen organisiert sind, wird heute auf etwa drei Millionen geschätzt – daneben existieren etwa 100 Dachverbände von Selbsthilfeorganisationen. Etwa 75 Prozent der Selbsthilfegruppen sind dem Gesundheitsbereich zuzuordnen (vgl. Matzat 2006).

Es ist offensichtlich: Die Selbsthilfebewegung ist in der Gesellschaft angekommen. Selbsthilfegruppen haben inzwischen eine solche Bekanntheit und Akzeptanz erreicht, dass (auch wenn der reale Beteiligungsgrad um vieles geringer ist) nach neueren Studien bis zu drei Viertel der Bevölkerung zur Teilnahme an beziehungsweise Gründung einer Selbsthilfegruppe bereit sind (so Thiel 2004).

Neben die gesellschaftliche Anerkennung ist auch eine rechtliche getreten: Selbsthilfe wird als wichtige Ressource des Sozialstaates und des Gesundheitswesens gesehen, eine Förderungsverpflichtung ist seit 2008 in § 20 SGB V festgeschrieben. Diese Entwicklung hat auch ihre Schattenseiten, sodass schon Stimmen laut werden, die statt einer Bereitschaft zum aktiven Engagement die Zunahme von »Selbsthilfekonsumenten« beklagen (vgl. Thiel 2004).

Selbsthilfegruppen sind vielfältig und bunt: Unterscheidungen

Buntheit und Vielfalt können als typische Kennzeichen der Selbsthilfebewegung bis heute gesehen werden – die (Dach-)Organisationen unterscheiden sich in Geschichte, Größe, Einfluss, Satzung, Fachlichkeit, Zielrichtung und Struktur und nicht zuletzt auch durch Kultur und Mentalität – die Gruppen unterscheiden sich nach Größe und Arbeitsweise, nach Zielsetzung, Alter und Dauerhaftigkeit, nach professioneller Begleitung, nicht zuletzt durch die Themen, die behandelt werden, und durch die Personen, die sie prägen.

Inhaltliche Themen und Ziele

Eine plausible Einteilung hat bereits Moeller (1978) vorgelegt. Er unterschied und beschrieb sieben Arten von Selbsthilfegruppen.

- *Psychologisch-therapeutische Selbsthilfegruppen:* zum Beispiel Anonyme Alkoholiker, Menschen mit Depressionen und Ängsten, alle Gruppen, die sich durch Gruppengespräche mit ihren seelischen Problemen oder mit krisenhaften Lebenslagen befassen wollen.
- *Medizinische Selbsthilfegruppen:* zum Beispiel Asthmatiker, Rheumakranke, Menschen mit dem Interesse, durch Informationsaustausch, Aufklärung und Gespräch mit anderen ihre Krankheiten zu bewältigen.
- *Bewusstseinsverändernde Selbsthilfegruppen:* zum Beispiel Frauengruppen, Homosexuellengruppen, Menschen, deren Ziel es ist, sich aus zugeschriebenen Rollenmustern zu befreien, zu emanzipieren.
- *Lebensgestaltende Selbsthilfegruppen:* zum Beispiel Wohngemeinschaften, Lebensgemeinschaften, Menschen, die ihr Leben gemeinsam gestalten wollen.
- *Arbeitsorientierte Selbsthilfegruppen:* zum Beispiel (jugendliche) Arbeitslosengruppen.
- *Lern- beziehungsweise ausbildungsorientierte Selbsthilfegruppen:* zum Beispiel Gruppen, die selbst organisierte Fortbildungen vornehmen oder gemeinsam etwas Neues lernen wollen.
- *Bürgerinitiativen:* zum Beispiel Gruppen, die politische Probleme aktionsorientiert beheben wollen, mit hohem Partizipationsinteresse an politischen Entscheidungen.

In den letzten Jahren haben sich – unter anderem begründet durch den Zuzug von Migrantinnen und Migranten – auch Selbsthilfegruppen entwickelt, die neben der Verfolgung von migrationspolitischen Zielen eine Unterstützung bei psychosozialen Problemen der Migranten leisten und soziokulturelle Traditionen erhalten wollen. Diese Selbsthilfegruppen könnte man einem 8. Bereich zuordnen und sie als migrationsunterstützende Selbsthilfegruppen beschreiben.

Unterstützung von Personen oder Engagement für eine Sache

Betrachtet man die Arbeitsweise genauer, so kann man die Selbsthilfegruppen nach zwei einander gegenüberstehenden Ausprägungen hin unterscheiden. Den einen Pol stellen die *stark nach außen und auf eine Sache* hin bezogenen Gruppen dar (beispielsweise eine Bürgerinitiative), den anderen Pol bilden die Gesprächsgruppen, die eher psychologisch-therapeutische Interessen haben. Deren Ziel ist eine Gruppenselbstbehandlung, eine Intervention, die zwar ohne Experten abläuft, aber dennoch ein *therapeutisches Interesse* für jeden einzelnen Teilnehmer, jede einzelne Teilnehmerin hat.

Man kann vermuten, dass sich die Mehrheit der Selbsthilfegruppen irgendwo zwischen diesen zwei Polen befindet: sowohl an Information,

> Aktionsorientierung und/oder Beziehungsorientierung.

Aufklärung und vielleicht Interessenvertretung in eigener Sache interessiert – aber gleichzeitig und unterschiedlich abgestuft mit dem Bedürfnis nach Gespräch, Kontakt, Veränderung ihrer Lebensumstände und vielleicht Freizeitgestaltung.

Selbstbetroffenheit und Selbstorganisation

Zwei gemeinsame Merkmale sind kennzeichnend für Selbsthilfegruppen: Zum einen geht es um *Selbstbetroffenheit*, also um ein eigenes Anliegen, ein Problem, ein Interesse – und zum anderen geht es um *Selbstorganisation*, das heißt, die Beteiligten engagieren und organisieren sich in ihrer eigenen Sache selbst – es ist Selbsthilfe und nicht Fremdhilfe. Mittels dieser beiden Merkmale kann man Selbsthilfegruppen auch gut gegen andere Formen von Ehrenamt und bürgerschaftlichem Engagement abgrenzen. Ehrenamtliche und andere Freiwillige müssen nicht von einem Problem selbst betroffen sein, um sich zu engagieren. Bürgerschaftliches Engagement kann Fremdhilfe und muss nicht unbedingt Selbsthilfe sein.

In der aktuellen Definition der DAG Selbsthilfegruppen e.V., des Fachverbandes der Selbsthilfegruppen, wird der Charakter von Selbsthilfegruppen zusammenfasst und die Grenzen damit markiert.

Was sind Selbsthilfegruppen?

»Selbsthilfegruppen sind freiwillige, meist lose Zusammenschlüsse von Menschen, deren Aktivitäten sich auf die gemeinsame Bewältigung von Krankheiten, psychischen oder sozialen Problemen richten, von denen sie – entweder selber oder als Angehörige – betroffen sind. Sie wollen mit ihrer Arbeit keinen Gewinn erwirtschaften. Ihr Ziel ist eine Veränderung ihrer persönlichen Lebensumstände und häufig auch ein Hineinwirken in ihr soziales und politisches Umfeld. In der regelmäßigen, oft wöchentlichen Gruppenarbeit betonen sie Authentizität, Gleichberechtigung, gemeinsames Gespräch und gegenseitige Hilfe. Die Gruppe ist dabei ein Mittel, die äußere (soziale, gesellschaftliche) und die innere (persönliche, seelische) Isolation aufzuheben. Die Ziele von Selbsthilfegruppen richten sich vor allem auf ihre Mitglieder und nicht auf Außenstehende; darin unterscheiden sie sich von anderen Formen des Bürgerengagements. Selbsthilfegruppen werden nicht von professionellen Helfern geleitet; manche ziehen jedoch gelegentlich Experten zu bestimmten Fragestellungen hinzu.« (Definition des Fachverbandes Deutsche Arbeitsgemeinschaft Selbsthilfegruppen e.V. [DAG SHG e.V.])

Wie Selbsthilfegruppen funktionieren: Gruppendynamische Prozesse

Selbstbetroffenheit und Selbstorganisation begründen typische Chancen, aber auch typische Krisen und Konflikte für die Gruppendynamik in Selbsthilfegruppen. Einem Anfänger, einer Anfängerin in der Selbsthilfearbeit kann allerdings Mut gemacht werden: Viele typische Fallen sind in der Diskussion zur Selbsthilfebewegung beschrieben und reflektiert worden, zudem gibt es ein dicht geknüpftes Netz von professionellen Hilfen.

Bei aller Beschreibung von Schwierigkeiten: Selbsthilfegruppen tragen aufgrund ihrer inneren Dynamik immer wieder etwas vom Aufbruch des Anfangs in sich, vom Abenteuer der Selbsterfahrung und vom Erleben von Gruppenprozessen.

Voraussetzungen für das Gelingen

Die Beweggründe, sich für eine Selbsthilfegruppe zu interessieren, sind vielfältig:

 Jemand hat sich am Ende einer professionell begleiteten Psychotherapie entschieden, jetzt in einer Selbsthilfegruppe weiterzumachen (oder wurde im Zuge einer »therapeutischen Kette« aus einer Suchtklinik dorthin geschickt), jemand anderer hat von Selbsthilfe gelesen und beschließt, sich endlich mit seinen immer wieder auftauchenden Ängsten zu befassen, und eine Dritte hat von der Freundin gehört, da gebe es Elterngruppen für Kinder mit Aufmerksamkeitsdefizit-Syndrom (ADS).

Schon diese wenigen Beispiele zeigen, dass mit den Motiven einerseits unterschiedliche Erwartungen, Hoffnungen und Befürchtungen, andererseits aber auch unterschiedliche Erfahrungen mit Gruppen und verschieden entwickelte soziale Kompetenzen bei den Beteiligten verbunden sind.

Mit Selbsthilfe ist schon vom Wort her eine Art Versprechen verbunden, das die eigenen Fantasien nährt: Hier werde ich die Selbstgestaltung meines Lebens (wieder)-gewinnen, hier bin ich nicht auf Experten angewiesen, sondern erfahre, wie es anderen Betroffenen geht – sie haben vielleicht Lösungen gefunden, die ich immer noch suche.

Der Beginn von Gruppen ist immer mit einem Überschuss an Erwartung bei geringer Erfahrung verbunden – seien es nun Selbsthilfegruppen, angeleitete Selbsterfahrungsgruppen oder auch nur ein neues berufliches Arbeitsteam. Das macht den vielfach beschworenen Zauber, die Lust auf Neues und unbekannte Menschen aus.

Phänomene wie hohe Fluktuation, Auflösung von Gruppen kurz nach der Gründung, enttäuschte und resignierte Interessentinnen und Interessenten haben unter den Fachleuten schon früh zur Frage geführt, ob es persönliche Voraussetzungen oder »Indikatoren« für die erfolgreiche Teilnahme an einer Selbsthilfegruppe gibt. Empirische Untersuchungen fragten nach den Faktoren erfolgreicher oder erfolgloser Gruppengründung (vgl. Vogel 1991). Dabei wurde klar, dass man bei aller Vorsicht im Blick auf solche Prognosen weniger den Erfolg als vielmehr den möglichen Misserfolg einer Teilnahme an Selbsthilfegruppen vorhersehen kann.

Die Faktoren, die bedeutsam sind, haben zum einen mit persönlichen Verhaltensweisen und Erwartungen der Teilnehmerinnen zu tun, liegen aber zum anderen in den typischen Gruppenprozessen begründet.

Was sucht die Interessentin oder der Interessent? Geht es um eine Selbsthilfegruppe, die ausdrücklich selbstgesteuert ist, oder um eine angeleitete Selbsterfahrungsgruppe? Sucht jemand vielleicht eigentlich eine therapeutische Gruppe, kann sich dies aber zunächst noch nicht eingestehen?

Offensichtlich ist die ernsthafte Bereitschaft, sich selbst einzusetzen, etwas an sich selbst zu tun, eine wichtige Voraussetzung. Erst bei einem gewissen geprüften Leidensdruck ist auch die notwendige Frustrationstoleranz gegeben, die in den Mühen der Ebene einer Selbsthilfegruppe ein gutes Rüstzeug darstellt.

Zwischen einer Idealisierung des Selbsthilfeansatzes, einer Abwehr notwendiger professionell begleiteter Therapie auf der einen und einer nicht bearbeiteten Ambivalenz auf der anderen Seite braucht es die Bereitschaft, Zeit, Kraft und Energie einzusetzen. Insofern führen typische Schutzstrategien, mit denen eher distanzierte, aber doch sehr bedürftige Menschen sich vor Enttäuschungen bewahren wollen und in einer Gruppe nur »nehmen« und nicht »geben« wollen – wenn es nicht zur einer konsequenten Bearbeitung dieses Verhaltens kommt –, zum Scheitern von Gruppen.

Ähnliche Lebensumstände und Erfahrungswelten, ein nicht zu heterogener Altersdurchschnitt können neben der gemeinsamen Betroffenheit und einem gemeinsamen Interesse stabilisierend auf die Gruppenentwicklung einwirken. Ganz offensichtlich sind auch Vorerfahrungen in anderen Selbsthilfegruppen, in Selbsterfahrung oder Therapie Faktoren, die einen Abbruch mindern.

Gruppenprozesse haben es »in sich« – und nicht jeder hält die Orientierungslosigkeit am Beginn aus. Vor allem die Selbststeuerung verlangt Konfliktbereitschaft, die Fähigkeit, in Auseinandersetzungen nicht nur gekränkt zu reagieren, nicht alles persönlich zu nehmen, sondern die eigenen Positionen auch infrage stellen zu lassen. Für denjenigen, der geringe Kenntnisse über dynamische Prozesse in Gruppen hat, kann die Teilnahme unerwartete Zumutungen mit sich bringen.

Dieser kurze Überblick macht deutlich, dass die Bereitschaft zu Verantwortlichkeit und Verbindlichkeit zu den wichtigsten persönlichen Voraussetzungen für befriedigende Teilnahme gehört.

Was den Erfolg wahrscheinlicher macht	Was den Misserfolg wahrscheinlicher macht
Ähnliche Motive und Erwartungen, was die Gruppe bringen soll, ähnliche Lebenslagen der Interessentinnen und Interessenten. Starkes Eigeninteresse: Die Interessentinnen und Interessenten haben schon andere Versuche gemacht, ihre Probleme anzugehen. Die teilnehmenden Personen haben bereits in Ansätzen gelernt, auf ihre eigene Kraft zu vertrauen. Kenntnisse über und reflektierte Erfahrungen mit Gruppen sowie Lust auf Gruppen sind vorhanden. Es gibt bereits Kenntnisse und Vorerfahrungen aus anderen Selbsthilfe- oder Therapiegruppen und damit verbunden die Bereitschaft zur Selbstreflexion. Die Bereitschaft zu verbindlichen Absprachen und zum Aufbau von persönlichen Beziehungen ist gut.	Motive der Interessentinnen und Interessenten und ihre Lebenslagen sind sehr heterogen. Die Interessentinnen und Interessenten sind »geschickt« worden – sie erwarten die Lösung ihrer Probleme eher von anderen. Ausgesprochen bedürftige Personen nehmen teil, die eine andere Hilfe notwendig haben. Es liegen wenig Erfahrungen und grundlegende Kenntnisse zur Gruppenarbeit vor, es gibt Angst vor Gruppen. Es existiert wenig Erfahrung aus anderen Selbsthilfegruppen und damit verbunden eine geringe Bereitschaft zur Selbstreflexion. Die Frustrationstoleranz im Blick auf Beziehungen ist gering, ein starker Selbstbezug lässt sich feststellen.

Und was wirkt?

Wer in eine Selbsthilfegruppe geht, besinnt sich auf die eigenen Fähigkeiten und Ressourcen, auf die Kräfte, die in einer Gruppe, in direkter Kommunikation und Interaktion mit anderen gleichermaßen Betroffenen bestehen. Hier lagen und liegen noch immer die Wirkfaktoren, die nicht durch professionelle Hilfe ersetzt werden konnten und können.

»Hier hilft nicht einer dem anderen und der wiederum ihm (wie es die Anekdote vom Tauben und Lahmen wiedergibt; denn das wäre wechselseitige Fremdhilfe); vielmehr hilft hier jeder sich selbst und hilft damit dem anderen, sich selbst zu helfen. Der entscheidende Vorgang ist die Tatsache, dass jeder für jeden zu einem kleineren oder größeren Vorbild wird. Das Lernen am Modell ist also die Grundlage. Die Emotions-Anonymus-Selbsthilfegruppen für seelische Gesundung fassen das in den lakonischen und revolutionären Satz: keine Fragen, keine Ratschläge, jeder über sich selbst« (Moeller 1997, S. 122).

Der Schatz, der hier gehoben werden kann, entsteht auch dadurch, dass man selbst nach ihm sucht. Immer wieder wird von Beteiligten ausgesprochen, dass sie hier unerwartete Hilfen fanden – im Prozess des Miteinanders, durch die Gespräche und durch die Gruppenentwicklung selbst.

Die wichtigsten Wirkfaktoren in Selbsthilfegruppen

Entlastung: Solange jemand hört, wie groß der Anteil der Bevölkerung ist, der die gleichen Probleme wie er selbst bewältigen muss, bleibt dieses Wissen abstrakt. Trifft er aber andere mit dem gleichen Problem, so entsteht eine Entlastung allein dadurch, dass er sich in einer Gemeinschaft von gleichermaßen Betroffenen erlebt.

Erkenntnis: Das Aussprechen von ganz konkreten Schwierigkeiten macht sie uns selbst noch einmal bewusst und in diesem Sinne erst »wirklich« – sie treten aus dem eigenen inneren Erleben heraus in eine kleine Gruppen-Öffentlichkeit. Wenn man Probleme vor sich selbst und anderen eingesteht, sind sie besser zu erkennen und man kann erst dann Distanz zu ihnen gewinnen.

Gegenseitiges Verstehen: Die Einfühlung in andere, die mit dem Erzählen der Erfahrungen in einer Gruppe spontan verbunden ist, ermöglicht ein gegenseitiges Verstehen – auch dadurch, dass man das Nichtverstehen ausspricht.

Neue Aspekte sehen: Wenn man die Probleme, die man selbst kennt, mit den Augen und den Überlegungen anderer sieht, kann man neue Perspektiven aufbauen, neue Aspekte werden bewusst und ein anderes Verstehen wird möglich.

Selbstreflexion: Wenn wir andere Geschichten hören, so gelingt es uns leichter, uns selbst im Spiegel der anderen zu erkennen – wir sind uns selbst gegenüber ja zu einem großen Teil blind. Vergleiche verstärken die Selbstwahrnehmung und die Selbstreflexion.

Modelllernen: Wie jemand anderer mit einer Frage fertig geworden ist, welche Schritte er oder sie entwickelt, wie er oder sie mit Hürden und Widerständen umgeht, um zu seinem Ziel zu kommen – das alles fördert ein Lernen am Modell. Ich kann bei einem anderen und seinen Lösungen »in die Schule« gehen, bevor ich mich selbst auf den Weg der Veränderung mache.

Gemeinschaft erleben: Schließlich kann eine Gruppe zusammenwachsen, es entstehen Beziehungen und Bindungen, die im Alltag stützend wirken können.

Der Start: Eine Selbsthilfegruppe in Gang setzen

Die expertenkritischen Anfänge der Selbsthilfebewegung sind inzwischen überwiegend einer nüchternen Kooperation gewichen. Im Laufe der Selbsthilfeentwicklung bewegten sich das Experten- und das Selbsthilfesystem aufeinander zu.

Das hatte auch Folgen für den professionellen Aufbau von Selbsthilfegruppen. So wurde seitens der Selbsthilfekontaktstellen mit unterschiedlichen Formen von professioneller Anleitung, Begleitung oder alternierender Leitung vor allem für die Startphase von Selbsthilfegruppen experimentiert – Formen, die bis heute untersucht und weiterentwickelt werden (vgl. Borgetto 2004).

Die professionellen Begleiter treten dabei mit dem Ziel an, die zentralen Prinzipien der Selbsthilfe nicht aus dem Auge zu verlieren, systematisch Wege in die Eigenständigkeit der Gruppen zu beschreiten und sich nach einer Startphase überflüssig zu machen.

Hintergrund dieser Entwicklung war die Erfahrung, dass viele Selbsthilfegruppen ohne diese professionellen Stützsysteme wieder zerfielen. Inzwischen finden darum Interessentinnen und Interessenten an einer Selbsthilfegruppe in den regionalen

Kontaktstellen Hilfen für den ersten Start und können damit nach und nach ihre Gruppenkompetenzen aufbauen. Wichtig ist allerdings, dass bei den Begleitern die Perspektive dieses Übergangs in die Selbstleitung von Beginn an offengehalten wird, damit sich die Kräfte auch entwickeln können, mit denen eine Selbststeuerung durch die Gruppe möglich wird.

Greiwe (2006) hat mit der Ausbildung von ehrenamtlichen »In-Gang-Setzerinnen« in den letzten Jahren ein interessantes Konzept aus Dänemark aufgegriffen und in Zusammenarbeit mit dem Netzwerk Selbsthilfe und Ehrenamt im Kreis Steinfurt weiterentwickelt. Angesichts begrenzter personeller Kapazitäten und Wartezeiten bei der Begleitung von neuen Selbsthilfeinitiativen wurde dort nach Entlastungen gesucht.

Nach dem Vorbild dänischer Selbsthilfegruppen wurden interessierte ehrenamtliche »In-Gang-Setzerinnen« sorgfältig ausgesucht und systematisch darin ausgebildet, Selbsthilfegruppen in ihrer Startphase zu unterstützen. Neben dem Handwerkszeug (Gruppenprozesse kennen, Gruppen moderieren können und mit Konflikten in Gruppen umgehen können) erhielten diese ehrenamtlichen Mitarbeiterinnen und Mitarbeiter parallel zu ihrer Begleitungsarbeit monatliche Supervision. Die ersten Erfahrungen, so Greiwe, sind jenseits aller Spardiskussionen vielversprechend. Auch hier wurde deutlich, dass die Gruppenprozesse von einer ausdrücklich moderierenden Haltung der »In-Gang-Setzerinnen« profitieren konnten.

Schon deren Bezeichnung lässt keinen Zweifel an der Vorläufigkeit der Begleitung offen. Wir wissen, dass Menschen in einer beginnenden Gruppe durch Ängste und Wahrnehmungsgrenzen verunsichert sind. So erscheint durchaus plausibel, dass In-Gang-Setzerinnen diese Hürden am Gruppenbeginn überwinden helfen können.

Latente Prozesse

Den Ausgangspunkt von Selbsthilfegruppen bilden in der Regel das persönliche Erzählen über den eigenen Alltag, die Mitteilung von Erfahrungen und Erlebnissen und die Auseinandersetzungen mit anderen Meinungen. Von hier aus wird der Gruppenprozess entwickelt, die Einzelgeschichten lösen Resonanzen aus, die ausgesprochen und gemeinsam reflektiert werden können. Es besteht ein wechselseitiger Einfluss zwischen dem, was in der Gruppe, und dem, was in den einzelnen Mitgliedern vor sich geht.

Durch unsere Gefühle, durch die Tatsache, dass wir uns mit anderen identifizieren, ihr Verhalten sympathisch oder irritierend finden oder uns von jemandem innerlich abgrenzen, wird in Gruppen erstaunlich schnell ein inneres Gewebe, ein Netz von unausgesprochener Nähe und Distanz aufgebaut, das unsichtbar ist, aber unser sichtbares Verhalten durchaus ganz real steuert.

Selbsthilfegruppen entstehen mit dem Interesse, Ermutigung und Solidarität einer Gemeinschaft zu erfahren. Und tatsächlich: Dadurch, dass Menschen sich gegenseitig ermutigen, aus sich herauszugehen und ihre Interessen, ihre Gefühle, ihre

Dilemmata und Probleme zu beschreiben, kann »Selbstoffenheit« entstehen, das heißt »… eine Durchlässigkeit in der Beziehung zu sich selbst und damit gleichzeitig eine größere Offenheit anderen gegenüber. Es entspricht… jener ›Rückgewinnung des Blicks auf sich selbst‹, der uns mehr oder weniger lautlos durch Experten und Massenmedien enteignet wurde…« (Moeller 1997, S. 123).

Neben dem manifesten, für alle sichtbaren und ansprechbaren Geschehen besteht und entsteht in Gruppen immer auch etwas Verdecktes, Verborgenes, Latentes. Das hängt damit zusammen, dass wir in Gruppen nicht immer alle Resonanzen, die wir spüren, aussprechen. Wir nehmen für einen Moment Rücksicht oder halten aus Gründen der Konfliktvermeidung eine Auffassung zurück. Vielleicht fühlen wir uns für einen Moment zurückgesetzt oder überfahren oder aber: Die eigene gerade vorgetragene Erfahrung war noch niemals an eine Öffentlichkeit gedrungen und wurde jetzt im Gruppengespräch von den anderen »zerpflückt«.

Nicht selten erkennen wir in Selbsthilfegruppen ein Bewertungstabu: Es unterbleiben klärende Feedbacks und Rückmeldungen, weil man die Harmonie nicht stören will. Wechselseitige Erwartungen werden nicht ausgesprochen, bleiben latent oder bleiben im Informellen stecken.

Bei einer starken Orientierung auf das gemeinsame Entlastungsinteresse oder auf eine öffentlichkeitswirksame Aktion kann auch die stabilisierende Bedeutung von Gruppenstrukturen unterschätzt werden. Vor dem Hintergrund des Gleichheitsgrundsatzes werden dann Fragen der Machtverteilung und des Einflusses eher tabuisiert. Aber auch unter den »Gleichen« entwickeln sich Macht und Einflussstrukturen.

Das Ideal der Selbstorganisation und der Selbststeuerung zeigt hier seine Grenzen, wenn den Beteiligten nicht bewusst ist, dass Gruppen in ihren latenten Ebenen blinde Flecken und sogar destruktives Konfliktpotenzial aufbauen können (vgl. die Beschreibung von blinden Flecken in »Selbsthilfegruppen« von Schattenhofer, 1992).

An dieser Stelle fehlen möglicherweise ein Moderator oder eine Leiterin, die – mit einem größeren Überblick über das Gruppengeschehen und nicht selbst betroffen von dem gerade verhandelten Thema – die entstandenen Gefühle aufgreifen und vielleicht noch mal erfragen oder ansprechen könnte. Vielleicht aber schafft es eine aufmerksame Teilnehmerin, die das enttäuschte »Abtauchen« einer anderen Teilnehmerin bemerkt hat, den Gesprächsprozess zu unterbrechen und den Aufbau eines latenten Ärgers oder einer latenten Wut zu verhindern.

Die Entwicklung von Gruppen kann jedenfalls von einem Wissen über latente Prozesse sehr profitieren. Die Erfahrungen zeigen, dass sich die Arbeitsfähigkeit einer Gruppe erhöht und der soziale Zusammenhalt verbessert werden kann, wenn diese latenten Prozesse (was, um in einem bekannten Bild zu bleiben, unter dem »Eisberg« liegt) ins Gespräch kommen, wenn sie besprechbar werden.

Das gelingt zum Beispiel, wenn man sich in einer Selbsthilfegruppe nicht nur mit den Erlebnissen der Einzelnen oder mit dem gerade wichtigen inhaltlichen Thema befasst, sondern von Zeit zu Zeit über die Art und Weise spricht, wie die Gruppe arbeitet, wie die Einzelnen miteinander sprechen. Selbsthilfegruppen profitieren davon, wenn sie der Gruppe als einem eigenen sozialen System zwischendurch auch Aufmerksamkeit schenken.

Erst der Abstand nehmende Blick auf die Gruppe selbst, auf ihren Weg und Suchprozess kann die verschiedenen Ebenen – den Einzelnen und die Gruppe sowie das Sichtbare und das Verborgene – verbinden. Feldstudien sprechen davon, »dass sich individuelle und Gruppenprozesse im Medium von eigenen Geschichten und Erzählungen gegenseitig durchdringen und gemeinsam gestaltet werden« (Burmeister 2001).

Interessant ist, dass die latenten Ebenen in Selbsthilfegruppen nicht nur durch die in allen Gruppen vorhandenen gruppendynamischen Konflikte um Nähe und Distanz, um Macht oder Zugehörigkeit gespeist werden. Die Krise oder das anlassgebende Thema, mit dem die Betroffenen zu kämpfen haben, spielt immer wieder in das Gruppenleben, in das Agieren und in die Verhaltensweisen der Gruppe hinein.

So weist Moeller (1991) auf eine bemerkenswerte Erfahrung hin:

»In der Zusammenarbeit mit Menschen, die an tödlichen Erkrankungen leiden, entstehen andere Empfindungen als mit Übergewichtigen-Gruppen … Die erste Selbsthilfegruppe an unserer Abteilung, die Morbus-Hodgkin-Gruppe, verblüffte uns durch Abwehr jeder Hilfestellung und entschiedene Autonomie. Wir verstanden diese Reaktion erst, als uns die tiefe Abhängigkeit angesichts der tödlichen Erkrankung klar wurde, die jede weitere Abhängigkeit mit dem Tod assoziierte.«

Wenn sie sehen und verstehen kann, welche typischen Kommunikationsmuster ihr eigen sind, kann die Gruppe das auch zu ihrer eigenen Entwicklung nutzen. Gerade darum sind Zeiten der Metakommunikation, der Reflexion und des Gesprächs über die Gruppe zwischendurch sinnvoll.

Prozessdynamik

Die Fragen nach Zugehörigkeit, Macht und Einfluss oder nach Nähe und Distanz gelten Gruppendynamikern als diejenigen »Treibriemen«, die den Prozess einer Gruppe voranbringen. Wer gehört zur Gruppe, wer nicht? Wer hat Einfluss in der Gruppe, wer weniger? Wer steht mir nahe, wer eher fern? Die Aushandlung dieser Fragen geht mit Krisen, mit Beziehungsklärungen und Konflikten in einer Gruppe einher. Dabei lassen sich typische Prozessverläufe in Gruppen erkennen, die in geleiteten Gruppen grundsätzlich nicht viel anders aussehen als in selbst organisierten (vgl. den Beitrag von Karl Schattenhofer in diesem Buch).

Ein Beispiel: 2003 entsteht in Gießen erfolgreich eine Selbsthilfegruppe für Frauen nach Trennung und Scheidung, sodass die Teilnehmerinnen über drei Jahre später einen humorvollen Bericht über ihre Gruppenentwicklung abgeben können (vgl. Selbsthilfegruppe »Pitty-Party«, 2007, S. 9–11). Sie nennen sich »Pitty-Party« (Jammerclub) – auch wenn sie zu Beginn der Selbsthilfegruppe von Mitarbeitern aus der Selbsthilfekontaktstelle darauf hingewiesen worden waren, dass man im Jammern gerade nicht stecken bleiben solle. Nach einer kurzen Phase in Biergärten stellen sie fest, dass ernsthafte Gespräche offenbar nicht wirklich aufkommen wollen, und finden einen besseren Rahmen.

»… Ja, der erste Abend: Hochstimmung, Gefühl der Nähe, Ausgelassenheit! Es wird gelacht und geweint. Zusammengehören, sich aufgehoben fühlen, nicht allein sein. Das Wissen: ›Wir werden uns wiedersehen!‹ Die Hoffnung, etwas daraus machen zu können. Auf dem Nachhauseweg ein heftiges Gewitter, Platzregen und Sturmböen, aber irgendwie passt es zur Stimmung, und eine meint sehr treffend: ›Wenn wir schon im Regen stehen gelassen wurden, können wir auch durch diese Gewitter marschieren!‹ In ähnlicher Stimmung entsteht der Wunsch, unserer Frauengruppe einen gemeinsamen Namen zu geben: ›Pitty-Party‹! Traurig sein. Und dann aber immer wieder auch gute Gefühle: zusammen feiern, zusammenhalten, zusammenarbeiten« (2007, S. 9).

Gruppen brauchen am Beginn einen Rahmen – in diesem Beispiel wird klar, dass ein Tisch im Biergarten nicht die erforderliche Abgrenzung schaffte – die Konzentration war vermutlich herabgesetzt, eine Beschäftigung mit den ganz persönlichen Erfahrungen unter den Augen und Ohren anderer doch eher behindert. Gleichzeitig war diese Erfahrung im Biergarten vermutlich ganz wichtig: Sie machte allen bewusst, dass sie mehr wollten als einen »Small Talk« im Biergarten. Die Erfahrung des ersten Treffens in einem abgegrenzten Raum führte so auch zu einer euphorischen Stimmung: »Wir gehören zusammen!«, und die Begeisterung über die Möglichkeiten, die jetzt entstehen konnten, die Erfahrung von Übereinstimmung ließen zunächst noch alle Unterschiede, die auch zwischen ihnen bestanden, zurücktreten.

In eher aktionsorientierten Gruppen erleichtern und beschleunigen konkrete Projektideen den Anfang. Man hat schon etwas Konkretes zu tun und man muss nicht allzu lange darüber reden. Gesprächsorientierte Gruppen haben es demgegenüber schwerer, gemeinsame Arbeitsweisen zu entwickeln – ihre Arbeit erfordert eine größere Vertrauensbasis. In der hier beschriebenen Gruppe wird ein erstaunliches Potenzial humorvoller Selbstdistanzierung erkennbar, das einen Start gerade in Selbsthilfegruppen sehr erleichtern kann.

»… Unsere Symptome im Jahr 2003: leichte bis mittelschwere Identitätskrisen, sich völlig verloren vorkommen, lauter kleine Mädchen allein im Wald, verirrt, ausgesperrt. Wohin? Wie weiter? Wir empfinden unser Versagen und fühlen uns völlig überfordert. Gefühlslage: manchmal zornig und wütend, manchmal sich in Selbstzweifeln ergehend, manchmal todtraurig, manchmal sich aufrappelnd und Anstrengungen unternehmend, zumindest mal die Nase aus diesem Loch zu schieben …« (2007, S. 9 f.).

Die Autorinnen beschreiben dann die Entwicklung der Gruppe, ihre Fluktuation. Einige waren nicht verlassen worden, sondern hatten ihre Partner selbst verlassen – eine Pitty-Party war für sie vielleicht nicht angesagt, für andere passte der Termin nicht

»Einige Frauen sind später noch hinzugekommen. Aber sie alle sind nicht lange geblieben. Es scheint uns, als hätten die ersten gemeinsamen Treffen einen Grundstein in uns gelegt, Nähe geschaffen, die so einfach zu den später Hinzugekommenen nicht mehr herzustellen ist. Besonders bemerkenswert an unserer Gruppe ist, dass wir – nachdem gleich am Anfang einige abgesprungen sind – in gleicher Konstellation nun schon etwa dreieinhalb Jahre zusammen sind. Wenn eine von uns jemanden zum Ausheulen oder Reden brauchte oder jemanden für gemeinsame Unternehmungen suchte, verteilte sich das auf mehrere Personen, ohne eine einzelne zu überfordern, und wir wurden verstanden, weil wir ja alle in etwa derselben Situation waren …« (2007, S. 10).

In der hier beschriebenen Gruppe werden eindrucksvoll typische Anfangsphänomene in Gruppen illustriert. Die Klärung der genannten Fragen »Wer gehört dazu? Wie nahe, wie fern stehe ich den anderen? Wie viel Nähe wollen wir hier aufbauen? Wer hat hier welchen Einfluss?« führte offenbar schnell zu einer funktionierenden Gruppe. Dabei konnten die Unterschiede beschrieben werden – es fühlt sich anders an, verlassen zu werden, als selbst zu verlassen – und Frauen verließen die Gruppe wieder – sie fühlten sich diesem Kreis nicht wirklich zugehörig.

Wenn sich Teilnehmerinnen von Gruppen wieder trennen, sind Schuldgefühle bei den »Dagebliebenen« zu beobachten. Da das Ausscheiden von Einzelnen hier offenbar nicht zu einer grundsätzlichen Instabilität der Gruppe geführt hat, kann man vermuten, dass diese Ereignisse rund um die Trennungen nicht in latente Ebenen verdrängt, sondern besprochen worden sind. Gleichzeitig haben diese Gespräche vielleicht auch zur stärkeren Verdichtung der Beziehungen zwischen den Mitgliedern geführt, sodass neue Mitglieder nicht mehr gut integriert werden konnten und »nicht lange blieben«.

Ganz allgemein kann man sagen: Ist eine Gruppe von Beginn an offen und nicht geschlossen, können also jedes Mal wieder Neue hinzukommen, so zeigen sich die für alle Gruppen geltenden Anfangsunsicherheiten in einer typischen Ambivalenz, die sich nicht selten durch Fluktuation in der Teilnahme ausdrückt. Diese Fluktuation begünstigt Fantasien wie zum Beispiel: Habe ich mich beim letzten Mal zu stark abgegrenzt gegen eine Teilnehmerin, die heute nicht da ist?, oder Enttäuschungen wie: Schade, ich hätte mich gerne mit demjenigen weiter ausgetauscht, dessen Problem meinem so ähnlich ist.

Nehmen immer wieder Neue teil, so können sich die ersten vorsichtig angebahnten Beziehungen nur schwer festigen. Verlässliche Teilnahme ist zu Beginn ein stabilisierender Faktor – insofern könnten »In-Gang-Setzerinnen« (s. S. 176), seien sie nun Professionelle oder Ehrenamtliche, diese Stabilität unterstützen, weil sie für Kontinuität stehen und allein dadurch, dass sie das Thema ansprechen, Sicherheit geben.

Bleibt die Frage der Zugehörigkeit von Beginn an offen, so lösen selbst organisierte Gruppen diese Frage im Verlauf ihrer Entwicklung offenbar durch eine innere Differenzierung: Es entwickeln sich ein engerer, mit dichteren Beziehungen ausgestatteter »Kern« (die »Insider«) und eine »Schale« von Gruppenmitgliedern, die eher lose mit dem Kern verbunden sind.

Auf diese Weise kann eine Gruppe immer wieder Neue aufnehmen. Da sie nicht sofort in den inneren Kern hineinkommen, stellen sie auch die Entwicklung einer Gruppe nicht immer wieder grundlegend infrage, denn der Kern sorgt für Tradition und Entwicklung. »Dem inneren Kern gehören alle an, die sich langfristig und verbindlich engagieren, die sich Entscheidungen zutrauen, Verantwortung übernehmen und viele Kontakte pflegen. In der loseren Schale werden die neuen, eher passiven, weniger dauerhaften und angepassten Mitglieder angesiedelt« (vgl. Schattenhofer 1992).

In unserem Fallbeispiel folgt die Beschreibung einer längeren Phase von Stabilität – die Frauen treffen sich regelmäßig, es kommt auch zu einem gemeinsamen Urlaub, die persönlichen Lebensverhältnisse stabilisieren sich. Am Ende des Berichtes sprechen die Verfasserinnen – und das ist für uns hier bemerkenswert – von ihrem Eindruck,

»… dass es als Gruppe nicht gelungen ist, uns gemeinsam weiterzuentwickeln. Sicher, jede von uns hat sich entwickelt, fast allen geht es heute wieder gut, aber wie viel davon hat die Gruppe bewirkt? Sie ist ein starker Rückhalt, weil wir dort alles loswerden können und Ausgesprochenes nicht mehr so schwer zu tragen ist. Es war und ist immer möglich, das eigene Innere auf den Tisch zu legen, und das ist schon ganz schön viel!
Die Gruppe ist immer das Seil gewesen, um sich auf dem steilen Weg aus dem Loch festzuhalten. Auf der anderen Seite ist es ganz schwer, den Spagat zwischen Rücksichtnahme und Toleranz einerseits sowie Kritik und Anderssein andererseits auszuhalten und anzusprechen.
Nach wie vor treffen wir uns vierzehntägig, von 20:00 bis 22:00 Uhr. Wie es weitergehen wird, wagen wir nicht einzuschätzen. Unsere Treffen sind nach drei Jahren noch immer wichtig für uns, obwohl die Konstanz der Teilnahme nicht mehr ganz so hoch ist. Aber es ist auch zu spüren, dass neben dem Gefühl der Nähe auch das Gefühl des Andersseins wieder zunimmt …« (2007, S.11.).

Diese Selbsthilfegruppe hatte zu Beginn mit ihrem Titel »Pitty-Party« (vereinfacht: Jammerclub) einerseits eine psychische Entlastung von den Trennungserfahrungen, andererseits aber auch eine humorvolle Distanzierung dazu ausgedrückt. Zu einem Zeitpunkt aber, in dem eine persönliche Stabilisierung eingetreten war, drückte der Titel möglicherweise nicht mehr das eigene Selbstgefühl aus.

Die Gruppe, auch wenn sie einmal das haltende Seil war, scheint zum Zeitpunkt des Berichtes funktionslos geworden zu sein. Die Autorinnen beschreiben ganz präzise, dass sie gegenwärtig eine Art Spagat aushalten, weil sie ihre Verschiedenheit als

Personen deutlicher als früher erkennen. Was tun, wenn die persönliche Krise, die hier zu bewältigen war, auch mithilfe der Gruppe weitgehend bewältigt ist? Die Gruppe wird wie an einem Wendepunkt erlebt: Darf man sie selbst verlassen? Kann man sie auflösen – oder finden die Beteiligten eine andere Form, eine neue Identität, einen neuen gemeinsamen Fokus?

Unser Fallbeispiel zeigt damit: In allen Phasen eines Gruppenprozesses (auch zum Ende noch mal) kann es zu Krisen kommen, die zu stärkeren Konflikten führen, aber auch ganz unspektakulär und wie nebenbei ausbalanciert werden können. Hier sollen einige typische Anlässe für Krisen in Selbsthilfegruppen zusammengefasst werden.

 Auseinandersetzung um die Aufgabe und das zentrale Thema der Gruppe. Die Autorinnen unseres Fallbeispiels beschreiben, dass sich die Teilnehmerinnen, die ihre Trennung aktiv vorangetrieben hatten und nicht selbst verlassen wurden, schon vergleichsweise früh von der Gruppe verabschiedet hatten. Man kann vermuten, dass dieser Verabschiedung eine mehr oder minder offene Auseinandersetzung darüber vorausgegangen war, welche Aufgabe diese Gruppe sich setzen sollte, von welcher Identität und welchen Interessen sie genau getragen wurde. In unserem Fallbeispiel wird diese Krise nicht näher erläutert – vielleicht wurden die unterschiedlichen Interessen auch nicht mit dem Ziel eines Kompromisses verhandelt, sondern einfach durch Wegbleiben »balanciert«.

 Generationswechsel. Bei Selbsthilfegruppen, die lange zusammengearbeitet haben, kann der Zeitpunkt kommen, an dem sich der stabilisierende Kern vom Anfang auflöst und Gründergestalten die Gruppe verlassen. Damit werden Positionen und Rollen in der Gruppe frei, um deren Besetzung sich neuere Mitglieder bemühen.

 Abschlaffen. So wie die Gruppe »Pitty-Party« den Zweck ihres Treffens, das Verarbeiten von Trennung und Scheidung erfüllt hat, so können Gruppen, deren Vorhaben sich erschöpfen, an Attraktivität verlieren. Nach einer Zeit des Schwankens kommt es zu Einbrüchen, zum Erschlaffen, vielleicht auch zum »lautlosen Wegbleiben« ehemals engagierter Mitglieder.

 Verdrängte Gefühle brechen wieder auf. Da Selbsthilfegruppen ihre Gruppenprozesse in der Regel ohne Leitung oder Moderatoren gestalten, neigen sie dazu, vorhandene Konflikte und Auseinandersetzungen zu verdrängen.

Emotionale Prozesse aber lassen sich in Gruppen nicht so einfach wegschieben. Durch einen vergleichsweise harmlosen Anlass können sie wie aus einem Dampfkessel frei werden und zu konflikthaften Auseinandersetzungen führen. Diese offen zutage geförderten – bis dahin jedoch latenten Vorgänge können erhebliche Krisen auslösen. Desillusionierung, vielleicht sogar Kränkungen und Verletzungen können das enttäuschende Ende von Gruppen bedeuten.

Begleitung durch Selbsthilfekontaktstellen

Schon frühzeitig wurde den Initiatoren in der Selbsthilfebewegung deutlich, dass so etwas wie örtliche »Anlaufstellen« für Interessierte gebraucht werden könnten, um die Informationen über in einer Region vorhandenen Gruppen weiterzugeben und damit Gründungen zu fördern und organisatorisch zu unterstützen. Solche »Selbsthilfekontaktstellen« bildeten sich frühzeitig in großen Städten (wie zum Beispiel die SEKIS in Berlin) und breiteten sich bis heute flächendeckend über die gesamte Bundesrepublik aus.

Selbsthilfekontaktstellen

Selbsthilfekontaktstellen sind örtlich oder regional arbeitende Einrichtungen mit hauptamtlichem Personal. Sie sind professionelle Beratungseinrichtungen zur Stärkung der Eigenverantwortung und gegenseitigen freiwilligen Hilfe. Darüber hinaus nehmen sie eine Wegweiserfunktion im System der gesundheitlichen und sozialen Dienstleistungsangebote ein und verbessern die Infrastruktur für die Entstehung und Entwicklung von Selbsthilfegruppen. Selbsthilfekontaktstellen arbeiten themenübergreifend, bereichsübergreifend und indikationsgruppenübergreifend auf lokaler und regionaler Ebene und unterstützen in besonderem Maße Selbsthilfegruppen.

Über die NAKOS und die Deutsche Arbeitsgemeinschaft Selbsthilfegruppen e.V. (DAG SHG) gibt es seit Jahren einen intensiven Austausch über eine angemessene Ausstattung, über die Aufgabenbereiche und Arbeitsinstrumente von Selbsthilfekontaktstellen sowie über die fachlichen Grundlagen der Selbsthilfegruppen-Unterstützungsarbeit in diesem wichtigen Feld sozialer Arbeit.

In der Datenbank ROTE ADRESSEN sind die aktuellen Adressen von über 300 Einrichtungen, die fach-, themen- und trägerübergreifend Informationen über Selbsthilfe bieten und Kontakte zu örtlichen Selbsthilfegruppen vermitteln. Bei den Kontaktadressen sind auch Angaben zu speziellen Serviceangeboten aufgeführt (zum Beispiel fremdsprachige Unterstützungsangebote, themenspezifische Sprechstunden, regelmäßige Gesamttreffen, Onlineberatung).

(Quelle: www.nakos.de)

Die professionellen Mitarbeiterinnen und Mitarbeiter dieser Selbsthilfekontaktstellen verstehen sich als »Katalysatoren« für ein selbsthilfefreundliches Klima in einer Region. Sie beraten weniger die Fragestellung, mit der Interessenten unterwegs sind, sondern sehen sich als Unterstützer für die Gründung und Stabilisierung von Gruppen.

Neben der dazu nötigen organisatorischen Kompetenz (regionale Kontaktbörse) haben viele der Mitarbeiterinnen und Mitarbeiter eine beraterische oder Gruppenprozesskompetenz aufgebaut, die sie für Angebote zur anfänglichen Moderation von neu entstehenden Selbsthilfegruppen nutzen und zu deren Fortbildung oder Konfliktberatung einsetzen. Sie bieten darum auch an, »Zwischenreflexionen« zu moderieren und damit frühzeitig latente Ebenen und blinde Flecke in Selbsthilfegruppen besprechbar zu machen und Sand aus dem Getriebe zu nehmen.

 Ein Beispiel: Im Folgenden sollen Auszüge aus den professionellen Reflexionen von Selbsthilfeberaterinnen vorgestellt werden. Gegenstand dieser Reflexionen ist in diesem Fall eine noch nicht lange bestehende Gruppe von jungen Alleinstehenden, bei denen die überwiegende Anzahl der Mitglieder von sozialen Ängsten und psychischen Problemen betroffen ist. Seelisch gesündere Teilnehmende sind nach und nach weggeblieben. Die Gruppe wird von einer professionellen Mitarbeiterin moderiert, die Zeit der für den Start vereinbarten Moderationen geht zu Ende und die Kollegin befindet sich in der Ablösungsphase. Sie macht sich nun Sorgen, ob die Gruppe für sich selbst sorgen kann, und findet, die Gruppe müsse sich umbenennen – denn der Name »Junge Menschen mit sozialen Ängsten« gäbe ein treffenderes Bild nach außen ab. Sie stellt der Beratungsrunde, in der weitere Kolleginnen aus anderen Selbsthilfekontaktstellen sitzen, die Frage: Wie kann ich es schaffen, dass sich die Gruppe umbenennt und gut weiterläuft? In der kollegialen Beratung werden folgende Punkte angesprochen:
»Die Einschätzung überwiegt, dass die Namensgebung eine autonome Gruppenentscheidung ist. Es gibt sogar eine Rückmeldung, dass es richtig ist, das Thema ›harmloser‹ zu fassen, um neue Alleinstehende zu werben. Vielleicht kommen dann nicht so stark belastete Gruppenmitglieder wieder neu dazu.
Ein Kollege vertritt eine Gegenmeinung: Er findet, dass ›passgenaue‹ Gruppennamen von Vorteil sind, denn nur so treffen gleich die Richtigen in der Gruppe zusammen, und es kommt zu keinem großen Wechsel (siehe erste Phase).
Auch ohne eine enge Namensgebung kann die Selbsthilfekontaktstelle im Vermittlungsgespräch mit Interessenten über die Beschreibung der Gruppe passende Gruppenmitglieder vermitteln. So kann die Gruppenautonomie gewahrt und trotzdem passend vermittelt werden.
›Ist das immer realistisch?‹, wendet eine Beraterin ein. Oft erfahren neue Interessenten auch über andere Kanäle (zum Beispiel Zeitung, Internet) von Gruppentreffen.
Die Kollegen machen Mut, die Gruppe alleine arbeiten zu lassen, mit allen Risiken, und wirklich ein Stück loszulassen. Als Idee wird eine langsame, schrittweise Ablösung vorgeschlagen: zum Beispiel ein Wechsel von angeleiteten und Gruppentreffen ohne Beraterin.
Eine Kollegin empfiehlt dagegen eine rigorose Ablösung ohne weitere Treffen. Sie vermutet, dass die Anleitungsphase vielleicht zu lang und zu intensiv war.

Es wird angeregt, das gesamte Gruppenkonzept und den Namen in einer moderierten Abschlusssitzung gemeinsam zur Diskussion zu stellen.
Weitere Möglichkeiten sind, der Gruppe auf Wunsch oder bei drohendem Scheitern andere professionelle Hilfe zu vermitteln, sie zum Beispiel auf Dauer als angeleitete Gruppe von einer Beratungsstelle unterstützen zu lassen« (Keidel 2006, S. 104 f.).

Die Themen, die in der mehr oder weniger latenten Tiefenschicht und im Gewebe von Beziehungen in einer Gruppe vorhanden sind, spiegeln sich meistens in den Gefühlen aller wider. Gruppenleiter oder Moderatoren bleiben von diesen in einer Gruppe vorhandenen tieferen Gefühlen, Themen und Strömungen nicht unbeeinflusst. Vor allem in Übergangsphasen werden sie virulent, treten mehr an die Oberfläche und führen bei Begleiterinnen, bei Gruppenberaterinnen und Leitungen nicht selten zu starken Ambivalenzen. Das wird hier in der Unsicherheit der Beraterin deutlich.

So kann man annehmen, dass sich einige Teilnehmerinnen oder Teilnehmer dieser Gruppe vor anstehenden Veränderungen fürchten und die Moderatorin festhalten. Es soll so bleiben, wie es war, sie fürchten, von der Moderatorin alleingelassen zu werden – andere drängen auf den Wechsel, weil sie vielleicht die Eigenständigkeit auch als Entwicklungschance begreifen – nach dem Motto: »Wir brauchen jetzt keine Unterstützung mehr, wir wollen lernen, uns selbst zu helfen.«

In der hier dokumentierten Resonanz werden diese Pole durch die verschiedenen Positionen der anderen Berater klar, und die kollegiale Beratungsgruppe kann dazu beitragen, dass die Moderatorin die Selbsthilfepotenziale der Gruppe überdenkt, reflektiert und damit der Verführung entgeht, den Versorgungswünschen von Gruppen nachzukommen. So geht es offensichtlich auch der Kollegin am Ende der kollegialen Beratung.

»Sie empfindet es als entlastend, danach endgültig die Verantwortung an die Gruppe zu geben, und wird die gefasste Entscheidung zum Namen der Gruppe je nach Diskussionsergebnis einfach akzeptieren. Auf der geplanten letzten gemeinsamen Sitzung wird sie sich der Gruppe als Beraterin im Hintergrund anbieten, sodass sich die Gruppe in Krisen wieder an die Kontaktstelle wenden kann …« (Keidel 2006, S. 105).

Resonanzräume wie solche Beratungen, Supervisions- oder Balintgruppen (vgl. auch den Beitrag von Wolfgang Weigand, s. S. 209 ff.) sind darum Hilfen für die Professionellen, diese Aufgabe am Rahmen für Selbsthilfegruppen nicht nur als organisatorische Aufgabe zu sehen, sondern die Ambivalenzen und widersprüchlichen Erwartungen, die Gruppen bei allen Begleiterinnen und Begleitern auslösen und wachrufen, besser verstehen und im Sinne der Stärkung von Selbsthilfepotenzialen angemessener und bewusster damit umgehen zu können.

Christian Schrapper

Die Gruppe als Mittel zur Erziehung – Gruppenpädagogik

Einleitung

In einem Handbuch über Gruppen darf ein Artikel zur Gruppen*pädagogik* nicht fehlen – warum eigentlich? Gruppenpädagogik scheint wie selbstverständlich der »Urschleim« aller Gruppenerfahrung, schon die Familie zählt zu diesen pädagogisch durchdrungenen Gruppen, spätestens aber in Kindergarten, Ballettgruppe oder Fußballverein, manchmal auch in Schule oder Jugendarbeit werden Menschen hier und heute nahezu unausweichlich in bewusst pädagogisch gestalteten Gruppen groß. Mindestens so prägend sind die Gruppenerfahrungen mit den »Peers«, den Geschwistern und Freundesgruppen, den Gruppen in den unbeaufsichtigten Momenten in Kita und Schule. Solche gleichzeitigen und gegensätzlichen Erfahrungen mit und in Gruppen prägen auch die Beschäftigung mit dem Thema Gruppenpädagogik:

- *Einerseits* erscheint es wie selbstverständlich, dass in Gruppen, die von Pädagoginnen und Pädagogen und/oder in pädagogischen Institutionen organisiert werden, »Gruppenpädagogik« stattfindet, das heißt Gruppen von Erwachsenen zur absichtsvollen Beeinflussung und Vermittlung von Richtigem und Wichtigem an Kinder und Jugendliche (= Erziehung) genutzt werden.
- *Andererseits* sind frühe Gruppenerfahrungen auch Erfahrungen mit Unabhängigkeit, Selbstorganisation und Subversion.

Beide Motive – effektiv organisierte Erziehung und Erfahrung mit Selbstorganisation und Selbstbestimmung – sind in den Konzepten und Methoden der Gruppenpädagogik, von denen hier die Rede sein soll, in spezifischer Weise verbunden – oder besser: verstrickt? Diese Stränge und Knoten etwas zu sortieren und hoffentlich an einigen Stellen auch Entwirrung anzubieten ist Absicht dieses Beitrags. Erklärt wird dabei Gruppenpädagogik als ein Konzept der »Arbeit in und mit Gruppen in erzieherischer Absicht«, das vor allem über seinen historischen Kontext verstanden werden kann und weniger über allzeit gültige Prinzipien. Was Menschen in Gruppen gesucht haben und gestalten wollten, ist kaum zu lösen von der Zeit und ihren Prägungen, in denen sie leben. Wer also einen Extrakt gruppenpädagogischer Arbeitsweisen sucht, wird enttäuscht. Wer nachvollziehen möchte, aus welchen Quellen, Erfahrungen und Erbschaften sich unser Denken über die Möglichkeiten und Begrenzungen pädagogischer Arbeit mit Gruppen speist, hoffentlich nicht.

Praxis und Probleme pädagogischer Arbeit in und mit Gruppen

In vier kurzen Skizzen werden Gruppensituationen aus typischen pädagogischen Arbeitsfeldern vorgestellt; zum einen, um eine Anschauung zu vermitteln, was Pädagoginnen und Pädagogen in Gruppen so tun, und zum anderen, um Bezugspunkte für die nachfolgenden Überlegungen zu gewinnen.

Die Kindergruppe in der Kindertagesstätte: Ein neues Kind kommt in die Gruppe.
Am kommenden Montag soll ein neues Mädchen in die Gruppe kommen, die Eltern sind vor Kurzem in die Stadt gezogen und haben vorher in einem anderen Land gewohnt. Die Erzieherin will die Kinder auf diese Situation vorbereiten und bespricht im Morgenkreis, was sie tun wollen: Manche Kinder erzählen von ihrem ersten Tag in der Kita, andere haben selbst schon einen Umzug erlebt. Einige wollen wissen, ob die Neue auch schon den gemeinsamen Morgenspruch kennt und auf keinen Fall soll sie die eingespielte Verteilung des Zugangs zur besonders begehrten neuen Bauspielecke durcheinanderbringen. Die Erzieherin hört geduldig zu und fasst zusammen: Drei Aufgaben müssen vorbereitet werden, damit am Montag die Begrüßung klappt: Es wird ein Lied geprobt, mit dem die Neue im Morgenkreis in der Gruppe begrüßt wird. Ebenso wird eine Spiel zur Vorstellung der Kinder geübt und schließlich werden zwei Kinder, ein Mädchen und ein Junge, ausgewählt, die der Neuen den Gruppenraum und die anderen Räume des Kindergartens zeigen werden.

Die Gruppe von Kindern und Jugendlichen in einem Heim der Jugendhilfe: Immer machen die Jungs die Küche nicht richtig sauber, wenn sie dran sind!
Wie jeden Mittwoch um 19:30 Uhr ist Gruppenabend, die vier Jungs und drei Mädchen der Wohngruppe »Sonne« – im Alter zwischen 11 und 16 Jahren – sitzen mit ihren drei Gruppenerziehern (zwei Frauen, ein Mann) im Wohnzimmer. Nach viel Unruhe zu Beginn ruft die Gruppenleiterin die Tagesordnung auf und fragt, was heute zu besprechen sei. »Die Jungen machen die Küche immer so mies sauber«, meldet sich Melanie, das älteste der Mädchen. »In dem Dreck wollen wir nicht mehr sitzen und essen, das ist ja voll ekelig.« Und außerdem sei das Nutellaglas immer schon nach einem Tag leer gefressen, sagt Fritzi, die Jüngste: »Das ist total gemein, dann kriegen wir nix mehr ab, wenn es nur einmal die Woche ein Glas Nutella für alle gibt.« Die Jungen streiten die Vorwürfe lautstark ab, sie würden ihre Ämter immer super erledigen, das habe Hans, der Erzieher auch gesagt, der ihre Arbeit kontrolliert. Und wenn die Mädels nicht so schnell wären mit der

Nutella, dann hätten sie halt Pech. Die Gruppenleiterin versucht, die Diskussion zu ordnen, fragt nach weiteren Besprechungspunkten und will eine Tagesordnung aufschreiben. Aber der Streit um Küche und Nutella ist zwischen Jungs und Mädchen jetzt so richtig entbrannt, beide Seiten konfrontieren sich mit Vorwürfen und Rechtfertigungen und versuchen vehement, jeweils den Erzieher beziehungsweise die Erzieherinnen für ihre Seite zu gewinnen: Frauen gegen Männer. Doch die Gruppenleiterin will neutral bleiben, fragt immer wieder nach konkreten Vorschlägen zur Lösung der Probleme. Schließlich wird vereinbart, dass eine Erzieherin künftig die Reinigungsleistungen der Jungen kontrolliert und Hans, der Erzieher, die der Mädchen. Außerdem wird ein zweites Nutellaglas pro Woche bewilligt, eines für die Mädchen und eines für die Jungen. Die Gläser sollen eindeutig gekennzeichnet werden und der älteste Junge und das älteste Mädchen jeweils die »geschlechtshomogene« Nutzung kontrollieren. Die Mädchen sind nicht so richtig zufrieden, den Jungs ist es egal, sie wollen nur raus, auf dem Hof wird noch Fußball gespielt. Die Erzieher reden noch etwas über ihre Vorstellungen geschlechtsspezifischer Erziehung, denn auch die beiden Frauen finden, dass Hans den Jungen zu viel durchgehen lässt. Er findet das überhaupt nicht, Mädchen in dem Alter seien einfach »zickig« – auch sie können sich nicht »wirklich« einigen (vgl. ebenso anschaulich wie grundlegend reflektierend: Stork 2007).

 Das »Just-Community-Projekt« in der Jugendvollzugsanstalt (JVA) Adelsheim: Wenn alle leiden müssen, weil sich einer nicht an die Regeln hält.
In einer überschaubaren Wohngruppe im separaten Hafthaus G 3 erproben rund 15 Insassen der JVA Adelsheim mit einem festen Personalstamm unter den Rahmenbedingungen des Jugendstrafvollzugs eine »demokratische Gemeinschaft« nach Lawrence Kohlberg. Die Beteiligten wählen ein Leitungskomitee aus zwei Insassen und einem Bediensteten, welches insbesondere der wöchentlichen Vollversammlung vorsteht, in der aktuelle Vorkommnisse und die Weiterentwicklung der hausinternen Regeln zur Sprache kommen und demokratisch entschieden werden. Ein Fairnesskomitee, in das ebenfalls zwei Insassen und ein Bediensteter gewählt werden, kann bei Konflikten angerufen werden, diese moderieren und auch verbindliche Entscheidungen treffen. Weitgehende Mitbestimmungsmöglichkeiten, Verantwortungsübernahme für Teilbereiche des Zusammenlebens, gemeinsame Mahlzeiten und gemeinsame Unternehmungen in der Freizeit, hin und wieder auch vor den Mauern, sind wesentliche Elemente dieser gruppenbezogenen Form der Vollzugsgestaltung (vgl. Walter/Waschek 2002, Weyers 2004).

 Die Jugendgruppe im Konfirmandenunterricht: Warum kann das Abendmahl nicht ein feierliches gemeinsames Abendessen sein?
Die diesjährige Konfirmandengruppe der St.-Lukas-Gemeinde hat sich auf einer gemeinsamen Gruppenfahrt intensiv mit Ideen und Wünschen beschäftigt, was sie von der christlichen Gemeinde erwartet, in die sie mit dem feierlichen Abendmahl als vollwertige Mitglieder aufgenommen werden wollen. Es wird dabei viel

über die Symbolik der Abendmahlfeier diskutiert und die Idee entsteht, diese als tatsächliches gemeinsames »Abendessen« mit der Gemeinde vorzubereiten und zu feiern. Voller Tatendrang kommt die Gruppe zurück und plant die »alternative« Abendmahlfeier. Der Pfarrer und das »Konfi-Team« – junge Erwachsene, die mit dem Pfarrer gemeinsam den Konfirmandenunterricht gestalten – unterstützen die Idee, machen aber vor allem deutlich, wer alles gefragt werden muss und welche aufwendigen Vorbereitungen erforderlich sind, wenn aus der Idee Wirklichkeit werden soll. Es wird ein Plan entworfen, Aufgaben werden formuliert und an Arbeitsgruppen delegiert.

Einen herben Rückschlag gibt es nach dem ersten Gespräch mit dem Presbyterium, dem Vorstand der Kirchengemeinde, das den Plan mehrheitlich sehr kritisch sieht, denn ein Gottesdienstraum sei für solche Nutzung nicht vorgesehen und praktisch gebe es ebenfalls zu viele Probleme. Vor allem aber fürchten sie, andere Gemeindemitglieder könnten sich in ihrem Verständnis der heiligen Abendmahlfeier verletzt fühlen. Der Pfarrer versucht zu vermitteln und schlägt vor, nach einem Kompromiss zu suchen. Man einigt sich auf ein neues Gespräch. Auf dem nächsten Konfirmandenabend gibt es heftige Diskussionen, einige sehen ihre Befürchtungen bestätigt, die Erwachsenen würden sie einfach nicht ernst nehmen und das ganze Vorhaben sei zum Scheitern verurteilt. Andere wollen sich nicht so schnell entmutigen lassen und greifen die Idee des Pfarrers auf, nach möglichen Kompromissen zu suchen. Ergebnis dieser Diskussion ist, dass den Jugendlichen mehrheitlich beides wichtig ist: mit einem feierlichen Ritual in die Gemeinde aufgenommen zu werden und die Gemeindemitglieder bei einem gemeinsamen Essen zu einem Gespräch über die Vorstellungen und Wünsche an die Gemeinschaft einzuladen. Dieser Vorschlag findet nach längerem Gespräch doch die Zustimmung der meisten Presbyter und nach sechs Wochen intensiver Vorbereitung sind Einladungskarten geschrieben und in den Gottesdiensten am Sonntag vorher verteilt, der Gemeindesaal gebucht und hergerichtet, die Eltern eingespannt in die praktische Vorbereitung der Speisen und Getränke und die Diskussionsleitung bestimmt für das Gespräch mit den Gemeindemitgliedern. Aus der Idee ist ein Plan und aus dem Plan Realität geworden, wenn auch mit Abstrichen.

Was ist *das Gemeinsame und Typische* dieser vier Beispiele für Gruppen, in denen »Pädagogik gemacht wird«?

- Zuerst ist es die soziale Struktur einer absichtsvoll »komponierten« Zahl von Menschen, genannt *Gruppe*. Weder das Zusammentreffen dieser Menschen ist zufällig noch der Anlass und die Absicht ihrer Zusammenkünfte. (Fast) alles ist »organisiert«, mit mehr (JVA und Heim) oder weniger (Kindergarten und Jugendgruppe) Zwang wird nicht nur die Zugehörigkeit, sondern auch die Teilnahme an den Aktivitäten der skizzierten »pädagogischen« Gruppen »hergestellt«.
- Die »Organisation« dieser vier Gruppen ist ebenfalls nicht zufällig, sie wird gestaltet und verantwortet von dafür eigens benannten Institutionen, die mit Aufträgen

und Ressourcen ausgestattet, geregelt durch Gesetze und Vorschriften und in allen vier Bespielfällen auch kontrolliert durch eigens dafür geschaffene Aufsichtsbehörden ihre pädagogischen Aufträge und Absichten realisieren.

- Neben der so in mehrfacher Weise bestimmten sozialen Struktur dieser pädagogischen Gruppen ist auch ihre Leitung eindeutig definiert; auch hier wird nichts dem Zufall überlassen, wenngleich vier Gruppen – vom Kindergarten bis zur Jugendknast – ihre jeweils eigenen Hierarchien, Regeln und Rollen ausprägen. Die daraus ebenfalls in allen vier Gruppen in jeweils spezifischer Weise – abhängig von Strukturen und Personen – geprägten und gespeisten Spannungsverhältnisse von formeller und informeller Einflussnahme machen einen wesentlichen Teil der jeweiligen »pädagogischen Kultur« dieser Lerngruppen aus.

- Ebenso wie Zugehörigkeit und Leitung sind die Programme oder Inhalte aller vier Gruppen ausdrücklich beschrieben, meist in schriftlichen Konzepten (siehe Bezugsliteratur). Es wird möglichst wenig dem Zufall überlassen und die Spannung zwischen dem offiziellen Programm und dem, was die Gruppenmitglieder tatsächlich in der Gruppe tun, gehört zu den prägenden Merkmalen.

- Nicht zuletzt sind alle vier Gruppen durch methodische und didaktische Konzepte ausgewiesen, die, wie skizziert, durch Institutionen, Gesetze, Gruppenleiterinnen und -leiter sowie ihre konkreten Programme bestimmt werden. Anleitungen und Konzepte zur Methodik und Didaktik einer »Gruppenpädagogik« füllen ganze Bücherregale, entsprechende Ausbildungen und Schulungskonzepte für Gruppenpädagoginnen und -pädagogen umfangreiche Programmhefte vielfältigster Anbieter – dazu später mehr.

Welche *Fragen an eine Pädagogik in und mit Gruppen* werfen diese Beispiele auf? Dazu drei Hinweise, ohne Anspruch auf Vollständigkeit.

Erste Überlegung: Die pädagogisch inszenierte Gruppe als Schonraum? Gruppen werden in allen vier Beispielen als ein Lernfeld und Probenraum entworfen, als ein pädagogisch beanspruchter Schonraum, in dem die Gruppenmitglieder nur über eine von den Pädagoginnen und Pädagogen definierte Weise mit der Realität konfrontiert werden sollen. In der Kindergartengruppe ist es zum Beispiel die Begegnung mit Fremdheit und Konkurrenz, in der Heimgruppe die Auseinandersetzung mit Rollenbildern und der Kampf um immer knappe Ressourcen, in der JVA die produktive Aneignung von sozialen Regeln und in der Konfirmandengruppe die Möglichkeiten und Grenzen der Aushandlung von Interessen. In keiner dieser vier Gruppen werden die Mitglieder mit der »ganzen Härte« der Realitäten ihres Feldes konfrontiert, ein pädagogisches Arrangement will vermitteln und schützen. Alle vier Beispiele zeigen aber ebenso deutlich, dass die Realität der konkreten Situation im Hier und Jetzt der handelnden Personen, der bestimmenden Institutionen und der vorgegebenen Programme die Gruppenmitglieder mit ihrer ganzen Wucht trifft. Was die Kinder im Kindergarten, die Jugendlichen in Heim, Knast oder kirchlicher Jugendgruppe jeweils erleben, ist *ihre* Realität und entfaltet prägende Wirkungen.

Wie verhalten sich nun die Absichten solcher pädagogischer »Realitätsdämpfer« zu der konkreten sozialen Situation in der jeweiligen Gruppe, was eröffnet und was verschließt eine Gruppen*pädagogik* Kindern und Jugendlichen an sozialisatorischen Erfahrungen, Einsichten und Entwicklungen?

 Zweite Überlegung: Was ist das »Pädagogische« an der Gruppenpädagogik? Ein kurzer Exkurs über die Unterschiede und Gemeinsamkeiten von Erziehung (normativ absichtsvolle Vermittlung und Reflexion) und Bildung (»Aneignungsarbeit« und Selbstreflexion) soll deutlich machen, vor welchem Horizont pädagogischer Traditionen und Kernfragen über eine Pädagogik in Gruppen nachgedacht werden muss.

Mit *Erziehung* antwortet die Elterngeneration auf die Tatsache, dass Menschen als nur unzureichend mit angeborenen Instinkten ausgestattete, als körperliche und soziale »Frühgeburten« auf die Welt kommen. Wie kein anderes Lebewesen sind »Menschenjunge« darauf angewiesen, zu lernen: Sie müssen sich erst aneignen, was sie zum (Über-)Leben benötigen. Junge Menschen müssen ebenso »eingeführt« werden in die sozialen, kulturellen und technischen Errungenschaften ihrer Zeit, ihrer Kultur und ihrer Gesellschaft. Dabei sollten sie vor allen Dingen lernen, verantwortlichen Gebrauch von ihrer Vernunft zu machen und ihre »unvernünftigen« Regungen und Antriebe »in den Griff zu bekommen«. Die größte Herausforderung moderner Erzieher und Erzieherinnen ist es, dass sie nicht auf sichere und gültige Antworten auf die Frage zurückgreifen können, was in Zukunft für einen Menschen richtig oder falsch ist, was sozial und kulturell Geltung hat oder was als überholt angesehen werden muss. Möglich ist bestenfalls, junge Menschen durch »geschulte Vernunft« so auszustatten, dass ihnen der Spagat zwischen vernünftiger Regelbefolgung und experimentellem Regelverstoß gelingt. Ohne die Bereitschaft und Fähigkeit, auch gegen hergebrachte Regeln zu verstoßen, sind weder individuelle noch gesellschaftliche Entwicklung möglich.

Jede Erzieherin und jeder Erzieher – egal ob als Elternteil oder als Professioneller – muss daher immer wieder das »Kunststück« versuchen, heute gültiges Wissen über die Welt und ihre Zusammenhänge und über die Regeln und Wertvorstellungen, die das Zusammenleben der Menschen erst möglich machen, verständlich und verbindlich zu vermitteln, und es gleichzeitig dem jungen Menschen überlassen, davon nach eigener, hoffentlich vernünftiger Entscheidung Gebrauch zu machen. Erst diese Option der Kinder oder Jugendlichen, selbst entscheiden zu können, was und wie sie von dem gebrauchen und akzeptieren wollen, was wir, die ältere Generation, ihnen an Wissen und Haltungen vermitteln wollten, unterscheidet menschliche Erziehung grundlegend von Dressur oder Abrichtung.

Kinder müssen sich ab dem ersten Lebenstag vor allem Antworten auf drei zentrale Fragen erarbeiten, um überleben zu können:

- Wie funktioniert die Welt der Dinge und der Menschen um mich herum?
- Wie komme ich schnell und sicher zu dem, was ich zum Leben brauche?
- Wie finde ich Zugehörigkeit und sichere gleichzeitig meine Unabhängigkeit?

Sowohl den Prozess als auch das Ergebnis dieses Arbeits- und Aneignungsprozesses nennen wir seit Wilhelm von Humboldt (1767–1835) *Bildung*. Grundlegend sind seitdem drei Kategorien: *Individualität* (Bildung als Weg des Individuums zu sich selbst), *Universalität* (Förderung der allseitigen Fähigkeiten und Vermittlung allgemein bedeutsamer Inhalte) und *Totalität* (Bildung für alle Menschen). Bildung wird von den Subjekten selbsttätig erarbeitet und personal verantwortet. Bildung ist damit – im Unterschied zu Erziehung – eine Leistung des Individuums, nicht des Kollektivs oder der Gemeinschaft.

Was bedeutet nun diese Unterscheidung von *Erziehung* und *Bildung* für das Verständnis der Gruppen*pädagogik*? Eine erzieherische Intention ist in allen vier Beispielen deutlich erkennbar: Vor allem sollen Regeln des Zusammenlebens eingeführt und durchgesetzt werden – und gleichzeitig erarbeiten sich die Kinder in der Kita-Gruppe sowie die Jugendlichen und jungen Erwachsenen in Heim, Knast und Konfirmandengruppe ihre Erfahrungen und Einsichten selbst, ohne und zum Teil auch trotz der pädagogischen Interventionen ihrer Gruppenleiter. Welche eigenständige Bedeutung hat *die Gruppe* für die erzieherischen Intentionen der Pädagoginnen und Pädagogen – oder beschreibt »Gruppe« nur die soziale Situation, in der nahezu jede organisierte Erziehung stattfindet? Was ist der Inhalt gruppenpädagogischer Arbeit? (Vgl. dazu die viel zitierte, weil lange Zeit einzige Kritik an der Gruppenpädagogik aus den Reihen der akademischen Pädagogik: Henningsen 1959.)

Dritte Überlegung: Regeln des Zusammenlebens: In allen vier Beispielen gruppenpädagogischer Praxis geht es nicht zufällig um Regeln des Zusammenlebens. Es geht zum Beispiel um folgende Fragen: Wie sollen solche Regeln gegenüber Neuen und Neuem geklärt und verständlich gemacht werden? Wie werden Regeln in Konflikten ausgehandelt und durchgesetzt? Für diese pädagogischen Kernprobleme wären auch andere Lösungen denkbar: von der Konzentration auf unmittelbare pädagogische Interventionen in der klassischen Erzieher-Zögling- oder Lehrer-Schüler-Beziehung bis hin zur abstrakten Organisation mittels Hausordnungen und Sanktionskatalogen für Verletzung derselben. Was ist demgegenüber das Spezifische der gruppenpädagogischen Intervention? Wenn die Gruppe nicht nur der soziale Resonanzraum für die Intentionen der Erzieherinnen und Erzieher sein soll, sondern ihr eine eigenständige pädagogische Bedeutung zugeschrieben wird, worin genau besteht diese?

Was gibt es also heute über Gruppenpädagogik zwischen der Gruppe als Erziehungs- und Bildungsmedium und organisierter Gruppenerziehung zu wissen? In den folgenden Kapiteln werden zuerst die Wurzeln und Traditionen gruppenpädagogischer Ideen und Arbeitsweisen skizziert; dabei soll deutlich werden, wie sehr gerade gruppenpädagogische Ideen und Konzepte nur im historischen Kontext ihrer Entwicklung zu verstehen sind. Dann werden kurz wesentliche Merkmale methodischer Arbeit mit Gruppen in erzieherischer Absicht vorgestellt und schließlich Perspektiven gruppenpädagogischer Arbeit beleuchtet; Hinweise auf weiterführende Literatur schließen den Beitrag ab.

Pädagogik der Gruppe – Wurzeln und Traditionen

Erziehung wird häufig und dies mit langer Tradition in Gruppen organisiert nach dem Modell: der Lehrer mit seinen Schülern. Und auch außerhalb von Schulen werden Erziehung und Betreuung meist in Gruppen organisiert: vom Kindergarten und der Heimgruppe über die Jugendgruppe bis zur Gefangenengruppe im Gefängnis. Einzelunterricht in der Schule oder Individualpädagogik beispielsweise in der Jugendhilfe sind eher die Ausnahme als die Regel pädagogischer Settings (vgl. hierzu immer noch grundlegend und mit zahlreichen weiterführenden Literaturhinweisen: Rittelmeyer 1980). Vor diesem Hintergrund können vier Traditionslinien skizziert werden, die auch aktuell für das Verständnis gruppenpädagogischer Konzepte und Methoden bedeutsam sind.

 Erste Traditionslinie: Gruppenförmig organisierte Versorgung, Beaufsichtigung und Erziehung von (jungen) Menschen. Wie schon in den Praxisbeispielen angedeutet, ist in Gruppen organisierte Pädagogik eher die Regel als die Ausnahme. Das Gleiche gilt für die mit der Erziehung junger Menschen häufig eng verknüpften Tätigkeiten wie Versorgen und Pflegen, Beaufsichtigen und Kontrollieren und meist auch für Behandlung und Bestrafung. Das zentrale Motiv ist dabei weniger ein genuin pädagogisches, sondern wohl in erster Linie ein betriebswirtschaftliches: die ökonomische Organisation dieser Tätigkeiten. So wie die Einführung der allgemeinen Schulpflicht nur in Abkehr vom elitären Hauslehrermodell in Schulklassen realisierbar wurde, so scheint auch die Versorgung von Waisenkindern, die Beaufsichtigung von straffälligen Jugendlichen oder die Behandlung kranker junger Menschen nur unter zwei Bedingungen organisierbar: zum einen in Gruppen – dazu gleich mehr – und zum anderen in Anstalten, also in nach strengen Regeln gestalten Organisationen (hierzu ausführlich zum Beispiel Foucault 1994).

Für die gruppenförmige Organisation der Insassen solcher Anstalten können zwei Modelle als prägend angenommen werden: zum einen die militärische Gruppe mit hierarchischer Ordnung, basierend auf dem Prinzip »Befehl und Gehorsam«; zum anderen die Klostergruppe, ebenfalls hierarchisch geordnet, aber basierend auf dem Prinzip »Gehorsam für Versorgung«. Wie sehr diese »Gehorsamsmodelle« das Verständnis von Erziehungsgruppen geprägt haben, ist für die Geschichte der Schule bis in ihre jüngste Vergangenheit und ebenso für Heime oder ähnliche Betreuungsanstalten umfangreich beschrieben und untersucht worden, sowohl mit den prägenden sozialisatorischen Wirkungen als auch mit den verletzenden und deformierenden Folgen (s. hierzu nur exemplarisch: Goffman 1972). Die gruppenförmige Organisation von Erziehung und Kontrolle konnte in diesen Anstalten auch deshalb so effektiv und effizient sein, da die »andere Seite« der Gruppen, also ihre informellen Strukturen und ihre inoffiziellen Funktionen, ihre »Subkultur« bis hin zu ihren Potenzialen der Selbstorganisation, ebenfalls ausgenutzt wurden: Der Gruppenälteste, der Klassensprecher oder das sogenannte Kapo-System – besonders durchsetzungsfähige Gruppenmitglieder werden vom Leiter mit Vergünstigungen als Hilfsaufseher und Spitzel eingesetzt – sind hierfür nur drei Bespiele.

Als Gegenmodelle zu diesen Traditionslinien gruppenförmig organisierter »Erziehungsherrschaft« entstehen mit Beginn des 20. Jahrhunderts zahlreiche Reformkonzepte in Schule, Heimerziehung, Jugendarbeit und sogar in Jugendgefängnissen, die alle auf die besondere pädagogische Kraft der Gruppe – oder des Kollektivs – setzen. Der sozial- und ideengeschichtliche Kontext dieser ersten »gruppenpädagogischen Offensive« – zumindest im deutschen Sprachraum – wird im Folgenden skizziert.

 Zweite Traditionslinie: Gruppen als Ausdrucksform von Lebensreform und reformpädagogischen Bewegungen gegen Ende des 19. und zu Beginn des 20. Jahrhunderts. Das ausgehende 19. Jahrhundert ist in ganz Europa eine Epoche massiver ökonomischer, sozialer und politischer Umbrüche, Veränderungen und Verunsicherungen: Ein explosionsartiges Bevölkerungswachstum, die sich endgültig durchsetzende kapitalistische Wirtschaftsform und industrielle Produktion, die Etablierung moderner Nationalstaaten, meist verbunden mit kriegerischen Auseinandersetzungen und einen aggressiven Kolonialismus, sind nur Stichworte hierfür (zum ausführlichen Nachlesen empfohlen: Wehler 2002). Nur vor diesem Hintergrund weitreichender gesellschaftlicher Veränderungen und damit verbundener tief gehender sozialer Verunsicherungen ist zu verstehen, was vor allem in den drei Jahrzenten vor Ausbruch des Ersten Weltkrieges Menschen in Gruppen gesucht und versucht haben.

Die Gegenüberstellung von Gemeinschaft und Gesellschaft wird dabei zu einer zentralen Denkfigur der zeitgenössischen Soziologie Ende des 19. Jahrhunderts, vor allem vertreten durch Ferdinand Tönnies. Er deutete die skizzierten gesellschaftlichen Modernisierungsprozesse eindeutig als eine Verlustgeschichte: »Gemeinschaft ist für Tönnies eine Sozialform, in der die Menschen miteinander verbunden sind auf der Grundlage eigener, persönlicher und um ihrer selbst willen bejahter Beziehungen … Gesellschaft sei (demgegenüber) vielmehr ein bloßes Nebeneinander wesentlich getrennter Individuen … Tönnies lässt keinen Zweifel daran, dass er Gemeinschaft nicht nur für die ursprünglichere, sondern auch für die höherwertige Sozialform hält und dass Gesellschaft nur eine Verfallsform naturwüchsiger Gemeinschaftlichkeit darstellt« (Gebhart 1990, S. 296 f.).

Dieses romantisch aufgeladene Verständnis von Gemeinschaft in Opposition zur modernen Massengesellschaft war prägend für eine Vielzahl sozialer Bewegungen, die in der Zeit zwischen 1880 und 1933 Gemeinschaftserlebnisse in Gruppen gestalten wollten: von der Siedlungs- und Landkommunenbewegung über Naturheilbewegung und Freikörperkultur, Theater und Laienspiel, Kunsterziehungs- und Jugendmusikbewegung bis zur Jugend- und Frauenbewegung oder der reformpädagogischen Bewegung. Ein gemeinsames Motiv war die starke idealistische Aufladung der Gruppe als Gemeinschaft Gleichgesinnter im Gegensatz zum vereinzelten Individuum in der (Massen-)Gesellschaft. Die Gleichgesinntengruppe sollte gestaltet werden als ein sozialer Schutzraum vor den unüberschaubaren Gefährdungen der modernen Gesellschaft und gleichzeitig als Raum für Experimente alternativer Lebensformen. Nicht zufällig endet die »erste Blütezeit« dieser Reformbewegungen 1933, da sie entweder von den Nationalsozialisten verboten wurden, sich selbst auflösten oder in NS-Organisationen aufgingen. Gerade ihre ideologisch aufgeladene Gemeinschaftsidee machte etliche dieser Gruppen und Organisationen anschlussfähig für die NS-Ideologie, in der der Gegensatz von Gemeinschaft und Gesellschaft in der Idee der »Volksgemeinschaft« aufgelöst werden sollte (siehe hierzu ausführlich und mit zahlreichen Quellen: Krebs/Reulecke 1998).

Eigens erwähnt werden soll in diesem Kontext noch die Idee einer »Erziehungsgemeinschaft«, die vor allem für die Jugendbewegung sowie für die zahlreichen reformpädagogischen Schulprojekte typisch war: »Aber wer erzieht denn? Wohl einer, der es besonders kann oder besonders gelernt hat? Nein. Alle erziehen. Wen? Sich selber. Und warum nicht jeder für sich, warum tun sie es zusammen? Weil es im Wesen der Erziehung liegt, dass sie sich in der Gemeinschaft entfaltet, dass sie Gemeinschaften begründet.« So proklamierte Bruno Lemke auf dem ersten freideutschen Jugendtag 1913 diese neuartige Idee der Selbsterziehung in Gruppen (zitiert nach Rittelmeyer 1980, S. 11).

Auch in dieser Traditionslinie sind beide Seiten einer Pädagogik in Gruppen erkennbar: die in erzieherischer Absicht organisierte Gemeinschaft und das erzieherisch wirkende Gruppenerlebnis. Spätestens damit wird die Gruppe auch zu einem zentralen Ort und Medium für eine methodisch bewusst gestaltete Sozialpädagogik und Sozialarbeit.

 Dritte Traditionslinie: Gruppen als ein Element der Methodisierung der sozialen Arbeit (Gruppenarbeit). Die Jahre zwischen dem Ende des Ersten Weltkrieges und der Machtergreifung der Nationalsozialisten sind in vielfacher Hinsicht eine Blütezeit pädagogischer Reformprojekte in Deutschland. Neben der Schule sind es vor allem die gerade erst entstandenen Arbeitsfelder beruflicher Sozialpädagogik – also Kindergarten, Heimerziehung, Jugendarbeit und Jugendstrafvollzug, in denen solche Reformprojekte entstehen (vgl. zum Beispiel anschaulich: Schwarte 1998). Und dies nicht zufällig, da gerade hier die Widersprüche zwischen den Beeinträchtigungen der realen Lebensverhältnisse vieler Menschen und den sich entwickelnden sozialpolitischen Ansprüchen der ersten Demokratie in Deutschland besonders deutlich wahrgenommen werden. In diesem Kontext wird in der Gruppe – anders als in den gemeinschaftsorientierten Lebensreformideen der Zeit vor dem Ersten Weltkrieg – auch ein sozialpädagogisch-professionell zu nutzendes und daher methodisch zu gestaltendes Potenzial gesehen. Wolfgang C. Müller beschreibt und analysiert in seiner Methodengeschichte der sozialen Arbeit differenziert und materialreich die sozialgeschichtlichen Bedingungen und Antriebe dieser Entwicklung. Zwei Zugänge unterscheidet er dabei: einmal die (bürgerliche) »Jugendgruppe als Selbsterziehungsmittel« und zum anderen die Gruppen der (proletarischen) »Jugendorganisationen als Kampfmittel«. Deutlich wird schon hier, dass Gruppenpädagogik in besonderer Weise mit »experimentellen« Intentionen verbunden wird, hier der Suche nach innerlichen und äußerlichen Alternativen zu vorgegebenen Lebensweisen (s. ausführlich: Müller 2006, S. 68–83).

Noch wenig einflussreich werden in dieser Zeit in Deutschland die vor allem in den Vereinigten Staaten entwickelten Formen einer »sozialen Gruppenarbeit«, so die etwas ungelenk klingende direkte Übersetzung des »social group work«. In einem Einwanderungsland, wie es die USA von Beginn an sind, ist »group work« ein Versuch, die riesigen Herausforderungen der Migration durch organisierte »Selbsthilfe« zu bewältigen, zum Beispiel durch »Nationalitätengruppen, denen durch Außenstehende in den Nachbarschaftshäusern geholfen wurde, die aber in zunehmendem Maße die Verantwortung für sich selbst übernahmen. In all diesen Gruppen brannte das Feuer des tätigen Bürgersinns, entweder um das eigene Los oder das der anderen zu verbessern, indem sie diese einbezogen, statt für sie oder an ihrer Stelle tätig zu werden.« So eine oft zitierte Stelle aus Gisela Konopkas Geschichte der sozialen Gruppenarbeit in den USA (hier zitiert nach: Schmidt-Grunert 1997, S. 21). Auf Gisela Konopka und den großen Einfluss amerikanischer Konzepte sozialer Gruppenarbeit im kriegszerstörten Deutschland nach 1945 komme ich noch zurück.

> Bruch und Beschleunigung der Methodenentwicklung in der NS-Zeit.

Zur Geschichte der Methodenentwicklung sozialer Arbeit in Deutschland gehört unlösbar die als radikaler Bruch und ebenso als radikale Beschleunigung interpretierbare Zeit nationalsozialistischer Herrschaft. Gerade für die Jugendarbeit und Jugendbewegung sind die vielfältigen Verwandtschaften und Übergänge zwischen Personen und Organisationen der Bündischen Jugend und der Hitlerjugend gut dokumentiert und analysiert (vgl. exemplarisch Giesecke 1981: Vom Wandervogel bis zur Hitlerjugend). Aber auch für die anderen Felder sozialpädagogischer Arbeit, vom Kindergarten über die Erziehungsberatung bis zur Heimerziehung, bietet der Nationalsozialismus ideologisch wie praktisch verlockende Perspektiven: Endlich kann methodische Arbeit erfolgreich realisiert werden, wenn nur ausschließlich mit rassisch »gesunden« Mitgliedern der Volksgemeinschaft gearbeitet wird (vgl. dazu zusammenfassend Kuhlmann 2002, S. 77–96). Nicht wenige reformpädagogisch ausgebildete junge (Sozial-)Pädagogen sehen darin erstrebenswerte Perspektiven für ihre professionelle Weiterentwicklung (vgl. exemplarisch: Schrapper 2005: Leben in zwei Welten – Andreas Mehringer 1910–2005).

Attraktivität und Perversion solcher konsequent wirkungsvoll gestalteten »Gruppenarbeit« sind im Erleben von mindestens zwei Generationen – den noch in der Weimarer Zeit ausgebildeten »Gruppenführern« und den durch HJ und BDM (Bund Deutscher Mädel) geprägten »Gruppenmitgliedern« – nach 1945 nur schwer trennbar verknotet. Erst vor diesem Hintergrund wird verständlich, welche besondere Bedeutung eine (re)importierte Gruppenpädagogik zwischen 1945 und etwa 1970 in West-deutschland gewinnen konnte.

Vierte Traditionslinie: Gruppenpädagogik und Demokratieerziehung im Nach-kriegsdeutschland. Zu den Verwüstungen, die der Nationalsozialismus nach nur zwölf Jahren Herrschaft in weiten Teilen Europas hinterlassen hat, gehören nicht nur über 50 Millionen Kriegstote, weitaus überwiegend Zivilisten, oder sechs Millionen ermor-dete Juden und ungefähr 40 Millionen verschleppte und vertriebene Menschen, son-dern dazu gehören auch heute kaum noch vorstellbare immaterielle Zerstörungen. Zu diesen »Folgen« gehören die bis heute immer wieder vehement diskutierten Fragen: Wie konnten so viele Menschen in Deutschland »mitmachen«? Wie konnten sie es zulassen, dass die Nazis überhaupt an die Macht kamen? Wie konnten sie sich aktiv an einer Herrschaftspraxis beteiligen, die alle Überzeugungen einer zivilisierten Ge-sellschaft missachtete? Lag es am »deutschen Volkscharakter« oder war es eine Frage der Erziehung? Während Engländer und Franzosen eher an einen tief verwurzelten Nationalcharakter der gerade besiegten Deutschen glaubten, die Russen schnell und gründlich ihre Besatzungszone vom »Klassenfeind« säuberten, orientierten sich die Amerikaner mehrheitlich an der pragmatischen These, der Mensch sei Produkt seiner Umwelt und seiner Erziehung und daher sei »Umerziehung« oder im Original »re-education« möglich – auch hier transportiert der deutsche Begriff eine deutlich ne-gativere Konnotation (dazu anschaulich und materialreich: Müller 2006, S. 128–158). Der Gruppenpädagogik wird dabei eine herausragende Rolle zugedacht, verspricht sie doch eine besondere Kongruenz von Methode und Inhalt: demokratischer Um-gang in Gruppen zum Zwecke der Demokratieerziehung.

Zwei Frauen stehen hier exemplarisch für den Reimport einer anspruchsvollen pädagogischen Arbeit mit Gruppen im Nachkriegsdeutschland: Gisela Konopka und Magda Kelber.

Gisela Konopka, 1910 in Berlin geboren, 2003 in Minneapolis/USA gestorben, Tochter jüdischer Einwanderer aus Polen, schloss sich schon früh sozialistischen Jugendgruppen an und sammelte hier ihre grundlegenden Gruppenerfahrungen. Sie studierte Ende der 1920er-Jahre in Hamburg für das Lehramt, wurde aber nach ihrem Examen 1933 aufgrund ihrer jüdischen Herkunft nicht als Lehrerin einge-stellt. Wegen ihrer Aktivitäten im Widerstand wurde sie mehrfach von der Gestapo verhaftet, ging Ende der 1930er-Jahre nach Österreich und floh schließlich 1941 über Frankreich in die USA, zusammen mit ihrem langjährigen Lebensgefährten Paul Konopka, den sie, da er nicht Jude war, erst in New York heiraten konnte. Über Verbindungen in der deutschen Emigrantenszene kam sie nach Pittsburgh, studierte dort und später in New York »social work« und insbesondere »social group work« und wurde schnell zu einer bekannten Expertin für soziale Arbeit mit dissozialen und straffälligen jungen Menschen und später Professorin für Gruppenpädagogik an der Universität von Minnesota. Über das *»visiting experts programm«* der Amerikaner kam sie 1950, 1951 und 1956 nach Deutschland und

»leitete mehrere Fortbildungsveranstaltungen über Gruppenpädagogik und Kinderpsychiatrie. Sie hat ihre deutschen Erfahrungen … zu intensiven Berichten über die deutsche Situation der frühen Fünfzigerjahre verarbeitet. Für sie lag der besondere Wert der Wiederbegegnung mit deutschen Sozialarbeiterinnen in der Anforderung, eine Woche oder zwei intensiv mit deutschen Kolleginnen zusammenzuarbeiten und zu leben. Dabei sei es ihr mehr als einmal passiert, dass die Sozialarbeiterinnen, aufgerührt durch die thematische (und methodische) Arbeit des Tages, sie noch spät in der Nacht aufgesucht hätten, um mit ihr über Erlebnisse während der Zeit des Nationalsozialismus zu sprechen. Als sie weibliche politische Häftlinge einer Körpervisitation unterziehen mussten, als sie behinderte Kinder für ein Euthanasieprogramm aussuchen sollten« (Müller, 2006, S. 142). Umstritten ist bis heute, wie groß der Einfluss deutscher Emigranten auf den (Wieder-) Aufbau demokratischer Strukturen gerade im Erziehungs- und Wohlfahrtswesen in den nachkriegsdeutschen Westzonen gewesen ist. Vielfältig allerdings sind die Hinweise, dass gerade die *visiting experts* wie Gisela Konopka einen erheblichen Einfluss auf die Konzeptentwicklung vor allem durch die persönliche Begegnung gehabt haben (dazu ausführlich mit zahlreichen Quellen: Müller 2006, S. 143/144 und in den Fußnoten). Publizistisch ist Gisela Konopka in Deutschland durch Arbeiten zur Gruppenarbeit und Gruppenpädagogik vertreten, so das 1968 in deutscher Übersetzung erschienene Lehrbuch »Soziale Gruppenarbeit: Ein helfender Prozess« (im amerikanischen Original von 1963), das 200 Seiten umfassende Kapitel über »Soziale Gruppenarbeit« (social group work) in dem lange Zeit prägenden Lehrbuch »Grundbegriffe und Methoden der Sozialarbeit« von Walter A. Friedländer und Hans Pfaffenberger von 1966 oder die 1970 in einem Materialband von C.W. Müller veröffentlichte Geschichte der Gruppenpädagogik (Müller 1970, S. 73–85) Weniger bekannt geworden, aber für ihr Verständnis von Gruppenpädagogik mindestens so bedeutsam, ist eine 1971 im Verlag Haus Schwalbach erschienene Arbeit mit dem Titel »Heime. Lückenbüßer oder Lebenschance«, in der das Thema und der Gegenstand ihrer Arbeit mit Gruppen erkennbar werden: eine erzieherisch-therapeutische Arbeit mit »schwierigen« jungen Menschen. Erst 1995, zu ihrem 85. Geburtstag, erschien in deutscher Sprache ihre Autobiografie: »Mit Mut und Liebe. Eine Jugend im Kampf gegen Ungerechtigkeit und Terror«, Weinheim 1996 (Original: Courage and Love, erschienen 1988). (Zu ihrer Bedeutung in den USA und international siehe ausführlich: Andrews 2004.)

Magda Kelber, geboren 1908 in Aufseß (Franken), aufgewachsen in einem evangelisch-lutherischen Pastorenhaushalt in Nürnberg, gestorben 1987 in Wiesbaden, studierte Volkswirtschaft und promovierte 1932 in München. 1933 ging sie aus »ökonomischen Gründen« (Bernet 2006) nach England, wo sie intensiv das dortige Quäkertum studierte und auch Mitglied der Quäker wurde. Bis 1940 arbeitete sie als Deutschlehrerin und in der Erwachsenenbildung, 1940/41 wurde sie als »Angehörige eines Feindstaates« interniert und arbeitete danach bis zum Kriegsende als Journalistin in London. 1946 kehrte sie nach Deutschland zurück, um die Leitung des Quäkerhilfswerks zu übernehmen, in dieser Funktion arbeitete sie auch in einer Beratergruppe »German Educational Reconstruction« der britischen Militärregierung mit. Im August 1949 war sie eingeladen, an gruppenpädagogischen Kursen in dem gerade von den Amerikanern nördlich von Frankfurt als »leadership training center« gegründeten Haus Schwalbach teilzunehmen. Querelen um den deutschen Einfluss und die Mitfinanzierung des »Heims für Volksbildung und Jugendpflege«, so die deutsche Übersetzung (!), hatten zu einer Leitungsvakanz geführt, die Magda Kelber »als Übergangslösung« gebeten wurde auszufüllen. Sie selbst war keine Expertin für »group work« oder Gruppenpädagogik, besuchte erst später selbst Fortbildungskurse unter anderem bei Gisela Konopka in Berlin, aber sie war offenbar entschieden, die Chance zur einflussreichen »Educational Reconstruction« zu nutzen. »Beraten von einem 20-köpfigen deutschen Kuratorium und geleitet von Magda Kelber, versuchte die *Arbeitsstätte für Gruppenpädagogik* (so umbenannt seit 1951) deutsche Krankenschwestern und Lehrer, Personalchefs und Fürsorgerinnen, Offiziere der Bundeswehr und Ratsherren, Ministerialbeamte, Gewerkschafter, Pfadfinder, Ärzte und Erwachsenenbildner mit Methoden der Gruppenpädagogik in Lehrgängen verschiedener Dauer vertraut zu machen. Zwischen 1949 und 1959 nahmen insgesamt 86.000 Teilnehmer an den Innen- und Außenveranstaltungen des Hauses teil. Die *Schwalbacher Blätter* – Zeitschrift für Gruppenpädagogik, Gruppenunterricht und Gruppenpflege – erreichten 1959 rund 2.500 regelmäßige Bezieher.« So skizziert C.W. Müller die Arbeit und Bedeutung von Haus Schwalbach (Müller 1970, S. 115; zitiert nach Schmidt-Grunert 1997, S. 40).

Nahezu jede Gruppenpädagogin und jeder Gruppenpädagoge über 40 kennt die »Schwalbacher Spielkartei«, eine systematische Sammlung von Übungen und Spielen für die pädagogische Arbeit in und mit Gruppen, seit 1951 herausgegeben von Magda Kelber und inzwischen (2008!) in der 19. Auflage immer noch zu kaufen. Weniger bekannt, aber für das Verständnis der Gruppenpädagogik von Magda Kelber wesentlich bedeutsamer sind ihre zahlreichen Beiträge in den *Schwalbacher Blättern*, bis in die 1970-Jahre eine der führenden Zeitschriften zur methodischen Arbeit mit Gruppen in Deutschland (siehe den vollständigen Nachweis in Bernet 2006). Zu ihren für die Entwicklung der Gruppenpädagogik in Deutschland wirkungsvollen Publikationen gehören auch die eher knapp gehaltenen Anregungen und Hinweise für die Praxis, so eine »Fibel der Gesprächsführung« von 1954, bis 1975 in zwölf Auflagen erschienen, oder »mit denken – mit sprechen – mit handeln. Gruppenarbeit mit Frauen« (Verlag Haus Schwalbach, Wiesbaden) oder »Sprechen wir es aus! Spielregeln der Verhandlungskunst« (Wiesbaden o. J.) oder »Meine Gruppe«, eine nur 37-seitige Anleitung für katholische Gruppenleiterinnen, erschienen in über zehn Auflagen bis 1975.

Bis zum 1. Oktober 1963 war Magda Kelber Leiterin von »Haus Schwalbach«, und als 1958 die für zehn Jahre zugesagte amerikanische »Anschubfinanzierung« auslief, kam es zum Eklat. Die schon lange mehr schwelend als offen ausgetragene Kritik vieler Anstellungsträger, Haus Schwalbach wolle mit »amerikanischen Methoden« die deutschen Teilnehmer »amerikanisieren«, verfing (ausführlich dazu: Müller 2006, insbesondere in Fußnote 64, S. 162) und »die deutsche Politik jener Jahre, die einseitig auf die Förderung von Universitäten und Fachhochschulen ausgerichtet war, konnte sich zu keiner Folgefinanzierung durchringen« (Bernet 2006).

Claus Bernet, ihr Biograf im Biographisch-Bibliographischen Kirchenlexikon resümiert daher zutreffend: »Der Mitverdienst von Magda Kelber ist die Entnazifizierung der deutschen Sozialpädagogik in der Nachkriegszeit. Zahlreiche junge wie erfahrene Pädagogen und Pädagoginnen besuchten Ausbildungs- oder Fortbildungskurse im ›Haus Schwalbach‹ und wurden hier, und nicht auf den rückständigen und desolaten Universitäten nach 1945, mit moderner Sozialarbeit und Sozialpsychologie vertraut gemacht. Ihr Hauptwerk ›Fibel der Gesprächsführung‹ wurde oftmals aufgelegt und schnell zum sozialpädagogischen Klassiker. Ohne sich hinter einem unverständlichen Fachchinesisch zu verstecken, werden die Leser hier mit den Grundregeln der Gruppenpädagogik vertraut gemacht. 1976 wurde Magda Kelber für ihr sozialpädagogisches Wirken das Bundesverdienstkreuz 1. Klasse verliehen. – Bis gegen Ende des letzten Jahrhunderts war Magda Kelber so gut wie unbekannt. Selbst ein Eintrag in der ›Neuen Deutschen Biographie‹ und in der ›Deutschen Biographischen Enzyklopädie‹ wurde ihr nicht zugestanden. Erst die neueren Untersuchungen von Kurt Frey, Jana Grüttner und vor allem von Beate Bussiek haben Licht in das Dunkel gebracht.«

Vorbildlich wurde von Bussiek herausgearbeitet, »wie sehr Magda Kelbers Arbeit und ihr späteres Konzept der Gruppenpädagogik von diesem spezifischen Geist des Quäkertums geprägt war, der häufig noch immer – vor allem in Deutschland – sowohl als ideengeschichtlicher wie auch konkret wirksamer Hintergrund sozialer und pädagogischer Arbeit vernachlässigt wird« (2001).

Fazit: Die Möglichkeiten und Grenzen, die Chancen und Probleme der skizzierten Rezeption von Gruppenpädagogik und sozialer Gruppenarbeit im Nachkriegs- und Wirtschaftwunderdeutschland werden an den beiden vorgestellten Protagonistinnen deutlich: Werden die Inhalte und Adressaten betont (Konopka), ist Gruppenpädagogik ein (sozial)pädagogisches Setting in großer Nähe zu therapeutischen Ansätzen (s. die entsprechenden Beiträge in diesem Handbuch). Werden dagegen die methodisch vielfältig einsetzbaren Konzepte einer kommunikativen Methodik betont (Kelber), gerät die Gruppenpädagogik in Gefahr, auf ihre Kommunikationstechniken reduziert zu werden. Kritisierte Jürgen Henningsen 1959 die Gruppenpädagogik (nicht nur) des Hauses Schwalbach als »substanzlos«, da als Methode für die unterschiedlichsten Inhalte verwendbar, so drehte C. Wolfgang Müller diese Kritik um und betonte das dialektische Verhältnis von Inhalt und Form oder, pädagogisch gesprochen, von Didaktik als der »Lehre von den Bildungsinhalten« und Methodik als der »Lehre von den Bildungsformen«. Jede inhaltliche Entscheidung enthalte bereits methodische Optionen und umgekehrt habe jede methodische Entscheidung auch inhaltliche Konsequenzen (dazu ausführlich in: Müller 2006, S. 152–157). Eine Auffassung, der heute kaum jemand ernsthaft widersprechen würde, die aber vor gut vierzig Jahren gerade in den akademischen Bildungswissenschaften durchaus umstritten war. Müller kritisiert an der Gruppenpädagogik der Nachkriegsjahre vor allem ihre politische Naivität, wenn davon ausgegangen wurde, demokratisierte Umgangs- und Kommunikationsformen in Gruppen vermittelten bereits demokratische Bildungsinhalte »an sich«. Für die in Kaiserreich, Nazideutschland und Krieg geprägten Generationen werden die auf Egalität, Diskussion und Verständigung statt auf Hierarchie, Anordnung und Unterwerfung ausgerichteten Verkehrsformen in Gruppen tief verunsichernd und aufregend neu gewirkt haben, aber die inzwischen über 60-jährigen und immer noch äußerst mühevollen Auseinandersetzungen mit den Verstrickungen und Erbschaften aus nationalsozialistischer Herrschaft zeigen, wie schwer es ist, solche Prägungen zu bearbeiten.

Was aus heutiger Sicht anzuerkennen bleibt, sind die großen Leistungen der »Heimkehrerinnen und Heimkehrer« (obwohl deutlich mehr Frauen als Männer), die, nach existenzieller Bedrohung aus Deutschland zur Flucht gezwungen,

> Gruppenpädagogik die Methode der »re-eduction« nach 1945.

doch zurückkommen und sich als alternative Modelle für eine professionelle Arbeit mit Menschen anbieten. Gisela Konopka ist hier eine von vielen, deren Verdienste für die Entwicklung reflexiver Professionalität im Feld der sozialen und therapeutischen Arbeit längst nicht genug gewürdigt sind. Magda Kelber steht für eine andere Gruppe von »Heimkehrerinnen«, die ihre internationalen Erfahrungen und Kenntnisse für die Entwicklung professioneller Sozialarbeit in Deutschland zur Verfügung gestellt haben und die ebenfalls in den »Aufbruchsjahren« deutscher Professionsentwicklung nach 1970 schnell in Vergessenheit geraten sind. Beide Frauen machen aber auch deutlich, welchen großen und lange wirksamen Verlust die erzwungene Emigration dieser Menschen auch für die Entwicklung der sozialen Arbeit in Deutschland bedeutet.

Die mit den beiden Protagonistinnen nachkriegsdeutscher Gruppenpädagogik angedeuteten Spannungen und Probleme dieser pädagogischen Arbeitsform und Denkweise spiegeln sich auch im folgenden Kapitel, wenn in aller Kürze versucht wird, den Stand und die Essentials der aktuellen Entwicklungen gruppenpädagogischer Konzepte und Methoden zu skizzieren.

Gruppenpädagogik als Methode der pädagogischen Arbeit in und mit Gruppen

Wer heute unter dem Stichwort Gruppenpädagogik sucht, stößt schnell auf eine kaum mehr überschaubare Fülle von Ratgebern zu Arbeitstechniken in und mit Gruppen: Anfangssituationen und Moderationstechniken, Gesprächsführung und teilnehmerorientierte Programmgestaltung, Konfliktbearbeitung und Veranstaltungsauswertungen, Rollen, Phasen und Protagonisten in Gruppen, kaum ein Aspekt in der Arbeit mit Gruppen bleibt unbeleuchtet. Immer wieder finden sich Hinweise auf »die« Prinzipien der Gruppenpädagogik, wie:

- anfangen, wo die Gruppe steht,
- mit der Stärke jedes Einzelnen arbeiten,
- Zusammenarbeit ist besser als Einzelwettbewerb,
- Raum für Entscheidungen geben: Mitentscheiden will geübt sein,
- erzieherisch notwendige Grenzen setzen,
- sich als Gruppenleiter entbehrlich machen,
  (Vgl. dazu immer noch ausführlich und anschaulich: Erl 1967, S. 25–29.)

Insgesamt bestehen die meisten dieser gruppenpädagogischen Praxisanleitungen aus einer Mischung sozialpsychologischer und soziologischer Befunde zur Dynamik und Struktur von Gruppen, daraus abgeleiteten Analyseinstrumenten (beispielweise Soziogramm, Rollenanalysen) und Techniken strukturierter Kommunikation (exemplarisch dazu: Jutta Malcher: Nicht Ohne. Gruppendynamische Übungen, Methoden und Techniken. Herausgegeben vom Erzbischöflichen Jugendamt ohne Jahresangabe, etwa 1970 erschienen; oder die von Klaus W. Vopel seit Jahren erfolgreich im Eigenverlag herausgegebenen »Interaktionsspiele«).

Stellvertretend für die aktuelle gruppenpädagogische »Methodenlehre« sollen drei Lehrbücher zu diesem Thema kurz vorgestellt und besprochen werden.

 Der »Klassiker« der aktuellen Methodenliteratur ist zweifellos das Buch von Karlheinz A. Geißler und Marianne Hege: »Konzepte sozialpädagogischen Handelns«, seit 1980 inzwischen in der 11., aktualisierten Auflage erschienen. Nach Einleitung und einer grundlegenden Einführung in »Sozialpädagogische Interventionen« werden in sieben Kapiteln bedeutsame Konzepte vorgestellt. Nach dem gruppendynamischen Konzept werden auf knapp 30 Seiten »Das Konzept der Gruppenpädagogik« sowie im anschließenden Kapitel eigens »Interventionen in ausgewählten Gruppensituationen« (Geißler/Hege 2001, S. 208–226) präsentiert.

Mit deutlich gesellschaftskritischem Impetus wird die Gruppenpädagogikrezeption der Nachkriegsjahre als naiv und affirmativ skizziert, und zur Begründung werden ältere und neuere Befunde der Kleingruppenforschung, insbesondere zum »Führungsstil«, referiert. Als Prinzipien der Gruppenpädagogik wird neben den schon bekannten »Schwalbacher Prinzipien« (s. S. 200) ein eigener konzeptionelle Entwurf vorgestellt:

● das Prinzip der Partizipation,
● der Revisionsbedürftigkeit,
● der Konkretisierungsbedürftigkeit,
● der Situationsbezogenheit sowie
● der Integration von Inhalt und Beziehung.

»Von Gruppenpädagogik, das wird an diesen Prinzipien deutlich, kann nicht schon in jedem Fall gesprochen werden, wo eine zahlenmäßig geringe Anzahl von Personen mit einem gemeinsamen Bildungsinteresse zusammenkommt. Gruppenpädagogik muss inhaltlich, nicht nur formal definiert werden.« Die oben skizzierten Prinzipien seien »ein Schritt in diese Richtung« (Geißler/Hege 2001, S. 190/191). Als Methoden der Gruppenpädagogik werden dann der Gruppenunterricht und die soziale Gruppenarbeit /»Social Groupwork«) vorgestellt und als Verfahren der Gruppenpädagogik das Rollenspiel.

Das hier deutlich gemachte Verständnis von Gruppenpädagogik ist vor allem das einer komplexe Faktoren berücksichtigenden Gestaltung von Lehr-Lern-Prozessen als Interaktionsprozesse. Im Kontrast zu einem traditionellen Verständnis von Lernen als einem »individuellen Aneignungsprozess« müssten die »sozialen Verursachungs-, Motivations- und Kontrollfaktoren von Lehr-Lern-Prozessen« stärker berücksichtigt werden, und genau dies fokussiere die Gruppenpädagogik. Eine didaktische Theorie, die alle relevanten Wechselwirkungen zwischen Personen, Themen und Strukturen von Lerngruppen berücksichtige, existiere allerdings »(noch) nicht« (Geißler/Hege 2001, S. 186).

Sowohl in der Anlage des Buches – das Kapitel über Gruppenpädagogik ist eingerahmt von dem über Gruppendynamik und einem Kapitel über Interventionen in ausgewählten Gruppensituationen (zum Beispiel Anfangsphasen, teilnehmer-, prozess- oder inhaltsorientierte Interventionen) – als auch im Kapitel über die Gruppenpädagogik selbst wird deutlich, dass die pädagogische Arbeit mit Gruppen für die Autoren weit mehr ist als Gruppenpädagogik. Gruppenpädagogik wird hier begrenzt auf ein spezifisches Setting der Bildungsarbeit mit Menschen aller Altersgruppen, in der die soziale Bedingtheit dieser Lehr-Lern-Situation besonders reflektiert und gestaltet werden soll. Eindeutige erzieherische Intentionen werden der sozialen Gruppenarbeit mit Randgruppen zugeschrieben und deutlich als gesellschaftlich naiv kritisiert (S. 202). Die Entwicklungsperspektive der Gruppenpädagogik wird demgegenüber in einer spezifischen Vermittlungsdidaktik für komplexe soziale Formationen und Situationen – Gruppen eben – gesehen.

Die wohl umfassendste der neueren Einführungen in die »Soziale Arbeit mit Gruppen« von Marianne Schmidt-Grunert (1997). Auf 311 Seiten bietet dieses Werk im ersten Teil Grundlagen – einen historischen Rückblick, Grundsätzliches zum Begriff Methode, einen Überblick über Formen und Einsatzfelder, Erläuterungen zur sozialen Gruppe und ihren Elementen, zur Wahrnehmung von Gruppen und zur besonderen Bedeutung gruppenpädagogischer Wahrnehmungen. Im zweiten Teil werden dann Handlungskonzepte und Praxisbezüge vorgestellt. Hierunter finden sich neben einer Einführung in das praktisch-methodische Arbeiten mit Gruppen und den Gruppenprozess sowie Anfangssituationen erstaunlicherweise auch Kapitel über die Gruppendynamik, die Themenzentrierte Interaktion, die Lebenswelt- und Biografieorientierung, über »grounded theory« und über qualitative Fallbesprechungsmethoden.

Über Gruppenpädagogik wird explizit nur im Zusammenhang mit der historischen Entwicklung nach 1945 als eine »vorprofessionelle Phase der Gruppenarbeit« gesprochen, mit den schon bekannten Hinweisen auf insbesondere die Aktivitäten des Hauses Schwalbach sowie etwas später mit Bezug auf die ebenfalls schon bekannte Kritik von Jürgen Henningsen, es fehle »eine didaktische Konzeption« dieser Gruppenpädagogik (S. 33).

Eine Unterscheidung von sozialer Gruppenarbeit als einer vielfältig einsetzbaren Methodik sozialer Arbeit und einem spezifischen Verständnis von Gruppenpädagogik findet sich im weiteren Text kaum. Soziale Arbeit mit Gruppen, so kann resümiert werden, umfasst in dieser Perspektive vielfältigste Aspekte von Zielgruppen und Institutionen sowie wissenschaftlichen Theoriekonstrukten und Forschungsbefunden, die sich als Bezugspunkte sozialer Arbeit mit und in Gruppen beliebig addieren lassen. Eine eigenständige und abgrenzbare Konzeption explizit gruppenpädagogischer Methodik ist dabei eher eine historische Randnotiz.

 Wiederum einen anderen Zugang zur Methodendiskussion in der sozialen Arbeit bietet das inzwischen schon in der fünften Auflage (2003) erschienene Lehrbuch von *Michael Galuske: Methoden der Sozialen Arbeit. Eine Einführung.* Hier taucht die Gruppenpädagogik schon im Inhaltsverzeichnis nicht mehr auf, einzig die soziale Gruppenarbeit wird als eine Station einer »historisch-systematischen Rekonstruktion« des klassischen Methodenkanons sozialer Arbeit (Einzelfallhilfe, Gruppenarbeit, Gemeinwesenarbeit) behandelt (Galuske 2003, S. 87–97). Nach der Vorstellung von vier Strängen historischer Traditionen (Jugendbewegung, Reformpädagogik, Gruppendynamik und Nachbarschaftsheime/Settlements) wird auf die Entwicklung und Durchsetzung einer eigenständigen Methodik sozialer Gruppenarbeit in den 1930er-Jahren zuerst in den USA sowie auf den besonderen Einfluss der Gruppenpädagogik – verbunden unter anderem mit Haus Schwalbach – im Nachkriegsdeutschland hingewiesen. Galuske kommt dann zu dem Befund: »Im Gefolge der Kritik an den klassischen Methoden der sozialen Arbeit verlor die soziale Gruppenarbeit als geschlossenes Konzept in ihrer ursprünglichen Variante ab den 1970er-Jahren an Bedeutung« (S. 89), und abschließend stellt er fest: »Auch aktuell ist … keineswegs sicher, dass zwei Sozialarbeiterinnen, die ihren methodischen Ansatz als ›soziale Gruppenarbeit‹ bezeichnen, auch dasselbe meinen. An einem Beispiel gesprochen: Die Unterschiede zwischen der Gruppenarbeit in einem Jugendverband oder einem Stadtteilzentrum einerseits und der sozialpädagogischen Arbeit mit einer Gruppe straffälliger Jugendlicher oder Drogenabhängiger andererseits können … durchaus erheblich sein, die Gruppenleiter werden trotzdem in allen Fällen von ›Gruppenarbeit‹, ›sozialer Gruppenarbeit‹ oder ›Gruppenpädagogik‹ sprechen, um das methodisch Spezifische ihrer Arbeit zu kennzeichnen« (Galuske 2003, S. 97). Aus dieser Perspektive ist es dann auch folgerichtig, wenn im dritten Kapitel dieses Buches »Methoden in der sozialen Arbeit. Überblick und Steckbriefe« eine Arbeitsform in expliziter Verbindung mit »Gruppe« nicht mehr vorkommt.

Ebenso verhält es sich auch in anderen aktuellen »Methodenbüchern« sozialer Arbeit: Gruppenarbeit oder Gruppenpädagogik werden schlicht nicht mehr behandelt, so in der aktuellen Einführung »Methodisches Handeln in der sozialen Arbeit« von Hiltrud von Spiegel (2004) oder den »Grundlagen des methodischen Handelns in der Sozialen Arbeit« von Franz Stimmer (2000). Ist damit die Entwicklungsgeschichte einer eigenständigen Methodik und Didaktik der pädagogischen Arbeit in und mit Gruppen am Anfang des 21. Jahrhunderts an ihr Ende gekommen? Aufgelöst einerseits in die zwar folgenreiche, aber doch auch banale Erkenntnis, dass in zahlreichen Handlungskontexten Gruppen eine Rolle spielen, und andererseits in die Entwicklung entweder kommunikativer oder therapeutischer Verfahren und Techniken in Gruppen? In einem abschließenden Ausblick sollen die Perspektiven einer explizit pädagogischen Arbeit in und mit Gruppen nochmals beleuchtet werden.

Gruppenpädagogische Ausblicke: Gruppen erziehen statt Gruppenerziehung?

So viel wird deutlich geworden sein: »In Gruppen erziehen« und »durch Gruppen erzogen werden« – zwischen diesen Polen bewegte und bewegt sich die Suche nach einer bewusst gestalteten Gruppenpädagogik. So wie die Lehrerin oder der Erzieher sich zu der Gruppe ihrer Schüler oder seiner Zöglinge in Beziehung setzt, so wie sie oder er die soziale Situation verstehen und zielgerichtet für seine pädagogischen Intentionen gestalten kann, so wird diese Beziehungs- *und* Programmgestaltung zum zentralen Bezugspunkt einer »Pädagogik in Gruppen«. Wie der spezifische soziale Kontext einer Gruppe so verstanden und erschlossen werden kann, dass die Gruppenmitglieder sich wechselseitig Räume und Gelegenheiten zur »Selbstbildung« eröffnen können, das sind die leitenden Fragen einer »Pädagogik in und durch Gruppen«. Auch hier stoßen wir auf eine der zentralen pädagogischen Streitfragen seit Rousseau: Soll vor allem die (Selbst-)Bildung der Subjekte ermöglicht oder muss Erziehung als Vermittlungsarbeit der kulturellen Errungenschaften von den älteren für die jüngeren Generationen gezielt gestaltet werden? In Zeiten von PISA-Vergleichsuntersuchungen und Zentralabitur in der Schule oder der Einführung evidenzbasierter und wirkungsoptimierter Arbeitskonzepte in Jugendhilfe und Erwachsenenbildung keine leichte Entscheidung.

> »Positiv peer culture« als Renaissance der Gruppenpädagogik?

Dabei sind Erziehung und Bildung keine pädagogische Alternativen, sondern nur zwei Seiten einer Medaille. Gerade in unübersichtlichen Zeiten, so eine »historische Erfahrung« dieses Exkurses zur Gruppenpädagogik, suchen und schaffen sich Menschen pädagogische Orte, die Schutz und Experiment zugleich ermöglichen: Das waren die Gruppen der Jugendbewegung um die Wende zum 20. Jahrhundert oder die gruppenpädagogischen Fortbildungskurse der Nachkriegszeit.

Als aktuelles Beispiel einer Renaissance der Gruppenpädagogik sollen hier nur ganz knapp Konzept und Praxis der *»positiv peer culture«* vorgestellt werden. »Ein deutscher Reformgedanke wird zu einer amerikanischen Idee – und kehrt zurück«, so überschreibt die Mentorin der Körber-Stiftung ihr Geleitwort zu einer aktuellen Veröffentlichung zum Thema von Günther Opp und Jana Teichmann über »Positive Peerkultur. Best Practices in Deutschland« (2008). Nicht zum ersten Mal. In der Einleitung stellen die Herausgeber dann auch klar: »Positive Peerkultur ist nicht unbedingt ein neuer Ansatz. Kamp (Kinderrepubliken, 1995) hat in einem lesenswerten Buch die Partizipation von Kindern und Jugendlichen in Kinderrepubliken bereits seit der Reformationszeit nachgewiesen. Dabei ging es häufig um pädagogische Notsituationen. Pädagogische Reflexion hat sich in ihrer Geschichte immer an den Problemfällen der Erziehung geschärft. Dabei zeigt sich, dass innovative Erzieher … auf die Kraft der Heranwachsenden und ihrer Gemeinschaft vertrauten, Verantwortung für die eigenen Angelegenheiten zu übernehmen, Problemstellungen sinnvoll miteinander auszuhandeln und zu lösen. In den USA wurde dieser gruppenpädagogische (sic!) Ansatz in den 1970er-Jahren … als positive peer culture weiterentwickelt« (Opp/ Teichmann 2008, S. 12).

In den folgenden Beiträgen werden nach »Grundlegenden Gedanken zum Thema positive Peerkultur« insgesamt fünf Praxisbeispiele vorgestellt, die in Jugendhilfe, Schule und Strafvollzug mit diesem Ansatz arbeiten. Einerseits kommt vieles bekannt vor, Gruppenabende und Konfrontationsgespräche zum Beispiel, andererseits beeindruckt die Deutlichkeit, mit der scheinbare Selbstverständlichkeiten im konkreten Alltag ihre Wirkungen entfalten: konsequent von den Stärken und nicht den Defiziten der Kinder und Jugendlichen auszugehen, die Peers als wichtige Bezugsgruppe ernst zu nehmen und nicht als Störfaktor professioneller Pädagogik ausschalten zu wollen, grundsätzlich respektvoll auch mit Jugendlichen in massiven Konfliktsituationen umgehen zu wollen und auf kooperative Lösungen zu setzen, statt auf Konkurrenz oder Anordnung. Ein kurzer Auszug aus einem weiteren Beitrag über dieses Konzept skizziert die Kernidee dieses neuen/alten Konzeptes dieser (Erziehungs-)Arbeit in und mit Gruppen:

> »Im Zentrum stehen Gruppentreffen. Die Jugendlichen treffen sich regelmäßig mit ihren erwachsenen ModeratorInnen in ihren PPC-Gruppen, um über jeweils ein Problem eines Gruppenmitgliedes zu sprechen. Sie überlegen, welche Hilfen sie geben können. In den Gruppen hat keiner das Recht, eine Person zu ignorieren, die Hilfe braucht. Jeder Jugendliche ist für den anderen verantwortlich. In den Gruppen selbst werden nicht »Heiße-Stuhl«-Praktiken angewandt. Statt dass Kritik und Angst vorherrschen, wird ein »Stuhl der Hilfe« angeboten, bei dem Vertrauen und Offenheit wichtig sind. Probleme gelten als normal, und es ist richtig, sie zu zeigen. Vertrauen, Hilfsbereitschaft, Verantwortung untereinander und soziale Kompetenz wachsen … Auch der positivere allgemeine Umgangston im Heim wird als Indiz für wichtige Veränderungen genannt« (Steinebach/Steinebach 2008, S. 312/313).

Am Ende dieser Ausführungen zur Gruppenpädagogik kommt vieles der geschilderten Arbeitskonzepte mit Gruppen so bekannt vor, und doch überraschen die Eindeutigkeit und Schlichtheit, mit der durch eine konsequent gruppenpädagogische Brille die Herausforderungen der Arbeit mit »schwierigen Kindern und Jugendlichen« gesehen und gestaltet werden. Dies kann auch als Hinweis darauf gelesen werden, dass gruppenpädagogisches Verstehen und Gestalten erzieherischer Situationen und Prozesse so selbstverständlich geworden sind, dass es keiner expliziten Erwähnung und Reflexion mehr bedarf. Kernsätze gruppenpädagogischer Methodik wie »Anfangen, wo die Gruppe steht, und sich mit ihr in Bewegung setzen« oder »mit den Stärken des Einzelnen arbeiten« klingen banal und reflektieren doch komplexe Prozesse und Wechselwirkungen. Es muss daher wohl als Verdienst gruppenpädagogischer Konzeptentwicklungen der zurückliegenden rund 100 Jahre verstanden werden, solche und andere »Grundregeln« der Prozesse menschlicher Arbeit bei der Aneignung und Gestaltung von Sozialität mehr experimentiert als reflektiert erarbeitet und erprobt zu haben. Ist doch die Aneignung und Gestaltung von Sozialität – also der komplexen und komplizierten Vorstellungen und Bedingungen, Möglichkeiten und Grenzen, mit anderen Menschen zu leben und zu arbeiten – eine zentrale Herausforderung von Erziehung, davon berichteten auch die eingangs skizzierten Fallbeispiele aus Kindergarten, Jugendarbeit, Heimerziehung und Knast. Die Herausforderungen dieser Aneignungsarbeit – die auch verstanden werden kann als »Bildungsarbeit der Subjekte an sich selbst« – ist mit dem Ende der Erziehungszeit, also Kindheit und Jugend, lange nicht erledigt; sie bleibt lebenslang eine Herausforderung. Auch dies mag ein Grund sein, warum gruppenpädagogische Erfahrungen und »Regeln« so grundlegend für das Verständnis der Arbeit mit und in Gruppen geworden sind, weit über die Felder einer »Erziehungsarbeit in Gruppen« hinaus, selbst wenn dafür das Etikett »Gruppenpädagogik« als explizites Signet für ein Gruppenarbeitskonzept überholt sein mag.

Wolfgang Weigand

Die Gruppe als Resonanzraum und Mittel zur Beratung

Einführung

In den alltäglichen Lebenswelten ist Beratung in Gruppen eine Selbstverständlichkeit. Man setzt sich zusammen, überlegt und berät gemeinsam, wie die offene Frage oder das Problem, das sich beispielsweise am Arbeitsplatz, im Sportverein, in der Kirchengemeinde, in der politischen Partei stellt, am besten zu lösen ist. Dies geschieht zum einen aus der Erfahrung heraus, dass das Wissen von mehreren Personen gebraucht wird, um eine bestimmte Aufgabe zu erledigen oder ein komplexes Problem zu lösen; zum anderen setzt man sich gemeinsam zur Beratung an den (runden) Tisch, an dem sich die Repräsentanten verschiedener Gruppen versammeln und ihre Interessen in einer bestimmten Sache vertreten und verhandeln. Nicht zuletzt sucht man die gemeinsame Beratung in der Gruppe, um die Verantwortung für eine Entscheidung nicht auf eine oder wenige Schultern zu laden, sondern sie mit anderen zu teilen.

Im Raum der professionellen Beratung ist das Zweiergespräch vorherrschend; denn es geht meist nicht nur um eine Sache, sondern auch um Persönliches. Der Berater konzentriert sich ganz auf einen einzelnen Klienten und ist ausschließlich für ihn da. Die Beratung in einer Gruppe ist dagegen häufig mit der Befürchtung verbunden, etwas Persönliches und Privates in einem zwar begrenzten, aber dennoch öffentlichen Raum preisgeben zu müssen.

Sich in einer Gruppe beraten zu lassen setzt persönliche Stärke des Ratsuchenden und die Bereitschaft voraus, das eigene Problem zu zeigen und sich gegenüber anderen zu öffnen. Das Zweiergespräch hat den Charakter der Intimität; Heterogenität, Vielfalt und Synergien bestimmen das Gruppengespräch.

Dieser Beitrag befasst sich mit den Bedingungen, den Schwierigkeiten, der Wirkung und dem Wert der professionellen Beratung in Gruppen. Im Folgenden werden die Möglichkeiten der Beratung in einer Gruppe an vier Formen von Gruppen verdeutlicht:

- *Gruppensupervision* als spezifische Form angeleiteter Beratung mit heterogener Zusammensetzung der Teilnehmer; diese Beratungsform entwickelte sich zunächst im Bereich der sozialen Arbeit, hat aber inzwischen auch andere Arbeitsfelder erreicht.

- *Balintgruppe* als Konzept psychoanalytisch orientierter Beratung zum besseren Verstehen der Arzt-Patienten-Beziehung, zunächst in der Medizin, inzwischen ebenfalls in anderen Professionen (Pädagogen, Juristen, Theologen).
- *Intervision* als kollegiale Beratungsform unter Professionellen.
- *Communities of Practice* als zunächst informelle Gruppen in Unternehmen, deren Mitglieder sich in der Ausübung ihrer beruflichen Aufgaben und Rollen ähnlichen Problemen gegenübergestellt sehen. Diese Gruppen werden in Unternehmen immer häufiger formell gegründet und gezielt eingesetzt.

Neben der Darstellung der jeweiligen Beratungsform interessiert hier vor allem:

- die Bedeutung der Gruppe in dem vorgestellten Setting,
- die Zusammenhänge zwischen Merkmalen der jeweiligen Beratung und dem gruppendynamischen Prozess sowie
- schließlich die Schwierigkeiten und Begrenzungen, die mit jeder dieser Beratungsformen verbunden sind.

Gruppensupervision

In der Gruppensupervision treffen sich Professionelle aus gleichen oder unterschiedlichen beruflichen und institutionellen Zusammenhängen, um im weitesten Sinn Fragen ihrer berufliche Praxis, insbesondere bestimmte Probleme aus der Klienten-Professional-Beziehung zum Gegenstand der Reflexion und Selbstreflexion zu machen. Da diese Reflexionen in der Gruppe stattfinden, können die besonderen Potenziale der Gruppenarbeit (Mehrperspektivität, Diskursivität, Einbezug affektiv-emotionaler Faktoren, Entwickeln neuer Lösungen, Feedbackprozesse) zum Fallverstehen und zur Verhaltensänderung genutzt werden. Der meist komplexe institutionelle Kontext des jeweiligen Falls kann sich in einer Gruppe besonders gut reproduzieren und dann bearbeitet werden.

Damit dient die Gruppensupervision neben ihrem funktionalen Gewinn für die Fallarbeit auch der beruflichen Weiterqualifizierung, der Schärfung des individuellen Professionsprofils und der Entwicklung der Profession (zum Beispiel Förderung der professionellen Kommunikation und Kooperation) insgesamt.

Das folgende Beispiel illustriert die Praxis einer Gruppensupervision.

Ein überregionaler Fachverband für Beraterinnen und Berater in der Ehe- und Familienberatung bietet seinen Mitgliedern eine an einem zentralen Ort gelegene  Gruppensupervision für sechs bis zehn Teilnehmer an. Der Verband beauftragt einen felderfahrenen Supervisor und vereinbart mit ihm die institutionellen Rahmenbedingungen. Die Gruppe findet etwa sechswöchig über jeweils drei Zeitstunden statt, sodass sich die Supervisionsgruppe jährlich etwa achtmal trifft.

In der konkreten Gruppe treffen sich fünf Frauen, davon zwei Psychologinnen (mit verhaltenstherapeutischer und psychoanalytischer Orientierung), zwei Sozialarbeiterinnen/Sozialpädagoginnen und eine Erzieherin, alle mit therapeutischen Zusatzausbildungen; von den drei Männern ist einer Diplompädagoge, der zweite Theologe und der dritte ebenfalls Sozialarbeiter, wiederum alle mit Zusatzausbildungen. Die Alterspanne in der Gruppe geht von 28 bis 55 Jahren.

Im ersten Jahr der Zusammenarbeit werden zu jedem Treffen zwei bis drei Fälle zu folgenden Themen eingebracht:

- Eheprobleme,
- schwierige Familienkonstellationen (Missbrauch, Alkoholismus),
- Konflikte mit Kolleginnen und/oder Kollegen in der Beratungsstelle,
- Konflikte mit dem Leiter oder der Leiterin der Beratungsstelle,

- Konzeptveränderung der Beratungsstelle mit Auswirkung auf die Supervisandin,
- existenzielle Bedrohung der Beratungsstelle (Arbeitsplätze sind gefährdet),
- beabsichtigter Arbeitsplatzwechsel einer Supervisandin,
- ein Beziehungskonflikt in der Supervisionsgruppe, der auch das in der Gruppe vorhandene Bedürfnis nach Selbsterfahrung und Feedback deutlich machte.

Jede Sitzung begann mit einem Rückblick auf die vorhergehende Sitzung, um die Relevanz der Ergebnisse der Supervision für den Fallvortragenden und seine Praxis zu überprüfen und der Gruppe die Möglichkeit zu geben, etwas nachzutragen, was sich erst nach der Supervisonssitzung aktualisierte. Es schloss sich die Frage nach den Themen an, die für die aktuelle Sitzung »mitgebracht« wurden; anschließend legten die Supervisanden die Reihenfolge der Fallbesprechungen fest. Nach der Fallbearbeitung wurde das jeweilige Treffen mit einer Reflexion der Supervisionsarbeit an diesem Tag beendet.

Während die Klientenprobleme und in eingeschränkter Form auch die teaminternen Konflikte eine direkte Bearbeitung in der Gruppe erfuhren, konnten die institutionellen Probleme (Konzeptveränderung und Arbeitsplatzgefährdung) nur aus der Perspektive und Relevanz des Fallvortragenden bearbeitet werden. Diese Probleme hätten eine Teamsupervison beziehungsweise Organisationsberatung vor Ort benötigt, die es allerdings nicht gab.

Die Gruppe vereinbarte mit dem Supervisor und der Verbandsspitze nach einem Jahr die Fortsetzung der Arbeit; aus persönlichen Gründen schied ein Mitglied aus; der Platz soll neu besetzt werden.

Die Geschichte der Gruppensupervision

Die Beratungsform Supervision hat sich Anfang des 20. Jahrhunderts in der amerikanischen Sozialarbeit entwickelt (vgl. Weigand 1989, S. 248). Lange Zeit war das Einzelgespräch, die Einzelsupervision, der Ort, an dem Sozialarbeiter, Erzieher, Theologen und die Angehörigen anderer helfender Berufe für Probleme und Fragen in ihrer Berufstätigkeit Antworten und Lösungen suchten. Erst in den 1970er-Jahren fand die Gruppensupervision Eingang in die Beratungslandschaft der sozialen Arbeit. Gruppensupervision lässt sich folgendermaßen definieren:

> Gruppensupervision ist eine Beratungsform, die sich auf die Berufspraxis der Supervisanden richtet und die Supervisanden als »Berufspersonen« in den Blick nimmt. Aktuelle Praxisprobleme und deren institutionelle Hintergründe werden reflektiert und durchgearbeitet (vgl. Leuschner 1977, S. 50).

Wie Sozialarbeit als Reflex der gesellschaftlichen Entwicklung verstanden werden kann, so ist Supervision die Antwort auf die Entwicklung der Sozialarbeit der jeweiligen Zeit (vgl. Wieringa 1990). Die Gruppensupervision ist eng mit der Einführung des »social groupwork« in der Sozialarbeit verbunden. Dieses nach dem »case-work« (Einzelfallhilfe) entstehende Verfahren sozialarbeiterischen Handelns speiste sein Gruppenkonzept zunächst aus der Sozialpädagogik (vgl. Konopka 1968; Bernstein/Lowy 1975). »Durch die Beschäftigung mit dem Phänomen Gruppe wurden die Begriffe Rolle – Status – Position für das diagnostische Denken bedeutsam ... einige fingen damit an, Supervision in einer Gruppe von Supervisanden durchzuführen, zum Teil als Einzelsupervision in der Gruppe, an der die übrigen Gruppenmitglieder partizipierten, oder mit einem Interventionsverhalten, das ihrem Führungsstil in der sozialen Gruppenarbeit entsprach. Fragen nach der Effektivität von Einzel- oder Gruppensupervision tauchten erst später auf« (Schwarzwälder 1990, S. 60 f.). Maria Loofs (1973) nennt in ihrem interessanten Überblick über die Pionierzeit der Gruppensupervision Anfang der 1970er-Jahre einige Probleme, die teilweise bis heute relevant sind: Einsatz und Zielsetzung der Gruppensupervision neben der Einzelsupervision, Abgrenzungen zur Praxisanleitung, zur Balintgruppe und zur Therapie, Bedeutung der Gruppendynamik für das strukturierte Setting einer Lerngruppe.

Inhaltliche und praktische Gründe sprachen dafür, die Gruppe als Beratungsform zu nutzen:

- Zum Erlernen der sozialarbeiterischen Methoden (casework, groupwork, communitywork) wurde Supervision benötigt. Dabei erwies sich die Gruppe als geeignetes Instrument, die mit diesen Methoden verbundenen Lernziele bei den Teilnehmern zu erreichen.
- Es mangelte an Supervisoren. – Auch das ist ein Grund für Gruppensupervisionen.
- Mehr Teilnehmer konnten gleichzeitig von einem Supervisor, dessen Beschäftigung überschaubare Kosten nach sich zog, mit Beratung versorgt werden.
- Im Fortbildungsbereich lag es nahe, Studiengruppen zum Erlernen bestimmter methodischer Konzepte zu installieren, die in der Supervision dann ihre Praxiserfahrungen mit diesen Methoden und Verfahren reflektieren und ihre Kompetenz erweitern konnten.

Ende der 1960er- und Anfang der 1970er-Jahre fand die Gruppendynamik Eingang in die Erwachsenenbildung in der Bundesrepublik. Sie prägte über Jahre die gesamte Agogik, vor allem die Bildungsmethodik und -didaktik. Die sozialpädagogische Gruppenarbeit wurde nun durch gruppendynamische Prinzipien und Kompetenzen erweitert und teilweise abgelöst. Die Supervision folgte dieser Entwicklung und etablierte die Gruppensupervision neben der Einzelsupervision als zweites Supervisionsstandbein. Gruppendynamik und Supervision kamen erstmals miteinander in Berührung (vgl. Weigand 2000, S. 91 ff.). Die Prinzipien der Gruppendynamik, zum Beispiel Lernen im »Hier und Jetzt«, Feedback, Verhaltensänderung und Verhaltensstabilisierung in den Beziehungsdimensionen der Nähe und Distanz, die Positionierung im Statusgefüge der Gruppe, waren Anlass, die Gruppensupervision neu zu konzeptualisieren. Selbsterfahrungselemente, selbstreflexives und aktives Lernen werden nun zu Leitlinien für die Gestaltung der Supervisoren-Supervisanden-Beziehung.

Zeitgleich wurden erstmals verschiedene Konzepte der Gruppensupervision entwickelt, die im Folgenden skizziert werden (Kersting 1975, Leuschner 1977, 1980; Wilhelm u. a., 1976; Neidhardt 1982). Forschungsarbeiten zu einem spezifischen Konzept von Supervision in der Gruppe sind aus dieser Zeit nicht bekannt.

Gruppensupervision als offenes Kommunikationssystem

Heinz Kersting (1975) versucht mithilfe des Konzeptes der sozialen Gruppenarbeit nach Louis Lowy (1972, 1975), der Kommunikationstheorie von Paul Watzlawick und anderen (1971) und dem Themenzentrierten Interaktionsmodell von Ruth Cohn (1970) die Gruppensupervision als offenes und symmetrisches Lern- und Kommunikationssystem zu konstituieren. Die persönliche Art, zu reagieren, die objektiven Erkenntnisse über das Thema, die aktuelle Arbeitssituation und die subjektive, persönliche Erfahrung sollen miteinander verbunden werden (vgl. Kersting 1975, S. 12). Merkmale und Vorteile der Gruppensupervision sind in diesem Konzept:

- In der Gruppe können sich Identifikationen unterschiedlicher Art mit dem Fallvortragenden ergeben.
- Die Supervisanden übernehmen in verschiedener Art und Weise die Beraterrolle.
- Die Metakommunikation eröffnet neue Interpretationsmöglichkeiten der dargestellten Praxis.

In der sozialpädagogischen Gruppenarbeit wird im Gegensatz zu einer direktiven Pädagogik von den Interessen und Bedürfnissen der Gruppenmitglieder ausgegangen, sodass sich eine Offenheit für die in der Gruppe zu bearbeitenden Themen herstellt; der Gruppenleiter versteht sich als Partner der Gruppenteilnehmer und legt Wert auf gemeinsames Handeln und Verhandeln im Gruppenprozess.

Emanzipatorische Gruppensupervision

Johann Wilhelm und seine Kollegen beschreiben ausführlich, wie eine Gruppensupervision in den 1970er-Jahren durchgeführt wurde. Die Zeit der gesellschaftlichen Umbrüche der 68er-Bewegung forderte auch von der Gruppensupervision emanzipatorische Ziele. Die Gruppe arbeitete nach dem Ansatz der Aktions- und Handlungsforschung. Bedeutsam war dabei vor allem das Prinzip der »Beteiligung der Gruppenmitglieder an der Auswertung der Forschungsergebnisse, das heißt, die Gruppe untersucht sich selbst und interpretiert die Ergebnisse. Geforscht und gearbeitet wurde auf vielen Ebenen: Es ging um die Arbeit mit den Klienten, eigene biografische Erfahrungen wurden eingebracht, und auch das Interaktionsverhalten in der Supervisionsgruppe wurde untersucht. Alle Perspektiven und Handlungen wurden unter einem politisch-emanzipatorischen Anspruch betrachtet. Trotz der hohen Ansprüche und der Komplexität des Materials verhalf die Gruppensupervision dazu, so die Auswertung einer der Supervisanden, »die eigenen Ziel- und Wertvorstellungen klarer zu sehen, was mit einem Zuwachs an Sicherheit verbunden ist« (Wilhelm u. a. 1976, S. 365). Offene Kommunikation im Kollegenkreis war damals – wie auch heute – keine Selbstverständlichkeit. Die Supervisanden beschreiben ihre Erfahrungen in der Supervision als persönlich, für ihre Klientenarbeit und ihre kollegiale Kooperation aufschlussreich, politisch und beruflich nützlich.

> Die Gruppe ist Reflexionsraum für die Fallarbeit und Selbsterfahrungsraum für die Supervisanden.

Das Arbeiten in der Gruppe wurde nach »interaktionspädagogischen Methoden« (vgl. Fritz 1975) ausgerichtet, die das »soziale Lernen in der Gruppe« mit der Fähigkeit zur Selbstreflexion, zur Antizipation und zur Aktion verbinden. Selbsterfahrung und Selbstreflexion in der Gruppe sind deshalb für die emanzipatorische Gruppensupervision unabdingbar, um die »latente schizophrene Gebrochenheit zwischen Inhalts- und Beziehungsaspekt« (Wilhelm u. a. 1976, S. 370) zu verändern. Der Supervisor ist kein in Distanz befindlicher Aufseher oder Pädagoge, sondern »kann sich aus den dynamischen Prozessen der Supervision nicht entlassen; er wird selbst (sein Verhalten, seine Rolle) zum Reflexionsobjekt. Seine spezifische Leistung besteht darin, den Prozess methodisch angeleitet und in Gang gebracht zu haben« (Wilhelm u. a. 1976, S. 359). Der Bericht zeigt sehr eindrucksvoll, wie die damals sich entwickelnde Gruppensupervision ihre sozialpädagogischen und dann auch gruppendynamischen Methoden zwischen gesellschaftspolitischen Ansprüchen, persönlichkeitsorientierter Weiterentwicklung und aufklärender Sozialarbeit erst finden musste, um sich konzeptionell als eigenes Supervisionssetting zu profilieren. In der Gruppe werden folgende Themen reflektiert:

- der Gruppenprozess in unterschiedlichen Phasen,
- die Arbeitsmethoden in der Gruppe,
- das Selbsterfahrungspotenzial,
- die Wertfrage,
- das Lernmodell,
- die Sprache,
- das Erleben und die Auswirkungen der Arbeit für die einzelnen Mitglieder sowie
- der institutionelle Kontext.

Die Gruppe ist Reflexionsraum für die Fallarbeit, Selbsterfahrungsraum für die Supervisanden und politischer Raum für emanzipatorische Zielsetzungen.

Diesen politischen Raum findet Nuna Neidhardt (1982) in der Gruppensupervision, die dazu genutzt werden soll, die institutionellen Ursachen für die Schwierigkeiten der Klientenarbeit zu analysieren und zu bearbeiten. Im Konflikt der Sozialarbeit zwischen Spezialisten und Bürokratie könne die Gruppensupervision dazu beitragen, die Professionalisierung der Sozialarbeit zu stärken; die Gruppe müsse dazu genutzt werden, die unbewussten institutionellen Inszenierungen aufzudecken. Methodisch plädiert sie für eine Vielfalt, die viel Freiraum für die Gruppe lässt und wenig strukturierenden Eingriff eines Leiters auf dem Hintergrund eines spezifischen Konzeptes vorsieht. Neidhardt verfolgt mit ihrem Plädoyer für die Gruppensupervision vor allem eine berufspolitische Zielsetzung. Supervision wird als Reflexions- und Auseinandersetzungsort mit institutionellen Abwehrmechanismen verstanden. Die Gruppe dient dieser politischen Zielsetzung.

Interaktionsmodell von Gruppensupervision

Gerhard Leuschner interessiert sich als langjährig praktizierender Gruppendynamiker in besonderer Weise für den Einbezug der Gruppe in das Beratungsgeschehen der Supervision und die Nutzung gruppendynamischer Prozesse für die Aufklärung der in der Supervision geschilderten Praxisszenen. Er entwickelt drei verschiedene Arbeitsweisen von Gruppensupervision:

- das dyadische Beratungsmodell, das die Gruppe als Bühne für den Beratungsprozess zwischen Supervisor und Supervisand benutzt,
- das multiple Beratungsmodell, in dem die Supervisanden die Beraterrolle mit übernehmen und der Supervisor die daraus erwachsenden gruppendynamischen Folgen (Rivalität, Kreativität, gegenseitige Behinderung) kontrolliert und steuert,
- schließlich das interaktionistische Modell, in dem die Gruppenprozesse als Medium des Fallverstehens genutzt werden; die Supervisanden bringen hier bereits gruppendynamische und Supervisionserfahrungen mit.

Das Schwergewicht legt Leuschner auf das interaktionistische Modell, das er von da an über viele Jahre hinweg weiterentwickelt hat (Leuschner 1980). Er arbeitet in drei Phasen:

 Die Themensuchphase. Für diese Phase, in der die Gruppe sich für ein bestimmte Fragestellung entscheidet, will Leuschner den Gegensatz »Entweder wir arbeiten am Inhalt oder an den Beziehungen« aufheben. Er geht davon aus, dass sich »am inhaltlichen Thema nur bewusst arbeiten lässt, wenn die gleichzeitig ablaufenden Prozesse als bedeutsamer Geschehensinhalt gesehen und gewertet werden können… Gruppenprozesse und individualdynamische Prozesse sind Bestandteil menschlicher Realität in allen Situationen« (Leuschner 1980, S. 37). Das inhaltliche Thema oder die Aufgabe ist für ihn der eine Realitätspol, der andere sind die Individual- und Gruppeninteressen mit den dazugehörenden Affekten und Emotionen.

 Die Phase der Wahrnehmungserweiterung. In dieser Phase geht es dem Supervisor um die Anregung und Beförderung der Assoziationen, Fantasien, bewussten Identifikationen zum Fallgeschehen. Die Gruppe beginnt allmählich selbst ihre Assoziationen zu verknüpfen und »so entwickelt sich langsam ein diagnostisches Netz von Wahrnehmungsfäden« (Leuschner 1980, S. 40).

Die Handlungsphase. In der letzten Phase des Beratungsprozesses werden »je nach Problemlage verhaltensmodifizierende Interventionen oder systeminnovatorische Strategien erdacht und erprobt« (Leuschner 1980, S.41). Man könnte diese Arbeit als Probehandeln in der Gruppe bezeichnen.

Die Interventionen des Supervisors beziehen sich in diesen drei Phasen bevorzugt auf die Gruppe. Die einzelnen Supervisandinnen werden ermuntert, ihren Beitrag zu leisten und sich zum Fallgeschehen zu positionieren. Das, was in der Gruppe an Identifikation mit Personen oder Vorgängen im Fall fehlt, wird durch die Supervisorin ins Spektrum der Wahrnehmung gerückt; vorschnelle Lösungen der Gruppe werden gebremst, damit eher die Widersprüchlichkeiten des Falls auch in den Widersprüchen innerhalb der Gruppe zum Ausdruck kommen.

Hartmut Raguse (1990) hat sich viel später mit ähnlichen Fragestellungen in der Gruppensupervision wie Leuschner beschäftigt. Der Supervisor, der Leiter einer Selbsterfahrungsgruppe oder der Balintgruppenleiter können alle mit derselben Fallschilderung konfrontiert sein, aber sie machen alle etwas anderes mit ihrer jeweiligen Methode und kommen dadurch auch in unterschiedlichen Dimensionen zu spezifischen Ergebnissen. Die Gruppe kann als Bühne für eine Einzelsupervision verstanden werden bis hin zur Vorstellung, dass die Gruppe die Rolle des Supervisors übernimmt. Raguse plädiert selbst für eine Form der Gruppensupervision, in der ein Prozess mit dem Ziel in Gang gesetzt wird, »die eigene Arbeitspraxis teilweise (in der Gruppe; erg. W.W.) wiederzuerleben, über sie nachzudenken, sie vielleicht neu zu verstehen und mehr Möglichkeiten zu finden, in ihr zu schaffen. Die Gruppe ist dabei beteiligt durch ihr Einfühlen und gleichsames Nachschaffen der geschilderten Situation. Am Ende einer gelungenen Supervision könnte der Supervisand seinen Fallbericht nochmals erzählen, aber dasselbe Ereignis würde sich in seinem Bericht anders widerspiegeln, und genau das ist es, was neue Handlungsmöglichkeiten erst erschließt« (Raguse 1994, S. 255).

Gruppensupervision im Umfeld der Teamsupervision

Im Laufe der 1960er-Jahre werden das Team und die Teamarbeit zur neuen Arbeitsform in Organisationen. Ihre Attraktivität nimmt rasch zu und es entwickeln sich vielfältige Formen, in gemeinsamer Aufgabenbewältigung, interdisziplinär, in geteilter Verantwortung und in flacher Hierarchie miteinander zu arbeiten. Damit entstehen aber auch die spezifischen Probleme, die mit der Teamarbeit verbunden sind und die dann nach Supervision verlangen: Aufgabenverteilung und Leistungskontrolle, Auseinandersetzung um Führung, Status- und Beziehungskonflikte, Einbindung des Teams in den institutionellen Rahmen der Organisation. Die in diesen Jahren einsetzende Kritik bürokratischer Organisationen fördert die Teamarbeit als institutionelle Alternative und verstärkt den Trend zur Teamsupervision. Aber: Gruppensupervision kann solche Probleme nicht konkret vor Ort bearbeiten, sondern – wenn überhaupt –

nur indirekt lösen. Sie wird zur Qualifizierung der Klientenarbeit und zur Weiterbildung der Professionellen eingesetzt. Damit stagniert die konzeptionelle Entwicklung der Gruppensupervision. Erst in den 1990er-Jahren gibt es wieder neue Konzepte beziehungsweise theoretische Auseinandersetzungen zur Gruppensupervision.

Astrid Schreyögg (1994, 2004) entwirft ein vierstufiges Modell der »integrativen Supervision«, in der das supervisorische Handeln auf individueller, interaktioneller und systemischer Ebene angesiedelt ist, ergänzt durch eine praxeologische Ebene, auf der sich methodische Hinweise vor allem psychotherapeutischer Provenienz finden. Dieses Modell macht deutlich, dass berufliche Probleme in jeder der vier Dimensionen ihre Ursache haben. Gerade deswegen wird aber die hohe Komplexität dieses anspruchsvollen Konzepts kritisch betrachtet, weil es »eine ebenso verführerische wie trügerische Vorstellung« ist, »dass man den komplexen Problemstellungen in der Supervision durch die Kombination von drei, vier oder fünf Beratungsmethoden gerecht werden könne« (Gaertner 1999, S. 105 ff.).

> Neue Konzepte der Gruppensupervision im Kontrast zur Teamsupervision.

Adrian Gaertner (1999, S. 20) stellt stattdessen die Frage: »Wie lässt sich eine gegenstands- und problemadäquate Supervisionspraxis konzeptualisieren, in der gleichermaßen der Beratungsbedarf der Professionellen, die institutionellen Paradoxien und der Anspruch der Klienten beziehungsweise Patienten auf angemessene Behandlung berücksichtigt werden. In Fallanalysen rekonstruiert er den Ablauf der Supervision von der Fallankündigung über die Fallaushandlung bis zur Fallbearbeitung. Diese rekonstruktive Fallarbeit hat sowohl einen Forschungs- als auch einen Qualifikationscharakter. Gaertner stellt die Beziehung zwischen professionellem Helfer und Klienten in das Zentrum seines Konzeptes und stiftet mit ihr die »Einheit des supervisorischen Gegenstandes, dem alle institutionellen, teambezogenen und berufsbiografischen Momente ... zugeordnet werden« (Gaertner 1999, S. 268). Indem die Professionellen die Beziehungsdynamik des Falles analysieren lernen, entwickelt sich die für ihre Arbeit nötige Feldkompetenz. Die Betonung der Aktivität der Gruppe und die zurückgenommene Aktivität des Supervisors sind der Orientierungsmaßstab der Gruppenarbeit. Eine Unterscheidung der Fallbesprechung in Team- oder Gruppensupervision macht Gaertner nicht; eine konzeptionelle Differenzierung der beiden Beratungsformen wird nicht vorgenommen.

Kornelia Rappe-Giesecke (1990) modelliert die »Normalform des Ablaufs« einer Supervisionsgruppe. Diese beginnt mit einer Vorphase der Kontraktschließung, gefolgt von einer Aushandlung des Fallthemas; es schließen sich Falleinbringung und Fallbearbeitung an, und die Supervision endet mit einer Abschlussphase. Dieser Idealtypus des Ablaufs kann durch Gruppenprobleme gestört sein, dann wird das Programm der »Fallarbeit« unterbrochen und es erfolgt ein Programmwechsel zur »Selbstthematisierung«. Hier werden dann psycho- und gruppendynamische Probleme der Supervisionsgruppe und ihrer Mitglieder besprochen.

Ein drittes Programm ist die Institutionsanalyse, in der es um die institutionellen Bedingungen der Teamarbeit geht. Welche Bedeutung dieses Programm für die Gruppensupervision hat, bleibt offen. Um die Normalformerwartungen zu erfüllen, braucht es »selbstregulative Prozesse« des Supervisionssystems, um die eigene Identität zu erhalten und die Arbeitsfähigkeit herzustellen. Dazu gehört zum Beispiel die Steuerung der Informationsverarbeitung oder die Selbstreflexion der Strukturen.

Zum Problem des Programmwechsels machen Benjamin Bardé (1992, S. 93) und Gaertner (1999, S. 110) einige kritische Anmerkungen. So bleibt beispielsweise offen, wann ein Programmwechsel erfolgen soll, welche Entscheidungskriterien dazu genutzt werden sollen und wer die Entscheidung trifft.

Eine zweite Anfrage stellt sich an die beiden Konzepte von Gaertner und Rappe-Giesecke: die fehlende Differenzierung von Gruppen- und Teamsupervision, die konzeptionell und praktisch zum Problem wird. Aus der Gruppenperspektive handelt es sich im Falle der Teamsupervision um eine institutionell festgelegte Arbeitsform mit mehr oder minder hoher Abhängigkeit und einem gewissen Zwangscharakter: Die Organisation bestimmt die Gruppe. Die Gruppensupervision lebt von der freiwilligen Teilnahme ihrer Mitglieder, von der Individualität der Personen und ihrem professionellen Engagement.

In der Praxis vermischen sich immer wieder beide Settings. Unter dem Deckmantel der Gruppensupervision wünschen sich die Mitglieder eines Teams oft die Besprechung ihrer institutionellen Probleme wie umgekehrt die Teamsupervision zu einer Fallsupervision in der Gruppe wird, wenn die Vorstellung eines Klienten die Ausweichmöglichkeit bietet, sich nicht mit Teamproblemen auseinandersetzen zu müssen. Auf die Konzeptentwicklung der Gruppensupervision hatte diese Überschneidung beider Supervisionsformen zunächst einmal die Wirkung, dass die Trennschärfe und damit die Eindeutigkeit des Settings verloren gingen.

Kurt Buchinger (1994, S. 143 ff.) hält deshalb die Unterscheidung zwischen Gruppensupervision, Teamsupervision und Balintgruppe für unbedingt erforderlich und benutzt als differenzierenden Faktor den Umgang mit dem Widerstand, der nach seiner Auffassung in allen drei Beratungsformen einen spezifischen Charakter hat. »Jedes Mal wird der Gruppenprozess in spezifisch anderer Weise genutzt, um die erwünschten Beratungseffekte zu erzielen. Und jedes Mal ist man mit ganz spezifischen Widerständen von nicht miteinander vergleichbarer Dynamik konfrontiert. Individuelle, Gruppen- beziehungsweise Team- und institutionelle Widerstände verlangen unterschiedliche Handhabung, weil die ihnen zugrunde liegenden Abwehren in sehr verschiedenen Systemen verankert sind – einmal im psychischen System des Individuums, dann in den sozialen Systemen der Gruppe oder im Organisationssystem der Institution« (S. 145). Er hält deshalb den Wechsel von einer Beratungsform zur anderen in der gleichen Gruppe für problematisch, weil die Gruppe einmal als Resonanzphänomen, das andere Mal als Übertragungsobjekt und das dritte Mal auf ihre Gruppendynamik hin untersucht wird. Bei einem Methodenwechsel käme es dann zu einer Verhärtung der Widerstände. So liegt die Vermutung nahe, dass der Methodenwechsel gerade dann vollzogen wird, wenn die Widerstände besonders hoch sind und eigentlich ihre Bearbeitung indiziert ist.

Eine andere Differenzierung zwischen Gruppen- und Teamsupervision bietet Franz Leinfelder (1994) an. Er diskutiert die Bedeutung der gruppendynamischen Kompetenz für supervisorisches Arbeiten. Nach seiner Auffassung fristet die Gruppendynamik in der Gruppensupervisionspraxis theoretisch wie praktisch ein Schattendasein (Leinfelder 1994, S. 96), obwohl sie eine unverzichtbare Säule supervisorischen Handelns darstelle. Er unterscheidet fünf Phasen der Gruppenentwicklung:

- den Platz des Einzelnen in der Gruppe,
- die Entwicklung der Beziehungsdynamik,
- die Gruppe in Beziehung,
- die Gruppe in der Auseinandersetzung mit dem Supervisor sowie
- die arbeitsfähige Gruppe und der Supervisionsabschluss.

Diese Phasen, so Leinfelder, laufen in jeder Team- und Gruppensupervision ab. Allerdings muss zwischen den Prozessen der Teamsupervision und denen der Gruppensupervision unterschieden werden. Die Beziehungsaufnahme wird zum Beispiel in der Gruppensupervision nicht von solchen Widerständen begleitet wie in der Teamsupervision. Die Auseinandersetzung mit dem Supervisor hat ebenfalls in beiden Settings andere Inhalte: In der Gruppensupervision geht es eher um die Autorität des Beraters, während es in der Teamsupervision um die Autorität des Change-Agents geht. Auch der Abschluss einer Gruppensupervision hat einen anderen Charakter als das Ende einer Teamsupervision. Im ersten Fall geht die Gruppe auseinander, im zweiten Fall bleibt sie in der Regel zusammen, nur der Supervisor geht. Selbst wenn manche Prozessbeschreibungen bei Leinfelder etwas schematisch erscheinen, wird die Wichtigkeit der Unterscheidung beider Supervisionssettings deutlich. Die Rahmenbedingungen beider Supervisionsformen sind so unterschiedlich, dass auch die typischen Gruppenprozesse eine andere Bedeutung bekommen.

> Gruppendynamische Prozessabläufe jenseits der Fallarbeit.

Das Struktur- und Ablaufschema einer Gruppensupervision orientiert sich in den dargestellten Konzepten an einem Phasenmodell, das mit Modifizierungen etwa die folgenden Abschnitte aufweist: Kontraktphase, Fallaushandlung, Falleinbringung, Fallbearbeitung, Abschlussphase (vgl. Rappe-Giesecke 1990). Diese Phasen orientieren sich am Gegenstand der Gruppenarbeit, dem Fall. Die von Leinfelder unterschiedenen Phasen sind gruppendynamische Prozessabläufe, die sich jenseits der konkreten Fallarbeit vollziehen. Die Zuordnung beider Phasenmodelle ist theoretisch wie praktisch nicht leicht zu bewältigen, wie die Anfragen an die Indikation für den Programmwechsel von der Fallarbeit zur Selbstthematisierung bei Rappe-Giesecke zeigen.

Aus der Vielfalt von Überlegungen zu spezifischen Phänomenen in der Gruppensupervision soll hier noch auf zwei interessante Beiträge verwiesen werden: Die Bedeutung sozialer Konflikte in der Gruppensupervision (Zimmer 1996) sowie der Umgang mit Identifikation und Distanz im Interaktionsverhalten von Supervisor und Supervisanden in der Gruppensupervision (Lehmenkühler-Leuschner 1998).

Dreißig Jahre später entsteht beim Lesen der neueren Konzepte im Blick auf die drei von (Wilhelm u. a. 1976) genannten Räume – Selbsterfahrung, Fallarbeit, politische Reflexion – der Eindruck, dass Gruppensupervision heute nicht mehr zur Politisierung der Sozialarbeit genutzt wird, sondern zur Qualifizierung und Professionalisierung der eigenen beruflichen Tätigkeit. Selbsterfahrung wird begrenzt auf die Reflexion der persönlichen Attribute, die für die Arbeit am Fall relevant sind. Aber heute wie damals sind die Fallarbeit und die Reflexion des Falles das Herzstück der Gruppensupervision.

In allen Konzepten finden sich drei Faktoren wieder, die die Dynamik der Gruppensupervision bestimmen: der Fallvortragende mit seiner Fallszene, die gruppendynamische Perspektive, die durch das Gruppenkonzept des Supervisors vorgegeben wird, und schließlich die durch den Fall ausgelöste Dynamik in der Gruppenarbeit. Der Versuch aller vorgestellten Gruppensupervisionskonzepte besteht darin:

- eine Struktur für diese Dynamik zu schaffen, sei es durch Programme und Programmwechsel wie bei Rappe-Giesecke, sei es durch die Rekonstruktion des Falles in der Gruppe wie bei Gaertner oder durch ein interaktionistisches Modell wie bei Leuschner, in dem die Gruppenprozesse zum Verstehen des Falles benutzt werden,
- den Verlauf des Supervisonsprozesses in Phasen einzuteilen, wie es in modifizierter Form fast alle Autoren tun: von der Fallauswahl über die Fallbesprechung bis zur Auswertung der Gruppenarbeit,
- die unterschiedlichen Perspektiven, mit denen die Supervision in der Gruppe betrachtet werden kann, zu bewerten und zu hierarchisieren; Selbstthematisierung, berufsbezogene Selbsterfahrung, Fallarbeit in ihren unterschiedlichen Ausrichtungen (systemisch, psychoanalytisch, interaktionell usw.), die Korrespondenz von Feld- und Beziehungsdynamik, der Umgang mit gruppendynamischen Prozessen.

Die Praxis der Gruppensupervision

Unstrittig ist in allen Konzepten, dass in der Gruppensupervision die Gruppe von zentraler Bedeutung für die Beratungsarbeit ist. Deshalb geht es im Folgenden um die Darstellung des strukturellen Rahmens der Gruppensupervision:

- die Zusammensetzung und Zielsetzungen der Supervisionsgruppe,
- die Modalitäten der Gruppenbildung,
- den Gegenstand in der Beratungsarbeit und
- die Verlaufsstruktur der Supervision.

Danach werden die Wirkfaktoren der Gruppe für die Beratung genauer betrachtet.

Wirkfaktoren der Gruppe in der Supervision

Die Zusammensetzung und Ziele der Supervisionsgruppe

Gruppensupervision rekrutiert ihre Mitglieder aus unterschiedlichen Kontexten:

- Es treffen sich Professionelle, die aus verschiedenen, untereinander nicht verbundenen Institutionen kommen, aber der gleichen Profession angehören, beispielsweise Juristen, Sozialarbeiter, Lehrer, Pfarrer.
- Oder sie gehören zur gleichen Institution, arbeiten aber voneinander weitgehend unabhängig, zum Beispiel Pfleger aus unterschiedlichen Abteilungen des gleichen Krankenhauses oder Fachärzte aus unterschiedlichen Häusern desselben Krankenhausträgers.
- Sie können auch zum Zwecke einer Aus- oder Fortbildung zusammenkommen und zum Erreichen der Lernziele und zum Erwerb der angezielten Kompetenz an einer Gruppensupervision teilnehmen, zum Beispiel Ausbildungskandidaten für Supervision.
- Als Mitglieder überregionaler Zusammenschlüsse (zum Beispiel Verbände) können sie in der Supervision ihre Projekte begleiten lassen.
- Durch die Initiative Einzelner oder kleiner informeller Gruppen finden sich Gruppen zusammen; oder es werden über ein persönliches Netzwerk Professionelle zusammengeführt, die einen Reflexionsort für ihre Arbeit suchen.

Die Professionellen, die sich in der Gruppensupervision treffen, können der gleichen Profession angehören (beispielsweise Lehrer, Sozialarbeiter, Ärzte oder Geschäftsführer) oder in professionell gemischten Gruppen Supervision erhalten. Dabei erfolgt dann oft eine Fokussierung auf ein spezifisches Thema (Führungskompetenz, Projektarbeit, Genderthematik und anderes). Sie können zur gleichen oder zu unterschiedlichen Hierarchiestufen in ihren Organisationen gehören beziehungsweise mit ähnlichen Aufgaben betraut sein (zum Beispiel Qualitätsbeauftragte, Führungskräfte der oberen oder mittleren Ebene, Projektleiterin, Stabsstelleninhaber).

Modalitäten der Gruppenbildung

Die Bildung der Supervisionsgruppe hat Einfluss auf die Prozessqualität und die Kultur der Gruppe; wer die Initiative ergreift, prägt das Ergebnis.

- Als Organisationssupervision: Das verantwortliche Management fragt den Supervisor um Gruppensupervision an und bittet um ein Kontraktgespräch mit der Leitung und anschließend mit der von der Organisation festgelegten Supervisionsgruppe. Kommt es zur Zusammenarbeit, wird ein Dreieckskontrakt zwischen Supervisorin, Gruppensupervisanden und beauftragendem Organisationsmanagement geschlossen. Im Kontrakt werden das Ziel der Gruppensupervision, die regelmäßigen Teilnehmer, der Beginn, die Dauer und Frequenz, die Korrespondenz zwischen Gruppe, Supervisor und Management, die Evaluation, besondere Modalitäten und das Honorar für den Supervisor geregelt.
- Eine aus Eigeninitiative entstandene Supervisionsgruppe sucht sich eine Supervisorin und schließt mit ihr einen Kontrakt für die Gruppensupervision.
- Ein Supervisor bietet für eine bestimmte Adressatengruppe (Berufsgruppe, spezifisches Arbeitsgebiet, auf bestimmte Rollen bezogen, zum Beispiel Führungskräfte) eine Supervisionsgruppe an und stellt dann die Gruppe nach eigener Wahl zusammen.

Gegenstand der Beratungsarbeit in der Gruppensupervision

Gegenstand der Supervision sind sogenannte Fallberichte, die ein Mitglied der Gruppe aus seiner beruflichen Tätigkeit zur Beratung und Bearbeitung in die Gruppe einbringt. Es handelt sich um eine berufliche Szene, mit der offene Fragen, Schwierigkeiten oder Konflikte verbunden sind. Ziel der Supervision ist es, die Schwierigkeiten, die sich im Fall zeigen, zu verstehen und konkrete Veränderungs- oder Lösungsmöglichkeiten zu finden.

Der Fallbericht kann sich auf Probleme aus unterschiedlichen Kontexten beziehen:

- Arbeit mit einem Klienten oder einer Klientengruppe,
- adäquate Anwendung professionsspezifischer Methoden und Verfahren,
- Kommunikations- und Kooperationsprobleme mit Kollegen, Mitarbeitern oder Vorgesetzen,
- Organisations- und Managementaufgaben,
- Projektarbeit,
- konzeptionelle Fragen der Arbeit insgesamt,
- Wertkonflikte,
- karriereberatung,
- Burn-out-Symptome,
- Sinnfragen in der eigenen Arbeit.

Das Einbringen des Falls in die Gruppe ist indiziert, weil

- sich Fragen stellen, die der Professionelle sich selbst nicht beantworten kann,
- sich intrapsychische oder soziale Konflikte ergeben,
- sich eine Krisensituation entwickelt,
- Veränderungen und Fortschritte nicht ersichtlich sind,
- Überforderungssymptome auftreten,
- die weitere Arbeit mit dem Klienten infrage steht.

Der Fall kann vom Fallvortragenden auf unterschiedliche Weise eingebracht werden, nämlich als

- spontane, nicht vorbereitete Schilderung,
- mündlicher, vorbereiteter Fallvortrag,
- Einbringen von schriftlichen oder anderen medialen Dokumenten,
- schriftlich verfasster Bericht, der vorgetragen wird.

Verlaufsstruktur der Supervision

Der Verlauf der Supervision vollzieht sich in folgenden Schritten:

- Zu Beginn einer Supervisionssitzung, die in der Regel zwischen 90 und 180 Minuten dauert, wird geklärt, wer aus der Gruppe in der stattfindenden Sitzung einen Fall zur Besprechung und Beratung einbringt. Je nach zur Verfügung stehender Zeit werden ein bis drei Fälle besprochen. Die Reihenfolge der Fallbesprechungen wird festgelegt.
- Der Falleinbringer bekommt Raum, seinen Fall vorzutragen. Zunächst hat die Gruppe die Möglichkeit, weitere Informationen vom Falleinbringer zu erfragen, bevor die Gruppe beginnt, ihre Einfälle, Assoziationen, Erfahrungen, Fantasien, Affekte zum Fallbericht zu äußern; der Falleinbringer liefert weiteres Material nach und bestätigt beziehungsweise relativiert bestimmte Spuren, Diagnosen, Lösungsversuche, die die Gruppe verfolgt.
- Der Gruppensupervisor steuert den Beratungsprozess, bringt eigene Ideen und sein Wissen mit ein, weist auf nicht besprochene Dimensionen im Fall hin, macht auf Entwicklungen in der Gruppe als Reaktion auf das Fallgeschehen aufmerksam, deutet die Dynamik der Gruppe als Aussage zum Fallgeschehen, hält die Aufmerksamkeit auf den Fall gerichtet, steuert den Gruppenprozess, fasst das Ergebnis zusammen, überprüft den Nutzen der Beratungsarbeit für den Fallvortragenden.

Gruppensupervision in der Evaluation

Etwa seit 1995 beginnen Supervisorinnen und Supervisoren, ihre Praxis empirisch zu beforschen. Sie sind an der Legitimation von Supervision interessiert und wollen zeigen, dass diese Form der Beratung in Arbeit und Beruf für die Mitarbeiterinnen und Mitarbeiter in der Krankenpflege, in der Suchthilfe, in der Schule, bei der Polizei, in der Psychiatrie, bei Führungskräften der Psychohygiene, der Konfliktentlastung, aber auch einer effizienten Problemlösung dient.

Die Deutsche Gesellschaft für Supervision hat diese Forschungsarbeiten in einer Broschüre »Der Nutzen von Supervision« (2006) nach Berufsfeldern zusammengestellt und publiziert.

Diese Arbeiten dienen weitgehend dazu, die Nützlichkeit von Supervision für die professionelle Klientenarbeit, die Förderung von Kommunikation und Kooperation unter den Professionellen und ihre Qualifizierung zu belegen. Neue konzeptionelle Ansätze, die den Resonanzraum Gruppe für die Beratung in den Blick nehmen und empirisch untersuchen, stehen noch aus.

Die Bedeutung des Falls in der Gruppensupervision

Der Fall, der in eine Gruppe eingebracht wird, setzt bei den einzelnen Mitgliedern und in der gesamten Gruppe eine komplizierte Dynamik in Gang. Diese ist für die Bearbeitung des Falles – also die gegenseitige Beratung – höchst bedeutsam. Sie entsteht dadurch, dass der Fall für die Gruppenmitglieder auf unterschiedlichen Ebenen Bedeutung gewinnt.

 Die Gruppe als Resonanzraum des Falles. Zunächst stellt der Fall für die Gruppe eine Aufgabe dar, die sie lösen soll; der Ratsuchende will eine Antwort auf seine Fragen und eine Erklärung für seine Befindlichkeit. Die Gruppe ist in ihrer fachlichen Kompetenz angefragt und in ihrem Einfühlungsvermögen gefordert. Mit dieser Anforderung geht sie je nach Fallsituation und nach Person und Stil des Fallvortragenden unterschiedlich um. Das Engagement für die Fallbearbeitung wird nicht bei allen Gruppenmitgliedern gleich sein; der Fall kann Spannungen zwischen den Mitgliedern der Gruppe auslösen oder er kann auch dazu führen, dass alle sich in der Diagnose einig sind. Manchmal setzen sich alle für eine bestimmte Lösung ein oder schließen sich gegen den Fallgeber zusammen. Was auch immer durch den Fall in der Gruppe an Gedanken, Gefühlen und Prozessen ausgelöst wird, hat Bedeutung für die Fallarbeit. Diesen Vorgang nenne ich: Die Gruppe wird zum Resonanzraum des Falles.

Die in der Supervision bearbeiteten Aspekte eines Falles, so zeigt uns eine Untersuchung von Stefan Busse zur Frage »Wie wirkt Supervision?, sind nicht die einzig mögliche oder gar richtige Betrachtungsweise des Falles. Die jeweilige Bearbeitung kann vielmehr als Ausdruck eines interaktiven Gruppenprozesses verstanden werden: Welcher Fokus wird bearbeitet? Was wird ausgeblendet? Worauf einigt man sich?

Lernen am Fall. In der Gruppensupervision können die Mitglieder für ihre eigene Berufspraxis lernen. Die Fallbearbeitung ist wie eine Trainingseinheit im Sport, in der ein spezifisches Problem untersucht, verstanden und verändert wird. Wahrnehmung und Wissen erweitern sich, Diagnose- und Interventionskompetenzen entwickeln sich. Auch der Umgang mit den eigenen Gegenübertragungen kann am fremden Fall gelernt werden. Nicht selten arbeitet eine Supervisionsgruppe mehrere Jahre lang zusammen. Im Laufe der Zeit wird die Gruppe zu einem professionellen Kompetenzzentrum für das einzelne Mitglied. Es ist deshalb nicht verwunderlich, dass solche funktionierenden Supervisionsgruppen für Professionelle über lange Zeit zum unverzichtbaren Bestandteil ihrer Arbeit werden.

 Die Gruppe als sicherer Ort für schwierige Fälle. Die Gruppe wird zum Reflexionsort für schwierige professionelle Fragen und Probleme. Die Sicherheit, einen Ort zu haben, an dem man sich bei Bedarf Entlastung, Klarheit und Kompetenz verschaffen kann, wirkt sich auf Haltung und Handeln des Professionellen insgesamt positiv aus und erzeugt fachliche Souveränität. Die Gruppe bietet die Möglichkeit eines solchen Ortes allerdings nicht umsonst und von vornherein, sondern diesen Ort muss man sich erarbeiten: durch gegenseitiges Respektieren, durch bewältigte gruppeninterne Konflikte, durch die Erfahrung, sich öffnen zu können, und durch langsam wachsendes Vertrauen.

 Der Fall als Überprüfung und Weiterentwicklung professioneller Kompetenz. Für die Fallvortragenden stellt es eine Herausforderung dar, ihre berufliche Arbeit im Kreise von Kollegen zu präsentieren und sich damit einer gewissen Qualitätskontrolle auszusetzen. Durch das Feedback der Kollegen erhält die Falleinbringerin nicht nur eine Rückmeldung zu ihrem spezifischen Verhalten im konkreten Fall, sondern wird auch – vor allem bei längerer Zusammenarbeit – einen sowohl auf die Person als auch auf das Fach bezogenen Fortbildungseffekt feststellen können. Dazu bedarf es einer Gruppe, die in angemessener Form mit den Potenz- und den Schamgefühlen der Fallvortragenden umgeht, ihre fachlichen Qualitäten schätzen lernt, ihre Grenzen respektiert und sie als einen wichtigen Teil im Gesamtgefüge der Gruppe erlebt. Die Fallvortragende selbst braucht Selbstwertgefühl und die Souveränität, sich gelegentlich trotz unbefriedigender Antworten auf ihre Fragen und manchmal nicht zu verhindernder Kränkungen immer wieder auf die Gruppe einzulassen.

 Der Fall als Indikator für Überforderung und Anlass zum Containment. Professionelle Beziehungsarbeit mit schwierigen Klienten bringt hohe somatische und psychische Kosten mit sich. Burn-out-Erscheinungen entwickeln sich in helfenden Berufen und in verantwortungsvollen Führungs- und Expertenrollen, wenn es keine Gelegenheit gibt, der überforderten Person hinter der Rolle zumindest kompensatorisch zu helfen. Das Containment, also die Erfahrung, sich in einer Beziehung unter Kollegen in schwierigen Situationen gehalten und getragen zu fühlen, ist ein wirksames Gegenmittel der Gruppe gegen Überforderung und Grenzerfahrung.

Aspekte der Fallarbeit in der Gruppe

Am Beispiel einer Gruppensupervision mit Juristen sollen im Folgenden diese unterschiedlichen Aspekte der Fallarbeit in einer Gruppe illustriert werden.

 In einer Gruppensupervision für Rechtsanwälte, die in unterschiedlichen institutionellen Kontexten arbeiten (freie Praxis, in Unternehmen, in Verbänden und Behörden), beruflich sehr erfolgreich sind und einer Juristenvereinigung angehören, die sich eher gesellschaftskritisch versteht, sollen Probleme besprochen werden, die für die Einzelnen am Arbeitsplatz mit Kollegen, Personal oder anderen Bezugspersonen entstehen; Klientenprobleme stehen nicht im Vordergrund.

Die Gruppe ist durch die Initiative eines älteren Kollegen, der fachlich und persönlich in der Gruppe sehr geschätzt wurde, zustande gekommen. Im Laufe der Zeit wird deutlich, dass die fünf Männer und eine Frau, altersmäßig Ende dreißig bis Mitte fünfzig, sich aus beruflichen Zusammenhängen besser kennen, als sie zu Beginn der Arbeit zu erkennen gaben; gleichzeitig sind berufliche und private Kontakte ineinander verwoben. Es entwickelt sich eine gute Arbeitsatmosphäre in der Gruppe, die Supervisanden bringen sehr unterschiedlich scheinende Probleme aus ihren beruflichen Zusammenhängen ein, die aus späterer Betrachtung stark durch Beziehungsstörungen geprägt waren. Von Anfang an, zunächst aber nicht auffällig, tauchen mit der Zeit gehäuft bei Einzelnen gesundheitliche Probleme von einer einfachen Erkältung über chronische psychosomatische Beschwerden bis zum Burn-out auf, die aber zunächst nicht Gegenstand der Supervision sind. Deutlich wird aber, dass alle in der Gruppe mit ihrer »Arbeitswut« bis an das Limit und darüber hinausgehen. »Mein Büro ist mein Leben«, formulierte ein Supervisand, der im Nebensatz Probleme mit seiner Lebenspartnerin andeutete. Nun wurde die einzige Supervisandin in der Gruppe schwanger und erzählte, wie viele Schwierigkeiten sie dadurch in ihrer Praxis mit den Kollegen habe: Kritik wurde vor allem daran geäußert, dass sie ihre Schwangerschaft viel zu spät bekannt gegeben habe und nun nicht so schnell ein Ersatz für sie gefunden werden könne. Ihr Wunsch, wichtige Mandanten nebenbei weiterzubetreuen, stieß auf heftige Ablehnung. »Ein bisschen Arbeiten gibt es so wenig wie ein bisschen schwanger«, stellte einer ihrer Kollegen fest. Die Supervisandin war empört. Diese Empörung traf in der Supervisionsgruppe auf freundliche, aber gut spürbare Zurückhaltung. Die Vorwürfe seien zwar rechtlich unhaltbar, aber man müsse auch Verständnis für die Kollegen haben. Es entwickelte sich im Laufe des Gesprächs eine immer stärkere emotionale Identifikation mit den männlichen Kollegen der Schwangeren bis hin zur Feststellung: Beides gehe auch nicht gleichzeitig: in selbstständiger Praxis arbeiten und dabei Kinder kriegen. Die Supervisandin brach in Tränen aus; die männlichen Supervisanden waren darüber ebenso heftig erschrocken.

Damit begann die Fallarbeit, die dann über mehrere Sitzungen ging, da die Männer in der Gruppe begannen, vorsichtig von ihren gesundheitlichen Schwierigkeiten zu berichten (»Ich bin oft am Ende meiner Kraft«), von ihren Konflikten mit ihren Partnerinnen und ihren Familien und von ihren inneren Zerrissenheiten zwischen dem Beruf, den sie sehr lieben, und dem Privatleben. Aber auch die Schwangere erzählte von ihrem Stress, dem sie unter anderem mit ihrer Schwangerschaft entkommen wollte. Da blieb nur Krankheit als Legitimation vor sich selbst und den anderen. Die männlichen Bedürftigkeiten nach Beziehung, Zuwendung und Ruhe bekamen Raum in der Gruppe. Damit verstand aber auch die Supervisandin, wie viel Wut sie mit ihrer Schwangerschaft bei den Männern ausgelöst hatte, sich etwas gönnen zu können, was den Kollegen anscheinend nur über den Weg der Krankheit möglich ist.

Die falltheoretischen Überlegungen finden in diesem Beispiel ihre Konkretisierung:

- Der Fall, die Schwierigkeiten der Schwangeren, finden ihren Resonanzraum in der Gruppe, in der es zunächst um den Konflikt zwischen Arbeits- und Privatleben geht. Der Fall der Kollegin und das Thema der Gruppe korrespondieren. Die Gruppe reagiert auf den Fall, da in ihr selbst die Schwierigkeiten der Fallvortragenden virulent sind; sie besitzt einen Resonanzboden für das Thema. Dies ist zunächst noch kein bewusstes Verstehen, umso leichter kommen aber in den affektiv-emotionalen Reaktionen die Teile der Wirklichkeit zutage, die Widerstand und Abwehr hervorrufen. In der Individualität der Leiblichkeit und in der Sozialität der Beziehungen konkretisieren sich die versuchten Konfliktlösungen: Die psychosomatischen Beschwerden der Männer in der Gruppe einschließlich ihrer Konflikte im privaten Bereich sind Ausdruck ihrer Überforderung und Signal zum Innehalten und zur Reflexion; durch die Schwangerschaft der Kollegin wird dieser Konflikt auf die Spitze getrieben, da er einen möglichen und legitimen, aber auch nur scheinbaren Ausweg aus dem Konflikt zeigt. An die Stelle des Agierens kann nun das Reflektieren treten.
- Das Lernen am Fall bezieht sich hier nicht auf unmittelbare und spezifische professionelle Kompetenzen, zeigt aber dem Professionellen, dass die Trennung zwischen Berufsperson und Privatperson eine künstliche ist und nur nach außen scheinbar aufrechterhalten werden kann. Der Konflikt zwischen beiden Sphären und die Ambivalenzen, die damit verbunden sind, sind nicht einfach zu lösen, sondern müssen transparent und ausgesprochen werden. Sie sind dann Objekte der Reflexion, der Selbsterfahrung und der Aushandlung.
- Die Gruppe war für die Fallvortragende ein sicherer Ort, um ihr zunächst nur persönliches Problem, das an ihrem Arbeitsplatz nicht ohne Weiteres zu besprechen gewesen wäre, einzubringen, anders wahrzunehmen und verstehen zu können. Für die männlichen Supervisanden war es der Impuls, über ihre eigenen psychosomatischen Beschwerden und Beziehungskonflikte zu reden.
- Für die gesellschaftlich engagierten Juristen stellen sich neue Fragen an ihr professionelles Selbstverständnis zwischen Selbstständigkeit und Abhängigkeit, zwischen Kompetenz und Grenzerfahrung. Ihr auf Emanzipation und auf Solidarität

ausgerichtetes Wertesystem gerät in Widerspruch zur Praxis. Statt doppelter Moral kann die Uneindeutigkeit ethischen Handelns zum Thema werden.

- Dass der Fall Ausdruck der Überforderung ist, ist deutlich geworden. Solche Situationen nehmen gesamtgesellschaftlich eher zu. Gruppensupervision ist ein Ort, Ursachen, Auswirkungen und Veränderungsmöglichkeiten für solche Situationen zu reflektieren. Gerade eine Gruppe, die durch ihre Arbeit und ihre Beziehung von gegenseitigem Interesse und Wohlwollen geprägt ist, kann das Containment anbieten, das der Fallvortragende in einer solchen Situation der Überforderung braucht.

Die Balintgruppe

Im Unterschied zu anderen Bildungsmethoden, die ein inhaltlich eindeutig definiertes und reproduzierbares Wissen von Fakten vermitteln, liegt das Ziel der Beratung in einer Balintgruppe darin, den Teilnehmern ein Verständnis der zwischenmenschlichen Beziehung und ihrer unbewussten Dynamik zu vermitteln – ein Verständnis, das auf Einfühlungsvermögen gegründet ist. Im Unterschied zur Vermittlung von Faktenwissen geht diese Form von Lernen von anderen Voraussetzungen aus. Die persönliche Erfahrung im Beruf, das in der Gruppe dargestellte konkrete Problem (der Fall) bilden den Schwerpunkt dieser Gruppenarbeit. Ein Teilnehmer berichtet so frei wie möglich über einen Klienten oder eine Berufssituation, während ihm die anderen so aufmerksam wie möglich zuhören und dabei auf ihre gefühlsmäßigen Reaktionen und auf ihre Einfälle achten, die sie dann in die Diskussion einbringen. Daran schließt sich ein gemeinsames Gespräch an, in dem die verschiedenen Einfälle und Gedanken diskutiert werden. Die Aufgabe des Gruppenleiters liegt darin, diese Arbeit zu ermöglichen, indem er seine professionelle Kompetenz als Gruppenleiter und Berater zur Verfügung stellt und durch seine Interventionen versucht, das bewusste und unbewusste Geschehen in dem berichteten Fall sichtbar zu machen.

> Spiegel unbewusster
> Wirklichkeiten

Dieses Verständnis der Beratungsarbeit in der Balintgruppe weist sehr viele Ähnlichkeiten mit der Gruppensupervision auf. Von manchen Autoren wird die Balintgruppe deshalb mit der Gruppensupervision gleichgesetzt. Dieter Eicke, ein Schüler Michael Balints, der in den 1970er-Jahren an der Gesamthochschule Kassel den Supervisionsstudiengang mit etabliert hat, vertrat beispielsweise diese Gleichsetzung. Von Gerhard Wittenberger stammt der sehr kenntnisreiche Aufsatz zur Balintgruppe mit dem Titel »Gruppensupervision – ein Beitrag zur Entwicklung beruflicher Identität« (1985).

Man sollte allerdings an den folgenden Unterscheidungen festhalten, will man nicht die Gruppensupervision auf das psychoanalytisch bestimmte Setting der Balintgruppe reduzieren und festlegen.

Gruppensupervision und Balintgruppe im Vergleich		
Gemeinsamkeiten/Unterschiede	Gruppensupervision	Balintgruppe
Fallarbeit	Szene aus dem gesamten beruflichen Kontext	Professional-Klienten-Beziehung
Zusammensetzung der Gruppe	Aus gleichen oder unterschiedlichen Berufsfeldern; unterschiedlicher oder gemeinsamer institutioneller Hintergrund	Institutionell voneinander unabhängig
Selbstthematisierung	Zweite Arbeitsebene neben der Fallarbeit	Nur bei Störungen in der Fallarbeit
Arbeit mit Übertragung beziehungsweise Gegenübertragung – Spiegelungsphänomen für unbewusste Wirklichkeiten	Nur bei psychoanalytisch orientierter Gruppensupervision	Zentrale Perspektive
Sozialer und institutioneller Kontext	Immer mit einbezogen	Nur in der Weiterentwicklung des klassischen Balintgruppenkonzeptes
Qualifizierung	Individuell und rollenbezogen	Individuell und professionsbezogen
Leitungskonzept	Gruppendynamisch orientiertes Leitungsverständnis: Förderung der Gruppenaktivitäten und Steuerung des Gruppenprozesses im Blick auf die vereinbarten Ziele der Supervision	Aktivierung der Gruppe in Fokussierung auf den vorgetragenen Fall

Zur Entstehung der Balintgruppe

Seit den 1950er-Jahren suchte der Psychoanalytiker Michael Balint in London mit einer Gruppe von Hausärzten einen neuen Zugang zu den Patienten und ihrem Leiden, um über die rein somatische Betrachtungsweise hinaus die Bedingungen von Entstehung, Verarbeitung und Heilung von Krankheiten mit einzubeziehen. Nicht die Flasche Medizin oder die Tabletten seien ausschlaggebend, sondern die Art und Weise, wie der Arzt sie verschreibe – kurz, die ganze Atmosphäre, in welcher die Medizin verabreicht und genommen werde« (vgl. Balint 1957).

Die Arzt-Patient-Beziehung wird deshalb in den Balintgruppen zum Gegenstand der Untersuchung gemacht. Wie der Patient spontan über sich und seine Krankheit berichtet, so teilt der Arzt seinen Kollegen spontan seine Erlebnisse aus dieser Beziehung mit. Die Teilnehmer der Balintgruppe bemühen sich um das Verständnis der Arzt-Patient-Beziehung im Kontext ihrer Beziehungsreaktionen auf die spontanen Phänomene, die beim Vortrag des Kollegen zutage treten. Diese Arbeit geschieht in einem langfristigen Gruppenprozess, der sich als Lernprozess und als Beziehungsprozess der Gruppe darstellen lässt und über mehrere Jahre verläuft.

Im Laufe der Jahre wurden Balintgruppen auch mit Lehrern, Juristen, Sozialarbeitern und anderen Berufsgruppen durchgeführt. Heute gehört diese Form der Gruppenarbeit zum Aus- und/oder Fortbildungsprogramm vieler helfender Professionen, zum Beispiel auch der Supervisoren.

Für Theo Niederschmid (2002) ist die Balintgruppe ein Beitrag zur beruflichen Sozialisation und Identitätsbildung für zukünftige Supervisoren. Bernadette Grawe (2001) schildert aus persönlicher Perspektive die Nützlichkeit dieser Arbeit für ihr berufliches Handeln (fachliche Kontrolle, Qualifizierung supervisorischer Beratung) und ihr professionelles Selbstverständnis als Supervisorin.

Die Arbeitsweise der Balintgruppe

Die Balintgruppenarbeit leitet ihre Vorgehensweise ebenso wie ihre Ziele aus der psychoanalytischen Therapie ab: »Balintgruppenarbeit ist in ihrer Grundstruktur so einfach und so weitläufig flexibel wie die Psychoanalyse. Genauso wie in der Psychoanalyse werden freie Assoziationen, Übertragung und Gegenübertragung und die Arbeit am Widerstand dazu benützt, Unbewusstes bewusst zu machen …« (Eicke 1983, S. 10).

Übertragung – Gegenübertragung – Widerstand

Die aus der Psychoanalyse stammenden Begriffe (Übertragung, Gegenübertragung, Widerstand) beruhen auf der Annahme eines individuellen und kollektiven Unbewussten. Der Zugang zu dieser unbewussten Wirklichkeit ist vor allem auf indirektem Weg, assoziativ über Fantasie und Einfall, über den Traum oder Fehlleistungen möglich. Übertragung und Widerstand sind solche unbewussten Vorgänge, die einer analytisch geschulten Wahrnehmung und Deutung bedürfen, um zu einem erweiterten Verständnis der Realität, das heißt der Einbeziehung unbewusster Realität, zu gelangen. Im Einzelnen versteht man unter

- *Übertragung:* die Aktualisierung der ins Unbewusste verdrängten Erfahrungen problematischer und konflikthafter Kommunikations- und Beziehungskonstellationen der Vergangenheit in der Gegenwart; Personen und Situationen der Gegenwart werden affektiv-emotional mit den unbewussten Erfahrungen der Vergangenheit besetzt und somit kommt es in der realen Kommunikation und Interaktion zu unangemessenen Reaktionen, die vom Ausblenden spezifischer Wirklichkeiten durch eine eingeschränkte Wahrnehmung bis zu starken affektiv-emotionalen Reaktionen in unbewusster Erinnerung früherer nicht verarbeiteter Konflikte reichen können.
- *Gegenübertragung:* die Übertragungen des Professionellen auf die Übertragungsreaktionen seines Klienten. Auch der Professionelle ist von Übertragungen auf seinen Klienten im beschriebenen Sinne nicht frei; durch intensive Selbstreflexionsprozesse versucht

er einerseits, sich seiner subjektiven Übertragungsanfälligkeit bewusst zu werden, um sie besser kontrollieren zu können. Andererseits sind die Gegenübertragungsreaktionen des Professionellen eine wichtiger Zugang zu den Gefühlen und damit zum Verstehen des Klienten.

● *Widerstand:* Werden in einer aktuellen Situation, beispielsweise durch die Interventionen des Professionellen beim Klienten, bestimmte unbewusste, das heißt nicht verarbeitete Konflikte reaktiviert und virulent, reagiert der Klient zum eigenen Schutz vor Überforderung durch den als schmerzhaft empfundenen, mit Scham besetzten oder Angst auslösenden Konflikt mit Abwehr. Dieser hinter der Abwehr verborgene Widerstand vergrößert sich umso mehr, je weniger der Professionelle von den Konflikten versteht, die den Klienten bedrängen. Der Widerstand verringert sich in der Regel dann, wenn der Professionelle sich mit dem Widerstand identifizieren kann, also »auf der Seite des Widerstandes steht«.

Die Sitzung einer Balintgruppe ist durch folgende Schritte und Vorgehensweisen charakterisiert:

● Fallauswahl und Fallvortrag,
● freies Assoziieren und Erforschen des Falles,
● Spiegelung des Falls in der Dynamik der Gruppe,
● Interpretation und Deutung sowie
● Verstehen und Verändern.

Die freien Assoziationen in der Gruppe sind Wegweiser zur Entdeckung der latenten Determinanten des Falls. »Diese freien Assoziationen zerlegen den Bericht der Falleinbringenden durch eine Art Prismaeffekt in mögliche unbewusste Determinanten. Die Szene des Falls stellt sich während der Bearbeitung in der Gruppe unbewusst wieder her, wobei vor allem die unbewussten Anteile in der Szene bewusst werden. Der Psychoanalytiker als Gruppenleiter studiert diesen Vorgang, zieht seine Schlussfolgerungen und gibt Interpretationen« (Argelander 1984, S. 827). Seine Aufmerksamkeit richtet er dabei auf unterschiedliche Ebenen des Geschehens: auf die inhaltlichen Beiträge der Teilnehmer, auf die Art der Diskussion, auf das Verhalten der Gruppenmitglieder und die Dynamik der Gruppe. Im Resonanzraum der Gruppe werden die emotionalen Botschaften im Fallbericht verständlicher und die darin verborgenen Bedürfnisse der am Fall Beteiligten deutlicher; das Beziehungsgeschehen zwischen dem Fallvortragenden und seinem Klienten wird lebendig gespiegelt.

Dies erzeugt eine Resonanzfunktion der Gruppe, da in den verschiedenen Mitgliedern der Gruppe unterschiedliche Emotionen und Gefühle ausgelöst werden. Der Fallvortragende, der die vom Klienten vermittelten Emotionen der Gruppe vorträgt, erregt bei den Kollegen in der Gruppe rationale und emotionale Antworten. Die emotionalen Verstärkungen, Modifikationen und Relativierungen lassen die Bedürfnisse und Befindlichkeiten des Klienten besser erkennen; dies ermöglicht wiederum, adäquate Antworten und Reaktionen zu finden. »Die Gruppe und der Vortragende stellen dann gleichermaßen in gemeinsamer unbewusster Inszenierung die Beziehungsstruktur dar, die sich innerpsychisch vorher zwischen dem Vortragenden und seinem Klienten hergestellt hatte« (Zeul 1998, S. 10).

Ein Blick auf die beschriebene Szene der Gruppensupervision mit den Rechtsanwälten kann das Phänomen der Widerspiegelung des Falles in der Dynamik der Gruppe verdeutlichen. In der Gruppe konstelliert sich für die schwangere Supervisandin der gleiche Konflikt wie an ihrem Arbeitsplatz. Das Tabu der Selbstständigen, sich Zeit und Freiheit für ihr Privatleben zu nehmen, verdrängt den Konflikt, macht ihn nicht besprechbar, geschweige denn zum Gegenstand des Verhandelns zwischen den Notwendigkeiten der beruflichen Praxis und den privaten Interessen und Bedürfnissen: am Arbeitsplatz wie in der Supervisionsgruppe. Der Konflikt wird an beiden Orten verschoben. Die männlichen Supervisanden identifizieren sich mit ihren männlichen Kollegen in der Kanzlei der Schwangeren; hier wie dort steht sie allein; sie hat sich eines weiblichen Privilegs bedient, das eigentlich nicht angreifbar ist und deshalb rational akzeptiert werden muss, aber mit dem sich die männlichen Kollegen in der Kanzlei wie die Supervisanden in der Gruppe – auch aus eigener Not – nicht emotional identifizieren können. Die aus diesem Konflikt entstehende Aggression in der Kanzlei (»Ein bisschen schwanger gibt es nicht«) spiegelt sich ebenfalls in der Gruppe wider (»Selbstständig sein und Kinder kriegen geht auch nicht«). Beide Szenen bekommen durch die Leiblichkeit, die ihren Ausdruck im einen Fall in der Schwangerschaft und im Fall der Supervisanden in der Zunahme der psychosomatischen Beschwerden findet, eine existenzielle Bedeutung. Die individuelle und für jeden der Beteiligten persönliche Seite dieses Konfliktes kann in der Gruppensupervision thematisiert (Selbsterfahrung) werden. Da die Fallvortragende selbst die Klientin ist, wird auch die Balintgruppe die subjektive Seite auf der Selbsterfahrungsebene miteinbeziehen müssen. In der gegenwärtigen Praxis der Balintgruppenarbeit scheint diese Möglichkeit zunehmend vorhanden zu sein, wenn die Teilnehmer dafür offen sind. Sie müssen dann nichts im »Stillen mit nach Hause nehmen« (vgl. von Schlieffen 1983).

Die Bedeutung der Gruppe in der Balintgruppenarbeit

Für Michael Balint und sein Interesse, einen Lern- und Forschungsprozess zur Arzt-Patient-Beziehung zu etablieren, war es klar, dass dies nur im kollegialen Gespräch einer Gruppe mit anderen Ärzten stattfinden kann, die alle vom gleichen Interesse bewegt werden, Unverständliches in der Behandlung von Patienten verstehen zu lernen. Sie sollten aber nicht in einem dienstlichen oder sonstigen Abhängigkeitsverhältnis zueinander stehen, weil dadurch das gemeinsame Forschen und Lernen über die Arzt-Patient-Beziehung gestört und behindert würde. Von den möglichst ungefilterten Reaktionen der Gruppenmitglieder auf den spontanen und Gefühle nicht ausschließenden Vortrag des Falleinbringers versprach er sich eine Aufklärung vor allem der unbewussten Aspekte des Falls. Die Gruppe versucht den Text der unbewussten Beziehungen zu lesen und zu verstehen. Die Auseinandersetzung mit und das Studieren der Gegenübertragung gelten in der Balintgruppe als das zentrale Instrument des

Erkennens und Lernens. Die Gegenübertragung ist das »Hauptarbeitsgebiet« (Balint) der Gruppe. Sein Konzept der Gruppe und seine Arbeit mit der Gruppe hat er aber theoretisch nicht besonders verdeutlicht. Er wünschte sich ein gutes soziales Arbeitsklima und kein von Konkurrenz geprägtes analytisches Potenzgebaren.

Marianne Hege beschreibt das wenig ausgearbeitete Gruppenkonzept von Michael Balint folgendermaßen: »Wenn ich es richtig verstanden habe, so hat Balint in und mit der Gruppe gearbeitet, ohne deren Dynamik zu interpretieren, weder im Sinne der Gruppendynamik lewinscher Prägung noch der Interpretation des Gruppenprozesses im Sinn der analytischen Gruppentherapie. Er hat die Beiträge (der Gruppe, erg. W.W.), die sehr unterschiedlich und strittig sein können, zur Interpretation des Falles genutzt … Offenbar verstand Balint die Gruppe als eine Art mütterlichen Nährboden, der das Wachstum der Teilnehmer ermöglicht. Der mütterliche Humus bedarf keiner besonderen Bearbeitung! Die Balintgruppe ist also nicht ein Ort der Auseinandersetzung von Macht und Rivalität« (Hege 1983, S. 3 f.). Balint hat die aktuellen gruppen- und beziehungsdynamischen Prozesse nur als Spiegelung zum vorgetragenen Fall benutzt und nicht als Kooperationsproblem einer Arbeitsgruppe behandelt. Im Versuch, die Balintgruppenarbeit zu konzeptualisieren und zu standardisieren, taucht die Frage, wie der Balintgruppenleiter mit der Gruppe umgeht und welche Funktion die Gruppe für die Lern- und Forschungsarbeit hat, immer wieder auf.

Konzeptionelle Fragen und Entwicklungen

Innerhalb der Balintgruppenarbeit zeigt sich eine große konzeptionelle Bandbreite; es gibt unterschiedliche Positionen im Hinblick auf den Umfang der Selbsterfahrung, den Einbezug der Gruppendynamik und die Anwendung auf Gruppen in institutionellen Kontexten. In Bezug auf diese drei Bereiche hat es sich als sinnvoll erwiesen, das Konzept von Michael Balint zu erweitern und zu modifizieren.

 Selbsterfahrung in der Gruppe. Die Balintgruppe fokussiert die Beziehung zwischen den Professionellen und den Klienten und nicht die Prozesse in der Arbeitsgruppe selbst. Die Reflexion des Gruppenprozesses bleibt in der klassischen Balintgruppenarbeit weitgehend ausgeschlossen. Die hohe Effektivität der Balintgruppe hat zwar etwas mit dem Gruppenprozess zu tun (von Schlieffen 1983, S. 16), die Interaktion in der Gruppe wird aber nicht als Gruppenprozess transparent gemacht, sondern im Sinn des Falles gedeutet. *Balintgruppenarbeit und Selbsterfahrungsarbeit* stehen sich diametral gegenüber (S. 18) Selbsterfahrung kann der Teilnehmer »mehr oder minder im Stillen« für sich mit nach Hause nehmen. Die gegenteilige Position vertreten Dieter Eicke und Gerhard Wittenberger (1983, S. 47). Sie plädieren für eine generelle Ergänzung der Balintgruppenmethode um den gruppendynamischen Aspekt. Unter Einbezug gruppendynamischer Interventionstechnik könnten die unterschiedlichsten Konfliktfelder innerhalb und außerhalb des Falles in Balintgruppen aktuell bearbeitet werden (Eicke/Wittenberger 1983, S. 51).

Reflexion der Balintgruppe als Arbeitsgruppe. Im Zentrum der Arbeit steht die Beziehung zwischen dem Klienten und dem Falleinbringenden; alle Assoziationen und Empfindungen der Interpretierenden in der Gruppe werden in Bezug auf den Fall interpretiert. Die Plausibilität, die zunächst mit dieser Position verbunden ist, wird fragwürdig, wenn die Gruppen in der Praxis nicht so zustande kommen, wie Balint sich das wünschte. Wenn es Abhängigkeiten zwischen den Gruppenteilnehmern gibt (Vorgeschichten aus der Vergangenheit, institutionelle Verwicklungen, gravierende Ereignisse), dann muss der Leiter entscheiden, ob ein Klärungsprozess auf der gruppendynamischen Ebene notwendig ist oder die Interaktionen der Gruppe nur zur Deutung des Falles benutzt werden. Deshalb unterscheidet Franz Leinfelder (1998, S. 22) die Interaktionen in Balintgruppen »als Spiegelungsphänomen für unbewusste Beziehungsaspekte im vorgetragenen Fall oder als Ausdruck gruppendynamischer Prozesse zur aktuellen Konfliktklärung«. Es gibt eine Reihe von Anzeichen und Ereignissen in Balintgruppen (beispielsweise bringt kein Teilnehmer einen Fall ein; der Fall macht die institutionelle Verflochtenheit von Teilnehmern der Gruppe deutlich; die ernsthafte Erkrankung eines Gruppenmitglieds), die es notwendig machen, die aktuelle Beziehungsdynamik der Gruppe zu thematisieren. »Denn die Balintgruppe ist nicht nur ein Resonanzboden für fallbezogene Beziehungsprozesse, sondern auch ein eigenes soziales System, das … eine fallunabhängige Konfliktdynamik entwickeln kann« (Leinfelder 1998, S. 31).

Ausweitung des Gegenstandes der Balintgruppe auf die Institutionsdynamik. Eine gegenwärtig vor allem in Beraterkreisen diskutierte Frage der Weiterentwicklung des Balintgruppenkonzeptes zielt auf die Ausweitung des Gegenstandes der Balintgruppe. Es wird gefragt, ob es möglich ist, nicht nur die Dyade der Professional-Klienten-Beziehung zu analysieren, sondern die sozialen Systeme, in denen diese Beziehung verortet ist, und vor allem ihre institutionellen Rahmenbedingungen in die Reflexion miteinzubeziehen? Können institutionelle und organisatorische Problemstellungen und Veränderungsprozesse selbst zum Gegenstand der Balintgruppenarbeit werden?

Im originären Balintgruppenkonzept bezieht sich der Fall in der Regel auf die interpersonelle Beziehungsdynamik von Professional und Klient. Durch die Ausweitung der Balintgruppe auf viele andere psychosoziale Felder (vgl. Leuschner/Wittenberger 1998, S. 79) und Professionen müssen zum Verstehen des Falls neben der unmittelbaren Beziehungsdynamik der soziale und institutionelle Kontext miteinbezogen werden. Angelika Lehmenkühler-Leuschner (1998, S. 33) will die Balintgruppe als »Reflexionsort psychischer und kultureller Konflikte im Rollen- und Strukturgefüge von Institutionen« konstituieren. In der Beziehungsgestaltung zwischen Professional und Klient werden die verborgene institutionelle Dynamik und die Institutionskultur sichtbar. Die Balintgruppe wird damit zum Resonanzraum auch für die institutionelle Dynamik. Leuschner (1983, S. 52–70) schildert aus seiner Beratungspraxis die Anfrage von Kliniken an ihn als Balintgruppenleiter. Die vorgetragenen Fälle beziehen sich dann ebenso häufig auf Team- und Organisationskonflikte wie auf die Therapeut-

Patient-Beziehung. Teamsupervision kann man aber aufgrund der Komplexität mit der klassischen Balintgruppenmethode nicht leisten.

Nun könnten beide Problemfelder in zwei unterschiedlichen Settings mit unterschiedlichen Leitern bearbeitet werden; das ist aber in vielen Fällen schon aus zeitlichen und ökonomischen Gesichtspunkten nicht praktikabel. Leuschner hält jedoch Fallbesprechungen im Sinne der Balintgruppenarbeit auch in einer Teamsupervision für möglich. Dafür muss aber das Balintgruppenkonzept im oben dargestellten Sinne (vgl. Eicke/Wittenberger 1983, Leinfelder 1998 Lehmenkühler-Leuschner 1998) weiterentwickelt werden.

Kompetenzen und Verhalten des Balintgruppenleiters

Es ist erstaunlich, dass über die Techniken der Balintgruppenarbeit so wenig geschrieben wurde, von Balint eigentlich nur verstreut in Nebensätzen. Auch über den Gruppenprozess gibt es wenig Schrifttum. Damit sind, wie oft bei charismatisch begabten Praktikern, die Nachfolgenden gezwungen, sich Gedanken über die Technik und die dazu notwendigen Fähigkeiten und Kenntnisse zu machen. Welche Kompetenzen sollte der Balintgruppenleiter mitbringen und welche Verhaltensregeln sollte er beachten, um den Effekt der Balintgruppe zu erzielen?

Effektiv wird Gruppenarbeit immer dann, wenn auch der Gruppenleiter etwas davon lernt und »die Haltung des gemeinsam miteinander Lernenkönnens« (Eicke/Wittenberger 1983, S. 11) mitbringt; dazu muss er seine »apostolische Sendung« (Balint) aufgeben und seinen Glaubens- und Bekehrungseifer, der Helfern im psychosozialen Feld oft auf den Leib geschrieben ist, kontrollieren. Aber es bedarf andererseits schon eines erfahrenen Gruppenleiters. »Wenn solche Gruppen allein diskutieren, verstricken sie sich sehr bald in ein heilloses Netz von persönlichen Differenzen und Missverständnissen. Es ist die besondere Methode einer Balintgruppe, durch geeignete verbale Hilfen unmittelbar aktiv erlebbar zu machen, wie bestimmte Vorgänge einer Interaktion funktionieren, sich tarnen und handhabbarer gemacht werden können« (Eicke 1974, S. 4).

Dazu muss der Gruppenleiter die Kompetenz besitzen, die Übertragungs- und Gegenübertragungsreaktionen festzustellen und transparent zu machen. Dabei ist zu unterscheiden, ob sich seine Gegenübertragungsreaktionen auf das Thema des Falles, auf den Falleinbringenden, die Gruppe oder seine Leitungsrolle beziehen (vgl. Furrer 1974).

Balintgruppen sind zwar keine Psychotherapiegruppen, demnach sollte es zu einer »begrenzten, aber wesentlichen Umstellung der Persönlichkeit« (Balint) kommen, damit eine gewisse emotionale Entfaltung und die Haltung des geduldigen Zuhörens und genauen Beobachtens sich einstellen. »Berufsbezogene Selbsterfahrung« ist der von Jörg Kaspar Roth verwendete Begriff dafür (Roth 1984, S. 58 ff.). Er spricht vom »Balint-Gruppentraining, das drei Lernziele kennt: Beziehungsverständnis erlernen, Vorurteile überwinden, sich selbst verändern« (Roth 1984, S. 51). Deshalb kann man bei den Balintgruppenleitern auch die Übernahme von pädagogischer Verantwortung feststellen, die sich unter anderem im Bestätigen und Ermuntern des Fallvortragenden ausdrückt (Hege 1983, S. 41). Balint problematisiert selbst die Situationen, in denen der Fallvortragende von der Gruppe übermäßig geschont, kritisiert oder uninteressiert behandelt wird. In allen Fällen ist der Gruppenleiter gefordert, diese Gruppenreaktionen zu deuten und aufzuklären. Insgesamt verweist dies auf eine kollegiale und partnerschaftliche Haltung des Leiters dem fallvortragenden Kollegen und der Gruppe gegenüber. Der Leiter soll sich nicht wie ein psychoanalytischer Therapeut abstinent verhalten, sondern die Gruppe aktiv beim Lernen unterstützen, selbst Verantwortung für den Fall zu übernehmen. Balint schlägt vor, die Mitglieder »zur eigenen Dummheit zu ermuntern« und »frech denken (fantasieren), aber vorsichtig handeln« zu lernen. Auch der Gruppenleiter darf sich frei und mit konstruktiver Aggression in der Gruppe bewegen. Balint besaß die Fähigkeit, »mit dem Partner gemeinsam die Problemlösung zu suchen und ihn dabei nicht zu entmutigen, wie das viele Lehrer tun, sondern im Gegenteil zu ermutigen und anzuregen… Mit Balint konnte man alles besprechen, was nicht für jeden Analytiker zutrifft« (Alexander Mitscherlich, zitiert nach Luban-Plozza 1974, S. 16).

Neben allen gruppenpädagogischen und gruppendynamischen Fähigkeiten erfordert die Leitung einer Balintgruppe die Kompetenz, Übertragungs- und Gegenübertragungsprozesse zu erkennen und zu deuten. Der gekonnte Umgang mit der unbewussten Dynamik im Fall, in Beziehungen, in Gruppen und in Institutionen kann sicher auf vielfältige Weise erworben werden; er wird nicht für jede der genannten Dimensionen in gleicher Weise vorhanden sein können. Die Qualifizierung in selbstreflexiven, psychoanalytisch orientierten Lernorten, zum Beispiel auch der Gruppenanalyse, verbunden mit einer eigenen Analyse und der langjährigen Erfahrung als Teilnehmer einer Balintgruppe, bietet die Voraussetzung dazu. Der Balintgruppenleiter ist ähnlich dem Gruppensupervisor in professionsübergreifenden Gruppen gehalten, sich mit dem Professionswissen und der Feldkompetenz seiner Gruppenmitglieder zu beschäftigen und es ein wenig verstehen zu lernen. Er braucht auch in Berufsfeld homogener Gruppen nicht Angehöriger derselben Profession zu sein; dies relativiert zwar einerseits die professionelle Ortskenntnis, ermöglicht aber andererseits den unbefangenen Blick auf professionstypische und damit auch einseitige Wahrnehmungs- und Verhaltensmuster.

Die Balintgruppe kann entsprechend ihrer Fokussierung auf die Arzt-Patient-Beziehung vor allem den Professionen empfohlen werden, in denen die Professional-Klient-Beziehung im Mittelpunkt der beruflichen Arbeit steht: neben den Ärzten sicherlich auch Theologen, Lehrer, Juristen, Sozialarbeiter, Psychologen usw.; dazu gehören auch funktional orientierte Professionen wie Führungskräfte und Manager einerseits und Berater und Trainer andererseits. In allen genannten Berufen hängt die erfolgreiche Bemühung um die Klientel neben den fachlichen Kompetenzen davon ab, die Dynamik der Beziehung des sozialen und institutionellen Kontextes zu verstehen, in dem sich das Problem des Klienten ereignet, und den professionellen Kontext, in dem es bearbeitet wird.

Intervision – kollegiale Beratung

Beispiel: Kollegiale Beratungsgruppe von Führungskräften

 Im Rahmen der Qualifizierung für mittlere Führungskräfte der Sozialbehörde einer Großstadt hatten die 22 teilnehmenden Männer und Frauen im Laufe eines Jahres an 15 Seminartagen zusammengearbeitet. Das Konzept der Maßnahme enthielt als wichtigen Bestandteil die Planung und Durchführung eines längerfristigen Veränderungs- oder Entwicklungsprojektes für den eigenen Zuständigkeitsbereich. Der Verlauf der Projekte wurde regelmäßig in Supervisionsgruppen besprochen und das weitere Vorgehen wurde geplant. Auf diese Weise wurden die Teilnehmenden mit Gruppensupervision als Beratungs- und Lernform vertraut und sie lernten zugleich, Fälle – Praxissituationen in der Gruppe – unter Anleitung einer Supervisorin zu beraten.

Beim Abschluss der Maßnahme wurde von zwölf der Teilnehmerinnen der Wunsch geäußert, als Gruppe weiterzuarbeiten und vonseiten der PE-OE-Abteilung bekamen sie das Angebot, die Arbeit als kollegiale Beratungsgruppe fortzusetzen. Zur Einführung in die Arbeitsweise und zur Reflexion beziehungsweise Weiterentwicklung der Beratungsarbeit wurden drei Sitzungen mit einem Supervisor, der auch an der Qualifizierungsmaßnahme mitgearbeitet hatte, zur Verfügung gestellt. Der Supervisor stellte beim ersten Treffen das Ablaufschema vor und übte es mit ihnen in zwei Durchgängen ein. Nach jeweils vier Treffen wurden die Erfahrungen ausgewertet, und aus der Analyse der hindernden und fördernden Bedingungen und Verhaltensweisen Verbesserungen erarbeitet. Ergänzend gab der Supervisor Rückmeldungen zu einer gemeinsam durchgeführten Fallberatung.

Im Laufe eines Jahres traf sich die Gruppe – in der Dienstzeit – zehnmal für drei Stunden, sieben mal ohne, dreimal mit dem Supervisor. Bei sechs der Treffen wurde in zwei Gruppen gearbeitet, bei vier Treffen waren weniger als acht Teilnehmende da, sodass in einer Gruppe beraten wurde. In den drei Stunden wurden jeweils zwei »Fälle« hintereinander besprochen.

Von den Grundberufen trafen sich in der Gruppe Verwaltungsfachwirte, Sozialpädagoginnen, Psychologen, Juristinnen und eine Geologin, die Arbeitsgruppen, Sachgebiete und/oder Projekte in der Organisation leiteten.

Die Auswertung der Erfahrungen der Teilnehmenden ergibt folgendes Bild: Der lange Vorlauf der Gruppe ermöglichte ein intensives Kennenlernen, und die Einzelnen konnten deswegen recht genau einschätzen, auf was und wen sie sich einließen. Das ungewöhnlich offene Klima und die Bereitschaft, sich nicht zu schonen, wurden zum Großteil auf diese gemeinsame Vorgeschichte zurückgeführt. Die Gruppe war für die Einzelnen vor allem deswegen attraktiv, weil die Mitglieder aus vielen verschiedenen Bereichen der Sozialbehörde mit insgesamt 4.000 Mitarbeiterinnen kamen. Über die Fälle konnten Einschätzungen und Informationen ausgetauscht werden, die die Teilnehmenden in ihrem Alltag sonst nie erfahren hätten, und sie verfügten damit über ein Netzwerk in vielen Bereichen.

Die eingebrachten Fragen bezogen sich auf die Themen, die Führungskräfte beschäftigen: der Umgang mit der Hierarchie und den eigenen Vorgesetzten, Konfliktsituationen aller Art, Vorbereitung von Konfliktgesprächen, Finden der eigenen Rolle und Aufgabe, Klären der eigenen Verantwortlichkeit, persönliche Laufbahnentscheidungen. Bewusst ausgespart wurde nach Aussage der Teilnehmenden nichts.

Bei den Falleinbringenden wirkte die Beratung als Bestätigung und Stärkung; sie führte dazu, dass sie einen eigenen Plan haben und auf den nächsten Schritt vorbereitet sind. Der Blickwinkel hat sich erweitert und zugleich konnten die Probleme schärfer gesehen werden als vor der Beratung. Besonderen Wert legte die Gruppe darauf, zu klären, wie die Falleinbringenden an dem Problem beteiligt sind (»das Schlüsselthema«), um ihre Handlungsmöglichkeiten zu entdecken.

Die Gruppe hat nach eigenen Aussagen im Laufe des Jahres immer mehr gelernt, intensiv nachzufragen und deutliche Rückmeldungen zu geben. Alle haben einmal die Besprechung geleitet. Die Verbindlichkeit blieb hoch, wer nicht konnte, meldete sich ab, niemand blieb einfach weg.

Das Ablaufschema für die Besprechung sorgt für den roten Faden, damit hat das Gespräch ein Ziel, das Schema sorgt für ein »professionelles« Vorgehen und es wird nicht »gelabert«. Die Probleme werden besser »aufgedröselt« und es werden nicht – wie sonst üblich – gleich »schlaue« Tipps gegeben. Wichtig ist, dass auf die Regeln geachtet wird, vor allem dass die Falleinbringenden zuhören und sich nicht gleich einschalten, wenn ihnen etwas an den Ideen und Fantasien nicht passt.

Nach einem Jahr beschloss die Gruppe, die Zusammenarbeit noch ein weiteres Jahr fortzusetzen (vgl. Schattenhofer 2008).

Zielsetzung und Gruppenfindung

Bei der Intervision oder kollegialen Beratung handelt es sich um eine praxisnahe und pragmatisch sinnvolle wechselseitige Beratung von Professionellen, die sich in der Ausübung ähnlicher Rollen und Aufgaben in Gruppen treffen, um

- die Wahrnehmung und das Verstehen von eingebrachten Fällen zu erweitern,
- einen systematischen fachlichen Austausch zu betreiben,
- sich in unübersichtlichen, komplexen Berufssituationen zu orientieren,

- sich im kollegialen Gespräch vom individuellen Druck der an sie gestellten Erwartungen wenigstens partiell zu befreien,
- die Arbeit durch das Feedback der Kollegen zu kontrollieren,
- sich selbst gesteuert ohne eine formelle Leitung gegenseitig zu beraten.

Intervisionsgruppen kommen auf Initiative einzelner Mitglieder, durch die Empfehlung der Organisation an eine bestimmte Adressatengruppe oder auch durch die Entscheidung der Organisation, solche Gruppen zu implantieren, zustande.

Intervisionsgruppen verursachen einen geringeren ökonomischen Aufwand, werden häufig aus einem Selbsthilfegedanken geboren, entstehen vielfach aus persönlichen Netzwerken und mobilisieren in ihrer Pionierphase das individuelle Kräftepotenzial für die Gruppenleistung und den Gruppenerhalt in besonderer Weise. Intervisionsgruppen bilden sich oft als Reaktion auf die Ressourcenknappheit für professionelle Beratung in Organisationen.

Wie das Beispiel zeigt, hängt der Erfolg dieser Form der Beratung allerdings von vielen Faktoren ab und sie eignet sich deswegen nur ganz eingeschränkt als »Sparmodell«: Besonders wichtig sind die Art der Gruppenbildung, die Bindung der individuellen Interessen an eine gemeinsame Zielsetzung, die personelle Zusammensetzung und die damit verbundene Attraktivität der Gruppe, die vorhandenen professionellen und sozialen Kompetenzen und die Fähigkeit, die Zusammenarbeit bei der Beratung selbst zu steuern. Ein Angebot zur professionellen Unterstützung und Anleitung durch Supervisoren wird allgemein als wichtig angesehen.

Solche Gruppen sollen aber nicht nur die Einzelnen qualifizieren und unterstützen. Die Organisationen versuchen mit der bewussten und gewollten Integration der kollegialen Beratung in die Organisationsabläufe – so Karl Schattenhofer – »das fachliche, fallbezogene Gespräch in den Arbeitsalltag zu integrieren und dafür praktikable Formen bereitzustellen … Insgesamt geht es darum, mit der systematischen Praxisreflexion eine lern- und entwicklungsfreundliche Kultur zu ermöglichen, denn überall, wo die Praxis mit ihren Schwierigkeiten und Belastungen tabuisiert wird, kann sie sich auch nicht weiterentwickeln« (1997, S. 72).

Wolfgang Boettcher und Albert Bremerich-Voss haben bereits 1987 als Supervisoren und Verantwortliche in der Lehrerausbildung den Versuch gestartet »kollegiale Beratung in Schule, Schulaufsicht und Referendarausbildung« zu etablieren. Sie machten die Erfahrung, wie schwierig es ist, in einem eher beratungsresistenten institutionellen Umfeld wie der Schule kollegiale Beratung zu etablieren. Aber es war ein erster Schritt zu einer Beratungskultur in der Schule (vgl. Weigand 1987, S. 77 ff.), sodass man kollegiale Beratung auch als Wegbereiter oder als eine Ergänzung professioneller Beratung in Organisation verstehen und nutzen kann.

In die gleiche Richtung geht auch die Argumentation von Heinz-Ulrich Thiel, der professionelle und kollegiale Beratung in der Praxis kombinieren will. Von ihrer Entstehungs- und Entwicklungsgeschichte her sieht er die kollegiale Beratung in engem Zusammenhang mit der Supervision und verspricht sich aus der Synergie beider Beratungsformen einen Effizienzzuwachs für die Beratung im jeweiligen System.

Beide Reflexionsarten sollten von vornherein »als aufeinander abgestimmte, feste Bestandteile konzeptionell und zeitlich miteinander verschränkt werden« (S. 207) und abwechseln. Dies wird nach seiner Ansicht dadurch erleichtert, dass beide Beratungsformen in einer systemischen Problemlösungsmethodik den gleichen Referenzrahmen haben. In der professionellen Supervision können sowohl die Anleitung zur kollegialen Supervision wie die Begleitung bei Schwierigkeiten in der kollegialen Gruppe geschehen. Die Kombination fördert die wechselseitigen Lernprozesse und optimiert den Praxistransfer der Beratung. Thiel stellt abschließend die Frage, ob es nicht auch ein Modell gebe, die kollegiale Beratung mit der Teamsupervision zu verbinden (S. 211).

Arbeitsschritte	Leitfragen für alle	Leitfragen für die »Falleinbringer«	Leitungsaufgaben
1. Sammlung der Fälle	Was beschäftigt mich zurzeit in der Arbeit? Zu welchem »Fall« möchte ich beraten werden?	Die Situation in Stichpunkten Welche (erste) Frage möchte ich klären? Wie wichtig ist es mir, jetzt dranzukommen?	Darstellung in Stichworten, kein Einstieg!
2. Entscheidung in der Gruppe	Was interessiert mich am meisten? Wo kann ich mich am intensivsten beteiligen?		Herbeiführung einer Entscheidung. Leitfrage: Welcher Fall findet am meisten Interesse/Resonanz?
3. Erzählen (ca. 10 Min.)	Zuhören	Was fällt mir zu meinem Fall ein? Was habe ich vorbereitet?	(Möglichst) keine Unterbrechungen. Fragestellung der Einbringenden klären.
4. Rückfragen (ca. 10 Min.)	Was fehlt mir an der Erzählung? Warum? Was habe ich nicht verstanden? (Keine Hypothesen und Tipps in Frageform!)	Antworten – nicht rechtfertigen	Hintergründe für die Frage beachten und, wenn nötig, klären!
5. Fantasien, Einfälle, Assoziationen, Bilder, Theorien, Hypothesen (Protokoll!) (ca. 20 Min.)	Welche Bilder, Vergleiche fallen mir ein – zur Situation – zu einzelnen Personen? Wie ginge es mir an der Stelle von …? (Identifikationen) Wie ging es mir bei der Erzählung?	Zuhören!	Sammeln der Ideen, keine Diskussion und Bewertung

Arbeitsschritte	Leitfragen für alle	Leitfragen für die »Falleinbringer«	Leitungsaufgaben
6. Ordnen (ca. 10 Min.)	Um was geht es »wirklich«? Was ist das Kernproblem? Wie ist der/die Einbringerin beteiligt? Welche Herausforderung steckt darin?	Zuhören und/oder eigene Formulierung des Kernthemas	Zusammenfassung auch der Widersprüche! Es muss keine Gruppenmeinung entstehen!
7. (Handlungs-) Perspektiven Die nächsten Schritte (ca. 10 Min.)	Was würde ich machen? Eigene Erfahrungen	Zuhören! Meine ersten Schritte	Zusammenfassung, auch der Unterschiede!
8. »Sharing«	Was teile ich mit den Einbringern? Wo erging es mir ähnlich? Was habe ich für mich gelernt?		Keine (weiteren) Tipps, eigene Erlebnisse sind gefragt!
9. Auswertung der Beratung	Was hat meine Mitarbeit gefördert, behindert?	Rückmeldung an die Leitung und die Gruppe	

Ablaufschema für die kollegiale Beratung

Vergleicht man andere Berichte über kollegiale Beratungsgruppen (Reppel 2002) so fällt auf, dass sich die Ablaufschemata ähnlich sind. Das lässt auf das Vorhandensein einer verlässlichen Struktur schließen, um sich bei Aufrechterhaltung des Kollegialprinzips auf eine verbindliche Vereinbarung bei der Gestaltung des Beratungsprozesses verlassen zu können (vgl. auch: Fallner/Grässlin 1990). Ablaufschemata dieser Art sind den Erfahrungsberichten zufolge eine wichtige Methode, der Beratung in der Gruppe eine Form und ein Ziel zu geben. Im Zentrum stehen das Untersuchen und das Verstehen der Situation, des Problems, des Falles mit den Schritten des Erzählens, des Fragens und des Fantasierens und Identifizierens. Erst dann wird zusammengefasst und geordnet, um im Anschluss weitere Schritte zu planen. Das Vorgehen unterbricht ein übliches Alltagsverhalten im Berufsleben, nämlich auf eine Frage sofort mit einer Lösung oder einem Tipp zu antworten – oft bevor man verstanden hat, worum es geht. Eine solche Schrittfolge findet sich in der Arbeit von Supervisions- und Balintgruppen ebenso und es scheint einer Idealform der Problemlösung zu folgen (vgl. Rappe-Giesecke 1990).

Die Arbeitsfähigkeit von Intervisionsgruppen und ihre Grenzen

Bedingungen des erfolgreichen Arbeitens in solchen Gruppen sind die Gruppengröße (5–8 Teilnehmer), regelmäßige Treffen, ein ausreichender Zeitrahmen – mindestens 60 Minuten pro Fall, die Leitungsübernahme durch ein Gruppenmitglied, vereinbarte Regelungen zum Ablauf und zur Dauer der Zusammenarbeit und zur verbindlichen Teilnahme der Mitglieder.

Kim-Oliver Tietze hat für die kollegiale Beratung neben der Orientierung an einem Phasenmodell Methodenbausteine für die Beratung zusammengestellt, um mögliche Schwierigkeiten im gruppendynamischen Prozess erst gar nicht aufkommen zu lassen, sondern sie durch strukturierende Interventionen zu begrenzen. Er spricht bei aller Betonung der Kollegialität davon, dass »kollegial« eher »ein Appell an das Ideal der Gleichberechtigung« (S. 15) ist, das in der Praxis nicht so leicht realisiert werden kann.

Jörg Fengler u. a. (1994) nennen ihre kollegiale Gruppe, in der man sich zur Beratung trifft, »Peergroup-Supervision« und betonen damit den gemeinsamen beruflichen Hintergrund und die Gleichrangigkeit der Kollegen. Das gemeinsame Geben und Nehmen drückt sich in der Gleichheit des »Lernens im Lehren und Lehrens im Lernen« (S. 190) aus. Über das Modell der funktionalen Autorität (Führung übernimmt derjenige in der Gruppe, der für das anstehende Problem die meiste Kompetenz besitzt) will Fengler das Fehlen einer Leitungsperson kompensieren.

Das bedeutet aber nicht, dass damit alle Schwierigkeiten, die auftreten können, bewältigt wären. Wie in allen hier beschriebenen Beratungsgruppen treten in Intervisionsgruppen Phänomene auf, die das gegenseitige Beraten erschweren. Mit dem Vorstellen und Offenlegen eigener Fragen und Probleme in der praktischen Arbeit werden auch der kollegiale Vergleich, die Konkurrenz und die gegenseitige Bewertung herausgefordert: »Wer kann es am besten?« und »Wer ist die beste Beraterin?« sind Themen, die immer mit im Raum stehen. Jede Beratung, besonders die in der Gruppe, dient nun einmal nicht nur dem Ratsuchenden, sondern auch den Ratgebenden: als Möglichkeit, die eigene Kompetenz darzustellen. In allen Beratungsgruppen müssen deswegen in besonderem Maße – mehr als vielleicht in anderen Arbeitsteams – Konkurrenz und Rivalität reguliert werden.

Bei Intervisionsgruppen stellt sich zusätzlich die Frage, ob und wie die Regulation ohne eine formale Leitung durch professionelle Berater möglich ist. Als besondere Schwierigkeiten in Intervisionsgruppen stellten sich heraus:

- Der Resonanzraum der Gruppe wird nicht ausreichend genutzt (zu wenig Zeit für Fantasien zum Fall, Bewertungen statt Assoziieren, Abwehr eigener Empfindungen).
- Die Steuerung der Gruppe ist kompliziert (zu rigide Einhaltung der Regeln, Delegation der ganzen Verantwortung an den jeweiligen Leiter).

- Die Gruppe wird als Raum für beziehungsdynamische Konflikte benutzt (Status-probleme, problematischer Umgang mit den eigenen Ängsten, Dominanzstreben, Konkurrenz).

Viele der Probleme können durch eine intensive Vorbereitung und Anleitung solcher kollegialer Beratungsgruppen und durch eine supervisorische Begleitung des Grup-penprozesses nach Bedarf gelöst werden. Die Profilierung der kollegialen Leitungs-funktion, die im Wechsel von einem Mitglied der Gruppe besetzt wird, könnte mit der Zeit die Akzeptanz von Leitung vergrößern und ein Leitungspotenzial zur Verfügung stellen, das die genannten Schwierigkeiten relativiert. Dazu bedarf es einer entspre-chenden Vorbereitung auf diese Rolle und der Möglichkeit, immer wieder zu reflek-tieren, wie die Rolle ausgefüllt wurde. Zugleich gilt es festzustellen, dass Intervisions-gruppen sich ohne eine Sicherheit und Orientierung bietende Leitung leicht selbst überfordern. Damit ist ihre Existenz nicht in Frage gestellt, doch die Lebensdauer solcher Gruppen wäre dann eben kürzer, weil sie schneller an ihre Grenzen stoßen und das Potenzial zur gegenseitigen Beratung früher ausgeschöpft ist.

An ihre Grenzen kommen Intervisionsgruppen vor allem dann,

- wenn die persönlichen Anteile des Falleinbringenden an einem Problem im Vor-dergrund stehen und eine vertiefte Selbsterfahrung zur Bearbeitung in der Gruppe gebraucht wird,
- wenn die Konflikte (zum Beispiel unterschiedliche Meinungen und Sichtwei-sen, die nicht gleichzeitig gelten können), die der Fall in der Gruppe auslöst, die Gruppe in ihrer Lösungskapazität überfordern,
- wenn Konflikte aus der umgebenden Organisation indirekt in der Beratungsarbeit ausgetragen werden und diese blockieren (vgl. auch Schattenhofer 1997, S. 84).

Deshalb ist der indizierte und gut überlegte Einsatz der unterschiedlichen Beratungs-formen von Gruppensupervision, Teamsupervision, Balintgruppenarbeit und Inter-vision wichtig, um mit dem angemessenen Beratungssetting die gewünschte Wirkung zu erzielen.

Communities of Practice

Was versteht man unter Communities of Practice?

Es handelt sich um informelle Gruppen, die sich durch ein Problem verbunden fühlen und aufgrund ihrer gemeinsamen Expertise ihre Erfahrungen und ihr Wissen auf ungebundene und kreative Weise miteinander teilen. Durch diese Wissensintegration werden neue Problemzugänge gefunden. Die Mitglieder kommen aus einem oder unterschiedlichen Bereichen der Organisation; die Mitgliedschaft ist freiwillig. Die Gruppen sind selbst organisiert und regeln ihre Führungsfragen in eigener Regie. Sie »lösen Probleme, diskutieren Einsichten, teilen Informationen, beraten und coachen einander, planen gemeinschaftliche Aktivitäten und entwickeln Instrumente und Rahmenbedingungen. Mit der Zeit bilden sich ein gemeinsamer Wissensfundus und ein Identitätsgefühl heraus« (Wolf/Wunram/Vallejos 2004)

> Das benötigte Wissen zur richtigen Zeit am richtigen Ort, verfügbar zur Problemlösung.

Die Erfahrung in Organisationen, dass Wissen an verschiedenen Orten, bei unterschiedlichen Gruppen und Rolleninhabern nicht zur gleichen Zeit vorhanden ist und deshalb nicht gleichzeitig abgerufen und integriert werden kann, obwohl es zur Lösung anstehender Probleme gebraucht wird, führt zum Wissensmanagement, das heißt, das benötigte Wissen zur richtigen Zeit an den richtigen Ort zu transportieren, zu vernetzen und so zur Problembearbeitung verfügbar zu haben. Ein sich entwickelndes Instrument des Wissensmanagements sind die Communities of Practice, zunächst »informelle Gruppen, deren Mitglieder durch die Konfrontation mit ähnlichen Problemen verbunden sind« (Snyder/Wenger 1999, S. 11). Sie entsprechen horizontalen Expertennetzwerken in einer hierarchischen Organisation. Damit sind die Experten, die das notwendige Wissen besitzen, zur Kommunikation und Kooperation untereinander gezwungen. Es entstehen kollektive Problemlösungsprozesse, deren Steuerung gruppendynamische Kompetenz braucht: Zusammensetzung und Beauftragung der Gruppe, Motivation und Belohnung, Entwicklung der Kommunikationskultur, Konfliktbearbeitung, Führungsverhalten, Steuerung der Gruppen-Umwelt-Beziehung. Eine solche Gruppe ist »eine massive Intervention in die Organisation und zielt auf eine Veränderung von Kommunikations- und Entscheidungsstrukturen ab« (Wolf 2004).

Wissensmanagement als Kontext der Communities of Practice

Das Wissen, das zur Zielerreichung und Problemlösung in Unternehmen bereichsübergreifend vorhanden ist, wird zu einer wichtigen Ressource im Wettbewerb, wenn
es am richtigen Ort und zur richtigen Zeit zur Verfügung steht. Dazu werden geeignete Verfahren benötigt, um das benötigte Wissen abzurufen und zu integrieren. Beim
Wissen kann zwischen technikbasiertem Wissen, das in Dateien gespeichert und ab-
rufbar ist und über Informations- und Kommunikationstechnologien gesteuert wird,
und personenbezogenem Wissen unterschieden werden. Letzteres ist in den Köpfen
der Mitarbeiter vorhanden und stark von dem Kontext, in dem es gewonnen wurde,
und von Personen und ihren Interaktionen abhängig.

Da beide Wissensformen je nach definierter Zielsetzung benötigt werden, stellt
sich weniger die Frage nach dem Primat dieser Wissensformen, sondern nach ihrer
Passung zum Problem. Dies bedeutet jedoch, dass Wissen durch das Management im
Blick auf seine Entwicklung, seine Speicherung, seine Übermittlung und seine Nutzung gesteuert werden muss. Der technische Weg der Kodifizierung des Wissens, der
seinen Schwerpunkt auf kognitive Netzwerkmodelle legt, wird dabei letzten Endes
einfacher zu steuern sein als die Personalisierung des Wissens, die über soziale Netzwerkmodelle auf Dialog und Verständigung beruht. Michael Wagner plädiert deshalb
für das Konzept der »Wissensinteraktion«, um »Wechselseitigkeit, Prozessorientierung, Symbolhaftigkeit, Interdependenz und Vertrauen« (Rudolph/Okech 2003), die
im professionellen Wissensmanagement von großer Bedeutung sind, zu betonen.
Denn es fällt nicht leicht, einfach Wissen zu teilen und zur Verfügung zu stellen. Zu
selbstverständlich wird dies in den Führungsetagen erwartet. Die persönlichen Netzwerke stellen sich als bedeutsamer heraus als die vernetzten Dateien.

Das Scheitern der lediglich technologisch ausgerichteten Ansätze im Wissensmanagement führt dazu, nach neuen Wegen der Integration verschiedenen Wissens innerhalb des Unternehmens zu suchen, um die Kommunikation, die Verwendung und
den Erhalt des Wissens zu sichern. Die Communities of Practice zeigen sich als ein aus
der Praxis erwachsener Weg, diese Ziele zu erreichen.

Der Gruppe fehlt aber in der Organisation zunächst die Legitimation. Sie verfügt
über kein eigenes Budget. Für ihr Image und ihren Ruf muss sie selbst sorgen. Communities of Practice leben vom »leidenschaftlichen Interesse ihrer Mitglieder« (vgl.
Wenger/Snyder 2000).

Patricia Wolf (2006) sieht im Anschluss an Etienne Wenger die drei Charakteris-
tika einer solchen Gruppe: erstens in dem sie verbindenden Wissen, nicht in einer
von oben angeordneten Aufgabe; zweitens in der durch Zugehörigkeit und Beziehung
sich entwickelnden Gemeinschaft, die den Wissensaustausch prägt; drittens in einer
gemeinsamen Praxis, aus der heraus neue Problemlösungsmuster entwickelt werden,
die über »Erfahrungen, Geschichten und Fallstudien« weitergegeben werden. Sie beschreibt ausführlich den Nutzen solcher Gruppen: horizontale und vertikale Wertschöpfung, Sicherung und Weitergabe von Wissen, Vermeidung von Doppelarbeit,
bereichsübergreifende Zusammenarbeit, Zeitgewinn, innovative neue Produkte.

Anfragen an die Communities of Practice

Die mit der Entstehung und der Funktion solcher Gruppen verbundene optimisti-
sche Sicht einer neuen Form der Gruppenarbeit hat natürlicherweise auch eine Kehrseite. Im Rückgriff auf die Unterscheidung von Schattenhofer in diesem Handbuch (s.
S. 20 ff.) differenziere ich die Probleme in solche, die die Gruppe in ihrem Innenleben
hat, und Fragestellungen, die sich nach außen aus der Gruppe-Umwelt-Beziehung ergeben. Zunächst zu den gruppendynamischen Problemen, die in der Arbeit der Communities of Practice (CoP) entstehen.

Wer Wissen besitzt, hat Kapital, das er nicht ohne Weiteres und ohne Bedingung
den anderen zur Verfügung stellt und mit einer Gruppe teilt. Wer etwas abgibt, will
etwas zurückbekommen: Respekt, Status, Sympathie, fremdes nützliches Wissen, kollektives Erfolgsgefühl. Die Weitergabe des eigenen Wissens muss sich lohnen; die
Angst vor Ausbeutung und vor einseitigem Wissenstransfer ist in den gegenwärtigen beruflichen Zusammenhängen sicher nicht gering. Also stellt sich die Frage nach
der Qualität der Beziehungen und dem Ausmaß des Vertrauens unter den Gruppenmitgliedern. Wie viel Offenheit kann riskiert werden, wie viel Bereitschaft zur Inves-
tition ist in der Gruppe vorhanden, wie werden Geben und Nehmen geregelt? Die
Weitergabe von fremdem Wissen, das in Kontexten gewonnen wurde, die den übrigen Gruppenmitgliedern nicht bekannt sind, muss mit persönlicher Akzeptanz und
Vertrauen in den anderen verbunden sein. Die Beziehungsstrukturen in der Gruppe,
Nähe und Distanz, Untergruppen, Außenseiter, Führungsrollen sind gruppendynamische Realitäten, die auch in einer solchen Community wirksam sind und der Reflexion und eventuellen Bearbeitung bedürfen. Die Verständigung auf eine bestimmte
Infrastruktur, also die Formen und Normen der Zusammenarbeit, erfolgt zwar durch
die Gruppe, stellt sich aber nicht automatisch her, sondern will erarbeitet werden. Informelle Führungsrollen werden in diesem Prozess gebraucht und können gleichzeitig zu Konflikten führen. Die Motivation der Gruppenmitglieder schöpft sich aus
mindestens zwei Quellen: Bringt die Gruppe jeden Einzelnen in seiner eigenen beruflichen Aufgabe weiter und geschieht dies in einem sozial angenehmen und belohnen-
den Klima? Ist die Zugehörigkeit zu dieser Gruppe ein Gewinn, der sich persönlich,
inhaltlich und sozial auszahlt?

Nun die Außenperspektive: Die Verortung der Gruppe in der Organisation wird
in den Definitionen der Communities of Practice bei den zitierten Autoren auf der
informellen Ebene angesiedelt. Der ausführliche und illustrative Praxisbericht von
Patricia Wolf (2006) über die Einführung von CoPs in einem großen Automobil-
unternehmen zeigt eindrucksvoll, dass der Grenzgang solcher Gruppen zwischen
informellem und formellem System eine zentrale Perspektive ausmacht. Das Ende
ihrer Fallschilderung, in der sie feststellt, dass »das Hauptziel von Wissensmanagement ist: Einfluss auf vorhandene Kommunikations- und Entscheidungsstrukturen
der Organisation zu gewinnen«, wirft natürlich sofort die Frage auf, ob diese Gruppen, vor allem im Falle erfolgreicher Arbeit, wirklich ihren informellen Status erhalten können. Als Zweifel an der erfolgreichen Einführung dieser Gruppenstruktur

aufkamen, wurden die Eingriffe des Managements signifikant; sie waren am Ende beim erfolgreichen Abschluss des Projektes ebenso eindrucksvoll. Der Raum und das Ausmaß der Selbststeuerung solcher Gruppen werden also ein permanentes Thema bleiben.

Wolf empfiehlt dem Management, die Communities of Practice bei der Implantation im Unternehmen zu unterstützen, ihnen Zeit und Budget einzuräumen, Struktur und Rollen zu definieren. Ihr Vorschlag, das vertikale Linienmanagement in die horizontale Struktur der CoPs mit einzubinden, zeigt am deutlichsten, wie der zu Beginn pionierhafte, informelle und institutionell wenig gesteuerte Prozess dieser Gruppenbewegung im Laufe seiner Etablierung sich der Institutionalisierung nicht entziehen kann. Inwieweit diese Gruppen dann ihren Reiz für ihre Mitglieder verlieren, wenn sie stärker ans Zentrum der Macht rücken, was nicht nur durch die Berichterstattung ans Management, sondern auch durch Unterstützung durch das Management geschehen kann, bleibt abzuwarten. Diejenigen, die die »CoP-Landschaft verlassen haben und in den organisationalen Untergrund gegangen sind ... sich aber weiterhin in ihrer Freizeit oder beim Mittagessen oder anderen informellen Treffmöglichkeiten« (Wolf 2006, S. 208) begegnen, um diskutieren zu können, ohne dem Management Rechenschaft geben zu müssen, machen diesen sensiblen Punkt sehr deutlich.

Auch das Gegenteil kann eintreten, nämlich dann, wenn die Teilnahme an einer solchen Gruppe für den Mitarbeiter im Unternehmen unausweichlich ist; wenn der Mitarbeiter weiter Einfluss auf die Gestaltung der Arbeitsprozesse nehmen will, hat dies Rückwirkungen auf die Zusammensetzung der Gruppe. Die Zahl der Mitglieder erhöht sich, die weniger am Wissenstransfer, sondern mehr am Erhalt ihres Einflusses interessiert sind.

In jedem Fall ist der Grenzgang zwischen dem Freiraum selbst gesteuerten Handelns in Gruppen und ihrer Einbindung und Kontrolle durch die sie umgebende Organisation oder die Herstellung der Balance von Selbst- und Fremdsteuerung eine wichtige Perspektive, die über Gelingen und Misslingen solcher Gruppen entscheiden wird. Dabei gilt es eine Reihe wichtiger Fragen zu beantworten:

- Wie viel Hierarchie vertragen Communities of Practice innen und von außen und wie werden Führung und Einflussstrukturen gestaltet?
- Ist der Freiraum der Gruppe groß genug, sicher und so attraktiv, dass die Motivation, dazuzugehören und sich aktiv einzubringen, in ausreichendem Maße vorhanden ist?
- Gelingt es, die Balance zwischen Autonomie der CoPs und ihrer Einbindung in die Organisation herzustellen?

Die streng geschlossene Gruppe verändert sich durch eine »wachsende Individualisierung in der Gruppenarbeit«; das hat zur Folge, dass die zentrifugalen Kräfte anwachsen und die zentripetalen Kräfte zurückgehen werden. Auch aus dieser Perspektive ist eine Steuerung der Kräfte zur Erhaltung des Gleichgewichts nötig.

Unterstützung der Arbeit der Communities of Practice

Die unterschiedlichen Entwicklungsphasen mit ihren jeweiligen Besonderheiten in solchen Gruppen lohnt es, zu differenzieren, um ihnen die benötigte und angemessene Unterstützung zukommen zu lassen. Jürgen Howaldt und Frank Ellerkmann (2007) unterscheiden die Idee und den Anstoß für die Kooperation, ihren Aufbau und die Konstituierungsphase. Es folgt die Arbeit in der Gruppe mit der sich daran anschließenden Evaluation und Bewertung. Unter »Metamorphosen« verstehen sie die ständige Veränderung dieser lebendigen, in ihren Formen und Grenzen fließenden Gebilde (S. 43). In einem Materialienkatalog stellen sie verschiedene Maßnahmen und Instrumente für die einzelnen Phasen zur Verfügung (S. 46–47).

Die strukturelle Differenzierung der Kooperationsphasen schafft noch keine Kooperationskultur; sie entsteht durch die Berücksichtigung und Ergänzung sogenannter »weicher Faktoren«. Ingo Dammer (2007) zählt zu den Faktoren einer Kooperationskultur Vertrauen, Konfliktfreundlichkeit, Lösungsorientierung, Kommunikation, Verbindlichkeit und Transparenz. Es handelt sich allesamt um Faktoren einer funktionierenden Gruppenarbeit, von denen der Gruppendynamiker weiß, dass sie nicht linear und einfach herstellbar sind, sondern in einem sich selbst reflektierenden Gruppenprozess Schritt für Schritt zu erarbeiten sind.

Der von Patricia Wolf empfohlene Support durch Beratung und Mediation kann helfen, den Communities of Practice in ihren ziel- und aufgabenorientierten Intentionen zum Erfolg zu verhelfen:

- gruppendynamische Kompetenz in der Organisation zu generieren, ohne die solche Gruppen auf die Dauer nicht stabil sein können,
- Prozesse zu moderieren, die die Neutralität eines Dritten benötigen,
- durch Beobachtung und Begleitung Drucksituationen zu entlasten und eventuell entstehende Konflikte zu bearbeiten,
- Reflexionsorte zu schaffen, die in Distanz zur Aktion Raum für Metakommunikation und Selbstthematisierung bieten,
- Wissen und Methoden zur Verfügung zu stellen, die der Organisation fehlen.

Das Konzept der Communities of Practice ist ein Versuch, die durch die Informationswissenschaften empirisch gesicherten Faktizitäten und die in Dateien abgelegten und geordneten Wissensbestände für die Praxis zu aktualisieren und nutzbar zu machen und dabei den zwischenmenschlichen Faktor, die Interaktion der beteiligten Menschen mit allen ihren komplexen Begleiterscheinungen, nicht außer Acht zu lassen. Die Gruppe als Beziehungs-, Arbeits-, Interaktions- und Reflexionsraum bietet sich für ein solches Projekt an.

Die Gruppe als Resonanzraum der Beratung

Eine Gruppe weiß und fühlt quantitativ und qualitativ mehr als der Einzelne. Diese allgemeine und noch zu spezifizierende Behauptung würde bereits genügen, um die Gruppe als Lern- und Beratungsraum zu legitimieren. Sie trifft dann zu, wenn die Komplexität des Problems, das es zu lösen gilt, hoch ist und nicht eindimensional durch spezifische Wissensbestände gelöst werden kann, sondern Mehrperspektivität benötigt. Wenn zur Problemlösung neben rationalem Wissen auch »emotionale Intelligenz« gebraucht wird, bietet die Gruppe durch die persönliche Verschiedenheit ihrer Mitglieder und durch das sich entwickelnde Gruppenklima ein großes emotionales Potenzial. Die Selbstreferenzialität der Gruppe ermöglicht neue und kreative Lösungen, die individuell nur schwer erbracht werden können. Gruppen motivieren sich schließlich durch ihre kollektiven Erfolge selbst und wirken damit auf das einzelne Gruppenmitglied leistungssteigernd.

Wie zeigen sich diese allgemeinen Effekte der Gruppenarbeit in der Beratung, und welcher Bedingungen bedarf es, damit eine Gruppe ihre Möglichkeiten entfalten kann?

Die Leistungsfähigkeit der Gruppe als Lern- und Beratungsraum

Die Gruppe bietet für das Lernen und Beraten unterschiedliche Funktionen an: Sie ist Reflexionsraum für den Fall, Ort der Professionalisierung und Gegenstand der Systempflege.

 Die Gruppe als Reflexionsraum für den Fall. Die Gruppe definiert sich als ein Reflexionsraum in doppelter Richtung: Sie reflektiert den Fall und sich selbst (vgl. Steinkamp 1985). Die Gruppe bietet Gelegenheit, in einem kontinuierlichen Prozess und in einem vertraulichen Rahmen zu reflektieren und nach passenden neuen Schritten in der Problembearbeitung zu suchen. Gedanken, Gefühle, Zwiespälte, Konflikte, Ideen, Kränkungen, Unsicherheiten, Ängste – alles hat Raum. Dadurch werden die unterschiedlichen Aspekte des Falls leichter wahrnehmbar und benennbar und so zu Ressourcen für angemessene Schritte zur Veränderung. Die Gruppe wird so zu einem stützenden Resonanzraum, in dem vorerst nur undeutlich Geahntes spürbar und greifbar wird; sie wird zu einem wohlwollenden Spiegel, zu einem Freiraum und einem unterstützenden Rückhalt, in dem Kreativität und Entwicklung möglich sind.

Die Gruppe dient auch als *Medium des Fallverstehens:* Die Beratungsarbeit löst nicht nur kognitive Dissonanzen, sondern vor allem auch emotional-affektive Widersprüche und Abwehrreaktionen aus. Sie sind sowohl durch den Fall an sich wie auch durch die Dynamik, die er innerhalb der Gruppe auslöst, verursacht. Falldynamik und Gruppendynamik korrespondieren. Das Erkennen dieser korrespondierenden Dynamik bringt für den Beratungsprozess in der Gruppe, vor allem aber für den Fallvortragenden, Entlastung.

Zudem *spiegelt die Gruppe das Unbewusste:* Noch einen Schritt weiter wird durch die Ausweitung des Gruppendynamik auf unbewusste Prozesse, zum Beispiel der Übertragung und Gegenübertragung, das Phänomen der Widerspiegelung der Fallwirklichkeit in der durch den Fall entstehenden Gruppendynamik erkannt und beschrieben, wie es für die Balintgruppen gilt.

 Die Gruppe als Ort der Professionalisierung. Die Gruppe ist der Integrationsort von fachlichem Wissen und professionellen Erfahrungen: Die Teilnehmer einer Gruppe bringen im Blick auf das Gruppenziel und die Aufgabe, hier Beratung, ihr Wissen, spezifische Erfahrungen, unterschiedliche Kompetenzen mit. Diese individuellen Ressourcen zeigen sich im Beratungsprozess und können zu einem Ganzen integriert werden. Gleichzeitig erzeugt die Gruppe in ihrer Arbeit neues Wissen und macht eigene Erfahrungen. Durch die individuellen Betrachtungsweisen und den damit verbundenen Perspektivwechsel entsteht beim Ratsuchenden eine Irritation des bisher Wahrgenommenen. Seine Sichtweise des Falles erweitert und verändert sich. Es entsteht ein Mosaik unterschiedlicher Beobachtungen, die zum neuen Ganzen, das man das Verstehen des Falls nennen kann, zusammengefügt werden.

> Ort für Wissens- und Erfahrungsintegration, Feedback, Wertereflexion und Systempflege.

Die Gruppe ist auch der Raum für Feedbackprozesse: »Feedback«, also der Versuch, die Selbst- und Fremdwahrnehmung zu erweitern, bestimmt einen großen Teil der Gruppenarbeit. In der Beratung stehen die Fallvortragende und ihr Fall im Mittelpunkt des Feedbacks der Gruppenteilnehmer und des Supervisors. Die Gruppe wird zum Feedbackgeber; sie antwortet wie ein Echo auf den eingebrachten Fall und damit indirekt auch auf die Fallvortragende oder denjenigen, der ein Thema einbringt. Das Feedback in der Gruppe bietet auch jedem Gruppenmitglied die Möglichkeit, eigene Positionen und Emotionen zu überprüfen.

Die Gruppe als Raum für eine Reflexion der Werte bedeutet: Beratung ist wie die Arbeit der Professionellen, die ihre Frage einbringen, nicht wertfrei, sondern wertgebunden. Die postulierten und beanspruchten Werte erhalten konkreten Ausdruck in der Beratung. Sie sind überprüfbar, korrigierbar, befragbar und durchaus auch kontrovers. Diese Diskussion der Werte reflektiert den gesellschaftlichen Bezugsrahmen. Gleichzeitig handelt es sich um eine identitätsstiftende Arbeit, die für die handelnden Personen über ihre unmittelbare Klientenarbeit hinaus neben den fachlichen Kompetenzen auch ethische Grundhaltungen und Überzeugungen impliziert; sie fließen in die Arbeit ein und prägen darüber hinaus die gesamte Person.

Die Gruppe als Gegenstand der Systempflege. Beratung in der Gruppe dient, wie oben geschildert, dem besseren Fallverstehen und der Stärkung der Professionalität. Darüber hinaus untersucht die Gruppe ihren eigenen Arbeitsprozess mit dem Ziel, produktive Kooperation zu erhalten und zu verbessern. Die Selbstreflexion dient der Erhaltung und der Pflege des Resonanzraums. Die Gruppenmitglieder lernen, ihre Gruppe als Instrument der Beratung zu betrachten, ihre Pflegebedürftigkeit anzuerkennen und so ihre Leistungsfähigkeit zu entwickeln.

Diese verschiedenen Funktionen sind im folgenden Schaubild dargestellt und den jeweiligen Gruppen (GSV = Gruppensupervision; BG = Balintgruppe; IG = Intervisionsgruppe; CoP = Communities of Practice) zugeordnet.

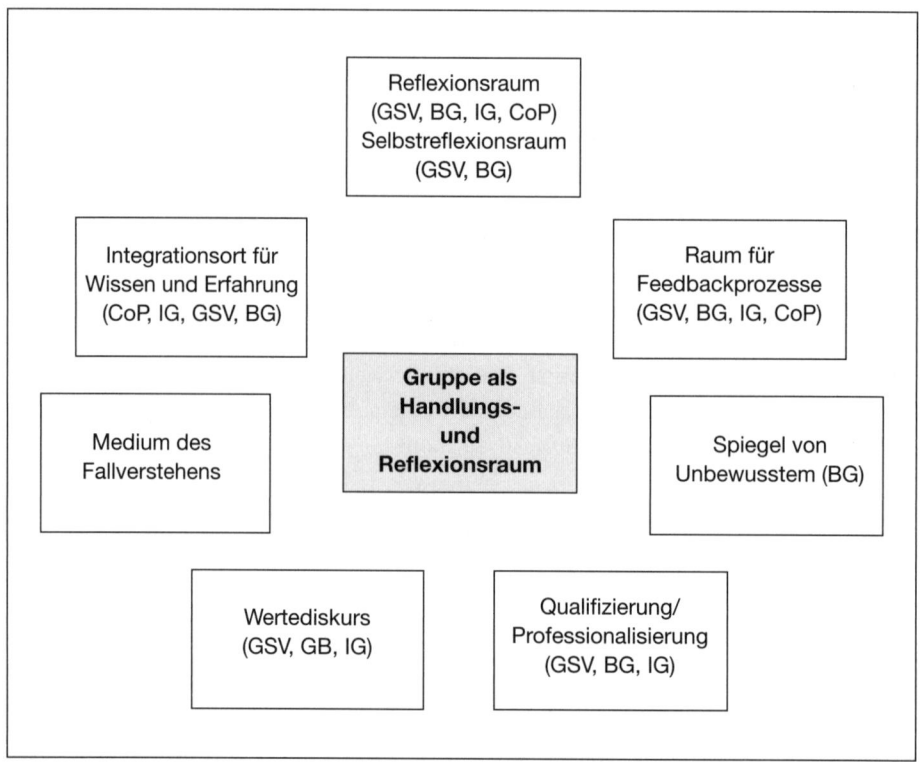

Bedingungen einer funktionierenden Beratung in Gruppen

Beratung in Gruppen setzt, wenn die Gruppe als Raum der Beratung effektiv genutzt werden will, eine Reihe von Bedingungen voraus, die im Folgenden dargestellt werden. Die Gruppe kann für die Beratung sogar störend wirken, wenn ihre Einflussgrößen unbekannt sind oder mit ihnen nicht adäquat umgegangen wird.

Transparenz von Ziel und Konzept der Gruppenberatung. Die erste Notwendigkeit besteht in der Entscheidung für ein spezifisches Gruppenkonzept, das die Funktion der Gruppe für die Beratung definiert. – Diese Entscheidung orientiert sich an der Zielsetzung der Beratung.

Anhand der hier vorgenommenen Differenzierung von Beratung in Gruppensupervision, Balintgruppe, Intervisionsgruppe und Communities of Practice bekommt die Gruppe eine unterschiedliche Funktion. Die folgende Übersicht legt das Gewicht auf die besonderen Qualitäten des jeweiligen Konzepts.

Beratung in unterschiedlichen Gruppensettings

In der **Gruppensupervision** bietet die Gruppe
- Raum zur Aufklärung und Verstehen des Falles,
- Raum zum Nutzen von Mehrperspektivität (Perspektivwechsel),
- Resonanzraum (Ideen, Fantasien, Affekte, Emotionen, Widerstände) für den zu beratenden Fall (Korrespondenz zwischen Falldynamik und gleichzeitiger Dynamik der Gruppe beim Besprechen des Falls),
- Feedbackraum, vor allem für den Fallvortragenden,
- Raum für Entlastung und Sicherheit für den Fallvortragenden (Containment) sowie
- Lernraum für alle Gruppenteilnehmer (Qualifizierung).

In der **Balintgruppenarbeit** dient die Gruppe
- der Spiegelung der unbewussten Anteile des Fallgeschehens,
- der Aufklärung und dem Verstehen des Falles,
- der Wahrnehmungserweiterung für Übertragungsanfälligkeiten des Fallvortragenden sowie
- dem Lernen aller Gruppenteilnehmer (Qualifizierung).

In der **Intervisionsgruppe** bietet die Gruppe
- Raum für kollegialen Erfahrungsaustausch,
- Solidarraum für das Erleben ähnlicher Rollen,
- Feedbackraum,
- Raum für das Fallverstehen als Ergebnis kollegialer Leistung sowie
- Lernraum für alle Gruppenteilnehmer (Qualifizierung).

In der **CoP** dient die Gruppe
- dem Wissenstransfer und der Wissensintegration,
- der Entwicklung von »Best Practice«-Modellen,
- der fachliche Anregung über Organisationsgrenzen hinweg,
- der Organisation, die das individuelle Wissen abschöpft, sowie
- dem Lernen aller Gruppenteilnehmer (Qualifizierung).

Je nach Beratungsziel verändern sich die Funktionen der Gruppe. Der Gruppenleiter, der Moderator, die Gruppenmitglieder verfügen über die Kompetenz, sich in diesem Gruppensetting zu bewegen und zu arbeiten. Der Gruppensupervisor oder die Balintgruppenleiterin hat die Fähigkeit, diese Gruppen nach dem vorgegebenen Konzept zu steuern. Sie achten besonders auf die Korrespondenz zwischen den gewünschten Beratungszielen und der Funktionalität des Gruppenhandelns im Blick auf diese Ziele. Das jeweilige Konzept ist allen Teilnehmern transparent und Gegenstand der verbindlichen Vereinbarung.

Kontrakt (Arbeitsweise) und Gruppenbildung (verbindliche Teilnahme). Der Kontrakt ist vergleichbar mit einer verabschiedeten und verbindlich geltenden Verfassung der Gruppe und der damit definierten Ziele. Er betrifft die Inhalte und Methoden der Arbeit, die Ziele, den Umgang miteinander, Frequenz und Zeitstruktur der Gruppensitzungen, Finanzierungsfragen, Modalitäten der Regelung von Zugehörigkeit, besonders des Ausscheidens aus der Gruppe und der Aufnahme neuer Mitglieder.

 Die Passung der Gruppenteilnehmer. Leicht verfallen Gruppenmitglieder bei der zentralen Frage der Zugehörigkeit der Norm, entweder alle zuzulassen und niemanden auszuschließen oder die Latte so hoch zu legen, dass der Zugang zur Gruppe unnötig erschwert wird. Es gilt also für den jeweiligen Gruppentyp mit seinen spezifischen Zielsetzungen sinnvolle Zugangskriterien zu finden. In Gruppen, die sich gegenseitig beraten und beraten lassen, sind sicher die Offenheit und Bereitschaft, sich auf dieses Arbeitsbündnis (der Beratung) einzulassen, eine wichtige Voraussetzung. Nähe und Distanz der Gruppenmitglieder untereinander sollten in zumutbarer Weise gestaltet werden können und nicht auf einem die Einzelnen und die Gruppe insgesamt überfordernden Niveau liegen. Eine gewisse Professionalität im jeweiligen Fach ist die Eintrittkarte des Mitglieds für die Teilnahme an der Gruppe. Aus gruppendynamischer Sicht sind bei der Gruppenbildung folgende Kriterien zu überprüfen: Ausgewogenheit von männlichen und weiblichen Gruppenmitgliedern, eine heterogene Altersstruktur, die Bekanntheit von Gruppenteilnehmern aus früherer Zeit, bereits vorhandene Konflikte unter den Gruppenteilnehmern, Abhängigkeiten der Teilnehmer innerhalb anderer Subsysteme, Statusunterschiede.

 Aufbau von Vertrauen und Respekt vor der Fremdheit. Eine Beratungsgruppe ist keine private Beziehungsgemeinschaft, braucht aber für ihre Arbeit einerseits gegenseitige Offenheit und den langsamen Aufbau von Vertrauen untereinander und andererseits Respekt vor der Fremdheit und dem Anderssein von Gruppenmitgliedern. Diese doppelte Qualität von Identifikation und Distanz, von Nähe und Fremdheit kann sich nur schrittweise entwickeln, ist nicht von vornherein vorhanden und braucht die Fähigkeit, entstehende Differenzen und Konflikte miteinander auszutragen. Gerade die Toleranz von Unterschieden und die Akzeptanz für zunächst auch enttäuschte Erwartungen schaffen für die Gruppe ein stabiles Arbeitsklima und ein realistisches Fundament der Zusammenarbeit.

 Prozessorientiertes Arbeiten. Beratungsarbeit in Gruppen ist prozessorientiert. Das bedeutet, dass es zwar methodisch gesehen gewisse vorhersehbare Prozessabläufe gibt, die sich auch an einer Minimalstruktur orientieren, aber die Dynamik des Themas, das besprochen wird, strukturiert den Prozess. Umgekehrt entwickelt sich aus der Korrespondenz und Dialektik zwischen Supervisanden, dem Fallgeschehen und dem Supervisor ein Prozessgeschehen, das in permanenter Diagnose den nächsten Handlungsschritt nahelegt. In einem ständigen Diagnose- und Interventionswechsel werden so Verstehen und Sichverändern möglich. Prozessorientiert arbeiten heißt: das

Ziel kennen, aber nicht die Länge und Beschaffenheit des Weges; die Prozess- und damit die Beratungsstrecke wird »Schritt für Schritt« in gemeinsamer Suchbewegung zurückgelegt. Selbststeuerung und Selbstorganisation der Teilnehmer und der Gruppe sind selbstverständliche Ausgangspunkte eines prozessorientierten Arbeitens. Eine Gruppe ist in der Lage, über ihre Selbstthematisierung und Selbstreflexion zur Problemdiagnose, zum Ziel und zur Methodenfindung zu kommen und jene emergente Qualität zu entwickeln, die als das Geheimnis oder das Potenzial von Gruppen gelten kann. Diese Energie, Kreativität, Produktivität oder auch Selbstheilungskraft der Gruppe kann nicht über technische Verfahren hergestellt werden, sondern entsteht aus der *Selbstreferenzialität*, wie es in der Systemsprache heißt.

Angemessenes Leiterverhalten. Beide Formen der Gruppenarbeit, die mit (Gruppensupervision, Balintgruppe) und die ohne (Intervision, CoP) formellen Leiter, sind mit den Fragen von Führung und Führungsverhalten konfrontiert. Eine einheitliche Führungsphilosophie gibt es für diese Gruppen nicht. Um die Effizienz von Gruppenarbeit zu sichern, ist es einerseits notwendig, dass der Führungsstil die Potenziale der Gruppe zur Entfaltung kommen lässt, zum Beispiel dass der Selbstreferenzialität der Gruppenentwicklung (s. S. 442 ff.) genügend Raum gegeben wird. Andererseits ist die Gruppe nicht Selbstzweck, sondern Raum für Beratung und damit einem konkreten Arbeitsziel verpflichtet, das realisiert werden muss.

Das Modell der themenzentrierten Interaktion benennt die drei Faktoren, die der Leiter der Gruppe im Auge behalten sollte: das Klima in der Gruppe, das Befinden der einzelnen Gruppenmitglieder und die Erledigung der Aufgabe. Es hängt sehr von den persönlichen Erfahrungen und Kompetenzen des Gruppenleiters ab, wie er die Balance zwischen diesen drei voneinander abhängigen Faktoren herstellt: ob er dazu die formale Struktur eines Programmwechsels (vgl. Rappe-Giesecke) bevorzugt oder der metakommunikativen Selbstthematisierung einen vorgegebenen und begrenzten Raum verschafft oder durch eine persönliche Intervention in prekären Situationen wieder Klarheit und Sicherheit herstellen kann.

Die kollegiale Supervisionsgruppe und die CoP müssen die Funktion des Dritten, der in Situationen der Verunsicherung hilfreich ist, selbst übernehmen. Meist bieten sich informelle Leiter an, die aufgrund ihres Status, ihre Gruppenalters oder ihrer spezifischen Kompetenzen für die Situation die Akzeptanz der anderen Gruppenteilnehmer für diese passagere Rolle bekommen. Wenn es gelingt, dass diese informellen Führungsrollen wechselweise je nach Situation von unterschiedlichen Gruppenteilnehmern übernommen werden können, vermindert dies mögliche Rivalitätsgefühle und Auseinandersetzungen um Statuspositionen in der Gruppe.

Dass Störungen immer Vorrang haben sollten, wie es das TZI-Modell vorsieht, muss kritisch betrachtet werden. In Beratungsgruppen steht, wie schon öfter gesagt, der Fall des Ratsuchenden im Zentrum des Prozesses. Das entscheidende Kriterium für die gruppendynamische Selbstreflexion muss die Effizienz der Beratung in der Gruppe bleiben. Solange sie gesichert ist, können momentane individuelle Bedürfnisse nach »Beziehungsklärung« relativiert werden.

Reflexion gruppendynamischer Prozesse (Selbstreflexion). Die Gruppen- und Beziehungsdynamik müssen der Selbstreflexion unterzogen werden, sobald sie die Beratungsfähigkeit dauerhaft stören und einschränken. Dies ist vor allem bei Gruppen, die über längere Zeit zusammenarbeiten, bisweilen der Fall und aufgrund des intensiven Einbezugs persönlicher Attribute in die Beratungsarbeit nicht zu vermeiden. Es wird dann in einem zeitlich begrenzten Rahmen versucht, aktuelle Störungen wieder zu mildern und zu beheben.

Verschärfen sich persönliche Gegensätze und sind diese durch die zur Verfügung stehenden Formen der Selbstreflexion nicht aufzuheben, steht die Frage der weiteren Zusammenarbeit in der bestehenden Teilnehmerkonstellation an. Dabei sollte aber bedacht werden, dass unterschiedliche und auch kontroverse, vielleicht sogar Konflikte erzeugende Reaktionen auf den Fall, rationaler und emotionaler Art, Medium zum Verstehen der geschilderten Fallszene sind und nicht vorschnell als Beziehungsproblem interpretiert werden sollten. Die Unterscheidung, was durch den Fall in der Gruppe an Reaktionen und Resonanzen induziert und aktiviert wird und was aufgrund anderer, bereits bestehender Beziehungsfaktoren in der Gruppe in der konkreten Situation Wirkung entfaltet, ist für die Beratungsgruppe von hoher Bedeutung.

Fall- und Beziehungsdynamik korrespondieren. Sie zu unterscheiden und in ihren Ursachen zu verifizieren ist Aufgabe der Gruppe und ihres Leiters. Wenn es gelingt, den Beratungsfall befriedigend zu bearbeiten und die vorhandenen Übertragungsreaktionen der Gruppe durch das Verstehen des Fallgeschehens aufzulösen, dann ist dies ein wichtiger Indikator für eine produktive Beratungsarbeit in Gruppen. Erzeugt die Beziehungs-, manchmal auch Institutionsdynamik Widerstände und Abwehr gegen die Fallarbeit, lähmt sie das Interesse der Supervisanden an der aktiven und passiven Beratung, dann muss sie einer Untersuchung unterzogen werden.

Dies ist für Gruppen ohne formelle Leitung natürlich viel schwieriger, weil der neutrale Dritte, der für solche Klärungen Sicherheit und Hilfe anbietet, fehlt. In diesen Gruppen können aber die oft über lange Zeit gewachsenen stabilen und positiven Beziehungen das Fehlen des Dritten kompensieren. Vielfach bekommt einer der Kollegen die informelle Führung zugestanden und kann sie während einer solche Klärungsphase übernehmen.

Die Fähigkeit zur Selbstreflexivität des individuellen und kollektiven Handelns ist in jedem Fall in den hier geschilderten Gruppen eine Voraussetzung für die Effizienz der Arbeit, das Wohlbefinden der Supervisanden und den Bestand der Gruppe.

Abschließender Vergleich

Vergleicht man die vier vorgestellten Beratungsformen, so haben sie sich in besonderen professionellen Kontexten entwickelt: die Gruppensupervision im Bereich der Sozialarbeit und Sozialpädagogik zur Ausbildung, Qualifizierung und zum professionellen Handeln, die Balintgruppenarbeit zur Veränderung des professionellen Selbstverständnisses der Medizin und zum umfassenderen Verstehen der Arzt-Patient-Beziehung; die Intervision vorwiegend, aber nicht ausschließlich im Sozialbereich zum kollegialen Erfahrungsaustausch und zum reflektierten beruflichen Handeln, die CoPs im Unternehmensbereich zum Austausch von Wissen und Erfahrung für komplexe Problemlösungen.

Aus der Perspektive der Gruppe, in der sich diese Beratungsformen etablierten, lassen sich fünf Effekte feststellen, die für die Mitglieder solcher Gruppen interessant und motivierend sind und deshalb die Entwicklung dieser Beratungsformen förderten:

● Entwicklung neuer Problemlösungen und Problemlösungsverfahren durch die Mehrperspektivität einer Gruppe nach dem Prinzip einer gemeinsamen, prozessorientierten Suchbewegung,

● ein Professionalisierungseffekt im Sinne der Qualifizierung und Kontrolle der eigenen Arbeit,

● die Zugehörigkeit zu einer Gruppe, die man auch als ein Ort beruflicher Beheimatung bezeichnen könnte,

● die Erfahrung von solidarischer Gemeinsamkeit als Alternative zur oft in Dyaden stattfindenden Klientenarbeit und die damit verbundene Entlastung und Unterstützung durch eine Gruppe sowie

● die größere Bedeutung einer Gruppenleistung im institutionellen Kontext.

Klaus Brosius

Soziales Lernen in Gruppen

Einleitung

Nahezu alle Formen institutionalisierten Lernens in unserem Leben finden in Gruppen statt. Zunächst im Kindergarten, später in Schule, Berufs- oder Hochschule – immer wird Wissen an größere Menschenmengen weitergegeben. Meist wird die Gruppe aus Effektivitätsüberlegungen eingesetzt – man benötigt nur einen Wissenden, Lehrer oder Lehrerin, für viele Kinder. Aufgrund der starken Prägung durch schulische Sozialisation gehören Lernen und Gruppen im Erleben nahezu aller Erwachsenen heute untrennbar zusammen. In solchen klassischen Lernsettings werden Vokabeln, der Satz des Pythagoras, wo Burkina Faso liegt und vieles mehr vermittelt. In erster Linie werden kognitive Fähigkeiten – Aufnehmen, Behalten und Wiedergeben geschult.

Neben diesem Lernen *in* einer Gruppe gibt es vielfältige Möglichkeiten *von* einer Gruppe zu lernen. »Streiten«, »argumentieren«, »sich anpassen« oder »durchsetzen«, »teilen«, »zuhören« und vieles andere lernt man dort. Die meisten sozialen Fähigkeiten werden uns in der Familie(ngruppe) beigebracht. Später führen Gruppen von Gleichaltrigen, Vereine, Klassenverbände, Cliquen oder Gangs diese soziale Entwicklung fort. Gelernt wird an Modellen, durch Versuch und Irrtum und die Reaktionen der anderen. Da diese Lernprozesse in Gruppen jedoch meist nicht formalisiert sind, werden sie weniger als »klassisches Lernen« erlebt.

Im Erwachsenenalter ist die Seminarform die Lernform der Wahl. In den Seminardesigns von Trainerinnen und Trainern, Leiterinnen und Leitern findet sich meist ein bunter Mix unterschiedlicher Methoden und Ansätze. Neben die klassisch konzeptionellen Weisen zur Vermittlung von Wissen tritt seit den 60er-Jahren des vorigen Jahrhunderts die erfahrungs- oder verhaltensorientierte Form, meist auf gruppendynamischer Grundlage.

Im folgenden Beitrag beschreibe ich zunächst die Entstehung und Entwicklung sozialer Kompetenz. Erwachsene versuchen ihre soziale Kompetenz heute meist mithilfe verhaltensorientierter Trainings zu verbessern. Das gruppendynamische Training ist eine bewährte und seit Langem praktizierte Trainingsform in diesem Bereich. Es wird beschrieben, wie das Lernen in gruppendynamisch orientierten Seminaren und Trainings erfolgt. Davon abgegrenzt wird das konzeptionelle Seminarlernen betrachtet, welche Lernprozesse in beiden Formen wirksam sind, welche kurz- und langfristigen

Effekte sich beobachten lassen und wie der Lernerfolg der Teilnehmer einzuschätzen ist. Im Anschluss an die Gegenüberstellung der Lernformen wird ein konkretes Design eines Gesprächstrainings mit gruppendynamischem Hintergrund vorgestellt.

Das Ziel dieses Beitrags ist, die beiden Formen in ihrer Wirksamkeit und in den Grenzen bezüglich des sozialen Lernens zu beschreiben. Es soll keine künstliche Frontlinie zwischen ihnen aufgebaut werden. Dennoch ist es wichig und notwendig, zu unterscheiden, in welchen Situationen und welcher Zielsetzung die eine oder die andere Methode des Beibringens den größeren und nachhaltigeren Erfolg zeigt.

Das Training sozialer Kompetenz

»Teamfähigkeit ist für deutsche Unternehmen das wichtigste Kriterium bei der Einstellung von Hochschulabsolventen. Das ergab eine Umfrage des Deutschen Industrie- und Handelskammertags (DIHK). So nannten 71 Prozent der 2.135 befragten Firmen dies als wichtigste Eigenschaft. Auch die Anwendung von Wissen in der betrieblichen Praxis sei entscheidend. 38 Prozent der Unternehmen erklärten, sie hätten sich in der Probezeit von Hochschulabsolventen getrennt, weil diese ihr theoretisch Erlerntes nicht im Unternehmensalltag anwenden können.« (Süddeutsche Zeitung vom 19. Februar 2008)

Dieser kurze Ausschnitt aus dem Wirtschaftsteil der Süddeutschen Zeitung macht deutlich, worum es den Unternehmen heute im Bereich Personal geht. In einer immer komplexer werdenden Umwelt ist nicht mehr der charismatische Einzelkämpfer gefragt, sondern ein Teamplayer, der seine Kompetenzen mit denen seiner Kollegen vernetzt, der fähig ist, mit anderen an größeren Projekten zu arbeiten und zu gemeinsamen Ergebnissen zu kommen. Gewünscht ist, sich rasch in unterschiedlichsten Teamkonstellationen zurechtzufinden und gemeinsam arbeitsfähig zu werden. Diese Orientierungs- und Kooperationsleistung verlangt gut entwickelte soziale Kompetenzen.

Beruflicher Erfolg verlangt soziale Kompetenz.

Unter dem Begriff Teamfähigkeit werden eine Reihe sozialer Fähigkeiten und Haltungen zusammengefasst, wie Empathie, Menschenkenntnis, Kritikfähigkeit, Selbstdisziplin, Toleranz, Sprachkompetenz, Kommunikationsfähigkeit, emotionale Intelligenz und vieles mehr. Im Bereich der Führungsqualitäten sind es: Verantwortung, Durchsetzungsvermögen, Flexibilität, Konsequenz, Vorbildfunktion, Selbstbewusstsein. Wie andere Fähigkeiten auch, so lassen sich die sozialen Kompetenzen einer Person schulen. Viele Unternehmen und soziale Organisationen bieten ihren Mitarbeitern entsprechende Qualifizierungsprogramme an. Im Profit- und Non-Profit-Bereich haben sich – neben Einzelcoaching und Leitungscoaching – verhaltensorientierte Trainings zur Steigerung der sozialen Kompetenz etabliert. Eine besondere Form solcher Trainings ist das gruppendynamische Training. Es wird später genauer beschrieben. Zunächst jedoch möchte ich auf die Bedingungen für die Entstehung sozialer Kompetenz eingehen. Daraus lassen sich Konsequenzen für den Aufbau und die Gestaltung entsprechender Lernsettings ableiten.

Die Entstehung sozialer Kompetenz

Nach Auffassung der Entwicklungspsychologie (Oerter/Montada 2002, S. 243 ff.) kommt ab der Kindheit den Gleichaltrigen, den sogenannten Peers, die zentrale Bedeutung bei der Entwicklung sozialer Kompetenzen zu. Sie lösen die Erwachsenen als bislang wichtigste Orientierungspersonen ab. Auch in späteren Jahren bleibt die Gruppe der Gleichaltrigen wichtig. In ihr werden Normen sozialen Verhaltens gebildet und gefestigt.

Die Entwicklung sozialen Verhaltens – so Oerter/Montada – erfolgt in einem Prozess von fünf Schritten. Auf den sozialen Reiz aus einer Situation erfolgt eine Informationsverarbeitung dieses Schlüsselreizes in der Person des Empfängers. Soziale Reize sind Situationen, die einen Aufforderungscharakter haben und auf die eine Handlung erwartet wird. Das zentrale Kriterium zur Beurteilung sozialer Kompetenz ist die Bewältigung einer sozialen Situation. Der soziale Reiz muss in der Person empfangen, benannt und kategorisiert werden. Das heißt: Die Person deutet die Situation hinsichtlich des erwarteten oder gewünschten Verhaltens. Der Empfänger des Reizes entwickelt aus der Deutung heraus eine spezifische antwortende Handlung. Diese wird vor der Ausführung hinsichtlich des Handlungserfolges und weiterer Konsequenzen überprüft. Die anwesenden Peers bewerten das Verhalten und zeigen im Anschluss durch ihre Reaktionen, wie sie das Verhalten bewertet haben. Positive Bewertungen erhöhen den sozialen Status und das Ansehen der Person in der Gruppe.

So wird in einem ständigen Prozess das soziale Verhalten modifiziert und entsprechend den sozialen Erwartungen der Umwelt mittels eines (unbewussten) Feedbackprozesses angeglichen. Martin D. Yee und Rupert Brown (Yee/Brown 1992) weisen in einer Studie darauf hin, dass Zufriedenheit in einer Gruppe und auch deren Kohärenz mit ihrer Attraktivität korrelieren. Die Neigung, sich den Wertmaßstäben einer Gruppe anzuschließen, steigt mit der zugeschriebenen Attraktivität. Hauptkriterium für die Attraktivität ist dabei deren aufgabenbezogene Leistungsfähigkeit.

Jede Peergruppe bildet ihre eigenen spezifischen Normen und Verhaltensmuster aus. Das heißt: Die soziale Kompetenz eines Menschen ist sehr stark durch die Lebenswelt geprägt, aus der er stammt. Einfluss auf die Gruppennormen haben Alter, Schicht, soziales Milieu, Geschlecht, Nationalität und vieles mehr. Es dürfte unmittelbar einsichtig sein, dass sozial kompetentes Verhalten in einer Gruppe männlicher Punker eine andere Ausprägung findet als in einer Vorstandssitzung, in beruflichen Kontexten andere als in einer Liebesbeziehung. Wer in einem Bereich sozial kompetent ist, muss dies nicht in einem anderen sein.

Ein gemeinsames Merkmal sozialer Kompetenz in unterschiedlichen Lebenswelten scheinen die Dimensionen von Emotionskontrolle und Konfliktregulierung zu sein. »Ein erfolgreicher sozialer Umgang setzt voraus, dass man seine eigenen Emotionen unter Kontrolle hat und über Strategien zur Bewältigung von Konflikten verfügt« (Oerter/Montada 2002, S. 246). Grundsätzlich lassen sich »konstruktives Bewältigen« von destruktiven Bewältigungsstrategien unterscheiden. »Soziale Kompetenz (im Sinne von »social functioning«) ließ sich durch die Emotionalität und die Fähigkeit zur Regulation (Selbstkontrolle) vorhersagen. Kinder, die es fertigbringen, ihre Emotionen und ihr emotionsbezogenes Verhalten zu kontrollieren, verhalten sich im sozialen Kontext von Schule und Familie angepasster und erscheinen sozial kompetenter. Umgekehrt wirken sich negative Emotionalität und ein destruktives Coping ungünstig auf die soziale Kompetenz aus« (Oerter/Montada 2002, S. 247).

Erweiterung sozialer Kompetenz durch verhaltensorientierte Trainings

Wie beschrieben, bringt jeder Erwachsene eine bestimmte soziale Kompetenz mit, die sich im Laufe seines Lebens ausgeprägt hat. Sie ist durch Erfahrungen, Zugehörigkeit zu (Peer-)Gruppen und die Reaktionen seiner Umwelt entstanden. Sind die vorhandenen Kompetenzen dysfunktional oder unzureichend, so lassen sie sich mithilfe von verhaltensorientierten Trainings verbessern, erweitern oder neu konstruieren. Die Voraussetzung für die Teilnahme an einem solchen Training ist also die Definition des Bedarfs. Entweder als innere Entscheidung im Sinne der Entwicklung und des Wachstums der eigenen Person oder von außen durch Vorgesetzte und Anforderungen der Berufsrolle.

In den 1970er- und frühen 1980er-Jahren erlebten Trainings sozialer Kompetenz, bedingt durch den gesellschaftlichen Wandel und den Wunsch nach einer Verbesserung des menschlichen Miteinanders, einen starken Aufschwung (vgl. Schwäbisch/Siems 1974). Auch heute noch werden sie in der betrieblichen Praxis, in sozialen Institutionen und Ausbildungen zur Steigerung der sozialen Kompetenz von Mitarbeitern und zur Qualifizierung beratender und leitender Fachkräfte eingesetzt. War früher mit der Selbstreflexion in den Trainings und der Verbesserung der zwischenmenschlichen Kommunikation die Hoffnung auf eine gesellschaftlich verändernde Wirkung verbunden, so dienen sie heute meist der Effizienzsteigerung der betrieblichen Prozesse.

Damals wie heute beruhen solche Selbsterfahrungsgruppen, Kommunikations- und Konflikttrainings und gruppendynamischen Trainings jedoch auf einigen allgemeinen Prinzipien (vgl. Schwäbisch/Siems 1974, Kirsten/Müller-Schwarz 2008), die hier aufgelistet sind.

 Selbstreflexion. Im Zentrum der Aufmerksamkeit stehen die eigene Person, das eigene Verhalten und die daraus resultierenden Wirkungen auf andere. Soll das eigene Verhalten verändert werden, so geht das nicht ohne die Bereitschaft zur Selbstreflexion. Eine Neukonstruktion des eigenen sozialen Selbst ist häufig mit Krisen verbunden und erfordert deshalb Zeit, besondere Sorgfalt und einen geschützten Rahmen.

 Training statt Vermittlung. Kognitives Wissen über soziales Verhalten allein verändert die Praxis nicht. Erst ein anderes Verhalten führt zu wirklichen Veränderungen im sozialen Miteinander. Deshalb liegt der Schwerpunkt in Trainings auf dem emotionalen Erleben, Erfahren und Erproben (Däumling 2006, S. 19) Sozial kompetente Verhaltensweisen sollen ausprobiert und eingeübt werden. Gelernt wird ganzheitlich, das heißt, Aktion und Reflexion bilden eine Einheit. Die Erfolgskontrolle erfolgt über das unmittelbare Feedback der anderen Teilnehmer beziehungsweise durch direkte Beobachtung.

 Experimentelle Haltung. Wer neue Wege gehen will, sollte sich von alten Verhaltensweisen verabschieden. Eine experimentelle Haltung sozialen Situationen gegenüber ist dabei förderlich. Das bedeutet, auf Situationen nicht mit den »üblichen« Mustern zu reagieren, sondern sich in neuer, ungewohnter Weise dazu zu verhalten. Eine experimentelle Haltung ist in Gruppen mit relativer Fremdheit und begrenzter Dauer leichter zu realisieren, da die Konsequenzen des eigenen Verhaltens zeitlich begrenzt und kalkulierbar sind.

Gruppe als Resonanzraum. Die Entwicklung sozialer Kompetenzen ist nicht vorstellbar ohne ein – besser mehrere – Gegenüber. Das eigene Verhalten wird von der Gruppe wie von einem Resonanzraum gespiegelt. Die Reaktionen und Einschätzungen der anderen erlauben es, das Verhalten so zu verändern, dass es mit den gewünschten Wirkungen besser übereinstimmt. Je attraktiver die Gruppe und ihre Mitglieder erscheinen, desto höher ist die Neigung, ihren Reaktionen und Feedbacks Bedeutung zuzuschreiben und das eigene Verhalten entsprechend zu verändern. Das Gruppenverhalten ist sowohl eine Funktion der Einzelperson als auch der sozialen Situation. Weder die Persönlichkeit des Menschen allein noch die Beschaffenheit der sozialen Situation allein können Gruppenverhalten schlüssig erklären. Ein Mensch, der sich in einer Gruppe bewegt, wird diese verändern, wie auch der Einzelne durch die Wirkungen der Gruppe verändert wird. Will man die Gruppe zur Entwicklung sozialer Kompetenz nutzbar machen, braucht es eine Vorstellung ihrer Wirkungen und Prozesse wie auch Annahmen über die Veränderungsprozesse einzelner Menschen. Einen solchen Bezugsrahmen bietet der gruppendynamische Ansatz.

Seit den 1960er-Jahren hat sich in Deutschland das gruppendynamische Training als eine Möglichkeit zur Förderung der sozialen Kompetenz erfolgreich etabliert. Däumling unterscheidet systematisierend drei Bereiche, in denen gruppendynamische Trainings wirksam werden: den sozialkognitiven Bereich (Wahrnehmung, Beurteilung, Kenntnis von anderen), den motivationalen Bereich und den expressiven Bereich, das heißt den adäquaten, emotionalen Ausdruck eigener Gefühle und Meinungen (Däumling 2006, S. 19). Die Erfahrung hat gezeigt, dass ein gruppendynamisches Training besonders geeignet ist, die Selbst- und Fremdwahrnehmung zu verbessern, emotionale Stabilität und Belastbarkeit zu entwickeln, Spontaneität und adäquate Ausdrucksfähigkeit zu schulen und sich in verschiedenen Rollen – leitend, unterstützend, konfrontierend, beratend, entlastend – zu bewegen.

Neben den gruppendynamischen Trainings existieren weitere gruppenorientierte Verfahren der Sozialkompetenzentwicklung, wie zum Beispiel die Gruppentherapie. Sie wird in einem gesonderten Beitrag in diesem Handbuch beschrieben (s. Hella Gephart »Die Gruppe als Heilmittel: Psychotherapie in der Gruppe«, S. 286 ff.).

Das gruppendynamische Training

Die »Erfindung« der Gruppendynamik und die Folgen

»In der zeitgenössischen Psychologie hängt die Gruppendynamik am engsten mit der Feldtheorie zusammen. Kurt Lewin, der die Feldtheorie strukturiert und entwickelt hat, gilt allgemein als Begründer der Gruppendynamik« (Luft 1993, S. 12). Am Entstehen der amerikanischen Gruppendynamik und ihrer Konzepte war eine Reihe von Personen beteiligt. Hier sind vor allem die engen Mitarbeiter Lewins – Radke, Festinger, Lippitt und Cartwright – gemeint, die nach seinem frühen Tod im Jahre 1948 sein Werk fortsetzten (Marrow 2002, S. 269 ff.).

Die Geburtsstunde der Gruppendynamik

Als Geburtsstunde der Gruppendynamik gilt ein Seminar, das Lewin 1946 am MIT – Massachusetts Institut of Technology – durchführte. An diesem Seminar nahmen 41 Personen aus verschiedenen Bevölkerungsgruppen teil. Die Teilnehmer kamen mit dem Ziel, ihre Fähigkeiten im Umgang mit Menschen zu verbessern, zuverlässigere Methoden zu finden, wie die Einstellung anderer Menschen verändert werden könnte, und Einsicht in die Gründe für den Widerstand gegen Veränderungsprozesse zu erlangen. Sie wurden bei ihren Gruppenaktivitäten durch Forscher beobachtet.

Die meisten Teilnehmer fuhren am Abend nach Hause. »Diejenigen, die in der Universität blieben, saßen nur müßig herum und fragten, ob sie nicht an den Besprechungen teilnehmen könnten, in denen der Forscherstab (Morton Deutsch, Murray Horowitz, Arnold Meier und Melvin Seeman) die noch nicht ausgewerteten Daten erörterte, die sie bei der Beobachtung der drei Teilnehmergruppen gesammelt hatten. Die meisten der Mitarbeiter befürchteten, dass es für die Teilnehmer unangenehm sein würde, dabeizusitzen, wenn man ihr Verhalten erörtert. Lewin jedoch sah keinen Grund dafür, warum die Forscher die Daten für sich behalten sollten, noch warum das Feedback den Teilnehmern nicht nutzen sollte.

Nach den Worten Bradfords »reagierten die Teilnehmer auf Daten, die ihr eigenes Verhalten betrafen, wie auf einen gewaltigen Stromstoß«. Auf diese Weise wurde die Bedeutung des Feedbacks in einer T-(Trainings-)Gruppe entdeckt. Einmal machte ein Beobachter am Abend irgendeine Bemerkung über das Verhalten einer der drei Personen, die bei der Besprechung dabei waren – einer weiblichen Teilnehmerin. Sie war mit der Beobachtung nicht einverstanden und beschrieb die Situation von ihrem Standpunkt aus. Für eine geraume Zeit entspann sich ein lebhaftes Wechselgespräch zwischen dem Forschungsbeobachter, dem Trainer und der Teilnehmerin. Es ging darum, wie das Ereignis zu interpretieren sei; Kurt (Lewin d. A.) verfolgte das alles sehr lebhaft und war offensichtlich sehr erfreut über diese voneinander abweichenden Daten, mit denen man fertig werden und die man interpretieren musste« (Marrow 2002, S. 307/308). Marrow betont, dass die eigentliche kreative Leistung

Lewins in der Bereitschaft bestand, den ursprünglich geplanten Ablauf flexibel an die neu entstandene Situation anzupassen. »Diese Entdeckung führte zu einer Reihe weiterer Veranstaltungen, in denen Feedback zielgerichtet eingesetzt wurde, und damit zur Entstehung der National Training Laboratories (NTL)« (Rechtien 2006, S. 48 f.). Das war der Beginn der Gruppendynamik in Amerika.

Kennzeichnend für die Arbeit Kurt Lewins ist die grundlegende Verbindung von zwei Zielen: Soziale Realität sollte nicht nur erforscht, sondern im Prozess des Erforschens verändert werden. Neben dem gruppendynamischen Verfahren wurde auch die Aktionsforschung von Lewin und seinen Schülern begründet (Rechtien 2006, S. 47), die zu einer Reihe von Veränderungsprojekten im Wirtschafts- und Sozialbereich der USA führte. Diese Verbindung aus Aktion und Reflexion ist ein zentrales Merkmal gruppendynamischer Trainings.

In den Fünfziger-Jahren des vorigen Jahrhunderts kam die Gruppendynamik nach Europa. Die Hoffnung der Befürworter dieser Methode war, mithilfe von gruppendynamischen Trainings die Demokratisierung der Bevölkerung zu befördern. Im deutschsprachigen Raum fand das erste Training 1954 in Österreich in Wien statt, 1963 das erste bundesrepublikanische Training in Schliersee in Oberbayern (vgl. Rechtien 2006, S. 49 ff.). »Durch die Beteiligung der amerikanischen Trainer entsprach die Veranstaltung weitestgehend den Arbeitsmethoden der NTL. Im Zentrum des Laboratoriums standen die T-Gruppen, denen die Aufgabe gestellt war, die Vorgänge in der Gruppe und die verschiedenen Reaktionen wahrzunehmen und sich gegenseitig mitzuteilen« (Rechtien 2006, S. 51). Ab 1969 setzten auch Großunternehmen gruppendynamische Trainings zur Steigerung der sozialen Kompetenz ihrer Mitarbeiter ein.

Im Zuge der Institutionalisierung der Gruppendynamik wurde 1967 der Deutsche Arbeitskreis für Gruppenpsychotherapie und Gruppendynamik (DAGG) gegründet. Seit 1968 besteht innerhalb dieses Verbandes die Sektion Gruppendynamik. Sie dient der fachlichen Weiterentwicklung der Methodik sowie der Qualitätssicherung und bietet eine Ausbildung an zum Trainer, zur Trainerin für Gruppendynamik. Weitere Informationen über die Sektion Gruppendynamik und ihre Angebote sind im Internet unter www.gruppendynamik-dagg.de verfügbar.

Was ist ein gruppendynamisches Training?

Gruppendynamik ist ein schillernder Begriff. Er wird in mindestens drei unterschiedlichen Bedeutungen verwendet. Zum einen bezeichnet er die wissenschaftliche Erforschung von Kommunikationssystemen und Interaktionsprozessen, zum anderen die praktische Anwendung der Erkenntnisse in Laboratorien und Kursen (Däumling 2006, S. 18; auch König/Schattenhofer 2007, S.12). Und drittens wird der Begriff Gruppendynamik umgangssprachlich auch dann verwendet, wenn emotional aufgeladene Prozesse in Gruppen bezeichnet werden sollen. »Da hat mal wieder die Gruppendynamik zugeschlagen«, heißt es häufig, wenn die Wogen der Diskussion hochgehen.

Hier soll nur einer der drei Aspekte beschrieben werden, nämlich die Umsetzung der Erkenntnisse der Gruppendynamik in Trainings sozialer Kompetenz. Sie werden in der Literatur mit den Begriffen »angewandte Gruppendynamik«, »Sensitivity-Trainings«, »T-Gruppen-Arbeit« oder »Laboratoriumsmethode« bezeichnet (vgl. Luft 1993, Wimmer 2006, König/Schattenhofer 2007).

So einfach die Frage »Was ist ein gruppendynamisches Training?« zunächst erscheint, so schwer ist sie zu beantworten. Die äußere Form ist unspektakulär, das Design, das heißt die Konstruktion, Abfolge und Anordnung von Einheiten, ist eher karg. »Hier bilden interessierte Seminarteilnehmer, die sich wenig oder am besten gar nicht aus früheren Arbeits- und Lebenszusammenhängen kennen, Gruppen in der Größe von 8–12 Teilnehmern, die unter der Leitung eines Trainers oder einer Trainerin über eine Woche hindurch sich selbst zum Gegenstand der Untersuchung machen« (Wimmer 2006, S. 39). In Deutschland haben die Trainings heute meist eine Dauer von fünf Tagen und finden in Vollklausur statt, das bedeutet, für die Dauer einer Arbeitswoche bilden die Teilnehmer und Teilnehmerinnen eine Lebens- und Arbeitsgemeinschaft.

Das wichtigste Element in den Trainings ist die sogenannte Trainingsgruppe. Sie wird meist abgekürzt als T-Gruppe bezeichnet. Eine T-Gruppen-Sitzung dauert in der Regel 90 Minuten. Für die jeweilige Sitzung ist vonseiten der Leitung kein Thema vorgegeben. Die Aufgabe der Gruppe ist es, ihren eigenen Prozess zu erforschen. Das Design kann je nach Anzahl der parallel arbeitenden T-Gruppen durch plenare Einheiten ergänzt werden. Übungen, Theorieinputs, Steuerungseinheiten und Lernpartnerschaften sind Elemente, die je nach Konzept und Vorlieben der Trainer und Trainerinnen einen Platz im Design finden.

Bei dieser äußeren Beschreibung eines Trainings könnte man es belassen. Aber noch ist vermutlich nicht wirklich deutlich, was es ist. Einige Autoren konstatieren sogar, dass das Eigentliche eines gruppendynamischen Trainings nicht beschrieben werden kann, sondern aus eigener Anschauung erlebt werden muss (vgl. Fengler 1981, S. 154; Luft 1993, S.13). Versucht man trotzdem, ein Training darzustellen, so hilft ein Blick auf die Arbeitsprinzipien weiter. Die drei wichtigsten sind meines Erachtens:

- das Hier-und-Jetzt-Prinzip,
- das Feedback und
- die Prozessanalyse.

Mit ihnen können die Wahrnehmungen des Einzelnen und der anderen Mitglieder innerhalb des Systems erhoben und zugänglich gemacht werden.

Das Hier-und-Jetzt-Prinzip. Die Arbeit in der Gruppe bezieht sich auf das aktuell Wahrnehmbare, Sichtbare, gemeinsam Erlebte. Informationen aus der Vergangenheit, über den eigenen Status, Herkunft, Ausbildungen oder Beziehungen sind unwichtig.

Statt um Absichten geht es um Wirkungen, statt um Übertragungsbeziehungen um die Realebene. Die strikte Orientierung am Hier und Jetzt kann gelockert werden, um den Transfer aus dem Gruppengeschehen in die jeweilige Praxissituation der Teilnehmenden zu erleichtern. »Insbesondere bei berufsbezogenen und institutionellen Fortbildungen können und sollen solche externalen Bezüge stark in den Vordergrund treten. Dennoch zeigt die Erfahrung, dass Engagement und Betroffenheit der Teilnehmer und die Lebendigkeit des Gruppengesprächs immer dann am größten sind, wenn sich die Arbeit in der Gruppe (wieder) dem unmittelbaren Trainingsgeschehen zuwendet, an dem jeder direkt persönlich beteiligt ist« (Christen/König/Schattenhofer 2001, S. 5).

 Feedback. »Feedback, das zentrale Instrument in diesem Prozess, meint die verhaltensunmittelbare Rückkopplung von Beobachtungen und Empfindungen des Kommunikationsempfängers über die Wirkung eines konkreten Verhaltens an den Sender. Zugleich sollte in dieser Mitteilung die persönliche emotionale·Resonanz des Empfängers (und deren Hintergründe) deutlich werden« (Christen/König/Schattenhofer 2001, S. 5). Differenzen zwischen eigenem Selbstbild und dem vermittelten Fremdbild werden deutlich. Wenn das eigene Verhalten auf die Umwelt nicht die gewünschte Wirkung hat, so ergeben sich daraus mögliche Ziele für eine Verhaltensänderung. Es besteht jedoch kein Zwang zur Veränderung. Der Einzelne bleibt der Herr des Verfahrens und entscheidet selbst, welche Konsequenzen er daraus ziehen wird. Feedback im gruppendynamischen Training ist immer ein personales Feedback und daher unvermeidlich subjektiv. Ob es für den Empfänger relevant ist oder es später vielleicht einmal wird, entscheidet dieser selbst.

 Prozessanalyse und Metakommunikation. Eine Trainingsgruppe bildet ein reflexives System; ein System, das den eigenen Entwicklungsprozess untersucht und daraus Erkenntnisse über die Funktionsweise von Gruppen ableitet. Die Grundannahme heißt: Die (spezifische) soziale Situation wird von den daran beteiligten Personen konstruiert. Die Untersuchung von Stimmungs- und Meinungsunterschieden zwischen den Mitgliedern erhellt, wie eine Situation entstanden ist und welche Wünsche, Motive welches Handeln oder Unterlassen dazu beigetragen haben. »Wenn Personen ihr Erleben des Prozesses in diesen einbringen, während sie an ihm teilhaben, werden der normale Denk- und Gesprächsfluss gestört. Solche Reflexionsprozesse und Metakommunikationen ermöglichen das Erkennen von Mustern und Normen der Interaktion und der Zusammenarbeit und eröffnen Gestaltungs- und Veränderungsspielräume sowohl für die Gruppe als Ganzes wie auch für das einzelne Mitglied« (Christen/König/Schattenhofer 2001, S. 8).

Die Analyse des Gruppenprozesses kann in unterschiedlichen Formen erfolgen. Die Kernfragen heißen: Was ist hier gerade los? Wie ist es zu dieser Situation, zu diesem Ergebnis beziehungsweise zu diesem Konflikt gekommen? Brocher bietet zur Prozessanalyse eine Reihe weiterer Fragen an, mit denen er bestimmte Bereiche des Gruppengeschehens fokussiert: »Wie fühle ich mich in dieser Gruppe? Wie weit waren heute die Gruppenziele klar? Wie arbeitete die Gruppe zusammen? Haben die Teilnehmer mehr über die Sachinhalte oder die Entwicklung der Gruppe gesprochen? Wurden abweichende Ansichten genügend berücksichtigt? Fühle ich mich der Mehrzahl der Teilnehmer gegenüber frei oder unfrei? Fühle ich mich mit der Gruppe identifiziert? Bekam ich Hilfe, wie ich sie gebraucht hätte?« (Brocher 1967, S. 129 ff.).

Prozesse im gruppendynamischen Raum

Richtig spannend (und dynamisch) wird es, wenn man die Prozesse im gruppendynamischen Raum betrachtet (zum Konzept des gruppendynamischen Raumes vgl. Amann 2003, S. 70 ff., auch König/Schattenhofer 2007, S. 34 ff.).

Ein gruppendynamisches Training stellt einen minimal strukturierten Raum zur Verfügung. Er ist gekennzeichnet durch eine initiale Unstrukturiertheit. Vonseiten der Trainer und Trainerinnen werden keine Vorgaben hinsichtlich der Form der Zusammenarbeit und der Inhalte der Gruppenarbeit gemacht. Allein das Setting – Zeiten, Orte, die Arbeit in der Gruppe – ist durch die Trainerautorität gesichert. Die Gruppe ist gezwungen, eigene Wege in der Zusammenarbeit und Auswahl der Themen zu finden. Diese Konstruktion ist anspruchsvoll und herausfordernd, da sie die Teilnehmer und Teilnehmerinnen ihres »normalen« Status und konventioneller Sicherheiten beraubt. Oder wie Däumling schreibt: »Allein schon der Umstand, dass der Trainer nicht die erwartete Rolle des zielbewussten Führers oder wissenden Therapeuten übernimmt, pflegt stark frustrierend zu wirken« (Däumling 2006, S. 21). Diese initiale Unstrukturiertheit ist notwendig, um die Dynamik der Gruppe sich entfalten zu lassen. Vorgaben der Trainer würden in dieser Phase die Eigentätigkeit und spezifische Gestalt der Gruppe stören. In Phasen mangelnder Orientierung und Unsicherheit neigen Menschen dazu, auf früher gelernte Verhaltensweisen zurückzugreifen, die sich in anderen Kontexten schon einmal als erfolgreich erwiesen haben. Deshalb werden sie – so die Grundannahme der Gruppendynamik – in der Anfangsphase des Trainings frühere Handlungsmuster aktivieren, die damit der Reflexion und dem Feedback zugänglich werden, bearbeitet und modifiziert werden können.

Im weiteren Prozess der Gruppe können die Teilnehmer und Teilnehmerinnen erleben, wie durch ihre eigene Tätigkeit – durch Aushandlungsprozesse, Diskussionen, Normen- und Rollenausprägung – aus der anfänglich unstrukturierten Situation stabile Arbeitsbeziehungen entstehen, die die Angst reduzieren und ihre Bedürfnisse als Teilnehmende berücksichtigen. Durch die Reflexion des (Entwicklungs-)Prozesses der Gruppe werden den Teilnehmenden die Wirkung ihres eigenen Verhaltens und die Wechselwirkungen in der Gruppe bewusst. Diese Erfahrung kann in andere Kontexte übertragen werden. Schwierigkeiten und Stockungen im Prozess können, da sie bereits erlebt und produktiv behoben wurden, leichter aufgelöst werden.

Eine weitere Besonderheit kennzeichnet die Arbeit im gruppendynamischen Raum. Die Beziehungen sind nicht in erster Linie formal und rollenförmig strukturiert, sondern personal, das heißt als Person zu einer anderen Person. Deshalb gibt es in einer T-Gruppe keine erkennbaren Grenzen des Thematisierbaren. Es gibt keinen sicheren Bannkreis dessen, was nicht angesprochen werden sollte. Alle Aspekte der beteiligten Personen können potenziell in die Kommunikation einbezogen werden. Diese Art von Kommunikation ist sonst nur in sogenannten »diffusen« Sozialbeziehungen – Freundschaften, Liebesbeziehungen, familialen Beziehungen – vorherrschend. Wenn trotzdem im Training über ein Thema oder Aspekte einer Person nicht gesprochen werden soll, dann braucht es dafür eine Begründung. Natürlich gibt es auch in Trainingsgruppen Tabuthemen oder Verschwiegenes. Aber in der Metakommunikation wird zumindest benannt, dass etwas verschwiegen oder vermieden wird.

Da es also kommunikativ keine Einschränkung der Themen gibt, ist potenziell alles Gegenstand der Gruppenarbeit. In der Forschung haben sich drei zentrale Themenkreise als wiederkehrende Phänomene herauskristallisiert: die Fragen von Zugehörigkeit, Macht und Intimität. In der Praxis der Gruppendynamik werden sie mit den Gegensatzpaaren drinnen – draußen, oben – unten, nah – fern beschrieben. Diese drei Dimensionen sind in jedem Gruppengeschehen gleichzeitig präsent und müssen ausbalanciert werden. Mittels kommunikativer Prozesse wird von Teilnehmern für sich selbst und andere entschieden, wann man dazu gehört, wann nicht, wem ich mich anvertrauen kann, wen ich eher auf Distanz halte und wie ich meinen Einfluss geltend machen kann oder wem ich folge.

> Hier ist alles möglich, aber man muss darüber reden.

Der gruppendynamische Raum lässt sich als Querschnitt betrachten – was passiert gerade jetzt und hier in den genannten Dimensionen? –, er lässt sich aber auch im Längsschnitt analysieren. Dazu dienen Modelle, die die Gruppenentwicklung als regelhaften Prozess darstellen. Diese Beschreibungen des Gruppenentwicklungsprozesses haben sich seit den Anfängen der Gruppendynamik deutlich verändert. Zu Beginn wurde die Entwicklung oft mit einfachen Phasenmodellen gekennzeichnet. Das Bekannteste dürfte die Einteilung Forming, Storming, Norming, Performing, Unforming sein. Da sich solche idealtypischen Verläufe in der Praxis aber kaum beobachten ließen und nur geringen Handlungswert hatten, wird die Gruppenentwicklung heute eher als Prozess zunehmender Bewegung zwischen den Polen »Differenzierung« und »Integration« beschrieben (vgl. den Beitrag von Karl Schattenhofer »Was ist eine Gruppe«, s. S. 16 ff.). Je »reifer« oder entwickelter eine Gruppe ist, desto größere Schwankungen zwischen den Polen kann sie zulassen. Die Stärke dieses Modells ist seine handlungsleitende Tendenz. Bei zu starker Annäherung an einen der beiden Pole können Trainer, Leiter oder Mitglieder von Gruppen korrigierend eingreifen.

Kritik der Gruppendynamik

Die wohl weitestreichende Kritik an der angewandten Gruppendynamik betrifft die mangelnde theoretische Fundierung ihrer Verfahren und Konzepte (vgl. Fengler 1981, S. 144 ff.). Obwohl die von Fengler formulierte Kritik schon einige Jahre zurückliegt, hat sie bis heute nichts von ihrer Aktualität verloren. Sowohl allgemeine Rahmentheorien wie auch spezifische Theorien innerhalb des Faches sind nur ansatzweise entwickelt worden. Von den gruppendynamischen Praktikern werden stattdessen weitgehend ungeprüfte Modelle und Erklärungsmuster verwendet. Es fehlen sowohl ein einheitliches Menschenbild als auch einheitliche Auffassungen über Entwicklungs- und Lernprozesse innerhalb gruppendynamischer Trainings. »Ein Grund für diese Theorie-Heterogenität mag in der heterogenen Herkunft der gruppendynamisch Tätigen liegen: Psychologen, Mediziner, Pädagogen, Soziologen, Sozialarbeiter, Theologen rezipieren die gruppendynamische Methodik, indem sie unterschiedliche Rahmentheorien einbringen und Theorieelemente der Gruppendynamik eher in den eigenen theoretischen Bezugsrahmen integrieren, als diesen zugunsten einer Theorie hintanzustellen« (Fengler 1981, S. 146). Die Auswirkungen dieses Theoriedefizits lassen sich sowohl in der Interventionstechnik der Trainer und Trainerinnen wie auch bei der Formulierung von Wirkmechanismen beobachten.

Eine weitere Kritik, die vor allem von Teilnehmerseite und Auftraggebern immer wieder vorgebracht wird, betrifft den Transfer aus den gruppendynamischen Trainings. »Viel erlebt, aber nichts verstanden« – lautet der salopp formulierte Vorbehalt gegenüber Trainingsmaßnahmen. Und wirklich ist es oft schwierig, aus den spezifischen Prozessen und Erfahrungen eines Trainings allgemeingültige Erkenntnisse für die soziale Praxis abzuleiten. Heute wird versucht, dieses Problem durch sogenannte Transfereinheiten zu beheben. Eine Verbindung von Training und Transfer auf die Praxissituation wird am Schluss dieses Artikels vorgestellt.

Aus Sicht einer praktizierenden Trainerin beschreibt Cornelia Edding die Schwierigkeiten und Paradoxien professioneller Beziehungsgestaltung in gruppendynamischen Trainings. Die Grundlage der Arbeit in der Gruppendynamik ist die personale Beziehung zwischen Gruppenmitgliedern und Trainerin. »Teilnehmer erwarten vom Trainer, dass er ihnen ermöglicht, bestimmte Erfahrungen zu machen, dass er ihnen hilft, ihre soziale Kompetenz zu erweitern, dass sie bei ihm etwas lernen, was die Effizienz ihrer eigenen Arbeit in und mit Gruppen erhöht, dass er sie dabei unterstützt, eigene emotionale Verwicklungen in ihrer Arbeit zu entdecken, dass er sie sehend macht auf dem blinden Fleck« (Edding 2001, S. 315). Trainer sollen sich »echt« einlassen auf die Beziehung zu den Teilnehmenden. Auf der anderen Seite ist die Beziehung zwischen Trainern und Teilnehmern warenförmig. Verkürzt heißt das: Beziehung wird bezahlt. Echte und bezahlte Gefühle, echte und bezahlte Beziehungen lassen sich manchmal nur schwer unterscheiden. Was als »echt« daherkommt, kann ein taktisches Kalkül zugunsten zukünftiger Geschäftserfolge sein. Diese Paradoxie teilt jedoch die angewandte Gruppendynamik mit allen anderen Formen professioneller Beziehungsarbeit, sei es in der Supervision, im Coaching, in Seminaren oder in der Therapie. Ein Überblick über die Professionalisierung der Beziehungsberufe und die damit verbundenen Schwierigkeiten findet sich im Sammelband von Oliver König (König 2007), besonders in seinem Artikel »Ein unmöglicher Beruf – Zur Professionalisierung der Gruppendynamik«.

Abgrenzung zu anderen Formen der Gruppenarbeit

Um besser zu verstehen, was eine spezifische Methode leisten kann und was nicht, lohnt meist der Blick auf benachbarte Konzepte. Hier werden die Verfahren der Gruppenpsychotherapie, der Themenzentrierten Interaktion und der Erlebnispädagogik vorgestellt und mit der angewandten Gruppendynamik kontrastiert.

Gruppenpsychotherapie

Gruppentherapeutische Verfahren und die angewandte Gruppendynamik sind eng verwandt. Moreno, ein Zeitgenosse Lewins, entwickelte in den 30er-Jahren des vorigen Jahrhunderts das Psychodrama, das durch die Reinszenierung vergangener Situationen darin verborgene Gefühls- und Erlebnisinhalte sichtbar und bearbeitbar macht. »Vergleichbar dem Hier-und-Jetzt-Prinzip in der Gruppendynamik, steht im Psychodrama die Förderung von Kreativität des Einzelnen und der Gruppe als Ganzer im Mittelpunkt« (König/Schattenhofer 2007, S. 115). Auch die Psychoanalytiker Sigmund H. Foulkes und Winfried Bion in England und Anneliese Heigl-Evers und Franz Heigl in Deutschland bezogen Erkenntnisse und Arbeitsweisen der Gruppendynamik in ihre analytische Gruppenpsychotherapie ein. Heute erscheint die Grenze zwischen einigen Formen der Gruppenpsychotherapie und der angewandten Gruppendynamik als fließend (König/Schattenhofer 2007, S. 115).

Ähnlich – und doch nicht gleich.

Josef Luft betont jedoch, dass es auch wichtige Unterschiede zwischen beiden Formen gibt (Luft 1993, S. 72 ff.). Anders als in der Gruppentherapie gehe es in der angewandten Gruppendynamik nicht um die Linderung psychischer Symptome, sondern um einen Erkenntnis- und Fertigkeitsgewinn in sozialen Situationen. In der Gruppendynamik werden aktuelle Gedanken und Gefühle erforscht, wobei es anders als in Therapien nicht relevant sei, deren familiale Ursachen und Quellen zu erforschen. Ein gruppendynamisches Training ist im Vergleich zu langfristigen Therapien nur von kurzer Dauer.

Wer an einem gruppendynamischen Training teilnehmen will, sollte psychisch gesund und im üblichen Rahmen emotional stabil und belastbar sein. »Eindeutig kontraindiziert ist ein Sensitivity-Training bei gegebener Psychose- oder Suizidgefährdung, da die affektive Belastung als nicht unerheblich bezeichnet werden muss und auslösend wirken kann« (Däumling 2006, S. 29). Auch bei schweren neurotischen Störungen – eine der möglichen Indikationen für eine Gruppenpsychotherapie – wäre ein gruppendynamisches Training sicher die falsche Wahl. Mehr zu den Unterschieden zwischen sozialem Lernen in Trainings und in der Gruppenpsychotherapie findet sich im Beitrag von Hella Gephart (s. S. 286 ff.).

Themenzentrierte Interaktion

Auf der Grundlage der Humanistischen Psychologie (Maslow, Bühler, Rogers) entwickelte in den 1950er-Jahren die amerikanische Psychoanalytikerin und Psychologin Ruth Cohn eine Methode der Gruppenarbeit, die sie »Themenzentrierte Interaktion« kurz TZI nannte (s. Wellhöfer 2007, S. 110 ff.; auch Kranz 2006, S. 114 ff.). Die TZI entstand mit dem theoretischen Hintergrund der Psychoanalyse, der Gruppentherapien sowie der Humanistischen Psychologie und berücksichtigt Erfahrungen aus der Gestalttherapie und der Gruppendynamik. Sie machte sich das Menschenbild der Humanistischen Psychologie zu eigen, wonach jeder Mensch einen ihm innewohnenden Wunsch nach Entwicklung und Wachstum und die Fähigkeit zur Freiheit habe. Auf dieser Grundlage formulierte sie zwei Regeln für das Arbeiten in Gruppen: »Sei dein eigener Chairman« und »Störungen haben Vorrang«. Diese Grundregeln wurden später durch eine Reihe von Hilfsregeln ergänzt. Mit ihrer Methode gelang es ihr, die Sachebene und die Beziehungsebene als gleichwertig in der Kommunikation zu etablieren. In der Gruppenarbeit gelte es, die Aspekte – ich, wir, die Aufgabe und die Umweltbedingungen (Globe) – gleichzeitig zur Kenntnis zu nehmen. Die Themenzentrierte Interaktion findet in ganz unterschiedlichen Bereichen Anwendung: im Management, in der Hochschule, in der psychologischen Beratung und Therapie, in der Supervision, in der Erziehung, Sozial- und Sonderpädagogik, in der Erwachsenenbildung, in der Seelsorge, in der Pflege und vielen mehr.

Im Gegensatz zur TZI besitzt die angewandte Gruppendynamik kein einheitliches Menschenbild. Wie der Mensch und seine Entwicklung gesehen werden, hängt sehr stark von der einzelnen Trainerpersönlichkeit ab. Auch besteht in der Gruppendynamik keine so deutliche Akzentuierung der (externen) Arbeitsaufgabe. Vielmehr sind die Gruppe selbst und die darin stattfindenden Entwicklungen das eigentliche Thema eines Trainings. Themen aus dem Dort und Dann werden nicht direkt, sondern allenfalls im Zuge des Transfers des Gelernten bearbeitet.

Erlebnispädagogik

Die Verfahren und Konzepte der Erlebnispädagogik beruhen auf der Erkenntnis, dass es deutlich effektiver ist, handelnd zu lernen, als etwas nur zu lesen, zu hören oder zu sehen. John Dewey (1859–1952), US-amerikanischer Philosoph, Pädagoge und Psychologe hat Anfang der 1920er-Jahre das Handlungslernen (unter dem Namen »Learning by Doing«) wissenschaftlich begründet. »Auch wenn sich außer Dewey und James noch mehrere Pädagogen am Anfang des 20. Jahrhunderts mit dem Handlungslernen auseinandergesetzt haben, so gilt doch vor allem der Deutsche Kurt Hahn (1886–1974) als Gründervater der Erlebnispädagogik« (Späth 2006, S. 221). Grundsätzlich handelt es sich bei der Erlebnispädagogik um einen Bildungsansatz mit handlungsorientierten Methoden. Insofern findet sie Eingang in die unterschiedlichsten Formen der Bildungsarbeit.

Am ehesten mit der angewandten Gruppendynamik vergleichbar ist das sogenannte Outdoortraining. Es wird in den Bereichen der beruflichen Aus- und Fortbildung eingesetzt. »Outdoortrainings finden bevorzugt dann Anwendung, wenn eine schnelle und hohe Integration von Mitarbeitern erforderlich ist, wenn effizientes Handeln unter realen Bedingungen an konkreten Problemen miteinander eingeübt werden soll, wenn teamintensive Aufgaben vorbereitet und wenn festgefahrene Situationen aufgelöst und Krisen gemeistert werden müssen« (Späth 2006, S. 238). Im Wesentlichen finden diese Aktivitäten in der Natur statt. »Ein Outdoortraining beginnt beispielsweise mit einem gemeinsamen Lager- und Feuerstellenbau. Der Bogen anschließender Aktivitäten reicht von Lernprojekten über Nahrungspflanzen sammeln, das Überqueren einer Schlucht auf einer Hochseilbrücke, Wildwasseraktivitäten, Abseilen vom Fels oder einer Höhlenbegehung bis hin zu persönlichen Grenzerfahrungen in Hochseilanlagen« (Späth 2006, S. 238). Die Erkenntnisse aus dem Outdoortraining in andere soziale Situationen zu übertragen erfordert weitere Transferschritte.

Im gruppendynamischen Training handeln und reflektieren die Teilnehmenden in komplexen sozialen Situationen. Diese sind im Vergleich zu Outdooraktivitäten näher an der Alltagspraxis, wie sie sich in Besprechungen, Sitzungen und Teams zeigt. Der Transfer aus der Trainingssituation in die Situation vor Ort ist deshalb leichter möglich.

Anders als in der Erlebnispädagogik werden die möglichen Lernerfahrungen für die Teilnehmer und Teilnehmerinnen nicht pädagogisch vorstrukturiert, sondern in Eigenverantwortung selbst entwickelt. Dem Trainer in der Gruppendynamik kommen andere Aufgaben zu als dem Leiter eines Outdoortrainings. Er ist weniger Führer denn Begleiter, weniger strukturierend denn erklärend, weniger aktiv denn rezeptiv.

Wie lernen Menschen in Trainings?

Soziale Kompetenzen lassen sich mittels Training vermitteln. So viel ist klar. Das gruppendynamische Training ist eine dieser Möglichkeiten zur Vermittlung von Wahrnehmungsfähigkeit, Empathie und vielem anderen. Doch wie geschieht die Veränderung in diesen Trainings oder anders: Wie lernen eigentlich Menschen in diesen Settings? Wie verbessern sich Personenwahrnehmung, Ausdrucksfähigkeit oder Spontaneität? Welche Prozesse werden dabei wirksam? Diesen Fragen ist das folgende Kapitel gewidmet.

Grundsätzlich lassen sich zwei Formen unterscheiden, wie Menschen in Gruppen lernen: Sie können mit einer Gruppe oder von einer Gruppe lernen. Gemeinsam mit einer Gruppe zu lernen wird hier als »konzeptionelles Lernen« bezeichnet. Die bekannteste »konzeptionelle« Form des Lernens ist sicher der Schulunterricht. Je nach Klassengröße werden gleichzeitig 20 bis 40 Schüler und Schülerinnen mit denselben Inhalten beschult. Die Größe der Klasse ist nur insofern interessant, als die Störungen bei zu großen Klassen überhand nehmen können.

Von einer Gruppe zu lernen heißt »gruppendynamisch orientiertes Lernen«. Hier ist die Interaktion zwischen den Gruppenmitgliedern sehr wichtig. Deshalb sollten nicht mehr als zwölf Personen an solch einer Lerngruppe teilnehmen. Um die Unterschiede und daraus folgend die Konsequenzen für das Leiterhandeln zu verdeutlichen, werde beide Formen des Lernens ausführlicher beschrieben.

Das konzeptionelle Lernen

Unter »konzeptionellem Lernen« sind alle Formen des »Beybringens« (Henningsen 1974) zusammengefasst, die mehr oder minder stark geplant und/oder didaktisch aufbereitet dargeboten werden, vom sokratischen Dialog über Pestalozzi bis hin zum mehr oder minder subtilen Lernen in der Werbung. In Seminaren und Trainings werden dazu unterschiedliche Verfahren benutzt – Vorträge, Lehrgespräche, Einzeltextarbeiten etc. Das zentrale Kennzeichen solch konzeptionellen Lernens ist der Unterschied zwischen Leitenden und Teilnehmenden. Der Leiter weiß etwas, das er den Teilnehmern und Teilnehmerinnen weitergibt. Oder: Der Leiter bringt die Teilnehmer und Teilnehmerinnen gezielt auf bestimmte Fragestellungen, die diese dann eigenständig bearbeiten. Der Leiter ist im Besitz des Wissens, das er in der zuträglichen Menge, mit der zuträglichen Geschwindigkeit, in der zuträglichen Art vermittelt. Das bedeutet eine klare Ausrichtung der Beziehungen der Teilnehmenden auf den

Leiter hin. Wenn er im Besitz des Wissens ist und über die Form und Methoden des Beybringens entscheidet, dann ist er auch in großem Maße verantwortlich dafür, was und wie viel in welcher Zeit gelernt wird. Die Teilnehmer und Teilnehmerinnen nehmen in der Regel das angebotene Wissen auf, um es per Transfer in die eigene Praxis zu übersetzen.

Mit der Notwendigkeit und der Schwierigkeit solcher Transferleistungen haben sich ganze Generationen von Didaktikern auseinandergesetzt. Und bis heute bleibt der Praxistransfer ein ungelöstes Problem konzeptionellen Lernens. Die Kernfrage heißt: Welche Handlungsrelevanz bekommt das Wissen, das die Teilnehmer aufgenommen haben? Wird es irgendwo im Hinterstübchen abgelegt oder wird es in veränderte Handlungsstrategien übersetzt?

Wie man konzeptionell lernen kann

Ich halte es für unbestreitbar, dass konzeptionell gelernt werden kann. Nehmen wir folgendes Beispiel:

> Ein kleines Kind sitzt auf den Knien seines Vaters. Der zeigt auf eine Abbildung in einem bunten Buch und sagt: Kuh. Nach mehr oder minder häufiger Wiederholung wird das Kind von sich aus auf die Abbildung zeigen und das Wort »Kuh« sagen. Im Gehirn wird sich das Bild der Kuh mit dem Wort verbinden und jederzeit wiedererkannt werden können.

Neben der Information, dem »Was«, wird dem Begriff eine emotionale Qualität zugeordnet. Denn: Wahrnehmung ohne Bewertung, so Manfred Spitzer, gibt es nicht (vgl. Spitzer 2000). Die immer differenziertere Begriffsbildung und die assoziative Verknüpfung von Begriffen und Sinneseindrücken führen zu dem, was wir Denken nennen. Voraussetzung sind eine hinreichende Menge von Begriffen (Komplexität) und die Fähigkeit, diese Begriffe zueinander in Beziehung zu setzen (Struktur). Begriffsbildung, die im Gedächtnis bleiben soll, setzt stete Wiederholung voraus. Denn das Gehirn ist auf Mustererkennung spezialisiert. Außerdem wird gut gelernt, wenn die Bedeutung (Bewertung) des Ereignisses oder des Angebotenen hoch ist (Relevanz). Diesen Umstand macht sich heute vor allem die Werbung zunutze. Produkte werden mit positiven und attraktiven Assoziationen oder Werten gekoppelt, Produktnamen sehr häufig wiederholt.

Für das Lernen in Seminaren bedeutet das: Inhalte, die vermittelt werden, sollten möglichst klar strukturiert sein und häufig wiederholt werden. Ein geläufiges und »erfolgreiches« Schema, dieses Ziel zu erreichen, ist folgender Dreischritt:

- Theorieinput durch den Leiter,
- Gruppenarbeit zur Übersetzung auf die eigene Praxissituation,
- Darstellung der Gruppenergebnisse und Transfersicherung für die Back-home-Situation (Mayer 2003, S. 47).

Die Gruppenarbeit zu einem Input stellt sicher, dass sich die Teilnehmer und Teilnehmerinnen die dargebotenen Inhalte aneignen und durch eigenständige Beschäftigung vertiefen. Durch die Übertragung auf die eigene Praxissituation gewinnen die Inhalte Relevanz und Bedeutung. Die Hoffnung ist, dass derartig Gelerntes länger und besser behalten wird. Die gedankliche Vorbereitung auf die Back-home-Situation stellt eine Hilfe bei der Umsetzung in das Alltagshandeln der Teilnehmenden dar. Das Transferproblem soll über die Vereinbarungen gelöst werden, mit denen sich Teilnehmer und Teilnehmerinnen verpflichten, in der Alltagssituation bestimmte Aufgaben, Ziele oder Verhaltensweisen einzuführen oder beizubehalten. Im späteren Berufsalltag wird in den meisten Fällen eine Anpassung beziehungsweise Neuorganisation des zuvor Gelernten notwendig. Aus der Fülle der Phänomene und Situationen muss das Gelernte als Muster identifiziert werden. Oft erscheint es in anderer Gestalt.

Aus der Theorie sollen sodann situationsadäquate Handlungsschritte abgeleitet werden. Das erfordert zumindest eine kreative Übertragung. Leider ist der konzeptionelle Lernerfolg nicht so dauerhaft: Bernd Michael Mayer schreibt dazu: »Die Ergebnisse der Studie zeigen, dass bei den Teilnehmern des A-Programms (konzeptionelles Lernen [d. A.]) ein deutlicher Transfer direkt nach den Seminaren feststellbar war, der dann mit dem Abstand zu den Seminarblöcken aber abnahm« (Mayer 2003, S. 51).

Eine vergleichende Untersuchung solcher Managementlearning-Programme hat gezeigt, dass die Zufriedenheit der Teilnehmer und Teilnehmerinnen direkt nach Ende des Seminars sehr hoch ist. Sie zeigten sich beeindruckt von der Kompetenz der Trainer und lobten die hohe Praxisrelevanz. »Die gute Qualität des Seminars führten die Teilnehmer auf den stringenten Charakter des Ablaufs zurück, das Gefühl der Praxisorientierung sei entstanden, da es nach jedem Input eine Übung gab, bei der sie Gelegenheit hatten, in der Gruppe die Theorie an ihrer Praxis festzumachen« (Mayer 2003, S. 51).

Wo konzeptionelles Lernen an seine Grenzen kommt

Quantität ist ein Aspekt der Qualität – mit diesem Satz lässt sich ein wesentlicher Vorteil des konzeptionellen Lernens beschreiben. Mithilfe konzeptioneller Lernformen lassen sich Begriffssysteme und Modelle lernen. Je komplexer diese Begriffe und Modelle sind, desto größer ist die Chance, die soziale Realität mit ihnen erfassen und beschreiben zu können. Allerdings geht mit dem Lernen von Modellen und Begriffen auch immer die Gefahr einer Simplifizierung einher. Man sieht eben nur das, was man weiß. So kann für einen Techniker jedes Problem zu einer Frage der Justierung werden, für einen Psychiater jeder Konflikt zum Ausdruck einer Neurose.

Das bedeutet: Alle Modelle und Systeme – wie elaboriert auch immer sie sein mögen – reduzieren die Komplexität sozialer Phänomene. Sie beschreiben einen Ausschnitt der Wirklichkeit, legen Hypothesen nahe oder bieten Erklärungsmuster an. Mithilfe des Wissens kann der Einzelne Strategien planen und sich um Lösungen bemühen. Doch Modelle bleiben eben immer Modelle, sie sind nicht die Realität. Aber:

Ohne Begriffe verliert man sich im Gestrüpp der Phänomene. Begriffe allein machen nicht handlungsfähig. Es braucht mehr als nur ein ausgefeiltes Begriffssystem für die jeweilige Situation: die Fähigkeit, die eigenen Emotionen zu handhaben, auf Unvorhersehbares flexibel zu reagieren und mit dem anderen in Kontakt zu bleiben. Das erfordert Prozessfähigkeiten, die durch das reine Begriffslernen nicht gebildet werden.

Das gruppendynamisch orientierte Lernen

Was ich hier als gruppendynamisch orientiertes Lernen bezeichne, ist eine Mischung verschiedener Lernformen und -ebenen. Bevor ich die einzelnen Wirkmechanismen gruppendynamischen Lernens genauer beschreibe, möchte ich auf Basisprozesse verweisen, die dieser Lernform zugrunde liegen.

Wie man gruppendynamisch orientiert lernt

Kurz zusammengefasst beschreibt Jürgen Henningsen, welche Theorien es über die Entstehung und Veränderung von Verhalten – mit anderen Worten »Lernen« – gibt: »... die Verhaltensforscher pochen auf ihre Instinktreste und Schemata, die Psychoanalytiker legen den Finger auf ›Es‹ und ›Unterbewusstes‹, die Marxisten auf die gesellschaftlichen Bedingungen der Reproduktion« (Henningsen 1974, S. 21). Und die Gruppendynamiker? Die Gruppendynamiker setzen auf Verstehen.

Durch die Beschreibung der Kräfte des sozialen Feldes, die Interdependenz und die Beziehungen sollen die Wirkzusammenhänge sozialer Realität erkennbar werden und zu einer Veränderung des eigenen Verhaltens beitragen. Rationalität und Einsicht werden als der eigentliche Motor der Veränderung betrachtet. Der Prozess der Generierung von Einsicht gliedert sich in der Gruppendynamik in zwei Schritte: zuerst die Aktion, dann die Reflexion (und Deutung) dessen, was sichtbar, erlebbar, hörbar war. Nicht umsonst wird die Gruppendynamik beziehungsweise die Form des »Sensitivity-Trainings« der »Aktionsforschung« zugeordnet. Das bedeutet: Die Gruppe und der Einzelne müssen in Bewegung geraten, damit sie an »ihren« Themen arbeiten können. Einmal verstanden, werden soziale oder psychische Realitäten dem handelnden Bewusstsein zugänglich und lassen sich – so die Annahme – bewusst gestalten.

Besonders ist diese Form des Lernens, weil sie »in Beziehung« geschieht. Die »rückmeldende« Person wird zum Garanten der Deutung der Wirklichkeit. Ihre fachliche Autorität und die Beziehungsqualität bestimmen Relevanz, Aussagekraft und Wirklichkeitsdeutungen. Statt genormter »Objektivität« entstehen »Intersubjektivität« und eine gemeinsame Konstruktion der Wirklichkeit. Nicht die Wahrheit der Rückmeldung wird vom Einzelnen geprüft, sondern deren Relevanz. Falls sie anschlussfähig und in Deckung mit dem eigenen Wissenszusammenhang ist, kommen ihr Bedeutung und Wirksamkeit zu.

Neben diesem Lernprinzip der Einsicht gibt es noch ein zweites, das als Modelllernen nach Bandura bezeichnet werden kann. Durch Beobachtung »sozial erfolgreichen« Verhaltens und spätere »Imitation« werden sehr komplexe Handlungsfolgen gelernt. Diese Form des Lernens setzt Verständnis oder Analyse der Einzelhandlungsschritte nicht zwingend voraus. Gelernt wird der komplette Verlauf, der durch Differenzierung und Generalisierung auf andere soziale Situationen übertragen wird. Modelllernen ist meist sehr effizient und erfüllt die Kriterien und Forderungen, die Manfred Spitzer an die »effektive Programmierung neuronaler Netze« wie zum Beispiel das Gehirn stellt. Kurz: »praktizieren statt predigen« (Spitzer 2000, S. 62). Je differenzierter, reichhaltiger und attraktiver die Modelle sind – oder sich verhalten –, desto besser, größer und differenzierter sind die Lernchancen aller Teilnehmer und Teilnehmerinnen.

Für die Gestaltung und den Aufbau von Trainings sozialer Kompetenz ergeben sich daraus klare Konsequenzen. Doppler/Voigt sprechen von zwei beziehungsweise drei Basismethoden – Feedback, Prozessanalyse und das Hier-und-Jetzt-Prinzip –, die in derartigen Trainings unbedingt erfüllt sein sollten. Mit dieser Methodentriade lassen sich Beziehungen diagnostisch untersuchen, typische oder weniger typische Gruppenentwicklungen beschreiben, ein Abgleich von Selbst- und Fremdbild erstellen oder Stockungen in der Zusammenarbeit beheben, indem man die zurzeit wirkenden Kräfte, die Sympathien und Antipathien untersucht. Individuelle Freiräume des Verhaltens werden erweitert, wenn durch Feedback Selbst- und Fremdbild kongruenter werden und der »blinde Fleck« der Wahrnehmung (s. auch den Beitrag von Andreas Amann, S. 404 ff.) verkleinert werden (Wellhöfer 2007, S. 48 ff.).

Diese gruppendynamischen Prinzipien sind in vielen Zusammenhängen einzusetzen. Ihre Wirkungen beruhen darauf, dass Geschehenes allen Beteiligten unmittelbar zugänglich ist und quasi als »Ernstfall« – emotional und kognitiv – innerhalb der Beziehung behandelt werden kann. Das fördert Lernen und Behalten.

Wo die Gruppendynamik an ihre Grenzen kommt

Erfahrungen aus gruppendynamisch orientierten Seminaren und Trainings sind zwar nicht ohne Aufwand, aber doch direkt in die Alltagspraxis übertragbar. Das Lernen findet ganzheitlich statt. Emotionalität und Kognition sind beteiligt. Deshalb können Ähnlichkeiten in sozialen Situationen erkannt und mit den Erfahrungen aus den Trainings assoziiert werden. Mit der Erinnerung an die damalige Situation werden auch die dort realisierten Verhaltensalternativen erinnert und können eingesetzt werden.

Die erste Einschätzung der Teilnehmer und Teilnehmerinnen bezüglich Transfer und Inhalte der Trainings ist allerdings meist eine andere. Da kaum Begriffssysteme vermittelt werden und konkrete Handlungsschemata fehlen, entstehen Verunsicherung und Ärger bezüglich des Lernerfolges. Allerdings berichtet Bernd Michael Mayer in seiner vergleichenden Untersuchung: Direkt nach den Seminaren war der Transfer eher gering, er nahm aber mit dem Abstand von den Seminarblöcken zu. Der Grund für dieses Phänomen liegt in der Anwendbarkeit der Seminarinhalte. Deshalb ist wahrscheinlich, dass auch die Zufriedenheit der Teilnehmer und Teilnehmerinnen mit dem Abstand vom Seminar zunehmen wird (Mayer 2003).

Die Bindung an und die Abhängigkeit vom Leiter sind im Idealfall geringer als beim konzeptionellen Lernen, da ausdrücklich die ganze Gruppe als Erfahrungsraum und Resonanzboden zur Verfügung steht. Allerdings führt die Zurückhaltung des Trainers am Anfang – gedacht als »Raum geben« für die Aktivitäten der Gruppe – oft zu einer Verunsicherung.

Gruppendynamisches und konzeptionelles Lernen verbinden

Klaus Doppler empfiehlt für Trainings die sogenannte Doppeldeckerstruktur (Doppler 2002, S. 365 ff.). Das bedeutet: Die Teilnehmer und Teilnehmerinnen bringen Situationen aus ihrem Arbeitsalltag mit und bearbeiten sie im Hier und Jetzt der Gruppe. Das kann zum Beispiel so aussehen:

> Eine Führungskraft berichtet, dass Mitarbeiter immer wieder mit hinhaltendem Widerstand auf ihre Anweisungen, Forderungen und Bitten reagieren. In den Gruppendiskussionen hat sich die Führungskraft durch zwar sehr klare, aber auch ruppige Aussagen profiliert. Dies wird der Führungskraft als Feedback aus der Teilnehmergruppe zur Verfügung gestellt und kann einen Schlüssel zur weiteren Bearbeitung der Schwierigkeiten mit den Mitarbeitern bieten. Das Verhalten ihrer Mitarbeiter könnte eine Reaktion auf ihr eigenes Verhalten sein, das ihr von den Gruppenteilnehmern gespiegelt wurde.

Die Doppeldeckerstruktur ist überaus wirksam und vielfach in der Praxis erprobt worden. Neben theoretischen Inputs, angeleiteten Übungen und moderierten Diskussionen gibt es offene Prozess- und Feedbackanteile in diesen Designs. Den Prozessanteilen, den grundlegenden gruppendynamischen Verfahren – Prozessanalyse, Feedback und Hier-und-Jetzt-Orientierung – und der Arbeit in der Gruppe müssen allerdings dezidiert Wert und Bedeutung zugemessen werden, da andernfalls die Teilnehmer und Teilnehmerinnen sich eher versorgen lassen, statt sich mit sich selbst und anderen zu konfrontieren.

Die Balance zwischen Autonomie und Abhängigkeit wird heute in vielen Fällen von Teilnehmern und Teilnehmerinnen innerhalb der Seminare zugunsten der Abhängigkeit entschieden, die mit Wünschen nach Versorgung einhergeht. Gerade in Trainings, die sich der Entwicklung sozialer Kompetenzen widmen, ist jedoch die handelnde Entdeckung der Vermittlung von Wissen vorzuziehen. Denn: »In gleicher Weise wird anscheinend sehr wenig gelernt, wenn man Menschen nur etwas vom interpersonalen Verhalten in Gruppen erzählt, weil ihre persönlichen Einstellungen und ihr Verhalten unberührt bleiben. Wenn man ihnen Gelegenheit gibt, in einer Laboratoriumsgruppe zu arbeiten, entsteht jedoch … genug persönliche Beteiligung, sodass sie die Prozesse beobachten und empfinden können, während sie lernen, sie begrifflich zu erfassen. Auf diese Weise lernen die Teilnehmer etwas über ihr eigenes Verhalten in Gruppen und gewinnen zugleich Einsicht in die allgemeine Gruppendynamik« (Luft 1993, S.13).

Bevor ich an einem Beispiel aus meiner eigenen Praxis die Konstruktion eines solchen Doppeldeckers beschreibe, möchte ich noch auf eine Frage genauer eingehen. Wozu Wissen in Seminare und Trainings einbringen, wenn man es doch aus dem Gruppenprozess destillieren könnte? Die Antwort hat zwei Aspekte:

- Man sieht nur das, was man weiß! Aus dem Chaos der Phänomene sondert der Geist Muster aus. Das Bekannte wird wiederentdeckt und kann benannt werden. Es braucht also zweierlei: das Phänomen und seine Bezeichnung. Das kann durch die Verbindung von Prozessanalyse und begleitender Hintergrundtheorie erreicht werden.
- In Seminaren und Trainings ist die Zeit knapp. Immer mehr Inhalt soll in immer kürzerer Zeit vermittelt werden. So ist es einfach manchmal notwendig, Wissen zu strukturieren und »einzutrichtern«. Nicht weil es besonders wirksam wäre, sondern weil die Zeitknappheit es erforderlich macht. Besonders wirksam und nachvollziehbar wird die Hintergrundtheorie, wenn sie in Lehrgespräch, Vortrag oder Ausarbeitungen mit den Phänomenen verkoppelt wird, die im Training erlebt werden. Dann entsteht die gewünschte Verbindung aus Erfahrung und Wissen, Unmittelbarkeit und Reflexion. Von ihr werden Teilnehmer und Teilnehmerinnen langfristig am meisten profitieren.

Wissensvermittlung im Training birgt aber auch Gefahren. Oft erscheint es leichter, sich die Phänomene der sozialen Umwelt erklären zu lassen, als sie in mehr oder minder anstrengenden und schmerzvollen Prozessen »am eigenen Leibe« zu entdecken. Teilnehmer und Teilnehmerinnen tun häufig viel dafür, die Trainer zu solchen Wissensversorgungsleistungen zu animieren. Im Sinne eines nachhaltigen und transferfähigen Lernprozesses sollte man dieser Verführung nicht zu häufig nachgeben.

Blick in die Praxis: Thematisches Training – Verhalten in Konfliktsituationen

Grau ist alle Theorie. Deshalb soll hier an einem Beispiel aus der Praxis beschrieben werden, wie also in der Trainingspraxis gelernt wird, wie Trainings aufgebaut sind und wie sie verlaufen. Natürlich ist jedes Training individuell, das heißt, es hat seine eigenen Bedingungen, Teilnehmenden, Trainer und Geschichte. Trainings sind nicht eins zu eins vergleichbar geschweige denn in andere Situationen zu übertragen. Aber an diesem Beispiel lässt sich zeigen, wie es gehen könnte, und auch, wie es anders gehen könnte.

Die folgenden Ausführungen beziehen sich auf ein gruppendynamisches Training mit dem Thema »Verhalten in Konfliktsituationen«. An dem Training – fünf Tage in Vollklausur – nahmen neun Personen aus unterschiedlichen, meist sozialen Arbeitsfeldern teil. Ich habe dieses Training als Beispiel für die Verbindung von konzeptionellem und gruppendynamischem Lernen ausgesucht, weil es weitgehend den Prinzipien eines gruppendynamischen Laboratoriums folgt, das durch den konzeptionellen Lernteil ergänzt wird. Es gibt andere Formen solcher Verbindungen, die aber sehr viel weniger Trainingsarbeit beinhalten und darum für einen Vergleich der Prinzipien nicht so interessant sind.

Ausschreibung und Rahmenbedingungen

Die Ausschreibung dieses Trainings steht programmatisch für den Verlauf und definiert den Erwartungshorizont der Teilnehmer und Teilnehmerinnen. Nach dem Titel »Verhalten in Konfliktsituationen« definiert der Untertitel genauer: »Gruppendynamisches Training zur konstruktiven Gestaltung von Arbeitsbeziehungen«.

Schon auf den ersten Blick enthält diese Ankündigung alle Ingredienzien für einen spannungsvollen und differenzierten Auftrag. Es geht um »Verhalten«, also nicht nur um Wissen oder Theorie. Das Thema sind Konfliktsituationen. Im Untertitel wird nahegelegt, dass es sich um Konflikte in Arbeitsbeziehungen handelt, denn diese sollen mithilfe des gruppendynamischen Trainings konstruktiver gestaltet werden. Was ein solches Training ist, wird bei den Lesern vorausgesetzt, wäre vermutlich auch kaum in der Kürze zu erklären. Der Titel suggeriert handfeste Erkenntnisse, die so praxisrelevant sind, dass sie das eigene Verhalten in Konfliktsituationen verändern.

Der weitere Ausschreibungstext beschreibt Konflikte am Arbeitsplatz als kraft- und zeitraubend, weist aber auch auf die gestaltende und persönlichkeitsformende Kraft von Konflikten hin. Als Ziel wird formuliert: »In diesem gruppendynamischen Training lernen Sie, Konflikte in Ihrem Arbeitsbereich zu analysieren, sie konstruktiv zu sehen und erfolgreich zu nutzen.« Inhalte: »Analyse von Problemen und Konflikten, Stärkung der Selbst- und Fremdwahrnehmung, Entwicklung von Konfliktfähigkeit und Handlungsstrategien«. Lernformen: Trainingsgruppe, Arbeitsgruppe, Lernpartnerschaften. Als Zielgruppe werden Fach- und Führungskräfte aus unterschiedlichen Arbeitsfeldern angesprochen. Danach folgen weitere Informationen zu Leitung, Dauer und Terminen, Abschluss und Kosten sowie die Geschäftsbedingungen.

Für die hier behandelte Fragestellung ist die Spannung zwischen dem Setting »gruppendynamisches Training« und dem konkreten Ziel der konstruktiven Gestaltung von Arbeitsbeziehungen interessant. Neben das Prinzip des Hier und Jetzt des Trainings tritt das Dort und Dann der »Analyse der Konflikte im Arbeitsbereich« und der konstruktiven Sichtweise darauf. Anders ausgedrückt: Hier wird eine Verbindung gruppendynamischen Lernens mit konzeptionellem Lernen angestrebt.

Das Design im Überblick

Zur raschen Orientierung über den Aufbau des Trainings sind die einzelnen Arbeitsformen in einer Tabelle zusammengefasst. Der Aufbau folgt weitgehend dem eines klassischen Sensitivity-Trainings mit dem Wechsel aus Trainings- und Arbeitsgruppen. Erläuterungen zu den einzelnen Teilen und den Hintergründen folgen dann im Text.

Montag	Dienstag	Mittwoch	Donnerstag	Freitag
	T-Gruppe	T-Gruppe	T-Gruppe	T-Gruppe
	Pause	Pause	Pause	Pause
	Arbeitsgruppe	Arbeitsgruppe	Arbeitsgruppe	Lernpartnerschaft
	Mittagspause	Mittagspause	Mittagspause	Mittagspause
Einführung	Lernpartnerschaft	Lernpartnerschaft	Lernpartnerschaft	Abschied
T-Gruppe	T-Gruppe	T-Gruppe	T-Gruppe	
Abendessen	Abendessen	Abendessen	Abendessen	
T-Gruppe	T-Gruppe	T-Gruppe	T-Gruppe	

Arbeitszeiten:

09:00 – 10:30 Uhr	erste Arbeitseinheit
10:30 – 11:00 Uhr	Pause
11:00 – 12:30 Uhr	zweite Arbeitseinheit
12.30 – 15:30 Uhr	Mittagspause
15:30 – 16:30 Uhr	Lernpartnerschaften
16:30 – 18:00 Uhr	dritte Arbeitseinheit
18:00 – 19:00 Uhr	Abendessen
19:00 – 20:30 Uhr	vierte Arbeitseinheit

Die Trainingsgruppen (T-Gruppen) waren klassisch offen und unstrukturiert, der Ansatz zur Arbeit in den Trainingsgruppen analytisch-gruppendynamisch. Die Aspekte der Person, vor allem hinsichtlich ihrer Entwicklungseinschränkungen und Verletzungen, werden in dieser Form gruppendynamischen Arbeitens zusätzlich berücksichtigt. Weitere Kennzeichen dieses Ansatzes sind eine sehr sparsame Interventionsstrategie und Deutungen eher auf der Ebene der Psyche des Einzelnen oder des Gruppenthemas als auf der konkret interaktionistischen Ebene.

Die Arbeitsgruppen hatten jeweils ein Thema. Dieses wurde von der Leitung bestimmt und jeweils zu Anfang der Arbeitsgruppe formuliert und erläutert. Die Lernpartnerschaften bekamen jeweils eine Reflexionsfrage zur Steuerung des inhaltlichen Prozesses. Es wurde festgelegt, dass die Arbeitsgruppen mit konkreten Aufgaben versorgt werden sollten, um dem Anspruch nach Analyse der Arbeitskonflikte und dem thematischen Schwerpunkt des Trainings gerecht zu werden. Die Arbeitsaufträge lauteten:

Dienstag: Vortrag über die verschiedenen Konfliktebenen – intra-, interpersonell und systemisch. Anschließend in zwei Teilgruppen: »Beschreiben Sie die Entwicklung dieser Gruppe vom Anfang bis zum jetzigen Zeitpunkt und benennen Sie die darin enthaltenen Konflikte intrapersonell, interpersonell und systemisch! Vergleichen Sie Ihre Ergebnisse mit anderen Anfangssituationen aus Gruppen. Präsentieren Sie Ihr Ergebnis in einer Viertelstunde der anderen Teilgruppe.«

Mittwoch: Austeilen eines mehrseitigen Papiers zum Thema »Konflikte – Ursachen und Lösungsmöglichkeiten« mit der Aufgabe an drei Teilgruppen: »Arbeiten Sie das Theoriepapier durch, diskutieren Sie, welche Verbindungen Sie zwischen der Theorie und Ihrer Arbeitssituation erkennen können.«

Donnerstag: Arbeit an konkreten Fällen aus dem jeweiligen Arbeitsleben der Teilnehmer/innen. Vorbereitung mithilfe eines Fallanalyserasters. Die Fallsupervision wurde von den Teilnehmer/innen eigenständig durchgeführt.

Neben der aktuellen Arbeit an der Hier-und-Jetzt-Situation der Gruppe und der Personen gab es in den Arbeitsgruppen die nach außen gerichtete thematische Beschäftigung mit der Konflikttheorie und Fallsituationen aus der Heimsituation. Das verlangte von den Teilnehmenden einen inneren Wechsel der Perspektive zwischen Erleben und Selbstreflexion sowie Analyse und Situationsreflexion.

Die Reflexionsfragen für die Lernpartnerschaften fokussierten jeweils einen Aspekt aus dem Gruppenprozess, der besonders bedeutsam erschien. Am Dienstag: »Welchen ›Hut‹ habe ich in dieser Gruppe auf, wie gefällt er mir und was müsste oder könnte ich tun, um das zu verändern?« Am Mittwoch: »Mit welchen inneren Themen bin ich zurzeit gerade beschäftigt und wie kann ich damit in Kontakt kommen?« Am Donnerstag: offen.

Anmerkungen zum Trainingsverlauf

Gerade im Wechsel zwischen Arbeitsgruppen und T-Gruppen ist die Spannung dieses Trainings beschlossen. Das Design bietet die Möglichkeit, sowohl im Hier und Jetzt der Gruppe Konflikte zu bearbeiten, als auch im Dort und Dann der eigenen Arbeitssituation die eigene Konfliktdynamik zu verstehen. Der Wechsel zwischen beiden Ebenen erfordert viel innere Flexibilität der Teilnehmenden und wird häufig nur mit Mühe vollzogen.

 Wie in jeder Gruppe gab es auch in dieser reichlich Konfliktstoff – zwischen Trainern und Teilnehmern, aber auch zwischen einzelnen Teilnehmenden innerhalb der Gruppe. Neben den Themen Offenheit und Vertrauen ging es häufig um die Frage von Einfluss und Raum in der Gruppe. Innerhalb der T-Gruppen-Sitzungen wäre es möglich gewesen, solche Konflikte anzusprechen. Die Chance, die in der offenen Konstruktion der T-Gruppe liegt, wurde kaum genutzt. Die Gruppe beschäftigte sich – trotz nachdrücklicher Aufforderung durch die Trainer – nur wenig mit dem Binnenverhältnis. Einzig die Beziehungen zu den Trainern wurden unter Konfliktgesichtspunkten thematisiert. Es schien fast so, als ob Konflikte untereinander ein zu heißes Thema wären. Anscheinend war der Zusammenhalt der Gruppe nicht tragfähig genug, um sich mit der Last der Differenzierung zu beschäftigen.

Die Berichte über die Arbeitsgruppen waren dagegen überaus positiv und von hoher Zufriedenheit der Teilnehmenden geprägt. Teilnehmer und Teilnehmerinnen berichteten von sehr engagierter Arbeit in dieser Zeit und wichtigen Erkenntnissen. Vor allem die Auseinandersetzung mit den Fallsituationen aus der Praxis wurde als sehr hilfreich und erhellend beschrieben. Von den Ergebnissen dieser Arbeitsphasen floss jedoch kaum etwas in die T-Gruppen-Arbeit ein. Es wurde kaum (und nur sehr abstrakt) von den Themen erzählt.

Um die Lernchance der Doppelstruktur nutzbar zu machen, muss der Übergang zwischen den verschiedenen Arbeitsformen sorgfältig bedacht werden. Es reicht nicht, die beiden Formen nebeneinanderzusetzen. Gerade in Gruppen mit einem relativ hohen Angstniveau werden eher die strukturierten Arbeitsformen bevorzugt, die offene Arbeit in den T-Gruppen wird eher vermieden. Hier kommt der intervenierenden Arbeit der Trainer besondere Bedeutung zu. Sie können dazu beitragen, das Angstniveau zu regulieren und die Chancen der Arbeit im Hier und Jetzt zu nutzen. Ob der Ebenenwechsel gelingt, entscheidet sich aber auch an der Bereitschaft der Gruppenteilnehmer, sich auf die herausfordernde Arbeitsweise in der T-Gruppe einzulassen. Das Ergebnis eines gruppendynamischen Trainings ist nie hundertprozentig vorhersagbar.

Eine Alternative

Nehmen wir an, wir könnten die Zeit zurückdrehen und hätten eine zweite Chance, dieses Seminar zu gestalten. Wie könnte eine Veränderung aussehen?

- Erstens müsste die Verbindung zwischen den thematischen Teilen und den Trainingsteilen gestärkt werden. Als Mittel der Wahl steht hier die Doppeldeckerstruktur zur Verfügung. Also: zuerst eine Einheit zum Anfangen und Kennenlernen. Danach sollte es gleich in die Untergruppenarbeit zum Thema »Konfliktsituationen in meinem Arbeitsalltag« gehen. Dort werden in kollegialer Situation Fallvignetten erarbeitet. Aus der Erarbeitung entwickelt jeder Teilnehmer eine Fragestellung, die er mit allen anderen in der T-Gruppe verfolgen will. Das könnte zum Beispiel sein: In Auseinandersetzungen mit meinen Kollegen erlebe ich immer wieder eine große Ängstlichkeit bei mir. Ich möchte in der Gruppe ausprobieren, was geschieht, wenn ich versuche, trotzdem diese Konflikte auszutragen, wie es mir und den anderen dabei geht.
- Zweitens wäre es notwendig, von Trainerseite stärker fokussierend im T-Gruppen-Prozess zu arbeiten. Das heißt, in den Interventionen stärker auf die Fragestellung der Teilnehmer und Teilnehmerinnen zu achten und Zusammenhänge zwischen der Frage der Teilnehmer und Teilnehmerinnen und den beobachtbaren Prozessen in der Trainingsgruppe generalisierend zu beschreiben.

Die beschriebenen Veränderungen sind keine Garantie für einen weitreichenden Erfolg im Training. Sie würden aber bessere Voraussetzungen auf der Designseite schaffen, das angestrebte Ziel zu erreichen.

Hella Gephart

Die Gruppe als Heilmittel: Psychotherapie in der Gruppe

Gruppentherapie: Ein Abriss der Entwicklungsgeschichte

Gruppenrituale, die zur Heilung und/oder Bewusstseinserweiterung dienen, gehören in allen Kulturen zur Grundausstattung der menschlichen Begegnung. So findet sich die Gemeinschaft als heilender Faktor sowohl in zeremoniellen Tänzen als auch in der griechischen Tragödie, die durch gemeinsames kathartisches Erleben einen heilenden und reinigenden Effekt für die Seele erzielen sollte. Allen diesen Gruppenkulturen ist gemeinsam, dass sie der Gruppe eine Kraft zuordnen, die der individuellen Handlung überlegen ist.

Erst im 20. Jahrhundert wurden diese kulturverwurzelten Ansätze in der westlichen Zivilisation zum gruppentherapeutischen Heilverfahren entwickelt.

In diesem Beitrag behandle ich die Fragen: Welche Entwicklung nahm die Gruppentherapie auf dem Weg zur modernen psychotherapeutischen Behandlungsform? Auf welche theoretischen Modelle stützt sie sich und wie sieht die Praxis der Gruppentherapie aus?

Vorformen der Gruppenbehandlung

Erste gruppentherapeutische Ansätze stammen aus den Anfängen der Psychosomatik (zu Beginn des 20. Jahrhunderts), als Gruppen von Kranken zusammengefasst wurden, um den Patienten Grundsätze gesundheitsförderlicher Lebensführung nahezubringen. Heute würden wir in diesem Zusammenhang von Psychoedukation sprechen. Ein früher Verfechter dieser Methode, Joseph Pratt, führte bei Tuberkulosepatienten Gruppentherapie in Form eines Schulklassensystems ein.

Hintergrund dieser Maßnahme war die schlechte Versorgung von Tuberkulosekranken der armen Bevölkerungsschichten. Neben einer radikalen Frischluftbehandlung und sozialer Fürsorge in Form von finanzieller Unterstützung sowie der Versorgung mit geeigneten Wohnungen bot Pratt einmal wöchentlich eine ambulante Gruppenbehandlung in der beteiligten Klinik an.

Erste Formen von Therapie in der Gruppe

Joseph Pratt fasste maximal 25 Patienten zusammen, die sich einmal pro Woche in einem Gemeindesaal oder in der Klinik trafen. Während die Krankenschwester Gewicht und andere Daten der jeweiligen Patienten aufnahm, verbrachten die Gruppenmitglieder die Zeit in »angenehm heiteren Gesprächen«. In Form eines Frontalunterrichts informierte Pratt die Patienten dann über Formen gesünderer Lebenseinstellung und die Heilwirkung einer optimistischeren Weltsicht. Seine Lektionen dauerten in der Regel etwa zehn Minuten, um die Aufmerksamkeitsspanne der Patienten nicht zu überfordern.

Pratt versuchte, eine bestimmte Form des Verhaltens in Gruppen – die Konkurrenz – zu nutzen, indem er die Leistungen in der Gewichtszunahme und in der veränderten Lebensführung in einer Bestenliste veröffentlichte (Pratt 1906, 1907, 1908). Er betonte dabei, dass »der Erfolg von der Entwicklung von Freundschaften und gegenseitigem Vertrauen zwischen den Gruppenmitgliedern abhängt« (Pratt 1908, S. 1070). Dabei beobachtete er, dass »sie eine Verbindung durch die gemeinsame Erkrankung haben. Ein feiner Geist von Kameradschaft entwickelte sich« 1907, S. 758). Die überraschend schnelle Besserung bei vielen Patienten führte nach Pratt zu einem »Geist der Hoffnung« (1907, S. 758, Übersetzung jeweils durch H.G.). Mit der Betonung von Faktoren wie Vertrauen, Verbundenheit und der Gemeinsamkeit im Erleben der Krankheitserfahrung formuliert Pratt Erkenntnisse, die Irvin Yalom in den 1970er-Jahren als Wirkfaktoren von Gruppentherapie identifizierte und die in empirischen Wirksamkeitsstudien nachgewiesen werden konnten (s. S. 300 ff.).

> Der Therapieerfolg hängt von der Entwicklung von Vertrauen und Beziehung ab.

Bei diesen frühen Versuchen, in Gruppen zu arbeiten, ging es um Mischverfahren von didaktischen Ansätzen der strukturierten Vermittlung bestimmter Themen und der rudimentären Nutzung von Gruppeninteraktion. Weitere Gruppenversuche betonen die Entwicklung einer Solidarstruktur, in der die Kranken sich gegenseitig unterstützen. Daraus erwuchsen später auch Nachsorgegruppen für entlassene Patienten. Diese können als Vorläufer von Selbsthilfebewegungen betrachtet werden, wie beispielsweise die heute weltweit bekannten Anonymen Alkoholiker. Die Dynamik einer Gruppe, ihre Interaktionsformen und deren Wirkung auf die Gruppenleistung, die Wechselwirkung von bewussten und unbewussten Anteilen des Gruppenerlebens waren damals nicht erforscht und konnten deshalb auch nicht gezielt angesprochen und genutzt werden.

Ansätze gruppentherapeutischer Arbeit gab es aber nicht nur in der Krankenbehandlung, sondern auch im pädagogisch-therapeutischen Feld. Im Sinne einer Prophylaxe psychischer Probleme oder Fehlentwicklungen experimentierte Alfred Adler, Schüler Freuds und Begründer der Individualtherapie, ab 1919 damit, Therapie mit Jugendlichen im Beisein der Lehrer und Betreuer durchzuführen. Ebenso regte er an, dass Schüler sich in Gruppen über persönliche Probleme austauschen sollten. Er setzte dabei auf die Wirkung gegenseitiger Unterstützung (Yalom 2007, Schmid 1994).

Jacob Moreno, Schöpfer des Psychodramas, bot Kindern und Jugendlichen in Wien das Stegreifspiel als Mittel der Persönlichkeitsentwicklung an (Schmid 1994).

Morenos Stegreifspiele

»Mein wichtigster Anfang war in den Wiener Parks. Nach den regulären Schulstunden in den öffentlichen Schulen kamen die Kinder jeden Tag zusammen. Da hielten wir Klassen ab, die aus kleinen Gruppen von 15 bis 20 Kindern bestanden, jede von einem Leiter angeführt, den die Kinder selbst wählten« (Moreno in Schmid 1994).

»Der Lehrer (Moreno) ließ sie die Backen aufblasen und versicherte ihnen enthusiastisch, wie wunderbar das fantasierte Stück Schokolade war. Oder sie gaben beim Spielen in den Parks der Stadt ihre Bälle fort und warfen sich dann mit leeren Händen Klumpen von Luft zu« (Elösser, Elisabeth Bergner 1927, zitiert nach Moreno 1995, S. 41).

Die weitere Entwicklung

Erst durch die Erfahrung, dass Gruppentherapie etwas anderes oder mehr als die therapeutische Einzelarbeit bewirken konnte, wurde die Therapie in Gruppen als eine besondere heilende Qualität aufgefasst, und Gruppentherapie entwickelte sich in verschiedenen methodischen Formen und theoretischen Bezügen weiter. Der Begriff Gruppentherapie selbst wird zwei Autoren zugeschrieben: Jacob Moreno soll ihn 1931 zum ersten Mal verwendet haben; andere Quellen sprechen die Autorenschaft Trigant Burrow zu.

Einer der ersten Gruppentherapeuten, der versuchte, psychoanalytische Ansätze in der Gruppe anzuwenden, ist Trigant Burrow, amerikanischer Psychiater und Psychologe, der der menschlichen Seinsqualität der sozialen Bezogenheit Rechnung trug (Heigl-Evers 1978, Tschuschke/Anbeh 2007) und wesentlich von C. G. Jung beeinflusst war.

Moreno entwickelte in den 1920er-Jahren seine Form des Psychodramas, in dem sich durch kathartisches Neuerleben, durch Sharing und Rollenwechsel eine psychische Veränderung nicht nur beim Protagonisten (derjenige, der ein Anliegen in die Gruppe einbringt), sondern auch bei den anderen Gruppenmitgliedern ereignet. Eine weitere seiner Arbeitsweisen war die Soziometrie, die als Messinstrument der Nähe und Distanz in sozialen Beziehungen entwickelt wurde. Er fand zum Beispiel heraus, dass die Konflikte in Flüchtlingslagern von internierten Südtirolern im ersten Weltkrieg sich minimierten, wenn die Wohngruppen sich nach soziometrischen Kategorien (das heißt nach eigenen Wahlen aufgrund von Symphatie und Antipathie) formieren konnten (Schmid 1994).

S. H. Foulkes, Psychiater und Analytiker, behandelte ab 1940 erstmals Patienten in Gruppen und richtete dabei sein Augenmerk nicht auf den Einzelnen in der

Gruppe, sondern auf die Beziehungsmuster, die sich in der Gesamtgruppe ergeben und in denen der Einzelne und sein Verhalten als Funktion der aktuellen Gruppe auf dem Hintergrund seiner lebensgeschichtlichen Prägung gesehen werden (Foulkes 1974).

Als ein weiterer Begründer des therapeutischen Gruppensettings und der ihm zugrunde liegenden Theorien ist Wilfred Bion zu nennen, der in Gruppen drei Grundeinstellungen (Abhängigkeit, Paarbildung und Kampf und Flucht) in der Bewältigung von Angst postulierte (Heigl-Evers 1978).

Im deutschsprachigen Raum sind es vor allem Anneliese Heigl-Evers und Franz Heigl, die – beeinflusst vom Werk Hannah Arendts und der Auseinandersetzung mit Gruppendynamik und Sozialpsychologie – das »Göttinger Modell« entwickelten, das die Psychotherapie des Einzelnen durch den Gruppenprozess betont (Lindner 2006).

Erst mit diesen Gruppentherapeuten und -theoretikern wurden das ganze Potenzial einer Gruppe, ihre interaktionelle Struktur und das Bearbeiten gegenseitiger Übertragungen aufgegriffen. Verschwiegen werden sollte nicht, dass die therapeutische Arbeit in Gruppen sich unter anderem auch aus ökonomischen Gründen entwickelte, die die Behandlung mehrerer Personen zur selben Zeit durch einen Therapeuten aus Mangel an Geld, Zeit und ausgebildetem Personal geboten sein ließen.

In den 60er- und 70er-Jahren des letzten Jahrhunderts fand die Gruppentherapie eine euphorisch anmutende Entwicklung und Rezeption. Die Encounter-(Begegnungs-)Gruppenbewegung der 1970er-Jahre, eine der klientenzentrierten Gesprächspsychotherapie nahestehende Gruppenform, bestärkte die Sehnsucht danach, die Gruppe möge eine friedliche Gegenwelt zur konfliktgeschüttelten Realität ermöglichen. Voller Hoffnung schreibt Carl Rogers, Begründer der klientenzentrierten Gesprächstherapie, über die Zukunft, dass »die Bewegung der Encountergruppe zu einer wachsenden Gegenkraft zur Enthumanisierung unserer Gesellschaft anwachsen« würde (Rogers 1984, S. 869). Die wichtigsten Elemente beschreibt er als »die Entstehung von Vertrauen in kleinen Gruppen, das Mitteilen des Selbst, das Feedback und der Sinn für Gemeinschaft …« (Rogers 1984, S. 868). In dieser Zeit und auch in den 1980er-Jahren noch galt Gruppe als Reparaturwerkstatt für gesellschaftliches Versagen, als Gegenmittel gegen Einsamkeit, Depression und Bindungslosigkeit. Raoul Schindler spricht von dem »immer mächtiger anschwellenden Versuch, der großstädtischen Vereinsamung und Vereinzelung psychohygienisch entgegenzuwirken« (1985, S. 1). Mit den Hemmfaktoren solidarischen Handelns setzte sich Horst-Eberhard Richter in seinem 1974 veröffentlichten Buch »Lernziel Solidarität« auseinander.

> In den Hoch-Zeiten galt die Gruppe als Vision einer gerechteren, demokratischen Welt.

Die Beschäftigung mit dem Konzept »Gruppe« und die Verbreitung von Gruppenangeboten erfuhren in dieser Zeit einen enormen Aufwind, der – wie gezeigt – vor allem mit Visionen einer gerechteren, demokratischen Welt zu tun hatte.

Die heutige Situation

Nach all dieser Gruppeneuphorie kam es in der Folge zu einer Phase der praktischen Verwertbarkeit des Gruppenformats. In der Therapie etabliert sich die Gruppenanwendung als kassenärztlich abrechenbare Leistung, und ein Berufsverband kümmert sich um die Belange der Gruppentherapeuten. Trotzdem bewegt sich Gruppenpsychotherapie im Vergleich zur Einzeltherapie (gemessen an den abgerechneten Kassenleistungen) auch heute nach wie vor im Promillebereich.

Darüber hinaus beobachten einige Autoren sogar ein Schwinden der Attraktivität von Gruppentherapie – sowohl für Patienten wie für Gruppentherapeuten (Tschuschke 2004 und Tschuschke/Anbeh 2007). Die Gründe hierfür sind vielfältig und zumeist nur als Vermutung zu formulieren. Strauß (2007) benennt als Ursache die ungenügende Berücksichtigung der Vermittlung von gruppentherapeutischer Kompetenz in Ausbildungscurricula zur Psychotherapie, die geringe Anerkennung in den psychotherapeutischen Fachgesellschaften und administrative Hindernisse in der Beantragung von kassengezahlter Therapie.

Aber auch Klienten bevorzugen bei Wahlmöglichkeit eher die Einzeltherapie. Hirsch macht die Zunahme eines individuellen Lebensstils und die an Kosten-Nutzen-Relationen orientierten Normen dafür verantwortlich. Nach Hirsch hat sich der Fokus von der Reflexion über das So-geworden-Sein zu einer Ideologie der Machbarkeit, des Tunkönnens, verschoben (Hirsch 2004).

Damit gehen grundlegende Möglichkeiten der Gruppe, das Nachdenken über die Funktion und Bedeutung einer Erkrankung im eigenen Leben, die Reflexion über die Neujustierung von Identität und die Ausrichtung des eigenen Lebens, verloren. Die Illusion, einer grundlegenden Störung des eigenen psychischen und körperlichen Gleichgewichts sei durch Handlungsanweisungen des Therapeuten zu begegnen, die die Angst vor Kontrollverlust verringern soll, steht im Gegensatz zur gruppentherapeutischen Maxime, dass gerade das Erleben und Reflektieren emotionaler Reaktionen auf überfordernde Lebensumstände heilend wirkt.

Nach meiner eigenen Erfahrung ist es vor allem die Angst, den Schutz der Geborgenheit versprechenden Zweierbeziehung zwischen Therapeutin und Klient zu verlassen, die Klienten zögern lässt, eine Gruppentherapie zu beginnen. Die Gruppe als halb öffentlicher Raum verbindet sich mit Vorstellungen von Konfrontation, Konkurrenz und der Minderung der Zuwendung durch den Therapeuten. Gefühle von Scham und Selbstzweifeln erschweren dann bei manchen Klientinnen die Entscheidung für die Gruppe.

Welche Entwicklung die Gruppentherapie nehmen wird, ist unter diesen Umständen schlecht vorhersagbar. Im letzten Abschnitt dieses Beitrags gibt es dazu weitere Überlegungen.

Theoretische Wurzeln der Gruppenpsychotherapie

Die Wurzeln der Gruppentherapie sind mannigfaltig. Sie liegen in den Sozialwissenschaften, der Psychoanalyse, der Humanistischen Psychologie, der Existenzphilosophie und anderen mehr. Aus der Vielzahl der Wurzeln habe ich zwei Denkansätze herausgegriffen, die für mich die bahnbrechenden Grundlagen für die Entwicklung der Gruppentherapie darstellen:

- die Entwicklung der Gestalttheorie einerseits und
- das Bild vom Menschen in seiner Abhängigkeit von sozialen Bezügen andererseits.

Die Entwicklung der Gestalttheorie. Die Gestalttheorie, vor allem an der Berliner Universität durch Wolfgang Köhler, Kurt Koffka, Max Wertheimer und Kurt Lewin in den ersten 20 Jahren des letzten Jahrhunderts entwickelt, ist grundsätzlich der Auffassung, dass sich unsere Wahrnehmung, unser Denken und Fühlen nicht linear-additiv, sondern nach sinnhaften, übergeordneten Gestalten organisieren.

> Ein bekanntes Beispiel dafür ist das ehrenfelssche Gesetz der Übersummativität, das Christian von Ehrenfels 1890 am Beispiel der Melodie erläuterte: Eine Melodie besteht nach dem Transponieren in eine andere Tonart aus völlig anderen Noten (Einzelelementen), trotzdem erkennen wir die Melodie (als sinnhafte Gestalt) wieder.

Diese Sichtweise steht in deutlichem Widerspruch zu vorherigen assoziationstheoretischen Ansätzen, deren Erklärungen für psychische Phänomene ein linear-kausales Modell zugrunde lag: Wenn x geschieht, muss y folgen; y hat keinen Einfluss auf x. Die Gestalttheorie stellt den entscheidenden Gegenentwurf zu den zeitlich-linearen Erklärungsmodellen dar.

Eine weitere Entdeckung verdanken wir Kurt Goldstein, Neurologe und Gestalttheoretiker. Bei der Untersuchung von hirnverletzten Soldaten im Ersten Weltkrieg fand er heraus, dass das Gehirn nicht in abgekapselten Funktionseinheiten, sondern vernetzt organisiert ist und in der Lage ist, Aufgaben von einem (verletzten) Hirnareal auf ein anderes zu verlagern. Goldstein entwickelte daraufhin die Auffassung, dass innerhalb des zentralen Nervensystems das einzelne Neuron nicht isoliert, sondern immer als Teil eines Kommunikationssystems funktioniert.

Bedeutung für die moderne Gruppentherapie bekommen diese Modelle durch Kurt Lewin, einen deutschen, Anfang der Dreißigerjahre in die USA emigrierten Psychologen, der dieses Vernetzungsprinzip – wie auch S. H. Foulkes – auf die Interaktionen in der Gruppe übertragen hat. Dies bedeutet, dass die Interaktionen *zwischen* den Personen in den Fokus der Betrachtung rücken, nicht das Verhalten der Einzelperson in der Gruppe.

 Das Bild vom Menschen in seiner Abhängigkeit von sozialen Bezügen. Neben der Abkehr vom assoziationstheoretischen hin zum gestaltpsychologischen Modell gab es eine weitere bedeutsame Grundlage von Gruppentherapie: die Auffassung vom Menschen als einem im Kern sozialen Wesen. Ende des 19. Jahrhunderts wird mit der Entwicklung der Soziologie der gesellschaftliche Charakter des Individuums in das Blickfeld gerückt. Georg Simmel schreibt 1908 in seiner grundlegenden Arbeit »Soziologie. Untersuchungen über die Formen der Vergesellschaftung«: »Die Einsicht: der Mensch sei in seinem ganzen Wesen und allen Äußerungen dadurch bestimmt, dass er in Wechselwirkung mit anderen lebt – muss allerdings zu einer neuen *Betrachtungsweise* in allen sogenannten Geisteswissenschaften führen« (Simmel 1908, S. 2). Die anthropologische Auffassung des Menschen als Mängelwesen (Herder, Plessner), als psychisch-physiologische Frühgeburt, führt zu der Erkenntnis, dass der Mensch zu seiner vollen Entwicklung auf die Fürsorge der menschlichen Gemeinschaft angewiesen ist. Die Bindungsforschung, in den 1950er-Jahren von John Bowlby begründet und heute mit den Längsschnittstudien von Karin Grossmann und Klaus Grossmann (2004) untermauert, unterstützt diese Aussage eindrucksvoll: Ohne die Feinfühligkeit und Empathiefähigkeit der Bezugspersonen erlernt der Mensch die notwendigen sozialen Ausstattungen des selbstbewussten und vertrauensvollen Miteinanders nicht.

Sowohl durch die Abkehr vom assoziationstheoretischen Modell hin zur ganzheitlichen Sichtweise der Gestalttheorie als auch durch die moderne Bindungsforschung ist das Bild des isoliert agierenden Individuums, dessen Wahrnehmung und Verhalten nur aus inneren Motiven, Trieben oder Konflikten und Interessen zu erklären sind, obsolet geworden. Diese neuen Sichtweisen liegen der Entwicklung der modernen Gruppentherapie (und auch Gruppenpädagogik) zugrunde.

In der Folge sind zahlreiche Modelle von Gruppenarbeit entstanden, die in der ersten Hälfte des letzten Jahrhunderts meist noch in engem und fruchtbarem Austausch entwickelt wurden. So ist eine gegenseitige Bezugnahme und Bereicherung der Auffassung von Gruppe aufgrund persönlicher Kenntnis und Zusammenarbeit von Lewin und Foulkes, Lewin und Moreno (die zusammen 1936 veröffentlichten) und Moreno und Foulkes (die 1951 das »First Committee of Group Psychotherapy« gründeten) bekannt. Später entwickelte sich eine zum Teil scharfe Abgrenzung der dann entstandenen Schulen gruppentherapeutischer Arbeit, durch die die Nachfolger der »Urväter und -mütter« die eigene Fachidentität, aber sicher auch die Marktstellung zu verbessern suchten.

Hier werde ich vor allem auf drei Grundrichtungen eingehen und ihre jeweilige Bedeutung für die Gruppentherapie verdeutlichen:

- die Psychoanalyse,
- die Humanistische Psychologie und
- die Gestaltpsychologie,

die meines Erachtens den größten Anteil an den Pionierleistungen des Gruppenansatzes für sich reklamieren können.

Formen der Gruppentherapie

Psychoanalytische Gruppentherapie (Burrows, Foulkes, Bion, Heigl-Evers). In der analytischen Gruppentherapie werden immer auch die unbewussten Anteile der Persönlichkeit und der Gruppe bearbeitet. Es geht darum, vor- und unbewusstes Verhalten und archaische Inhalte wahrnehmbar, erlebbar und bearbeitbar werden zu lassen.

Humanistische Psychologie und ihre Gruppenformen. Psychodrama (Moreno); gestalttherapeutische Gruppe (Lewin, Perls, Zinker). Der Beitrag, den die Humanistische Psychologie zur Entwicklung der Gruppentherapie geleistet hat, liegt in der Zulieferung eines Menschenbildes, das die heilende Beziehung untereinander und zum Gruppenleiter in den Vordergrund stellt. Ausgehend von der humanistischen Maxime, dass Menschen per se wachsen und sich entwickeln wollen, braucht es eine ermutigende und vertrauensvolle Umgebung, damit dieser Prozess in Gang kommt.

Der Einfluss der Psychoanalyse auf die Gruppentherapie

Sigmund Freud selbst hat keine Gruppenbehandlungen vorgenommen. Er war – wie die gesamte Psychoanalyse – eher an der Entwicklung des Individuums interessiert und begriff die »Persönlichkeit als Resultat des unausweichlichen Konflikts zwischen Trieb und Abwehr« (Pines 1984, S. 720). Sein Bild des Menschen war aber unter dem Eindruck der Erkenntnisse Georg Simmels und Émile Durkheims durchaus auch geprägt von dessen sozialer Bezogenheit: »Im Seelenleben des Einzelnen kommt ganz regelmäßig der andere als Vorbild, als Objekt, als Helfer und als Gegner in Betracht, und die Individualpsychologie ist daher von Anfang an auch gleichzeitig Sozialpsychologie …« (Freud 1921, S. 65). In seiner späteren Theorieentwicklung trug er dem Einfluss der Kultur und Gesellschaft auf die Person über die Instanz des Über-Ichs Rechnung, in der über den Prozess der Internalisierung Ge- und Verbote der Bezugspersonen des Kindes gespeichert werden. Freud hat die Familie als Urbild jeder Gruppe postuliert, und diese Auffassung von Gruppe analog dem Familienmodell beeinflusst auch heute noch viele Gruppenpraktiker.

Im Gegensatz dazu stehen die analytischen Gruppentheoretiker Bion und Foulkes. Wilfried Bion, britischer Psychoanalytiker und Arzt, begann 1932 und dann wieder nach dem Zweiten Weltkrieg, in der Tavistock Clinic in London zu arbeiten, und sammelte dort Erfahrungen bei der gruppentherapeutischen Behandlung traumatisierter Soldaten. Bion fasst die Gruppe als eine Art »Gesamtperson« auf, er behandelt sie als Ganzes und nicht die einzelne Person in der Gruppe. Er bezieht sich in seiner Auffassung von Gruppe auf die von Melanie Klein entwickelten Theorien zu frühen Stadien des kindlichen Seelenlebens, in denen der Säugling aus der Dyade mit der stillenden Mutter in die Familie hineinwächst und sich auf diesem schwierigen Weg immer wieder in regressive Prozesse flüchtet. Ebenso muss der Erwachsene auf dem Weg, Mitglied einer Gruppe zu werden, einen Teil seiner Individualität aufgeben und verfällt in diesem Konflikt ebenfalls in regressive Zustände (s. auch den Beitrag von Klaus Antons, S. 331). Bion beschreibt die Dynamik einer Gruppe in zwei Zuständen: der Arbeitsgruppe und der Grundannahmen-Gruppe (»basic assumption group«). Eine Gruppe im Zustand der Arbeitsgruppe ist realitätsbezogen und handelt rational. Dieser Zustand wird begleitet von emotionalen, irrationalen und primärprozesshaften Kräften (Angst, Hass, Liebe) und aus dem Unterbewusstsein motivierten Verhaltensweisen: dem Zustand der »basic assumption group«. Arbeitsgruppe und »basic assumption group« bestehen immer gleichzeitig, aber einer der Zustände ist immer im Vordergrund. Mit den »basic assumptions« hat Bion gruppenspezifische Abwehrmechanismen beschrieben – Kampf und Flucht, Paarbildung, Abhängigkeit vom Leiter –, die er als gemeinsame regressive Haltung der Gruppenmitglieder zur Bewältigung von (psychotischer) Angst und Unsicherheit auffasst. 1961 erschien sein Standardwerk unter dem Titel »Experiences in groups«.

S. H. Foulkes, britischer Psychiater, war sowohl von der Psychoanalyse der Gestaltpsychologie – insbesondere durch den Kontakt zu Kurt Goldstein, bei dem er zwei Jahre als Assistent arbeitete – als auch von der Soziologie beeinflusst. Im Unterschied zu Bion vertritt Foulkes ein Modell von Gruppe, das sowohl den Einzelnen als auch die Gruppe als Ganzes berücksichtigt. Jedes Gruppenmitglied trägt die während seiner Sozialisation entwickelten Beziehungs- und Bindungsmuster in die Gruppe und knüpft mit den anderen Gruppenmitgliedern und deren inhärenten Beziehungsmustern die aktuelle Matrix der Gruppe. »In diesem Netzwerk wird das Individuum als ein Knotenpunkt aufgefasst. Das Individuum wird mit anderen Worten nicht als ein geschlossenes, sondern als ein offenes System gesehen … Wie das Neuron Teil des Nervensystems ist das Individuum Teil der Gruppenmatrix« (Foulkes 1974, S. 174).

In der Auffassung von Foulkes geht es um die Spannung, die sich aus dem Konflikt zwischen den Bedürfnissen des Einzelnen und denen der Gruppe entwickelt. Foulkes bezieht sich in seiner Beschreibung des (psychischen) Gruppenraums, der mit den Begriffen Spannung und Atmosphäre gekennzeichnet ist, auf Lewins Feldtheorie. Er unterscheidet in seinem Matrixbegriff, dem kommunikativen Netzwerk der Gruppe, zwischen zwei Ebenen: der dynamischen Matrix als dem kommunikativen Muster, das sich je spezifisch in einer Gruppe herausbildet, und der Grundlagenmatrix, mit der er den »Vorrat gemeinsamer Kommunikationen und Bedeutungen, die jeder konkreten (Klein-)Gruppe vorausgehen …« (Scholz 2006, S. 35) beschreibt. Foulkes fasst die Entwicklung des Gruppenprozesses folglich »als ein sich ständig verdichtendes Netz gemeinsam geteilter Bedeutungen« auf, »an dessen Herstellung jedes Gruppenmitglied beteiligt ist und auf dessen Hintergrund jedes neue Ereignis und jede neue Mitteilung ihre Bedeutung erhält« (Scholz 2006, S. 36). S. H. Foulkes und W. Bion haben die analytische Gruppentherapie als Behandlungsform institutionell etabliert und theoretisch fundiert.

In Deutschland ist es vor allem das Göttinger Modell, das die Theoriebildung und Praxis der Gruppenanalyse beeinflusst hat. Kerngedanken des Göttinger Modells, das durch Anneliese Heigl-Evers in ihrer Habilitation »Konzepte der analytischen Gruppenpsychotherapie« 1978 ausführlich dargelegt wurde, sind die Therapie des Einzelnen in der Gruppe und die Integration einzeltherapeutisch-analytischer Konzepte mit sozialpsychologischen und interaktionellen Modellen. Damit war die Göttinger Arbeitsgruppe um Heigl-Evers und Franz Heigl (in Zusammenarbeit mit der Klinik für Psychosomatik in Tiefenbrunn) mit die erste neben Foulkes, die die wechselseitigen Beziehungen aller Gruppenmitglieder und deren therapeutische Wirkung aufeinander berücksichtigte. Diese Auffassung ist seitdem in der Praxis der analytischen Gruppentherapie ein wichtiges Denkmodell geworden.

In der analytischen Gruppentherapie werden – im Gegensatz zu den folgenden Ansätzen – immer auch die unbewussten Anteile in der Persönlichkeit und in der Gruppe berücksichtigt. Es geht darum, vor- und unbewusstes Verhalten und archaische Inhalte (vergleiche die »basic assumption group« von Bion) wahrnehmbar, erlebbar und bearbeitbar werden zu lassen (s. »Wie vollzieht sich Gruppentherapie?«, S. 312 ff.).

Der humanistische Ansatz in der Gruppentherapie

Neben den psychoanalytischen Wurzeln der Gruppentherapie sind die Humanistische Psychologie, ihr philosophischer Hintergrund und die ihr entstammenden Verfahren Gesprächstherapie, Psychodrama und Gestalttherapie prägend für die heutigen Formen von Gruppentherapie geworden. Der Beitrag, den die Humanistische Psychologie zur Entwicklung der Gruppentherapie geleistet hat, liegt nicht so sehr in der Entwicklung einer ausgefeilten Gruppentheorie, sondern in der Zulieferung eines Menschenbildes, das die heilende Beziehung untereinander und zum Gruppenleiter in den Vordergrund stellt. Ausgehend von der humanistischen Maxime, dass Menschen per se wachsen und sich entwickeln wollen, braucht es eine ermutigende und vertrauensvolle Umgebung, damit dieser Prozess in Gang kommt.

Eine der philosophischen Grundlagen des humanistischen Ansatzes ist Martin Bubers Philosophie der Begegnung. Buber unterscheidet zwischen Ich-Es-Relation und Ich-Du-Beziehung. Die Ich-Es-Relation steht für die Möglichkeit der »objektiven« Annäherung zwischen Person und Sache. Die Ich-Du-Relation schafft mit ihrer Möglichkeit einer Berührung von Wesenskern zu Wesenskern das akzeptierende heilsame Feld einer Gruppe. »Das Grundwort Ich-Du stiftet die Welt der Beziehung.« »Das Grundwort Ich-Du kann nur mit dem ganzen Wesen gesprochen werden« (Buber 1983/2006, S. 6/S. 1). Beziehung ist immer Gegenseitigkeit und geschieht auf der Ebene menschlichen Seins immer auf derselben Ranghöhe, während die Ich-Es-Relation die Beziehung zwischen Menschen und Objekten darstellt. Die Ich-Es-Relation beschreibt damit immer auch Macht- und Abhängigkeitsstrukturen.

In der Konsequenz hat diese Auffassung durchschlagende Wirkung auf die Rolle des Therapeuten und die Beziehung zwischen Therapeut und Klient. Der Therapeut ist zwar Fachmann für die Psychodynamik in seelischen Abläufen, für ihre Störungen und anderes mehr. In seinem Verhältnis zum Klienten (der in der Humanistischen Psychologie aus diesem Grund nicht Patient genannt wird) ist er zunächst aber Mitmensch. Die Machtrelation zwischen Klient und Therapeut ist ausgeglichen. Der Therapeut fungiert als Berater einer Person, die in Nöten ist, und nicht als jemand, der es »besser weiß«. Die auftretenden Stockungen im Fortgang der Therapie, Störungen in der Kommunikation, werden nicht als Widerstand gedeutet, sondern als in lebensgeschichtlich bedeutsamen Beziehungen erworbenes Verhalten und Denken, das in der ursprünglichen Situation den kreativen Versuch einer Kommunikations- und Beziehungslösung darstellte.

Carl Rogers als Begründer der klienten- oder personbezogenen Gesprächspsychotherapie hat das Beziehungsmodell der Humanistischen Psychologie am nachdrücklichsten in die Therapie getragen. Der Gruppe als psychotherapeutischem Ort hat er sich erst spät explizit zugewandt (Rogers 1974).

Gruppe im Rahmen der Gesprächstherapie hieß vor allem Encounter-Gruppe, eine Art der Gruppenarbeit, in der es vor allem um personales Wachstum und um die Entfaltung der im Individuum angelegten Möglichkeiten geht. Folgerichtig gibt es auch hier keine Patienten, und die Rolle des Gruppenleiters ist entsprechend die eines »Facilitators«. Wenn Rogers die Grundhaltung zwischen dem Gruppentherapeuten und den Mitgliedern einer Gruppe auch als eine partnerschaftliche definiert hat, so ist es doch unrealistisch, nicht die unterschiedlichen Bedingungen, unter denen Therapeut und Gruppenmitglied ihre gemeinsame Arbeit antreten, anzuerkennen: In der Regel steht ein Gruppenmitglied unter Leidensdruck, und es ist bereit, sich für eine Veränderung selbst zu offenbaren, während der Gruppentherapeut (hoffentlich) ohne nennenswerte persönliche Einschränkungen emotionaler Art (wie zum Beispiel aktuelle Lebenskrisen) an seine Arbeit geht und Selbstoffenbarung nur im Dienste der Gruppenentwicklung betreibt, indem er z.B. seine authentische Reaktion auf Gruppenereignisse mitteilt.

Buber selbst hat mit Rogers einen kritischen Dialog über die humane Gleichstellung zwischen Therapeut und Patient auf der einen Seite und die Unterschiedlichkeit ihrer Rollen in der Therapie auf der anderen Seite geführt (Friedman 1992, S. 248 f.).

Das Psychodrama, eine aktionale Gruppenmethode der Humanistischen Psychologie

Jacob L. Moreno, der zu Beginn dieses Beitrags mit seinen ersten Ansätzen zum Stegreifspiel für Kinder und Jugendliche in Wien vorgestellt worden ist, hat in der Folge und vor allem während seiner Jahre in den Vereinigten Staaten ab 1925 das Psychodrama als Therapie für Einzelne und in Gruppen entwickelt.

Sein Ansatz ist gekennzeichnet durch die Betonung der Spontaneität und Kreativität, Kategorien, die sich auch in seinen vielfältigen Interessen als Philosoph, Schauspieler und Literat wiederfinden. Seine Grundüberzeugung lautet »Handeln ist heilender als Reden«. Damit definierte Moreno das Psychodrama ausdrücklich als Gegenentwurf zur Psychoanalyse (Ploeger 1984). Kern der therapeutischen Arbeit im Psychodrama ist das Stegreifspiel, in dem der Klient (der »Protagonist«) vergangene biografische Situationen, die sich aktuell als ungelöste Probleme manifestieren, oder Fragen und Konflikte, die ihn gegenwärtig bedrängen, auf der psychodramatischen Bühne mithilfe anderer Gruppenmitglieder (den »Hilfs-Ichs«) in einer Szene darstellt. Ziel ist zunächst die emotional-kathartische Abreaktion von Gefühlsstauungen in einer Weise, die der Protagonist in seinem realen Leben nicht zulassen kann oder will und die eine erste Entlastung mit sich bringt.

In weiteren Schritten können kreativ andere Lösungen erprobt und alternative Verhaltensweisen eingeübt werden. Als Techniken dienen im Psychodrama der Rollentausch (der Protagonist nimmt zeitweise die Position eines oder mehrerer Mitspieler in seiner Szene ein), das Doppeln (eine Person wird im Spiel durch eine zweite unterstützt, die im Doppeln andere mögliche Erlebensweisen oder Aspekte ausdrückt) und das Spiegeln (ein Gruppenmitglied übernimmt die Rolle des Protagonisten).

Die Psychodrama-Sitzung gliedert sich typischerweise in drei Phasen:

- die Erwärmungs- und Initialphase, die die Spontaneität der Gruppenmitglieder durch Kontakt- und Bewegungsübungen fördert,
- die Spiel- oder Aktionsphase, in der ein Protagonist sein Thema auf die Bühne bringt oder gruppenzentrierte Fragen mittels Stegreifspiel geklärt werden,
- die Abschluss- oder Integrationsphase, in der durch Feedback und Sharing ein gemeinsames Erleben in der Gruppe ermöglicht wird (s. ausführlich Burmeister 2001).

Die Gruppe bietet bei Moreno die notwendigen Mitwirkungen von der Zurverfügungstellung von Hilfs-Ichs als Resonanzboden bis zur Teilhabe aller Gruppenmitglieder im Sharing.

Die Gestaltpsychologie und ihr gruppentherapeutisches Modell

Lewin hat als Gestalttheoretiker das Modell der gegenseitigen Wechselwirkung der Elemente einer Gruppe am radikalsten gedacht. Er übertrug das Denkmodell Goldsteins, von dem er (ebenso wie Foulkes) stark beeinflusst war, auf die Gruppe und fasste sie als Feld auf, in dem eine Vielzahl von Kräften in gegenseitiger Wechselbeziehung wirksam sind. Die Struktureigenschaften einer Gruppe sind nach Lewin durch die Beziehungen *zwischen* den Teilen und nicht durch die Teile oder Elemente selbst charakterisiert (Lewin 1982, 247 f.). Jede Aktion in der Gruppe ist Lewin zufolge also die »Resultante« aller gegenwärtig wirksamen Gruppenprozesse. Das Gesamt der Gruppenkräfte ist verantwortlich für alles, was in der Gruppe passiert. Lewin knüpft mit seiner Formulierung der Feldtheorie an die physikalische Felddefinition Einsteins an, nach der eine Gesamtheit gleichzeitig bestehender Tatsachen, die als gegenseitig voneinander abhängig begriffen werden, ein Feld genannt wird.

Das Gruppenfeld: die Außenseiterproblematik als Beispiel

Wenn ein Gruppenmitglied als Außenseiter isoliert wird, so kann das möglicherweise eine Folge seines biografisch geprägten Verhaltens sein (die Mobbing-Forschung unterstützt eine solche Hypothese nicht), ist aber auf jeden Fall eine Resultante der gegenwärtig wirksamen Gruppenkräfte. Eine mögliche Erklärung ist, dass das einzelne Gruppenmitglied durch sein Verhalten ein Thema in der Gruppe anspricht beziehungsweise es durch sein Verhalten in die Gruppe einbringt (Hilflosigkeit, Angewiesensein, Ärger, Attraktivität), das in der Gruppe nicht besprochen werden kann. Die Gruppe projiziert diese »gefährlichen« (abgespaltenen) Inhalte auf eines ihrer Mitglieder und kann das Thema damit als Konflikt zwischen einem Einzelnen und der Gruppe neutralisieren oder den Einzelnen sogar ausschließen. Konflikte zwischen zwei Gruppenmitgliedern werden entsprechend als Ausdruck einer Konfliktlage der gesamten Gruppe angesehen.

Ein zweiter grundlegender Begriff bei Lewin ist das Konzept des Lebensraums. In Unterscheidung zur Umwelt, die durch physikalische und soziale Faktoren bestimmt ist, erscheinen dieselben Faktoren im Lebensraum einer Gruppe als »psychisch gefilterte«, das heißt »quasisoziale« und »quasiphysiologische« Faktoren. Dabei entwickeln nur die Faktoren eine das Verhalten beeinflussende Bedeutung, die für die Gruppe psychisch existieren (Gephart 2003). Das bedeutet, dass die »objektive« Auflistung von Umgebungsfaktoren der Gruppe nur in dem Maß von Bedeutung ist, wie die Gruppe diese Faktoren wahrnimmt und beurteilt. Diese Auffassung wird in der heutigen Einzel-, aber auch Gruppendiagnostik zu oft vernachlässigt.

Mit den gruppendynamischen Trainingslaboratorien begründete Lewin 1946 die angewandte Gruppendynamik, die selbst keine Therapieform darstellt, aber auf die inzwischen selbstverständliche interaktionelle Ausgerichtetheit aller Gruppentherapien großen Einfluss hatte. Bekannt geworden ist vor allem die Arbeitsform des Sensitivity-Trainings als eine »Therapie für Normale«, wie Alf Däumling sie in Abgrenzung zu psychotherapeutischen Verfahren bezeichnet hat (Däumling u. a. 1974) (s. auch den Beitrag von Klaus Brosius, S. 258 ff.).

Die Gestalttheorie hat mit ihrer Auffassung, dass die Gruppe eine eigene Individualität und ein eigenes Selbst entwickelt, eine Kategorie über das Individuum hinaus geschaffen. Für Gruppen gilt, dass sie »ihre eigenen, nur ihnen zukommenden Eigenschaften, die von den Eigenschaften ihrer Teilgruppe oder ihrer Einzelmitglieder verschieden sind …« (Lewin 1982, S. 241), aufweisen (eine Argumentation, der Foulkes ausdrücklich zustimmte).

Parallel und zunächst unabhängig von der gestalttheoretischen Feldtheorie begründete Fritz Perls mit seiner Frau Laura und dem Philosophen Paul Goodman die Gestalttherapie. Für Perls selbst, Schüler Freuds, ist die Bedeutung der Gruppe marginal. In seinem therapeutischen Handeln ist die Dyade Therapeut – Klient bestimmt; damit bleibt er ganz in der Tradition des Einzelanalytikers. Perls Gestaltgruppen bestanden aus einer Reihe von Einzelarbeiten vor der Gruppe; das Gruppenmitglied, das sich zu einer Arbeit entschlossen hatte, saß vor Perls – auf dem (der Aufregung entsprechenden) »hot seat«. Die Bedeutung der Gruppe bestand einmal in der Erweiterung des Verständnisses der psychischen Prozesse der anderen Gruppenteilnehmer und dann in der Möglichkeit des Identifikationslernens. Die Gruppe stellt hier den Resonanzraum und Container für emotionale Prozesse dar. James Simkin, einer der wichtigsten Vertreter des sogenannten Westküstenstils der Gestalttherapie, sagt sogar explizit: »In der Gestalttherapie ist es nicht nötig, auf die Gruppendynamik besondere Rücksicht zu nehmen ...« (zitiert nach Petzold/Frühmann 1986, S. 114).

Übersehen wird dabei meines Erachtens, dass Teilnehmer sehr wohl Kontakt aufnehmen, allerdings im informellen (privaten) Raum der Arbeitspausen. Diese Interaktionen werden in ihrer Wirkung jedoch für den therapeutischen Effekt in der Gruppe nicht nutzbar gemacht. Dies stellt für mich eine gravierende Verschwendung der Ressourcen der Gruppenmitglieder dar und bewirkt zugleich eine regressionsfördernde Fixierung auf den Gruppenleiter, die den Transfer der Gruppenerfahrungen in den Alltag der Gruppenmitglieder erschwert. In psychodramatischen Gruppen stellt sich zum Teil ein ähnliches Problem, wenn zugunsten einer strikten Strukturierung des Therapieprozesses durch den Gruppenleiter die aktuelle Beziehung der Gruppenmitglieder ins Hintertreffen gerät bzw. in die therapeutische Intervention keinen Eingang findet. Ploeger beschreibt einen anderen Zugang zum Psychodrama, indem er die Gruppe im Ganzen in ihren gegenwärtigen Interaktionen zum Ausgangspunkt der therapeutischen Arbeit macht (Ploeger 1984, S. 842).

> Die Interaktionen der Gruppenmitglieder – auch die informellen – sind für den Therapieertrag bedeutsam.

Erst später gelingt eine Integration von Perls Gestalttherapie und Lewins Gruppendynamik. Diese Weiterentwicklung des Einbezugs der Gruppe wird im Cleveland Gestalt Institute (Zinker, Kepner) vollzogen, das sich auf Kurt Lewin und die Arbeit der National Training Laboratories bezieht. Hier wird die Gruppe nun als therapeutisch wirksames Agens gesehen, und das gestalttherapeutische Gesetz, dass das Ganze mehr ist als die Summe seiner Teile (ehrenfelssches Gesetz über die Übersummativität), findet in der Arbeit mit Gruppen Anwendung.

Eine der aus diesen Ansätzen entwickelte Methode des Lernens in Gruppen ist das Gruppenexperiment (Zinker 1987), in dem gemeinsame Erfahrungen der Gruppe (Langweile, Unzufriedenheit, Mangel an Intimität oder Zusammenhalt) oder Erlebnisse einzelner Gruppenmitglieder in der Gruppe oder individuelle, aus der Lebensumwelt der Teilnehmer mitgebrachte Themen dramatisiert, im Sinne eines schöpferischen Prozesses durchlebt und zu neuen Lösungen und tieferem Verständnis der Gruppenmitglieder füreinander entwickelt werden. Hier ist eine starke Verbundenheit mit psychodramatischem Arbeiten erkennbar.

Experimente können sich zum Beispiel aus einem Traum oder der Fantasie eines Gruppenmitglieds oder aus aktuellen Konflikten in der Gruppe entwickeln. Zinker berichtet von einer Gruppe, die von einem Klima des Misstrauens, der Unzufriedenheit und Streitlust dominiert war.

Ein Gruppenexperiment nach Joseph Zinker

Zinker beginnt das Wochenende mit der Aufforderung, eine Fantasie aufzuschreiben, die verdeutlichen soll, was es für jeden bedeutet, in dieser Gruppe zu sein. Das Ergebnis sind durchweg Schilderungen von Albträumen und Horrorgeschichten. In einem nächsten Schritt entwickelt die Gruppe aus diesen Einzelfantasien eine Gruppenerzählung, die – so erlebt es die Gruppe – eine spirituelle Dimension gefährdeter Existenz beinhaltet. Einer der Teilnehmer, ein Pfarrer, liest die gemeinsame Fantasie wie eine Verkündigung vor, die Gruppe reagiert spontan mit Kommentaren und Ergänzungen. Am Ende der »Andacht« ist den Teilnehmern das Ausmaß an Einsamkeit in der organisierten Gemeinsamkeit erlebbar. In einer szenischen Darstellung der Gruppenfantasie schafft die Gruppe eine Überwindung der blockierenden vereinzelnden Reaktionen und formt eine heilsamere Variante der gemeinsamen »gefahrvollen Flugreise«, für die im Zusammenwirken aller eine andere Vision des Gruppenlebens gefunden wird (vgl. Zinker 1987/1982, S. 183–189).

Im Gruppenexperiment wird deutlich, dass es um die selbst verantwortete Steuerung der Gruppe und die Mitwirkung aller am Gruppenprozess geht.

Heute ist gestalttherapeutische Gruppenarbeit in der Regel durch eine Integration der gruppendynamischen Interaktionsauffassung in die klassische Gestaltgruppenarbeit gekennzeichnet. Lotte Hartmann-Kottek beschreibt entsprechend die gestalttherapeutische Gruppenarbeit als Gleichgewicht zwischen

- dem Fokus auf dem einzelnen Teilnehmer mit seinen im Hier und Jetzt aktualisierten biografischen Themen,
- dem Fokus auf der realen, zwischenmenschlichen Beziehung und
- dem Fokus auf dem Gesamtgeschehen in der Gruppe als eigener übersummativer Gestalt.

Dabei steht jeweils ein Aspekt im Vordergrund der Bearbeitung, die beiden anderen werden aber immer mitgedacht (Hartmann-Kottek 2004).

Die Wirkung von Gruppen: Gruppe als therapeutisches Agens

Die Grundfragen, die sich bei der Untersuchung der Wirksamkeit gruppentherapeutischen Arbeitens stellen, sind: Was wirkt in Gruppen heilend? Und: Wie können diese wirksamen Faktoren erfasst werden?

Die Wirkfaktoren der Gruppe

Die Auffassungen von der Wirkkraft von Gruppen weisen ein beträchtliches Spektrum auf. Während einige Gruppentherapeuten den Prozess und die Gestaltungskraft der Gruppe und die Interdependenz ihrer Mitglieder akzentuieren, rücken andere die Einzeltherapie in der Gruppe in den Vordergrund und verstehen die Gruppe als Resonanzraum für emotionale Prozesse.

Diese Unterscheidung geht quer durch alle Schulen. In allen drei vorgestellten Richtungen wird die Gruppe auf die eine oder andere Weise genutzt, und es kommt hier zu erbitterten Auseinandersetzungen über das richtige Verständnis.

So beschreiben Volker Tschuschke und Tamara Anbeh, dass »die Puristen der psychoanalytischen Gruppenpsychotherapie, die ... einen Analyse-des-Individuums-in-der-Gruppe-Zugangsweg propagierten« alle Einflüsse der gestaltpsychologischen Schule nach Lewin und im Gefolge die Erkenntnisse der angewandten Gruppendynamik als »vergiftet« beurteilten (2007, S. 8). Auf dieser Seite steht im Extrem die Gruppe als »soziale Fruchtblase«, die im Idealfall an die ungestörte Umweltversorgung des Säuglingsalters erinnert und in der – um den Schutz des Einzelnen zu gewährleisten – unter Umständen die Interaktion zwischen den Teilnehmern zugunsten der Therapie durch den Therapeuten unterbunden wird (wie in der perlsschen Auffassung von Gruppentherapie). Hier findet die Gruppe ihre Bedeutung als Schutz- und Resonanzraum, in der einzelne Mitglieder nur durch das Mitteilen der eigenen – durch die beobachtete therapeutische Arbeit ausgelösten – Empfindungen am Gruppengeschehen aktiven Anteil nehmen können.

Auf der anderen Seite steht die Gruppe als Raum, in dem soziale Interaktionsprozesse sich entfalten und das einzelne Gruppenmitglied sich im Erprobungsfeld der therapeutischen Gruppe (zugleich Ernstfall sozialer und emotionaler Erfahrung) reflektieren und verändern kann. Hier können die interpersonellen Folgen des eigenen Tuns erlebt werden – außerhalb der prägenden Ursprungsfamilie, außerhalb beruflicher Felder und außerhalb des Freundeskreises und der eigenen Familie. Dies geschieht in erster Linie durch die Rückmeldungen der anderen Gruppenteilnehmer in Bezug auf die Wirkungen des gezeigten Verhaltens. Zugleich erfahren die Gruppenmitglieder, dass sie Teil eines Netzwerks sind, in dem gegenseitige Abhängigkeiten wirken. Sie lernen, als Teil einer Gruppe ihre Bedeutung für die Gesamtleistung einzuschätzen. Erst mit dieser Auffassung von Gruppentherapie ist es möglich, Veränderungen von Beziehungsverhalten zu bewirken (vgl. auch Grawe 1998, S. 139).

Irvin Yalom, Psychoanalytiker und überzeugter Gruppentherapeut, ist einer der meistgelesenen Autoren der klinischen Praxis und hat mit seinem Standardwerk zur Gruppenpsychotherapie (1970/2007) Generationen von Gruppentherapeuten in die Praxis ihrer Arbeit eingeführt und beeinflusst. Yalom ist dem therapeutischen Pluralismus verpflichtet. Seinen Arbeitsstil hat er aus mehreren Therapieansätzen geformt; er bezieht sich hauptsächlich auf den interpersonalen Ansatz und die existenzielle Therapie. Yalom hat sich ausführlich mit der Frage von Wirkfaktoren der Gruppentherapie auseinandergesetzt und identifiziert elf Primärfaktoren des heilenden Einflusses, die interdependent wirksam sind.

Wirkfaktoren von Gruppentherapie nach Yalom

- *Hoffnung einflößen:* Ein positives Ziel vor Augen zu haben ist eines der wichtigsten Heilmittel im Ausweg aus einer gegenwärtig belastenden Situation.
- *Universalität des Leidens:* Psychische Belastungen gehen oft einher mit einer Einschränkung der Wahrnehmung von sozialer Realität und von sozialen Beziehungen. Die Erfahrung, dass andere Menschen sich ebenso abgekapselt und alleine vorkommen, erleichtert und tröstet.
- *Mitteilung von Informationen:* Die therapeutische Gruppe erweist sich als Quelle von Informationen für unterschiedliche Problemlagen und ihre Bewältigungsmöglichkeiten in Form von Rat, Vorschlägen und des Austauschs von Erfahrungen.
- *Altruismus:* Patienten leiden oft unter dem Gefühl der eigenen Wertlosigkeit. In der Therapiegruppe machen sie die Erfahrung, dass sie durch die Mitteilung ihres Erlebens, ihr Feedback, ihre Reaktion auf die anderen etwas zu geben haben, das anderen hilft.
- *Die korrigierende Rekapitulation der eigenen Familiengruppe:* Frühe familiale Bindungserfahrungen werden als »internale Arbeitsmodelle« auf die Gruppenmitglieder übertragen. Sie können hier durch andere Beziehungserfahrungen korrigiert oder ergänzt werden.
- *Techniken des mitmenschlichen Umgangs:* Durch Methoden wie Rollenspiel, Selbstsicherheitstrainings und das szenische Durcharbeiten lassen sich in der Gruppe neue Umgangsformen miteinander und für den »Ernstfall der Außenwelt« erproben.
- *Nachahmendes Verhalten:* In der Gruppe besteht eine erhöhte Chance des Modelllernens, der Identifikation mit und der Nachahmung von erfolgreichem Verhalten anderer Gruppenmitglieder.
- *Interpersonelles Lernen:* Interpersonelles Lernen als Basis der Gruppentherapie umfasst interpersonelle Beziehungen, die korrigierende emotionale Erfahrung und die Gruppe als sozialen Mikrokosmos.
- *Gruppenkohäsion:* Die Anziehungskraft der Gruppe auf ihre Mitglieder, die diese Attraktivität zugleich selbst schaffen, erhöht die Durchhaltekraft und Motivation der Gruppenmitglieder.
- *Katharsis:* Katharsis wirkt nur durch das Eingebettetsein in menschliche Beziehungen und korrigierende Erfahrungen. Der einsame Wutausbruch verändert nichts.
- *Existenzielle Faktoren:* Dieser Faktor berührt die sinngebende Dimension des Lebens: die Auseinandersetzung mit Ungerechtigkeit und Endlichkeit sowie mit der unabdingbaren Verantwortung für das eigene Leben.

Der Therapieerfolg hängt eng mit der Erwartung, eine Therapie werde einem helfen, zusammen. Da in einer Gruppe in der Regel die Teilnehmer sich bezüglich des Fortgangs ihres Entwicklungsprozesses, ihrer Lebenserfahrung und der unterschiedlichen Strategien, mit Krisen und Problemen umzugehen, unterscheiden, gibt es immer Mitstreiter, die durch eigene Erfahrungen Hoffnung für andere Teilnehmer wecken können. Yalom berichtet von vielen Patienten, die das Miterleben der positiven Entwicklung anderer als tragend für ihren eigenen therapeutischen Weg erlebt haben (hier werden die ersten Annahmen über die Wirkung von Gruppen von Pratt wiederaufgenommen). Oft besänftigt die Entdeckung, dass nichts, was Menschen tun und denken, dem Erleben anderer Menschen fremd ist, die Scham über das eigene Versagen. Schon darüber kann mehr Selbstbewusstsein entstehen und es wird die solipsistische Perspektive, das einengende »Nur-mit-sich-selbst-beschäftigt-Sein«, überwunden. In der Therapiegruppe besteht die Möglichkeit, alte, in der frühen Sozialisation erworbene Kontaktmuster zu erkennen, neues Verhalten zu erproben und korrigierende Erfahrungen zu machen. Die Gruppe ist damit ein Übungsfeld für angst- und schambesetztes Verhalten (Konflikte ansprechen, Bedürfnisse äußern, um jemanden werben) und bietet die Möglichkeit, das eigene Verhaltensrepertoire zu erweitern und über Feedback zu verändern.

Yalom beschreibt, dass Patienten in Therapiegruppen zwischen dem dritten und sechsten Monat der Therapie häufig eine Verschiebung ihres Therapieziels erleben: Ihr ursprüngliches Ziel, die Linderung ihrer Leiden, wird modifiziert und durch neue Ziele ersetzt, die häufig interpersoneller Natur sind. So wird aus dem Wunsch nach der Befreiung von Angst und Depression der Wunsch, mit anderen besser, vertrauensvoller und ehrlicher kommunizieren zu können.

Diesen Prozess durchlaufen Menschen, die einander in der Regel nicht selbst ausgesucht haben, die sich unter Umständen nicht anziehend finden und viel an sich selbst und anderen auszusetzen haben. Die Aufgabe der Gruppenleitung ist es, Bedingungen dafür zu schaffen, dass sich die innere Zustimmung zur Mitgliedschaft in dieser Gruppe entwickelt, dass die Entwicklung von angemessener Distanz und Intimität gedeiht und dass das Durchleben von intra- und interpersonellen Konflikten im Zusammenleben gelingt. Durch die Formung und Aneignung der Gruppenidentität, die mit der Bewältigung der gerade benannten Themen verbunden ist, entstehen Kohäsion und die damit verbundene Heilung.

Die Entwicklung, die eine Gruppe dazu nimmt, wird oft in Phasenabläufen beschrieben. Dazu mehr bei Andreas Amann (s. S. 411); Gisela Clausen (s. S. 373); Karl Schattenhofer (s. S. 33).

Empirische Befunde

Irvin Yalom hat seine Wirkfaktoren auf dem Hintergrund langjähriger praktisch-therapeutischer Erfahrung formuliert. Inzwischen steht die Effektivität von Gruppentherapie auch auf einer breiten empirischen Datenbasis. Allerdings ist die Überprüfung der Wirksamkeit von Gruppentherapie von einem Dilemma geprägt, dass die empirische Forschung im heilkundlichen Bereich generell beschäftigt.

Schon 1984 gibt Helmut Enke zu bedenken, dass der Forschungsgegenstand der Gruppentherapie stets klinisch relevante Gruppen sind und so die experimentelle Forschung im Sinne der Laborforschung (und der damit einhergehenden engen Kontrolle der bestimmenden Faktoren) weitgehend ausgeschlossen ist. Trotzdem steht die Notwendigkeit der Forschung über die Wirksamkeit und Prozessqualität von Gruppentherapie außer Frage. Es ist aber immer kritisch zu prüfen, wann einerseits die Objektivität der Ergebnisse durch unscharfe Forschungsdesigns eingeschränkt wird oder andererseits die Ergebnisse durch zu kleinteilige (weil nur dann empirisch überprüfbare) Resultate für die Praxis nichtssagend ausfallen.

Auch Sally Barlow, die in einer Literaturrecherche alle empirischen Beiträge zur analytischen und psychodynamischen Gruppentherapie, die zwischen 1970 und 2004 veröffentlicht worden sind, zusammengestellt hat, arbeitet die Schwierigkeiten heraus, der sich die empirische Forschung stellen muss: Insgesamt kranken die Wirksamkeitsstudien nach Barlow daran, dass »zentrale Begriffe (zum Beispiel Kohäsion) nicht detailliert erklärt wurden …, die eine wesentliche Grundlage für die Replikation der Studie darstellen würden« (Barlow 2005, S. 262). Das Dilemma der empirischen Forschung besteht auch darin, dass einerseits die Erhebungsmethoden aufgrund ihrer aufwendigen Methodik praktisch nicht in großem Stil einsetzbar sind, andererseits einfacher strukturierte Messtechniken den komplexen Gruppenzusammenhängen nicht gerecht werden (mehr dazu bei Cornelia Edding, s. S. 47 ff.). Dazu kommen ethische Bedenken: Bei parallelisierten Klientengruppen, von denen die eine Behandlung erhält, die andere nicht, enthält man der letzteren fachliche Hilfe vor.

Welche der von Yalom postulierten Faktoren sind nun empirisch überprüft? K. Roy MacKenzie (2005, in Mattke 2008) hat die yalomschen Aussagen zu vier Faktoren gebündelt:

- der supportive Faktor (Zugehörigkeitsgefühl zur Gruppe; das Gefühl, Teil einer Gemeinschaft zu sein; die Gruppenkohäsion und die Aspekte Akzeptanz, Altruismus und Hoffnung),
- Selbstöffnung im Sinne der Mitteilung persönlich bedeutsamer Informationen, Erlebnisse, Eindrücke und Katharsis als affektives Nacherleben,
- interpersonelles Lernen als Möglichkeit der wechselseitigen Einflussnahme sowie
- psychologische Arbeit, verstanden als Prozesse der Einsicht und Selbstreflexivität.

Diese vier Faktoren haben sich über alle methodischen Richtungen hinweg als wirksam erwiesen. Jennifer E. Johnson u. a. (2008) nennen als bedeutsame Faktoren die sich in einer Gruppe entwickelnden Beziehungen und ihre Qualität, die sich durch das Engagement der Gruppenmitglieder für den Prozess und das Fehlen oder Abnehmen von Konflikten (definiert als Feindseligkeit) darstellt (Johnson u. a. 2008). Ein positives Gruppenklima bereitet für sich allein schon den Boden für eine erfolgreiche Therapie, so die Ergebnisse einer Studie von Christoph Flückiger, Daniel

Regli und Klaus Grawe (2005). Die Autoren konstatieren, dass Patienten in einem als positiv wahrgenommenen Gruppenklima ihre persönlichen und möglicherweise konfliktbehafteten Anteile an der Interaktion aufgrund der eingeschränkten Gefahr von Ablehnung besser erkennen können. Weiter ist davon auszugehen, dass bei hoher Gruppenkohäsion andere Patienten bereitwilliger als Modell für alternative Verhaltensmöglichkeiten angenommen werden. Gruppenmitglieder, die sich unterstützt und in das Gruppengeschehen involviert fühlen, weisen bessere Therapieergebnisse auf (Johnson u. a. 2008).

Neben den Studien zu den Wirkfaktoren gibt es diejenigen, die die Wirksamkeit von Gruppenpsychotherapie generell über sogenannte Outcome-Studien überprüfen: Hier werden Daten über Veränderungen von bestimmten mit dem Therapieerfolg verknüpften Einflussgrößen im Vorher-nachher-Vergleich erhoben. Ausführlicher soll beispielhaft die letzte große deutsche Studie zur Gruppenpsychotherapie dargestellt werden, die zwischen 1997 und 2003 von Volker Tschuschke und Tamara Anbeh mit dem Ziel durchgeführt wurde, die Wirksamkeit real praktizierter ambulanter Gruppenpsychotherapie empirisch zu überprüfen. Diese Gruppentherapien wurden von den Therapeuten wie gewohnt durchgeführt (dies betrifft die Zusammenstellung der Gruppe, den Ablauf, die Dauer und Art der Behandlung). Dabei wurden Methoden des Psychodramas und der tiefenpsychologisch fundierten Gruppenpsychotherapie verglichen.

> Therapieerfolg beruht auf Gruppenkohäsion, Selbstöffnung, interpersonellem Lernen und Einsicht.

Insgesamt haben 620 Patienten und Patientinnen von 40 Gruppenbehandlerinnen und -behandlern an der PAGE-Studie teilgenommen. Die generelle Wirksamkeit von ambulanter Gruppenpsychotherapie lässt sich durch die Studie eindeutig belegen. Neben den klinisch beziehungsweise statistisch signifikanten Verbesserungen der Symptomatik (vor allem Angst, Depression), der Verbesserung interpersoneller Schwierigkeiten und der Verbesserung des allgemeinen psychischen Befindens wurden auch von den Patienten selbst vor Beginn der Behandlung formulierte Therapieziele betrachtet und in ihrer Erreichung bzw. Annäherung überprüft. Von den erfolgreich behandelten Patientinnen wurden die selbst genannten Ziele weitgehend erreicht. Am häufigsten wurden Ziele mit Bezug auf die Höhe und Stabilität des Selbstwerts genannt, am zweithäufigsten Ziele bezüglich des Abbaus von Ängsten und an dritter Stelle folgten Ziele bezüglich der Wahrnehmung eigener Wünsche und Gefühle.

Neben den generell sehr guten Behandlungseffekten der ambulanten Gruppenbehandlungen spielt insbesondere die Länge der Behandlung (Zeit Dosis Wirkungsbeziehung) eine entscheidende Rolle für einen positiven Effekt von Gruppenpsychotherapie (Tschuschke/Anbeh 2007). Eine Auswertung der Prozessdaten, die nach jeder Sitzung durch Fragebögen zum Gruppenklima und zur Wirkung des Gruppenleiters erhoben wurden, steht noch aus.

Obwohl die verschiedenen Schulen der Gruppentherapie von unterschiedlichen, zum Teil gegensätzlichen Annahmen ausgehen, zeigt sich in der Forschung, dass diese

Unterschiede sich in der Wirkung nivellieren. Unterschiede in schulenspezifischer Herangehensweise haben sich als nicht ergiebig für die Erklärung unterschiedlicher Behandlungsergebnisse bei gleichen Störungsbildern erwiesen (Mattke 2008). Die allgemeinen Wirkfaktoren von Yalom und die empirisch validierten Ergebnisse sprechen insgesamt für schulenunabhängige Heilungsfaktoren im Gruppensetting. Wahrscheinlich ist auch, dass sich in der Praxis der Gruppentherapie grundlegende Variablen wie die interaktionelle Orientierung und die Notwendigkeit von Wertschätzung als Gruppenklima und Beziehungsbasis durchgesetzt haben. Wulf-Volker Lindner stellt zusammenfassend fest, dass sich – nach den Idealisierungen und hochgesteckten Erwartungen der Anfangsjahre der Gruppentherapie – nun auch empirisch bestätigt hat, dass »gerade die Gruppentherapie vielfältige Möglichkeiten bietet, intrapsychisches und interpersonelles Geschehen und deren wechselseitige Abhängigkeit … therapeutisch zu nutzen« (Lindner 2005, S. 107).

Wann ist Gruppentherapie angezeigt?

Die Kriterien für die Empfehlung zur Teilnahme an einer Gruppentherapie werden unterschiedlich beurteilt. Klaus Grawe ist ausdrücklich der Meinung, dass dort, wo es um zwischenmenschliche Prozesse geht, generell alles dafür spricht, »ein reichhaltigeres zwischenmenschliches Setting als das der Einzeltherapie« herzustellen (Grawe 1984, S. 129). Er formuliert keine Ausschlusskriterien, sondern betont den möglichen Nutzen, den Patienten von einem spezifischen, zu ihren speziellen Fragestellungen passenden Behandlungssetting haben können. Besonders für Patienten mit Ängsten und interaktionellen Konfliktthemen betrachtet er die Gruppentherapie als indiziert.

Dagegen nennen Markus Preiter u.a. als Ausschlusskriterien für Gruppentherapie: akute Suizidalität, strukturelle (in der Persönlichkeit verankerte) Defizite und einen chronischen Krankheitsverlauf (Preiter u. a. 2008).

Andererseits ist die Gruppentherapie gerade für Menschen mit schwerwiegenden und grundlegenden Einbußen der persönlichen Stabilität, die in der Regel unsichere bis schädigende Bindungserfahrungen gemacht haben, eine geeignete Methode, wenn dabei bestimmte Regeln beachtet werden. So sollte ressourcenorientiert und ermutigend und nicht konfrontativ gearbeitet werden. Vor allem im »mentalization-based treatment« von Fonagy wird daran gearbeitet, die in den frühen Bindungsbeziehungen gelernten Bindungskonzepte zu verändern, um den Teilnehmern ein ausgeglicheneres Verhältnis zwischen erlebter Bindungssicherheit auf der einen Seite und daraus resultierenden erweiterten Explorations- und Konfliktlösungsmöglichkeiten auf der anderen Seite zu ermöglichen.

> Patienten mit Ängsten und interaktionellen Konfliktthemen profitieren von Gruppen mit ermutigendem Leitungsstil.

Patienten, die eine ambulante Gruppentherapie suchen, sollten sich vor Beginn auch über die Methode der Gruppenleitung (aktional, abstinent) informieren, um einen ihnen entsprechenden Arbeitsstil zu finden. Es kommt letztlich bei der Entscheidung für eine Gruppentherapie aufseiten des Therapeuten auf seine einschlägige Ausbildung und Erfahrung an, aufseiten des Klienten auf seine Motivation für die Therapie in einer Gruppe (nicht zu verwechseln mit der Motivation für eine Therapie generell) und seine Fähigkeit, wenigstens geringe Dosen von Frustration ertragen zu können. Negative Erlebnisse, die in einer gruppalen Situation entstanden sind, können z. T. unüberwindliche Ängste aufbauen.

Eine 41-jährige Ärztin, verheiratet, zwei Kinder, beginnt eine therapeutische Ausbildung, die in der Gruppe stattfindet. Sie entwickelt im Laufe eines Jahres eine
positive intensive Beziehung zur Ausbilderin und überträgt ihre negativen Gefühle
auf die Gruppe. Sie fühlt sich sehr leicht ausgegrenzt und interpretiert die meisten
Äußerungen von Gruppenmitgliedern als Angriff. Biografischer Hintergrund ist
ihre frühe Versorgung in einer Babykrippe mit Fortführung in ganztägigen Be-
treuungseinrichtungen. Obwohl sie ihren Eltern nichts nachträgt, erzählt ihre Erinnerung von dem Gefühl, dass sie sich zu Hause überflüssig gefühlt hat und in der
Krippe als Schwächste und Jüngste ständig herumgestoßen wurde. Dieses frühe
Beziehungsmuster überträgt sie auf die Gruppe und erhofft sich Rettung über die
positive Anbindung an die Leiterin. In diesem Fall erweisen sich die negativen Bin-
dungserlebnisse als übermächtig und es gelingt nicht, ein neues Bindungsmuster
erlebbar zu machen. Die Teilnehmerin entschließt sich nach zwei Jahren, aus der
Gruppe auszuscheiden.

Ein wichtiger Faktor für das Gelingen einer Gruppentherapie liegt in der umfassenden Information der Klienten über das, was Gruppentherapie bedeutet und wie sie
abläuft. So sollten im Vorfeld die Erwartungen der Klienten ins Verhältnis zur Arbeitsweise in der therapeutischen Gruppe gesetzt werden, die wiederum von den unterschiedlichen Konzepten abhängt.

Eine Rolle spielt letztlich auch die Gruppenzusammensetzung, die ein Mindestmaß an Stabilität aufgrund der Klientenzusammensetzung gewährleisten sollte. Ein
gewisses Ausmaß an Heterogenität ermöglicht neue Erfahrungen und einen größeren Pool an Informationen (vgl. Yaloms Wirkfaktoren in diesem Beitrag). Andererseits sind Faktoren zu berücksichtigen, die Homogenität herstellen und damit initiale
Unsicherheit mindern können. Neben der Frage, für welche Klienten eine Gruppentherapie indiziert ist, ist bei der Gruppenzusammensetzung auch der Aspekt bedeutsam, welche Herausforderungen sich die Klienten gegenseitig bieten können. Erst
die gelungene Komposition von Faktoren, die die Homogenität sichern und damit
möglicherweise die für einen Erfolg der Therapie notwendige Kohärenz fördern, und
solchen Faktoren, die Heterogenität und damit einen Entwicklungsschub erhoffen
lassen, lassen eine positive Gruppenwirkung erwarten (vgl. Pritz 2001). Empirisch
untersucht sind Effekte der Gruppenzusammensetzung bislang kaum. Yalom plädiert
insgesamt für eine sorgfältige Patientenauswahl und eine gute Vorbereitung auf die
Gruppe.

Anwendungsbereiche der Gruppentherapie

Das breite Anwendungsfeld, das zu Beginn der Entwicklung der Gruppentherapie noch vorzufinden war, das sich im Theoretischen durch die Befruchtung unterschiedlicher Denkansätze auszeichnete und durch experimentelles Herangehen geprägt wurde (Farau/Cohn 1984), hat sich heute in der öffentlichen Wahrnehmung weitgehend auf zwei Bereiche verengt:

● Auf die Gruppentherapie in der *ambulanten Versorgung* von Klienten im Rahmen der kassenärztlich zugelassenen Methoden Gruppenanalyse, tiefenpsychologisch fundierte Gruppentherapie (einander ähnlich) und Verhaltenstherapie in Gruppen.

● In der *stationären Gruppentherapie* finden sich neben den benannten Gruppenverfahren noch andere – vor allem humanistische – Methoden (wie Gestalttherapie und Psychodrama), die in Kliniken immer schon traditionell vertreten waren und dort mit Erfolg angewendet werden.

Andere Gruppenarbeit in Pädagogik und Beratung ist vom Diskurs in der Gruppentherapie weitgehend abgekoppelt.

Die ambulante Versorgung von Klienten mit Gruppentherapie kann als unzureichend angesehen werden. Hinderungsgründe sind im Abschnitt »Die heutige Situation« dieses Beitrags erörtert worden. Im Sinne einer effektiven und ökonomischen Versorgung ist der Ausbau der ambulanten Gruppentherapie ausgesprochen wünschenswert.

In der Regel werden ambulante Gruppen in Form einer Slow-open-Gruppe organisiert: Beendet ein Patient seine Therapie, wird er durch einen neuen Klienten ersetzt; die Gruppe als Ganzes besteht in der Regel über Jahre. Die Vorteile liegen darin, dass erfahrenere Klienten die Neuen ermutigen können oder als Vorbild für Veränderung dienen. In der Regel handelt es sich bei ambulanten um heterogene Gruppen, deren Mitglieder sich in Alter, Geschlecht und Anlass für die Therapie unterscheiden.

Stationäre Gruppentherapie findet vorzugsweise in psychosomatischen, z. T. auch psychiatrischen Kliniken und Einrichtungen für Suchterkrankte statt. Im Idealfall ist die Gruppentherapie in einen Gesamtbehandlungsplan eingebettet, in dem die organmedizinischen, gruppenpsychotherapeutischen, kunst- und bewegungstherapeutischen Aktivitäten sinnvoll aufeinander bezogen sind. Zum Teil werden Kliniken im Sinne therapeutischer Gemeinschaften organisiert, in denen alle Aktivitäten Bedeutung für die Behandlung erhalten. Dieser Gedanke findet sich vor allem in Suchtkrankeneinrichtungen wieder, in der der Aufenthalt so strukturiert ist, dass auch notwendige Aktivitäten wie Kochen und Aufgaben der Haushaltsführung in die therapeutischen Zielsetzungen einbezogen werden.

 In einer psychosomatischen Klinik plant eine Tischgruppe jeweils den Speiseplan für die kommende Woche für alle Patienten; gibt es Konflikte in einer Tischgruppe und ein Klient wünscht den Wechsel in eine andere Tischgruppe, muss er den Wechsel mit den anderen verhandeln; eine depressive Klientin, die sich zu keiner Aufgabe fähig fühlte, bekam den Auftrag, abends zumindest die Schließung des Gartentores zu kontrollieren.

In der Klinik ist die Wechselwirkung des Bezugssystems »Patient«, »Team« und »Klinik« von Bedeutung. Es ist davon auszugehen, dass bestimmte inhaltliche Themen und psychische Befindlichkeiten wie in kommunizierenden Röhren zwischen den Subsystemen in Verbindung stehen.

 In der geschlossenen Suchtstation eines Landeskrankenhauses beklagt das Team eine Stimmung von Überforderung und Lethargie. Die Patienten kommen in der Regel als Notfälle und verweilen nur kurz. Nach der Entgiftung werden sie in andere Stationen oder ambulante Einrichtungen weiterverwiesen. Die Parallelität der Stimmung ist deutlich: Die Patienten trinken in der Regel in Überforderungssituationen und weisen – was die Perspektiven in ihrem Leben betrifft – lethargische Züge auf. Erschwert wird die Situation durch erhöhte Personalfluktuation (so, wie auch die Patienten nur für kurze Zeit bleiben).
Supervisorisch wäre daran zu arbeiten, diese Parallelität sichtbar zu machen und eine klare Definition von Ziel und Begrenztheit der Wirkungsmöglichkeit des professionellen Handelns herzustellen, um eine Distanzierung und damit vermutlich Entlastung des Teams herzustellen.

In der stationären Gruppentherapie finden sich häufig homogene Gruppen, zum Teil durch die Ziele der Klinik bedingt, zum Teil als störungsspezifische Gruppen gezielt eingesetzt. Solche störungsspezifischen Gruppen beziehen sich in der Regel auf bestimmte Erkrankungen wie Essstörungen, Angststörungen, Suchterkrankungen und Ähnliches. Vorteil dieser Gruppen ist die auf die spezielle Symptomatik ausgerichtete Behandlung; vor allem psychoedukative Interventionen sind hier zielgenau anzuwenden. Der Nachteil liegt in der Psychodynamik, die sich in den Gruppen entfalten kann: Depressive Patienten können in ihrer Lebensunlust versinken; die in der Regel auftretende Antriebshemmung bewirkt eine zähe Gruppeninteraktion.

Neben der klinischen Gruppenpsychotherapie, die in der Regel über die sozialrechtlichen Kostenträger (Krankenkassen, Rentenversicherungsträger) finanziert wird, sind aber auch solche Gruppenaktivitäten zu nennen, die im komplementären Raum der psychischen Versorgung eine Rolle spielen:

- Gruppen in Wohnheimen für psychisch Kranke,
- Nachsorgegruppen für Krebskranke,

- Gruppen für Angehörige von Suchtkranken,
- ambulante Begleitgruppen für Adipositas-Patienten in klinischer Behandlung und andere mehr.

Diese Gruppen werden oft nicht von Gruppentherapeuten, sondern von Sozialarbeitern und -pädagoginnen (meist ohne Gruppenausbildung) geleitet und nehmen doch therapeutische Aufgaben im Sinne der Stabilisierung, Motivierung, Information und Neuausrichtung von Patienten wahr.

In ähnlichem Sinn arbeiten Selbsthilfegruppen, die als Nachsorge und Prävention in vielen Bereichen wichtige therapeutische Wirkungen erzielen (s. Bernadette Grawe, S. 162 ff.). Dazu gehören auch zahlreiche Gruppenangebote außerhalb der sozialrechtlichen Finanzierung, die oft mit einer Selbsterfahrungsthematik angeboten werden und – die Qualität der Leiter und des Angebots vorausgesetzt – ein beträchtliches Maß an primärer und sekundärer Prävention erzielen.

Wie vollzieht sich Gruppentherapie?

Die Inhalte und Arbeitsweisen in einer Gruppentherapie variieren je nach methodischer Orientierung, Ausrichtung der Gruppentherapeuten und der Zielsetzung einer Therapiegruppe. Damit verbunden ist eine unterschiedliche Sichtweise auf die Rolle der Gruppentherapeutin, auf die Bedeutung des Unbewussten und die Rolle der Regression.

Drei Fragen stellen sich:

● Wie viel Struktur hat das therapeutische Vorgehen?
● Welche Prozessordnung legt die Therapeutin ihrer Arbeit zugrunde?
● Welche Rolle nimmt der Therapeut in der Gruppe ein?

Der Ablauf einer Gruppentherapie unterscheidet sich – wie man am Beispiel der Traumarbeit sehen kann – in der Strukturiertheit des Vorgehens.

Die Arbeit mit Träumen in der Gruppentherapie

In der psychoanalytischen oder tiefenpsychologisch orientierten Gruppe wird der Traum eines Gruppenmitgliedes immer auch als Ausdruck der inneren Dynamik und Thematik der gesamten Gruppe gesehen. Auf die Traumschilderung folgen die emotionalen Reaktionen der Gruppenmitglieder, ihre freien Assoziationen zu den Inhalten des Traums und die Suche nach der Aussage des Traums für die Gesamtgruppe.

In der psychodramatischen Gruppentherapie wird der Patient die Gelegenheit bekommen, seinen Traum mithilfe der anderen Gruppenmitglieder auf der Bühne nachzuspielen. In der Möglichkeit, den Blick von außen auf das dramatisierte Traumgeschehen zu richten, vollziehen sich oft schon eine Klärung, Distanzierung sowie emotionale Erleichterung des Träumenden. Es bleibt auch die Möglichkeit, im Wachzustand der psychodramatischen Bearbeitung einen anderen Verlauf, einen anderen Ausgang des Traums zu kreieren.

In der gestalttherapeutischen Gruppe ist es gängiges Vorgehen, dass der Träumende sich mit einzelnen Elementen oder Personen seines Traums identifiziert mit dem Ziel, ängstigende, beschämende und abgewehrte Anteile des Selbst, die in den Traumelementen sichtbar werden, zu reintegrieren. Andere Gruppenmitglieder können diese Teilelemente darstellen und zu einer Skulptur, einer Szene verdichten, die der Träumende sich von außen mit sicherer Distanz anschauen kann, um sich dann selbst wieder in die Szene zu begeben und die bislang angstvoll oder schambesetzt abgewehrten Selbstanteile aktiv zu übernehmen und die in ihnen innewohnende Kraft wiederzugewinnen (hier ist die Nähe zu psychodramatischem Arbeiten deutlich).

Während sich die tiefenpsychologischen und gruppenanalytischen Gruppen durch Minimalstrukturierung auszeichnen und damit von ihren Patienten ein hohes Maß an Eigenaktivität verlangen, bieten aktionale Gruppentherapien wie Gestalttherapie und Psychodrama durch Übungen und Experimente, die der jeweiligen Situation der Gruppe angemessen sind, eine Möglichkeit, über ihre üblichen Interaktionsmuster hinaus Neues auszuprobieren.

Beide Vorgehensweisen haben Vor- und Nachteile: Die Unstrukturiertheit der analytischen Gruppe fördert die Fantasien über die Rolle des Therapeuten und die anderen Gruppenmitglieder, sie erleichtert die Übertragung, deren Wahrnehmung und Besprechung; sie verlangt eine hohes Maß an Selbsteinbringung und Selbstverantwortung, bietet dafür wenig Sicherheit und Orientierung und verlangt bei »ungeübten« Klienten eine längere Anlaufphase des Vertrautwerdens.

> Gruppentherapien unterscheiden sich durch den Grad ihrer Strukturiertheit und die Rolle des Leiters.

Die aktionalen Gruppenformen nehmen den Klienten mehr »an die Hand« und bieten durch die vom Therapeuten gesetzten Vorgaben Orientierung und Sicherheit, sie erlauben aktive Verarbeitungsformen und erleichtern den Zugang zu emotional-körperhaften Erlebensschichten. Dagegen besteht die Gefahr einer Fixierung auf die Leitung in positiv gefärbter Abhängigkeit oder trotziger Gegenabhängigkeit (aber auch deren Bearbeitung) und der Unterbindung der freien Kommunikation der Gruppenmitglieder untereinander.

Die Gruppenmodelle, die eine Integration der beiden Arbeitsansätze versuchen (das Modell der Gestaltgruppe, wie Hartmann-Kottek es vertritt, oder das »mentalization-based treatment«), stiften unter Umständen Verwirrung über die Rolle des Therapeuten in der Gruppe, die sich dann ihrer eigenen »erlaubten« Aktivität nicht sicher sein kann. In der Regel ergibt sich aber auch dann nach einiger Zeit eine Gewöhnung an die Arbeitsmethode.

Welche Vorstellung eines Gruppenprozesses (Prozessordnung) legt der Therapeut seiner Arbeit zugrunde? Die Entwicklung eines Gruppenprozesses ist schwer vorhersagbar. In der Fülle der Einzelgeschehnisse fällt es nicht leicht, den roten Faden der Gruppenentwicklung auszumachen. Woran kann ich erkennen, ob eine Gruppe in ihrer Entwicklung stagniert oder voranschreitet? Alle Modelle zur Abbildung von Gruppenprozessen zielen darauf ab, Ordnung in die Fülle der Daten einer Gruppe zu bringen. Sie dienen so der Orientierung des Therapeuten bei der Wahl der Interventionen.

Zum Verständnis des Ablaufs von Gruppenprozessen werden oft Phasenmodelle bemüht. Sie sind nicht die Wirklichkeit einer Gruppe, sondern der Versuch einer ordnenden Zusammenfassung von beobachteten Phänomenen. Es gibt eine Fülle von Phasenmodellen. Für die Beschreibung eines Entwicklungsmodells für Gruppentherapieprozesse möchte ich mich auf das Modell von Bennis und Shepard (in Däumling u. a. 1974) beziehen, das die Entwicklung einer Gruppe als Wechselwirkung zwischen Mitgliedern und Therapeutinnen beschreibt. Sie wählen dafür den Gesichtspunkt der Dependenz versus Interdependenz, wobei Dependenz die Verteilung und Handhabung von Macht in der Gruppe bedeutet und Interdependenz die Verteilung von Zuneigung und Abneigung. Abhängigkeit und Gegenabhängigkeit der Gruppenteilnehmer in Bezug auf den Therapeuten werden als hauptsächliche Hinderungsgründe angesehen, angemessene, am Bedürfnis orientierte Interaktionen und Verhaltensweisen zu entwickeln. Die entsprechenden Phasen heißen:

- Autoritätsphase (Dependenz):
  Abhängigkeit – Flucht
  Gegenabhängigkeit – Kampf
  Lösung – Katharsis
- Personale Phase (Interdependenz):
  Bezauberung – Flucht
  Ernüchterung – Kampf
  zustimmende Gültigkeit – Konsens

Auch in der intendierten dynamischen Gruppenpsychotherapie (einer spezifischen Richtung der analytischen Gruppenpsychotherapie) wird von einem sechsstufigen Phasenmodell ausgegangen, wobei man den Ablauf der Phasen bei günstiger Gruppenentwicklung beobachten kann (vgl. Misselwitz 2001):

- Anwärm- oder Orientierungsphase
- Abhängigkeits- oder Labilisierungsphase
- Aktivierungs- oder Durchsetzungsphase
- Kippprozess
- Arbeitsphase
- Abschlussphase

Die intendierte dynamische Gruppenpsychotherapie geht sogar so weit, dass durch entsprechende Interventionen des Gruppentherapeuten die einzelnen Phasen induziert werden, um einen für die Gruppenteilnehmerinnen und -teilnehmer heilsamen Lernprozess, der sich vor allem in der Kippphase manifestiert, zu ermöglichen.

Kritik an Phasenmodellen findet sich in diesem Buch bei Amann, bei Clausen und bei Schattenhofer. Mir erscheint es im Zusammenhang mit Gruppenphasen sinnvoll, von Grundbedürfnissen zu sprechen: denen Bedürfnissen nach Zugehörigkeit, Einflussnahme und Intimität.

Die wichtigsten Fragen, die sich Klienten stellen, sind:

- Will ich zur Gruppe gehören (nicht im formalen, sondern im emotionalen Sinn von Zugehörigkeit)? Wollen die anderen mich?
- Wie viel Einfluss auf das Gruppengeschehen kann ich nehmen?
- Bekomme ich die Anerkennung für meine Anliegen, aber auch mein Mitwirken in der Gruppe?

Die Gruppe muss diese Grundbedürfnisse stillen, sonst bricht sie auseinander, oder einzelne Teilnehmer verlassen die Gruppe und der Therapieerfolg ist infrage gestellt. Die Grundbedürfnisse ordnen sich oft entlang einer Zeitachse, auf der die Frage nach der Zugehörigkeit am Anfang steht, die Frage nach möglicher Einflussnahme auf das Gruppengeschehen sich oft danach stellt und erst dann die Frage der Intimität und des Vertrauens wichtig wird. Alle drei Themen sind immer (latent) vorhanden, werden aber oft nacheinander manifest.

Die Grundfrage bei der Betrachtung der Funktion der Therapeutin ist diejenige nach dem Rollenmodell: Ist sie Leiterin der Gruppe, Helferin, Moderatorin, Interpretin des Gruppenprozesses oder Katalysatorin der Gruppenentwicklung; ist der Therapeut Experte für Gruppendynamik, Mittler im Dialog der Teilnehmer und Teilnehmerinnen oder Modell für Autorität? Wie auch immer die Antwort lautet, es prallen vielfältige Rollenerwartungen der Teilnehmerinnen auf die Therapeuten, und diese gestalten ihre Rolle ganz unterschiedlich. Analytische Gruppentherapeuten verhalten sich eher abstinent; durch diese Reduktion der Leiterintervention und die Entstehung einer sogenannten Minimalstrukturierung stehen Patientinnen (wie bereits erwähnt) viel mehr in der Verantwortung, den Gruppenverlauf selbst zu gestalten, ihre Anliegen anzusprechen und ihre Mitpatienten zu ermutigen, sich in die Gruppe einzubringen. In psychodramatischen und gestalttherapeutischen Gruppen wird mehr Struktur angeboten (s. Beispiel Traumarbeit), und durch die Anwendung erlebnisaktivierender Übungen und Experimente, die jeweils aus der aktuellen Gruppensituation entstehen oder Gruppenprozesse induzieren, wird den Patienten die Möglichkeit gegeben, in der Auseinandersetzung mit diesen Experimenten neue emotionale Erfahrungen zu machen (Strümpfel 2006).

Nach Wolfgang Weigand (1988) vollzieht sich die Auseinandersetzung der Gruppenmitglieder mit der Gruppentherapeutin auf drei Ebenen:

- Die Gruppentherapeutin als Person (selektive Authentizität). Die Therapeutin bewegt sich in dieser Ebene auf der Dimension Abstinenz versus persönliche Beziehungsgestaltung. Neben dem persönlichen Stil sind hier vor allem Fragen des Konzepts und der Ethik bedeutsam.
- Der Gruppentherapeut als Rollenträger (Funktion). Hier ist die Ebene der jeweiligen Auffassung von Gruppentherapie und den damit verbundenen Interventionen angesprochen.
- Die Therapeutin als Repräsentantin von Autoritätsfiguren (Übertragungsebene). Hier kommt die persönliche Begründung von Autorität im Gegensatz zur Autorität qua Funktion ins Spiel, die für die Glaubwürdigkeit einer Therapeutin basal ist.

König (1996) ergänzt eine weitere Ebene:

- Der Therapeut als Vertragspartner und Organisator des gruppentherapeutischen Angebots.

Zumindest im ambulanten Bereich wird diese Beziehungsebene deutlich, während sie im klinischen Setting in den Abläufen der Klinikbürokratie unsichtbar wird. Damit hält eine »reale« Ebene Einzug, in der der Klient als Kunde in einer tatsächlichen Machtposition und damit gleichberechtigt ist. Im praktischen Handeln des Gruppentherapeuten spielen alle Ebenen eine Rolle und keine darf unter dem Gesichtspunkt professioneller Berufsausübung ausgeblendet werden.

Wenn ich humanistische Therapieansätze und analytisch-tiefenpsychologische Gruppen unter dem Aspekt vergleiche, welchen konzeptionellen Stellenwert die Therapeutin einer Gruppe hat, dann scheint mir für die humanistischen Verfahren die Gefahr der Rollenbeliebigkeit (statt Vielfalt) und der zu persönlichen Färbung der Therapeutenrolle zu bestehen, während bei den anaytisch-tiefenpsychologischen Gruppenpsychotherapien die Gefahr eher in einem zu starren oder rigiden Leitermodell besteht. Generell tendieren Therapeuten in Therapiegruppen außerdem eher dazu, die ökonomisch-vertragliche Seite außer Acht zu lassen, und delegieren sie an die Klinik oder Krankenkasse.

Was gehört zur Ausbildung von Gruppentherapeuten?

Da Gruppen ihre eigene komplexe Gesetzmäßigkeit haben, die jeder kennen und beachten muss, der die Interaktionen in einem solch überindividuellen System therapeutisch nutzen und verändern will, sollte es eine Selbstverständlichkeit sein, dass Gruppentherapeuten eine auf diese Arbeit ausgerichtete Ausbildung absolviert haben. Dies ist in stationären Einrichtungen jedoch leider meist die Ausnahme.

Die Ausbildung zum Gruppentherapeuten organisiert sich – je nach methodischer Ausrichtung – unterschiedlich. Oft basiert sie auf einer einzeltherapeutischen Ausbildung und ist entweder als Zusatzausbildung konzipiert (vor allem in der gruppenanalytischen Ausbildung) oder gruppentherapeutische Kenntnisse werden in die Ausbildungscurricula zum Einzeltherapeuten integriert (Psychodrama, Gestalttherapie, Gesprächstherapie), deren therapeutische Ausbildungen in der Regel in Weiterbildungsgruppen ablaufen. Träger von gruppentherapeutischen Ausbildungen sind in der Regel Institute in privater Trägerschaft, die ihre fachliche Qualität durch die Mitgliedschaft und den Diskurs in Fachgesellschaften pflegen und nachweisen.

> Selbsterfahrung in der Gruppe, methodische und theoretische Kenntnisse sind wichtige Bausteine der Ausbildung.

Eine der Grundvoraussetzungen solider Ausbildung ist, dass die Selbsterfahrung der künftigen Gruppentherapeuten in Gruppen stattfindet, damit die Erfahrung, sich als Teil einer Gruppe zu empfinden und zu verhalten, zugleich erlebt und reflektiert werden kann. Diese reflexive Selbsterfahrung ist – neben methodischen und theoretischen Kenntnissen – der wichtigste Baustein in der Ausbildung zum Gruppentherapeuten. Denn nur so lässt sich die Empathie eines Gruppentherapeuten mit seinen Patienten formen, lässt sich die Macht von Gruppenprozessen in ihrer destruktiven wie konstruktiven Ausprägung (Antons 2006 und s. S. 324 ff.) am eigenen Leib erfahren. Das Zutrauen, wie sehr Gruppe über das Zutun des Einzelnen hinweg gemeinsame Prozesse entwickelt und reguliert, welche Heilkräfte in der Gruppe als solcher vorhanden sind, ist nur über ausgedehnte Selbst- und Leitungserfahrung in Gruppen aufzubauen. Dieser Lernprozess kann nicht durch kognitiv-theoretische Seminare vollzogen werden. Zu den notwendigen Kenntnissen über gruppale Zusammenhänge gehören im Einzelnen:

● Die Reflexion der Handlungsweisen und Strategien, die der Therapeut durch biografische Prägung erfahren hat. Wie bewegt er sich in Gruppen als Teilnehmer, als Gruppentherapeut, als Supervisor in seiner persönliche Rollendefinition und -interpretation und im Umgang mit Machtaspekten in der Gruppe?

- Gegenübertragungs- und Übertragungsprozesse in Gruppen erkennen und darauf adäquat reagieren können. Diese Prozesse sind in Gruppen zwangsläufig komplexer als in der Zweierbeziehung und verlangen andere Handlungsstrategien.
- Gruppe als interaktionelles Geschehen im Sinne der Feldtheorie Lewins oder des Matrixkonzepts von Foulkes diagnostizieren.
- Unterschiede in der Gruppendynamik von frei zusammengestellten Therapiegruppen in ambulanter Praxis und Gruppen in Kliniken, die in der Regel nur kurz zusammen sind, kennen und handhaben.
- Die Beeinflussung durch die umgebende Organisation einschätzen.
- Die Spiegelung der Patientendynamik in der Dynamik des (Behandlungs-)Teams und umgekehrt.

Unverzichtbare Elemente dieses Kompetenzerwerbs sind:

- Gruppenselbsterfahrung,
- Theorie in Verbindung mit Praxisreflexion,
- Supervision als Reflexion der eigenen Gruppenpraxis,
- das Training spezifischer Interventionen.

In der aktuellen Diskussion stellt sich die Frage, ob therapeutische Ausbildungen an Hochschulen angesiedelt werden können. Meines Erachtens entstehen hier für die Gruppenselbsterfahrung und die Supervision Schwierigkeiten. Der Rahmen einer Hochschule mit den Notwendigkeiten unter anderem von Leistungsmessung und Semesterorganisation behindern eine tiefe persönliche Öffnung, wie sie eine Gruppenselbsterfahrung verlangt. Das gilt auch für die Supervision eigenen therapeutischen Handelns. Denkbar ist aber ein kooperatives Verfahren, in dem die Hochschule die theoretische Wissensvermittlung und die klassischen Ausbildungsinstitute Selbsterfahrung und Supervision übernehmen.

Ausblick: Die Zukunft der Gruppentherapie

Zu Beginn wurde schon berichtet, dass nach der Euphorie der ersten »Gruppen-welle« eine Zeit der Ernüchterung über die Wirksamkeit von Gruppen einsetzte und nachhaltige Kritik an der Heilserwartung, die mit »der Gruppe« verbunden war, formuliert wurde. Auf der anderen Seite setzte sich Gruppentherapie als zugelassenes therapeutisches Verfahren durch, ihre Finanzierung über die Krankenkassen wurde sichergestellt und neuerdings durch höhere Sätze auch aufgewertet. Gleichzeitig ist aber zu beobachten, dass die Anzahl der abgerechneten Gruppenstunden und die Attraktivität des Settings abnehmen. Dazu gab es im Abschnitt »Die heutige Situation« (s. S. 290) bereits erste Überlegungen.

Die Frage, wie sich Gruppentherapie für die Zukunft entwickelt, möchte ich auf zwei Ebenen beantworten.

 Die strukturell-ökonomische Ebene: Grundsätzlich hat sich Gruppentherapie als effektives Verfahren erwiesen. Darüber hinaus ist es ein ökonomisches Verfahren, das die Behandlungskosten pro Patient sinken lässt. Da die Zahl von psychisch Erkrankten steigt und die Kostenlage der Gesundheitsversorgung sich verschlechtert, scheint Gruppentherapie schon von daher ein Verfahren der Wahl.

Dem steht gegenüber, dass der bürokratische Aufwand in der Organisation, Beantragung und Abrechnung von Gruppentherapie im Kassensystem erheblich ist. Dies wird als einer der Gründe dafür angesehen, dass ausgebildete Gruppentherapeuten ambulant wenige Gruppen anbieten und diese Zahl auch nach einer deutlichen Vergütungsanhebung im Jahr 2006 kaum gestiegen ist.

In psychosomatischen Kliniken gehört Gruppentherapie dagegen zum Standardrepertoire. Hier fehlen allerdings ausgebildete Gruppentherapeutinnen, sodass Patienten unter Umständen dilettantische bis negative Gruppenerfahrungen machen und deshalb die Lust auf eine ambulante Fortführung eher klein bleibt.

Daraus ergeben sich für die Zukunft folgende Notwendigkeiten:

- dass die ambulante Gruppentherapie einfacher zu beantragen und zu organisieren sein muss, um genügend Plätze anbieten zu können,
- dass mehr Informationen über Gruppentherapie von Kassen und überweisenden Ärztinnen bereitgestellt werden und dadurch eine entsprechende Motivation bei den Klienten erzeugt werden kann,
- dass die Notwendigkeit der gruppentherapeutischen Weiterbildung von Kliniken und ihrem Personal erkannt und mit entsprechenden Mitteln unterstützt wird.

Die konzeptionelle Ebene. Neue Ansätze der Gruppentherapie lösen sich allmählich aus dem Korsett enger Schulenorientierung. Matthias Hermer hält fest, dass »bei mangelnder Passung zwischen Methode und Patient ... die Methode zu modifizieren« sei (Hermer 2000). Die Bereitschaft zur methodischen Flexibilität ist gewachsen und die Kreativität der Handlungsansätze erhöht sich bei der Behandlung schwer gestörter Patienten.

Dies zeigt beispielhaft die Entwicklung von aktuellen Ansätzen der Gruppentherapie mit spezifischen Behandlungsformen wie zum Beispiel das »mentalization-based treatment« (MBT), das in England von Bateman und Fonagy entwickelt und zurzeit vor allem für Patienten mit der Diagnose »Persönlichkeitsstörungen« Anwendung findet. Es zeichnet sich dadurch aus, dass mentale Zustände (Wünsche, Bedürfnisse, Absichten) dem Bewusstsein der Betroffenen zugänglich gemacht und durch wachsende Selbstreflexion die Steuerung von Impulsdurchbrüchen und antisozialen Handlungen gefördert werden soll. Die Gruppenmitglieder unterstützen diesen Mentalisierungsprozess durch den Vergleich der Beobachtungen, der Einschätzungen und Reaktionen auf soziale Situationen, die in der Gruppe entstehen (Schultz-Venrath 2008, Bolm 2008, Hirsch 2008).

Ein weiteres inzwischen durchgängig akzeptiertes Vorgehen ist die stärkere Beachtung der Förderung oder der Rückgriff auf die bei Patientinnen verfügbaren Ressourcen. Das bedeutet, dass die Leidenszustände und Symptome des Patienten Beachtung finden, aber vor allem immer wieder nach seinen Fähigkeiten, Kompetenzen und Lösungserfahrungen gefragt wird. Das bedeutet auch, die Patientin in ihrer Veränderungsmotivation, ihrem Selbstwert und ihrem Mut, die Veränderung anzugehen, zu bestärken.

Eine weitere konzeptionelle Entwicklung dürfte sich auf die präventive Gruppentherapie beziehen. In der primären Prävention haben Gruppenverfahren zunehmende Bedeutung und Berechtigung. Gruppenpädagogische – dynamische und therapeutische – Konzepte in der Primarerziehung im Kindergarten (Brandes 2008) wie auch in Schulen könnten sich vielfach günstig auf soziale Ausgrenzung, wachsende Aggression und Konfliktlösung auswirken und zur Vorbeugung zum Beispiel gegen Magersucht und ihre gruppalen Auslöser dienen. Mit diesen Gedanken zur präventiven Nutzung von Gruppentherapie gibt es eine Verknüpfung zu den frühen Versuchen von Adler und Moreno und anderen, Gruppenarbeit nicht nur als kurative Anwendung, sondern für unterschiedliche soziale und pädagogische Felder zu entwickeln und einzusetzen.

Aber auch in der tertiären Prävention, also der Behandlung zur Vorbeugung von Rückfällen sowohl für seelische als auch psychosomatische und psychisch beeinflussbare Erkrankungen (wie zum Beispiel die Nachbehandlung der Folgen einer Krebserkrankung) hat die Anwendung von Gruppentherapie zu guten Ergebnissen geführt und sollte ausgebaut werden.

Zur Einrichtung störungsspezifischer Gruppen gibt es durchaus unterschiedliche Auffassungen. Hierauf rekurrieren vor allem verhaltenstherapeutische Trainings in Gruppen, die auf eine bestimmte Erkrankung (Angst, Selbstunsicherheit, Zwänge) mit störungsspezifischen Veränderungsprogrammen reagieren. Andere Gruppenkonzepte gehen eher davon aus, dass unterschiedliche Erkrankungen unterschiedliche Ressourcen freisetzen und die Klienten in gemischten Gruppen sich besser unterstützen können.

Zusammenfassend ist festzustellen: Gruppentherapie ist ein theoretisch begründetes, empirisch inzwischen hinreichend gut untersuchtes Verfahren, das geeignet ist, vielen Menschen mit unterschiedlichen Problemen und Anliegen Unterstützung und Hilfe zuteil werden zu lassen. Die methodisch unterschiedlichen Arbeitsansätze sind aus der historischen Entwicklung zu erklären: In der Arbeitspraxis ist oft eine fruchtbare Symbiose unterschiedlicher Techniken vorzufinden. Bei der Entscheidung über die Wahl einer Gruppentherapie spielen die persönlichen Präferenzen für eine methodische Ausrichtung durch den Klienten und vor allem eine gute Passung zwischen Therapeut, Patient und Gruppe eine Rolle. Es ist deshalb wünschenswert, dass Gruppentherapie sowohl in der Prävention von Erkrankungen als auch in der Versorgung von Klientinnen und Klienten wieder einen größeren Stellenwert erhält.

Exkurs – Einschub

Klaus Antons

Die dunkle Seite von Gruppen

Manfred Sader gewidmet

Einleitung

Über die »dunkle Seite« von Gruppen und der Gruppendynamik zu schreiben ist eine Herausforderung für jemanden wie mich, der einen Gutteil seiner Arbeitszeit damit verbringt, anderen Menschen beizubringen, wie sie mit Gruppen und Teams gekonnter umgehen können und zu dessen beruflicher Identität es gehört, anderen die *konstruktive* Seite der Gruppendynamik nahezubringen.

Mit dieser Herausforderung habe ich mich zuletzt befasst in meinen Überlegungen dazu, wie Abschlüsse von Gruppen misslingen können (Antons 2006) – aber sie begleitet mich durch meine ganze Geschichte als Gruppenmensch. Ich habe mich selbst in der Außenseiterposition erlebt, habe erfahren, wie Gruppen unter ideologischem Druck zu äußerst grausamen Verhaltensweisen bereit sind, und ich habe auch erlebt, wie die Dynamik einer Gruppe in Gewalt umschlagen kann – ich habe dabei die verschiedenen Rollen als Opfer, als Täter oder als Retter eingenommen. Und ich vermute, dass es den meisten Leserinnen und Lesern ebenso geht.

> Wer immer auch einmal in einer Schule war, kennt die dunklen Seiten von Gruppen.

Da gibt es das, was alle aus Schulklassen kennen: Dominante Mitglieder fordern Unterwerfung, drohen mit Gewalt oder wenden sie sogar an; Schwache und nicht in die Norm Passende werden verspottet und gequält. Andere werden ausgeschlossen, Sündenböcke in die Wüste gejagt. Rivalisierende Untergruppen bekämpfen sich, oder ganze Gruppen konstruieren ihre Feindbilder.

Sehr gewalttätig können bisweilen Versuche ausfallen, das drohende Auseinanderfallen einer Gruppe zu unterbinden, indem die Machthabenden absoluten Gehorsam und Linientreue verlangen. Ebenso können die Grenzen um die Gruppe starr und unbeweglich werden. Dann wird alles Fremde, Unbekannte und Unvertraute ausgestoßen. Nur die eigene Gruppe wird für gut und alles außerhalb für böse gehalten. Es herrscht nur noch eine Meinung, und es ist fast unmöglich, etwas dagegenzusetzen – die Norm einer allgewaltigen Harmonie droht alles zu ersticken.

Diese Phänomene sind der Leitfaden für die nachfolgenden Überlegungen. Ich möchte sie alle in ihrem Kontext untersuchen.

Noch eine Anmerkung. Ob in der Vergangenheit Deutschland und Frankreich die »Erbfeinde« waren oder ob es heute Israelis und Palästinenser sind: Die meisten hier zu beschreibenden Phänomene beschränken sich nicht auf Kleingruppen und Teams. In der Tat lassen sich die meisten Phänomene auch in größeren sozialen Zusammenhängen aufweisen. Da die Makrosoziologie aber nicht mein Thema ist, belasse ich es bei gelegentlichen Hinweisen, ohne den Anspruch einer exakten und stringenten Analyse zu erheben.

Vorläufer dieser Untersuchung

Ich beginne diese Arbeit nicht bei null. Ein erstes Gruppendynamik-Lehrbuch, das zu der Zeit erschien, als ich dieses Metier lernte, habe ich mit großem Respekt und einem inneren »So ist es richtig!« gelesen. Es war ein Werk von Pio Sbandi mit dem etwas seltsamen Titel »Gruppenpsychologie. Einführung in die Wirklichkeit der Gruppendynamik aus sozialpsychologischer Sicht« (Sbandi 1973). Bevor er ausführt, was Gruppen alles leisten können, erhebt er einen warnenden Zeigefinger: Das Buch beginnt mit einer kritischen Diskussion der klassischen sozialpsychologischen Experimente von Solomon Asch, Muzafer Sherif, Stanley Milgram und anderen. Diese frühen Experimentatoren haben erstmals überprüft, wie Gruppendruck sich auswirkt. Sbandis Fazit (1973, S. 65) aus seiner Literaturrecherche lautet:

»Dies alles scheint darauf hinzuweisen, dass der ›Einzelne‹ nicht ertragen kann, sich in einer Situation zu befinden, in der er sich in Gefahr erlebt, isoliert zu werden. Er wird sehr rasch versuchen, sich denjenigen anzuschließen, die ihn aus dieser Situation befreien können. Es kann sich dabei um einen Partner, jedoch auch um eine Mehrheit mit verworrenen Ideen, ja sogar um eine Autorität handeln, die von ihm ›Schreckliches‹ verlangt.«

Das erwähnte »Schreckliche« bezieht sich auf Experimente im Sinne von Milgram, in denen Versuchspersonen anderen fiktiven »Dummköpfen« Stromstöße bis hin zu tödlichen Dosen verabreichten (vgl. Abschnitt »Unterwerfung und Gehorsam«, s. S. 337 ff.), ist aber wohl auch auf totalitäre Systeme wie das nationalsozialistische Deutschland gemünzt.

Hier muss daran erinnert werden, dass Asch, Milgram und die anderen in den 1950er-Jahren unter dem prägenden Einfluss des gerade überwundenen Naziregimes und mitten in der McCarthy-Ära standen. Das hat zum einen Grundfragen der Sozialpsychologie generiert, zum anderen die Sicht der Forscher auf soziales Verhalten geprägt. Wie David Berreby (2008) in einer Art Metaanalyse zeigt, teilten die Forscher dieser Zeit die Vorstellung, dass Menschen konform reagieren. Sie konstruierten ihre Experimente diesem Denkparadigma entsprechend so, dass ein mehr oder minder großes Maß an Konformität herauskommen musste. Heute lassen sich die Ergebnisse dieser Untersuchungen auch in einem anderen Lichte interpretieren, nämlich als Vertrauen in Fachautoritäten (s. S. 340). Und dass die Versuchspersonen bei Asch eher einen klugen Wechsel zwischen Durchsetzung der eigenen Wahrnehmung und Kooperation mit den anderen Anwesenden vollzogen hätten. Ob diese Interpretationen zutreffender sind? Das werden spätere Generationen von Forschenden entscheiden.

Zurück zu Sbandi: In einer Zeit, in der die Gruppe tendenziell unkritisch betrachtet und überbewertet wurde, ein solch warnendes Zeichen zu setzen – das hat mir imponiert, das hat mich geprägt. – Nicht das Buch selbst, aber der Untertitel eines im Jahr zuvor erschienenen, epochemachenden Buches von Horst-Eberhard Richter veranschaulicht diese Überbewertung: »Die Gruppe. *Hoffnung auf einen neuen Weg, sich selbst und andere zu befreien*« (Richter 1972).

In den folgenden Jahren waren es vor allem die lebendigen und wissenschaftskritischen Arbeiten von Manfred Sader (an erster Stelle seine »Psychologie der Gruppe«, 1991a, zuerst 1976 erschienen; auch 1991b, 1996), die immer wieder mahnten, Gruppe nicht nur als ein Phänomen zu betrachten, das Kräfte vervielfacht und manches ermöglicht, was Einzelnen nicht möglich ist (heute spricht man von Synergien, damals hieß es Gruppenvorteil), sondern auch die dunkle Seite wahrzunehmen. Sein vermutlich letzter Beitrag trägt den Titel »Gruppenprozesse und destruktive Gewalt« (Sader 2006). Ihm ist deshalb dieser Beitrag gewidmet.

Sader war es auch, der die Ergebnisse der experimentellen Kleingruppenforschung immer wieder in Zweifel zog, indem er – selbst Direktor eines psychologischen Universitätsinstitutes, der die Forschung aus dieser Perspektive sehr wohl kannte – auf die Rahmenbedingungen hinwies, unter denen sozialpsychologische Forschung stattfindet und Wissen generiert wird:

> »Außerdem werden so gut wie alle Experimente im luftleeren Raum des Laboratoriums durchgeführt, mit rasch zusammengetrommelten ›Gruppen‹ ohne gemeinsame Geschichte oder gemeinsame Zukunft. So naheliegende Fragen wie die, ob es in einer Gruppe eine Norm für ›nur nicht auffallen‹ oder aber für ›Schwung, Mut und Tatkraft zeigen‹ gibt, kann dabei nicht einmal gestellt werden« (Sader 1991a, S. 16).
> »Da die weitaus meisten empirischen und experimentellen Befunde der Gruppenforschung von kleinen und sehr kleinen Laborgruppen stammen, … liegt es nahe, bei allen Diskussionen über Gruppen, Gruppengeschehen und Handeln in Gruppen von einem solchen vereinfachten Denkmodell auszugehen: zwei bis sechs Teilnehmer, ohne Vorgeschichte und ohne raumzeitlichen Kontext« (Sader 1991a, S. 40).

Ebenso ernüchternd sind Saders Ausführungen zu den »rasch zusammengetrommelten Gruppen«. Das Wesentliche, was wir über Gruppenprozesse zu wissen vermeinen, stammt offensichtlich von Stichproben erstsemestriger College- oder Universitätsstudenten. Sader postuliert, dass diese enge Stichprobenauswahl bedingt, dass wesentliche Teile sozialpsychologischer Forschungsergebnisse »ein Kunstprodukt hilfsbereiter und freundlicher Psychologiestudenten, teilweise in Ableistung ihrer Verpflichtung als Versuchspersonen« (Sader 1991a, S. 23) sind, wobei das Ausmaß der dadurch generierten Verzerrung schwer abzuschätzen sei.

Seine Kritik beinhaltet auch, dass viele, vielleicht die Mehrzahl der »Gruppenexperimente« gar keine wirklichen Gruppen als Untersuchungsgegenstand hatten, sondern bestenfalls Vorformen von Gruppen oder solche in allerersten Anfangsstadien. Wenn man den Begriff Gruppe auch durch Zeit definiert (s. dazu im Beitrag von Cornelia Edding, »Kleingruppenforschung«, S. 57), dann hatten die meisten der untersuchten Experimentalgruppen zwischen 20 Minuten und drei Stunden Zeit – zu wenig, um wirklich Gruppenentwicklung zu erlauben oder um in sinnvoller Weise von Gruppe als sozialem System zu sprechen.

> Das, was wir meinen über Gruppen zu wissen, stimmt nur manchmal.

Genau diese Kritik gilt auch für die bereits erwähnten klassischen Experimente von Asch, Milgram und anderen: Gruppendruck ist wohl nur in »neuen« Gruppen, in denen noch keine Rollendifferenzierung stattgefunden hat und alle diejenigen Prozesse, die Gruppe erst ausmachen, noch nicht durchlaufen sind, derart bestimmend. Daher ist Schattenhofer (mündliche Mitteilung) zuzustimmen, der sie – wie auch die Sammelreferate der frühen Jahre – eher als Experimente zur sozialen Beeinflussung verstanden wissen möchte. Für die Ergebnisse bedeutet dies, dass Aussagen über Konformität und andere sozialpsychologisch-gruppendynamische Konzepte jeweils kritisch daraufhin zu überprüfen sind, aus welchen »Gruppen« sie gewonnen wurden und aus welchem Zeitgeist sie entstanden sind.

25 Jahre nach Sbandis Buch hat die Gruppendynamik ihre erste Talfahrt hinter sich und durch ein neues Interesse an Teamarbeit wieder Aufwind. Da erscheint ein weiteres Buch mit dem Untertitel »Anspruch und Wirklichkeit der Arbeit in Gruppen« (Ardelt-Gattinger/Lechner/Schlögl 1998). Es durchleuchtet kritisch die in der Zwischenzeit publizierte Kleingruppenforschung, hinterfragt selbstverständliche Konzepte und überprüft sie neu, wie zum Beispiel das tuckmansche Phasenkonzept oder den »Gruppenvorteil«. Stellvertretend für eine Vielzahl von erfrischend-unkonventionellen Artikeln sei im Abschnitt »Groupthink« (s. S. 334 ff.) einer ausführlicher diskutiert: Es geht um Fehlentscheidungen in Gruppen und das dafür verantwortlich gemachte »Groupthink«.

Ich sehe meinen Beitrag als Fortführung all dieser Bemühungen, neben dem, was Gruppen zu leisten in der Lage sind, ihre *dunkle Seite* nicht aus dem Bewusstsein verschwinden zu lassen. Denn auch unzutreffende Kognitionen über das, was Gruppen sind und leisten können, sind bereits so etwas wie deren dunkle Seite.

Was ist denn gemeint mit »dunkel«?

Das Dunkle, metaphorisch verwendet, bezeichnet die weniger edle, glänzende und beleuchtete Seite eines Phänomens. Auf dieser lichtabgewandten, »dunklen« Seite erscheint auch der Schatten – ein romantischer Topos, vielleicht am bekanntesten aus der Geschichte des Peter Schlemihl von Adelbert von Chamisso, der seinen Schatten an den Teufel verkauft (Näheres zum Schattenkonzept in Antons-Volmerg 2000, S. 56–69). C. G. Jung hat den Begriff in die Psychologie geholt, und in seinem Individuationskonzept geht es darum, sich dieser Schatten- oder Nachtseite bewusst zu werden und sie im Bewusstsein zu halten, damit sie nicht als Unbewusstes unkontrolliert wirken kann. Auf die Einzelperson bezogen schreibt Jung (Gesammelte Werke, 9/1 § 44), wobei das, was er als Projektionsmechanismus beschreibt und als Aufgabe für das Individuum fordert, sich weitgehend auch auf soziale Systeme übersetzen lässt:

> »Dies ist die erste Mutprobe auf dem inneren Wege, eine Probe, die genügt, um die meisten abzuschrecken, denn die Begegnung mit sich selber gehört zu den unangenehmen Dingen, denen man entgeht, solange man alles Negative auf die Umgebung projizieren kann. Ist man imstande, den eigenen Schatten zu sehen und das Wissen um ihn zu ertragen, so ist erst ein kleiner Teil der Aufgabe gelöst: man hat wenigstens das persönliche Unbewusste aufgehoben. Der Schatten aber ist ein lebendiger Teil der Persönlichkeit und will darum in irgendeiner Form mitleben. Man kann ihn nicht wegbeweisen oder in Harmlosigkeit umvernünfteln.«

Dieser »lebendige Teil, der in irgendeiner Form mitleben will« bezeichnet ein anderes Grundverständnis als ein dualistisches Denken, das das Böse vom Guten abgespalten sieht. In diesem Sinne möchte ich den Schatten hier verstehen als ein Zuviel eines an sich guten Prinzips – anders ausgedrückt, das Negative im Positiven, das Destruktive im Konstruktiven.

Eine solche Sichtweise muss die dunklen Seiten nicht »verteufeln«, wie das seit Zoroasters Lichtreligion getan wird und noch heute im Christentum gerne geschieht, sondern kann sie als Teil eines Ganzen sehen, so wie Yin und Yang Teile des Gesamtsystems T'ai-chi-T'u sind.

In diesem Modell geht es einerseits um einander bedingende und sich beeinflussende Polaritäten, zum anderen darum, dass diese Kräfte in einem Gleichgewicht, in einer Balance zu halten sind. Eine Kraft, die sich ungehindert entfalten kann und keine

Yin-Yang, das Symbol des T'ai-Chi-T'u

Bremsung erfährt, äußert sich letztlich in einer pervertierten und destruktiven Weise. Allzu viel Lebendigkeit führt in Auflösung und Chaos, zu viel Ordnung in Erstarrung und Tod: An diesen Dimensionen des riemannschen Modells (Riemann 1982) mag eine solche Sichtweise verdeutlichen, die sich in östlichen Weisheitslehren ebenso findet wie in der Hermetik (Leuenberger 1982, S. 165).

Sich der Schattenseite eines Phänomens zu nähern braucht nicht nur den Mut, den Jung hervorkehrt, sondern auch affektive Freiheit und Klarheit. Überwiegt die Verstrickung, dann kann es dazu kommen, was ich vor einem Jahrzehnt beobachten konnte. Ein Autorenehepaar veröffentlichte ein Buch mit dem Titel »Der Schatten des Dalai Lama« (Trimondi/Trimondi 1999). Die an sich lobenswerte Idee, auch bei einer solchen Lichtgestalt nach Schattenaspekten zu suchen, pervertierte sich jedoch in diesem Werk, weil es nicht der Wahrheitssuche verpflichtet war, sondern aus Kränkung und Enttäuschung entstand und ein dümmlicher Rachefeldzug wurde (Klärendes dazu bei von Brück 1999).

Nach meinem Verständnis sind es zwei polare Kräfte, die Gruppen am Leben halten und die beide nötig sind, damit Gruppendynamik entsteht. Gruppen »laufen«, wenn ihre Mitglieder eine ständige Balance zwischen ihnen herstellen können. »Läuft« es in die eine oder die andere Richtung, gelangt man in einen jeweiligen Schattenbereich. – Die beiden Kräfte sind solche, unter denen man jedes soziale System betrachten kann: eine *zentripetale Kraft*, die für den Zusammenhalt des Systems sorgt, und eine *zentrifugale Kraft*, die für Ausdehnung sorgt. Astrophysikalisch kann man sie durchaus zu Urknall und Endkollaps in Beziehung setzen; in der Gruppendynamik sprechen wir von Kohäsion, Wir-Gefühl, Bindekräften, Integration usw. auf der einen, von Differenzierung, heute auch Diversifizierung oder Diversity, auf der anderen Seite. Karl Schattenhofer hat genau dies in seinem sehr schlichten, aber durchaus erklärungsmächtigen Modell von Differenzierung und Integration dargestellt (s. Beitrag »Was ist eine Gruppe?«, S. 36 ff.).

Diese beiden Kräfte spiegeln auch die Aufgabe, die für jedes Individuum ansteht, das sich in einen gruppalen Kontext begibt: Es gilt auf der einen Seite, einen Teil von Autonomie, Freiheit, Selbstbestimmung und Individualität aufzugeben, damit überhaupt etwas Gemeinsames zustande kommt. Auf der anderen Seite ist es notwendig, sich vor dem Sog des Kollektiven zu schützen, sich abzugrenzen, Nein zu sagen und die Freiheit des eigenen Denkens und Fühlens zu bewahren. Die gruppendynamische Übung »Vom Einzelbild zum Gruppenbild« (Antons 2000, S. 289 f.) macht diese Dialektik sehr hautnah erfahrbar: Wie viel lasse ich mir in *mein* Bild hineinmalen, damit daraus ein Zweier-, Vierer- und schließlich ein Gruppenbild wird? Finde ich *mich* in diesem Gruppenbild noch wieder? Und wo – im Zentrum, an der Peripherie? Wie ging es mir damit, in die Bilder von *anderen* hineinzumalen?

Jede Zugehörigkeit zu einer sozialen Gruppe hat einen Gewinn – aber auch ihren Preis. Solange es um freiwillige Gruppenzugehörigkeiten geht, wie zum Beispiel Lerngruppen oder Selbsthilfegruppen, mögen die mit dem Eingehen einer Gruppenbindung verbundenen Kosten tolerierbar sein. Dieter Claessens (1977) weist zu einer Zeit, als die Gruppeneuphorie abklingt

> Gruppe bringt etwas – kostet aber auch etwas. Zugehörigkeit wird gegen Freiheit eingetauscht.

(Näheres dazu bei König 2007), darauf hin, dass Vergesellschaftung etwas kostet und Gruppen das Individuum zu einer Reihe von Verhaltensweisen zwingen. Er beklagt, dass diese zwangsläufigen Folgen der Vergesellschaftung aus zum Teil ideologischen Gründen bisher nicht beachtet worden seien. Er meint, auch die kleine Gruppe sei bereits ein »Zwangsapparat«. Durch ihn habe sich »der Mensch« zwar entwickelt und eine »Identität« gefunden – aber unabhängig davon, ob es sich um Zwangsformationen wie Familie, Schulklasse und Berufsteam oder um freie Gruppenbildungen handele: Sie *zwingen* ihre Mitglieder. Es gebe vier notwendige Prozesse, denen sich Gruppenmitglieder nicht entziehen könnten:

- den Zwang zur *Selbstdarstellung* für jedes einzelne Mitglied,
- den Zwang, den anderen – eben in dieser Selbstdarstellung – *registrieren* zu müssen,
- den Zwang zur Bildung eines *Binnenselbstverständnisses* der gesamten Gruppe,
- den Zwang zur *Außendarstellung* der Gruppe gegenüber der »Umwelt«.
  (Vgl. Claessens 1977, S. 10)

Ich muss also einiges aufgeben, wenn ich mich in eine Gruppe begebe. Aber wie viel? Wo ist die Grenze, wo muss ich mich vor dem Sog des Kollektiven schützen? Wo wird diese Bindekraft, die etwas von mir fordert, so übermächtig, dass sie zu einer dunklen Macht wird? Das beste Beispiel, das mir dazu einfällt, ist nicht ein wissenschaftliches Konzept wie das von Claessens, sondern ein Film. Ich meine den Klassiker »Die zwölf Geschworenen« von Sidney Lumet (1957). Ich halte ihn immer noch für ein brillantes Beispiel für die Macht, die in einer offenen Anfangssituation steckt, für die Geschwindigkeit, in der sich Urteile einstellen – und auch dafür, welche ungeheure Energie es braucht, um gegen den Druck einer Mehrheit sich zur Wehr zu setzen, etwas dagegenzuhalten. Die langen Einstellungen auf die Gesichtszüge von Henry Fonda sind vermutlich jedem, der den Film gesehen hat, unvergesslich.

Ich möchte das skizzierte Modell einer Balance zwischen hellen und dunklen Kräften als Hintergrund für die nun folgende Beschreibung von dysfunktionalen Verhaltensweisen in Gruppen verwenden: Welche Erscheinungen zeigen sich, wenn die zentripetalen Kräfte überhandnehmen – welche, wenn die zentrifugalen allzu beherrschend werden?

Folgeerscheinungen von zu viel zentripetaler Energie

Verschmelzung mit dem Kollektiv

In den meisten Phasenmodellen (eine Darstellung und Diskussion von Phasenmodellen bei Amann, Clausen, Schattenhofer, alle in diesem Band) wird eine Phase von intensiver Kohäsion beschrieben – meist nachdem der Konkurrenzkampf der Rollen- und Positionsfindungsphase überwunden oder man schlicht davon erschöpft ist. Das ist eine Zeit, in der die Gruppe, in der man gerade ist, die beste aller möglichen Gruppen ist; euphorische Gefühle herrschen vor, es wird viel gemeinsam getan. Volmerg (2000, S. 318) beschreibt das unter »Intimität, Nähe, Verschmelzung« so:

> »Der Gefahr des Auseinanderbrechens entronnen, kann die Gruppe ein Wir-Gefühl entwickeln; Bedürfnisse nach Nähe und Übereinstimmung werden vorrangig. Die Gruppenmitglieder nehmen Bezug aufeinander, finden Ähnlichkeiten heraus; Differenzen, die zuvor unüberbrückbare Gegensätze geschaffen haben, scheinen nun keine Rolle mehr zu spielen. Sie sind in der erkämpften Zugehörigkeit zu dieser Gruppe aufgehoben. Das Gefühl, Bestandteil einer Gruppe zu sein, kann so viel Geborgenheit vermitteln, dass Persönliches, ja Intimes mitteilbar wird. Eine Grundstimmung von wechselseitiger Anteilnahme und Fürsorge breitet sich aus, die alle Beteiligten genießen. In dieser Phase ist der Grundkonflikt zwischen Individuum-Sein und In-der-Gruppe-Sein zugunsten der Gruppe entschieden. ›Einer für alle‹ hieß der Lösungsversuch in der Kampfphase. Jetzt gilt die Formel: ›Wir sind alle eins‹.«

Diese hohe Identifikation mit der Gruppe, in der man gerade drin und Mitglied ist, hat für die Gesamtgruppe und für ihre einzelnen Mitglieder eine wichtige und prägende Funktion. Im Normalfall wird diese Kohäsion nicht durch Machtausübung geschaffen, sondern durch die Identifikation der Mitglieder mit »ihrer« Gruppe (vgl. die Beiträge von Gisela Clausen zum Thema Leitung und soziale Identität, s. S. 358 ff., sowie von Cornelia Edding zur Social-Identity-Forschung, s. S. 67 ff.). In einer »dynamischen« Gruppe wird dies eine Phase bleiben, die durch nachfolgende abgelöst wird. In Gruppen des Alltagslebens besteht allerdings die Tendenz, diese befriedigende Stimmung festzuhalten und zu konservieren. Das sind die Zeiten, in denen Gruppennamen entstehen, Vereinsfahnen genäht werden, Gedichte und Lieder entstehen und gesungen werden, Gruppenfotos gemacht werden und vieles andere mehr. Manchmal wird dies auch als Symbiose bezeichnet. – Nicht umsonst heißt sie bei der überstrapazierten Tuckman-Phaseologie »Norming«. In dieser Phase werden, abgesprochen oder unausgesprochen, Gruppennormen gesetzt, die darüber wachen, dass die Mitglieder sich entsprechend verhalten (Sader 1996).

Konformitätsdruck: Wir sind uns doch wohl alle einig – oder?

Intimität und Verschmelzung als solche sind noch keine »dunklen« Phänomene; sie stellen den Nährboden dar für die folgenden Gruppenphänomene. Wird eine solche intensive Stimmung als das überhaupt Erstrebens- und Wünschenswerte betrachtet, dann gewinnt das Kollektiv die Macht über das Individuum. Dann können die Phänomene auftreten, die wir als Konsequenzen einer Überbewertung des Gemeinsamen kennen: die Harmoniesucht mit ihrer Verleugnung von Konflikten (s. S. 334 ff.). Wer aus der gemeinsamen Linie ausschert, wer noch wagt, eine eigene Meinung zu haben, wird unter Druck gesetzt – und erlebt sich unter dem Konformitätsdruck, der nicht nur in Initialphasen von Gruppen auftritt, sondern auch und gerade in dieser Phase. Claessens (1977, S. 39) meint dazu:

> »Der in der Gruppe zwangsläufig entstehende Homogenisierungsdruck, die einsetzende Angleichung von Meinungen, Haltungen, Ausdrucksformen, sie können dazu führen, dass sich die Gruppe – sofern das möglich ist – unmerklich von der Realität entfernt und ihre Pseudorealität selbst aufbaut.«

Das drohende »Wir sind uns doch alle einig, oder?« (davon bleibt im Zürcher Dialekt hinter einer affirmativ gemeinten Aussage das stets leicht aggressiv tönende »Odr!?«) ist die gängige Form, solchen Druck auszuüben. Wer sich dem widersetzt, ist möglicherweise bald »draußen« (s. Kapitel »Ein Modell zum Verständnis der dunklen Seite«, S. 341 ff.).

Das habe ich am deutlichsten erfahren, als ich einmal ein Pflegeteam einer psychiatrischen Klinik supervidiert habe. Die Teamchefin war eine ziemlich chaotische Frau, und die Mitglieder legten sehr viel Wert darauf, dass alle immer und mit allem einverstanden sind. Sie hatten zwar aus einem diffusen Gefühl des Unbehagens um Supervision angefragt, aber bei der kleinsten versuchsweisen Konfrontation mit meinem Auftrag und mit dem, was ich wahrnahm, wurde heftig widersprochen und abgewinkt: »Das gibt es bei uns nicht, wir verstehen uns doch alle gut …« Nach der dritten Sitzung wurde mir klar, dass ich mit den bisherigen Versuchen weiter Schiffbruch erleiden würde, und in der vierten Sitzung begann ich mit einer Mitteilung meiner Wahrnehmungen und bat um eine Neuverortung des Kontraktes. Weitgehendes Schweigen, dann erfolgten Angriffe gegen meinen »unmöglichen« Stil. Eine weitere Sitzung fand nicht mehr statt – ich war draußen.

Harmoniestreben und Konfliktscheu: Groupthink

Wie wirkt eine allzu hohe Kohäsion mit den Tendenzen zur Harmoniesucht, Konformität, Konfliktvermeidung, Entdifferenzierung und Gleichmacherei sich denn nun auf die Leistungsfähigkeit von Gruppen aus? Diese Frage beschäftigt die Sozialpsychologie seit den 1960er-Jahren. Seit 1972 gibt es diesen der »Newspeak«-Terminologie aus George Orwells »1984« entlehnten Begriff dafür. Irving L. Janis untersuchte die Protokolle von vier Fiaskos der amerikanischen Außenpolitik (Pearl Harbor, Koreakrieg, Schweinebucht-Invasion und Vietnam) sowie die Watergate-Affäre und verglich sie mit ausgesprochen gelungenen Entscheidungen (Marshallplan, kubanische Raketenkrise). Seine Analyse der Abläufe ergab, dass die gelungenen Entscheidungsprozesse sich markant von den misslungenen unterschieden und bei beiden spezifische Muster zu erkennen waren. Daraus entwickelte er sein Modell (Janis 1972):

Mit Groupthink bezeichnet er die Sehnsucht von Gruppen nach rascher Übereinstimmung, Einmütigkeit und Harmonie auf Kosten einer gründlichen Auseinandersetzung mit der vorhandenen Information. Groupthink tritt unter bestimmten Bedingungen auf:

- Die Kohäsion in der Gruppe ist hoch,
- die Mitglieder sind sozial und ideologisch homogen,
- der Stress ist hoch,
- die Leitung ist direktiv und autoritär,
- Entscheidungsverfahren fehlen,
- die Gruppe arbeitet isoliert von äußeren Einflüssen.

Groupthink führt dazu, dass wichtige Daten und Fakten nicht zur Kenntnis genommen, unterschiedliche Auffassungen nicht diskutiert und Alternativen nicht realistisch bewertet werden. Das Ergebnis sind suboptimale Entscheidungen. In seiner späteren Arbeit hat Janis (1982) wichtige politische Entscheidungen einiger Spitzengremien des Weißen Hauses anhand von Akten und Berichten untersucht und das Phänomen des Groupthink immer wieder nachgewiesen. Er hat auch ein Verhaltensmodell für Gruppen entwickelt, in dem er Regeln für »wachsame Entscheidungsfindung« (vigilant decision making) festlegte (Janis 1989).

Schulz-Hardt und Frey (1998; auch Schulz-Hardt 2001) machen auf der Basis eigener Untersuchungen darauf aufmerksam, dass das Modell des Groupthink »gravierende theoretische Unschärfen und Unstimmigkeiten aufweist« (Schulz-Hardt/ Frey 1998, S. 146), die sich auch bei verschiedenen Revisionen nicht beseitigen ließen, weshalb sie ein alternatives Modell von »Entscheidungsautismus« vorschlagen. Aufbauend auf Festingers Konzept der kognitiven Dissonanz postulieren sie, dass das »aktive, unkritische Hinarbeiten auf die Bestätigung eigener Ansichten« (S. 150), das heißt Selbstbestätigungsmechanismen bei Einzelnen wie in Gruppen, das Wesentliche ist, was die Qualität von Gruppenentscheiden drastisch zu reduzieren vermag. Dazu werden:

- favorisierte Entscheidungsalternativen auf- und nicht favorisierte abgewertet,
- bestätigende Informationen selektiv gesucht und Widersprechendes systematisch überhört und nicht wahrgenommen,
- Kommunikation bevorzugt mit solchen Menschen gesucht, die das Gleiche meinen wie man selbst. (S. 150)

Das geschieht in Gruppen besonders dann, wenn die von Janis genannten Bedingungen bestehen, alles von einer Norm der Harmonie überhöht ist und durch frühe Probeabstimmungen bestimmte Meinungen favorisiert werden.

Obwohl sich manches davon gar nicht so unfreundlich anhört, haben wir es hier in der Tat mit einer ausgesprochen dunklen Seite von Gruppen zu tun. Das aus einer Konfliktscheu resultierende exzessive Harmoniestreben verunmöglicht es, dass abweichende Positionen, die nach allem, was wir wissen, für den »Gruppenvorteil« (vgl. den Beitrag von Hubert Kuhn, s. S. 124 ff.) zuständig sind, wirklich erlaubt sind und Gehör finden. Nicht »innerer Frieden« ist das höchste Gut, Widersprüche gegen vorherrschende Ansichten sind nötig. Konflikt ist nicht etwas, das Gruppen schadet, sondern vielmehr nützt und diesen Harmonietendenzen entgegenwirkt. – Der von den Autoren als Gegenregulativ entwickelte Maßnahmenkatalog ist im nachfolgenden Kasten verkürzt wiedergegeben. Es sind durchweg Interventionen, die der Homogenisierung entgegenwirken (1998, S. 156 ff.; hier verkürzt; ähnlich Sader 2006, S. 345 sowie die Regeln für wachsame Entscheidungsfindung von Janis 1989):

Maßnahmen gegen die Homogenisierung

- Die Gruppe sollte möglichst heterogen besetzt sein, um eine Vielzahl von Perspektiven und Standpunkten zu ermöglichen und vorschnellen Konsensen vorzubeugen.
- Die Gruppe sollte sich regelmäßig in Subgruppen aufteilen, die über dasselbe Problem beraten. Damit bleibt Informationsoffenheit bestehen.
- Der Harmonienorm sollte eine Norm des kritischen Rationalismus entgegengesetzt werden: Alles darf hinterfragt werden, Irrtümer und Fehler sind erlaubt.
- Externe Experten sollten von Zeit zu Zeit als Korrektiv für »Betriebsblindheit« hinzugezogen werden.
- Innerhalb der Gruppe sollten klare Zuständigkeiten zugeteilt werden, sodass Expertenrollen transparent sind.
- Bei wichtigen Entscheidungen sollten diskursive Entscheidungshilfetechniken eingesetzt werden wie der »Anwalt des Teufels« oder die »dialektische Entscheidungsmethode«. Sie verhindern unkritische und unreflektierte Entscheidungen.
- Der Gruppenleiter sollte als unparteiischer Koordinator und Mentor fungieren, um dysfunktionale Entscheidungsmuster zu minimieren.
- Die Gruppe sollte Teamreflexivität entwickeln und trainieren, das heißt lernen, sich selbst den Spiegel vorzuhalten.

Nicht ganz so dunkel, vielleicht im Halbschatten zu sehen, ist eine Reihe weiterer Phänomene, die die Qualität der Entscheidungen von Gruppen verschlechtern – alles gut untersuchte Erscheinungen wie das »soziale Faulenzen« (»social loafing«, das bedeutet, dass Einzelne sich auf Kosten anderer ausruhen); Interessenkonflikte unter den Mitgliedern; mangelnde Informationsnutzung und Koordinierungsschwierigkeiten; Aufrechterhaltung von Fehlentscheidungen, um den bisher geleisteten Aufwand zu rechtfertigen.

Einen Überblick über 25 Jahre Groupthink-Forschung und alternative Erklärungsansätze bietet die Zeitschrift *Organizational behavior and human decision processes* in der Ausgabe Februar/März 1998.

Verfestigung der Gruppengrenzen und Abschottung nach außen

Eine der Voraussetzungen von Groupthink ist, dass die Gruppe isoliert von äußeren Einflüssen arbeitet. Um die Bedeutung der Abschottung als dunklen Aspekt von Gruppen zu verstehen, sei ein systemischer Exkurs gestattet: (Soziale) Systeme werden unter anderem dadurch definiert, dass sie sich gegen eine Umwelt abgrenzen. Sozialpsychologisch gesehen heißt das, dass Systeme ihre Identität und den Zusammenhalt nach innen dadurch gewinnen, dass sie sich nach außen abgrenzen. Eine Untersuchungsreihe aus dem Institut von Amelie Mummendey (Otten/Blantz, in Langthaler/Schiepek 1995) zeigt, dass es nur relativ geringer Identitätsmerkmale bedarf, um in Situationen hohen sozialen Druckes ein »Wir-Gefühl« zu entwickeln. Ich schildere die Ergebnisse ohne Anspruch auf wissenschaftliche Exaktheit.

 Gesamtgruppen wurden aufgeteilt in Halbgruppen. Ihnen wurden zunächst relativ komplexe Identitätsmerkmale – im Sinne einer gemeinsamen und von der anderen Gruppe unterschiedenen Aufgabe – auf den Weg gegeben. Diese Merkmale wurden sukzessive reduziert, bis es schließlich nur noch hieß: »Ihr seid Gruppe Rot, ihr seid Gruppe Blau.« Es dauerte nicht lange, bis die »Roten« sich als Rote identifiziert hatten, die »Blauen« als Blaue und in sattsam bekannter Weise übereinander herfielen (mehr über diese sogenannten »minimalgroup«-Experimente bei Cornelia Edding, s. S. 70).

Dies sind eindrückliche Ergebnisse, zwar weniger bekannt geworden, aber letztlich ebenso erschreckend wie das Asch- oder das Milgram-Experiment. Auch hier handelt es sich um die Anfangssituation einer Gruppe, die wiederum deutlich macht, wie viel sozialer Druck erlebt wird und wie wichtig es für das Individuum ist, dazuzugehören (vgl. S. 347 und Antons/Hunziker 2003). Die Experimentalreihe zeigt weiterhin, wie wenig Attraktoren es braucht, damit die von der Gefahr der Isolierung und Vereinzelung (vgl. das Zitat von Sbandi auf S. 326) bedrohten Individuen sich in die Sozietät flüchten. Hypothesen dazu, warum es so schwer ist, alleine zu bleiben, sind im Abschnitt »Die Zerstörung der Gruppe« (s. S. 346 f.) zu finden.

Die Yin-Yang-Qualitäten von Kohäsion nach innen und Abgrenzung nach außen zeigen sich mit schöner Regelmäßigkeit, wenn in einem gruppendynamischen Training zwei Gruppen parallel arbeiten oder wenn in einer Organisation zwei Arbeitsteams parallele Aufgaben bearbeiten – manchmal auch dann, wenn sie eigentlich Hand in Hand arbeiten sollten, aber die Rivalität und Konkurrenz gegenüber der anderen Gruppe überhandnehmen. Das an sich lebensförderliche Motiv des »Miteinander-um-die-Wette-Laufens« (con-currere) wird zur destruktiven Qualität. Es gibt keine Balance mehr zwischen berechtigtem Eigeninteresse und Achten auf die anderen, die ja eigentlich im gleichen Boot sitzen; Gruppenegoismus dominiert. Die Grenzen nach außen werden starr und unbeweglich. Der Blick über den Gartenzaun ist nicht mehr erlaubt. Der Binnendruck steigt, die eigene Gruppe muss die allerbeste sein. Die dunkle Seite wird nach draußen verlagert, der Feind ist außen, ihn dort zu bekämpfen ist heilige Pflicht. Alles, was »draußen« ist, wird abgewertet, für schlecht und böse erklärt.

Die »Achse des Bösen« ist die wohl aktuellste politische Spielart dieser Dynamik. Der Begriff zeigt, wie sehr wir von den Aktivitäten solcher Gruppen bestimmt sind: auf der einen Seite von einer Nation, die meint, auf der Seite des Guten zu sein, recht zu haben, und die nötige Macht zur Durchsetzung ihres Weltbildes besitzt. Wer sich dem entgegenstellt, ist »böse« per se. Auf der anderen Seite steht ein wenig fassbares, unter dem Namen Al Quaida bekanntes, letztlich nicht weniger machtvolles Netzwerk, das wiederum die USA als die Inkarnation des Bösen ansieht. Jede Seite bezeichnet die andere als Terroristen. Terror heißt Furcht – solche Gruppen terrorisieren andere, werden aber selbst auch durch die Furcht vor der Gegengruppe terrorisiert und auch durch die Furcht vor der Illoyalität, dem Ausscheren der eigenen Mitglieder. Wer nicht für mich ist, ist gegen mich.

Unterwerfung und Gehorsam

Parallel zur Ausgrenzung des »anderen« wächst der innere Druck. Die kohäsiven Kräfte suchen und finden ihre personalen Repräsentanten. Es braucht Personen, die darüber wachen, dass alle Mitglieder bei der Stange bleiben und Ausscheren gebührend bestraft wird. Solche Personen finden sich auch – denn das ist die Situation, die Zwangsneurotiker und Sadisten hochspült. Abweichungen werden mit steigenden Formen von Gewalt sanktioniert; ernannte und selbst ernannte Hüter des Gruppenkonsenses fordern Unterwerfung, bestrafen und quälen Nonkonforme und Schwache.

Je nachdem, wie die Normen beschaffen sind, muss es gar nicht nur abweichendes Verhalten sein, es reicht unter Umständen ein »Nicht-so-sein-wie-wir«. Die Vorgänge in den nationalsozialistischen Konzentrationslagern sind die vielleicht extremste Form; aber schon der einem sozialpsychologischen Experiment nacherzählte Film »Das Experiment« von Oliver Hirschbiegel (vermutlich 2001; wie auch »Die zwölf Geschworenen« ein Regiedebüt) macht deutlich, wie schnell bei Menschen, die die Macht bekommen, Normen einzufordern, die Gewaltbereitschaft steigt.

Das originale ursprüngliche Experiment (Haney/Banks/Zimbardo 1973) teilte eine Freiwilligengruppe willkürlich in Gefangene und Wärter. Es sollte beobachtet werden, wie sich beide Gruppen in ihre Rollen finden und welche Verhaltensweisen sie zueinander entwickeln. Nach einigen Tagen wurde das Experiment abgebrochen, weil die gegenseitige Gewaltbereitschaft eskalierte und die Forscher Exzesse befürchteten. – Im Film wird das Experiment natürlich nicht abgebrochen, und es kommt zu Mord und Totschlag: Die tiefschwarze Seite von (Inter-)Gruppendynamik wird deutlich.

Der Film zeigt auch, dass in solchen Situationen charismatische Führer ihre Sternstunde haben; die Chancen einer totalitären Entwicklung sind hoch. Sind Menschen durch die Situation, in der sie stecken, verunsichert, sind sie gerne bereit, allen Versprechungen zu glauben, dass es besser werde, wenn man dies und jenes tue.

Der Frage von Gewalt im gruppendynamischen Kontext widmet sich auch ein Themenheft der Zeitschrift *Gruppentherapie und Gruppendynamik* (43. Jg., Heft 4, 2007), in dem Lamott und Schott (2007) einige neuere Mordexzesse von Jugendlichen auf ihren gruppendynamisch-tiefenpsychologischen Hintergrund hin untersuchen. Der Film von Dennis Gansel »Die Welle« (2008) ist ein neuerlicher Versuch, das Risiko des Entgleisens eines sozialpsychologischen Experimentes nachvollziehbar zu machen.

> Auch die Gewalt bei Jugendlichen, die Zwangsmechanismen in Sekten und anderen totalitären Organisationen basieren auf der Dynamik von Gruppen.

Gruppen, die sich in totalitäre Bewegungen verwandeln, können sich um einen charismatischen Führer scharen, der im Sinne der »soziodynamischen Grundformel« von Raoul Schindler (s. S. 342 ff.) die Alphaposition einnimmt und diese Position machtvoll ausbaut. Hierzu gehören manche religiösen Bewegungen mit einem »Gurutum« im negativen Sinne, also Sekten, die sich um eine Gründerfigur bilden. Auf nationaler Ebene sind Diktatoren wie Hitler, Mao Tse-Tung und Stalin die entsprechenden Figuren.

Es gibt auch Sekten und andere repressive Gruppenkulturen, die sich weniger um eine Person als vielmehr um eine gemeinsame, meist überwertige Idee versammeln. Dazu gehören seit Beginn des Christentums die Endzeitvisionen – die Vorstellung, dass die Welt in Kürze untergeht und das Strafgericht ansteht. Trifft dies auf Glaubensbereitschaft, verlieren die Gläubigen ihre Mündigkeit und Autonomie und sind oft bereit, alles »Irdische« aufzugeben. Unter einer solchen eschatologischen Perspektive entstehen Gruppen mit äußerst hohem Binnendruck, meist abgeschottet von der Umwelt, mit rigiden Grenzen nach außen – das Ungläubige und Böse ist außerhalb der Gruppe. Häufig sind es einzelne Propheten, die eine solche Endzeitstimmung zum Machtgewinn benutzen. Charles Manson war eine dieser Gestalten.

Karl Schattenhofer verdanke ich die folgende Beschreibung. Danach erkennt man sektenhafte Gruppen an folgenden Merkmalen – je mehr davon zutreffen, desto wahrscheinlicher handelt es sich um eine Sekte. Hier werden nur typische Regeln des sozialen Umgangs beschrieben, auf die Merkmale der Lehren dieser Gruppierungen wird nicht eingegangen.

Merkmale sektiererischer Gruppen

- Normalen Mitgliedern ist es verboten, mit Außenstehenden über die Gruppe zu reden. Wenn Kontakte nach außen stattfinden, dann nur unter der Begleitung und der Kontrolle von meist höherrangigen Sektenmitgliedern.
- Die Gruppen sind gekennzeichnet durch eine differenzierte innere Hierarchie, die sich zum Beispiel in unterschiedlichen Graden der Mitgliedschaft ausdrückt. Durch besondere Leistungen und Loyalität steigt man auf. Zwischen den verschiedenen Zirkeln und Stufen gibt es strenge Grenzen. Der engste und innerste Kreis besteht aus sehr wenigen Personen und gruppiert sich oft um eine allmächtige Gründerfigur.
- Die Mitglieder werden gedrängt, ihr Eigentum der Gemeinschaft zu überschreiben und nichts Eigenes mehr zu besitzen.
- Konformes Verhalten – auch wenn es sich gegen einzelne Mitglieder richtet – wird (sekten)öffentlich belohnt und anerkannt. Neben dem verbesserten Status wird Anerkennung oft durch erhöhte Zuwendung, Aufmerksamkeit und Geborgenheit ausgedrückt. Verfehlungen werden durch Isolation geahndet.
- Die Mitglieder werden zum Abbruch der Beziehungen zur eigenen Familie und zur Verwandtschaft gedrängt. Die Beziehungen werden erschwert, zum Beispiel durch starke terminliche Belastung an Wochenenden und Familienfeiertagen.
- Freundschaften und intime Beziehungen sollen möglichst innerhalb der Gruppe eingegangen werden – andere sollen abgebrochen oder beendet werden.
- Neue Mitglieder werden über Paten, Mentoren, Begleiter etc. eingeführt, der Kontakt von Neuen zu Neuen wird weitgehend unterbunden.
- Die Mitglieder werden aufgefordert, Regelbrüche, Infragestellungen der Lehre oder Krisen anderer Mitglieder zu melden – diese Dienste werden belohnt.
- Niemand soll sich von der Gemeinschaft zurückziehen, es gibt wenig oder keine privaten Räume und Rückzugsmöglichkeiten.
- Es gibt keine – oder nur eine scheinbare – demokratische Legitimation der Leitung.

Sader (2006) weist darauf hin, dass es im Falle von destruktiver Gewalt sinnvoll ist, nicht nur auf die Führerfiguren zu schauen und alles ihrer Persönlichkeitspathologie zuzuschreiben, sondern stets auch auf die mitbeteiligten Gruppenprozesse zu achten: auf Beratungs- und Entscheidungsstrukturen in Führungsgruppen, auf Gruppenprozesse auf der Ebene der Ausführenden (»Karl der Große konnte nicht alleine mehrere Tausend gefangene Sachsen abschlachten, Licinius Crassus benötigte viele Helfer, um 6.000 aufständische Sklaven an 6.000 Kreuze zu nagln«, Sader 2006, S. 342) und auf autochthone (damit meint Sader selbstgesteuerte) Gruppenprozesse wie Verteidigung der Gruppengrenzen, Normen und Regeln, Sicherung und Erhöhung des Status in der Gruppe. Ich möchte hinzufügen: auf Gehorsams- und Unterwerfungsbereitschaft.

Die hat – und das sind vielleicht die Experimente mit dem höchsten Bekanntheitsgrad – der Sozialpsychologe Stanley Milgram (1974), ein Schüler von Solomon Asch, eindrücklich untersucht. Wenn sie auch nur zu geringen Teilen Gruppenexperimente waren, so beschreiben sie doch innerseelische Mechanismen der destruktiven Gehorsamsbereitschaft gegenüber Autoritäten, die auch in Gruppen wirksam werden.

Unter dem Vorwand, sie nähmen an einer Untersuchung zur Wirkung von Strafe auf die Lernfähigkeit teil, wies Milgram seine Probanden an, »Lehrer« zu spielen und eine Testperson, den »Schüler«, mit Elektroschocks beim Einprägen von Wortkombinationen zu »unterstützen«. Der »Schüler« war in Wirklichkeit ein Mitspieler des Versuchsleiters. – In der Standardvariante des Experiments versetzten 65 Prozent der Teilnehmer auf Anweisung des Versuchsleiters den »Schülern« Stromstöße bis hin zur Obergrenze von 450 Volt, egal, welche Signale von Schmerz diese von sich gaben.

Diese unbequemen Ergebnisse sind immer wieder überprüft und in neuen Zusammenhängen interpretiert worden. David Berreby (2008) weist darauf hin, dass sich darin auch Vertrauen in den Weißkittel zeige – eine Qualität, ohne die eine Gesellschaft zerfallen würde –, und auch, dass die Versuchspersonen klug wechselten zwischen Durchsetzung ihrer eigenen Sichtweise und Kooperation mit den anderen Gruppenmitgliedern. – Welcher Stellenwert auch immer dem Gehorsam gegeben wird: Er ist die notwendige Komplementärleistung zur Ausübung von Autorität und Gewalt.

Ein Modell zum Verständnis der dunklen Seite

Ein Modell, das ein vertieftes Verständnis der aufgezeigten Phänomene ermöglicht und überdies eine Brücke zwischen dem vorigen und dem nachfolgenden Kapitel zu schlagen vermag, ist die »soziodynamische Grundformel« von Raoul Schindler (1968, 1969; vgl. Antons 2000, S. 307 ff.). In ihr geht es sowohl um den »Einschluss«, also den Binnendruck in einer Gruppe, als auch um den Mechanismus des Ausschlusses. Ich werde im Folgenden mehrere tiefenpsychologische Konzepte darstellen, denn ich halte sie – ungeachtet aller Kritik an der Tiefenpsychologie – als die erklärungsmächtigeren gerade da, wo es um dunkle Seiten geht. Diese sind ein Heimspiel für Tiefenpsychologen.

Schindlers Gruppenmodell geht nicht, wie die meisten anderen, davon aus, dass sich eine Gruppe um ein gemeinsames *Ziel* findet – er dreht den Spieß herum und sagt: Eine Gruppe bildet sich zur Bekämpfung eines gemeinsamen *Gegners*! Der kann eine reale Person (der Bösewicht) oder eine Gruppe (die Blauen) oder eine Nation (der Erbfeind) sein, aber auch – und darum handelt es sich wohl bei den meisten Therapie-, Selbsterfahrungs-, Selbsthilfe- und Lerngruppen – ein Mangel oder Missstand. Für die Anonymen Alkoholiker ist der Alkohol der Feind, für die Weight Watchers die eigene Unmäßigkeit, für die Teilnehmerinnen und Teilnehmer eines gruppendynamischen Trainings die mangelnde Sozialkompetenz.

> Wenn man Gruppen einmal nicht von ihrem Ziel her definiert, sondern fragt, gegen was sich eine Gruppe bildet, kommt man zu erstaunlichen Ergebnissen.

Diese Grunddynamik zwischen der Idee einer Gruppe und ihrem Gegner findet ihre personellen Repräsentanten in der konkreten Gruppe; einzelne Personen werden manchmal die Idee oder das Ziel verkörpern und manchmal eher die gegnerischen Qualitäten darstellen. Schindler nennt die jeweiligen Repräsentanten des Gruppenziels die Alpha-Funktion (α), die des Gruppengegners die Omega-Funktion (ω). In einer dynamischen Gruppe werden diese Funktionen immer wieder wechseln; wird hingegen die ω-Funktion an einer Person dauerhaft festgemacht, dann haben wir es mit einem Sündenbock (s. S. 349 ff.) zu tun; fixiert sich die α-Funktion, dann wird es autokratisch.

Neben diesen beiden Zentralfunktionen bilden sich laut Schindler noch Nebenfunktionen aus: die Gamma-Funktion (γ), die die unterstützende Anhängerschaft des α bilden, und eine, dem affektiven Geschehen etwas distanziert gegenüberstehende Beta-Funktion (β), in der sich idealerweise ein hilfreicher Gruppenleiter befinden sollte. Andersherum: Wer α verkörpert, hat meist eine Reihe von unterstützenden Anhängern um sich herum, während ω meist für sich und alleine dasteht, stets in der Gefahr, zum Sündenbock zu werden. Wird die ω-Funktion von einer Untergruppe übernommen, besteht das Risiko, dass die Gruppe sich spaltet.

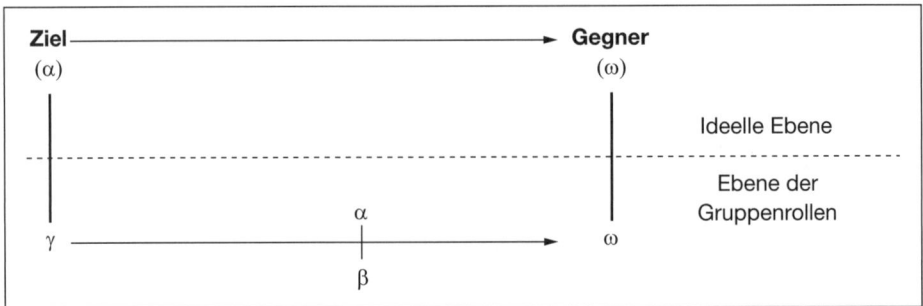

Die soziodynamische Grundformel nach Schindler

Dieses Modell fokussiert auch einen Vorgang der Projektion: Einzelne Mitglieder repräsentieren das, wogegen die Gruppe angetreten ist, und es besteht das Risiko, dass die Person, die dieses gegnerische Prinzip vertritt – oder nur an es erinnert – für dasselbe genommen und ausgeschlossen wird: »Ohne x hätten wir es so viel leichter und besser in der Gruppe!«

Der Mechanismus der Projektion, nämlich »der Begegnung mit sich selbst zu entgehen, solange man alles Negative auf die Umgebung projizieren kann« (s. das Zitat von C. G. Jung auf S. 329), ist beileibe keine Erfindung der Moderne oder gar der Psychologie. Er ist spätestens seit dem Neuen Testament bekannt. In der bei Matthäus (7,3–4) und Lukas (6,41–42) wiedergegebenen Bergpredigt mahnt Jesus, nicht den *Splitter im Auge des Nächsten, sondern lieber den Balken im eigenen Auge* zu betrachten. Damit ist vermutlich zum ersten Mal das beschrieben, was Sigmund Freud später dann als den Abwehrmechanismus der Projektion beschreibt: Das, was ich bei mir selbst nicht leiden kann, weil es

● eine eigene Schwäche,
● mit meinem Bild von mir selbst nicht kompatibel oder
● eine abgelehnte Triebregung ist,
● Angst macht, Ekel oder Scham erregt oder auch
● etwas mühsam Überwundenes darstellt,

sehe ich vergrößert und vergröbert im anderen und kann es dort wacker bekämpfen – mit dem Gefühl, etwas Rechtes zu tun, einen heiligen Krieg zu führen. Dieser Mechanismus wirkt relativ unterschiedslos bei Individuen wie bei Gruppen, Organisationen, Religionsgemeinschaften und Nationen. Athanasius Kirchner hat zur Verbildlichung des optischen Vorganges der Projektion vielleicht nicht zufällig eine Teufelsfigur gewählt, die innerhalb des Systems klein ist und riesengroß nach außen projiziert wird.

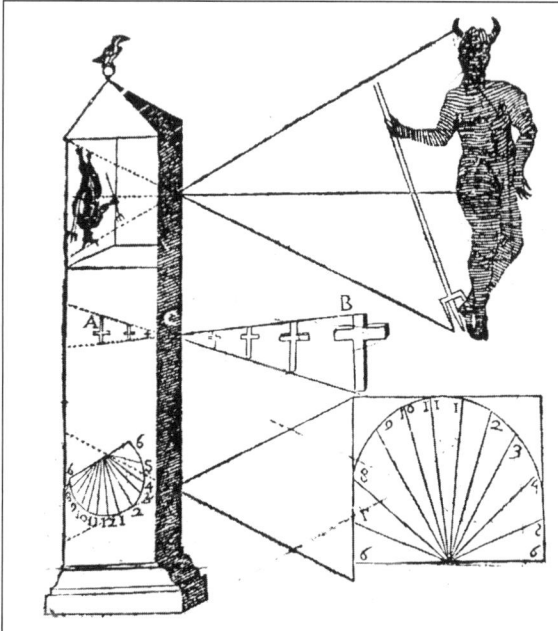

Athanasius Kircher, *Parastatische Maschine,* Kupferstich für die *Ars Magna Lucis et Umbae,* Rom, 1656. Bayrische Staatsbibliothek, München.

Nach: Stoichita, Victor I., Eine kurze Geschichte des Schattens. Wilhelm Fink, München 1999, 130.

Der Mechanismus der Projektion nach Athanasius Kirchner

Solange ein Individuum vor sich hinprojiziert und andere damit nicht behelligt, ist das relativ unschädlich. Tatsächlich ist es meist so, dass andere Personen (unten im Zitat sind es, in der psychoanalytischen Diktion, »Objekte«) in der einen oder anderen Weise einbezogen werden. Zum einen werden sie zur Bestätigung der eigenen Position gebraucht im Sinne von: »Du siehst das doch auch so, oder?« Hier setzen die bekannten Verschwörungstheorien an.

Zum anderen wird zu dem eingeladen, was die Psychoanalyse die projektive Identifikation (Main/Turquet 1977) nennt – die vielleicht perfideste Form. Der Mechanismus ist aus der Arbeit mit Paaren hinlänglich bekannt (vgl. den Film »Der Rosenkrieg« mit der entsprechenden Eskalation von Gewalt). Durch die offene oder verdeckte Zuschreibung einer negativen Eigenschaft auf die gegnerische Gruppe (Ihr seid ein autoritärer Haufen!) wird diese unter den moralischen Druck gesetzt, zu beweisen, dass sie eben nicht so ist. Dabei wird ihr aller Wahrscheinlichkeit nach an irgendeiner Stelle ein winziger Fehler passieren, der die projizierende Gruppe dazu legitimiert zu sagen: Siehste, haben wir doch immer schon gesagt, dass Ihr ein autoritärer Haufen seid!

Tom Main (in Kreeger 1977, S. 50 f.) kommentiert diesen Mechanismus so:

»Obwohl Projektionsvorgänge primitive Versuche sind, sich von inneren Qualen zu befreien, indem man sie nach außen verlegt und einem anderen Teile des eigenen Selbst zuschreibt, kann der Preis, der dafür zu zahlen ist, sehr hoch sein: Das Selbst büßt nicht nur einen Teil seines Wissens um seine Ganzheit ein, sondern es gehen ihm, im Falle projektiver Identifikation, durch den Projektionsverlust wichtige Teile seines Selbst verloren. Massive projektive Identifikation beispielsweise von aggressiven Aspekten des Selbst, die dieses bei sich fürchtet, hat zur Folge, dass es sich nur als schwach und unaggressiv empfinden kann. Demzufolge wird das geschwächte Individuum entsetzliche Angst davor haben, von beängstigenden, aggressiven Kräften überwältigt zu werden, es wird diese jedoch nur bei anderen wahrnehmen … Gewaltsame projektive Vorgänge und besonders die projektive Identifikation sind also nicht nur eine Angelegenheit des Individuums: Sie sind objektbezogen, und der andere wird immer mehr oder weniger stark mitbetroffen sein.«

Es gibt eine Gruppenkonstellation, die geeignet ist, diese Mechanismen deutlich werden zu lassen, und die damit ein Diagnoseinstrument darstellt, um einen Teil der dunklen Energien von Gruppen ans Tageslicht zu befördern: Ich denke an die Großgruppe. Dabei meine ich ausdrücklich nicht die heutigen Formen von Großgruppenarbeit wie Zukunftskonferenz, World Café, Open Space und andere, die gerade daraufhin angelegt sind, durch eine straffe Struktur und genügend Möglichkeiten des Austausches in kleinen intimen Gruppen die mit einer großen Gruppe verbundenen Ängste zu vermeiden.

> Minimal strukturierte Großgruppen sind das beste Instrument, um etwas über die Schattenseiten von Gruppen zu lernen.

Ich meine die minimal strukturierte Großgruppenarbeit, wie sie in der Gruppendynamik, vor allem aber in der englischen Psychoanalyse kleinianischer Richtung, der Tavistock-Schule und in der Gruppenanalyse nach Foulkes praktiziert wird und untersucht worden ist (vgl. Kreeger 1977, oder auch das Themenheft »Großgruppe« der Zeitschrift Gruppentherapie und Gruppendynamik, Jg. 39. Heft 1/2003). In diesen Verfahren geht es gerade darum, die Mechanismen der Projektion und der projektiven Identifikation erfahrbar zu machen. Die Sitzordnung, drei konzentrische Kreise, Berater, die lediglich Deutungen von sich geben, und Gruppengrößen zwischen 40 und 100 Personen alleine sind geeignet, das zutage treten zu lassen, was bei Melanie Klein die paranoide Position heißt: eine räumliche Enge, ein unkontrollierbares Sichbeobachtet-Fühlen, ein Verlust der Ich-Grenzen mit einer diffusen Bedrohung.

Das Verfahren kann durchaus zu psychosenahen Zuständen führen – und das nicht nur bei den Teilnehmenden, wie Main (in Kreeger 1977) betont. Auch die Staffmitglieder geraten in diesen Sog. Damit werden »die Bedrohung der Identität und des Selbstgefühls sowie die Schwierigkeit, die eigenen Ich-Grenzen aufrechtzuerhalten« zum dominanten Thema. Lionel Kreeger, der Herausgeber des wohl wichtigsten Sammelbandes über die Dynamik von Großgruppen, konstatiert in seiner Einleitung:

> »Man muss sich die mächtigen Kräfte, die in der großen Gruppe wirksam sind, deutlich vor Augen führen und sie berücksichtigen, da sie sich sowohl zum Guten wie zum Bösen verwenden lassen« (Kreeger 1977, S. 20).

Die Schwierigkeit, in einer solchen Gruppe als Individuum in Erscheinung treten zu können, das heißt, den Pol der Differenzierung, der Bedeutung des Individuums zu bewahren, führt zu einer Reihe der behandelten und noch zu behandelnden dunklen Verhaltensweisen. Man kann natürlich nicht sagen, die Großgruppe sei »böse« oder »dunkel«. Sie dient lediglich dazu – und neben ihrer therapeutischen hat sie durchaus auch eine pädagogische Funktion –, diese Schattenseiten der (Kollektiv-)Seele sichtbar zu machen und die Mechanismen zu veröffentlichen, die in Gruppen (je größer, desto deutlicher) und größeren gesellschaftlichen Zusammenhängen wirksam sind.

Folgeerscheinungen von zu viel zentrifugaler Energie

Die Zerstörung der Gruppe

Erinnern wir uns an das Balance-Modell: Ein Überwiegen der zentripetalen Kräfte führt zu den diversen beschriebenen Verhaltensweisen (s. S. 332 ff.), die alle etwas mit Druck nach innen zu tun haben. Jetzt geht es darum, die gegenläufige Energierichtung zu betrachten: Was geschieht, wenn die zentrifugalen Kräfte nicht mehr in der Balance sind und zu stark werden?

In der Entwicklungsphase einer Gruppe, die in den gängigen Phasenmodellen der Kohäsionsphase vorausgeht und mit »Kampf um Positionen und Rollen«, bei Bion (1974) einfach mit »Kampf und Flucht« bezeichnet wird, droht das der Kohäsion Entgegengesetzte: der *Zerfall der Gruppe.* Wiederum zur Verdeutlichung ein Zitat von Volmerg (2000, S. 316):

> »In Gruppen mit einer Sachaufgabe gibt es Auseinandersetzungen über das richtige Vorgehen. In Gruppen, die ein Thema bearbeiten, geht es um die Durchsetzung der richtigen Meinung. Meist sind die Unterschiede gar nicht so gravierend, doch darauf kommt es jetzt nicht an – im Gegenteil: Es geht gerade um die Unterschiede. Sie sind ein Mittel, sich in der Gruppe als ein unverwechselbares Individuum zu positionieren. Der Grundkonflikt zwischen Individuum-Sein und In-der-Gruppe-Sein wird in dieser Phase so gelöst, dass jede/r die ganze Gruppe für sich gewinnen will, nach dem Motto: Wenn alle so wären wie ich, hätten wir keine Konflikte. Das führt notwendigerweise zu einer allseitigen Rivalität …
> Wenn die Leitung die Angst vor der Zerstörung der Gruppe nicht auffangen kann, sondern selber davon gelähmt ist, kann es zu einer Polarisierung kommen. Dann können die einen mit ängstlicher Verachtung auf den Machtkampf der anderen starren. Es entstehen zwei Lager, die Lauten und die Leisen, die sich gegenseitig die Schuld an der Blockierung zuschieben. Die Gruppe bleibt im Machtkampf stecken und die Einzelnen können ihre Position nicht finden. Auch die Leitung bleibt von Gefühlen nicht verschont, dass die Gruppe misslingen könnte, weil die Gegensätze zu groß scheinen.«

Die Bedrohung, dass die Gruppe misslingt, weil die in ihr enthaltenen Gegensätze zu groß scheinen – das zeigt die Innenseite, das individuelle Erleben dessen, was als Zerfall droht. Man kann mit einem zünftigen Krach auseinandergehen, man kann auseinanderlaufen oder – das wohl häufigste in Volkshochschulkursen – einfach wegbleiben. Was wäre denn so schlimm daran, wenn eine Gruppe auseinanderbricht, zerfällt? Es mag sein, dass uns das heute nicht mehr so bedrohlich vorkommt. Wir können uns dann eine neue Yoga-Gruppe suchen, ein neues Projekt starten.

Ein anthropologischer Faktor wird wirksam, der uns kaum bewusst ist. Aber es hat Jahrmillionen Menschheitsgeschichte gegeben, in denen der Zerfall eines sozialen Systems, einer Gruppe, Horde, Sippe und Ähnliches ein lebensbedrohendes Ereignis war – bot die Sozietät doch den einzigen verlässlichen Schutz für das Überleben des Einzelnen. Die Species Homo sapiens sapiens hat über Jahrmillionen fast ausschließlich als soziales Wesen existiert:

> »Ein Überleben war nur im Verband von Familie, Sippe oder Horde möglich. Zugehörigkeit war überlebensnotwendig; Einsiedler waren die seltenen und meist hoch geachteten Ausnahmen. Erst seit wenigen hundert Jahren gibt es im Westen ein Konzept des Individuums, und erst seit wenigen Jahrzehnten breitet sich in Europa und Nordamerika das Singledasein aus. Es sei postuliert, dass es ein tiefverwurzeltes – über Tausende von Generationen gelerntes – Bedürfnis nach Zugehörigkeit gibt, dass der Mensch sich als Zugehöriger definiert und erlebt. Ein solcher Faktor stellt einen Selektionsvorteil in der Evolution dar (vgl. Maturana/ Varela 1987, S. 111, 127)« (Antons/Hunziker 2003, S. 231).

Vielleicht erscheint ein Gruppenzerfall auf den ersten Blick als nicht ganz so »dunkel« wie die Phänomene der allzu hohen Kohäsion. Er gewinnt im Lichte einer solchen Betrachtung jedoch eine sehr ernste und existenzielle Seite. Bei drohendem Zerfall wird eine Tiefenschicht virulent, die durchaus »Sprengkraft« entwickeln kann – einschließlich der Gewalt, um ihn zu verhindern. Das ist vielleicht am häufigsten in den Tageszeitungen zu lesen: Ein Mann bringt seine Frau, die Kinder und am Ende vielleicht noch sich selbst um – weil die Frau ihn verlassen und ihn seiner sozialen Existenz berauben wollte.

Die Spaltung der Gruppe

Zerfall im Sinne eines Auseinanderlaufens ist das eine, Gruppenspaltung das andere Phänomen im Kontext von »zu vielen Fliehkräften«. Aufspaltungen sozialer Systeme ziehen sich auf der Makroebene durch die Menschheitsgeschichte, am virulentesten sind sie in der Religionsgeschichte: In den ersten nachchristlichen Jahrhunderten sollen etliche Abspaltungen von der Urkirche entstanden sein; die Manichäer sind die vielleicht bekanntesten dieser »Häretiker«. Eine wundervolle Satire auf diesen Teil von Geschichte findet sich im »Baudolino« von Umberto Eco (2000, S. 418 ff.).

In einem Teil des Buches reist der Held Baudolino mit seinen Gefährten in das sagenhafte Land des Priesterkönigs Johannes. Dessen Stämme unterscheiden sich für die Reisenden enorm aufgrund ihrer äußeren Unterschiedlichkeiten: Die einen haben nur einen großen Fuß, den sie auch als Sonnenschirm benutzen, die anderen haben keinen Kopf und tragen das Gesicht auf der Brust usw. Wenn sie aber die Bewohner auf diese sichtbaren Unterschiede ansprechen, stellen sie fest, dass diese die Unterschiede gar nicht wahrnehmen oder sie zumindest für absolut peripher halten. Die für sie relevanten Unterschiede, die Unterschiede machen, sind total andere: Die gegenseitigen Ablehnungen und Vorurteile nähren sich daraus, dass für die einen der Sohn nicht die gleiche Natur wie der Vater hat, die anderen nur den Heiligen Geist verehren, die dritten daran glauben, dass der Geist nur vom Sohne, aber nicht vom Vater ausgeht…

Um 1050 spaltet sich die Ost- von der Westkirche, fünfhundert Jahre später der Protestantismus vom Katholizismus: Die Kirchengeschichte ist eine Geschichte sukzessiver Abspaltungen – wie im Übrigen auch die Geschichte der psychoanalytischen Bewegung. Gruppenspaltung ist umso wahrscheinlicher, je rigider Glaubensvorstellungen von den Mitgliedern eingefordert werden. Was Gruppen nach einer Spaltung natürlich tun: Sie bekämpfen sich. – Im Buddhismus werden den Ordensspaltern die tiefsten und am längsten dauernden Höllen angedroht.

Wie der Zerfall, so weckt die Spaltung einer Gruppe tiefsitzende Ängste in uns. Das ist auch dann zu spüren, wenn eine Gruppe erfolgreich ist, großen Zulauf hat und schließlich so groß wird, dass sie sich aus pragmatischen Gründen aufteilen muss. Vergleichbares haben wir als Kinder und Jugendliche in der Schulklasse erlebt, wenn Mannschaften eingeteilt, Schwache und Außenseiter gar nicht gewählt wurden.

Der Film »Herr der Fliegen« (nach dem Buch von William Golding; Erstverfilmung 1963 von Peter Brook, Neuverfilmung von Harry Hook) zeigt eine solche dramatische Gruppenspaltung.

 Eine Anzahl von Schülern überlebt den Absturz ihres Flugzeugs auf einer unbewohnten tropischen Insel und wählt zunächst den besonnenen Ralph zum Häuptling. Mit Muschelhorn und demokratischen Spielregeln regelt er Zusammenleben, Essensbeschaffung, Hausbau und das Bewachen des Feuers auf dem Berggipfel. Dieses symbolisiert das Ziel der Notgemeinschaft: gefunden zu werden und in die Zivilisation zurückzukehren. Je besser die Jungen sich auf der Insel zurechtfinden, desto deutlicher wird, dass dieses Aufrechterhalten des Zivilisierten nicht das Ziel aller ist. Das Gegenprinzip, nämlich jagen, töten, verwildern und andere rauschhafte Kollektiverfahrungen zu erleben, wird durch Jack, den Antagonisten Ralphs, verkörpert. Zunächst nicht zum Häuptling gewählt, verspricht er »Brot und Spiele«, und einer nach dem anderen läuft zu ihm über. Das Feuer auf dem Berg verlöscht. Jacks Horde wird größer, die von Ralph vermindert sich dementsprechend. Jack beginnt ein autoritäres Terrorregime mit Strafaktionen, nutzt die Angst der Jungen aus und lässt sich quasigöttlich verehren. Nachdem die letzten beiden Getreuen Ralphs getötet sind, ist dieser alleine – die Jagd auf ihn endet mit der völligen Verwüstung der Insel durch Brandstiftung und in der Schlusseinstellung damit, dass Ralph ermattet vor den Füßen eines Retters zusammenbricht.

Was spaltet diese Gruppe? Wohl der Konflikt zwischen konträren Wertvorstellungen: Die eine heißt, der zivilisierten Erwachsenenwelt treu zu bleiben, für die Rückkehr zu arbeiten, und die andere heißt, lustvoll und zügellos in einem Kollektiv aufzugehen, das einem das Gewissen für die Mordlust abnimmt.

Methodisch herbeigeführte Gruppenspaltungen gehören auch zum Repertoire gruppendynamischer Trainings – wo sie allerdings reflektiert und damit Ausgangspunkt für eine weitere Entwicklung werden. Aber eigentlich ist jede gruppendynamische Aufteilungssituation (Antons/Hunziker 2003) eine unbewusste Konfrontation mit dem Risiko, keine Zugehörigkeit zu gewinnen, außen vor der Sozietät der Gruppe zu bleiben und damit potenziell dem sozialen – menschheitsgeschichtlich gesehen auch dem physischen – Tode ausgeliefert zu sein. In der Identifikation mit dem, der draußen bleibt, dem »Außenseiter«, wäre jedes Mitglied mit dem potenziellen eigenen Tod konfrontiert.

Außenseiter

Damit komme ich zum Hauptaspekt von »zu viel Unterschiedlichkeit« – die ja auch, entsprechend dem Bild des Yin und Yang, immer einen Aspekt von »zu viel Kohäsion« enthält. Neben Zerstörung, Zerfall und Spaltung ist das quantitativ wohl wichtigste dunkle Phänomen, dass einzelne Personen und Minderheiten nicht zur Majorität zu passen scheinen – sei es durch bestimmte äußere Merkmale wie Hautfarbe oder durch geeignete Verhaltensweisen. Wir haben damit das Außenseiterproblem – das auch mit Begriffen unserer vierbeinigen Wolllieferanten versehen ist wie Sündenbock und schwarzes Schaf. Es ist ein Thema der Gruppendynamik seit deren Anfängen (vgl. Fengler 1981), denn sie entstand im Zusammenhang der Untersuchung von Minoritätenproblemen (Lewin 1946).

Das Modell von Schindler gibt eine sinnstiftende Erklärung für dieses Phänomen, das sich in mannigfacher Form zeigt. Immer ist es jemand, sind es welche, die nicht zu passen scheinen in den Mainstream der Gruppe. Sie sind zu laut oder zu zurückhaltend, zu schwarz oder zu grün, zu auffallend oder zu ausländisch. Sie sind jeweils das, was die Gruppe als ihr gegnerisches Prinzip versteht und definiert und gegen das sie kämpft.

Der Sündenbock war bei den alten Israeliten ein realer Hammel. Im dritten Buch Mose 16, Verse 20–22 heißt es zum Versöhnungstag (ich habe die markige Sprache der Lutherbibel gewählt):

»Und wenn er vollbracht hat das Versöhnen des Heiligthums, und der Hütte des Stifts, und des Altares, so soll er (*Aaron auf Geheiß des Herrn an Moses*, K.A.) den lebendigen Bock herzubringen.
Da soll denn Aaron seine beyden Hände auf sein Haupt legen, und bekennen auf ihn alle Missethat der Kinder Israel, und alle ihre Übertretungen in allen ihren Sünden, und soll sie dem Bock aufs Haupt legen und ihn durch einen Mann, der

vorhanden ist, in die Wüsten lauffen lassen. Dass also der Bock alle ihre Missethat auf ihm in eine Wildniss trage, und lasse ihn in die Wüste.«

In der ZEIT vom 10.02.1995, S. 69 wird das so kommentiert: »Einmal im Jahr soll Großreinemachen sein, sieht das Gesetz in der hebräischen Bibel vor. Dazu gehört, dass der Priester einen Ziegenbock nimmt, ihm die Hände auf den Kopf legt, die Fehler der Glaubensgemeinschaft bekennt und den Sündenbock in die Wüste treiben lässt. Das Tier nimmt die Sünden mit, die Menschen können durchatmen – bis zum nächsten Jahr. Rituale entlasten. Längst haben Soziologen erkannt, dass säkulare Gesellschaften ähnlich verfahren: Mal werden die Fremden zum Bock, mal die Alten, mal die Kinder ...«

Bleibt hinzuzufügen, dass der Mechanismus der Ent-Schuldung in Gruppen nicht so gut funktioniert. Hat man jemanden hinausgeekelt, so bleiben Schuldgefühle. In manchen Gruppen gibt es destruktive Zirkel der Art, dass gleich der nächste Sündenbock ausgeguckt wird. Manche Gruppen perfektionieren dieses Spiel mit äußerster Perfidie. – Möglich, dass der »Prügelknabe« eine ähnliche rituelle Herkunft hat.

Ich erinnere mich an eine Selbsthilfegruppe, die mich zur Beratung gebeten hatte, »weil sie mit den Konflikten untereinander nicht klarkämen«. Trotz diagnostischer Interventionen meinerseits lief vom ersten Termin an das gleiche Muster mehrfach durch: Die Energie der gesamten Gruppe richtete sich darauf, ein Mitglied zu finden, das für irgendein Versagen schuldig war. Ein solches fand sich stets – durch die schlechteren Nerven, durch Auflehnung gegen diese Zuschreibung oder durch Eingeständnis seiner »Schuld«. Sofort fielen die (meisten) anderen über sie oder ihn her – bis der- oder diejenige weinte, ein erneutes Sündenbekenntnis von sich gab oder aus dem Raum stürzte. Darauf trat beklommene Stille ein, die Schuldgefühle hingen fassbar dick im Raum. Die ersten Bewegungen aus dieser peinlichen Situation waren, jemand Neues auszugucken, der oder die wieder etwas »verbrochen« hatte, und das Muster lief in der gleichen Weise ab. Alle Hinweise auf dieses Muster blieben unverstanden. – Der dritte vereinbarte Termin wurde abgesagt: Die Situation sei eskaliert, ein Gruppenmitglied habe dem Leiter eine Bierflasche über den Schädel gehauen, der liege jetzt in der Klinik. Die Gruppe habe sich aufgelöst.

Das andere Bild ist das des schwarzen Schafes. Dieses Tier fand sich im Herbst 2006 auf einem Wahlplakat der Schweizerischen Volkspartei (SVP), der Partei von Christoph Blocher. Deren Position, leicht vergröbert (Vergröberung passt allerdings zu dieser Partei), besagt: Ausländer sind schwarze Schafe und haben keinen Platz in der Schweiz. Die Anzeigenkampagne führte zu einem Sturm der Entrüstung in der Alpenrepublik.

Plakat der SVP im Herbst 2007

Nicht nur wegen dieses Plakates, mehr noch wegen seiner fortgesetzten Obstruktion aus der Regierungsposition heraus, wurde Anfang Dezember 2007 Christoph Blocher aus seinem Amt als Bundesrat abgewählt. Sofort tauchte das Revancheplakat auf:

Gegenplakat, Dezember 2007

Damit wurde, in einer teilweise beklemmenden, weil doch an faschistische Propaganda erinnernden Art, im Gegenzug aber auf eine befreiend-erfrischend-humorvolle, wenn auch mit Schadenfreude gesättigte Weise dieses »Du passt nicht zu uns« aktualisiert. Was sich übrigens derzeit in dieser Partei zeigt, ist ein klassischer Spaltungsprozess, wie er im vorigen Abschnitt beschrieben ist.

Wenn eine Gruppe in einer »Sündenbockstimmung« ist, also ihre abgelehnten Seiten in einem Omega kondensieren muss, dann findet sich meist auch ein solches in der Gruppe. Dann ist es eine Frage der Reife, ob es »drin« bleiben kann oder ausgestoßen wird – per Kündigung, Missachtung, aktiver – Aggressionen oder schließlich entnervt geht.

Man muss allerdings gerechterweise hinzufügen, dass es nicht nur immer die »böse Gruppe« ist, die das arme Opfer verstößt. Es gibt auch Menschen, die aufgrund ihrer – meist familiär erworbenen – Lebensmuster gewissermaßen den Ausschluss aus jeder Sozietät provozieren – getreu dem Motto von Groucho Marx: Ich werde doch nicht Mitglied in einem Club, der so jemanden wie mich zum Mitglied haben will!

Ausgrenzende Verhaltensweisen werden heute oft mit dem entdifferenzierenden Wort »Mobbing« bezeichnet. Ich werde diesen Begriff nicht verwenden, da er sich zum einen durch eine hohe Unschärfe auszeichnet, widersprüchlich oder gar missbräuchlich verwendet wird und zum anderen sich nicht nur auf Gruppen bezieht.

Ein von Erving Goffman (1963) aus der Religion in die Sozialpsychologie importierter Begriff sei erwähnt: das *Stigma* und die *Stigmatisierung*. Gemeint ist damit ein Attribut, das ein Individuum umfassend diskreditiert und es von einer ganzen und gewöhnlichen zu einer abgewerteten und mit Makeln versehenen Person macht

> Ausgrenzungsverhalten ist fast immer eine dynamische Interaktion von Ausgrenzenden und Ausgegrenzten.

(nach Major/O'Brien 2005). Diese Autorinnen sichten die sprunghaft angewachsene Literatur zur Thematik und beschreiben eine Reihe von Mechanismen, über die Stigmatisierung wirkt. In unserem Zusammenhang sind die vielleicht wichtigsten Befunde, dass Stigmatisierung eine *Bedrohung der Identität* darstellt, dass aber in den Reaktionsmöglichkeiten der Stigmatisierten eine immense Spannweite besteht und noch nicht abzusehen ist, welche Faktoren Menschen dafür anfällig oder immun machen.

Eine Fallsituation, die zwei Jahrzehnte zurückliegt, mir aber immer noch lebhaft vor Augen ist, möchte ich als Beispiel dafür bringen, wie individuelle und kollektive Ausgrenzungsmechanismen sich mit eigenem Außenseiterverhalten kombinieren. Ich erzähle es auch, obgleich es die einzige Situation in meiner professionellen Karriere war, in der ich einem Teilnehmer gegenüber beinahe tätlich geworden wäre.

 Ein Teilnehmer in einem Wochenend-Selbsterfahrungsseminar, das ich als Gruppendynamiker zusammen mit einer Psychodrama-Kollegin leite, wird mir von ihr schon als schwierig angekündigt. Die Ankündigung trifft ein: Teilnehmer U stellt sich von Beginn an quer, kritisiert laufend die Leitung und andere Teilnehmerinnen und Teilnehmer und tut das auf eine Art, dass er sich stets als das Opfer der anderen definiert. Wir merken, dass die unterdrückte Wut auf U in der Gruppe steigt und die Arbeit erschwert. Meine Kollegin und ich bekommen zunehmende Gegenübertragungsgefühle der Art, dass wir die Gruppe vor der Destruktivität von U meinen schützen zu müssen. Offenbar ist niemand von den Teilnehmenden in der Lage, die perfide Opferstrategie anzugreifen; es ist klar, dass wir das tun müssen. Es scheint auch so zu sein, dass das besser durch mich, den Mann und den Gruppendynamiker, geschieht. Bei der nächsten Attacke von U stehe ich auf, gehe quer durch die Runde, stelle mich vor ihn und sage klar und bestimmt, dass das Spiel ein Ende hat. Entweder er ändere sein Verhalten oder er verlasse die Gruppe. Ich merke, wie auf einmal Gewalt in seinen Augen ist, und spüre schlagartig eine Mordswut auf ihn. Ich bin kurz davor, ihm an den Kragen zu gehen. Das merken meine Kollegin und die anderen und stellen sich zwischen ihn und mich. Da bricht die Abwehrfassade von U zusammen, er kann weinen und es kommt zu einer ergreifenden Klärung.

Zum Verständnis dieser komplexen Situation, in der mehrere der behandelten dunklen Mechanismen zutage traten, möchte ich darauf hinweisen, dass ich mich als Deutscher hiermit auf ein heikles Terrain begebe: U ist Jude. Welche kollektiven Mechanismen spielen mit in dieser einzigen Situation meiner beruflichen Tätigkeit, wo ich die Kontrolle verloren, die Abstinenzschranke überschritten habe und nicht aus eigenem Vermögen, sondern nur durch tatkräftiges Eingreifen anderer *nicht* gewalttätig geworden bin?

Dieses Ereignis, das in der Ausbildungsgruppe gemeinsam aufgearbeitet wurde, das mich aber darüber hinaus lange beschäftigt hat und mir nach mehr als 20 Jahren noch in lebhafter Erinnerung ist, findet seine plausibelste Erklärung in dem, was Main (in Kreeger 1977, S. 51 f., in diesem Beitrag auf S. 343 f. zitiert) über die Verschränkung von Identifikation und Projektion schreibt.

U verstand sich, wohl auch in partieller Identifikation mit dem Judentum, ständig als Opfer der anderen und konnte nicht wahrnehmen, welchen Teil der Aggression er selbst lebte – mit seinen harten und verletzenden Abwertungen anderer. Er konnte lediglich die dann auch tatsächlich vorhandene Aggression in den Augen der anderen schimmern sehen.

In meiner Identifikation mit den »deutschen Tätern« spürte ich, wie Main im genannten Zitat beschreibt, eine mir aus meinen sonstigen Seminarkontexten nur selten (doch, doch, es gab durchaus etliche Situationen, in denen ich wütend auf Teilnehmende war – aber ohne es je unkontrolliert ausagieren zu müssen) bekannte ohnmächtige Wut, in der ich meinte, die Gruppe vor der destruktiven Energie eines Einzelnen schützen zu müssen. Es war letztlich meine eigene Angst vor der Zerstörung der Gruppe, die mich unkontrolliert handeln ließ.

Dass es sich dabei nicht nur um eine individuelle oder spezifische Dynamik dieser Gruppe gehandelt hat, konnte ich mehrfach in den von Josef Shaked durchgeführten Großgruppensitzungen erfahren. Stets steuerte die unbewusste (oder vom jüdischen Leiter dorthin gesteuerte?) Dynamik auf die deutsch-jüdische Thematik. Es ist die Frage, wie lange wir noch unsere Geschichte therapeutisch reinszenieren und wieder und wieder »durcharbeiten« müssen, bis wir ganz frei davon sein können (vgl. Shaked 2003).

In einer unprofessionellen Gruppendynamik (Sichrovski 1988) werden Übungen nach dem Muster »Einer fliegt raus« durchgeführt. Deren zeitgenössische Entsprechungen boomen derzeit in TV-Serien wie »Big Brother«. Dabei geht es darum, mit Stärke und Durchsetzung den eigenen Platz »drinnen« zu verteidigen. Bewusstwerdung dieses Prozesses ist nicht angezeigt. Hier werden Schattenseiten der Gruppendynamik »kultiviert«, und das trägt sicher dazu bei, dass manche Menschen mit dem Begriff »Gruppendynamik« in erster Linie Prozesse von Kampf und Rivalität, von emotionalen Entgleisungen und Sündenbockprozessen verbinden. Es ist auch überzufällig, dass die mir beim Schreiben in Erinnerung gekommenen Filme nicht solche sind, die die positiven Möglichkeiten von Gruppen zeigen (solche gibt es auch), sondern solche, die dramatische Entgleisungen von Intra- und Intergruppenprozessen zeigen. Vielleicht ist das so wie bei den mittelalterlichen Tafelbildmalern Hieronymus Bosch und Pieter Breughel: Die Schrecken der Hölle zu zeigen scheint spannender als die vielleicht langweiligen Wonnen des Himmels.

Es ist das Anliegen professioneller Gruppendynamik, die Universalität des Sündenbockprozesses bewusst zu machen und andere Lösungen als den Ausschluss eines unliebsamen Mitglieds (oder einer Minoritätengruppe) zu ermöglichen – und auch eine Förderung des Bewusstseins, dass es nicht (nur) um ein individuelles Problem geht, sondern um eines, das alle betrifft. Die gruppendynamische Standardintervention lautet etwa: Was sagt der Sündenbock über das Ungeliebte, Tabuisierte, nicht Zugelassene in dieser Gruppe aus? Was trägt der Außenseiter für die anderen aus?

Die genannten Bibelzitate sind, ebenso wie das Schindler-Modell, dazu geeignet, als Verständnishilfen zu fungieren, um der Gruppe zu verdeutlichen, was gerade geschieht, und ihr zu helfen, aus der projektiven Tendenz herauszufinden.

Volmerg (2000, S. 317) beschreibt die Aufgaben der Leitung in der Entwicklungsphase, in der es um Auseinandersetzung, Positions- und Rollenfindung (also der Phase, in der eine Gruppe am ehesten zerbricht, sich spaltet, Mitglieder verliert oder ausstößt) geht, so:

»Die Leitung tut in dieser Phase gut daran, die Autonomie der Gruppenmitglieder zu unterstützen und Positionierungen zu erleichtern; zum Beispiel durch Aufgaben, die es dem Einzelnen ermöglichen, sich vor der Gruppe zu zeigen. Gleichzeitig hat sie die Gruppe vor dem drohenden Auseinanderbrechen zu schützen. Denn vor lauter Ringen um die eigene Position geht der Blick für das Gemeinsame verloren und Angst entsteht, dass Zusammenarbeit gar nicht möglich sein könnte. Hilfreich sind Interventionen, die Erlaubnis zur abgrenzenden Positionierung geben und gleichzeitig das Verbindende hervorheben.«

Abschließende Bemerkungen

Alle beschriebenen dunklen Verhaltensweisen scheinen etwas »Naturwüchsiges« in Gruppen zu sein. Es gibt sie einfach, diese andere Seite. Sie will auch leben, wie Jung es formuliert hat. Und es gilt, sie bewusst zu halten, damit sie weniger Chancen hat, sich in einer destruktiven Weise zu entfalten, und Gegensteuerung möglich wird.

Wichtig scheint mir, zu überprüfen: Was für ein Modell von Gruppe habe ich eigentlich in meinem Kopf? Ist es ein (neo)darwinistisches des »survival of the fittest«, das Konkurrenz und Gegeneinander als etwas quasi Unausweichliches beschreibt? Dann ist das Ausstoßen von Unliebsamen durchaus gerechtfertigt, dann ist auch unser derzeitiges Wirtschaftssystem mit seinem Glauben an das unbegrenzte Wachstum auf Kosten der Schwachen in Ordnung. Dann ist auch »Big Brother« eine zutreffende Beschreibung menschlichen Mit- beziehungsweise Gegeneinanders. Oder habe ich ein Bild im Kopf, wie es der deutsche Nobelpreisträger Manfred Eigen wohl zuerst formuliert hat und wie es im Modell der Autopoiese weiterentwickelt worden ist: dass Evolution auf dem Prinzip von Kooperation – manche sagen sogar Liebe dazu – beruht und dass ein konstruktives Miteinander nötig und möglich ist?

Unter einer solchen Perspektive haben die dunklen Seiten von Vergemeinschaftung durchaus ihren Platz. Dann heißt die Frage nicht: Wer hat recht, wer gewinnt, wer ist der Böse oder Gute? Sie heißt vielmehr: Wie bekomme ich die zentrifugalen Kräfte wieder in eine Balance mit den zentripetalen? Auf jeden Fall: Eine Gruppe und ihre Leitung sind diesen dunklen Seiten der Gruppendynamik nicht ausgeliefert – sie sind gestaltbar.

Abschnitt III
Verschiedene Formen
der Steuerung

Gisela Clausen

Führung: Das sensible Zusammenspiel

Einführung

Was wäre eine Seminarleiterin ohne Seminargruppe, was eine Führungskraft ohne Team oder Abteilung, was ein Vorstandsvorsitzender ohne Vorstand? Führung und Management finden immer im Rahmen einer Gruppe statt. Dabei kann es um sehr unterschiedliche Gruppen gehen: Vorstände und Ausschüsse, Betriebsräte, Teams, Abteilungen, Projektgruppen, Delegiertenversammlungen, Forschungsgruppen oder Netzwerke, Workshops und Seminare.

Das alltägliche Leben bietet viel Anschauungsmaterial zum Thema Führung von Gruppen: Mal ist die Führungskraft im Hintergrund wie zum Beispiel bei einer Theateraufführung der Regisseur, mal ist sie im Zentrum des Geschehens, wie zum Beispiel bei einem Symphoniekonzert, mal ist die Führung nicht erkennbar, aber in engem Kontakt mit den Mitarbeitern, wie zum Beispiel bei einem Feuerwehr- oder Polizeieinsatz.

Management, Leadership, Führung, Leitung

Wir haben viele Begriffe für die Tätigkeit des Führens: Management, Leadership, Leitung, Führung. Diese Begriffe sind in ihrer Bedeutung nicht besonders scharf voneinander abgegrenzt, denn sie unterliegen Moden. Im Mahlstrom des Marktes werden sie zu Verkaufsbegriffen, die in der inflationären Dynamik der Managementlyrik kontinuierlich ihren Sinn verlieren oder verändern.

So beschwert sich zum Beispiel Fredmund Malik über die Mode, eine scharfe Unterscheidung zwischen Management und Leadership vorzunehmen. Er geht davon aus, dass der gehäuften Verwendung des Begriffs »Leadership« eine falsche Übersetzung zugrunde liegt. (Malik 2007, S. 31/32)

Die Unterscheidung der Begriffe hat in der amerikanischen Fachliteratur allerdings schon eine längere Geschichte. Richard L. Hughes und seine Kollegen beschreiben in ihrem neuen Lehrbuch den Unterschied folgendermaßen: »Für viele Leute ist das Wort ›Management‹ mit Begriffen verbunden wie Effizienz, Planung, Schreibtischarbeit, Verfahren, Regulierung, Kontrolle und Konsistenz. Leadership wird eher mit Begriffen wie Risiko eingehen, Dynamik, Kreativität, Veränderung und Visionen in Verbindung gebracht« (Hughes/Ginnett/Curphy 2009, S. 8). Sie beziehen sich dabei auch auf die Unterscheidung von Warren G. Bennis aus dem Jahr 1989:

- Manager haben kurzfristige Perspektiven; Leader eine langfristige Sicht.
- Manager verwalten; Leader erneuern.
- Manager verstetigen; Leader entwickeln.
- Manager kontrollieren; Leader inspirieren.
- Manager fragen: Wie und wann? Leader fragen: Was und warum?
- Manager imitieren; Leader produzieren originelle Lösungen.
- Manager akzeptieren den Status quo; Leader fordern ihn heraus.

Warren G. Bennis und Burt Nanus haben Mitte der 1980er-Jahre den Unterschied auf die einfache Formel gebracht: »Managers do things right, Leaders do the right things« (Bennis/Nanus 1985, nach Staehle 1994, S. 818).

Im deutschen Sprachgebrauch ist der Begriff des Managements im Laufe der vergangenen Jahrzehnte zunehmend diffus geworden. Es hat sich daher eingebürgert, vom *oberen Management*, also der Firmenleitung, und vom *mittleren Management* zu sprechen. Damit sind all diejenigen gemeint, die Bereiche oder Abteilungen in der Mitte zwischen der Geschäftsführung und den Team- oder Gruppenleitungen führen. Mit Begriffen wie *Führungskraft* oder *Führungstätigkeiten* sind in der Regel die Rollen und Tätigkeiten im Bereich des mittleren Managements gemeint. Mit Begriffen wie *»die Leitung«* oder *»Leitungskraft«* werden häufig Führungskräfte im Non-Profit-Bereich bezeichnet. Je nach Unternehmenskultur und Tradition sind die einen oder anderen Begriffe gebräuchlich.

> »Managers do things right, Leaders do the right things.«

Wenn in diesem Artikel von Führungskräften die Rede ist, geht es in der Regel um Führungskräfte des mittleren und oberen Managements in großen Wirtschaftsbetrieben und in Non-Profit-Organisationen oder um die Geschäftsführungen und die an ihrer Seite stehenden Führungskräfte in kleinen mittelständischen Betrieben und in kleinen Non-Profit-Organisationen.

Führung und Team

Fragen der Führung und der Zusammenarbeit werden in der Forschung und in der Literatur meist getrennt behandelt: Wenn es um Führungsfragen geht, richtet sich das Augenmerk auf die Führungskraft. Wenn es um Fragen der Zusammenarbeit in Teams oder Projektgruppen geht, wird den Fragen der Führung nur wenig Aufmerksamkeit geschenkt.

Unter Fachleuten besteht weitgehend Einigkeit: Führung ist ein Prozess, an dessen Gelingen immer mehrere Personen und situative Faktoren oder Kontextbedingungen, wie zum Beispiel die Entwicklung der Märkte, die Fachkunde der Mitarbeiterinnen und Mitarbeiter oder die verfügbaren Ressourcen, beteiligt sind. Richard L. Hughes und seine Kollegen gehen dementsprechend in ihrem Lehrbuch von folgendem Grundmodell aus, um den Prozess der Führung zu beschreiben (Hughes/Ginnett/ Curphy 2009, S. 1):

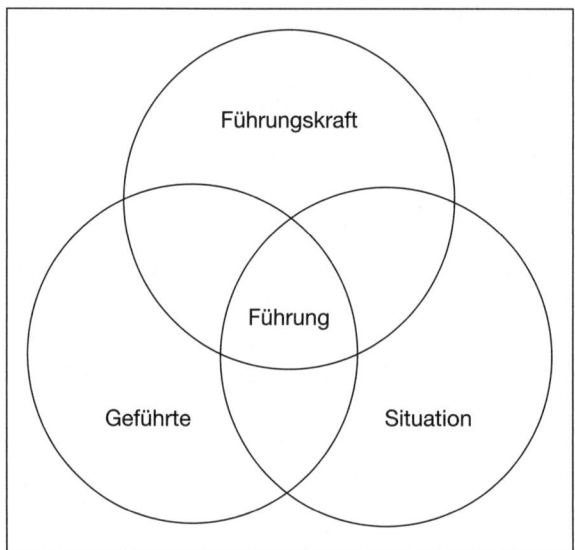

Richtet man sein Augenmerk allein auf die Persönlichkeit der Führungskraft und ihre Fähigkeiten, erblindet man für das komplexe Wechselspiel zwischen Führungskraft und Geführten ebenso wie für die Faktoren aus dem Umfeld von Team und Führungskraft.

Die Betonung des Zusammenspiels ist mir wichtig, weil in dem weiten Feld der Populärliteratur überwiegend personenzentrierte Sichtweisen ins Feld geführt werden. Die Überzeugung, dass Führung nur als Wechselspiel zwischen Führungskräften und Geführten verstehbar ist, ist seit vielen Jahren Grundlage meiner Arbeit als Organisationsberaterin und als Trainerin von Führungskräften. Es steht außer Frage, dass Kontextfaktoren eine entscheidende Rolle spielen. In diesem Buch aber gilt das Hauptinteresse dem Zusammenspiel von Führungskraft und Gruppe. Über die Bedeutung von Kontextfaktoren schreibt zudem Cornelia Edding in diesem Handbuch ausführlich (s. S. 467 ff.).

Team oder Gruppe?

Die Begriffe »Team« und »Gruppe« werden im Alltag und häufig auch in der Fachliteratur weitgehend synonym gebraucht. Hier soll von Teams, Abteilungen und Gremien die Rede sein, von Projektgruppen oder Vorständen, von Seminaren und Workshops, und deren Führungskräften. Die genannten Gruppen haben natürlich sehr unterschiedlichen Regelungsbedarf.

Gestaltung des organisationalen Kontextes

Gestaltung der Arbeitsgruppe

Verantwortungsspielraum des Managements

Steuerung der Leistungserstellung

Verantwortung der Gruppe

Arbeitsausführung

| manager-geführte work teams | selfmanaging work teams | selfdesigning work teams |

In diesem Beitrag gehe ich also von einem eher weiten Begriff von Teamarbeit aus. Entscheidend ist, dass die Beteiligten eine gemeinsame Aufgabe oder ein gemeinsames Thema haben, über einen längeren Zeitraum zusammenarbeiten und eine gemeinsame Leitung haben. Welche der Regelungsaufgaben jeweils von der Führungskraft und welche von den Teammitgliedern wahrgenommen werden, stellt einen der großen Gestaltungsräume im Zusammenspiel zwischen Team und Führungskraft dar. Diese Gestaltungsräume stehen hier im Mittelpunkt.

In vielen Fällen wird auch auf die Führungstätigkeit von Seminarleitungen, hier und da auch auf die von Beratern eingegangen. Trainer und Berater haben neben ihrer inhaltlichen Aufgabe auch einen Leitungsauftrag. Für die Erwachsenenbildung gilt das umso mehr, je mehr es in Veranstaltungen um das Erlernen von Verhaltenskompetenz geht. So unterschiedlich die Rollen von Führungskräften, Seminarleitungen und Beratern auch sein mögen, zentrale Fragen der Führung stellen sich allen drei Berufsgruppen in sehr ähnlicher Weise.

Zum Aufbau des Beitrags

Die Fragen der Führung und Zusammenarbeit werden im Folgenden in drei Abschnitten dargestellt und diskutiert, die jeweils einen anderen theoretischen Zugang beziehungsweise eine andere Perspektive nutzen: Im ersten Abschnitt geht es um mentale Modelle von Führung und Zusammenarbeit. Der zweite Abschnitt befasst sich mit Kommunikation und Beteiligung. Der dritte Abschnitt behandelt das innere Steuerungssystem von Gruppen und die Notwendigkeit einer zusätzlichen Steuerung von außen: die soziale Gruppenidentität und die Unterstützung durch die Führungskraft als Grenzgängerin.

Im Anschluss an jeden dieser drei Abschnitte sind zentrale Thesen aus dem Text zusammengestellt.

Mentale Modelle von Führung und Zusammenarbeit

Mentale Modelle sind innere Grundvorstellungen oder Landkarten davon, wie die Welt zu verstehen ist. »Niemand hat eine Organisation im Kopf oder eine Familie oder eine Gemeinschaft. Was wir in unseren Köpfen haben, sind Bilder, Annahmen und Geschichten«, schreibt Peter M. Senge zum Thema »Mentale Konzepte« (Senge 1990, S. 213)

Wenn zum Beispiel Mitglieder einer seit Kurzem installierten Projektgruppe den einfachen Satz sagen: »Wir sind hier ein gutes Team!«, glauben sie in der Regel, eine präzise Beschreibung ihrer Form der Zusammenarbeit zu geben. Tatsächlich haben die Beteiligten vermutlich sehr unterschiedliche innere Bilder davon, was sie unter einem Team verstehen: Die einen glauben, eine Gruppe ist ein erfolgreiches Team, wenn alle sich gut verstehen und wenn es keine Konflikte gibt. Andere halten es für selbstverständlich, dass in einem Team Konflikte entstehen und diskutiert werden. Manche sind der festen Überzeugung, eine Arbeitsgruppe ist nur dann ein Team, wenn alle Entscheidungen gemeinsam getroffen werden. Wiederum andere glauben, ein erfolgreiches Team erkenne man daran, dass es keine Untergruppen gibt. In manchen Firmen wird jede Gruppe oder Abteilung als Team bezeichnet.

Keine dieser Annahmen ist richtig oder falsch. Aber jedes dieser mentalen Konzepte impliziert eine Reihe von Vorstellungen davon, wie menschliche Gemeinschaften funktionieren. Sie beinhalten Annahmen darüber, was als Erfolg angesehen wird, was als fair und was als unfair gilt, wie mit Verantwortung umzugehen ist, was für gerecht und was für ungerecht gehalten wird. Manche Menschen sehen es als erwiesen an, dass Zusammenarbeit besonders gut gelingt, wenn Harmonie herrscht. Andere haben ein ganz anderes Menschenbild und dementsprechend auch andere Vorstellungen von Teamarbeit: Sie haben unter Umständen die Erfahrung, dass sie selbst unter Stress besonders schnell und kreativ arbeiten können. So glauben sie, dass Teams nur unter hohem Druck erfolgreich sein können. Jemand, der auf dem Hintergrund solcher inneren Theorien arbeitet, wird sich ganz anders im Kontakt mit Mitarbeiterinnen und Kollegen verhalten als jemand, der in seinem Leben schon viele destruktive Konflikte erlebt hat und der Überzeugung ist, gute Zusammenarbeit erfordere die Vermeidung jeglichen Konflikts.

Diese Vorstellungen erscheinen den Beteiligten in der Regel so selbstverständlich wie die Luft. Sie orientieren sich Tag für Tag in der Zusammenarbeit an diesen inneren Bildern, ohne es richtig zu merken. Erst wenn es Krach gibt und zur Klärung darüber gesprochen wird, welche Vorstellungen jeder von Teamarbeit hat, erst dann werden die Beteiligten merken, wie unterschiedlich ihre mentalen Konzepte von Teamarbeit sind. Dabei wird häufig deutlich, dass Vorstellungen von Teamarbeit mit Annahmen einhergehen, die zum Teil nur schwer sprachlich zu fassen sind, weil wir sie nur noch als Gefühl wahrnehmen.

Viele dieser persönlichen Alltagstheorien sind Verallgemeinerungen der eigenen Lebenserfahrungen. Mentale Modelle stellen Vereinfachungen dar. Sie sorgen dafür, dass wir die Komplexität der Welt nur in sehr vereinfachter Form wahrnehmen. Sie sind wie ein Autopilotsystem, das uns für gängige Situationen standardisierte Denk- und Handlungsschemata liefert. Mentale Konzepte können unsere Wahrnehmung mehr prägen als das, was wir tatsächlich erleben. Sofern unsere mentalen Modelle einigermaßen gut den gesellschaftlichen Standards entsprechen, sind sie die Grundlage dafür, dass wir relativ schnell und vergleichsweise reibungslos mit vielen unterschiedlichen Menschen zusammenarbeiten können, ohne zu diskutieren, wie das gehen soll. Sie sind eng mit unserer Emotionalität, unserer Intuition und unserer Wahrnehmung verwoben und schützen uns vor mentaler und emotionaler Überforderung.

Ähnliche Begriffe für das gleiche Phänomen

Verschiedene Autoren benutzen verschiedene Begriffe für das Phänomen der mentalen Modelle:

- mentale Konzepte,
- mentale Landkarten,
- mentale Annahmen,
- Alltagstheorien,
- mentale Theorien,
- persönliche Handlungstheorien.

Gruppen: Transporteure, Produzenten und Hüter der Kultur

»Führungsverhalten ist zumeist mehr in den ›Gewohnheiten‹ angesiedelt als im bewussten Handeln«, schreibt Erna Szabo in ihrem Artikel über die Forschung zum Thema Partizipation, Führung und Kultur (Szabo 2007 S. 10).

Der überwiegende Teil unserer mentalen Modelle sind kollektive Konzepte, die entweder kulturell geprägt sind oder durch Gruppierungen aus unserer persönlichen Lebenswelt und aus dem Erwerbsleben. In allen Lebensbereichen bewegen wir uns in Gruppen, die zugleich Produzenten, Transporteure und Hüter dieser mentalen Modelle sind. So entwickeln Führungskräfte zum Beispiel ihre ersten inneren Landkarten oder mentalen Modelle von Führung in Sportvereinen oder als Gruppenleiter in kirchlichen und gewerkschaftlichen Jugendorganisationen (Münchhausen 2004 S. 131 ff.). Mancher hat seine ersten Führungserfahrungen mit 14 Jahren in der Jugendorganisation der freiwilligen Feuerwehr, der katholischen Jugend oder in einem Karnevalsverein gemacht.

Die wichtigsten Transporteure und Produzenten kollektiver mentaler Konzepte sind: Familie, Schule, Freundeskreise, Glaubensgemeinschaften und andere Institutionen der Zivilgesellschaft, die berufliche Ausbildung, Kollegen, Vorgesetzte und Arbeitgeber, Bildungsstätten und die Organisationen, in denen wir arbeiten (vgl. die folgende Abbildung).

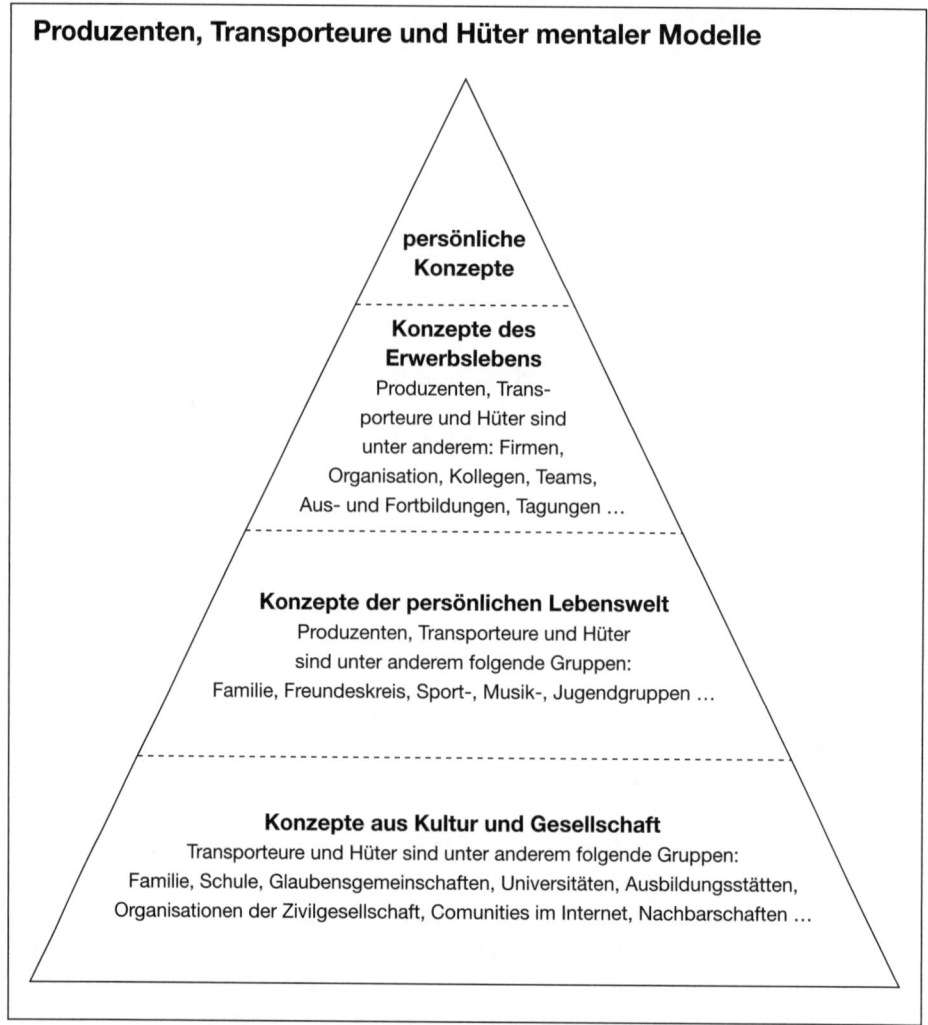

Produzenten, Transporteure und Hüter mentaler Modelle

persönliche Konzepte

Konzepte des Erwerbslebens
Produzenten, Transporteure und Hüter sind unter anderem: Firmen, Organisation, Kollegen, Teams, Aus- und Fortbildungen, Tagungen ...

Konzepte der persönlichen Lebenswelt
Produzenten, Transporteure und Hüter sind unter anderem folgende Gruppen: Familie, Freundeskreis, Sport-, Musik-, Jugendgruppen ...

Konzepte aus Kultur und Gesellschaft
Transporteure und Hüter sind unter anderem folgende Gruppen: Familie, Schule, Glaubensgemeinschaften, Universitäten, Ausbildungsstätten, Organisationen der Zivilgesellschaft, Comunities im Internet, Nachbarschaften ...

Auch die kulturell verankerten mentalen Modelle von Führung oder von Organisationen sind unvollständige Abbildungen der Wirklichkeit. Es sind Bilder, die in unsere Intuition eingelagert sind. Sie betonen manche Aspekte des Leitungsgeschehens übermäßig und andere schließen sie aus dem Blickfeld aus. Es sind Prototypen, die mitschwingen, wenn jemand Sätze sagt, wie zum Beispiel: »Wie ich den Laden hier kenne, ...«, oder: »Die da oben haben doch keine Ahnung!«, oder: »Das ist wieder mal typisch, dass Abteilung X das nicht mitträgt!«, oder: »Den Mitarbeitern ist das doch ganz egal, Hauptsache, sie kriegen ihr Geld.« Mentale Modelle, die Führungskräften und ihren Mitarbeitern als Orientierung dienen, sind häufig nur durch solche Redewendungen oder in Nebensätzen für einen kurzen Moment erkennbar.

Im Laufe des Lebens verdichten sich unsere mentalen Modelle zu einem relativ abstrakten persönlichen Überzeugungs- und Regelsystem, das uns nur noch zum Teil bewusst ist. Sozialwissenschaftler nennen das auch mentale Schemata, mentale Aktionstheorien oder handlungsleitende Theorien (Argyris/Schön 2006, S. 28). Große Teile dieses Regelsystems werden zu automatisiertem oder intuitivem Wissen, das wir nur noch gefühlsmäßig wahrnehmen. Wir strukturieren damit aber unweigerlich unsere Umwelt und entwickeln unsere Zukunftsvorstellungen. Am deutlichsten merken wir dieses intuitive Orientierungssystem, wenn sogenannte »schlechte Gefühle« entstehen.

Mentale Modelle erfolgreicher Führung

Wie gut jemand als Führungskraft eingeschätzt wird, hängt davon ab, »inwieweit eine Führungskraft die gesellschaftskulturellen und organisationskulturellen Werte, Überzeugungen und Normen sowie entsprechende Trends im Sinne des jeweiligen Zeitgeistes repräsentiert« – so lauten die Ergebnisse des Globe-Projekts (Brodbeck 2006, S. 16 ff.). Das Globe-Projekt (Global Learning and Observations to Benefit the Environment) ist ein Forschungsverbund von 170 internationalen Wissenschaftlern und Praktikern, die die kulturellen Faktoren effektiver Organisation und Führung in mehr als 60 Ländern seit den 1990er-Jahren untersucht haben.

Die Wahrscheinlichkeit, dass Führungskräfte mit kulturkonformen Handlungsmustern relativ schnell Karriere machen, ist groß. Was für Nobelpreisträger gilt, lässt sich somit auch für Führungskräfte sagen: »Spitzenleistungen von Führungskräften basieren auf einem Akkumulationsprozess von individueller Leistung und Sozialisation in privilegierenden, mit hohem kulturellem Kapital ausgestatteten Familien, Bildungsinstitutionen und Netzwerken« (Metz-Göckel 2004, S. 607).

Andererseits hängt die Effektivität des Führungsgeschehens aber auch davon ab – das zeigen die Ergebnisse des Globe-Projekts ebenso wie viele vorangegangene Untersuchungen –, wie gut die mentalen Modelle und Werte der Führungskraft zu den Vorstellungen der Geführten passen: »Demnach spielt es eine Rolle, ob Führungskraft und Geführte gleiche oder unterschiedliche Auffassungen über die Art und Weise effektiver Führung haben. Je größer die Überschneidung ihrer Auffassungen ist, desto wirkungsvoller ist der Führungsprozess, an dem sie beteiligt sind« (Brodbeck 2006, S. 22).

Weite Bereiche des professionellen Wissens über Führung und Zusammenarbeit bestehen aus kulturell verankerten mentalen Modellen. Das zeigen die Ergebnisse des Globe-Projekts eindrücklich. Die Forscher haben herausgefunden, dass die individuellen Erwartungen und Auffassungen über effektive Führung und Organisation in erster Linie durch die Gesellschaftskultur geprägt sind und erst in zweiter Linie durch die Organisationskultur. »Der gesellschaftskulturelle Einfluss auf die Organisations-kulturen ist etwa zehnmal stärker als der Einfluss der Branche, in der die Organisationen operieren« (Brodbeck 2006, S. 18). Als wesentliche Kennzeichen effektiver Führung beschreiben sie sechs Dimensionen (s. folgende Übersicht).

GLOBE-Dimensionen effektiver Führung

- *Charismatisch:* das Ausmaß, in dem Mitarbeiter auf der Basis positiver Werte und hoher Leistungserwartungen inspiriert und motiviert werden.
- *Teamorientiert:* das Ausmaß, in dem gemeinsame Zwecke und Ziele implementiert und Arbeitseinheiten (Teams) entwickelt werden.
- *Partizipativ:* das Ausmaß, in dem andere bei Entscheidungen beteiligt werden.
- *Humanorientiert:* das Ausmaß, in dem zwischenmenschlich unterstützend, fair, höflich und umsichtig agiert wird.
- *Autonomieorientiert:* das Ausmaß, in dem unabhängig von anderen und in individueller Art und Weise agiert wird.
- *Defensiv:* das Ausmaß, in dem selbstschützend und statusbewahrend agiert wird.

Bei der Frage nach Kennzeichen erfolgreicher Führung werden die ersten beiden Dimensionen – charismatische und teamorientierte Formen der Führung – international, das heißt in allen untersuchten Ländern und Kulturkreisen, gleichermaßen besonders positiv bewertet. Dazu gehören Führungsmerkmale wie zum Beispiel Leistungs- und Verbesserungsorientierung, Integrität, Mitarbeiter inspirieren, Teamarbeit aktiv gestalten. Unter partizipativer Führung wird allerdings in unterschiedlichen Ländern Unterschiedliches verstanden – so die Forscher. Außerdem werden die Bedeutung dieser Dimension ebenso wie die drei folgenden Dimensionen (Humanorientierung, Autonomieorientierung und defensive Orientierung) kulturspezifisch verschieden beurteilt.

Die enge Verbindung von kulturellen Gegebenheiten und Führungshandeln weist darauf hin, dass Alltagshandeln als Führungskraft unweigerlich mehr ist als die gezielte und einseitige Beeinflussung von einzelnen Mitarbeiterinnen und Mitarbeitern, Teams oder Projektgruppen. Die Kommunikation zwischen Führungskraft und Mitarbeitern ist keine Einbahnstraße, sondern vielmehr immer ein Gemeinschaftswerk, bei dem die persönlichen und kulturell geprägten mentalen Konzepte aller Beteiligten zusammenwirken.

Mentale Modelle haben weitreichende Auswirkungen

»… das Entscheidende für das Verständnis von mentalen Modellen ist, dass sie aktiv sind – sie steuern unser Handeln«, schreibt Peter M. Senge (Senge 1990, S. 214). Mentale Konzepte sind nicht nur wie eine Brille, durch die wir die Welt vereinfacht wahrnehmen, sie sind weit darüber hinaus wirksam. Mit ihnen gestalten und strukturieren wir die Welten, in denen wir uns bewegen. Dabei spielen drei Faktoren nachhaltig und weitgehend unbemerkt eine Rolle:

- Mentale Modelle beeinflussen unsere Wahrnehmung.
- Sie steuern unser Handeln.
- Sie fungieren als Gestaltungsprinzipien, mit denen wir unsere Umwelt konstruieren.

 Mentale Modelle beeinflussen unsere Wahrnehmung. Da unser Gehirn nicht dafür gemacht ist, alles in unserer Umwelt bewusst wahrzunehmen, wählt es die Dinge aus, die zu unseren Vorstellungen und Erfahrungen passen (selektive Wahrnehmung).

Eine Führungskraft, die davon überzeugt ist, dass sie in ihrem Team alles regeln und strukturieren muss, weil sonst viel Zeit mit überflüssigen Diskussionen verloren geht, wird immer wieder Bestätigungen für diese Überzeugung finden. Beispiel: Beim Übergang von einer eher zentralistischen Steuerung durch eine Führungskraft zu Formen der Selbststeuerung eines Teams entsteht immer zunächst eine Phase der Desorientierung und der Unordnung. Besagte Führungskraft, die meint, möglichst viel strukturieren und regeln zu müssen, wird vermutlich die Zügel nie so lange aus der Hand geben, dass das Team seine Selbststeuerungskräfte entwickeln kann. Die Phase der relativen Strukturlosigkeit in ihrem Team wird sie nachhaltig in ihrer Überzeugung bestätigen.

 Sie steuern unser Handeln. Unser Handeln ist stark davon abhängig, wie wir das, was um uns herum geschieht, empfinden und in unsere mentalen Modelle einordnen.

Wenn zum Beispiel eine Seminarleiterin davon überzeugt ist, dass es in jedem Seminar einen schwierigen Teilnehmer gibt, dann wird sie Teilnehmer, die dauernd dazwischenreden, als unvermeidliches Schicksal betrachten. Sie wird vermutlich den jeweiligen Teilnehmer von Zeit zu Zeit zur Ordnung rufen. Hätte sie ein anderes mentales Modell für sogenannte »schwierige Teilnehmer«, würde sie sich eventuell ganz anders verhalten: Wäre sie zum Beispiel davon überzeugt, dass niemand gerne und mit Nachdruck Unsinn redet oder sich notorisch profiliert, hätte sie vermutlich das mentale Modell, dass solches Verhalten ein Ausdruck dafür ist, dass der Teilnehmer die Sorge hat, in der Gruppe nicht »zu landen« oder sich nicht verständlich machen zu können. Mit diesem inneren Modell würde sie sich ganz anders verhalten: sie würde ihm entgegenkommen, ihm besonders genau zuhören, dafür sorgen, dass er mit seinen Beiträgen Akzeptanz findet.

 Mentale Modelle fungieren als Gestaltungsprinzipien, mit denen wir unsere Umwelt konstruieren. Eine Führungskraft in einer traditionsreichen mittelständischen Firma hat zum Beispiel einen neuen Mitarbeiter eingestellt: einen Ingenieur mit viel Erfahrung, der eine Reihe von Sonderaufgaben übernehmen soll. Die Führungskraft setzt in ihn große Hoffnungen. Die Stelle war über ein Jahr unbesetzt, weil bei zwei vorangegangenen Ausschreibungen niemand gefunden wurde, der dem Anforderungsprofil auch nur entfernt entsprechen konnte. Nach kurzer Zeit stellt die Führungskraft fest, dass der neu eingestellte Ingenieur relativ einfache Abläufe in der Firma nicht versteht oder zumindest immer wieder aus dem Auge verliert. Besonders kreativ scheint er auch nicht zu sein.

Die Führungskraft ist enttäuscht und das ist ihr anzumerken. Die anderen Ingenieure in diesem Bereich sind eher befriedigt, weil sie finden, es gibt in ihrem Kreis einen, der ideal für die Stelle gewesen wäre. Sie fanden das ganze Trara um die Besetzung der neuen Stelle übertrieben. Die Führungskraft aber hat nicht gemerkt, dass ihre Wunschvorstellungen im Laufe der Zeit immer anspruchsvoller wurden und dass sie mit diesem inneren Bild ihre besten Mitarbeiter entwertet. Sie ist außerdem in der langen Zeit der Suche ungeduldig geworden und hat aus dem Auge verloren, dass jeder neue Mitarbeiter etwa ein Jahr benötigt, bis er sich in der neuen Firma zurechtfindet. Sie weiß auch nicht, dass ihre Mitarbeiter sich ganz und gar einig sind, dass jemand aus ihrem Kreis viel besser geeignet wäre. Sie ahnt nur ganz vage, dass der Neue nur wenig kollegiale Unterstützung findet. Sie ist der Meinung, er verhalte sich etwas ungeschickt. Die Führungskraft fängt an, darüber nachzudenken, ob sie ihn in der Probezeit entlassen soll.

Zwischen kollektiven Bildern und der Wirklichkeit

In dem gerade geschilderten Beispiel sind mehrere mentale Modelle als Konstruktionsprinzipien und Wahrnehmungsfilter wirksam:

- das Idealbild der Führungskraft von dem neuen Mitarbeiter,
- das Konzept von Führung, das die Führungskraft hier zeigt,
- Personalisierung und Schuldzuschreibung.

Das Idealbild. Idealisierungen und konkrete Wunschvorstellungen sind nützliche Leitbilder für die Veränderung der Realität. Ohne sie wären wir unfähig, die Zukunft zu ersinnen. Wenn sie aber, wie in diesem Fall, nicht oder nicht mehr als solche erkannt werden, haben sie fast immer fatale Auswirkungen: Sie dienen – meist unbeabsichtigt und häufig sogar unbemerkt – der Entwertung der vorhandenen Stärken und Erfolge der Mitarbeiter. Sie produzieren heftige Enttäuschungen, die eigentlich wenig mit der Person zu tun haben, der sie zugeschrieben werden. Solche Enttäuschungen sind vielmehr ein Ergebnis davon, dass Wunsch und Wirklichkeit verwechselt werden. Wirkliche Mitarbeiter unterscheiden sich fast immer von den Idealvorstellungen ihrer Chefs.

Es gibt ganze Firmenkulturen, die von unerkannten Idealvorstellungen von Zusammenarbeit geprägt sind. Eine solche Firmenkultur kann die fatale Wirkung haben, dass die Mitarbeiter sich und insbesondere ihre Kollegen und Vorgesetzten immer ungenügend finden und sich innerlich distanzieren. Es herrscht eine Kultur der gegenseitigen Entkräftung.

Das Konzept von Führung. In dem geschilderten Beispiel wird ein Konzept von Führung sichtbar, das offenbar wenig Kommunikation zwischen Führungskraft und Team über zukünftige Veränderungen und Aufgabenverteilung vorsieht. Das Verhältnis zwischen den Mitarbeitern und der Führungskraft scheint so distanziert zu sein, dass sie ihre Ideen über die Besetzung der Stelle aus den eigenen Reihen nicht zur Sprache gebracht haben oder nicht damit gelandet sind. Auf jeden Fall existieren hier zwei mentale Konzepte für die Besetzung der neuen Position unverbunden nebeneinander. Das kann über längere Zeit nur geschehen, wenn beide Seiten gleichermaßen der Überzeugung sind, dass eine Diskussion der Lage keinen Sinn hat. Wie es zu dieser kollektiven Überzeugung gekommen ist, lässt sich aufgrund der obigen Informationen nicht sagen. In der Praxis zeigt sich häufig, dass beide Seiten sich über diese Form der Sprachlosigkeit nicht im Klaren sind, obgleich sie vielleicht schon länger fester Bestandteil des kollektiven Führungsgeschehens ist.

Personalisierung und Schuldzuschreibung. Eine der mächtigsten Vereinfachungen, die wir besonders häufig nutzen, ist die Personalisierung: Wenn ein Orchester toll spielt, wird der Dirigent gelobt, wenn eine Firma sich erfolgreich im Markt behauptet, wird der Vorstand gelobt, wenn ein Ministerium schlecht arbeitet, muss der Minister gehen, wenn eine Fußballmannschaft schlecht spielt, wird der Trainer entlassen. Alle genannten Beispiele sind Zuschreibungen nach oben: Der Chef hat Schuld – das behaupten häufig die Mitarbeiter ebenso wie die Vorgesetzten. Tatsächlich handelt es sich in jedem dieser Fälle um ein komplexes Gemeinschaftswerk. Jeder weiß, dass viele Personen ihr Bestes geben müssen, damit zum Beispiel eine Fußballmannschaft die Weltmeisterschaft gewinnt oder ein Orchester gut spielt.

In dem oben beschriebenen Beispiel ist die Schuldfrage scheinbar klar: Der neue Mitarbeiter erweist sich als Enttäuschung. Tatsächlich aber ist die Sache nicht so einfach: Es ist ganz ungewiss, ob der Mitarbeiter wirklich gedankenlos und unkreativ ist, denn er wird von seinen Kollegen verdeckt, aber deutlich spürbar ausgegrenzt. Unter dem Druck solcher Ausgrenzung können die klügsten Menschen verdummen. Ausgrenzung – sei sie still oder ausgesprochen – ist eine der stärksten Waffen, die wir haben. Nicht umsonst war Acht und Bann die stärkste Strafe für Könige.

Ausgrenzung ist ein brisantes Gemeinschaftswerk, für das die Gruppe, die ausgrenzt, die entscheidende Verantwortung trägt. In der Regel sehen die Mitglieder das aber nicht so, sondern sie sind sich einig, dass die Schuld bei dem Ausgegrenzten liegt. Sozialwissenschaftler nennen das Schuldverschiebung. Hier wird der soziale Konstruktionsprozess besonders deutlich: Die Mehrheit ist – wenn auch aus unterschiedlichen Gründen – einer Meinung und scheint recht zu haben. Unter dem doppelten Druck der sozialen Isolation und der Schuldzuschreibung kann niemand gut arbeiten. Hinzu kommen die unverhohlene Enttäuschung des Vorgesetzten und dessen Schuldzuschreibung. Man muss schon sehr von sich überzeugt sein, um in einer solchen Situation nicht in Selbstzweifel und starke Verunsicherung zu geraten.

Mentale Modelle, die Verwirrung stiften

Diese mentalen Modelle haben im Alltag eine ganz besondere Bedeutung, weil sie uns vor emotionaler und intellektueller Überlastung schützen. Leider verhindern sie häufig auch, dass wir kompliziertere Zusammenhänge erfassen:

- Idealisierung,
- Schuldzuschreibung,
- Personalisierung.

Das mentale Modell der Schuldzuschreibung ist so allgegenwärtig, weil die meisten Menschen es lange vor ihrem ersten Schultag gelernt haben: Wenn Kinder sich streiten, ist die zentrale Frage vieler Erwachsener: Wer hat angefangen? Wenn Schülerinnen im Unterricht stören und schlechte Noten nach Hause bringen, ist entweder das Kind schuld oder der Lehrer oder die Eltern. Viele Elterngespräche in der Schule sind reine Schuldverschiebungsrituale. Dass notorische Störung ein sensibles Gemeinschaftswerk einer Klasse inklusive des Lehrers sein kann, kommt in der Regel niemandem in den Sinn.

Mentalen Modellen auf die Spur kommen

Gute Zusammenarbeit lebt davon, dass zwischen den Beteiligten große Übereinstimmung in den fachlich relevanten mentalen Konzepten herrscht und in den inneren Bildern davon, wie die Teamarbeit laufen soll. Teams mit gut ausgebildeten kollektiven mentalen Modellen zeigen sehr effektive Koordinationsleistungen und können sich gegenseitig gut unterstützen – so die Ergebnisse der Teamforschung (Ilgen u. a. 2005, S. 525). Wenn das gelingt, kann die Zusammenarbeit zwischen den Teammitgliedern in weiten Bereichen intuitiv und hoch automatisiert ablaufen. Das gelingt nur dadurch, dass alle Beteiligten sich der latenten Unterschiedlichkeit ihrer inneren Modelle von der Zusammenarbeit bewusst sind und die Diskussion darüber suchen. Koordination und Kommunikation sind das A und O, das aus den unbemerkten mentalen Modellen einzelner Personen kollektiv abgestimmte Vorstellungen macht. In diesem Prozess der Vergemeinschaftung von persönlichen Handlungstheorien hat die Führungskraft eine ebenso wichtige Rolle wie eine Seminarleitung.

Die Kommunikation über mentale Modelle ist nicht leicht. Diese Landkarten für das alltägliche Handeln sind schwer zugänglich, da sie uns nur zum Teil bewusst sind. Sie sind nicht einfach abfragbar, sondern höchstens erzählbar. In vielen Fällen halten wir unsere mentalen Modelle von der Welt für die Welt selbst und nicht für kulturell geprägte, persönliche innere Bilder von der Wirklichkeit. Darum stehen sie für uns nicht zur Debatte. Wir kommen gar nicht darauf, sie infrage zu stellen. Wie naive Nutzer von EDV-Programmen sich kaum Gedanken über das Betriebssystem machen, so machen auch Führungskräfte und ihre Mitarbeiter oder Seminarleitungen und ihre Teilnehmerinnen sich unter dem Zeitdruck des Alltagsgeschehens kaum Gedanken über ihre grundlegenden mentalen Modelle und Annahmen. Das größte Hindernis für diesen Teil der Führungsarbeit ist der tägliche Zeitdruck.

Um mentalen Modellen auf die Spur zu kommen, sind Störungen, Irritationen und deren Reflexion gut geeignet. Es sind häufig Bemerkungen am Rande und Nebensätze, die Einblicke in das »Betriebssystem« der mentalen Konzepte und der inneren Landkarten erlauben, sofern alle Beteiligten sich die Zeit nehmen, darüber nachzudenken.

Jede Arbeitsgruppe braucht gemeinsame mentale Modelle beziehungsweise innere Landkarten von der Zusammenarbeit. Hat sie dies nicht, kostet es Zeit und erhöht die Fehlerwahrscheinlichkeit: Selbst in einem so hoch standardisierten Arbeitsfeld wie dem der Piloten, wirkt es sich positiv auf die Zusammenarbeit in kritischen Situationen aus, wenn der Kapitän sich die Zeit nimmt, beim ersten kurzen Treffen die Crew in eine Diskussion über die Rollenverteilung und über die Spezifika des anstehenden Fluges zu verwickeln (Ginnett 1993, zit. nach Hackman/Wageman 2005, S. 37). Solche kurzen Diskussionen verbessern die Arbeitsfähigkeit der Gruppe.

> Mentale Modelle sind nicht abfragbar, sondern höchstens erzählbar.

Führungskräfte haben ebenso wie Seminarleitungen die Aufgabe, immer wieder im Arbeitsalltag für Zeiten der Reflexion und Diskussion zu sorgen. Viele Führungskräfte strukturieren aber die Tagesordnung ihrer Sitzungen so, dass für echte Gespräche, für Nebengedanken und für die Diskussion oder Reflexion der mentalen Modelle und Handlungstheorien keine Zeit ist. Sie merken nicht, dass sie auf diese Weise unter Umständen wesentliche kollektive Potenziale ihrer Teams verschenken.

Führungskonzepte: Idealisierungen und wenig Wirklichkeit

Fast alle Führungskonzepte, die die Literatur in Form von Büchern, Artikeln oder Handouts zur Verfügung stellt, beschreiben kollektive mentale Modelle und nicht die Wirklichkeit des Handelns einer Führungskraft. Führungskräfte tun in ihrem Alltag viel mehr und häufig anderes, als es die Konzepte von Experten vermuten lassen. Zwischen den bewussten Modellen und der alltäglichen Wirklichkeit liegen häufig Welten. So hat Henry Mintzberg in seiner berühmten Untersuchung »The Nature of Managerial Work« unter anderem herausgefunden, »dass der Manager differenzierte Repäsentations-, Informations- und entscheidungsvorbereitende Rollen ausfüllt« (Mintzberg 1968). Alexander Nicolai u. a. kommentieren Mintzbergs Ergebnisse so: »Die konventionelle Vorstellung vom Manager als Entscheider und Lenker des Unternehmens ist damit als ein Mythos entlarvt« (Nicolai/Vollmar 2007, S. 85).

Auch die meisten Forschungsarbeiten zum Thema Führung und Zusammenarbeit erforschen eher mentale Modelle der Führungskräfte und nicht das Geschehen selbst, denn es sind Befragungen. Das, was wir glauben zu tun, wie wir uns tatsächlich verhalten und was wir bewirken, hat häufig wenig miteinander zu tun. Berichten können wir aber nur das, was wir selbst glauben zu tun.

Mentale Modelle erkennt man am leichtesten dort, wo es eine erkennbare oder in der Literatur häufig beschriebene Diskrepanz zwischen dem Modell und der Wirklichkeit gibt. Das traditionsreichste und international immer noch hoch geschätzte mentale Modell von Führung ist das der charismatischen Führungskraft. An diesem Modell werde ich die Diskrepanz zwischen dem mentalen Modell und der entsprechenden wirklichen Führungstätigkeit erklären. Anschließend werde ich auf eine weitere Gruppe von sehr weit verbreiteten Modellen eingehen: die Phasenmodelle der Gruppenentwicklung. Auch sie entsprechen nur bedingt der Realität, sind aber trotzdem für Führungskräfte, Seminarleitungen und Berater sehr nützlich.

Das Modell des charismatischen Führers

Populärwissenschaftliche Literatur tendiert dazu, Führungskräften und ihrem Verhalten viel weitreichendere Wirkungen zuzuschreiben, als sie tatsächlich haben. James Meindl und seine Kollegen nennen das die »Romanze der Führung« (Bligh/Meindl 2005, S. 11–52). So wird landläufig angenommen, Charisma sei eine persönliche Eigenschaft, die Menschen aus sich heraus entwickeln. Staehle schreibt dazu: »Der charismatische Führer begründet seinen Herrschaftsanspruch auf besondere, einmalige Persönlichkeitszüge und kennt folglich keinen Vorgänger, Stellvertreter oder Nachfolger. Charismatische Führer sind besonders gefragt in Krisen- und Notsituationen, in denen der Glaube an die Rettung durch den Führer die Zuversicht zu rationalen Problemlösungsstrategien verdrängt hat« (Staehle 1994, S. 315).

Tatsächlich ist charismatische Führung nur möglich, wenn viele Menschen mitspielen: die Geführten ebenso wie die öffentliche oder firmenöffentliche Meinung und die informelle Presse. Große Führungspersönlichkeiten werden von der Umwelt gemacht. Die wesentlichen psychologischen Mechanismen sind: Idealisierung oder, im Falle des Misslingens, Entwertung bis hin zur Verachtung oder Ächtung. Die Führungskraft muss sich so verhalten, dass die Umwelt sie idealisieren kann (Goethals 2005, S. 101). Ihr eigener Beitrag besteht darin, sich passend zu verhalten: Wenn sie genügend Erfolge vorweisen kann, wenn sie gern in der Öffentlichkeit auftritt, wenn sie prototypische und nicht zu originelle Ideen verfolgt und diese wieder und wieder öffentlich darlegt, dann bietet sie eine gute Grundlage für Idealisierungen. Es muss dabei um etwas gehen, was eine größere Öffentlichkeit oder Teilöffentlichkeit emotional sehr bewegt, zum Beispiel eine Krisen- oder Notsituation.

 Ein Beispiel dafür sind Klinsmann und die deutsche Fußballmannschaft während der Weltmeisterschaft 2006: Im Vorfeld der Fußballweltmeisterschaft gab es viele Debatten um die Person Jürgen Klinsmanns, um seinen Stil, die Mannschaft zu trainieren, und um seine Art, mit der Öffentlichkeit umzugehen. Phasenweise stand sogar zur Debatte, ob er überhaupt der richtige Trainer sei und ob man ihn nicht ablösen solle. Während der Fußballweltmeisterschaft gewann Klinsmann dann von Erfolg zu Erfolg an Ansehen. Schließlich konnte er so viele Erfolge vorweisen, dass die Öffentlichkeit ungebremst ihrer Passion zur Idealisierung nachgehen konnte.

Charismatische Führung kommt durch ein diffiziles Zusammenspiel vieler Menschen zustande. Dieses Zusammenspiel dient der »charismatischen Persönlichkeit« zu ihrer eigenen Idealisierung. Henry Mintzberg beschreibt den charismatischen Führungsstil in seiner destruktiven Ausgestaltung als heroisches Management und weist darauf hin, dass der obersten Führungskraft in der öffentlichen Meinung und teilweise auch von den Aktionären Heldenstatus zuerkannt wird: »Demnach ist der CEO das Unternehmen und allein für dessen Ergebnis verantwortlich« (Mintzberg 2004, S. 127). In der Fachliteratur wird dieser Stil seit einiger Zeit auch unter dem Label »transformativer Führungsstil« diskutiert.

Das Wesen des charismatischen Führungsgeschehens ist es, dass es mit extremen Bewertungen einhergeht: Idealisierung oder Entwertung, Helden oder Versager – das sind zwei Seiten derselben Medaille. Die Zwischenstufen fehlen. Wir alle haben eine Sehnsucht nach Idealisierung. Das hat schon Sigmund Freud dargelegt. Anders sind zum Beispiel die Erfolge der Werbung gar nicht zu erklären. Was allerdings genau der persönliche Motor der Idealisierungen ist, welche psychodynamischen Kräfte am Werk sind und welche kollektiven Dynamiken dazu beitragen, dass zum Beispiel Mitarbeiter die Idealisierung oder Entwertung ihrer Chefin unterstützen, darüber sind sich Sozialwissenschaftler nicht ganz einig (Bligh/Meindl 2005). Der Preis solcher Idealisierung: Das Team gerät in starke Abhängigkeit von der Führungskraft und kann seine Selbststeuerungskräfte nicht entwickeln.

Die Phasenmodelle der Gruppenentwicklung

Wissenschaftler sind sich einig, dass Gruppen im Laufe der Zeit ihren inneren Zustand und ihre Formen der Zusammenarbeit verändern. Das entspricht auch der Alltagserfahrung. Allerdings existieren sehr unterschiedliche Vorstellungen darüber, wie man sich diese Entwicklungen vorstellen soll und wodurch sie bewirkt werden. Nach Durchsicht gängiger Prozessmodelle nennen Arrow u. a. vier Motoren der Gruppenentwicklung (Arrow u. a. 2005, S. 325):

- *Lebenslauf-Modelle* gehen bei der Erforschung von Gruppenprozessen von immanenten quasi natürlichen Entwicklungsphasen aus.
- *Teleologische Modelle* gehen davon aus, dass die Ziele die Entwicklung der Gruppen entscheidend beeinflussen.
- *Dialektische Modelle* nehmen an, dass Konflikte und Spannungen zwischen widersprüchlichen Notwendigkeiten und Polaritäten ausbalanciert werden müssen und dadurch die Gruppenentwicklung bestimmen.

- *Evolutionäre Modelle* konzipieren die Veränderung als Ergebnis von Zyklen der Variation, der Selektion und der Retention.

Es hat in den Sozialwissenschaften viele Versuche gegeben, die Entwicklung von Teams in Form von typischen Phasen des Verhaltens oder der Interaktion zu fassen. Stephen Worchel u. a. haben zum Beispiel Mitte der 1990er-Jahre ein Phasenmodell entwickelt, das auf der Auswertung von Archivmaterial einer großen Vielfalt von Gruppen basiert. Es umfasst sechs Phasen (s. Kasten).

Phasen der Gruppenentwicklung (Worchel 1994, S. 205–223)

- *Unzufriedenheit:* Die Gruppe ist noch kein signifikanter Teil der Identität ihrer Mitglieder. Starke Gefühle von Vereinzelung und wenig Partizipation herrschen vor.
- *Einschneidendes Ereignis (»precipitating event«):* das die Interaktion der Mitglieder erneuert. Indem die Mitglieder auf das Ereignis reagieren, entdecken sie ihre Gemeinsamkeiten wieder und schöpfen Hoffnung, dass die Gruppe sich ändern kann.
- *Gruppenidentifikationsphase:* Die Gruppe definiert oder redefiniert ihre Grenzen. Es gibt scharfe Unterscheidungen zwischen Mitgliedern und Nichtmitgliedern.
- *Produktivitätsphase:* Vorherrschend ist die energievolle Zusammenarbeit mit dem Blick auf die Zielerreichung. Die Gruppengrenzen werden durchlässiger, neue Mitglieder, die bei der Zielerreichung helfen können, werden gern aufgenommen.
- *Phase der Individuation:* Die Mitglieder erwarten oder fordern sogar Anerkennung für ihre persönlichen Beiträge. Die Gruppe bleibt wichtig, aber der Fokus liegt auf persönlichen Bedürfnissen. Konkurrenzen innerhalb der Gruppe werden stärker.
- *Niedergang:* Je mehr die Konkurrenz und Rivalität der Gruppenmitglieder untereinander in den Vordergrund treten, umso weniger Energie investieren die Mitglieder in die Gruppe. Gefühle von Vereinzelung nehmen zu und die Gruppe kehrt zum Zustand der Unzufriedenheit zurück.

Phasenmodelle üben auf unerfahrene Führungskräfte und Trainer einen großen Zauber aus, denn sie geben vor, das komplexe Leben von Gruppen könne wie durch Zauberhand mit drei bis sechs typischen Zuständen angemessen beschrieben und geordnet werden. Leider ist das aber nicht der Fall. Entsprechende Untersuchungen weisen schon seit geraumer Zeit darauf hin, dass sich keine festen Ablaufmuster für Gruppenphasen bestätigen lassen (Arrow u. a. 2005, S. 330 f.). Dafür ist eine Reihe von Gründen denkbar: Entweder gibt es tatsächlich keine für alle Arten von Gruppen typischen Ablaufphasen oder die empirische Forschung kann diese mit ihren derzeitigen Methoden nicht erfassen. Vermutlich aber gibt es nur in einigermaßen vergleichbaren Gruppen typische Entwicklungen. Man kann mit Sicherheit davon ausgehen, dass zum Beispiel eine Seminargruppe, die mehrmals im Laufe längerfristiger Fortbildungen zusammenkommt, eine andere Dynamik und andere Interaktionsmuster entwickelt als eine Projektgruppe, die in einem Wirtschaftsbetrieb unter scharfem Zeitdruck und mit knappen Ressourcen arbeitet.

Ein weiterer Grund für die schwere Nachweisbarkeit von typischen Ähnlichkeiten in den Phasenverläufen von Gruppen ist folgender: Phasenmodelle, die typische Interaktionsmuster von Gruppen thematisieren, verführen zu der Annahme, dass die Gruppenprozesse in Teams und Projektgruppen in erster Linie von dem gruppeninternen Arbeits- und Beziehungsgeschehen geprägt werden. Tatsächlich aber sind auch die Kontextfaktoren für das Innenleben von Teams von entscheidender Bedeutung. Sozialwissenschaftliche und arbeitspsychologische Untersuchungen weisen zum Beispiel darauf hin, dass je nachdem, für wie erfolgreich ein Team von der Umwelt gehalten wird, mehr oder eben weniger Konflikte und Rivalitäten im Team auszufechten sind (Ilgen u. a. 2005, S. 528).

Als Praktikerin gehe ich davon aus, dass alle Phasenmodelle relativ typische Gruppenzustände beschreiben, die zwar nicht in dieser Reihenfolge und auch nicht in jeder Gruppe auftreten, die aber für die Diagnose des Gruppenzustands doch als typische Muster der Zusammenarbeit einen großen heuristischen Wert haben. Es sind innere Landkarten, die es Führungskräften und Erwachsenenbildnern möglich machen, auch mit wenig geübten Mitarbeiterinnen oder Teilnehmern über den Stand der Gruppe ins Gespräch zu kommen. Durch den Vergleich mit diesen typischen Gruppenzuständen wird die Beschreibung des aktuellen Zustandes in einer Gruppe leichter.

Voneinander lernen

Erfolgreiche Teams zeichnen sich dadurch aus, dass sie aus Erfahrungen lernen. Der Abgleich mentaler Konzepte ist die Voraussetzung dafür, dass Teammitglieder voneinander lernen. Das ist nicht selbstverständlich. Die Lernfähigkeit von Führungskraft und Team hängt ganz entscheidend davon ab, ob es allen Beteiligten gelingt, den eigenen mentalen Konzepten auf die Spur zu kommen und sie mit den praktischen Alltagserfahrungen in Verbindung zu bringen (exploratives Lernen). Die Führungskraft kann kollektive Lernprozesse fördern, indem sie Gelegenheiten zur Diskussion mentaler Konzepte schafft.

Erwachsenenbildung bedeutet umlernen. Das gilt für Lernprozesse im Alltagsgeschäft einer Firma ebenso wie für Bildungsveranstaltungen. Die Unausweichlichkeit des Umlernens unterscheidet die Erwachsenenbildung ganz zentral von der Schulbildung. Solange erwachsene Menschen an ihren vertrauten Überzeugungen und mentalen Modellen festhalten und nicht bereit sind, sich irritieren zu lassen oder Gewohntes infrage zu stellen, können sie nichts lernen.

Lernen im Erwachsenenalter hat also immer mit Irritation und Verunsicherung zu tun. Die meisten Menschen, die motiviert sind, zum Beispiel an einem Seminar zum Thema »Führung und Zusammenarbeit« teilzunehmen, rechnen damit, dass sie einfach zu ihrem vorhandenen Wissen etwas dazulernen. Tatsächlich aber findet Umlernen statt. Vorhandene mentale Modelle werden infrage gestellt. Das gehört nicht unbedingt zum Lernkonzept der Teilnehmenden. Die Kollision der unterschiedlichen mentalen Konzepte des Lernens ist vorprogrammiert. Konflikte und Auseinandersetzungen gehören zum Lernen dazu.

Wenn sich Teilnehmer im Laufe einer solchen Veranstaltung verunsichert fühlen, reagieren sie in der Regel zunächst mit Skepsis oder auch mit Abwehr. Je nachdem, wie die anderen Teilnehmer mit den neuen Erkenntnissen umgehen, wird aus der Irritation ein Gewinn für den Teilnehmer, oder es breitet sich in der Gruppe die Überzeugung aus, dass die Trainerin von der Praxis einfach nichts versteht.

Dieser hier nur grob skizzierte Mechanismus ist von entscheidender Bedeutung für jegliches Verhaltenslernen. Trainer können sich dafür entscheiden, um jeden Preis Irritationen und sogenannte »schlechte Gefühle« bei ihren Teilnehmerinnen zu vermeiden. Das grenzt den Bereich dessen, was sie den Teilnehmern vermitteln können, ganz erheblich ein. Oder sie können sich dafür entscheiden, ihren Teilnehmern Irritationen und Verunsicherungen zuzumuten. Der Lernerfolg wird größer sein, sofern es den Trainerinnen gelingt, die Irritation so zu dosieren, dass die Teilnehmer anfangen, sich mit ihren eigenen mentalen Modellen auseinanderzusetzen.

> Störung ist in manchen Situationen die wichtigste Aufgabe der Führung.

Bei Lernprozessen unter Erwachsenen ist das Zusammenspiel in der Gruppe ein ganz entscheidender Faktor: je nachdem, wie gut die Teilnehmer miteinander im Gespräch sind und wie intensiv sie auch in den Pausen miteinander diskutieren, wird aus der Irritation eine neue Erkenntnis oder entschlossene Abwehr.

Mit Fragen, die das Umlernen betreffen und eventuell Abwehr hervorrufen, müssen sich Führungskräfte auseinandersetzen, die Gewohntes infrage stellen wollen. Für Lern- oder Changeprozesse im Team sind sie in erheblichem Maße auf das Zusammenspiel der Teammitglieder angewiesen. Aus Untersuchungen ist bekannt, dass Teammitglieder nur dann voneinander und miteinander lernen, wenn die Irritation an der Tagesordnung ist und zur Normalität des Teamgeschehens geworden ist (Ilgen u. a. 2005, S. 530). Das ist zum Beispiel in kulturell heterogen zusammengesetzten Teams der Fall. Gibt es aber eine starke Mehrheit und nur ein oder zwei Personen aus einem anderen Kulturkreis, kann es leicht passieren, dass deren Wissen als Störung abgetan wird.

Die Schuldzuschreibung an eine Minderheit ist ein mächtiger Abwehrmechanismus, der Lernen verhindert. Diese Abwehr wird auch im Verhältnis zu »störenden« Führungskräften sehr wirksam eingesetzt. Störung ist aber in manchen Situationen die wichtigste Aufgabe der Führung. Wenn also Führungskräfte Neuerungen in der Zusammenarbeit einführen möchten, kann es passieren, dass sie auf eine kollektive Lernabwehr stoßen. Viele unerfahrene Führungskräfte glauben an dieser Stelle, dass sie etwas falsch gemacht haben. Das mag so sein. Aber häufig ist diese Abwehr der erste kleine Erfolg und der Beginn eines sehr ernsthaften Lernprozesses. Wie in Lehrveranstaltungen hängt an dieser Stelle der weitere Verlauf auch in Teams stark von den kommunikativen Fähigkeiten der Führungskraft ab. Darauf wird im nächsten Schritt weiter eingegangen.

Thesen: Mentale Modelle

Das Wichtigste aus diesem Abschnitt hier noch einmal kurz zusammengefasst:

- Mentale Modelle sind innere Grundvorstellungen oder Landkarten davon, wie die Welt zu verstehen ist.
- Mentale Modelle stellen Vereinfachungen dar. Viele sind Verallgemeinerungen der eigenen Lebenserfahrungen.
- Sie sind eng mit unserer Emotionalität, unserer Intuition und unserer Wahrnehmung verwoben und schützen uns vor mentaler und emotionaler Überforderung.
- Der überwiegende Teil unserer mentalen Modelle ist kulturell geprägt.
- Gruppen sind zugleich Produzenten, Transporteure und Hüter der mentalen Modelle.
- Führungskraft und Geführte: Je größer die Überschneidung ihrer Auffassungen ist, desto wirkungsvoller ist der Führungsprozess, an dem sie beteiligt sind.
- Der gesellschaftskulturelle Einfluss auf die Organisationskulturen ist etwa zehnmal stärker als der Einfluss der Branche, in der die Organisationen operieren (Brodbeck 2006, S. 18).
- Mentale Modellen sind aktiv – sie steuern unser Handeln und beeinflussen unsere Wahrnehmung.
- Teams mit gut ausgebildeten kollektiven mentalen Modellen zeigen sehr effektive Koordinationsleistungen und können sich gegenseitig gut unterstützen.
- Um mentalen Modellen auf die Spur zu kommen, sind Störungen, Irritationen und deren Reflexion gut geeignet.
- Fast alle Führungskonzepte, die in der Literatur veröffentlicht werden in Form von Büchern, Artikeln oder Handouts, beschreiben mentale Modelle und nicht die Wirklichkeit des Handelns einer Führungskraft.
- Solange erwachsene Menschen an ihren vertrauten Überzeugungen und mentalen Modellen festhalten und nicht bereit sind, sich irritieren zu lassen oder Gewohntes infrage zu stellen, können sie nichts lernen.
- Lernen im Erwachsenenalter hat stets mit Irritation und Verunsicherung zu tun.
- Die Schuldzuschreibung an eine Minderheit ist ein mächtiger Abwehrmechanismus, der Lernen verhindert.

Kommunikation und Beteiligung

Wenn man von Kommunikation zwischen Führungskraft und Gruppe spricht, denkt man in der Regel an Face-to-Face-Kommunikation. Tatsächlich nimmt diese Form der Kommunikation im Alltag einer Führungskraft den größten Teil der Zeit in Anspruch. Bereits Henry Mintzberg hat in seiner bekannten Studie aus dem Jahr 1968 darauf hingewiesen. Jüngere Studien zeigen, dass sich in diesem Punkt nicht viel verändert hat: Manager verbringen 70 Prozent des Tages mit Face-to-Face-Kommunikation in Meetings, Zweiergesprächen, Konferenzen und Ähnlichem. Bei Führungskräften des mittleren Managements sind es etwa 55 Prozent, bei leitenden Angestellten ungefähr 30 Prozent und bei Mitarbeitern mit einschlägiger Fachausbildung (Professionals) ungefähr 25 Prozent (Pribilla u. a. 1996, zit. nach Rausch 2008, S. 60). Je höher die Position im Unternehmen ist, umso mehr Zeit wenden die Führungskräfte für Face-to-Face-Meetings auf.

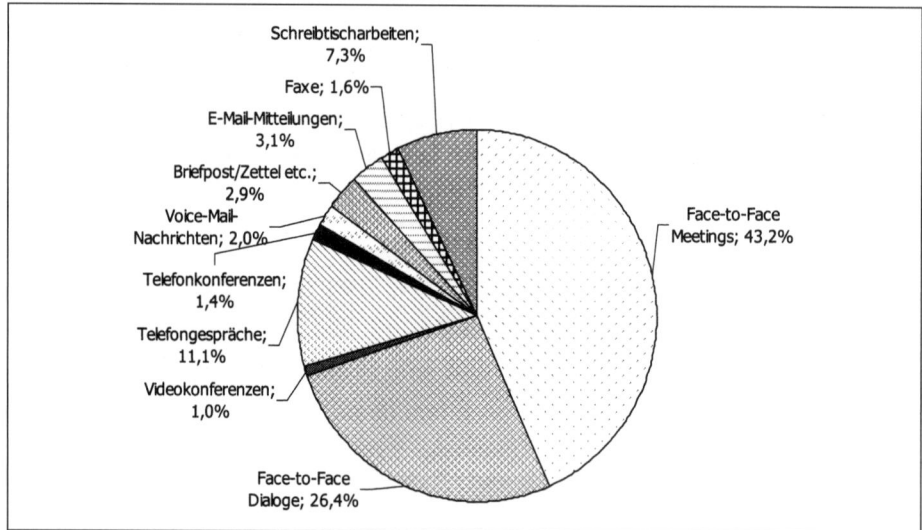

Den größten Anteil an der Face-to-Face-Kommunikation haben Sitzungen und Konferenzen – so die Ergebnisse entsprechender Studien. Sie sind mit Abstand die dominanteste Kommunikationsform (Rausch 2008, S. 60). Die Zeit, die Führungskräfte in Sitzungen zubringen, nimmt über die Jahre tendenziell zu: Führungskräfte haben zum Beispiel im Jahr 1980 an doppelt so vielen Sitzungen teilgenommen wie in den 1960er-Jahren, und Mitte der 1990er-Jahre erklärt die große Mehrheit der befragten Führungskräfte, dass sie mehr Zeit in Meetings verbringen als fünf Jahre zuvor. Im folgenden Abschnitt wird es um die Face-to-Face-Kommunikation gehen.

Aufgaben- oder Mitarbeiterorientierung?

Das Zusammenspiel zwischen Führung und Team lebt ebenso wie das Zusammenspiel der Teammitglieder untereinander von den zwei unterschiedlichen Ebenen der Kommunikation: Sach- und Beziehungsebene oder Aufgabenbewältigung und Zusammenhalt unter den Beteiligten. Es finden soziale und aufgabenbezogene Prozesse zwischen Führungskraft und Gruppe statt (Kauffeld 2001, S. 27). Watzlawick und seine Kollegen haben darauf hingewiesen, dass jegliche Form der Kommunikation einen Inhalts- und einen Beziehungsaspekt hat (Watzlawick/Beavin/Jackson 1969, S. 56). Der Beziehungsaspekt bestimmt die Bedeutung der Inhalte, die kommuniziert werden. (Vgl. auch die Beiträge von Karl Schattenhofer S. 24 ff. und Andreas Amann, S. 409)

Sach- und Beziehungsebene

Die Art und Weise, wie jemandem eine Fortbildung empfohlen wird, ist entscheidend dafür, ob die Empfehlung als indirekte Kritik oder als Privileg wahrgenommen wird.
»Frau Meier, im Führungskräftetraining sind noch Plätze frei. Es wäre gut, wenn sie ab morgen daran teilnehmen könnten!«
Je nach Art der Beziehung zwischen diesem Vorgesetzten und seiner Mitarbeiterin, kann sie diese Aufforderung als Strafversetzung, als Mitteilung über die Unwichtigkeit ihrer Arbeit oder als echte Bitte verstehen.

Die zwei Ebenen der Kommunikation sind auch im Zusammenspiel zwischen Führungskraft und Team oder zwischen Seminarleitern und Teilnehmern immer gegenwärtig. Unsere Wahrnehmung ist so strukturiert, dass sie uns ganz automatisch und kontinuierlich den lieben, langen Tag über Auskunft über den Stand der Dinge auf beiden Ebenen gibt. So ist es nicht verwunderlich, dass sich im Ergebnis vieler Forschungsarbeiten zwei zentrale Führungsstile erkennen lassen: aufgabenorientierte versus mitarbeiterorientierte Führung.

Eine interessante Erweiterung fand das Konzept der Aufgabenorientierung/Mitarbeiterorientierung durch die Forschungsarbeiten zu Formen der Kooperation (Spieß 2000, S. 185). Bei der Erforschung betrieblicher Kooperationsstrukturen fand die Forscherin drei voneinander deutlich unterschiedene Arten der Kooperation:

- strategische Kooperation,
- empathische Kooperation und
- Pseudokooperation.

Die drei Grundformen der Kooperation nach Erika Spieß (Spieß 2000, S. 185–196)

Strategische Kooperation: betriebliche Umgangsformen von Menschen, die rational zielgerichtet handeln und dabei in erster Linie ihren persönlichen Nutzen im Auge haben.
Empathische Kooperation: Betriebliche Umgangsformen, die die Fähigkeit voraussetzen, sich in den anderen und seine Intentionen hineinzuversetzen. Empathische Kooperation lebt stärker von Kommunikation und beachtet die affektiven Aspekte kooperativen Handelns sorgsam.
Pseudokooperation: Hier wird eine Gemeinsamkeit vorgegeben, die de facto nicht oder nicht mehr vorhanden ist. Es folgt ein Als-ob-Handeln. Jede Form der Pseudokooperation trägt auf Dauer zum Verfall von Vertrauen und Glaubwürdigkeit bei.

Die Geschichte

Zunächst waren Forscher wie zum Beispiel Lewin in den 30er-Jahren des letzten Jahrhunderts daran interessiert, herauszufinden, ob eher autoritäre oder eher demokratische Formen der Führung Erfolg versprechend sind. »Es ging dabei immer nur um das Ausmaß der Entscheidungsbeteiligung, das den Unterstellten zugestanden wird« (Neuberger 2002, S. 493). Kurz zuvor hatte mit den Hawthorne-Studien Ende der 1920er-Jahre die Forschungsgeschichte zum Thema »Aufgabenorientierung versus Mitarbeiterorientierung« begonnen. Dieses Thema sollte die Forschung über mehrere Jahrzehnte beschäftigen. Ende der 1950er-Jahre wurde es mit den Ohio-Studien speziell im Hinblick auf Führungsstile fortgesetzt. Im Laufe der 1970er-Jahre weiteten die Sozialforscherinnen und Sozialforscher insbesondere im Rahmen des Human-Relations-Konzepts die Frage der Entscheidungsfindung ganz allgemein auf die Umgangformen zwischen Führungskraft und Geführten aus. Teamentwicklung und das Verhalten von Führungskräften wurden in dieser Zeit ein wichtiger Bestandteil der Unternehmenskonzepte (Ulich 2001, S. 39–41). Soziale Kompetenz wurde zu einer Schlüsselqualifikation.

		1	2	3	4	5	6	7	
Art der Willensbildung	individuell								kollegial
Verteilung von Entscheidungsaufgaben	zentral								dezentral
Art der Willensdurchsetzung	bilateral								multilateral
Informationsbeziehungen	bilateral								multilateral
Art der Kontrolle	Fremdkontrolle								Selbstkontrolle

	1	2	3	4	5	6	7	
Formalisierungs- und Organisationsgrad	stark							schwach
Einstellung des Vorgesetzten zum Mitarbeiter	Misstrauen							Offenheit
Einstellung des Mitarbeiters zum Vorgesetzten	Respekt, Abwehr							Achtung, Vertrautheit
Grundlage des Kontaktes zwischen Vorgesetzten und Mitarbeitern	Abstand							Gleich-stellung
Häufigkeit des Kontaktes zwischen Vorgesetzten und Mitarbeitern	selten							oft
Handlungsmotive des Vorgesetzten	Pflichtbe-wusstsein, Leistung							Integration
Handlungsmotive des Mitarbeiters	Sicherheit, Zwang							Selbststän-digkeit, Einsicht
Bindung der Mitarbeiter an das Führungssystem	schwach							stark
Soziales Klima	gespannt							verträglich

Schema zur Erfassung des Führungsverhaltens (Baumgarten 1977, Neuberger 2002 S. 494)

Bei solchen Fragebögen zur Erfassung des Führungsverhaltens ist nicht sicher, dass mehrere Personen unter den genannten Verhaltensweisen tatsächlich genau das Gleiche verstehen. Das schränkt ihre Aussagekraft ganz erheblich ein. Dieser Einwand gilt auch für neuere Fragebögen, die versuchen, Führungsverhalten zu erfassen.

Rollenvielfalt

Die Frage, ob ein eher aufgabenorientierter Führungsstil oder ein mitarbeiterorientierter Führungsstil erfolgversprechender ist, ob eher partizipativ oder eher autokratisch geführt werden soll, wird heute so nicht mehr gestellt. Führungskräfte brauchen viele Verhaltensmöglichkeiten. Kein Führungsmodell oder Führungsstil vermag das ganze Repertoire des alltäglichen Verhaltens von Führungskräften angemessen abzubilden. Das gilt für alle mentalen Modelle von Führung. Dazu gehören auch der in den letzten Jahren viel diskutierte und beforschte »transformative Führungsstil« und das Modell »Leading from behind – Führen aus dem Hintergrund«, das gerade im Harvard Business Manager beschrieben wurde (Hill 2008, S. 83).

Viele fachliche Aspekte der Arbeit können Führungskräfte direktiv, das heißt durch Anweisung, beeinflussen. Das spart Zeit und wird in der Regel von niemandem infrage gestellt. Allerdings laden direktive Anweisungen nicht zum Mitdenken ein: Kooperative Arbeitsbeziehungen entstehen ebenso wenig auf Anweisung von oben wie offene Kommunikation im Team. Vertrauen lässt sich nicht beschließen. Wenn es also darum geht, Formen der Zusammenarbeit zu entwickeln oder über Zielvorgaben Klarheit zu schaffen, wenn alle Beteiligten sich ein klares Bild von der Aufgabe und von ihrem Sinn machen sollen, sind Kommunikationsformen sinnvoll, die eher als partizipativ gelten. Gesteuert wird dabei über Rahmenvorgaben und nicht über Anweisungen. Das gilt insbesondere dann, wenn sich eine Organisation im Umbruch oder in einem geplanten Changeprozess befindet. Die Beteiligung der Mitarbeiter ist eine der zentralen Methoden, die Organisationslernen befördern. Außerdem dienen viele Formen der Beteiligung auch der persönlichen Qualifizierung von Führungskräften und Mitarbeitern.

Die Frage von Partizipation und Autorität ist nicht mehr eine Frage von Entweder-oder. Führungskräfte müssen sich tagtäglich eine viel schwierigere Frage beantworten: Unter welchen Umständen und in welchen Situationen sollen sie welche Mitarbeiter wie führen? Wann ist direktives Verhalten angezeigt und wann sind partizipative Arbeitsformen sinnvoll? Wann ist Konfliktregulierung nötig und wann Konfliktverschärfung? Wann Aktion und wann Reflexion?

Führungskräfte befinden sich in der Kommunikation mit ihrem Team kontinuierlich in Entscheidungsdilemmata (vgl. folgende Übersicht) bezüglich ihres Verhaltens. Neuberger hat die wichtigsten zusammengestellt (Neuberger 2002, S. 342):

Mittel	◄————►	Zweck
Gleichbehandlung aller	◄————►	Eingehen auf den Einzelfall
Distanz	◄————►	Nähe
Fremdbestimmung	◄————►	Selbstbestimmung
Spezialisierung	◄————►	Generalisierung
Gesamtverantwortung	◄————►	Einzelverantwortung
Bewahrung	◄————►	Veränderung
Konkurrenz	◄————►	Kooperation
Aktivierung	◄————►	Zurückhaltung
Innenorientierung	◄————►	Außenorientierung
Zielorientierung	◄————►	Verfahrensorientierung
Belohnungsorientierung	◄————►	Wertorientierung
Selbstorientierung	◄————►	Gruppenorientierung

Rollendilemmata der Führung (Neuberger 2002, S. 342)

So wenig, wie eine schriftliche Anleitung zum Seiltanz oder zum Schwimmen weiter-hilft, so wenig können sich Führungskräfte auf schriftliche Anleitungen und Rezepte beziehen, um zu entscheiden, welche Balance zwischen den Polen der Rollendilem-mata jeweils gerade besonders nützlich ist. Kooperative Verhältnisse können sich nur erfahrungsabhängig entwickeln. Manchmal sind sie nur über Auseinandersetzungen im Team zu erringen. Die Situationen, in die Führungskräfte mit ihrer Organisation und ihren Teams geraten, sind von so großer Vielfalt und Komplexität, dass sie gut daran tun, selbst ein möglichst breites Rollenrepertoire zu entwickeln.

Untersucht man die alltägliche Kommunikation von Führungskräften mit ihren Mitarbeiterinnen und Mitarbeitern dahingehend, welche Rolle sie jeweils situativ ein-nehmen, ergibt sich ein breites Spektrum:

Ein ähnliches Spektrum von Rollen ergibt sich, wenn Trainer ihre Interventionen im Seminar auf die zugrunde liegenden Rollenaspekte hin untersuchen oder wenn Beraterinnen ihre Stellungnahmen und Kommentare im Beratungsprozess untersu-chen

Die Rollenvielfalt, mit der Führungskräfte ihren Mitarbeitern begegnen, weist in-direkt auch auf die Rollenvielfalt hin, mit der diese ihrer Führungskraft begegnen. Erst wenn man sich diese Komplexität im Zusammenspiel aller Beteiligten vor Augen führt, wird deutlich, was es heißt, wenn Führung und Zusammenarbeit als komplexe

Koordinationsleistung beschrieben werden. Forscher haben die Rollenvielfalt im Bereich Führung und Zusammenarbeit systematisiert und so auf eine überschaubare Anzahl reduziert (vgl. folgende Übersicht). Je nach theoretischer Ausrichtung und Erfahrungshintergrund des Autors unterscheiden sich die Typologien.

Führungsrollen nach Mintzberg

Interpersonale Rollen
- Repräsentator
- Führer
- Vernetzer

Informationsrollen
- Beobachter
- Verteiler von Informationen
- Sprecher

Entscheidungsrollen
- Unternehmer
- Störungsregler
- Ressourcenverteiler
- Verhandler

(Mintzberg, nach Strehl 1987, S. 35ff.; Neuberger 2002 s. 328)

Um zu zeigen, wie unterschiedlich diese Rollensystematiken sind, hier noch ein zweites Beispiel:

Teamrollen

- Visionär
- Pragmatiker
- Entdecker
- Herausforderer
- Unparteiischer
- Friedensstifter
- Arbeitstier
- Trainer
- Bibliothekar
- Vertrauensperson

(Spancer/Pruss 1995)

Jede dieser Systematiken ist sehr plausibel. Sie unterscheiden sich nur durch die etwas unterschiedlichen mentalen Konzepte der Forscher. Hier die dritte Variante:

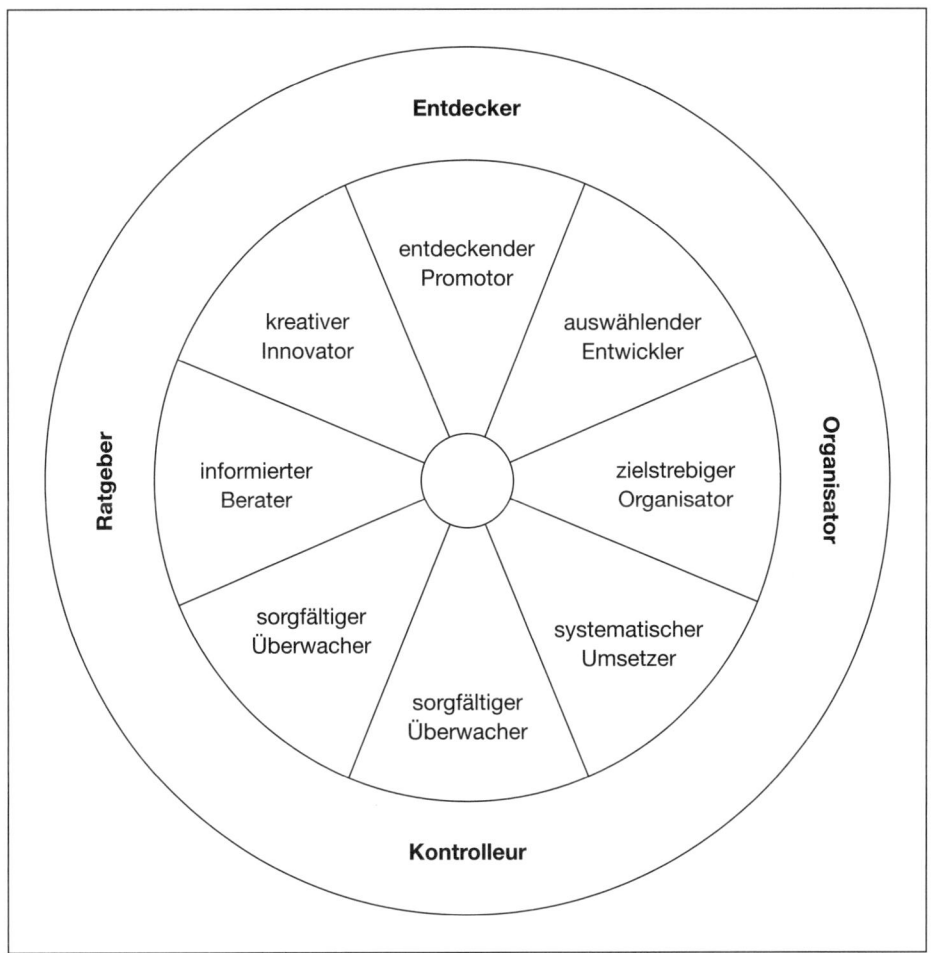

Das Team-Management-Rad von McCann und Margerisen (1989, S. 55)

Den kollektiven Balanceakt der Zusammenarbeit zwischen Führungskraft und Team kann nicht eine Person allein lenken und in gutem Gleichgewicht halten, sondern die Lenkung geschieht als Gemeinschaftswerk. Darum ist »Führung von unten« wichtig: Viele Facetten der Arbeitsabläufe können Führungskräfte nicht überblicken. So ist es nur folgerichtig, wenn Teammitglieder Teilfunktionen der Führung wahrnehmen. In erfolgreichen Teams engagieren sich die Teammitglieder in vielfältiger Form für den reibungslosen Ablauf der Arbeiten. Sie übernehmen damit zeitweise Führungs- beziehungsweise Regulierungsaufgaben. Wenn alles gut läuft, helfen sie sich gegenseitig und lernen voneinander.

Führungskräfte können viel dafür tun, dass eine solche Teamkultur entsteht. Mit Gruppen, die sich weitgehend selbst steuern, ist der komplexe Balanceakt der Kooperation zwischen Führung und Geführten leichter und effektiver zu vollführen (zum Thema der Selbststeuerung s. auch Schattenhofer in diesem Handbuch).

Kommunikationsmodelle

In den bisherigen Ausführungen sind wir dem einfachen Grundmodell der Unterscheidung von Aufgaben- und Beziehungsebene gefolgt. In Führungskräftetrainings hat sich das häufig als sehr erhellend für die Teilnehmer erwiesen, denn es thematisiert explizit die still mitlaufenden Dimensionen der Alltagskommunikation. Im Laufe der vergangenen Jahrzehnte sind mehrere Kommunikationsmodelle entwickelt worden, die die vielgesichtigen Ebenen jenseits der Sachebene differenzierter zu erfassen suchen. Als ein Beispiel beschreibe ich im Folgenden das TALK-Modell von Oswald Neuberger. Neuberger hat es als theoretische Grundlage für Kommunikationsschulungen in Organisationen entwickelt (Neuberger 1985, S. 15 ff.). Das zweite Modell, das ich darstellen werde, ist am MIT Massachusetts Institute of Technology entwickelt worden. Es beschreibt fünf unterschiedliche Kommunikationsmodi.

 Das TALK-Modell. Das TALK-Modell geht davon aus, dass jede Sachinformation mit einer Form der Selbstdarstellung oder Selbstoffenbarung einhergeht und mit dem Interesse, etwas zu beeinflussen. Selbst dem Anschein nach ganz sachliche Mitteilungen implizieren Handlungsaufforderungen und stellen eine bestimmte Form der Beziehung her.

Das TALK-Modell

Es umfasst die folgenden Dimensionen:
T = Tatsachendarstellung, Information, Thema
A = Ausdruck, Selbstoffenbarung, Selbstdarstellung
L = Lenkung, Handlungsaufforderung, Beeinflussung
K = Kontakt, Beziehung, Klima

(nach: Neuberger 1985)

Die einfache, ganz sachliche Mitteilung zum Beispiel: »Wir haben im letzten Monat so und so viele Kinderwagen verkauft« (T), beinhaltet für jeden Insider neben der Sachinformation auch folgende Aspekte: Einerseits stellt die Führungskraft dar, wie zurückhaltend sie mit eigenen Stellungnahmen ist und dass sie hofft, dass jeder selbst die richtigen Schlüsse daraus ziehen wird (A). Natürlich enthält die Mitteilung die Aufforderung, sich mit Erfolg oder Misserfolg des Verkaufs auseinanderzusetzen (L), und schließlich schafft die Führungskraft durch die extreme Versachlichung ihrer Mitteilung ein Klima von verdeckter Freude oder verdeckte Betroffenheit und Ärger (K).

Als fünfte Dimension beschreibt Neuberger die Metakommunikation: Reden und Reflektieren über das Gespräch oder die Umgangsformen. Jede Form der Reflexion über Umgangsformen und Arbeitsabläufe sind Formen der Metakommunikation. Metakommunikation ist besonders wichtig, denn ohne sie sind eingefahrene, automatisierte Kommunikationsmuster oder Rollenverteilungen zwischen Führungskraft und Team nur schwer zu thematisieren und zu verändern.

Kommunikationsmodelle wie zum Beispiel das TALK-Modell sind für Führungskräfte und Teams insofern von Bedeutung, als sie helfen, sich darin zu üben, auch die nicht explizit mitlaufenden Mitteilungen wahrzunehmen und sich darauf explizit zu beziehen. So sind zum Beispiel viele Konflikte überhaupt nur am Tonfall oder der Körpersprache zu erkennen, denn es gilt im beruflichen Alltag das Prinzip äußerster Versachlichung in der Ausdrucksweise. Das TALK-Modell vereinfacht den Zugang zu den nicht gesagten, mitschwingenden Aspekten der Kommunikation.

 Vier Formen des Zuhörens. Am MIT haben Forscher und Forscherinnen ein Modell entwickelt, das es erleichtert, unterschiedliche Qualitäten der Kommunikation zu erfassen. Sie haben mit ihren Forschungsarbeiten vier grundsätzlich unterschiedliche Formen des Zuhörens und der Kommunikation herausgearbeitet (Scharmer/Käufer 2008, S. 4–11). Zwei dieser vier Aufmerksamkeitsfelder sind eher rational und sachorientiert und zwei der Aufmerksamkeitsfelder nutzen das Beziehungsgefüge im Team und die intuitive schöpferische Kraft der Beteiligten. Die Forscherinnen und Forscher plädieren dafür, dass Führungskräfte und ihre Teams sich »die tieferen Dimensionen von Führung und transformativer Veränderung erschließen«, indem sie »bewusst die Struktur der eigenen Aufmerksamkeit gestalten«.

Die vier Formen der Aufmerksamkeit beschreiben sie so:

- *Hinhören 1: Abspulen oder runterladen.* Diese Form des Hinhörens ist ein »Runterladen« von bereits bestehenden Urteilen. Alles, was passiert, bestätigt bereits bestehende Erwartungen.
- *Hinhören 2: Faktisch.* Diese Art des Zuhörens ist rein faktisch. Die innere Stimme des Urteilens ist ausgeschaltet. Faktisches Hinhören ist der Modus guter Wissenschaft. Die Fakten sprechen. Faktisches Hinhören führt zur Überprüfung der eigenen Ansichten und zur Erweiterung des faktischen Wissens.
- *Hinhören 3: Empathisch.* Von dem Fokus auf die Dinge und Fakten wenden sich die Gsprächsteilnehmer ihrem Gegenüber zu. Sie nutzen ihre Fähigkeit, die Gegenwart aus der Perspektive eines anderen zu erleben. Damit verändert sich die Perspektive der Wahrnehmung. Der Blickwinkel verändert sich von einer Draufsicht auf die Dinge zu einer Erweiterung der eigenen Perspektive aus dem Blickpunkt des anderen. Voraussetzung für diesen Perspektivenwechsel ist eine empathische Begegnung mit dem anderen.
- *Hinhören 4: Schöpferisch.* Diese Art des Zuhörens geht über das Gegenwärtige hinaus: Die Beteiligten verandern sich im Gespräch. Sie gehen durch einen Veränderungsprozess und verbinden sich mit einer im Entstehen begriffenen Zukunftsmöglichkeit. Wir bezeichnen diese Ebene des Hinhörens als schöpferisches Hinhören oder Hinhören auf eine zukünftige Möglichkeit. Voraussetzung sind faktisches Zuhören, ein empathischer Zugang zum anderen und die Fähigkeit, Zukunftsmöglichkeiten, die im Entstehen begriffen sind, wahrzunehmen und sich mit ihnen zu verbinden.

»Die unterschiedlichen Strukturen der Aufmerksamkeit bestimmen nicht nur unser Zuhören, sondern auch die Qualität der Kommunikation in Gruppen und die Koordinationsmuster in größeren Organisationszusammenhängen« (Scharmer/Käufer 2008, S. 7). Jede dieser Formen des Hinhörens geht mit einem eigenen Tempo einher. Schöpferisches Hinhören ist in einem Team, das das Tempo des »Abspulens oder Runterladens« pflegt, kaum möglich. Das Tempo verhindert Reflexion und empathische Einstellung auf das Gegenüber. Will man die schöpferischen und empathischen Kräfte eines Teams aktivieren, benötigt man von Zeit zu Zeit Rahmenbedingungen für gemeinsame Treffen, die einen anderen Rhythmus des gemeinsamen Gesprächs, also einen anderen Kommunikationsmodus erlauben.

Führungskräfte können dazu beitragen, dass Teams ihre Fähigkeiten ausweiten, um unterschiedliche Kommunikationsmodi zu nutzen. Dazu gehört zum Beispiel eine differenzierte Besprechungsstruktur (vgl. Kasten). Je nach zeitlichem Rahmen und Geübtheit des Teams unterstützen die Rahmenbedingungen der Sitzungen jeweils andere Kommunikationsmodi.

Differenzierte Besprechungsstrukturen

Führungskräfte sollten die Chancen unterschiedlicher Besprechungsformen besser nutzen:

- regelmäßige kurze Informationssitzungen,
- Sitzungen, in denen es ausschließlich um grundsätzlichere fachliche Fragen geht,
- Jour fixe: halboffizielle Treffen,
- Strategie-Workshops,
- Midpointsitzungen und Standortbestimmungen,
- Resümees am Ende von Projekten oder Arbeitsphasen.

Die Rahmenbedingungen allein aber können nicht den Wechsel in einen anderen Kommunikationsmodus herstellen. Sie sind nur eine wichtige Voraussetzung. Außerdem ist ein Moderator nötig, der dafür sorgt, dass die Beteiligten nicht in ihren alltäglichen, von Zeitdruck gekennzeichneten Kommunikationsformen gefangen bleiben. Die Rolle des Moderators kann die Führungskraft selbst oder jedes andere Teammitglied übernehmen.

Kommunikationsmuster verändern

In der Regel entwickelt jede Gruppe, jede Konferenz, jedes Projekt und jedes Seminar eigene kollektive Formen der Kommunikation und somit sehr typische Kommunikationsmuster, die nicht ohne Weiteres zu ändern sind. Haben sich dysfunktionale Kommunikationsmuster entwickelt, werden die Sitzungen schnell langweilig oder es breitet sich diffuser Missmut aus.

Beispiele für typische dysfunktionale Muster sind:

- das Lehrer-Schüler-Muster,
- das Kindergartenmuster,
- ritualisierte Hahnenkämpfe,
- das Schwarze-Schaf-Muster.

Langeweile im Kreise interessanter, kluger Leute ist ein Symptom, das über den Zustand der Veranstaltung so viel aussagt, wie Fieber über den Zustand des menschlichen Körpers: Es stimmt etwas nicht. Man kann aber nicht auf Anhieb wissen, was. Es lohnt sich, gemeinsam darüber nachzudenken, was los ist und wie es zu ändern ist.

Zunächst stellen sich einige relativ leicht zu beantwortende Fragen: Besprechen wir die richtigen Themen? Sitzen die richtigen Leute zusammen? Passt der Sitzungsrahmen? Die Diskussion dieser Fragen bringt häufig keine befriedigende Lösung, wenn sich dysfunktionale Kommunikationsmuster etabliert haben.

Im Folgenden beschreibe ich am Beispiel des Lehrer-Schüler-Musters, welche Schritte nötig sind, um ein solches Muster außer Kraft zu setzen.

 Kollektive Muster erkennen. Das »Lehrer-Schüler-Modell« als kollektives Kommunikationsmuster ist weit verbreitet und in vielen Sitzungen und Seminaren an der Tagesordnung: Die Leitung hält Vorträge oder gibt langwierige Informationen bekannt. Es herrscht gähnende Langeweile oder schweigsames Kopfnicken. Tatsächlich ist eine Versammlung von hoch qualifizierten und sehr engagierten Leuten beieinander. Häufig ist die Hälfte der Teilnehmer damit beschäftigt, ihre Kalender auf den neuesten Stand zu bringen oder E-Mails zu bearbeiten. Sie legen sich so selbst lahm und vermeiden es auf diese Weise, ungeduldig zu werden.

Das vorherrschende Kommunikationsmuster sieht so aus: Vorne steht oder sitzt die Seminarleitung beziehungsweise der Chef und weiß alles, so scheint es. Die Teilnehmer verhalten sich wie brave Schüler und tun so, als hätten sie zum jeweiligen Thema keine mitteilenswerten Meinungen. Unter Umständen sind sie sogar der Überzeugung, dass alles, was in dieser Veranstaltung geschieht, vom Chef ausgehen muss. In Kaffeerunden oder im Flurfunk wird in der Regel ohne Umschweife kritisch darüber geredet. Personalisierungen oder Schuldzuschreibungen helfen da nicht weiter. Die eigentlich interessante diagnostische Frage ist: Warum ist es so, wie

> Das Lehrer-Schüler-Muster ist ein dysfunktionales Kommunikationsmuster.

es ist? Warum hat sich ein ganzer Kreis von hoch qualifizierten und engagierten Menschen ohne erkennbaren Protest mit dem Ritual der langweiligen Sitzungen arrangiert? Die Gründe dafür sind von Fall zu Fall andere. Auf jeden Fall sind viele Gründe für solche Formen der Kommunikation denkbar, denn dysfunktionale Kommunikationsmuster sind in der Regel nicht nur einfach schlechte Angewohnheiten, sondern sie haben meist gute Gründe. Es gilt, die Bedeutung dieser Symptomatik zu erkunden:

Häufige Hintergründe von langweiligen Sitzungen

Warum hat sich ein Kreis von qualifizierten und engagierten Menschen mit dem Ritual der langweiligen Sitzungen arrangiert? Hypothesen und Vermutungen:

- Alle sind froh, dass sie nichts sagen müssen. So merkt man nicht, dass sie die vielen Mails, die täglich kommen, nicht gelesen haben.
- Ungewöhnliche Meinungen werden als persönliche Profilierungssucht abgetan.
- Der Chef ist nicht akzeptiert und wird latent bekämpft.
- Zu lange frontale Vorträge oder Informationen sind ermüdend.
- Der zeitliche Rahmen stimmt nicht: In größeren Abständen finden drei- bis vierstündige Sitzungen statt, die nie pünktlich beendet werden. Grundsatzthemen werden als einer unter vielen aktuellen Tagesordnungspunkten abgehandelt.
- Das Unternehmen pflegt seit Jahren die Kultur der Jasager.
- Es werden wichtige Themen nicht zur Sprache gebracht.
- Die Leitungsstruktur ist zentralistisch: Die Themen der Sitzungen bestimmt allein die Führungskraft und sie hält lange Vorträge.
- Es gibt feste, vom Thema völlig unabhängig ablaufende Kommunikationsmuster, die für alle ermüdend sind: Es reden immer die Gleichen.
- Die Tagesordnung ist so eng geplant und hoch strukturiert, dass der Austausch von Meinungen als Störung empfunden wird.
- Der Chef legt in langwierigen Vorträgen seine Ansichten dar.
- Alle hassen die Sitzungen so sehr, dass sie froh sind, wenn sie zu Ende sind. Wer eine Diskussion beginnt, macht sich Feinde.
- Vorangegangene Diskussionen über die Form der Sitzungen haben nicht weitergeführt.

In Sitzungen, die nach dem »Lehrer-Schüler-Modell« ablaufen, verhalten sich alle Beteiligten weit unter ihren Möglichkeiten. Sie sind in dem kollektiven Muster wie gefangen. Es kommt eine Kommunikation des kleinsten gemeinsamen Nenners zustande. Wenn sie zur Regel wird, wird das kollektive Muster zu einem festen Ritual: Eine größere Gruppe von Leuten, die erwartungsvoll nach vorn schaut, erzeugt einen relativ starken Sog. Die Person, die vorne sitzt, spürt den Druck, aktiv werden zu müssen. Gibt sie dem Druck nach, hält sie automatisch das »Lehrer-Schüler-Muster« am Leben. Alle begeben sich in ihre gewohnten Rollen »passiv braver Schüler« und so verstärkt das Muster sich selbst.

> Will man aus diesem Muster aussteigen, muss man selbst die Rolle des Aktivisten verlassen.

In Seminaren, Teams oder Projektgruppen ist dieses Kommunikationsmuster in der Regel unpassend und für beide Seiten ärgerlich, denn die meisten Mitarbeiterinnen haben ebenso wie Teilnehmer von Seminaren viel Erfahrungen, Meinungen und Einschätzungen zu den Themen. Mit dieser Form der Kommunikation werden die Beteiligten kaum jemals über ihre mentalen Modelle, über Meinungen und Einschätzungen ins Gespräch kommen. Es ist ein Kommunikationsmuster, das den Kontakt behindert und echte Diskussionen oder Erfahrungsaustausch unmöglich macht.

Muster thematisieren und stören. Will man aus dem Muster aussteigen und dafür sorgen, dass die Teammitglieder ihre Passivität aufgeben, muss man selbst die Rolle des Aktivisten verlassen. Das kann durch veränderte Arbeitsformen geschehen, wie zum Beispiel Arbeitsgruppen oder Rotation der Leitung. Es kann aber auch dadurch geschehen, dass die Führung das Muster thematisiert. Das führt in der Regel zunächst zu Spannungen und in vielen Fällen zu Irritationen. Die Beteiligten fühlen sich gestört.

Ohne solche Störungen sind kollektive Muster nicht außer Kraft zu setzen. Reden allein oder Appelle helfen nicht weiter. Eine schweigsame Gruppe von Mitarbeitern oder Seminarteilnehmern, die an der Rolle des »passiven Schülers« festhält, stellt eine starke Macht dar. Häufig sind sich die Beteiligten dieser Macht nicht bewusst. Es hat eine Schuldverschiebung stattgefunden: In den Augen der Beteiligten liegt das Problem beim Chef oder bei der Seminarleitung. Erst wenn die Mitarbeiter ihre Rolle der »braven Schüler« realisieren, können sie sie aufgeben.

Kommunikationsmuster nachhaltig stören

Die Nachhaltigkeit der Irritation oder Störung kann auf unterschiedlichem Wege hergestellt werden:

- durch freundlich hartnäckiges Werben für neue Formen der Teambesprechungen,
- durch Beschreibung der Kommunikationsmuster und Veröffentlichung der eigenen Diagnose als Einstieg in eine gemeinsame Debatte,
- durch Grundsatzdiskussionen im Rahmen von Strategieworkshops,
- durch informellen Aufbau einer Mehrheit, die die Diskussion und Veränderung unterstützt,
- durch neue Teammitglieder und mehr Diversität im Team,
- durch die Eskalation beziehungsweise Verstärkung von Konflikten,
- durch externe Experten oder Berater,
- durch Rotation einzelner Leitungsaufgaben,
- durch Feedback aus der Organisation,
- durch ungewöhnliche Rahmenbedingungen oder Vorgaben.

Die Liste typischer Störungen ließe sich noch weiter fortsetzen. Will eine Führungskraft die Kommunikationsformen in ihrem Team so nachhaltig stören, dass am Ende offene Reflexion und größere Rollenflexibilität zustande kommt, folgt sie am besten dem Muster des Spiels. Zum Beispiel Tischtennis oder Mannschaftsspiele im Sport: Wo der Ball kommt, nimmt man ihn an, um ihn dann entweder ganz heftig zurückzuschmettern oder eben ganz sanft. Je beweglicher die eine Seite ist, umso beweglicher wird auch die andere Seite werden. Täuschen und Tarnen sind erlaubt. Trotzdem sind es keine Spiele ohne Grenzen und Regeln. Ohne eingehende Reflexion des Geschehens aber bleiben viele dieser »störenden Spiele« wirkungslos. Ohne Diskussion degenerieren sie leicht zu Formalien, die die Struktur der Zusammenarbeit nicht sonderlich beeinflussen.

Unterstützer gewinnen. Wenn dysfunktionale Kommunikationsmuster die Zusammenarbeit prägen, ist mit der Diagnose im Kopf der Führungskraft in der Regel noch nicht viel gewonnen. Solange sie sie nicht mit ihren Mitarbeitern offen diskutiert und um Unterstützer für ihre Sicht der Dinge wirbt, bleibt der Veränderungsimpuls wirkungslos. Problembewusstsein schaffen ist der erste wichtige Schritt zur Veränderung. Erst eine vergemeinschaftete oder kollektive Diagnose schafft Veränderungschancen und neue Lösungswege (s. Amann, S. 404 ff.).

Aber schon die Thematisierung der gängigen Kommunikationsmuster im Team stellt in der Regel einen Tabubruch dar, denn Gespräche über Konventionen der Zusammenarbeit oder intuitive Einschätzungen der Verhältnisse haben im Alltag wenig Platz. Es herrschen in den meisten Organisationen extremer Zeitdruck und das Diktat der Versachlichung.

Immer wenn Routinen infrage gestellt werden und der Wechsel zu eher reflexiven Arbeitsformen nötig ist, wird deutlich, wie stark Gewohnheiten unser Denken und Handeln prägen. Eine einzelne Person kann solche Standards nicht allein infrage stellen. Auch nicht die Führungskraft. Sie braucht dazu Unterstützerinnen.

 Langer Atem und das stetige Spiel der kleinen Störungen. Keine Gruppe kann so ohne Weiteres von Einwegkommunikation auf andere Formen der Kommunikation umschalten. Hier gilt: Übung macht den Meister. Teams, die miteinander vertraut sind und schon länger zusammengearbeitet haben, reagieren auf Störungen nur sehr zögerlich (Katz 1982, zit. nach Guzzo 1992, S. 287 f.). Einfaches Feedback zum Beispiel über ungenügende Arbeitsergebnisse kann Teams, die sehr fest in ihren Verhaltensroutinen eingefahren sind, nicht so leicht beeindrucken. Solche Teams haben feste Kommunikationsmuster. Innovative Teams dagegen haben zwar einerseits hochroutinisierte Formen der Kommunikation. Sie können aber auch andererseits daraus aussteigen und sich in einen eher reflexiven oder explorativen Arbeits- und Kommunikationsmodus zum Beispiel im Rahmen von Planungs- oder Strategieworkshops begeben.

Thesen: Kommunikation und Beteiligung

Das Wichtigste aus diesem Abschnitt hier noch einmal kurz zusammengefasst:

- *Face-to-Face-Kommunikation:* Manager verbringen 70 Prozent des Tages mit Face-to-Face-Kommunikation; bei Führungskräften des mittleren Managements sind es 55 Prozent des Tages. Die meiste Zeit davon verbringen sie in Sitzungen.
- *Aufgaben- oder Mitarbeiterbezug?* Es finden soziale und aufgabenbezogene Prozesse zwischen Team und Führungskraft statt. Die Frage, ob ein eher aufgabenorientierter Führungsstil oder ein mitarbeiterorientierter Führungsstil mehr Erfolg verspricht, wird heute so nicht mehr gestellt. Beides ist wichtig.
- *Rollenflexibilität:* Führungskräfte brauchen eine große Rollenflexibilität. Die Rollenvielfalt, mit der Führungskräfte ihren Mitarbeiterinnen und Mitarbeitern begegnen, weist auch auf die Rollenvielfalt hin, mit der diese ihrer Führungskraft begegnen. Den kollekti-

ven Balanceakt der Zusammenarbeit zwischen Führungskraft und Team kann nicht eine Person allein lenken. Die Lenkung geschieht als Gemeinschaftswerk. In erfolgreichen Teams engagieren sich die Teammitglieder in vielfältiger Form für den reibungslosen Ablauf der Arbeiten. Sie übernehmen damit zeitweise Führungs- beziehungsweise Regulierungsaufgaben.

- *Kollektive Kommunikationsmuster:* Jedes Team und jede Seminargruppe entwickelt ganz spezifische Kommunikationsmuster. Ohne Metakommunikation sind eingefahrene, automatisierte Kommunikationsmuster oder Rollenverteilungen zwischen Führungskraft und Team nur schwer zu verändern. Mit einer Diagnose im Kopf der Führungskraft allein ist in der Regel noch nicht viel gewonnen.

Das innere Steuerungssystem

In den vorangegangenen Abschnitten dieses Beitrags ist deutlich geworden, dass jede Gruppe, die länger zusammenarbeitet, Gemeinsamkeiten entwickelt. Die Gemeinsamkeiten sind von ganz verschiedener Art. Forschungen haben im Verlauf der Kleingruppenforschung der vergangenen 20 bis 30 Jahren ergeben, dass unter anderem folgende Faktoren für die Arbeitsfähigkeit einer Gruppe von Bedeutung sind:

- Vertrauen in die gemeinsamen Fähigkeiten; Vertrauen in die Führung und in die Unterstützung aus dem organisationalen Kontext,
- Verbundenheit und Zusammenhalt; Zuneigung und Aufmerksamkeit für einaneinander; gegenseitige Unterstützung und Übernahme von Verantwortung füreinander,
- Feedback von Gleichrangigen,
- Vermeidung von Konflikten und halbherzigen Kompromissen,
- Ausbildung von passenden Routinen; gemeinsame strategische Modelle; gemeinsame mentale Modelle von den Arbeits- und Kooperationsformen; gemeinsame Normen, Rollen und Interaktionsmuster,
- hoher Standard in der Offenheit der Kommunikation,
- Gruppenheterogenität,
- positive Erwartungen bezüglich des Erfolgs,
- Teamdrive beziehungsweise kollektiver Energiepegel oder Rhythmus,
- planvolles Vorgehen und Zielklarheit; aktive Suche nach Informationen und entsprechende Mitteilungsbereitschaft,
- transaktives Gedächtnis; Einigkeit darüber, wer was weiß und welches Teammitglied in welchen Bereichen spezialisiert ist,
- prozedurale Gerechtigkeit: Die Fairness organisationaler Verfahren ist wichtiger als die Fairness der Ergebnisse (Tyler 2005, S. 181),
- gemeinsame Lernerfahrungen.

Es ist bisher empirisch wenig erforscht, welches Gewicht die einzelnen Faktoren im Zusammenspiel der Systemkräfte haben. Zudem bleiben in vielen Forschungsarbeiten folgende Fragen offen: Wie kommt es zur Vertrauensbildung? Wie gelingt eine große Offenheit in der Kommunikation? Wie entsteht der Zusammenhalt in einem Seminar oder in einem Team?

Um diese Fragen zu beantworten, haben sich Forscher über Rahmenbedingungen Gedanken gemacht, die erfüllt sein müssen, damit eine Gruppe arbeitsfähig wird und eine Form von »Wir-Gefühl« entwickelt. Diese Mindeststandards skizziere ich zunächst im folgenden Abschnitt kurz. Danach gehe ich auf die Theorie der sozialen Gruppenidentität von Michael Hogg und seinen Kollegen ein. Diese Forschergruppe hat sich besonders eingehend mit der Fragen der emotionalen Bindung und sozialen Identitätsentwicklung in Gruppen beschäftigt (Hogg 2005, S. 53 ff.).

Mindeststandards

Bei der Frage nach Mindeststandards vertreten unterschiedliche Forscher verschiedene Ansichten: So geht zum Beispiel Chris Argyris davon aus, dass mindestens drei Regelungen getroffen werden müssen, damit aus einem Haufen von Leuten eine handlungsfähige Organisation wird. Sobald diese Bedingungen erfüllt sind, schreibt er, werden die Mitglieder der Gesamtheit allmählich zu einem erkennbaren »Wir«, das Entscheidungen treffen und diese Entscheidungen umsetzen kann.

- Die Mitglieder müssen Maßnahmen vereinbaren, wie sie im Namen der Gesamtheit Entscheidungen treffen können.
- Einzelne Mitglieder werden bevollmächtigt, für die Gesamtheit zu handeln.
- Die Mitglieder müssen festlegen, wo die Grenze zwischen der Gesamtheit und der übrigen Welt ist.

Michael Lovaglia und seine Kollegen nennen vier institutionelle Regeln, die sie für nötig halten, damit eine Gruppe arbeitsfähig wird (Lovaglia u. a. 2005, S. 164 ff.):

- *Regeln zur Grenzregulierung:* Wer gehört dazu und wer nicht?
- *Versammlungsregelungen:* Es muss festgelegt werden, wie Entscheidungen über gemeinsame Vorgehensweisen und Vorhaben getroffen werden.
- *Positionsregeln:* Bestimmte Positionen innerhalb der Gruppe haben mehr Autorität und Einfluss als andere. Welche Privilegien sind mit welchen Positionen verbunden?
- *Informationsregeln:* Sie beschreiben, wie mit Informationen umgegangen werden soll. Was kann und soll in welchem Ausmaß veröffentlicht werden und was kann oder darf nicht veröffentlicht werden? Was geschieht, wenn diese Regeln nicht eingehalten werden?

Gruppendynamikerinnen gehen davon aus, dass Gruppen dadurch arbeitsfähig werden, dass sie drei Grundfragen ihres Zusammenspiels immer wieder neu bearbeiten und definieren müssen:

- Wer gehört dazu und wer nicht?
- Welchen Gruppenmitgliedern wird Macht und Einfluss zuerkannt und welchen nicht?
- Wie wird mit Intimität und Vertraulichkeit umgegangen?

So entwickeln Gruppen eine »tragfähige innere Ordnung«.

Die soziale Identität von Gruppen

So, wie wir es für selbstverständlich halten, dass wir eine überfüllte Einkaufsstraße schnell durchqueren können, ohne allzu viele Leute anzurempeln, so bedienen wir uns in der Zusammenarbeit vieler sozialer »Selbstverständlichkeiten«, die uns unsere Kultur zur Verfügung stellt. In Wahrheit ist die Fähigkeit, sich intuitiv durch eine Menschenmenge zu bewegen, eine ebenso komplexe Koordinationsleistung unseres Gehirns wie die Zusammenarbeit von Führungskraft und Team. Hogg und seine Kolleginnen haben erforscht, was es Teams ermöglicht, einen so komplexen Balanceakt zu vollführen.

Die Forscherinnen um Michael Hogg gehen davon aus, dass eine Gruppe psychologisch gesehen erst dann existiert, wenn die Mitglieder ein gemeinsames Selbstbild, also ein gemeinsames prototypisches Bild von der Gruppe entwickelt haben, das es ihnen erlaubt, Ähnlichkeiten innerhalb der Gruppe zu definieren und Unterschiede zu anderen Gruppen herauszustellen. Sie beziehen sich dabei auf die Forschungsarbeiten von Henri Tajfel, der sich mit Stereotypen beschäftigt hat und ihre kollektive beziehungsweise soziale Funktion betont hat. In seinen Forschungsarbeiten Anfang der 1980er-Jahre belegte er, dass Mitglieder von Gruppen relativ schnell ein Gefühl dafür entwickeln, was sie als Gruppenmitglieder verbindet und was sie von anderen Gruppen unterscheidet (Tajfel 1981, zitiert nach Abrams/Hogg 1998 u.a., S. 107).

Das erste schnelle Bündnis

Das erste Bündnis kommt schnell zustande. Zu Beginn sind es häufig mehr Fantasien voneinander und nicht so sehr auf Erfahrungen basierende Einschätzungen. Allein schon die Zuschreibung von ganz oberflächlichen Merkmalen ist ausreichend, um einander ganz unbekannte Leute dazu zu veranlassen, dass sie »ihre Leute« positiver beurteilen als jede andere Gruppe. Die meisten Menschen sind sogar sehr schnell bereit, ihre eigenen Interessen aufzugeben, um der eigenen Gruppe Vorteile im Vergleich zu anderen Gruppen zu verschaffen (Abrams u. a. 2005, S. 107 f.).

Es sind Stereotypen, die für die schnelle Bindung sorgen. Sie machen sich zunächst fest an rein äußerlichen Dingen, wie zum Beispiel Alter, Hautfarbe oder Kleidungsstil. So entsteht ein erstes gemeinsames Bild oder mentales Modell davon, was die Gruppe ausmacht. Es entsteht das sogenannte »Wir-Gefühl«.

> »Am Ausmaß der Prototypenbildung erkennt man brillante Gruppen.« (Hogg 2005, S. 57)

Diese stereotypen Vorstellungen haben ihre Wurzeln nicht nur in der individuellen Motivation, sondern sie sind aufgrund ihrer sozialstrukturellen Funktion allgegenwärtig in der Gesellschaft: Sie helfen, soziale Differenzen zwischen Bevölkerungsgruppen zu legitimieren oder Unterschiede im Status und der Behandlung von Gruppierungen.

Zu Anfang sind die Gemeinsamkeiten noch brüchig und leicht zu irritieren. In betrieblichen Arbeitsbeziehungen werden solche labilen ersten Arbeitsbündnisse entweder durch gegenseitiges Kennenlernen stabiler und gewinnen an Verlässlichkeit. Mit zunehmender gemeinsamer Erfahrung wachsen gemeinsame Verhaltens- und Bedeutungsmuster. Die oberflächlichen Gemeinsamkeiten werden ersetzt durch gemeinsame Werte und Einstellungen sowie gemeinsame Vorstellungen von der Arbeit und Konventionen der Zusammenarbeit. Das zeigen Ergebnisse aus dem Bereich der Diversity-Forschung (Ilgen u. a. 2005, S. 527).

»Oder es kann eine gegenteilige Entwicklung eintreten: Mit zunehmendem Kennenlernen bekommen die Beteiligten Zweifel, ob sie wirklich so gut zueinanderpassen. Sie versuchen, den Zustand des ersten schnellen Bündnisses aufrechtzuerhalten. Dafür vermeiden sie, persönlicher miteinander ins Gespräch zu kommen, und erklären ihre erste gemeinsame Wunschvorstellung von Kooperation für Realität« (Clausen 2004, S. 324). In solchen Gruppen bleibt die soziale Identität der Gruppe labil. Will man als Führungskraft oder Trainerin ein solches Bündnissystem verändern, ist es unumgänglich, dass sich die Mitglieder darauf einlassen, die gefundene Balance wieder aufzugeben. Auch hier kommt das Handlungsprinzip der produktiven Störung zum Tragen.

Soziale Gruppenidentitäten entstehen also nicht von heute auf morgen oder durch Beschluss von Vorgesetzten, sondern sie entwickeln sich nach dem ersten schnellen Bündnis weiter. Sie sind die Grundlage dafür, dass eine Gruppe beziehungsweise ein Team sich weitgehend selbst steuern kann.

In dem Maße, wie die Mitglieder der Gruppe die Grundpolaritäten und natürlichen Spannungsverhältnisse ihrer Gruppenentwicklung durchspielen und gestalten – zwischen Effizienz und Effektivität, zwischen Aufgabenbezug und Beziehungsbezug, zwischen Kooperation und Konkurrenz, zwischen Veränderungsanforderungen und Stabilität, zwischen Vertrauen und Misstrauen –, gewinnt die Gruppenidentität an Tragfähigkeit und Bedeutung (Peterson/Behfar 2005, S. 144). Bestehen zu Anfang eine überdeutliche Abgrenzung gegen die Außenwelt und eine geringe Binnendifferenzierung, so wird im Laufe der Zusammenarbeit die Unterschiedlichkeit der Gruppenmitglieder offenkundig und kann zunehmend als Ressource für die gemeinsame Arbeit genutzt werden (Amann 2004, S. 28 ff.).

Vom Ich zum Wir

Entscheidend für den Gruppenzusammenhalt ist, dass die kollektiven Bilder von den Gemeinsamkeiten der Gruppe prototypisch sind, das heißt, es sind generalisierte gemeinsame mentale Modelle, die die Ähnlichkeiten innerhalb der Gruppe stark überbetonen und zugleich die Unterschiede zu Außenstehenden überzeichnen (Hogg 2005, S. 56 ff.). In dem Maße, wie sich einzelne Personen als Gruppenmitglieder definieren, verändert sich ihr Selbstverständnis: »Ihre Wahrnehmung, ihre Einstellungen, ihre Gefühlswelt, ihr Verhalten und ihr Selbstverständnis folgen den gängigen Charakteristiken des Verhaltens in Gruppen und zwischen Gruppen – Konformität, normatives Verhalten, Solidarität, Stereotypisierung, Ethnozentrismus, Abgrenzung von anderen Gruppen, Bevorzugung der eigenen Leute usw.« prägen ihr Verhalten, ihre Denkgewohnheiten und ihre Gefühlswelt (Hogg 2005, S. 57). Je besser eine Versammlung von Leuten sich als Basis für die Selbstdefinition als Gruppenmitglied eignet, umso stärker basiert das Selbstverständnis, die Wahrnehmung, das Denken, das Gefühlsleben und Verhalten der einzelnen Mitglieder auf prototypischen, kollektiven Vorstellungen. Die beteiligten Personen entpersönlichen ihr Selbstverständnis im Sinne der gruppeninternen Prototypen. Ebenso wird ihr inneres Bild von den Menschen außerhalb der Gruppe im Sinne gruppeninterner Prototypen depersonalisiert.

»Am Ausmaß der Prototypenbildung erkennt man brillante Gruppen«, sagt Hogg. Eine gut entwickelte Gruppenidentität bietet einen stabilen Boden für das Selbstbewusstsein und die Arbeitsmotivation der Gruppenmitglieder. Kollektive Bilder von der Organisation oder persönliche Zuschreibungen gehören ebenso dazu wie Bewertungen der Führungskraft. Die Entwicklung der sozialen Gruppenidentität befähigt Gruppen, sich selbst zu steuern, und verhindert Trittbrettfahrerei und »social loafing«. Vertrauensvolle Arbeitsbeziehungen, kooperative Umgangsformen, offene Kommunikation sind im günstigen Fall das Ergebnis von weitreichender kollektiver Identität. Sie ermöglicht den Mitgliedern des Teams relative Unabhängigkeit von den Vorgesetzten in ihrem Fühlen und Denken und motiviert sie, sich im Sinne der gemeinsamen Zielerreichung gegenseitig zu unterstützen.

Allerdings ist eine gut entwickelte Gruppenidentität nicht per se produktiv im Sinne gemeinsamer Ziele. So, wie einzelne Menschen eine Identität entwickeln können, die sie am Lernen und am Arbeiten hindert, so können Teams ein Gruppenleben entwickeln, das im Extremfall darauf ausgerichtet ist, möglichst wenig und nur in den gewohnten Bahnen zu arbeiten, dem Vorgesetzten Einblicke in die Arbeit zu verwehren, Innovation zu verhindern oder auch neue Mitarbeiter auszugrenzen. Es entsteht »Groupthink«: Entscheidungen werden nicht mehr sorgsam bedacht oder diskutiert, Informationen von außerhalb der Gruppe werden nicht zur Kenntnis genommen und die eigenen Erfolgschancen der Gruppe werden stark überschätzt (Janis 1982, zit. nach: Peterson 2005, S. 144). So braucht auch eine Gruppe, die sich weitgehend selbst steuert, paradoxerweise eine Führungskraft.

Von der informellen Führung zur formellen Führungskraft

Mit zunehmender Entwicklung der sozialen Gruppenidentität verändert sich das Verhältnis zur formellen Führung. Hogg beschreibt die Veränderung des Verhältnisses beispielhaft für den Fall, dass eine informelle Führerin aus der Gruppe in eine formelle Führungsposition rückt.

In jeder Gruppe gibt es Führerinnen. Sie gewinnen nach Hogg ihre Position aufgrund besonders enger Passung zum prototypischen Selbst der Gruppe. Sie hüten die Standards, die ihre Position und ihr Ansehen in der Gruppe sichern, und unterstützen so die Gruppe bei ihrer Integration über kollektive Typenbildung. Wenn solche informellen Führerinnen als formelle Leitung der Gruppe eingesetzt werden, kommen sie unweigerlich in ein Loyalitätsdilemma: Argwöhnisch verfolgen die ehemaligen Kolleginnen und Kollegen, ob sie weiterhin Teil der Gruppe bleiben oder ob sie von außerhalb der Gruppennormen agieren und ihre Gruppenidentität mehr aus der Zugehörigkeit zur Gruppe der Führungskräfte definieren.

Was Teammitglieder in einer solchen Situation befürchten, haben Psychologen erforscht: Machtpositionen verändern diejenigen, die sie innehaben. Machthaber nutzen ihren Einfluss taktisch, schätzen die Arbeit ihrer Untergebenen häufig wenig und gehen auf Abstand. Sie sind nicht sehr aufmerksam für ihre Umwelt und sehr handlungsorientiert. Sie können sich in ihrem Verhalten häufig schlecht kontrollieren und reagieren unkontrolliert emotional. Sie interessieren sich für andere Menschen hauptsächlich unter instrumentellen Gesichtspunkten und haben relativ starke stereotype Wahrnehmungsmuster. Sie schreiben sich häufiger gute Leistungen selbst zu anstatt ihren Mitarbeiterinnen und Mitarbeitern. So weit Joe Magee und seine Kollegen (Magee u. a. 2005, S. 278).

> Auch eine Gruppe, die sich selbst steuert, braucht paradoxerweise eine Führungskraft.

Alle jungen Führungskräfte beteuern, dass sie sich so nicht verhalten werden. Wie sie aber ihre Rolle ausfüllen werden, lässt sich nur im Konfliktfall erproben.

Die formelle Führungsrolle und die Zugehörigkeit zur nächsten Führungsebene werden sie unweigerlich in einen Konflikt zu den Interessen der Gruppe bringen. Die ersten Konflikte mit Standards der Gruppenidentität bieten der neuen Führungskraft die Gelegenheit, vorzuführen, wie sie ihre Rolle versteht. Es handelt sich um einen Initiationskonflikt, wie ihn jede Führungskraft erlebt, wenn sie neu in der Rolle ist. In der Regel sind solche Konflikte nicht mit einem Schlag zu lösen. Je nach Verlauf der Konfliktbearbeitung und ihrer Lösung wird dem neuen Vorgesetzten eine Rolle ganz außerhalb der Gruppe zugewiesen oder eine Führungsrolle, die eine sporadische Zugehörigkeit weiterhin erlaubt.

Die Führungskraft als Grenzgänger

Für die Wahrnehmung der Führungsrolle ist es wichtig, dass die Führungskraft als Grenzgängerin zwischen dem Team und dem Kreis der Führungskräfte Akzeptanz findet. Anders kann sie ihre Rolle als Protagonistin des Teams im Organisationsumfeld nicht gut wahrnehmen. Die Frage von Distanz und Zugehörigkeit ist einer der vielen Balanceakte, die eine Führungskraft vollführen muss, denn zu ihrer Rolle und zu ihren Aufgaben gehört es, dass sie zu beiden Welten gehört: zum Team und zur nächsten Führungsebene.

Was sind also ihre Aufgaben eines Grenzgängers?

>»Gruppen können ohne jede regulierende Intervention zum Beispiel von der Führungskraft arbeiten, solange die Umwelt relativ stabil bleibt. Die einmal etablierten regelmäßigen und erfolgreichen Muster für Feedback und Achtsamkeit (Self-awareness), die etablierten Normen und Prozessroutinen sollten als Unterstützung ausreichen, sodass die Gruppe ohne Leitung arbeitsfähig ist. Sobald aber die Arbeitsformen oder der Kontext instabil werden, zum Beispiel durch negatives Feedback von außen oder durch personelle Veränderungen im Team, muss man davon ausgehen, dass die natürlichen Spannungen in der Gruppe reaktiviert werden, denn die Gruppe muss ihre Ziele und ihre Vorgehensweisen redefinieren« (Peterson/Behfar 2005, S. 143 ff.).

Dabei sind die Sicht der Führungskraft und ihre regulatorische Funktion von erheblicher Bedeutung, glauben die Autoren und beschreiben drei generelle Führungsstrategien, die für den Erfolg einer Gruppe nötig, aber nicht ausreichend sind:

- Das Selbstbewusstsein und die Achtsamkeit unter den Mitgliedern der Gruppe sind zu stärken.
- Klare Standards und konkrete Zielsetzungen sind sicherzustellen.
- Die Gruppe ist in ihrer Fähigkeit und Bereitschaft zu notwendigen Veränderungen zu motivieren.

Ergänzend weisen die Autoren darauf hin, dass für das Zusammenspiel von Führungskraft und Gruppe das Timing und die Stärke des Engagements der Führungskraft von Bedeutung sind. Jede Art von Spannungszuständen oder Regulierungsfehlern brauche eine eigene Behandlung, so die Autoren.

Die Abstimmung von Führungsintervention und Gruppensituation ist tatsächlich von großer Bedeutung, denn zu viel Hilfe und Regulierung vonseiten der Führungskraft zum falschen Zeitpunkt treibt die Gruppe mit großer Sicherheit in die Unselbstständigkeit. Zu wenig kritische Begleitung lässt die Regulierungschancen außer Acht, die allein die Führungskraft aufgrund ihrer Rolle als Grenzgänger zwischen Team und Umwelt bieten kann.

Dysfunktionale Gruppenidentitäten

Wenn ein Team dauerhaft auf halber Flamme arbeitet, wenn in einem Gremium Profilierungen wichtiger sind als die Sacharbeit, wenn Seminarteilnehmer ihre Trainerinnen bekämpfen oder Mitarbeiter ihre Führungskräfte, wenn Teams nicht aus Erfahrung lernen, dann können im Hintergrund handfeste Interessenkonflikte stehen. Es ist aber viel häufiger der Fall, dass sich eine dysfunktionale Gruppenidentität herausgebildet hat. Das passiert in Teams ebenso wie in Gremien oder in längerfristigen Fortbildungen. Die Folge ist, dass die Arbeitsfähigkeit leidet und dass in Seminaren die Möglichkeiten des Lernens nur noch sehr eingeschränkt wahrgenommen werden. Reflexive und explorative Lernformen stoßen in diesem Zustand kaum auf Resonanz.

Führungskräfte und Seminarleitungen haben die Aufgabe, solche Gruppenidentitäten zu verändern, um die Arbeitsfähigkeit wiederherzustellen. Das kann in der Form produktiver kleiner Störungen geschehen, die ich im vorangegangenen Abschnitt beschrieben habe. Das kann aber auch in der Form geschehen, dass die Führungskraft erst einmal eine Krise der gewohnten Arbeitsformen herbeiführt, um die Aufmerksamkeit aller Beteiligten für dysfunktionale Entwicklungen – seien es Abweichungen vom Zeitplan oder latente Konflikte – zu gewinnen.

Die Bereitschaft, sich persönlich mit dem Team anzulegen und detailliert auseinanderzusetzen, ist ein Pfad der Teamentwicklung, der nicht ohne Gefahr, aber lohnend ist. Offene Auseinandersetzung mit der Leitung ist eine Frage des Entwicklungsstandes der Gruppe. Sie kann nicht ohne Weiteres auf die Tagesordnung gesetzt werden. In jungen, noch wenig erfahrenen Teams kann die Konfrontation mit der kritischen Meinung des Chefs einfach nur dazu führen, dass alle sich in Schweigen hüllen und »sich ihren Teil denken«.

Die Diagnose von Gruppenzuständen ist nicht leicht, denn Außenstehende können Gruppenzustände nur ahnen und nicht definitiv diagnostizieren. Das gilt für Führungskräfte in gleicher Weise wie für Seminarleiterinnen und Beraterinnen. Aufgrund ihrer Funktion als Grenzgänger sind sie zum Teil Außenstehende. Da aber Führungskräfte mit ihrem Ansehen in der Organisation oder Firma auch eng an den Erfolg ihres Teams gebunden sind, sind ihre diagnostischen Fähigkeiten in besonderer Weise verzerrt: Aufgrund ihrer partiellen Zugehörigkeit zum Team können sie manche Entwicklung schneller erkennen als irgendein Experte, der von außen kommt. Gleichzeitig sind sie mit ihrer doppelten Zugehörigkeit zum Unternehmen und zum Team in ihren diagnostischen Fähigkeiten partiell eingeschränkt. Als »Teil der Familie« teilen sie gängige Systemblindheiten und Personalisierungen, die ein Außenstehender leichter hinterfragen kann.

Um den eigenen Wahrnehmungsverzerrungen nicht zu erliegen, ist es sinnvoll, dass Führungskräfte ihre Einschätzung der Gruppenentwicklung mit den Einschätzungen und den mentalen Modellen der Teammitglieder abgleichen. Ein solchermaßen diskursives Verfahren der Standortbestimmung hat besondere Vorteile: Es entsteht eine partizipative Form der Kooperation. In der Diskussion um die unterschiedlichen Einschätzungen präzisieren die Mitglieder ihr eigenes Bild vom gemeinsamen Gruppengeschehen, von den Werten, Standards und Konventionen der Zusammenarbeit. Ihre Prototypen der Kooperation werden differenzierter. Damit gewinnen sie eine kollektiv geerdete Vorstellung vom Zusammenspiel.

Der gleiche Diskussionsprozess ist in längerfristigen Curricula nötig, wenn sich entsprechende Gruppenidentitäten entwickelt haben. Lehrformen, die im Wesentlichen nur den Kommunikationsmodus des »Abspulens und Herunterladens« zulassen, verschenken wesentliche Chancen der Face-to-Face-Situation: »Lernen vollzieht sich in erster Linie durch gewissenhafte Reflexion« (Mintzberg 2004, S. 287). Dafür sind

empathisches und kreatives Zuhören nötig. Teilnehmer, die eine gute soziale Gruppenidentität entwickelt haben, haben Spaß aneinander und am Lernen. Sie finden Zugang zu Lernformen, die eine besonders intensive und kreative Auseinandersetzung
mit dem Stoff möglich machen. In Kursgruppen, in denen die Teilnehmer nicht zu-
einandergekommen sind, empfinden die Teilnehmer starke Gefühle von Ratlosigkeit
und Bedeutungslosigkeit. Das ist für die Betroffenen unangenehm und beeinträchtigt
den Lernerfolg erheblich.

Gruppendiagnosen sind Interventionen, die in allen Beteiligten Gefühle und Gedanken wecken, indem sie dysfunktionale mentale Modelle ins Wanken bringen und
stille Konventionen sichtbar machen. Sie brauchen Zeit und schaffen Sicherheit in der
Zusammenarbeit. Eine solche Vergewisserung der mentalen Modelle vom Entwicklungsstand der Gruppe ist eine gute Grundlage für die verkürzte Alltagskommunikation. Häufig führt die gemeinsame Diagnose zu überraschenden Lösungen. Auf jeden
Fall aber stärkt sie das Selbstbewusstsein der Gruppe.

Thesen: Das innere Steuerungssystem

Das Wichtigste aus diesem Abschnitt hier noch einmal zusammengefasst:

- Eine Gruppe existiert psychologisch gesehen erst dann, wenn die Mitglieder ein gemeinsames prototypisches Bild von der Gruppe entwickelt haben, das es ihnen erlaubt,
Ähnlichkeiten innerhalb der Gruppe zu definieren und Unterschiede zu anderen Gruppen herauszustellen.
- Die kollektiven Bilder von den Gemeinsamkeiten der Gruppe sind prototypisch: Sie
überbetonen die Ähnlichkeiten innerhalb der Gruppe stark und überzeichnen zugleich
die Unterschiede zu Außenstehenden.
- Das erste Bündnis kommt schnell zustande. Es sind Stereotypen, die für einen schnellen
Zusammenhalt sorgen.
- Diese stereotypen Vorstellungen sind allgegenwärtig und haben ihre Wurzeln in ihrer
sozialstrukturellen Funktion: Sie helfen, soziale Differenzen zwischen Bevölkerungs-
gruppen und Unterschiede im Status oder der Behandlung von Gruppierungen zu legitimieren.
- In dem Maße, wie sich einzelne Personen als Gruppenmitglieder definieren, verändert
sich ihr Selbstverständnis. Sie entpersönlichen ihr Selbstverständnis im Sinne der grup-
peninternen Prototypen.
- Am Ausmaß der Prototypenbildung erkennt man brillante Gruppen.
- Eine gut entwickelte Gruppenidentität ist nicht per se produktiv.
- Mit zunehmender Entwicklung der sozialen Gruppenidentität verändert sich das Verhält-
nis zur formellen Führung.
- Wenn informelle Führerinnen als formelle Leitung der Gruppe eingesetzt werden, kom-
men sie unweigerlich in ein Loyalitätsdilemma.
- Für die Wahrnehmung der Führungsrolle ist es wichtig, dass die Führungskraft als
Grenzgänger zwischen dem Team und dem Kreis der Führungskräfte Akzeptanz findet.

Resümee

In diesem Beitrag habe ich drei unterschiedliche konzeptionelle Wege beschrieben, um das Geschehen zwischen Führungskräften und ihren Gruppen zu verstehen. Der erste Zugang geschah mit dem Konstrukt der mentalen Modelle. Der nächste Zugang waren Kommunikationsmuster und -stile. Und der dritte Zugang war die Frage der sozialen Gruppenidentität: Was hält die Mitglieder einer Gruppe im Innersten zusammen? Damit verbunden ist die Funktion von Führungskräften als Grenzgänger. Es sind drei verschiedene Türen, durch die man jeweils in den gleichen Raum gelangt:

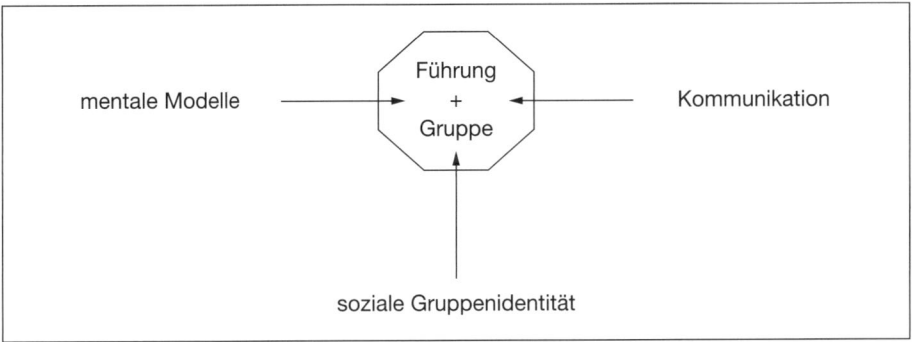

Betrachtet man die bisher dargestellten Konzepte und die dadurch sichtbar gewordenen Handlungsräume von Führungskräften, ist offenkundig, dass es nicht einen besten Führungsstil gibt oder eine besonders gute Art, die Rolle auszufüllen. Je nach Aufgabe und Zielvorgaben, nach Qualifikation und Persönlichkeit der Mitarbeiterinnen und Mitarbeiter, nach Gruppenkonzept und Menschenbild sowie in Abhängigkeit vom persönlichen Können und dem Grad der Unterstützung aus dem Umfeld wird jede Führungskraft mit der Gruppe, die sie leitet, einen anderen Weg beschreiten. Das gilt für Gruppen in Wirtschaftsbetrieben oder Non-Profit-Organisationen ebenso wie für Gruppen in der Weiterbildung.

Es stimmt: Es gibt viele Wege, die nach Rom führen. Aber tatsächlich führen auch viele Wege nicht nach Rom. In der Literatur zum Thema Führung ist mir eine große Lücke aufgefallen: Es wird gar nicht darüber geschrieben oder geforscht, wann Führungskräfte am besten nichts tun. Es gibt aber viele Situationen, in denen die größte Kunst einer Führungskraft darin besteht, keinen Kommentar abzugeben und nicht aktiv einzugreifen.

Andreas Amann

Der Prozess des Diagnostizierens – Wie untersuche ich eine Gruppe?

Diagnose ist nicht Diagnose

Wer Gruppen leitet, kennt die Überraschung, dass Gruppen, hat man ihre Autonomie zuvor nicht zurechtgestutzt, nur in den wenigsten Fällen genau das tun, was man mit ihnen vorhatte. Will man nun verstehen, wie die Eigenbewegung einer Gruppe wohl zustande gekommen ist, bleibt einem nichts anderes übrig, als die Gruppe und ihr Leben zu untersuchen. Führt man dieses Untersuchen etwas systematischer durch, diagnostiziert man eine Gruppe.

Im Folgenden soll dieser Prozess des Diagnostizierens von und in Gruppen genauer untersucht werden, weil sich dieser Prozess in einigen wesentlichen Zügen von den Prozessen des Diagnostizierens unterscheidet, wie sie uns zum Beispiel in der Medizin oder in den Naturwissenschaften vertraut sind.

Spricht man von Diagnose oder diagnostischem Prozess, bezieht man sich in der Regel auf ein medizinisches Hintergrundsmodell, bei dem die Diagnose der zweite Schritt in einem Verfahren mit drei aufeinander aufbauenden Phasen ist:

- Anamnese,
- Diagnose und
- Therapie.

Kommt ein Patient zu einer Ärztin, dann erstellt diese zuerst einmal eine *Anamnese*. Sie erhebt die Vorgeschichte eines Symptoms. In der Anamnese werden alle Faktoren, Ereignisse und Kontexte zusammengetragen, die relevant für die Entstehung eines Symptoms sein könnten. Kann sich die Ärztin ein erstes Bild machen, worum es sich gemäß der Schilderung des Patienten bei der beschriebenen Symptomatik handeln könnte, fragt sie im Ausschlussverfahren so lange weiter, bis sie keine neuen Faktoren mehr findet, die im Zusammenhang mit der Symptomatik stehen könnten. So kann sie alle ähnlichen Symptombilder ausschließen. Dann geht sie zum zweiten Schritt im medizinischen Verfahren über. Sie erstellt eine *Diagnose*. Sie ist in der Lage, das vorliegende Krankheitsbild von anderen Krankheitsbildern zu unterscheiden und die Befunde und Symptome einem distinkten Krankheitsbild oder einer eindeutigen Symptomatik zuzuordnen. Sie hat damit unterschiedliche Phänomene zu einer Kategorie zusammengefasst. Mit der Bildung einer Kategorie schließt sie differenzial-diagnostisch andere Krankheitsbilder definitiv aus. »Es ist keine Lungenentzündung, sondern nur ein starker Husten.« Erst auf der Basis einer überzeugenden Diagnose, die alle oder hinreichend viele Symptome befriedigend erklären kann, schlägt sie dem Patienten dann eine *Therapie* vor.

Worin unterscheidet sich nun die Situation der diagnostizierenden Ärztin von der einer Gruppenleiterin, die den Prozess ihrer Gruppe diagnostizieren will?

- *Erstens:* Die Gruppenleiterin selbst ist Teil der Anamnese, ihr Handeln ist ein zentraler Faktor im »Symptombild« der Gruppe. Wer als Gruppenleitung sich vornimmt, eine Gruppe zu diagnostizieren, hat also immer mit zweierlei zugleich zu tun: mit der Gruppe und mit sich als Beobachter der Gruppe.
- Und *zweitens*: Jede Diagnose, die man über den Zustand der Gruppe erstellt und die man der Gruppe mitteilt, ist schon eine Therapie.

Diese beiden Momente sind es vor allem, die die Untersuchung von Gruppen zu einem intellektuell wie praktisch herausfordernden Geschäft machen: Denn man muss sich dabei von der Vorstellung verabschieden, dass man mit Gruppen einen ruhenden Gegenstand vor sich hat, über den man sich mit kontemplativer und abstinenter Haltung beugen könnte, um ihm geduldig seine Geheimnisse abzulauschen. Gruppen zu erforschen bedeutet deshalb immer, dreierlei in den Blick zu nehmen:

- sich als Beobachterin einer Gruppe,
- den Prozess des Untersuchens und Diagnostizierens in seiner Dynamik für die Gruppe
- und zuletzt die beforschte Gruppe selbst in ihrer Dynamik.

Fangen wir mit dem ersten an: der Beobachtung einer Gruppe.

Gruppen beobachten

Jede Diagnose beginnt mit einer Beobachtung. Beobachten können wir nur, wenn wir unsere Aufmerksamkeit auf etwas richten, wenn wir also etwas von anderem unterscheiden, worauf wir im Augenblick unsere Aufmerksamkeit nicht richten. Beobachten beginnt – um einen Gedanken von George Spencer Browns zu verwenden – mit einem Imperativ: »Draw a distinction!« Mach einen Schnitt, mit dem du das Feld möglicher Beobachtungen in einen Bereich trennst, den du bezeichnen willst, und einen Bereich, den du dann zwingend unbezeichnet lässt.

In einem zweiten Schritt geben wir dem Teil, den wir bezeichnen wollen, einen Namen und fahren dann fort, ausgehend von dieser ersten Unterscheidung, neue Unterscheidungen zu treffen, bis wir so viel zusammenhängende Beschreibungen gefunden haben, um ein Phänomen zu verstehen, oder wenigstens glauben, es verstanden zu haben. Unterscheidungen zu treffen und der einen Seite der Unterscheidung dann einen Namen zu geben ist der Kernprozess jedes Beobachtens. Ob wir dabei eine weiterführende und hilfreiche Unterscheidung getroffen haben, kann sich erst zeigen, wenn man die zuvor durchgeführte Unterscheidung wieder beobachtet, wozu wir eine neue Unterscheidung einführen müssen. Beobachten heißt, sich permanent zu entscheiden, mit welchen Unterscheidungen man operiert, wohin man also schaut und was man dadurch aus- oder abblendet.

»Draw a distinction!«

Gruppen machen uns diese Entscheidung schwerer als andere soziale Phänomene, denn sie sind komplex genug, um unzählige Möglichkeiten der Beobachtung zu bieten. Man kann zum Beispiel beobachten, wie sich einzelne Gruppenmitglieder in unterschiedlichen Situationen verhalten. Und man kann darauf schauen, wie sich in einer Gruppe verschiedene Untergruppen bilden und verhalten, und man kann darauf achten, wie eine Gruppe insgesamt eine Aufgabe löst, welches Gruppenklima sich in ihr bildet oder wie sie sich nach außen darstellt. Um nur einige Beobachtungsentscheidungen zu nennen.

Ein solch konstruktivistisches Verständnis von Beobachtung bedingt zum einen eine große Freiheit im Beginnen. Zum anderen macht es aber auch deutlich, dass man die Verantwortung für seine Beobachtungen nicht abstreifen kann. Jeder, der Gruppen beobachtet, hat individuelle Beobachtungspräferenzen, Lieblingsdifferenzen, Felder der primären Achtsamkeit und damit Phänomene, die einem zuerst und zumeist ins Auge springen. Und naturgemäß kennt jeder im Gegenzug Felder, Phänomene, die ihm oder ihr aus dem Blick geraten. Sei es, weil man sich in eine Art, zu beobachten, verliebt hat, sei es, weil der ursprünglich »kalte« Gegenstand Gruppe plötzlich zu einem »heißen« Gegenstand wird und einem »die Daten um die Ohren fliegen«, wie es Lothar Nellessen einmal formuliert hat, weil die Gruppe den Akt der Beobachtung selbst zum Thema macht.

Will man in der Arbeit mit Gruppen Ausblendungen, Blindflecken oder Routinen in der Beobachtung und damit eine verzerrte Datenbasis für eine Diagnose vermeiden, hat man – soweit ich es sehe – nur zwei Möglichkeiten:

- Man hat *entweder* das Glück, in einem Leitungsteam (Staff) zu arbeiten, in dem sich die Weisen, auf Gruppen zu schauen, gegenseitig ergänzen, ausgleichen, sich gegenseitig kritisieren und weiterentwickeln.
- *Oder* man besitzt Theorien über Gruppen und deren Verläufe. Denn: Man sieht nicht, was man nicht sieht. Und man sieht nur, was man nicht sieht, wenn man eine Theorie dazu hat. Das ist die primäre Funktion von Theorie: auf das schließen zu können, was in der Beobachtung noch fehlt, denn ohne Theorie weiß man nicht, was man nicht weiß.

Und um es noch etwas zu erschweren: Nicht nur die individuellen Beobachtungspräferenzen machen die Beobachtung von Gruppen schwer. Gruppen konfrontieren uns sofort mit einer Paradoxie: Gruppen kann man nicht beobachten, man kann nur die in ihnen handelnden Personen beobachten. Gewiss gibt es eindrückliche Gruppenphänomene, die die ganze Gruppe als Kollektiv handeln lassen. Wenn sie zum Beispiel eine Person zum Sündenbock stempelt und ausschließen will. Aber im Alltag einer Gruppe sind das eher seltene Momente. In der Regel haben wir es – sprechen wir von Gruppe – mit einer Abstraktion zu tun, die der Beobachter schafft, um das zu fassen, was sich nur fragmentarisch und verschlüsselt zeigt: das Soziale, die Verbindung zwischen Personen, die miteinander face to face kommunizieren.

Es gibt zahlreiche Begriffe, die diese Verbindung zu beschreiben suchen: »der Mensch im Plural«, »Figuration«, »Beziehungsgewebe«, »Matrix«, »Vergemeinschaftungsmuster« oder schlicht »die Gruppe«, um nur einige zu nennen. Sie zielen alle auf einen imaginären Punkt, von dem her sich das Verhalten der Menschen in der Gruppe verstehen lässt. Dieser Punkt ist deshalb imaginär, weil eine Gruppe als Ganzes nicht über ihre Gefühle spricht, nur vermittels der Menschen, die in ihr sitzen. Wie in einem Figur-Hintergrund-Modell sind Gruppe und die in ihr sitzenden Menschen zwar nicht eins, aber auch nicht voneinander zu trennen, oder um es mit Norbert Elias zu sagen: »Man kann sie als getrennt betrachten, aber nicht *als* getrennt betrachten« (Elias 1970).

Beobachtungsfokus und Leitdifferenz: Im Folgenden werden zahlreiche Beobachtungsoptionen dargestellt, die sich bei der Untersuchung von Gruppen in den letzten 50 Jahren bewährt haben, weil sie helfen, Dynamiken und Eigenschaften von Gruppen genauer in den Blick zu bekommen und zu beschreiben, was in einer Gruppe gerade los sein könnte. Dabei werden sechs Möglichkeiten beschrieben, worauf eine Gruppenbeobachterin ihre Aufmerksamkeit richten kann. Jeder Fokus arbeitet mit einer oder mehreren Leitdifferenzen, zentralen Unterschieden, die die Beobachterin in die Lage versetzen, dort etwas prägnant zu erkennen, wo sich ansonsten nur eine Fülle von unverbundenen Phänomenen auftun würde. Die Beobachtungsmöglichkeiten, die hier ausgewählt wurden, wollen den Untersuchungsgegenstand Gruppe aus sechs verschiedenen Perspektiven erschließen, wobei die jeweiligen Perspektiven ausgehend vom individualisierenden Fokus Person sich schrittweise dem nähern, was für jede Gruppendiagnose die größte Herausforderung darstellt: das Verstehen der Gruppe als Ganzes, als Netz von Interaktionen mit eigener Qualität und Dynamik.

Fokus Person – Wie man in Gruppen sich selbst beobachtet

Die Untersuchung einer Gruppe beginnt man in der Regel damit, dass man die einzelnen Gruppenmitglieder daraufhin beobachtet, wie sie sich in der Anfangssituation der Gruppe verhalten. Ob sie aktiv Kontakt suchen, ob sie ihre Interessen durchsetzen können, Führung übernehmen, eher am Rand stehen, schweigen oder sich mitten im Getümmel wiederfinden. Mit solchen Fragen ist man als Gruppenleiterin wie als Gruppenteilnehmerin zu Beginn beschäftigt. Diese Beobachtungen bilden das Rohmaterial für jede Form von Gruppendiagnose, noch bevor sich kollektive Tendenzen in einer Gruppe ausbilden. Fragt man Gruppenleiter in einer frühen Phase des Gruppenprozesses danach, was ihre Gruppe auszeichnet, beschreiben sie häufig das Verhalten der Einzelnen. Das liegt nahe, verfügen wir doch in der Regel über einen viel größeren Fundus von begrifflichen Differenzen, um individuelles Handeln zu beschreiben und zu deuten, als das Handeln von Gruppen.

 Leitdifferenz: mir selbst bekannt – mir selbst unbekannt (Johari-Fenster). Eines der folgenreichsten Modelle, um das Verhalten von Personen in Gruppen zu untersuchen ist das von Harry Luft und Joseph Ingham erfundene Johari-Fenster (Luft 1993). Im Johari-Fenster wird die Differenz »mir selbst bekannt – mir selbst nicht bekannt« gekreuzt mit der Differenz »den anderen bekannt – den anderen nicht bekannt«. So ergibt sich ein Vierfelderschema, mit dessen Hilfe Folgendes verdeutlicht wird:

- der individuelle Lernprozess in einer Gruppe hin zu mehr Bewusstheit über das eigene Verhalten und dessen Wirkungen,
- der Gruppenprozess als kontinuierlicher Feedbackprozess sowie
- die personenbezogene Untersuchungsperspektive.

Mithilfe des Johari-Fensters kann man das Handeln der Einzelnen daraufhin erforschen, welche Motive und Wirkungen ihnen bekannt sind und welche ihnen nicht bekannt sind. Der Gruppenprozess führt über die Rückmeldungen, die sich die Gruppenmitglieder geben, zu einer gesteigerten Fähigkeit, sich selbst wahrzunehmen.

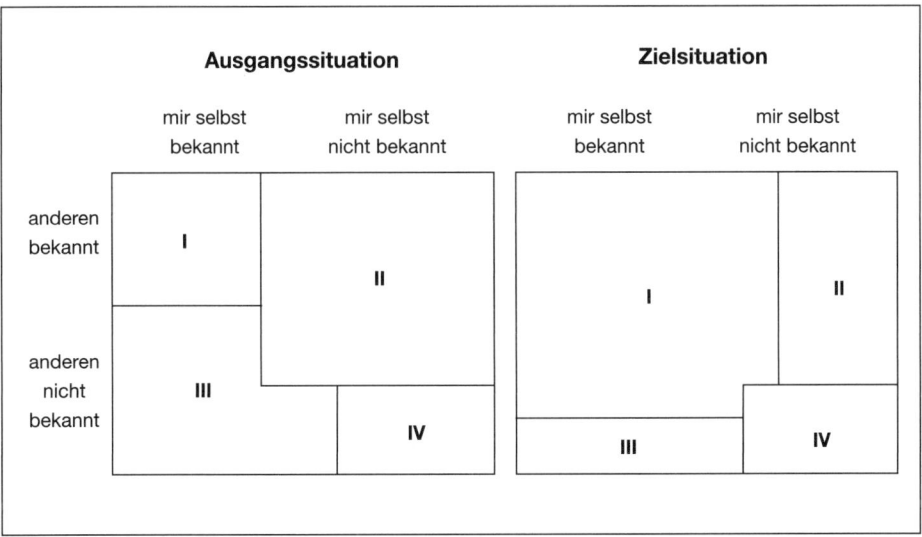

Arbeitet das Johari-Fenster mit der Leitdifferenz von bekannt und unbekannt, so kann man bei der Diagnose individuellen Handelns in einer Gruppe mit einigem Gewinn das ursprünglich von Karl Bühler (1982) und Watzlawick (1969) entwickelte und von Schulz von Thun (1981) weitergeführte Kommunikationsmodell nutzen, das mit der leitenden Unterscheidung »Sachebene und Beziehungsebene« und dem daraus ableitbaren Denkbild vom Eisberg arbeitet.

 Leitdifferenz: Sachebene – Beziehungsebene. Diese Leitdifferenz richtet die Aufmerksamkeit der Beobachterin darauf, dass alles Sprechen immer einen manifesten und leicht ersichtlichen Inhaltsteil hat, zugleich gibt es aber einen schwerer zu erschließenden Teil, in dem der Sprecher seine Befindlichkeit, seine Beziehung zum Gegenüber und zur Gruppe und einen Appell zum Ausdruck bringt. Diese drei Aspekte sind – weil dem Sprecher in der Situation nur selten in vollem Ausmaß bewusst – wie »unter der Wasseroberfläche« und doch für seine Kommunikation in der Gruppe entscheidend und wirksam.

Mit dieser Leitdifferenz interessiert sich der Beobachter für das Wechselspiel der beiden Ebenen.

Auch dieses Beobachtungsschema arbeitet mit der Leitdifferenz bewusst (ein Achtel unserer Kommunikation ist über der Wasseroberfläche liegend) und unbewusst (die restlichen sieben Achtel sind unter dem Eisberg liegend). Wie die im Johari-Fenster verwendete Leitdifferenz »mir selbst bekannt – mir selbst unbekannt« ist auch diese eine gemäßigte Version der Leitdifferenz: bewusst – unbewusst, die alle psychoanalytisch orientierten Beobachtungsschemata auszeichnet.

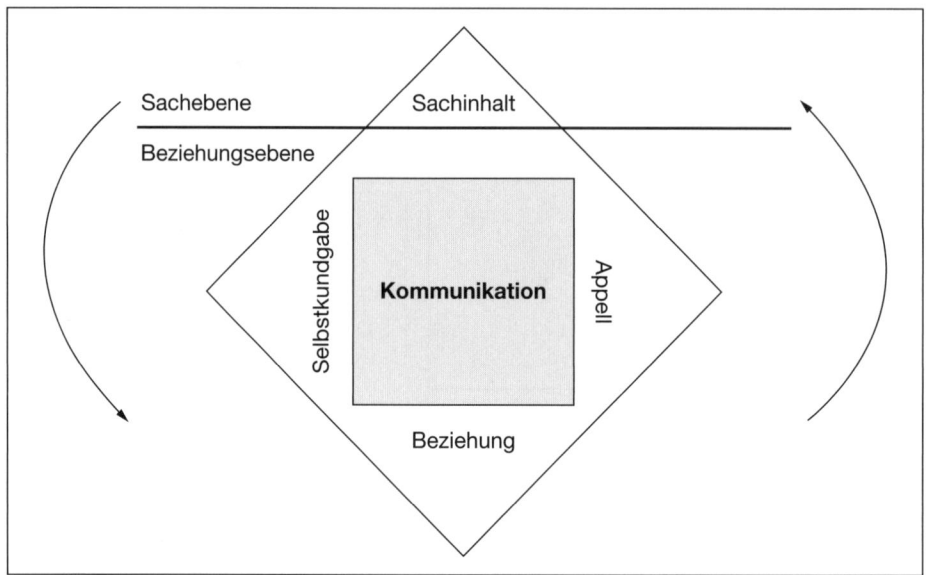

 Leitdifferenz: bewusst – unbewusst. Was das gruppendynamisch orientierte Johari-Modell von der psychoanalytisch orientierten Leitdifferenz: bewusst – unbewusst, unterscheidet, ist der zeitliche Beobachtungsfokus. Wird bei Ingham und Luft das Handeln der Gruppenteilnehmer einzig im Hier und Jetzt der Gruppe untersucht, so untersucht die psycho- beziehungsweise gruppenanalytische Untersuchungsperspektive immer das Handeln im Hier und Jetzt im Zusammenhang mit dem Dort und Dann früherer Gruppenerfahrungen, also in der Regel früherer Erfahrungen in der Primärgruppe Familie. Es geht bei dieser Untersuchungsperspektive also immer um »the past in the present«, also darum, wie das aktuelle Verhalten in dieser Gruppen mit einem vergangenen Handeln verknüpft ist.

Gruppen sind in diesem Modell durch ihr Angstpotenzial und ihre Unberechenbarkeit Übertragungsauslöser, die frühe und unbewusste Verhaltensmuster zur Bewältigung dieser Angst immer neu aktualisieren und dadurch beobachtbar und diagnostizierbar werden lassen.

Gemeinsam ist diesen drei Leitdifferenzen, dass sie mit zwei dynamisch verbundenen und doch relativ klar abgrenzbaren Ebenen operieren: dem Sichtbaren und dem Unsichtbaren. Die Urmetapher für diese zwei Realitäten ist der Eisberg, weshalb Karl Schattenhofer die Gruppenmodelle, die mit dieser Differenz arbeiten, auch die »Eisbergmodelle« nennt. Spätestens seit dem Schicksal der Titanic vermittelt diese Metapher etwas vom Unheimlichen, das Gruppenleiter aus dem Untergrund ihrer Gruppen anweht.

Beginnt man also die Beobachtung von Gruppen mit der Beobachtung von Personen und deren individuellen Prozessen in der Gruppe, kommt man fast immer an den kritischen Punkt, dass die Untersuchung von Gruppen nicht über die Addition der Psychodynamiken ihrer Teilnehmer gelingt, sondern dass man, um zur Gruppe zu kommen, das Forschungsmikroskop neu einstellen muss. Die Untersuchung und Diagnose der Gruppenteilnehmer können nur der erste Schritt zu einer Gruppendiagnose sein. Man sollte sie wie eine Leiter benutzen, die man wieder weglegt, wenn man den Schritt zu einem gruppenbezogenen Beobachtungsfokus gemacht hat. Dieser Schritt braucht immer wieder gedankliche Energie, laden uns doch die Personen einer Gruppe mit ihrer bewussten und unbewussten Geschichte in hohem Maße zur Identifikation ein. Wir haben dafür vertrautere Diagnoseinstrumente und – nicht zu unterschätzen – bei dieser Perspektive sind wir als Gruppenleiter nicht Teil der Diagnose, was immer eine entspanntere Forschung erlaubt.

Packen wir nun aber im nächsten Schritt den Stier bei den Hörnern und gehen wir zu einem vor allem in der psychoanalytischen Gruppentradition prominenten Forschungsfokus über: zur Diagnose von Gruppen mit Blick darauf, wie sie ihr Verhältnis zur Leitung gestaltet.

Fokus Leitung – Wie Gruppen ihre Autonomie finden

Leitdifferenz: Abhängigkeit, Kampf–Flucht, Paarbildung (Bion). Der wohl bekannteste Vertreter dieser Untersuchungsperspektive, die die Beziehung der Gruppe zu ihrer Leitung in den Mittelpunkt rückt, ist Wilfried Bion (Bion 1961). Bion hat konsequent die freudschen Gedanken zur Psychologie der Masse auf Kleingruppen übertragen und mit seiner Theorie der »basic assumptions« die leiterbezogene Identifizierung der Teilnehmer zu einer systematischen Gruppentheorie ausgearbeitet. Bion geht dabei von einer gemeinsamen Affektivität der Teilnehmer, von einer gemeinsamen »Gruppenkultur« oder »Gruppenmentalität« (Bion 1961, S. 43) aus, die sich im Gruppenverlauf in unterschiedlichen Grundannahmen (basic assumptions) äußert. Die Grundannahmen sind Vorstellungen über den momentan dominanten Konflikt der Gruppe, der die Teilnehmer unbewusst verbindet. Bion kennt drei markante Grundannahmen:

- Abhängigkeit,
- Kampf–Flucht sowie
- Paarbildung.

Die drei bionschen Grundannahmen haben einer Interpretation der Gruppe den Weg bereitet, bei der der Gruppenverlauf analog dem psychoanalytischen Entwicklungsmodell als ein Weg der Gruppe von einem präödipalen über ein ödipales zu einem reflexiv-interaktionellen, reifen Niveau gezeichnet wird.

Leitdifferenz: präödipales, ödipales, interaktionell-reifes Niveau (Sandner). Am konsequentesten hat Dieter Sandner dieses ontogenetische Modell der Gruppe zum Ausgangspunkt der Rekonstruktion der »Psychodynamik in Kleingruppen« gemacht (Sandner 1978). Nach diesem Modell, das eine Gruppe als heranreifenden Organismus versteht, pendeln sich die Teilnehmer einer Gruppe, ausgelöst durch die Persönlichkeitsstruktur der Teilnehmer, die Minimalstrukturierung und die Interventionsstrategie des Gruppenleiters kollektiv auf einem präödipalen, ödipalen oder reifen Niveau ein.

Auf dem präödipalen Niveau handeln die Teilnehmer, als wären sie nicht älter als drei Jahre, auf dem ödipalen Niveau handeln die Teilnehmer, als wären sie drei bis fünf Jahre alt. Ihnen geht es auf diesem Niveau »um eine gewünschte Zweierbeziehung, die aber nur zustande kommt, wenn eine bereits bestehende zerstört wird« (S. 53). Auf dem reflexiven Niveau ist der Gruppenprozess von den reifen Konflikten der Konkurrenz und der Beziehungsklärung geprägt.

Sandner geht davon aus, dass die einzelnen Ebenen und Phasen der Entwicklung in jeder Gruppe durchlaufen werden müssen, um zu einer Arbeitsgruppe auf dem reflexiv-interaktionellen Niveau zu kommen. Die Entwicklung der Gruppe schreitet also voran von weniger reifen zu reiferen Verhaltensweisen und Auseinandersetzungsformen. Sie kann aber durch Krisen und äußere Einflüsse jederzeit einen Schritt zurück auf eine frühere Reifungsphase machen. Sie kann nicht einfach bei einem späteren Abschnitt der Entwicklung einsteigen, die vorhergehenden Stufen mit ihren typischen Konflikten unbearbeitet lassen und sie überspringen. Die Phasen haben jeweils unterschiedliche Themen und Konfliktformen für die einzelnen Mitglieder (intrapsychischer Aspekt), für die Beziehungen der Mitglieder untereinander (interpersonaler Aspekt) und für die Gruppe insgesamt (Aspekt der Gruppe als Ganzes). Idealtypisch zeichnet Sandner für Gruppen, die sich ausschließlich mit sich selbst und ihrem Prozess beschäftigen (Therapie-, Selbsterfahrungs- und Trainingsgruppen), folgenden Phasenverlauf, dessen Schritte er jeweils aus drei Perspektiven beschreibt: intrapsychischer Aspekt, interpersonaler Aspekt, Gruppe als Ganzes.

Phasenverlauf von Gruppen, die sich ausschließlich mit ihrem Prozess beschäftigen

Phase I: Präödipale Problematik. Sie wird durch die weitgehend unstrukturierte Situation in der Gruppe und die damit verbundene Angst ausgelöst.

- **Subphase 1: Kampf und Flucht.** Die Gruppenmitglieder schwanken zwischen dem Impuls, die bedrohliche Situation zu verlassen oder zu verleugnen, und dem Impuls, sofort in den Kampf mit Andersdenkenden zu gehen.
  Intrapsychischer Aspekt: Spaltung zwischen dem Wunsch nach totaler Versorgung und Wut auf die erlittene Nichtversorgung. Individuell zeigt sich diese Spaltung in Kampf- oder Fluchtverhalten.
  Interpersonaler Aspekt: Koalitionen von Teilnehmerinnen und Teilnehmern mit ähnlicher Reaktionsform (Kampf oder Flucht bilden sich als Abwehr gegen Vertreter anderer Strategien).
  Gruppe als Ganzes: Entstehung einer Kampf- oder einer Fluchtkultur, Abgrenzung eines guten Binnenraumes von einer bösen Außenwelt.
- **Subphase 2: Abhängigkeit.** Abhängigkeit als Wunsch, der Gruppenleiter möge das Gute mehren und das Böse in Schach halten.

Intrapsychischer Aspekt: Fixierung auf den Gruppenleiter, er schützt vor gefährlicher verschlingender Gruppenkultur. Dyadische Wahrnehmung: Ich und der Leiter.
Interpersonaler Aspekt: keine Rivalität.
Gruppe als Ganzes: Abhängigkeitskultur.

Phase II: Ödipale Problematik. Vergleichbar mit der ödipalen Phase des Kindes ist auch die ödipale Phase einer Gruppe gekennzeichnet durch immer wieder auftauchende Dreieckskonflikte.

- **Subphase 3: Ödipale Rivalität.** Rivalität und Ansprüche an den Gruppenleiter; Dreiecksbeziehung zwischen einzelnem Teilnehmer, Gruppenleiter und Gruppe als Ganzes.
  Intrapsychischer Aspekt: Durch besonderes Verhalten soll die Gunst des Gruppenleiters erlangt werden. Geschlechtsspezifische Unterschiede.
  Interpersonaler Aspekt: Konkurrenz und Rivalitätssituation.
  Gruppe als Ganzes: verdecktes unsolidarisches Verhalten.
- **Subphase 4: Der Gruppenleiter als autoritäre Vaterfigur.** Rekrutierung der Teilnehmer für die Revolte gegen den Leiter. Die Gruppensituation verliert an Bedrohlichkeit. Der Gruppenleiter wird nicht mehr als begehrtes Objekt wahrgenommen, sondern als jemand, der einem die Versorgung vorenthält.
  Intrapsychischer Aspekt: Wut.
  Interpersonaler Aspekt: Solidarisierungseffekt.
  Gruppe als Ganzes: Revolte, Sturz des Gruppenleiters.

Phase III: Reflexiv-interaktionelle Problematik. Auseinandersetzung zwischen grundsätzlich Gleichrangigen.

- **Subphase 5: Verwiesenheit auf sich selbst.** Die Teilnehmer sind hinsichtlich der Befriedigung ihrer Bedürfnisse auf sich selbst verwiesen.
  Intrapsychischer Aspekt: Unsicherheit über die Akzeptanz der Gruppe; Bedürfnisse werden an die Gruppe gerichtet.
  Interpersonaler Aspekt: Nur vereinzelt erfolgt eine wechselseitige Beziehungsklärung; Suche nach dem heilsversprechenden Paar.
  Gruppe als Ganzes: Unsicherheit über Tragfähigkeit der Gruppe führt zu Passivität.
- **Subphase 6: Selbstständigkeit.** Selbstständige Individuen regeln ihre Beziehungen durch wechselseitige Übereinkunft
  Intrapsychischer Aspekt: Was will ich, was kann ich geben? Vertrauen in die eigenen Kräfte.
  Interpersonaler Aspekt: Vermehrte wechselseitige Beziehungsklärung.
  Gruppe als Ganzes: Normen zur Beziehungsgestaltung werden hinterfragt.

Sandners Modell ist die prägnanteste Stimme in einem Chor von gruppenanalytischen Diagnosemodellen, für die eine Gruppe die kindliche Entwicklung rekapituliert. So zum Beispiel Josef Shaked (1989, S. 253). Für ihn macht die Großgruppe »typische und ziemlich vorhersagbare Entwicklungsschritte durch, die als eine modellhafte Wiederholung, gleichsam im Zeitraffertempo, des individuellen Reifungsprozesses aufgefasst werden können«. Auch für Alfred Pritz geschieht der Verlauf einer Gruppe »analog der ontogenetischen Entwicklung des Menschen« (1988, S. 50). Für Karl König steht ebenfalls fest, »dass eine Gruppe regelhaft mit einem narzisstischen Stadium beginnt und entsprechend der Entwicklung der ersten fünf Lebensjahre bis zu einer ödipalen Phase fortschreitet« (1988, S. 67).

Hermann Argelander (1972) hat den Gedanken, dass eine Gruppe die psychosexuelle Entwicklung rekapituliert, radikalisiert und hat mit einem Kunstgriff der Gruppe kurzerhand in Anlehnung an Freuds Topologie nicht nur eine kindliche Reifung zugesprochen, sondern sie darüber hinaus mit den drei Instanzen Es, Ich und Über-Ich versehen. Aus der Gruppe wird damit wieder ein Subjekt.

 Leitdifferenz: Urhorde, Vatermord, Solidarität (Freud, Slater). Neben diesen ontogenetischen (individualgeschichtliche) Interpretationen des Gruppenprozesses gibt es auch eine phylogenetische (stammesgeschichtliche) Interpretation des Gruppenprozesses, die sich auf Freuds Überlegungen in »Massenpsychologie und Ich-Analyse« bezieht und davon ausgeht, dass eine Gruppe den Weg der Urhorde zu wiederholen habe. Es war vor allem Phillip Slater, der die Ideen Freuds zur Masse und zur Urhorde aufgenommen und auf Kleingruppen übertragen hat. In seiner bekannten Studie »Mikrokosmos« (1978) kommt er zu dem Schluss: »Wie wir sehen werden, gehen die Entsprechungen zwischen Gruppenrevolte und Freuds Theorie der Urhorde sehr weit und legen die Möglichkeit nahe, dass diese eher einen systematischen Prozess als ein historisches Ereignis reflektiert« (S. 4).

Für Slater ist Freuds Urhordentheorie »eine metaphorische Verdichtung einer langsamen und komplexen sozialstrukturellen Entwicklung« (S. 4). Er sieht im Gruppenverlauf eine Prozesslogik am Werk, die dem prähistorischen Geschehen in der Urhorde nachgezeichnet ist. Am Beginn der Gruppe steht die Revolte gegen den Leiter, die von Fantasien kollektiven Leitermordes und orgiastisch gefeierter kannibalischer Einverleibung des Leiter-Manas begleitet wird. »In der Revolte formen sich die Gruppenmitglieder im Effekt zu einem Mund, verschlingen den Leiter, zerstören seine Autorität, verleiben sich seine Fähigkeiten ein« (S. 123). Ist der kollektive Leitermord symbolisch vollzogen, entsteht daraus eine Solidarität unter den Teilnehmern als Resultat der identifikatorischen Umwendung der gemeinsamen Aggressivität. Erst wenn der Führer symbolisch gestorben ist, kann die Gruppe leben und sich von ihrer Führer-Orientierung zur Peer-Orientierung weiterentwickeln, bei der die sexuelle Aufmerksamkeit zum Leben erwacht.

Phillip Slaters Modell des Gruppenverlaufs in Parallelisierung zum Urhordengeschehen ist der Höhepunkt dieser sich auf Freud beziehenden Diagnoseschule. Dieses Denkmodell hat eine enorme Attraktivität auf zahlreiche Gruppentheorien ausgeübt, auch weil dadurch die Position des Gruppenleiters narzisstisch herausgehoben und in den Mittelpunkt gestellt wird.

 Leitdifferenz: Dependenz, Counterdependenz, Interdependenz. Ein weniger spekulatives, aber nicht minder folgenreiches Set an Leitdifferenzen, bei der der Gruppenleiter im Zentrum der Analyse steht, ist Warren G. Bennis' Entwicklungsmuster einer Trainingsgruppe, dem eine beträchtliche Karriere in der Gruppentheorie beschieden war (Bennis, 1972). »Kernstück der Theorie der Gruppenentwicklung ist die These, dass die Hauptprobleme, die die Gruppe lösen muss, in den Haltungen zu Autorität und Intimität liegen, welche die Mitglieder in die Gruppe mitbringen« (S. 272). Dependenz und Interdependenz (Macht und Liebe, Autorität und Intimität) werden als die »zentralen Probleme des Gruppenlebens betrachtet« (S. 288). Ausgehend von diesen beiden Hauptproblemen entwickelt sich dann nach Bennis eine prototypische Abfolge von zwei Hauptphasen und sechs Subphasen.

- *Erste Hauptphase: Dependenz* mit
  der Subphase 1: Dependenz (Flucht),
  der Subphase 2: Kontradependenz (Kampf),
  der Subphase 3: Lösung (Katharsis).

Hat die Gruppe eine Lösung der ersten Hauptphase gefunden, kann sie in die zweite Hauptphase weitergehen. »Libidinöse Bindungen zu den anderen Mitgliedern können nicht entstehen, ehe es nicht zu einer – wie auch immer beschaffenen – Lösung gegenüber dem Führer gekommen ist. In unserer Terminologie heißt das, dass diejenigen Komponenten des Gruppenlebens, die mit Intimität und Interdependenz zu tun haben, nicht bearbeitet werden können, ehe nicht die Probleme von Autorität und Dependenz gelöst sind« (S. 281).

- *Die zweite Hauptphase der Interdependenz* besteht dann aus
  der Subphase 4: Harmonie (Flucht),
  der Subphase 5: Entzauberung (Kampf) und
  der Subphase 6: Konsensusbildung (als Rollenbeurteilung).

Dieses sogenannte Dependenz-Modell von Bennis ist zusammen mit dem Phasenmodell von Tuckman (1965) das bekannteste Prozessmodell von Gruppen. Gerade weil es so prominent ist, sollte man es als Gruppenforscherin mit Vorsicht genießen. Denn nutzt man diese Phasenmodelle, um Gruppen zu diagnostizieren, dann wird man zwar zahlreiche Gruppenphänomene darin unterbringen können, man hat sich damit aber für ein recht festes Prozessmodell entschieden, das die Tendenz hat, die Offenheit des unvoreingenommenen Forscherblicks zu verstellen, weil man schon weiß, was man zu erwarten hat.

Fokus Gruppe zu Gruppe – Wenn Gruppen sich teilen

 Leitdifferenz: Gruppenteilung. Wenden wir uns im nächsten Schritt einem Diagnosemodell zu, das die Dynamik einer Gruppe von ihren Subgruppen her erschließt. Vor allem dann, wenn die erste Aufgabe einer Gruppe sich durch Teilung aus einer größeren Gruppe bildet, ist dies eine enorm lohnende Untersuchungsperspektive. Wie sich eine Gruppe in zwei oder mehrere Untergruppen teilt, verrät etwas darüber, welche Differenzen von den Teilnehmern einer Gruppe zu Beginn als bedeutsam erachtet werden. In jeder Gruppenwahl verschlüsselt sich so eine kollektive Fantasie der Teilnehmer über die »bevorzugte Beziehungsformation« (Krainz) in dieser Gruppe und die bevorzugte »soziale Modalität« (Erikson), die in dieser Gruppe realisiert werden soll. Das macht die Gruppenwahl für jede Gruppendiagnose zu einem bedeutsamen Datum, weil durch sie die Frage der Zugehörigkeit fürs Erste beantwortet wird.

Diese Leitdifferenz, mit deren Hilfe sich eine Gruppe teilt, hat zu Beginn einer Gruppe eine hohe kollektive Relevanz und ist damit eine außergewöhnliche Chance, zu verstehen, was eine Gruppe auszeichnet. Sie gibt einen Hinweis auf die kohäsiven Kräfte, die eine Gruppe zusammenbrachte, und macht zugleich deutlich, welche Themen, Ich-Facetten und Konflikte in dieser Gruppe im Vordergrund stehen sollen. Invers dazu gibt sie aber auch einen Hinweis, welche Themen und Kontexte vorerst in dieser Gruppe noch nicht thematisiert werden sollen.

So startet eine Gruppe, deren Teilnehmer sich über ähnliche berufliche Situationen gefunden haben, anders als eine, bei der die Mitglieder sich nach Sympathie gefunden haben oder dadurch, dass sie einigen dominanten Personen aus dem Weg gehen wollten. Wie auch immer sich eine Gruppe findet, stets soll damit die Frage beantwortet werden, mit welchen Eigenschaften ich mich präsentieren will und wodurch ich mich zugehörig fühlen will.

Die Gruppenteilung zu Beginn einer Gruppe fungiert deshalb für die Teilnehmer als Kristallisationspunkt und als Katalysator für die Frage nach ihrer Zugehörigkeit zur gewählten Gruppe. Zugehörigkeit ist eine der zentralen Fragen im Zusammenhang mit Gruppen, vor allem zu Beginn. Denn die Leistungen und Qualitäten, die in einer Gruppe Zugehörigkeit sichern, lassen sich zu Beginn nur schwer prognostizieren. »Es gibt noch kein Verfahren, wie man Mitglied wird, nicht einmal, was die Mitgliedschaft ausmacht, ist schon definiert … (in Wahrheit ist das grundsätzliche Ziel der Gruppe zu Anfang die Selbsterhaltung der Mitglieder)« (Bradford 1972, S. 213).

Hat man die Chance, über eine längere Zeit zwei Gruppen zu untersuchen, die sich aus einem Plenum gebildet haben, dann kann man eine Gruppe im Spiegel ihrer Schwester untersuchen. Bisweilen verstärken sich interne Tendenzen, die zu Beginn nur angedeutet sind, in der permanenten realen oder imaginierten Abgrenzung von der anderen Gruppe. Man kann in einem solchen Kontext gewissermaßen Zwillingsforschung auf Gruppenebene betreiben.

Fokus Subgruppen – Wie Gruppen sich ausdifferenzieren

Leitdifferenz: Differenzierung und Synthese. Auch wenn die Frage der Zugehörigkeit zu einer Gruppe am Beginn besonders virulent ist, verliert sie im weiteren Gruppenverlauf nichts von ihrer Bedeutung. Sie verschiebt sich jedoch auf die Frage, welcher Subgruppe innerhalb der Gruppe man sich zugehörig fühlt und was die Zugehörigkeit dieser Subgruppe zur Gruppe ausmacht.

Der Prozess einer Gruppe hat viel damit zu tun, welche Untergruppen sich in dieser Gruppe bilden, welche Polaritäten diese Subgruppen ausbilden und wie diese Subgruppen in der Lage sind, ihre gegenseitige Abhängigkeit zu erkennen. Dyrian

Benz und der von ihm ausgearbeiteten Idee des Groupfield verdanken wir instruktive Einsichten, wie man Gruppenprozesse mithilfe von Untergruppen und deren Funktion untersuchen kann.

Er schreibt dazu: »Untergruppen entstehen natürlich und automatisch. Die auftauchenden Themen und Aufgaben werden spontan aufgegriffen, bearbeitet und integriert durch solche Untergruppen. Dies geschieht nicht, indem einzelne Personen einer bestimmten Untergruppe zugewiesen werden, sondern je nach Fähigkeit wählen die Teilnehmer selbst, ob und welcher Untergruppe sie sich zuordnen. Die Teilnahme an solchen Untergruppen wechselt oft und spontan, gesteuert durch Kompetenz, Konflikte und Interessen der Gruppenmitglieder. Dadurch nutzt die Gruppe das gesamte Potenzial jedes einzelnen Mitglieds« (Benz 2000).

Der Fokus Subgruppen ändert die Aufmerksamkeit der Beobachterin von einer eher sozialpsychologischen zu einer eher psychosozialen Perspektive. Man betrachtet die Gruppenmitglieder primär als Teil einer Subgruppe und schaut darauf, für welche Themen eine Subgruppe dabei steht und wie sie sich zu den anderen Subgruppen in Beziehung setzt. Der Prozess einer Gruppe pendelt dabei zwischen den Polen Differenzierung und Synthese. Es bilden sich Subgruppen heraus, die sich immer deutlicher voneinander abgrenzen. Und erst, wenn die Subgruppen erkennen, dass sie auf untergründige Weise verbunden sind und sich gegenseitig bedingen oder gar brauchen, kann ein nächster Schritt im Gruppenprozess stattfinden, bei dem es um eine Integration der zuvor ausgiebig gefeierten Unterschiede geht. Dyrian Benz beschreibt, wie es einer Gruppe gelingen kann, Unterschiede konstruktiv zu integrieren:

> »Funktionierende Subgruppen lernen, Unterschiede aufzufangen statt andere damit zu beschuldigen. So werden beide Seiten eines Konfliktes – zum Beispiel ob etwas Bestimmtes getan werden soll oder nicht – gehalten, erkannt, diskutiert und erforscht. Jede Teilnehmerin, die sich von der Angelegenheit angesprochen fühlt, wählt eine Seite des Konfliktes und erforscht diese Seite des Konfliktes im Kontext der Subgruppe. Dann geschieht gewöhnlich etwas Interessantes. Die Mitglieder der offensichtlich entgegengesetzten Gruppen beginnen ebenfalls, Ähnlichkeiten mit der anderen Gruppe zu entdecken. Dies geschieht, wenn eine Subgruppe nicht nur das, was sie zusammenbringt, untersucht, sondern auch die feineren Schattierungen ihrer Unterschiede. Innerhalb dieser Unterschiede werden plötzlich Ähnlichkeiten zur anderen Untergruppe sichtbar. Auf diese Weise entdecken die Subgruppen neue Ähnlichkeiten und Unterschiede und die Gruppe insgesamt entwickelt sich« (Benz 2000).

Benz beschreibt hier eindrücklich den integrativen Prozess einer Gruppe. Möglich wird eine solche Integration jedoch erst, wenn die Gruppenmitglieder wagen, sich von anderen zu differenzieren, wenn sie – um es mit Adorno zu sagen – »ohne Angst verschieden sein können«. Der Gruppenprozess ist deshalb kein kontinuierlicher Integrationszug, sondern eher eine Pendelbewegung zwischen den Polen Differenzierung und Integration, wie sie Karl Schattenhofer in seinem Beitrag schildert.

Fokus Umwelt – Wie Gruppen ihre Grenzen ziehen

Hatten wir bisher eine Gruppe von ihrer inneren Verfasstheit her untersucht, richtet der Fokus Umwelt die diagnostische Aufmerksamkeit auf die äußere Umwelt einer Gruppe und darauf, wie diese Umwelt in das System Gruppe hineinwirkt. In fast allen Diagnosemodellen, die hier dargestellt werden, tauchen erstaunlicherweise die äußere Umwelt einer Gruppe und der Kontext, in dem diese Gruppen stattgefunden haben, nie oder nur am Rande auf. Und doch ist immer wieder hilfreich, diagnostisch den Blick über die Grenze dessen zu richten, was im Hier und Jetzt einer Gruppe zu beobachten ist (vgl. dazu den Beitrag von Cornelia Edding zum Thema »Kontextsteuerung«, s. S. 467 ff.).

Leitdifferenz: Hier und Jetzt – Dann und Dort. Gruppen lassen sich entlang einer imaginären Achse ansiedeln nach dem Maß, wie sehr sie Themen behandeln, die ausschließlich im »Draußen«, im »Dann und Dort« liegen, oder wie sehr sie das »Hier und Jetzt« zum Thema haben. Berufliche Arbeitsgruppen und Stammtische zeichnen sich dadurch aus, dass sie ausschließlich nach draußen schauen – auf ihre Aufgabe oder den Ausschnitt der Welt, der für sie Relevanz hat. Jede Thematisierung des Hier und Jetzt der Gruppe setzt dort ein explizites Einverständnis der Beteiligten voraus. Auf der anderen Seite der Skala liegt die Trainingsgruppe eines gruppendynamischen Trainings, deren Zweck die vorbehaltlose Untersuchung des Hier und Jetzt der Gruppe ist. Dazwischen liegen Projekt-, Supervisions- und Therapiegruppen, die die Klärung der Dynamik im Hier und Jetzt immer nur so weit nutzen, als es ihrem primären Ziel nutzt.

Die Leitdifferenz: Hier – Draußen, erlaubt der Forschung interessante Verbindungslinien zwischen dem, was in einer Gruppe gerade vor sich geht, und den Umwelten, in denen die Gruppe steht und deren Logik und Dynamik in die Gruppe hineinwirkt. Supervisionsgruppen arbeiten gezielt mit diesen Spiegelungsphänomenen. Eine spannende Variante der Spiegelungsidee verdanken wir Raoul Schindlers Theorie der Rangdynamik.

Leitdifferenz: Alpha – Beta – Gamma – Omega. Die Rangdynamik entwirft die Dynamik einer Gruppe nicht von den psychischen Bewegungen ihrer Mitglieder her, sondern von deren Umwelt, ihrem Außen in Gestalt eines Gruppengegners. Dieser Gruppengegner konstituiert nach Schindler die soziodynamische Grundformel für Gruppen, eine rangdynamische Struktur. Für Schindler weist jede Gruppe »eine typische innere Dynamik auf, die von vier charakteristischen Positionen getragen wird« (1957, S. 314). Diese vier Positionen lassen sich, so Schindler, in soziometrischen Untersuchungen immer wieder aufzeigen. »Indem wir in eine Gruppe eintreten, müssen wir eine der vier Positionen einnehmen und eine ›Rolle‹ in ihr spielen« (S. 309).

Die vier Gruppen-Positionen werden Alpha-, Beta-, Gamma- und Omega-Position genannt. Die Alpha-Position, oder kurz: der Alpha, ist der Gruppenführer, der die Gruppe gegen den äußeren Feind vertritt, sein Verhalten ist tendenziell aggressiv und lauttönend. Der Beta, der Gruppenexperte, legitimiert sich nicht aus sich, sondern durch sein Werk, sein Wissen, seine Leistung, er ist immer auch der potenzielle Exponent der Gegengruppe. Der Gamma ist das durchschnittliche Gruppenmitglied. Die Gamma-Position »ermöglicht anonyme Mitgliedschaft, das Eintauchen in die das Persönliche verdeckende Kollektivität« (S. 311). Der Omega ist die »Repräsentation des Feindes in der Gruppe« (S. 311), er ist der Außenseiter, den die Gamma-Gruppenmitglieder bekämpfen.

Die Dynamik einer Gruppe ergibt sich nun aus einer Affektanalogie, aus einem »emotionellen Kreis« (1968, S. 32), bei dem sich die Gammas zum Omega wie der Alpha zum externen Gegner verhalten. »Gegenüber einem Gegner (G) liebt sich die Gruppe narzisstisch in dem in Alpha-Position befindlichen Individuum. Mit diesem identifizieren sich die in Gamma-Position befindlichen Gruppenmitglieder, die sich ihrerseits zum Rangletzten der Gruppe, Omega, so verhalten, wie die Gruppe in ihren Fantasien träumt, dass Alpha sich zum Gegner der Gruppe verhalten werde« (S. 32). Für Schindler sind dieses Geschehen und die Ausdifferenzierung von vier Gruppenpositionen die »Grundprinzipien der Psychodynamik in der Gruppe« und die »Grundprinzipien der Gruppendynamik« (1957, S. 308). Ausführlicher diskutiert Klaus Antons das rangdynamische Rollenmodell, wenn er in seinem Beitrag mithilfe der schindlerschen Rangdynamik der »dunklen Seite« von Gruppen nachgeht und ihrer destruktiven Tendenz, Außenseiter und Sündenböcke zugleich zu schaffen und wieder loswerden zu wollen.

Die Rangdynamik Schindlers hat eine unbestreitbare Griffigkeit und Eleganz. Sie bietet dem Beobachter von Gruppen ein Schema, mit dem er essenzielle Positionen ausweisen kann. Ob mit ihr indes wirklich die »Grundprinzipien der Gruppendynamik« getroffen sind, lässt sich bezweifeln. Denn die Rangdynamik steht und fällt mit der Existenz eines Gruppengegners, der »Anlass und Ziel« der Gruppenbildung ist. »Die Funktionslust jeder Gruppe drückt sich in ihrer libidinösen Bindung an einen Gegner aus« (1968, S. 11 f.). René König hat zu Recht darauf hingewiesen, dass die Annahme, jede Gruppe konstituiere sich über einen Gegner (vgl. Pritz 1983, S. 89), soziologisch wie psychologisch wenig plausibel ist. So ist denn auch Schindler gezwungen, selbst Gruppen, für die kein Gegner erkennbar ist, in ein Oppositionsverhältnis zur Gesellschaft zu setzen, nur damit die rangdynamische Formel greift. »In metapsychologischer Sicht ist man versucht anzunehmen, dass der jeweilige Gegner nur der raum-zeitliche Repräsentant der ganzen Gesellschaft ist, aus der sich die Gruppe als eine organische Ganzheit abgehoben hat und mit der zu verschmelzen sie getrieben ist«(1968, S. 11 f.). Weshalb aufgabenorientierte Gruppen ihr Ziel als Gegner verstehen müssen, mag nicht so recht einleuchten.

Fokus Gruppe – Was das Besondere einer Gruppe ausmacht

Betrachten wir in einem letzten Schritt jenen Fokus, bei dem die Diagnose sich direkt auf das Interaktionsmuster, auf das Netz der Kommunikationen richtet, das sich zwischen den Personen in einer Gruppe entspinnt. Man schaut bei dieser Diagnoseperspektive fast durch die einzelnen Personen hindurch in die Mitte der Gruppe.

 Leitdifferenz: Matrix. Eines der entwickeltsten Konzepte, dieses Netzwerk der Gruppe zu beschreiben, verdanken wir Siegmund Foulkes. Seine Idee einer dynamischen Matrix, die die Gruppenkommunikation und das Übertragungsgeschehen bestimmt, fußt auf dem Verständnis der Gruppe als Netzwerk. »Der Begriff des Netzwerkes kann, zusammen mit dem der Kommunikation als zentrales Konzept gelten … Dieses Netzwerk von untereinander verbundenen Prozessen ist der eigentliche Bezugsrahmen, beziehungsweise die zu beobachtende Einheit … Die *Matrix* ist das hypothetische Gewebe von Kommunikation und Beziehung in einer gegebenen Gruppe. Sie ist die Basis, die letzten Endes Sinn und Bedeutung aller Ereignisse bestimmt, und auf die alle Kommunikationen, ob verbal oder nicht verbal, zurückgehen« (Foulkes 1978, S. 33). Die Gruppenmatrix, die »gemeinsame Matrix aller sich entwickelnden Beziehungen« (S. 65), ist der Sinnhorizont, vor dem alles individuelle Handeln und Erleben seine Bedeutung erhält. Das Individuelle bildet die Figur, während die Gruppe den Grund abgibt, durch den die Figur ihren Sinn erhält.

Die individuelle Matrix der Teilnehmer, ihre individuelle Kommunikationsdisposition, verbindet sich mit der Gruppenmatrix zu »Konfigurationen« (1978, S. 123), zu einem »Figurations-

> Matrix: der archimedische
> Punkt einer Gruppe.

prozess«, der auf dem Wege einer »Konfigurationsanalyse« (1970, S. 81) in seinem Sinn deutbar wird. Foulkes versteht die Individuen in einer Gruppe wie Knotenpunkte im Netzwerk der Gruppe. »Wie Neuronen im Netzwerk eines Nervensystems sind die Individuen in einem derartigen Netzwerk nur Knotenpunkte in einer strukturierten Einheit« (1992, S. 99). Deshalb macht auch die strenge Unterscheidung von Gruppe und Individuum für ihn keinen Sinn. »Menschliche Wesen leben immer in Gruppen … Die Unterscheidung zwischen Gruppendynamik und individueller psychischer Dynamik ist bedeutungslos, es sei denn wiederum in der Abstraktion. Wir sprechen gelegentlich von der Gruppe und dem Individuum als von zwei getrennten Dingen, dann, wenn wir uns mehr auf den einen oder anderen Aspekte konzentrieren, während es sich tatsächlich um einen einzigen, untrennbaren Prozess handelt« (1977, S. 31).

Die Unbestimmtheit seiner Begriffe Matrix und Netzwerk wurde Foulkes wiederholt vorgehalten, doch ist es gerade diese Offenheit, die dem Gruppenforscher eine Spur weist zum Verständnis einer Gruppe in ihrer sozialen Besonderheit, die sich eben nicht von den einzelnen Personen einer Gruppe her verstehen lässt, sondern die die Einzelnen von der Eigenlogik und Dynamik einer Gruppe her zu verstehen sucht. Auch wenn man den archimedischen Punkt einer Gruppe, von dem her man eine Gruppe verstehen und bewegen kann, anders nennen mag, der Anspruch von Foulkes, einen solchen Punkt in der Diagnose einer Gruppe anzuzielen, bleibt ein aufregendes Forschungsabenteuer.

Leitdifferenz: Gruppenkernkonflikt. Den Impuls, Gruppenprozesse von einem archimedischen Punkt her zu untersuchen, verbindet Foulkes mit Dorothy Stock und Morton Lieberman (Stock/Whitacker/Lieberman 1965), die das Konzept des Gruppenkernkonflikts entwickelten. Dieses Modell wird im Folgenden ausführlicher dargestellt, weil es meines Erachtens eines der methodisch wie begrifflich ausgefeiltesten Gruppendiagnosemodelle darstellt.

Die Theorie des Gruppenfokalkonflikts bezieht sich dabei auf Frenchs Theorie des Fokalkonflikts und auf Ezriels Idee einer »gemeinsamen Gruppenspannung« (Ezriel 1960/61, S. 515. Alle Zitate übersetzt durch A.A.). »French definiert den Fokalkonflikt als den Konflikt, der der Oberfläche am nächsten liegt und der eine Erklärung für alle oder fast alle Verbalisierungen und Verhaltensweisen eines Patienten in einer gegebenen Sitzung gibt. Bildlich gesehen gleicht der Fokalkonflikt dem Brennpunkt einer Linse. Die Handlungsmotive werden zu einem einzigen Konflikt verdichtet und zerstreut in den einzelnen Verbalisierungen und Produktionen des Patienten wieder aufgenommen. Topisch gesehen liegt diese Konfliktebene im Vorbewussten« (Whitman/Stock 1976, S. 288 f.). »French legte nahe, dass das gegenwärtige Verhalten eines Menschen verstanden werden kann als Ausdruck einer individuellen Lösung gegenwärtig erlebter Fokalkonflikte. Diese Fokalkonflikte wurzeln in lang anhaltenden Kernkonflikten, die viel früher im Leben des Individuums ausgebildet wurden« (Stock/Whitacker/Lieberman 1965, S. 141).

Das auf das Individuum bezogene Konfliktmodell von French erweitern Stock/ Whitacker/Lieberman mithilfe von Ezriels Idee, dass die Elemente einer Sitzung dynamisch zusammengehören, da sie »aus einer *gemeinsamen, wenn auch unbewussten* Quelle stammen« (Ezriel 1960/61, S. 497). Diese gemeinsame Quelle nennt Ezriel »Gruppenspannung«. In ihr verbindet sich wie in einem »gemeinsamen Nenner« (S. 522) die dominierende unbewusste Fantasie aller Mitglieder.

Wie Frenchs Fokalkonflikt im Zusammenhang der Einzeltherapie ist auch der Gruppenfokalkonflikt jener Konflikt, »der der Oberfläche am nächsten liegt und der dennoch den größten Teil des in einer Sitzung geäußerten Materials verständlich macht« (Whitman/Whitacker/Stock 1976, S. 293). Der Gruppenfokalkonflikt ist auf einer vorbewussten Ebene angesiedelt. »Wichtige Hinweise tauchen unter Umständen gar nicht im Inhalt auf, sondern in der Art der Interaktion oder im nonverbalen Verhalten« (Stock/Whitacker/Lieberman 1976, S. 230).

Mithilfe des psychoanalytischen Konfliktmodells interpretieren Stock/Lieberman den Gruppenfokalkonflikt als Gruppenwiderstand, in dem Wunsch und Furcht beziehungsweise Vermeidungswunsch kollidieren. Aus dieser Interpretation ergibt sich dann das Modell des Gruppenprozesses. »Die Verhaltensweisen der Individuen sind assoziativ miteinander verbunden und verweisen auf eine gemeinsame Besorgnis über die Hier-und-Jetzt-Situation. Wunsch und Angst bilden gegensätzliche Kräfte: Die Angst bewahrt den Wunsch, direkt ausgedrückt zu werden oder vielleicht sogar wahrgenommen zu werden. Diese zwei Elemente bilden einen Gruppenkernkonflikt. Im Gefolge des Gruppenkernkonflikts kann man zahlreiche Versuche erkennen, diesen Konflikt zu lösen« (Stock/Whitacker/Lieberman 1965, S. 57).

Die Gruppeninteraktion in einer Sitzung lässt sich also in diesem Modell allein mithilfe von Gruppenfokalkonflikt und dem mit ihm verbundenen Gruppenlösungskonflikt beschrieben. Sie bewegt sich, angetrieben von den verschiedenen konflikthaften Lösungsversuchen, von einer Fokalkonflikt-Situation zur nächsten und pendelt sich dann wieder in einem neuen Gleichgewicht (Äquilibrium) ein. »Die Gruppensituation in einem bestimmten Moment kann man verstehen als Kräfte im Gleichgewicht und die Bewegung in einer Gruppensitzung kann man als fortwährende Verschiebung (»shift«) dieses Gleichgewichts betrachten« (S. 41). In diesem äquilibrierten Stadium halten sich Wunscherfüllung und Angstvermeidung die Balance. »Das Gruppenziel ist die Reduktion von Angst bei gleichzeitiger Erreichung der größtmöglichen Befriedigung einiger geteilter Wünsche oder Impulse« (S. 57).

Man sieht, der Gruppenprozess verläuft in der Theorie des Fokalkonflikts nicht beliebig, sondern in einem gerichteten Prozess, bei dem sich die Gruppe von einem Fokalkonflikt über den Lösungskonflikt zum nächsten Fokalkonflikt weiterbewegt. Die Fokalkonflikte sind miteinander verbunden und entwickeln sich variierend aus der jeweilig vorangegangenen Konfliktgestalt, denn die Fokalkonflikte sind auf einer Tiefenebene mit dem gleichen Kernkonflikt verbunden. Der Gruppenfokalkonflikt »ist kein isoliertes Problem, das einmal auftaucht, mit dem man sich befasst und das dann wieder verschwindet. Wahrscheinlich treten aufeinanderfolgend verschiedene, sich fortschreitend modifizierende Fokalkonflikte auf, die mit demselben Kernkonflikt verbunden sind« (Whitman/Stock 1976, S. 296 f.).

Wenn der Gruppenkernkonflikt der verborgene archimedische Punkt der Gruppe ist, wie kann man ihn dann aber erschließen? Die Gruppe kann ihn nicht verbalisieren, sie gestaltet ihn vielmehr in der Art und Weise ihrer Gruppenkommunikation, auch dann, wenn ihn die Teilnehmer noch nicht offen verhandeln können. Der Gruppenkernkonflikt mit seinem latenten Sinn kann sich einzig »in Szene setzen«. Zitieren wir dazu nochmals Stock/Whitaker/Lieberman: »Wichtige Hinweise tauchen unter Umständen gar nicht im Inhalt auf, sondern in der Art der Interaktion oder im nonverbalen Verhalten« (1976, S. 230). Es ist die Art der Interaktion, die den gruppendynamischen Trainern in praxi den Schlüssel zum Verständnis des Gruppenkernkonflikts an die Hand gibt. »Die Kontroverse des Gruppenkonflikts bildet sich in ihrer Interaktion als ›szenische Darstellung‹ der gestörten/gehemmten Dialogfähigkeit der Gruppe ab« (Majce-Egger 1999, S. 261). Die Diagnose des Gruppenkonflikts gelingt deshalb auf dem Weg des szenischen Verstehens und ist Deutung von Gruppenszenen. Auch wenn Gruppen oft wenig über die sie prägenden Konflikte sagen können, so verfügen sie doch über die »bewundernswerte Begabung« (Argelander 1984, S. 61), ihre latenten Konflikte szenisch zu gestalten. Sie sind das Rohmaterial für jede Diagnose dessen, was eine Gruppe gemeinsam umtreibt.

 Ein Beispiel: Der Verlauf einer viertägigen Trainingsgruppe soll verdeutlichen, was man unter Gruppenfokal- und Gruppenkernkonflikt verstehen kann. Die Gruppe bestand aus zwölf Teilnehmenden und wurde von zwei Trainern geleitet. Das Training zielte darauf, das eigene Verhalten in Gruppen zu erfahren und zu untersuchen, um das eigene Handlungsrepertoire als Führungskraft in beruflichen Gruppen und Teams zu erweitern.

Die Gruppe war schon am ersten Abend aufgefordert, Lernpartnerschaften zu bilden, um den eigenen Lernweg in den vier Tagen zu reflektieren. Die Teilnehmer sollten ihre Wahl mithilfe von zwei Karten deutlich machen. Auf eine grüne Karte sollten sie schreiben, mit wem sie gerne eine Lernpartnerschaft eingehen würden, und auf eine blaue Karte sollten sie schreiben, mit wem sie sich im Augenblick eine Lernpartnerschaft nicht vorstellen könnten. Sie waren aufgefordert, ihre Wahl zu veröffentlichen und auch zu begründen. Diese frühe und explizite Differenzierungsübung löste unter den Gruppenmitgliedern heftige und zwiespältige Gefühle aus. Sie hielten zwar die Offenheit für eine gute Herausforderung, etwas über sich und ihre Beziehungen zu anderen zu lernen. Gleichzeitig waren sie jedoch über die Leiter verärgert, die ihnen diese Differenzierung in einer Phase zumuteten, in der die Gruppe gerade dabei war, ein erstes Gefühl von Zugehörigkeit auszubilden.

Der Wunsch, sich auszudifferenzieren und Gefühle zu formulieren, die man sich im beruflichen Kontext nie zu sagen traut, kollidierte mit der Angst, zu kränken und gekränkt zu werden. Diese beiden Kräfte bildeten den Kernkonflikt dieser Gruppe und führten zu einem dynamischen Gleichgewicht, das die ganzen vier Tage über fast bis zum Schluss des Seminars bestehen blieb. Das Design des Seminars sah vor, dass die Teilnehmenden ab der dritten Trainingsgruppe selbst eine Fragestellung für die Trainingsgruppen vorschlagen konnten. Die Abfolge dieser Fragestellungen ist ein schönes Beispiel, wie eine Gruppe ihren Kernkonflikt mehr szenisch gestaltet, als dass sie ihn explizit benennen kann.

Für die *dritte Trainingsgruppe* lautete die Frage: »Butter bei die Fische: Welche Frage will ich wem hier stellen?« Jemand warf einer Person einen Stift zu und diese musste dann auf die ihr gestellte Frage Antwort geben. Die Frage der *vierten Trainingsgruppe* war: »Was denkt die Gruppe über mich?« Und die Frage der *fünften Sitzung* lautete: »Was erwartet die Gruppe von einem Führenden?« Die *sechste Sitzung* gestaltete die Gruppe als »Speeddating«. Es wurden fünf Stuhlpaare in eine Reihe gestellt und die Sich-gegenüber-Sitzenden sollten in fünf Minuten Auskunft geben: a) »Ich schätze an dir am meisten, dass…« und b) »Ich mag an dir am wenigsten, dass…«. Dann wurden die Paare gewechselt. Für die Trainer hatten sie zwei Stühle am Rand vorgesehen. Und so hieß folglich die Frage der *siebten Sitzung*: »Wie involvieren wir/ich die Trainer? Professionelles Feedback für mich/die Gruppe durch die Trainer.« In der *achten Sitzung* ging es um eine persönliche Zwischenbilanz: »Wo befinde ich mich im Hier und Jetzt?« Die *neunte Sitzung* stellt die Frage: »Was muss ich noch in die Runde geben, um etwas Wesentliches mitzunehmen?«, bevor sich in der *zehnten Sitzung* – beim von der Gruppe sogenannten »Finale« – der Kreis schloss mit der Frage: »Mit wem kann ich mir am ehesten vorstellen, nach dem Seminar Kontakt zu haben? Mit wem eher nicht?«

Und, um den Kreis auch szenisch zu schließen, sollten die Gruppenmitglieder wie zu Beginn auch im Finale ihre Wahl auf grüne und blaue Karten schreiben.

Wie in einer Art Wiederholungszwang reinszenierte die Gruppe ihre Traumatisierung durch die »erpresste Offenheit« der Kartenübung des ersten Tages. Sosehr die Gruppe aber auch versuchte, Direktheit und Feedback qua Setting zu verordnen, so sehr überforderte sie sich in diesem Wunsch. Die Gruppenmitglieder blieben in ihren Feedbacks und ihren Antworten auf die intimen Fragen blass und konventionell. Das Faszinosum, das die initiale soziale Regelverletzung durch die Differenzierungsübung darstellte, hielt sich mit der dadurch ausgelösten Angst im Gleichgewicht. Der Wunsch nach verlässlichem Kontakt und ehrlicher Auseinandersetzung bildete mit der Angst, zu kränken oder gekränkt zu werden, ein Fließgleichgewicht und prägte die Kommunikation in den Sitzungen.

Dieses Beispiel, wie eine Gruppe szenisch ihren Kernkonflikt gestaltet, ermöglicht sicher noch zahlreiche andere Lesarten und Interpretationsmöglichkeiten. An dieser Stelle soll es nicht um die Vollständigkeit der Ausdeutung gehen, sondern nur um die diagnostische Chance der Begriffe Fokal- und Gruppenkernkonflikt.

Beide Begriffe haben in erster Linie heuristische Funktion, weil sie den Gruppendiagnostikerinnen helfen, jenen Punkt zu denken, von dem her man eine Gruppe über mehrere Sitzungen hinweg verstehen kann. Die Annahme eines Gruppenfokalkonflikts und eines Gruppenkernkonflikts ist also, so zupackend und umfassend diese beiden Begriffe auch klingen mögen, für Stock Whitacker keine unterirdische Realität von Gruppen, sondern immer eine »Als-ob«-Unterstellung, die sich nur durch ihre explikative Kraft rechtfertigt, mit der sie die Ereignisse in Gruppen in bündigen Begriffen und widerspruchsfreien Beobachtungen organisiert und konzeptionalisiert (vgl. Stock/Whitacker/Lieberman 1965, IX).

 Leitdifferenz: Gruppenrollen. Wir hatten zuvor die Rangdynamik Raoul Schindlers dargestellt, die den Prozess einer Gruppe aus ihrer inneren Rollendifferenzierung entwickeln lässt. Auslöser dieser inneren Rollendifferenzierung ist die Gegenüberstellung der Gruppe zu einem äußeren Gegner, also der Umwelt. Schindlers rangdynamisches Rollenschema ist nur eines der zahlreichen Rollenmodelle, die den Gruppenprozess aus der Analyse immer wiederkehrender Rollen zu verstehen suchen.

Ein Beispiel für einen solchen Ansatz finden wir bei Meredith Belbin (Belbin 1996 und Beck u. a. 1999). Mit ihrem ›Belbin Team-Role Self-Perception Inventory‹ hat sie ein Instrument entwickelt, um die Rollenpräferenzen in Teams und Gruppen zu erfassen. Belbin weist neun verschiedene und immer wieder auftauchende Rollen in Teams aus: 1. Erfinder, 2. Wegbereiter, 3. Koordinator, 4. Macher, 5. Beobachter, 6. Teamarbeiter, 7. Umsetzer, 8. Perfektionist, 9. Spezialist. Jede Rolle vertritt dabei eine bestimmte Gruppenfunktion, die zur Arbeitsfähigkeit und zum Erfolg einer Gruppe notwendig ist, sei es demjenigen, der die Rolle übernimmt, bewusst oder nicht bewusst. Deutlich wird an diesem Beispiel eines Rollenarsenals von Belbin, dass es Modelle gibt, die explizit negative Rollen wie Außenseiter und Gegenspieler kennen und solche, die darauf verzichten.

Umfassende Rollenschemata lassen sich im Kern auf drei verschiedene Grundformen von Rollen zurückführen (Bales u. a. 1982):

- gruppenerhaltende Rollen,
- aufgabenbezogene Rollen,
- negative Rollen.

Rollenschemata sind ein äußerst hilfreiches Diagnoseinstrument, um *erstens* das Verhalten der einzelnen Gruppenteilnehmer gewissermaßen differenzialdiagnostisch zu beschreiben, um *zweitens* genauer darauf schauen zu können, welche Rollen in einer Gruppe im Augenblick gar nicht oder schwach besetzt sind und was das für den Gruppenprozess bedeutet. Und *drittens* bieten sie eine gute Gelegenheit, die Wechselwirkung und Bezogenheit einzelner Rollen zu verdeutlichen.

Vor allem der letzte Punkt ist ein guter Einstieg, um Gruppenteilnehmern die Frage zu erleichtern, was denn ein Gruppenprozess überhaupt sei und wie aus der Besetzung von Gruppenrollen Dynamik entstehen kann, indem Protagonisten ihre Antagonisten auf den Plan rufen und beide damit gleichzeitig ihr Publikum schaffen.

 Leitdifferenz: Forming, Storming, Norming, Performing. Das wohl verbreitetste Diagnosemodell über die Prozesse in Gruppen ist das ursprünglich auf Tuckman (1965) zurückgehende Entwicklungsmodell, das den Gruppenprozess in vier aufeinander aufbauende typische Phasen teilt: Forming, Storming, Norming und Performing (s. ausführlicher dazu der Beitrag von Karl Schattenhofer, S. 16 ff.).

Das tuckmansche Phasenmodell und das daraus gewonnene Bild der Gruppen- oder Teamuhr an dieser Stelle ausführlich zu beschreiben hieße Eulen nach Athen tragen, ist es doch das leitende Diagnosemodell in fast allen innerbetrieblichen Teamentwicklungszusammenhängen und hat Generationen von Projektleiterinnen und Teamleitern geprägt. Auch wenn es hilfreich für eine erste Diagnose vom Zustand einer Gruppe ist, birgt es die Gefahr in sich, dass man als Gruppenleiter eine Situation blitzschnell einer Phase zuordnet, wenn man die ersten Anzeichen dafür entdeckt.

 Leitdifferenz: Der gruppendynamische Raum. Schließen wir die Zusammenstellung von Beobachtungsdifferenzen, die uns die gruppendynamische und gruppenanalytische Theorie anbietet, mit dem Modell des gruppendynamischen Raumes, das drei elementare Aufgaben zusammenfügt, die das emotionale Leben von Gruppen entscheidend prägen und auf die jede Gruppe eine Antwort finden muss: Zugehörigkeit, Macht und Intimität.

Die Dimension Zugehörigkeit verweist auf das Bedürfnis, sowohl mit anderen Menschen zusammen zu sein als auch sich von ihnen getrennt erfahren zu können. Die Dimension Macht bezeichnet sowohl das Bedürfnis, seinen eigenen Lebensraum mitbestimmen zu können, als auch die Tatsache, dass wir dabei dem Einfluss der anderen ausgesetzt sind. Die Dimension Intimität erfasst die Differenzierung der relevanten Beziehungen nach ihrem jeweiligen Grad der Nähe und Distanz (vgl. Amann 2003).

Im Unterschied zu gängigen gruppendynamischen Prozessmodellen, die davon ausgehen, dass in Gruppen zuerst die Zugehörigkeit, dann die Autorität und dann die Nähefrage verhandelt werden, verzichtet dieses Modell auf jede Phasenabfolge und bildet aus den drei Themen einen dreidimensionalen Raum, in dem diese Themen dynamisch verbunden sind.

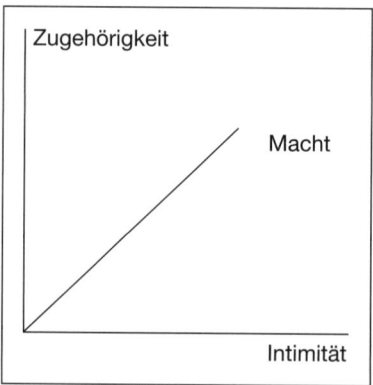

Jedes der Themen kann sich im Gruppenprozess in den Vordergrund schieben, die beiden anderen Themen sind jedoch immer mit im Spiel (vgl. Antons u. a. 2004). Wird zum Beispiel in der Gruppe offensichtlich die Frage der Macht behandelt, so werden gleichzeitig Zugehörigkeit und Nähebedürfnisse gestaltet. Werden Nähe und Distanz ausgelotet, so schwingen immer Fragen der Macht und Zugehörigkeit mit. Das Modell des gruppendynamischen Raumes mit seinen drei Dimensionen ermöglicht einer Beobachterin, die Komplexität eines Gruppenprozesses zu reduzieren und auch dann eine Ordnung zu erkennen, gerade wenn unklar ist, worum es im Augenblick gehen könnte. Diese Ordnung ist jedoch keine statische Ordnung, sondern »in fortwährender Entwicklung. Sie wird im Gruppenprozess hervorgebracht – und dabei auch verändert« (König/Schattenhofer 2007, S. 35).

Betrachten wir diese drei miteinander verbundenen Dimensionen des gruppendynamischen Raumes etwas genauer:

- *Dimension Zugehörigkeit: Drinnen – Draußen.* Die Frage nach der Zugehörigkeit steht am Beginn jeder Gruppe. Wer gehört dazu, wer nicht, wer steht eher in der Mitte und wer eher am Rand? Wie kann man die Mitgliedschaft zu einer Gruppe erwerben und sichern? Durch welches Handeln kommt man in Gefahr, die Zugehörigkeit zu einer Gruppe aufs Spiel zu setzen, und wie verändern sich die Kriterien der Zugehörigkeit im Gruppenprozess? Wie sieht die formelle Grenze aus, ist sie durchlässig, fluktuierend oder starr? Und was zeichnet die informelle Grenze aus? Das sind Fragen, die alle Gruppenmitglieder immer wieder – doch vor allem zu Beginn einer Gruppe – umtreiben. Es geht bei der Dimension der Zugehörigkeit um die elementarste Frage, die wir als soziale Wesen zu beantworten haben: Wie werden wir Teil einer Gruppe, ohne unsere Individualität und unsere Besonderheit dafür preisgeben zu müssen? Wie schaffen wir es, uns mit anderen zu verbinden und zu vergemeinschaften, ohne die eigene Freiheit aufzugeben. Norbert Elias hat für diese elementare Aufgabe den Terminus der »Wir-Ich-Balance« geprägt. Die emotionale Aufregung, die wir spüren, wenn wir neu in eine Gruppe kommen oder wir eine Gruppe neu bilden, macht uns immer wieder neu deutlich, wie existenziell wir diese Aufgabe in der Regel erleben.

- *Dimension Macht und Einfluss: Oben – Unten.* Macht ist keine psychische Eigenschaft, die jemand aufgrund seines Charismas eben besitzt oder nicht (vgl. König 2002). Macht ist ein Beziehungsgeschehen und stellt sich erst dann her, wenn Macht zum einen zugeschrieben und zum anderen diese Zuschreibung auch aktiv realisiert wird. Macht ist in Gruppen ein äußerst funktionales Mittel, um die in Gruppen herrschende Komplexität zu reduzieren. Macht ist als soziales Medium so funktional, dass wir in Gruppe nicht auf sie verzichten können, weil wir nur durch Macht und Einfluss unsere Interessen durchsetzen können. Mit Macht und Machtbalancen sowie den damit einhergehenden Phänomenen von Konkurrenz und Rivalität umzugehen ist deshalb die zweite elementare Aufgabe, die Gruppen zu gestalten haben.

»Idealtypisch stehen einer Gruppe für ihren Umgang mit diesen Machtbalancen zwei Lösungswege zur Verfügung: Hierarchie als eine Form der Rollendifferenzierung und Normen. Die meisten Gruppen unseres beruflichen Alltags sind in eine formale Hierarchie eingebunden, die einzelnen Personen Führungsaufgaben überträgt und ihnen damit Macht über andere verleiht. Wie und ob diese formale Macht sich gegen informelle Macht durchsetzt und so eingesetzt wird, dass sie für das Ziel der Gruppe produktiv ist, ist eine andere Frage. Gegenüber der Bedeutung von Hierarchie bekommt der andere Lösungsweg für den Umgang mit Macht häufig nicht die nötige Aufmerksamkeit, obwohl sie eine mindestens gleichbedeutende Rolle spielt: die Herausbildung von Normen und Regeln. Auch diese sind immer nur zum Teil formal vorgegeben. Wer sich an die Erforschung von Normen macht, tut gut daran, seinen Blick auf das Geschehen hinter der Gruppenbühne zu richten, wo jede Gruppe ihr je eigenes Regelwerk herausbildet« (König/Schattenhofer 2007, S. 37).

- *Dimension Intimität: Nah – Fern.* Die dritte Dimension Intimität kreist um den dritten elementaren Aufgabenkomplex, den jede Gruppe zu bewältigen hat: Nähe und Distanz zwischen den Mitgliedern zu regulieren. Hält man eher Abstand voneinander und konzentriert sich auf die fachliche Gruppenaufgabe? Ist die Nähe zueinander ein wichtiger Wert in der Gruppe? Darf es Unterschiede geben, können Untergruppen oder gar Paare entstehen? Ist der Unterschied von Frauen und Männern in dieser Gruppe ein Unterschied, der einen Unterschied macht? Findet das Wesentliche in der Gruppe statt oder draußen im Informellen? Wie vermittelt man in einer Gruppe die Orientierung am Gruppenziel mit der Gruppenrealität von Sympathie und Antipathie, Annäherung und Abstoßung? Das sind Fragen, die eine Gruppe jeweils für sich zu klären hat, unbenommen, ob sie diese Fragen heimlich beantwortet oder zum Gegenstand der gemeinsamen Beobachtung und Auseinandersetzung macht.

Die von Jacob L. Moreno entwickelte Soziometrie (1995), eine der frühesten und folgenreichsten Formen der Diagnose von Gruppen, geht von dieser Dimension in Gruppen aus und nutzt sie, um das Beziehungsgeflecht in Gruppen und die daraus resultierende soziale Dynamik sichtbar zu machen. Die Soziometrie ist ein überzeugendes Diagnoseinstrument, jede der drei oben beschriebenen Dimensionen im Raum abzubilden. Sie kommt an ihre Grenzen, will man mit ihr die Verwiesenheit dieser einzelnen Themen darstellen.

Geht man vom Modell des gruppendynamischen Raumes aus, trifft die Diagnose, in einer schwierigen Gruppe stimme halt einfach die Chemie zwischen einzelnen Personen nicht, nur einen Aspekt des Ganzen. In diesem Modell fragt der Beobachter, wie Einfluss und Zugehörigkeit durch eine bestimmte Form der Gestaltung von Nähe und Distanz mitgestaltet werden. Denn aus der gegenseitigen Attraktivität von Personen untereinander kann sich schnell eine Rangordnung herausbilden, die einzelne, weniger attraktive Gruppenmitglieder an den Rand rückt. Nähewünsche und wechselseitige Attraktivitätsbekundungen sind oft der Keim, um den sich Einflusskartelle bilden, aus denen sich wiederum Subgruppen bilden, die die Gruppe in eine Ingroup und eine Außenseitergruppe trennen.

Für die Gruppendiagnostik bietet die Idee des gruppendynamischen Raumes eine Hilfestellung, sich von der oft opulenten Gruppeninszenierung eines der drei Themen nicht blenden zu lassen. Es regt an, immer auch

> Drinnen – draußen?
> Oben – unten?
> Nah – fern?
> Drei Fragen, die eine Gruppe
> jeweils für sich zu klären hat.

danach zu fragen, wie zum Beispiel bei einer dramatischen und lautstarken Auseinandersetzung mit den Gruppenleitern zugleich die leiseren und bisweilen viel drängenderen Fragen der Nähe unter den Teilnehmern und die Frage der Zugehörigkeit mitverhandelt werden. Das Raummodell der Gruppe lädt die Diagnostiker zu einem dynamischen Blick ein, drei diagnostische Dimensionen in ihrer gegenseitigen Verwiesenheit zu beobachten und zu untersuchen. Diese dreidimensionale Untersuchungsperspektive lässt Übergänge und Prozesse in ihrer Eigenlogik besser in den Blick bekommen als alle Phasenmodelle, die immer wieder dahin tendieren, Gruppendynamik in Gruppenhydraulik zu verwandeln.

So ist es für die Diagnose über den Prozess einer Gruppe hilfreich, eine Gruppe im gruppendynamischen Raum zu verorten und sich darüber klar zu werden, welche der drei Achsen in der gegenwärtigen Gruppenkommunikation im Vordergrund steht, wie die beiden anderen Achsen dabei mitverhandelt werden und durch welche Interventionen man die beiden anderen Dimensionen ins Bewusstsein bringen und damit für die Gruppe besprechbar machen könnte.

Gelingt es zum Beispiel, einer Gruppe, deren Mitglieder sich zu Beginn als individuell unfähig erleben, kooperativ und einander unterstützend den Anfang zu gestalten und sich auf ein gemeinsames Vorgehen zu einigen, deutlich zu machen, dass sie sich in einem notwendigen kollektiven Suchprozess befindet, der wenig mit individuellem Unvermögen zu tun hat, sondern mehr mit der Frage, wie man in diese Gruppe kommt und in welcher Rolle, dann kann durch eine solche Diagnose die Kommunikation der Gruppe schlagartig eine neue Qualität bekommen. Ähnliche Wirkungen erlebt man, wenn man im gemeinsamen Gruppenprozess Halbgruppen auffordert, Szenen zu spielen, wie sie sich die Kommunikation in der jeweils anderen Gruppe vorstellen, und diese Szenen dann gemeinsam daraufhin untersucht, wie die drei Elementarthemen Zugehörigkeit, Macht und Nähe in diesen Szenen gestaltet werden.

 Elementardifferenz: Besprechbares – Nichtbesprechbares. So unterschiedlich die oben dargestellten Beobachtungsfokusse und Leitdifferenzen eine Gruppe in den Blick zu bekommen suchen, eine elementare Differenz zieht sich wie ein roter Faden durch alle Modelle: die Differenz von Besprechbarem und Unbesprechbarem. Jede Diagnose eines Gruppenprozesses kommt immer wieder auf diese Unterscheidung zurück. Mehr noch, die Frage der Diagnose von Gruppen stellt sich nur, weil Gruppen vieles von dem, was für ihren Prozess von Bedeutung ist, nicht von sich aus ansprechen können, sondern sich dafür zusammen mit ihrer Leitung auf einen Suchprozess begeben müssen.

Lassen wir an dieser Stelle Rudolf Wimmer ausführlich reden, der den Prozess in einer Gruppen als ein ständiges Suchen nach und Bilden von Unterschieden beschreibt. Die Teilnehmer schaffen permanent Unterschiede, die einen Unterschied machen und mit deren Hilfe sie Informationen über sich und die Gruppe erhalten.

»Auf welche Weise produziert eine Trainingsgruppe ›Wissen‹ über sich selbst? Der Prozess der Informationsschöpfung spielt sich entlang bestimmter Unterschiede ab, deren gemeinsame Bearbeitung den Prozess des Lernens in der Gruppe vorantreibt. Welcher Unterschied im Gruppenprozess gerade eine große Bedeutung gewinnt, entscheidet der Entwicklungsstand der Gruppe. Dieser grenzt jeweils jene Thematisierungschancen ein, deren Aufgreifen das Nachdenken der Gruppe über sich selbst befördert. Mit der Handhabung dieser Frage (nämlich wann sind für die Gruppe welche Unterschiede relevant und bearbeitbar) kann der/die Trainer(in) viel zur Entwicklung der Gruppe beitragen (im positiven wie im negativen Sinne). In der Anfangsphase eines solchen Seminars dominieren erfahrungsgemäß folgende Differenzen: Sicherheit/Unsicherheit; erwartungskonform/erwartungsenttäuschend; Sinn/Unsinn des ganzen Lernarrangements; Besprechung eines von außen hereingeholten Themas oder die Gruppe selbst ist Thema; Ein- oder Ausschluss der Trainerautorität. Zumeist stiftet die Bearbeitung dieser Differenzen eine ausreichende Orientierung und genügend Vertrauen in die Sinnhaftigkeit einer thematischen Fokussierung auf das Hier und Jetzt der Gruppe, sodass weitere

Unterschiede benützt werden können, um Informationen über sich als Gruppe zu gewinnen. In der Regel spielen dann Einflussunterschiede in der Gruppe in dieser weiteren Phase eine große Rolle. Wer hat warum welches Gewicht? Was begründet die Differenz zwischen Trainer und Teilnehmer? Welche Autoritätserwartungen sind für welche Strukturen in der Gruppe ausschlaggebend? Die ›Raumverteilung‹ in der Gruppe (das heißt, wer kann wie viel Platz für sich beanspruchen) wird besprochen, verfestigt oder verflüssigt« (Wimmer 1993, S. 131).

Hat eine Gruppe ihre Anfangsschwierigkeiten überwunden, dann richtet sie ihre Aufmerksamkeit auf die Frage, »wie sie in ihrem Inneren mit der Differenz von innen und außen umgeht... Mit fortschreitender Intimisierung der Kommunikation gewinnen dann zumeist in der zweiten Hälfte des Seminars neue Unterschiede an Bedeutung in dem Sinne, dass sie expliziter thematisierbar werden: die Generationendifferenz, die Geschlechtsdifferenz, Paar/Gruppe, Nähe/Distanz... Die Differenz Besprechbares versus Nichtbesprechbares zieht sich dabei wie ein roter Faden durch den gesamten Gruppenprozess« (S. 131 f.), das Abarbeiten an dieser Differenz bildet den »Motor des Gruppengeschehens« (S. 132).

Gruppen zu untersuchen und sie zu diagnostizieren bedeutet also, sich auf die Suche nach den Differenzen zu machen, die *für die Gruppe* Relevanz haben. Gleichzeitig bedeutet es, diejenigen Differenzen zu suchen, mit denen man *selbst* die Gruppe beobachtet und erklärt. Bevor wir nun im nächsten Kapitel danach fragen, wie man von Beobachtungen durch den Gebrauch von Differenzen und Bezeichnungen zu Diagnosen kommt, sollen in einem historischen Exkurs die unterschiedlichen Forschungsdesigns beschrieben werden, in denen man Gruppen untersuchen kann.

Der Prozess des Diagnostizierens

Wer Gruppen untersucht, hat es mit einem lebendigen, weil sozialen Forschungs-gegenstand zu tun. Die Sozialwissenschaften bieten denn auch unterschiedliche Modelle an, wie man sich als Forscherin diesem lebendigen Gegenstand methodisch an-nähern kann. Lassen wir hier alle Ansätze einer rein quantitativen Sozialforschung unberücksichtigt, bei denen objektive Daten von Gruppen – wie Verbatimprotokolle, Statistiken und standardisierte Fragebögen – erstellt werden, um sie dann anschlie-ßend im Forscherkreis auszuwerten und daraus Diagnosen zu gewinnen. Und neh-men wir all jene qualitativen Diagnoseverfahren, bei denen die Beobachter Teil des Gruppenprozesses sind.

So lassen sich die unterschiedlichen methodischen Zugänge entlang einer Achse der Involviertheit des Beobachters anordnen. Stehen auf dem einen Pol methodische Ansätze, die Gruppenprozess und Diagnose säuberlich zu trennen suchen, kommen auf dem anderen Pol jene Forschungsdesigns zu stehen, bei denen Diagnose explizit eine Intervention in den Gruppenprozess darstellt.

Historischer Exkurs zur Entwicklung der Gruppenforschung

Die Geschichte der Gruppendynamik und der mit ihr eng verbundenen Aktionsforschung lässt sich recht genau als eine historische Bewegung vom einen zum andern Pol beschreiben (siehe auch Königswieser/Pelikan 2006).

Erstens: In einem »klassischen« sozialpsychologischen Forschungsdesign wird das Verhalten von Personen in Gruppen im Rahmen eines Experiments untersucht, das auf eine bestimmte Fragestellung hin ausgerichtet ist und das eine überschaubare Zeit dauert, sodass die gewonnene Datenmenge handhabbar bleibt. Die Probanden, die kein besonderes Interesse an den Ergebnissen haben, verlassen das Laboratorium nach dem Experiment wieder. Die Forscher veröffentlichen im Anschluss ihre Ergebnisse in einschlägigen sozialpsychologischen Fachorganen. Die Teilnehmer der untersuchten Gruppe sind Objekte der Forschung und erfahren von den an ihnen gewonnenen Einsichten nur dadurch, dass ihnen im Anschluss an den Diagnoseprozess die Forschungsergebnisse zugänglich gemacht werden.

Das war die Situation, in der sich Kurt Lewin befand, als er 1933 zusammen mit Bavelas im Auftrag der amerikanischen Regierung Untersuchungen über das Essverhalten amerikanischer Bürger durchführte (Lewin 1943). Die Untersuchungen zielten darauf, Wege zur Veränderung des Essverhaltens der Amerikaner zu finden. Diese Veränderung schien notwendig, da sich durch den Krieg die Nahrungssituation drastisch verändert hatte und die Regierung neue Weg sondieren wollte, die Bürger zu einem vermehrten Schweinefleischkonsum zu gewinnen. Lewin sollte nun herausfinden, wie man dies bewerkstelligen könnte. Dazu erforschte er die Meinungsbildung in Gruppen und untersuchte die Chance, durch Gruppendiskussionen eine nachhaltige Einstellungsänderung zu erreichen. Lewin und sein Forscherstaff beschränkten sich dabei auf die einleitende Instruktion der Gruppe und die anschließende Beobachtung der Gruppendiskussion.

Zweitens: Man untersucht unter Laboratoriumsbedingungen Gruppen und die Forscherinnen stellen ihre Analysen schon während des Laboratoriums den Probanden zur Verfügung. Es gibt im Laboratorium zeitlich klar abgegrenzte Phasen des Experiments und Phasen, in denen die Forschergruppe ihre Diagnosen wieder in den Gruppenprozess einspeist. Sie erlauben damit den Gruppenmitgliedern, sich mit ihren Einsichten auseinanderzusetzen. Sind die Diagnosen treffend, werden die Gruppenmitglieder direkte Profiteure der an ihnen gewonnenen Erkenntnisse und können diese neuen Einsichten in ihr Verhalten integrieren und damit wieder neue Erfahrungen machen. Das Forschen im Laboratorium bekommt so einen prozessualen Charakter. Experimentelles Handeln und dessen Diagnose durch die Forscher werden miteinander verflochten, was die klassische Trennung von Forschung und beforschtem Gegenstand aufweicht, da das zurückgespiegelte neue Wissen eine Intervention in die beforschte Gruppenpraxis darstellt.

1946 trat der Staat Connecticut an Kurt Lewin heran und bat den prominenten Sozialpsychologen, bei der Ausbildung von Führungskräften zu helfen, die wirksam mit Spannungen zwischen Gruppen fertig werden und die Einstellung der Öffentlichkeit zu den Rassenunterschieden verändern sollten (Marrow 1970). So veranstaltete Lewin ein Seminar, bei dem er den Führungskräften Einblicke in ihre eigenen Haltungen und Wertvorstellungen ermöglichen wollte. Lewins Hypothese war, dass die Seminarteilnehmer die Unangemessenheit ihrer Überzeugungen nur dann feststellen, wenn sie dazu gebracht werden können, diese selbstständig und in Bezug auf ihre eigenen Verhältnisse zu überprüfen. Denn nur denjenigen Tatsachen, die er selbst entdeckt hat, so Lewin, vertraue der Mensch genauso, wie er sich selbst vertraut.

Lewin entwarf ein Fortbildungsseminar, das er im Sommer 1946 zusammen mit einer Forschergruppe vom Research Center of Group Dynamics durchführte. Lewin hatte bei diesem Fortbildungsseminar ursprünglich ein Arrangement im Sinn, in dem Forscher das Verhalten von Personen in Gruppen beobachten und dann den untersuchten Personen ihre Beobachtungen und Analysen zurückspiegeln. Erst die Neugier und die Respektlosigkeit einiger Probanden brachten Lewin auf die Idee, ein neues, komplexeres und entscheidend ergiebigeres Forschungs- und Lernarrangement auszuprobieren. Seine Bereitschaft zu diesem Designexperiment ist eine Sternstunde der experimentellen Sozialpsychologie und die Geburtsstunde der angewandten Gruppendynamik.

Drittens: Aus Lewins Bereitschaft zu Designexperimenten ergab sich die bis dahin konsequenteste Annäherung von Experiment und Diagnose, bei der sich die Phasen des Experiments und die seiner Auswertung im Gruppenprozess frei abwechseln können. Die Forscher spiegeln dann ihre Beobachtungen und Ad-hoc-Hypothesen schon im Verlauf des Experiments in die untersuchte Gruppe zurück. Ein solches Forschungsdesign verändert die Rolle der Forscher entscheidend, da diese sich in eine intensive Interaktion mit dem untersuchten Gegenstand begeben. Sie geben damit ihre reine Beobachterposition im Gruppenprozess auf und werden Teil der untersuchten Gruppe. Sie können zwar versuchen, ihre Rolle als Forscher so zu definieren, dass sie aus der Expertenposition ihre Beobachtungen und Hypothesen der Gruppe einzig zur Verfügung stellen und wie eine Stimme aus dem Off das gerade stattfindende Gruppengeschehen kommentieren und analysieren. Doch wird diese unantastbare und mächtige Expertenposition von Gruppen nur so lange unbestritten akzeptiert werden, bis die Gruppe ihre Ehrfurcht vor dem Forscherstaff ablegt. In einem solchen Forschungsdesign berühren sich Diagnose und Intervention in den untersuchten Gegenstand zeitlich aufs Engste. Das ist die Stelle, an der Lewin aus der Erfahrung des New Britain Training 1946 sein methodologisches Konzept der Aktionsforschung und damit die Grundlage für die angewandte Gruppendynamik entwickelte. (s. dazu den Beitrag von Klaus Brosius in diesem Handbuch, S. 258 f.)

Im New Britain Training von 1946 beraumte Lewin, der im Veranstaltungsteam »Dean«-Funktion ausübte, ziemlich bald abends Sitzungen mit allen Mitgliedern dieses Teams an. Die Abendsitzungen wurden festgelegt, um die Beobachtungen der Prozesse jeder Gruppe zu sammeln und auf Tonband aufzunehmen. Dazu gehörten auch die Analyse und Interpretation des Verhaltens von Gruppenleiter, Mitgliedern und Gruppe. Diese Abendsitzungen waren ursprünglich nur für das Veranstaltungsteam gedacht. In New Britain aber meldeten sich schon nach wenigen Abenden einige der Teilnehmer, die auf dem Campus wohnten, auf dem das Seminar stattfand, mit dem Wunsch, bei diesen Abendsitzungen dabei zu sein. Daraus entwickelte sich ein angeregtes und elektrisierendes Gespräch zwischen Gruppenleiter, Beobachter und den neu dazugekommenen Mitgliedern.

Für Lewin war dieses Beobachtungsdesign, das die bisher klare Grenze zwischen Diagnostizierenden und Diagnostizierten einriss, eine methodische und pädagogische Offenbarung. Hören wir ihn selbst: »Die Leiter der Gruppen gaben ihre Ansicht über die gleichen Sitzungen, und eine Reihe von Lehrgangsteilnehmern fügten ihre Bemerkungen hinzu. Mich hat die erstaunliche pädagogische Wirkung tief beeindruckt, die diese für den Zweck der wissenschaftlichen Protokollführung bestimmten Auswertungszusammenkünfte auf den Gang der Ausbildung hatten« (Lewin 1953, S. 291).

Diagnose der Gruppe ist Diagnose *der* Gruppe

In diesem Forschungsdesign ist die Essenz des gruppendynamisch orientierten Verständnisses von Gruppendiagnose enthalten: Diagnose der *Gruppe* ist Diagnose *der* Gruppe. Jede Beforschung der Gruppe ist Selbstbeforschung der Gruppe mit Unterstützung durch die Gruppenleitung. Der Prozess des Diagnostizierens zielt darauf, die Gruppe zu befähigen, sich selbst immer kompetenter und unvoreingenommener selbst zu erforschen und zu diagnostizieren. Alle diagnostischen Angebote der Leiter verfolgen den Zweck, die Selbstdiagnostik der Gruppe zu befördern. Das unterscheidet die gruppendynamische Diagnoseidee von allen Expertenmodellen, bei denen die Leiter sich als *die* diagnostischen Experten von Gruppen verstehen und inszenieren.

Am treffendsten hat diese Idee Leland P. Bradford zum Ausdruck gebracht, wenn er dieses Modell einer sich selbst erforschenden Gruppe beschreibt als »eine zum Zweck individuellen Lernens gebildete Gruppe, in der die Daten in der Arbeit der Gruppe selbst hervorgebracht und analysiert und nicht von außen eingegeben und von einem Lehrer interpretiert werden … Die Mitglieder schreiben sozusagen ihr eigenes Lehrbuch, während sie es im gleichen Moment lesen« (Bradford 1972, S. 211–212). Eine Gruppe zu befähigen, ihr eigenes Lehrbuch zu schreiben, während sie es im gleichen Moment liest – treffender kann man das Ziel jeder Diagnose von Gruppen wohl nicht beschreiben.

Wie gelingt nun der Schritt von der Beobachtung einer Gruppe zur Selbstdiagnose der Gruppe? Greifen wir dazu auf den Beginn der Überlegungen zurück. Diagnose einer Gruppe, so sagten wir, ist immer zugleich auch eine Intervention und im besten Falle zugleich eine Therapie der Gruppe. Wenn Diagnosen bewusste Interventionen sind, gilt für sie auch das, was für Interventionen insgesamt gilt: Sie sind Teil der »systemischen Schleife« von Beobachten, Hypothesenbilden, Intervenieren, Reflektieren und neu Beobachten. Erst durch diese Schleife wird eine Diagnose zum reflektierten Prozess des Diagnostizierens.

Diagnose als Intervention

Wer Gruppen diagnostiziert und seine Diagnose als Prozess versteht, sollte sich deshalb zugleich mit drei Dingen beschäftigen:

- mit der Präzision seiner Beobachtungen,
- mit der Triftigkeit der aus diesen Beobachtungen gebildeten Hypothesen und
- mit der Frage, wie man Beobachtung und Hypothese zu einer Intervention macht, die die Gruppe aufgreifen und zu ihrem Nutzen verwenden kann.

Denn erst mit diesem dritten Schritt sorgt man als Gruppenforscherin dafür, dass eine Gruppe sich als Akteur im Prozess des Untersuchens begreift und selbst zur Expertin in eigener Angelegenheit wird. Im besten Fall gelingt es der Gruppenleiterin, durch neue Beobachtungsdifferenzen die Aufmerksamkeit der Gruppe auf einen Zusammenhang zu lenken, den sie bisher noch nicht wahrnehmen konnte, und zugleich der Gruppe eine Hypothese anzubieten, weshalb sie diesen Zusammenhang bisher noch nicht wahrnehmen konnte.

Diagnosen lassen Gruppen erkennen, wohin sie im Augenblick oder über einen vergangenen Zeitraum ihre Aufmerksamkeit richten. Diagnosen sind deshalb immer auch Einladungen an Gruppen, die Aufmerksamkeit auf etwas bisher noch nicht Gesehenes zu richten. Sie stellen das momentan Wirkliche dem Möglichen gegenüber, ohne eine Gruppe willentlich zu diesem Möglichen verändern zu wollen. Diagnosen bieten eine alternative Sichtweise an mit der paradoxen Absicht, eine Selbstveränderung der Gruppe anzustoßen, indem diese anfängt, zu sehen, wie sie sieht.

Nimmt man den Begriff Intervention als prekären Eingriff in ein unberechenbares System ernst, dann kann der Gruppenleiter, hat er seine Beobachtungen und Hypothesen eingebracht, nicht davon ausgehen, dass die Gruppe schlagartig den Impuls zur Einsicht aufgreift und ihr Verhalten verändert. Ihn wird vielmehr interessieren, wie die Gruppe mit seiner Intervention umgeht, in welcher Form sie diese neuen Beobachtungs- und Interpretationsmöglichkeiten aufgreift und welches Leben seine Interventionen entfalten. Jeder bewussten Intervention geht es um Koppelung zwischen der Art, wie eine Gruppe von außen beobachtet wird, und der Art, wie eine Gruppe sich selbst beobachtet. Indem es den Gruppendiagnostikern gelingt, ihre Differenzen mit denen in Verbindung zu setzen, die die Gruppe selbst umtreiben, steigt die Wahrscheinlichkeit, dass eine Diagnose wirksam ist. Und wirksam sind Diagnosen in dem Grad, wie sie die Selbstbeobachtungskompetenz der Gruppe insgesamt steigern.

Eine diagnostische Intervention geht in den seltensten Fällen affektfrei vonstatten: »expect emotions«. Denn eine Diagnose zielt auf einen im Moment in der Gruppe eingespielten Kompromiss, der, selbst wenn er belastend erlebt wird, immer auch eine kreative und funktionale Bewältigung des gegenwärtigen Gruppenkonfliktes ist. Hilft eine Diagnose der Gruppe, die psychosoziale Funktion dieser Kompromissgestalt und die Anteile der Einzelnen an dieser Gruppengestalt zu verstehen, löst sie damit seine bisher geltende Wirksamkeit auf und zwingt die Gruppe, einen Schritt weiter ins noch Unbekannte zu gehen. Und das ist nie ganz ohne Angst zu bekommen.

> Diagnostische Interventionen gehen selten affektfrei vonstatten: »expect emotions«.

Jede Diagnose fordert von einer Gruppe Selbstdistanzierung und Reflexion. Beides mutet den Gruppenmitgliedern zu, sich von ihren Wahrnehmungen, Gefühlen und Impulsen für einen Augenblick zu lösen, um deren Entstehung und deren Wirkung mit dem kühlen Herzen der Forschung zu untersuchen. Wer eine Gruppe mit diesem Schritt konfrontiert, distanziert sich von ihr und zieht für einen Augenblick den Konflikt auf sich, weil jede Diagnose der Gruppe erlaubt, sich gegen den zu verbinden, der sie zur immer auch unangenehmen Selbstbeobachtung verpflichtet. Längerfristig gelingt eine solche Distanzierung der Leitung im Dienste der Diagnose nur, wenn die Leitung bereit ist, die Verantwortung für die Wirkungen ihrer Diagnose zu übernehmen. In dem Maße, wie die Gruppenleiterin die Gefühle ernst nimmt, die ihre Diagnose auslöst, wird sie wieder Teil der Gruppe und schließt sich wieder an deren affektiven Strom an – bis zur nächsten Diagnose.

Lernen zweiter Ordnung – Beobachten, wie man beobachtet

Diagnostische Interventionen in eine Gruppe, die sich in diesem Sinn als Impulse zur Selbstdiagnose der Gruppe verstehen und die Gruppe einladen, zu sehen, wie sie sieht, sind ein Schritt zum Lernen zweiter Ordnung. Einem solchen Lernen zweiter Ordnung geht es nicht darum, dass die Gruppe etwas Bestimmtes lernt, sondern dass die Gruppe etwas über die Art und Weise lernt, wie sie kollektiv Wirklichkeit herstellt und wie sie damit den eigenen Lernprozess ermöglicht oder einschränkt.

Diesen Schritt zum Lernen zweiter Ordnung hat Rudolf Wimmer in zuvor schon zitierten Aufsatz (1993, S. 136) beschrieben. Er versteht die sich selbst erforschende und diagnostizierende Gruppe als ein Lernarrangement, in dem die Anwesenden lernen, darauf zu achten, »wie andere das Geschehen beobachten, welche Differenzierungsschemata sie dabei anwenden und zu welchen Wirklichkeitseinschätzungen sie dadurch kommen … Dabei geht es nicht nur um das Herausarbeiten der persönlichen Epistemologien (Erkenntnistheorien) der Gruppenteilnehmer, sondern auch darum, zu verstehen, warum die Gruppe als Ganzes eine bestimmte Realitätswahrnehmung entwickelt, wie sich diese Wahrnehmungsmuster auch verändern können und warum. Die Gruppe lernt auf diesem Wege zu sehen, wie sie sieht, und wie sich diese Sichtweisen im Zuge ihrer Entwicklung verändern« (S. 127 f.). Die Gruppenmitglieder »erfahren auf diesem Wege ihre spezielle Art, Wirklichkeiten zu konstruieren; sie lernen aber auch verstehen, wie diese Wahrnehmungsmuster ihr eigenes Handeln orientieren und wie die ausgelösten Wirkungen dieser Handlungen dazu dienen, die einmal erworbenen Konstruktionsformen von Wirklichkeit zu bestätigen« (S. 128).

Freilich: Nicht nur die Gruppe lernt dabei, wie sie sieht. Wenn dieser gemeinsame Untersuchungsprozess gelingt, weil sich Gruppe und Leiter gegenseitig Lernimpulse sind, lernt auch der Gruppendiagnostiker, dass sein Bild von dieser Gruppe und sein Bild von Gruppe insgesamt eine zwar motivierte, aber immer auch kontingente Konstruktion ist. Beide können in diesem Prozess etwas lernen über die Kontingenz der normalen Realitätssicht und welche Folgen daraus für all diejenigen entstehen, die Menschen und Gruppen zu beeinflussen suchen.

Was die Leiterin dabei den Teilnehmenden voraushat, ist die Beharrlichkeit, die Gruppe beim Erforschen ihrer selbst immer wieder auf das führen, was für den Einzelnen am schwersten zu beobachten ist: die Gruppe als Ganzes in ihrer Besonderheit. Wenn es den Gruppendiagnostikern gelingt, die Aufmerksamkeit der Gruppenteilnehmenden immer wieder auf »die Beziehungsgeflechte, die Interdependenzen, die Figurationen, die Prozesse, die interdependente Menschen miteinander bilden« (Elias) zu richten, ist schon viel erreicht. Denn unter dieser Forschungsfrage beobachten die Gruppenteilnehmenden sich als Teil eines Geschehens, das sie selbst gestalten können, dem sie aber zugleich unterworfen sind, in dem sie zugleich mächtig wie ohnmächtig sind. Sie verstehen mehr von der Gruppe als System, die jedem, der in ihr handelt, die spannungsvolle, aber lernreiche Aufgabe stellt, immer neu seine Wir-Ich-Balance zu finden und je nach Kontext und Situation immer wieder neu zu gestalten. Wer dabei etwas mehr über sich in Erfahrung bringen kann, erhöht die Möglichkeiten, diejenigen Gruppen, Teams und Organisationen, in denen er lebt, nach seinem Bilde mitzugestalten.

Karl Schattenhofer

Selbststeuerung von Gruppen

Einleitung

Wenn man Gruppen als autonome soziale Systeme versteht, die sich nur nach eigenen Regeln verhalten, wie kann man sie dann steuern? Eine Antwort auf diese Frage gibt – neben der Kontextsteuerung – die Perspektive oder das Konzept der Selbststeuerung. Wenn man nicht direkt in ein System eingreifen kann, wenn es für den Beobachter oder Intervenierenden unbestimmbar ist, wie das System auf die Beeinflussung reagiert, besteht ein Ausweg aus dem Dilemma darin, die Selbststeuerungsmöglichkeiten des Systems zu entwickeln und anzuregen.

Mit dem Einzug der Systemtheorie in die Sozialwissenschaften hat der Gedanke an Bedeutung gewonnen, soziale Systeme unter dem Blickwinkel der Selbststeuerung zu betrachten. Diese Sichtweise grenzt sich von der Perspektive der Fremdsteuerung ab, bei der soziale Systeme wie Gruppen als abhängige Variable untersucht werden (s. Beitrag Schattenhofer, S. 31).

Selbststeuerung ist kein Phänomen, das sich bei der Beobachtung von Gruppen gleichsam aufdrängt. Es erschließt sich nur, wenn man eine Gruppe durch eine spezielle Brille betrachtet und Unterscheidungen trifft, mit denen einzelne Interaktionen, Abläufe oder Vorgehensweisen der Selbststeuerung zugeordnet werden, im Unterschied zu den Konzepten der Fremdsteuerung oder Kontextsteuerung von außen. Dabei geht es nicht um ein Entweder-oder: Entweder ist ein System selbstgesteuert oder fremd- beziehungsweise kontextgesteuert. Selbststeuerung versteht man besser als die jeweils gruppeneigene Umgangsweise mit sich verändernden Kontextbedingungen. Gruppen können mehr oder weniger Potenzial haben, »selbst« mit den Verstörungen von außen umzugehen und ihre Umwelt im eigenen Sinne (mit)zugestalten.

Sich mit Selbststeuerung in Gruppen zu beschäftigen empfiehlt sich nicht nur aus Gründen der Theorieentwicklung. Ein Blick in die Praxis zeigt, dass sich alle Menschen, die in Gruppen und Teams zusammenarbeiten, immer mehr der Möglichkeit, aber auch der Anforderung gegenübergestellt sehen, selbst die Verantwortung für die Zusammenarbeit zu übernehmen. Teams und Gruppen übernehmen zunehmend Steuerungsaufgaben, für die früher die Hierarchie zuständig war oder die in Regelwerken allgemein und unhinterfragbar festgelegt waren. Oft haben die Beteiligten an den Gruppen keine genaue Vorstellung davon, was Selbststeuerung für sie an Möglichkeiten und zugleich an Verpflichtungen eigentlich bedeutet.

Der Beitrag zu diesem Querschnittsthema, das sich auf alle Felder der Gruppenarbeit bezieht, ist folgendermaßen aufgebaut:

- In einem ersten Abschnitt wird der systemtheoretische Zusammenhang der Selbststeuerung kurz umrissen.
- Im zweiten Schritt wird gezeigt, welche Unterscheidungen man mit der Perspektive der Selbststeuerung trifft, wie man die jeweilige Gruppe beobachtet, worauf man schaut.
- Im letzten Schritt werde ich empirische Untersuchungsergebnisse referieren und Beispiele beschreiben, ob und wie Gruppen Schritte in Richtung Selbststeuerung unternehmen (können) und wo die Begrenzungen liegen.

Unter diesem Blickwinkel können alle, die als Beratende oder Verantwortliche oder als Mitglieder mit Gruppen und Teams zu tun haben, die Perspektive ihres Selbstverständnisses verändern als absichtsvoll Steuernde: Einerseits werden ihre Möglichkeiten der Gestaltung und Einflussnahme stark relativiert, weil sie nie genau das erreichen, was sie zu erreichen beabsichtigen, und andererseits werden neue Wege eröffnet, Gruppen über Selbststeuerung zu steuern.

Die systemtheoretische Idee hinter dem Konzept der Selbststeuerung

Systeme gibt es im biologischen, chemischen, elektronischen, physiologischen, biologischen und auch im sozialen Sinne. Gerade mit dem Vergleich unterschiedlicher Arten von Systemen war und ist es der interdisziplinären Systemwissenschaft möglich, Merkmale und Prozesse zu identifizieren, die für Systeme allgemein und für bestimmte Systemarten im Besonderen gelten.

> Als System bezeichnet man von ihrer Umwelt unterschiedene Einheiten, die sich aus Elementen/Teilen zusammensetzen und die man nur verstehen kann, wenn man sie als Gesamtheit untersucht und nicht in ihre Einzelteile zerlegt. Gesucht wird nach der Ordnung, die die Teile verbindet und die ermöglicht, dass das System sich gegenüber der Umwelt abgrenzt.

Eine der zentralen Ideen des Systemgedankens ist, dass ein System nach eigenen Strukturen und Prozessen funktioniert. Der Kontakt zur Umwelt wird aus der eigenen Logik und der eigenen Funktionsweise heraus gestaltet und das Gleiche gilt für das Entstehen und das Fortbestehen des Systems. Man bezeichnet Systeme dieser Art auch als komplexe, nicht triviale Systeme, weil sie im Unterschied zu trivialen Systemen in ihren Reaktionen auf Reize von außen nicht berechenbar oder vorhersagbar sind. Triviale Systeme, die in ihrem Aufbau auch sehr kompliziert sein können, sind so konstruiert, dass sie auf den gleichen Reiz mit der gleichen Reaktion antworten, wie beispielsweise Uhrwerke.

Komplexe, nicht triviale Systeme zeichnen sich durch eine bestimmte Art des Prozessierens aus: Das System nimmt im Verlauf der eigenen Entwicklung auf eigene frühere Zustände Bezug, die entstehende Ordnung ist rückbezüglich oder selbstreferenziell und darin liegt die Idee der operativen Geschlossenheit eines Systems. Angeregt oder verstört wird das System durch äußere Einflüsse oder Irritationen, die Reaktion erfolgt aber durch Rückbezug auf den eigenen Zustand, die eigene Ordnung oder Selbstorganisation. So entsteht die Eigengesetzlichkeit (Autonomie) des Systems der Umwelt gegenüber. Während ein sogenanntes triviales System auf einen Reiz von außen vorhersagbar reagiert, weil seine inneren Abläufe analytisch bestimmbar sind – man kann wissen, wie es tickt –, kann man das bei einem nicht trivialen System im Voraus nicht bestimmen. Einmal reagiert es auf den Reiz »einen Witz hören« mit Lachen, beim nächsten Mal mit peinlichem Schweigen. Das erste Mal Hören hat das System – hier den Zuhörer – so verändert, dass es beim Hören des gleichen oder eines weiteren Witzes anders reagiert, man weiß aber nicht, wie. Das lässt sich auf soziale

Systeme wie Gruppen übertragen, von denen man auch nicht vorhersagen kann, wie sie auf den Versuch der Beeinflussung reagieren werden. Überhaupt im Alltag und im Bereich des Zusammenlebens haben wir es fast immer mit nicht trivialen Systemen zu tun.

Was zu einem System passt, was als Störung oder Irritation überhaupt bemerkt wird, das hängt vom jeweiligen System ab und kann nicht von außen bestimmt werden, es spricht und versteht gleichsam nur die eigene Sprache. Systeme sind somit in ihrer Art des Prozessierens von ihrer Umwelt unabhängig und geschlossen, zugleich aber für ihre Entstehung und ihren Bestand auf bestimmte Rahmenbedingungen und vor allem auf eine dauerhafte Energiezufuhr angewiesen. Man kann sich das so vorstellen, dass die Selbstorganisation gleichsam in einem Korridor stattfindet. Wird dieser verlassen oder verändert er sich stark, wird das System zerstört. Hierher gehört die Idee der Kontextsteuerung, mit der der Spielraum eines Systems so gestaltet werden kann, dass gute oder weniger gute Bedingungen für seine Entwicklung bestehen, ohne die Entwicklung allerdings im Einzelnen vorhersehen und planen zu können.

> Was als Störung von einem System bemerkt wird, kann nicht von außen bestimmt werden. Systeme verstehen nur die eigene Sprache.

Wie ist unter diesen »autonomen« Bedingungen die Entwicklung eines Systems vorstellbar? Neben der Kontextsteuerung können so konstruierte Systeme verändert werden, indem im System selbst Fluktuationen und Veränderungen auftreten: Durch positive Rückkoppelungen können sich die Fluktuationen so weit verstärken, dass sie, wenn sie eine bestimmte Schwelle überschritten haben, zu einer neuen Ordnung, zu einem neuen System führen. Eine neue Ordnung kann aber nur entstehen, wenn die Fluktuation, das bedeutet das Neue, Unvorhergesehene, Zufällige, an das Bestehende anschlussfähig ist. Das Neue muss daraufhin geprüft werden, ob es zum System passt oder nicht. Für geistige Prozesse beschreibt Gregory Bateson dieses Wechselspiel als den Balanceakt zwischen Fantasie und Strenge (1982, S. 216). Ein Balanceakt ist es deswegen, weil beides für die Entwicklung notwendig ist, denn Strenge und Notwendigkeit allein führen zu Starre und Stillstand, Fantasie und Zufall hingegen zu Beliebigkeit und Wahnsinn. Diese für den Prozess der Selbstorganisation grundlegende Relation ist in verschiedenen Entwicklungsstufen der Systemtheorie jeweils unterschiedlich formuliert worden, das kann in diesem Beitrag nicht weiter ausgeführt werden. Hier ist wichtig, festzustellen, dass Selbstorganisation keinen zielgerichteten Prozess bezeichnet, Selbstorganisation geschieht in sozialen Systemen, ohne dass dies jemand beabsichtigt oder bewusst vorantreibt, es ist eine Eigengesetzlichkeit, die die Systeme kennzeichnet.

Hier kommt der Begriff der Selbststeuerung ins Spiel, der nicht das Gleiche bedeutet wie der Begriff der Selbstorganisation: So wie einzelne Menschen auf einmal neue Ideen haben, sich auf eine Weise verhalten wie nie zuvor, im Umgang mit anderen Neues ausprobieren und sich selbst steuern oder bestimmen, so können soziale Systeme ebenfalls die Fähigkeit zum Lernen oder zur »Selbstveränderung« haben. In Analogie zum beschriebenen Balanceakt zwischen Fantasie und Strenge, brauchen sie

dazu einen Zugang zu Neuem und eine Form der Prüfung, ob das Neue an das Bestehende anschlussfähig ist. Auf diese Weise wird vorstellbar, dass Systeme die eigene
Entwicklung jenseits der schlichten Evolution und Auslese selbst steuern und bestimmen können, zumindest in bestimmten Grenzen. Selbststeuerung, organisierte Reflexivität, Reflexion oder Selbstthematisierung sind verwandte Begriffe und Konzepte,
die einen gemeinsamen Bedeutungskern haben: Sowohl psychische als auch soziale
Systeme wie Gruppen und Organisationen können sich selbst zum Gegenstand der
Reflexion, sich selbst zum Thema machen, indem sie zum Beispiel vergangene, gegenwärtige und wünschenswerte zukünftige Zustände miteinander vergleichen. Dieser
Prozess der Selbststeuerung läuft aber nicht automatisch ab, er geschieht nicht, sondern er muss – was der Begriff der Steuerung nahelegt – absichtsvoll gestaltet werden.
Oft wird Selbststeuerung deswegen als organisierte Selbstreferenz bezeichnet.

Bevor dieser Gedanke weiterverfolgt wird, soll noch geklärt werden, aus welchen
Elementen soziale Systeme eigentlich bestehen, denn nur so wird genauer bestimmbar, was Selbststeuerung bedeutet. Während in technischen, biologischen und chemischen Systemen die Elemente und ihre Verbindungen eine dauerhafte materielle
Grundlage (im neuronalen System des Gehirns sind das zum Beispiel Nervenbahnen,
elektrische Ströme, chemische Übertragungen) haben, herrschen in sozialen Systemen flüchtigere, unsichtbarere und damit auch weniger gut vorstellbare Verhältnisse.
Je nach Art der Systemtheorie, der man folgt, werden die Menschen selbst, die psychischen Systeme, einzelne Kommunikationen, Interaktionen, Rollen oder Strukturen
als Elemente des Systems Gruppe konstruiert. Ohne das hier ausführlich diskutieren
zu können (s. dazu Simon 2007, Pelikan 2004), erscheint es sinnvoll, bei einem sozialen System wie einer Gruppe die Mitglieder der jeweiligen Gruppe nicht als Teil
der Gruppe, sondern als eine ihrer Umwelten zu betrachten. Die Mitglieder nehmen
bildlich gesprochen nur mit einem Teil ihrer Person am kommunikativen Prozess in
der Gruppe teil und sind nicht als ganze Personen gefragt. Sie sind Beteiligte nur in
gewisser Hinsicht, indem nicht alle ihre Gedanken, Gefühle und Verhaltensweisen in
der jeweiligen Gruppe von Bedeutung sind, sondern nur Ausschnitte davon in den
Interaktionen, in der Kommunikation aktualisiert werden und sich als anschlussfähig
erweisen.

Das bedeutet, dass eine Gruppe aus Kommunikationen besteht, die von den verschiedenen Akteuren geführt werden und die über rekursive Prozesse zu Strukturen
(im Sinne von immer wieder begangenen Wegen) führen und zu einer inneren Ordnung, auf die sich jeweils nachfolgende Kommunikationen beziehen. Der Prozess
der Systembildung geschieht, ohne von den Akteuren beabsichtigt zu sein, es ist ein
ungeplanter und unplanbarer Prozess der Selbstorganisation. Selbststeuerung ist der
Versuch, auf diesen Prozess mithilfe von Kommunikation über Kommunikation, Reflexion und Selbstthematisierung Einfluss zu nehmen.

Der Blickwinkel der Selbststeuerung

Der große Abstraktionsgrad, der systemtheoretische Modelle im Allgemeinen auszeichnet, beinhaltet immer die Gefahr einer ebenso großen Beliebigkeit: Die Ideen klingen gut, man kann aber alles darunter verstehen oder nichts, und das Konzept der Selbststeuerung bleibt ein reines Sprachspiel. Im Folgenden werden drei Kernstücke der Selbststeuerung und anschließend ein Modell für Selbststeuerung in Gruppen vorgestellt. Damit soll präzisiert werden: Auf welche Vorgänge schaut man konkret, wenn man Selbststeuerung beobachten will?

Die Grundlage der Selbststeuerung: Reflexion

Die Fähigkeit eines Systems zur Selbstbeobachtung und Selbstbeschreibung in Beziehung zu sich selbst und zu den (als relevant wahrgenommenen) Umwelten, also zur Reflexion, gilt als Basis der Selbststeuerungsfähigkeit. Nur so kann ein System aus den eigenen Erfahrungen klug werden. Reflexivität ist damit kein Prinzip an sich, es muss beschrieben werden, *wie* reflektiert wird (der Prozess) und *woraufhin* reflektiert wird. Selbstreflexion braucht als Voraussetzung einen Bezugspunkt, eben das »Selbst«. Als Äquivalent des Selbst in einem psychischen, bewusstseinsfähigen System kann in einem sozialen System wie einer Gruppe das Selbstbild der Gruppe, das die beteiligten Akteure teilen, angesehen werden. Das Selbstbild als die gemeinsame Konstruktion dessen, was in der Gruppe an Beobachtungen, Gefühlen, Ansichten, Gedanken, Verhaltensweisen für wichtig und richtig gehalten wird, und dessen, was nicht dazugehört, was ausgeschlossen oder tabuisiert wird. Als Bezugspunkt für die Selbstreflexion dienen somit nur die kommunizierbaren Anteile der Selbstbeschreibung. Nichtbesprechbares, also alles, was nicht »mitgeteilt« werden kann, darauf kann man sich, wenn man die Gruppe thematisiert und reflektiert, eben nicht beziehen. Das Selbstbild enthält auch die geteilten Vorstellungen über den Idealzustand der Gruppe.

> Reflexion ist die Basis der Selbststeuerung. Nur so kann ein System aus Erfahrung klug werden.

Soll Reflexion allerdings zur Entwicklung eines Systems beitragen, so ist es notwendig, über die Bestätigung des Selbstbildes hinaus Zugang zu »abweichenden« neuen Sichtweisen bezüglich des momentanen Zustandes wie auch des angestrebten Idealzustandes einer Gruppe zu bekommen, bisher Unbesprechbares muss besprechbar werden. Die Gruppe sollte lernen, sich mit fremden und vor allem unterschiedlichen

Augen zu sehen. Das geschieht nicht automatisch, sondern es braucht Anlässe dazu, die den Alltagsprozess unterbrechen und die Beteiligten in eine Forscherperspektive bringen, aus der sie die Gruppe als Ganzes gleichsam von außen sehen und darüber kommunizieren können (Metakommunikation). Es braucht Gelegenheiten, in denen das Selbstbild und damit die Geschichte der Gruppe gemeinsam erfunden werden und bei denen eine gemeinsame Idee von der Zukunft entworfen wird.

Reflexionsthemen und Reflexionsanlässe in Gruppen und Teams sind bisher nicht ausführlich untersucht. Während in der Beratungs-, Teamentwicklungs- und Supervisionsszene die Reflexion von Team- und Gruppenprozessen eine wichtige Rolle spielt, gibt es in der Forschung nur einige Analyse- und Interventionsmodelle für Gruppen, die Reflexion als Faktor der Gruppenentwicklung und -steuerung überhaupt berücksichtigen. In empirischen Studien wird Reflexion erst seit Neuestem untersucht (vgl. Schippers u. a. 2005, West 1996) und es liegen nur wenige Ergebnisse, außer einigen Fallstudien, vor, die die Auswirkungen der Reflexivität von Gruppen auf ihre Leistung, auf ihren Zusammenhalt und auf die Situation der Beteiligten erfassen (s. S. 454 ff.).

Ausführlich hat sich Theodor Mills (1969, 1978) noch vor der großen Welle der Systemtheorien damit befasst. Er entwickelt im Rahmen seines kybernetischen Gruppenmodells (s. S. 35) die Vorstellung, dass die Reichweite der Rückkoppelungsprozesse in einer Gruppe ihre Lern- und Entwicklungsfähigkeit beeinflusst. Die Wirksamkeit von Reflexion für die Selbststeuerung hängt nach dieser Sicht mit der Tiefe oder Reichweite der Reflexion zusammen. Mills unterscheidet idealtypisch zunächst drei Ebenen:

- Die Ebene der auf ein Ziel gerichteten Handlung (Leitfrage: Ziel erreicht oder nicht?).
- Die Ebene der Reflexion in Bezug auf die Gruppenstruktur und die äußeren Anforderungen (Leitfrage: Entsprechen die Struktur, der Aufbau der Gruppe, den Zielen und äußeren Anforderungen?).
- Die Gruppe als sich selbst beobachtendes System, das den eigenen Zustand reflektiert und dementsprechend selbst Ziele setzen kann (Leitfragen: Welche Alternativen gibt es zu den Zielen? Könnte die Gruppe auch anders aussehen?).

Mills hat im Rahmen seiner Studien experimentelle Trainingsgruppen (vgl. den Beitrag von Klaus Brosius zum Thema »soziales Lernen«, S. 265) untersucht und festgestellt, dass Gruppen, wenn sie von einer Beobachtergruppe Rückmeldungen zu ihrer Arbeitsfähigkeit bekommen, zum Beispiel, ob und wie die einzelnen Beteiligten in ihrer Mitarbeit durch die Gruppe gehindert oder gefördert werden, lernen, von der primären Ebene des Handlungszieles zur sekundären Ebene des Gruppenbewusstseins zu wechseln. Sie beginnen nicht nur zu reflektieren, was sie tun, sondern wie sich die Gruppe auf ihr Tun und die Kooperation auswirkt.

Michaela Schippers, Deanne den Hartog und Koopman (2005) entwickelten einen Fragebogen, um die »Reflexivität« von Teams standardisiert untersuchen zu können. Sie unterscheiden in Anlehnung an unterschiedliche Reflexions- und Lernformen in

Organisationen nach Chris Argyris, an dem sich auch Mills orientiert haben dürfte, zwischen drei Ebenen der Reflexion:

- Einfache Reflexion (»single loop learning« nach Argyris): Hier werden alle Angelegenheiten bedacht, die eng mit der Aufgabe zusammenhängen.
- Mittlere Reflexion (»double loop learning«): Bezieht alle Fragen bezüglich der Aufgaben, der Ziele und Strategien ein.
- Tiefe Reflexion (generatives oder »triple loop learning«): Die Normen und die Kultur des Teams und der Organisationen werden in ihren Auswirkungen auf das Team und die Funktion in der Organisation untersucht.

Anhand dieses Modells haben die Autoren einen Fragebogen konstruiert und ihn den Teammitgliedern von 59 Teams aus 14 verschiedenen Organisationen sowie in einer weiteren Studie 59 Schulmanagementteams vorgelegt. In der Auswertung beider Studien konnten Michaela Schippers und Deanne den Hartog feststellen, dass ihr Fragebogen zwei unterschiedliche Faktoren erfasst: Sie haben die Faktoren »Evaluation/Learning« und »Discussing process« genannt und interpretieren die Ergebnisse so, dass der erste Faktor der ersten Reflexionsebene und Faktor zwei der zweiten entspricht. Ein Äquivalent für die dritte Ebene haben sie in ihrer Studie nicht gefunden.

Fragebogen zur Erhebung der Teamreflexivität

Aussagen zur Erhebung der Reflexion auf der Ebene 1 – Faktor Evaluation/Learning

	1	2	3	4	5	6	7
Als Team treffen wir normalerweise gut überlegte Entscheidungen.	□	□	□	□	□	□	□
Wir überprüfen unsere Arbeitsmethode, wenn sich in der Umwelt etwas geändert hat.	□	□	□	□	□	□	□
Wir sprechen über unterschiedliche Wege, auf denen wir unsere Ziele erreichen können. Überprüfen Folgen von Veränderungen.	□	□	□	□	□	□	□
Wir arbeiten heraus, was wir aus früheren Aktivitäten lernen können.	□	□	□	□	□	□	□
Bevor wir zu arbeiten beginnen, versichern wir uns, ob wir die gleiche Problemdefinition haben.	□	□	□	□	□	□	□
Wir überprüfen die Langzeitfolgen von bestimmten Aktivitäten.	□	□	□	□	□	□	□
Wenn Dinge nicht so funktionieren, wie sie sollten, dann nehmen wir uns als Team die Zeit, den Grund für die Probleme zu suchen.	□	□	□	□	□	□	□

Aussagen zur Erhebung der Reflexion auf der Ebene 2 – Faktor Discussing Process							
	1	2	3	4	5	6	7
Wir reflektieren die Art der Kommunikation und des Entscheidungentreffens.	□	□	□	□	□	□	□
Das Team überprüft oft seine Ziele.	□	□	□	□	□	□	□
Die Methoden, die verwendet werden, um das Ziel zu erreichen, werden oft diskutiert.	□	□	□	□	□	□	□
Das Team diskutiert oft, ob es effektiv zusammenarbeitet.	□	□	□	□	□	□	□

(Antwortalternativen jeweils von 1 = trifft überhaupt nicht zu, bis 7 = trifft vollkommen zu)

Die Fragen, die den zweiten Faktor »discussing process« repräsentieren, treffen wohl für Teams zu, die häufiger als andere reflektieren, sie erfassen aber keine tiefere Ebene der Reflexion, wie von den Autoren vermutet. Das kann daran liegen, dass in den untersuchten Teams kein Bedarf an Reflexion auf der mittleren oder tieferen Ebene bestand, oder aber, dass mit einem Fragebogen diese besondere Art des Reflektierens nicht erfasst werden kann. Dazu eignen sich Gruppeninterviews mit Teilen der Teams besser als schriftliche Einzelbefragungen.

Gerade die Reflexion auf der tieferen Ebene des Gruppenprozesses ist kein einfacher Vorgang und setzt voraus, dass die Beteiligten sich selbst in der Gruppe und die Gruppe als Ganzes auf eine besondere Weise wahrnehmen und dass sie sich ihre Beobachtungen auch mitteilen können. Sie sollten einerseits eine engagierte Haltung einnehmen können, das heißt sich als Teil der Gruppe mit den eigenen individuellen Interessen, Erlebnissen und Beiträgen sehen, die Gruppe gleichsam von innen wahrnehmen und ihre Sichtweise zur Verfügung stellen können. Andererseits sollten sie eine distanzierte Haltung gegenüber sich selbst und der Gruppe einnehmen können, indem sie die Gruppe von außen in ihren Umweltbezügen als Ganzes wahrnehmen und so etwas wie eine Forscherperspektive einnehmen.

Die zweite, tiefere Ebene der Reflexion beinhaltet alle Themen, die in Gruppen normalerweise aus der Kommunikation weitgehend ausgeschlossen sind, weil sie das Idealbild einer harmonischen Gruppe stören und nach Auffassung der Einzelnen viel Zündstoff beinhalten, der den Frieden stören könnte. Niemand redet in aller Regel darüber, ob und wie man durch die Kollegen im Team bei der Erledigung der Aufgaben gefordert oder behindert wird. Zwar redet man im informellen Bereich, in den Kaffeepausen oder beim Bier nach der Arbeit sehr wohl über die sozialen Geschehnisse am Arbeitsplatz, aber mit Gleichgesinnten und Gleichgestellten, nicht mit den Betroffenen.

Bei der Reflexion auf der zweiten Ebene geht es nicht um die Beziehungen und die gefühlsmäßigen Belange der Beteiligten an sich, sondern um die Arbeitsbeziehungen, die für das jeweilige Gruppenziel eine Rolle spielen. Selbststeuerung heißt nicht, aus jeder Gruppe eine Selbsterfahrungsgruppe machen. Gruppen müssen sich auch gegenüber ihrer inneren Umwelt abgrenzen (s. S. 20) und die kognitiven und gefühlsmäßigen Bereiche thematisch ausschließen, die nichts mit der Arbeitsaufgabe zu tun haben. Die Zusammenarbeit reflexiv zu steuern bedeutet aber, über die Qualität der Arbeitsbeziehungen, über erfüllte und enttäuschte Erwartungen, über die Einhaltung von Absprachen, über die gerechte Verteilung von Aufgaben zu sprechen und sich gegenseitig zu kritisieren. Auf dieser zweiten Ebene geht es zudem um Themen, die die Gruppe als Ganzes betreffen. Wie förderlich und/oder hinderlich sind die entstandenen Rollen und Normen? Sind die Leitungsaufgaben funktional gestaltet und verteilt? Wie ist die Gruppe mit der Umwelt verbunden? Gibt es klare Grenzen? Sind die Grenzen zu starr oder zu durchlässig? Wie kommt die Gruppe zu neuen Mitgliedern und neuen Ideen? – Die zweite Ebene kann somit sehr unterschiedlich tief gestaltet werden. Das wird vom jeweiligen Reflexionsanlass, von der jeweiligen Notwendigkeit, zu reflektieren, und von der entwickelten Reflexionskultur der einzelnen Gruppe, des einzelnen Teams abhängen.

Die Reflexion in Gruppen setzt voraus, dass einzelne Beteiligte diese verschiedenen Perspektiven einnehmen und sich abwechselnd engagiert und distanziert verhalten können und dass sie bereit sind, auch kritische Sichtweisen einzubringen. Die individuelle Fähigkeit, zu reflektieren und sich auszudrücken, ist eine notwendige Voraussetzung für die Reflexivität der Gruppe, sie braucht aber dazu noch mehr: Die Gruppe als Ganzes muss den Wechsel von Aktion zu Reflexion ermöglichen und organisieren. Die Reflexionen der Einzelnen brauchen im Gespräch der Gruppe einen (am besten regelmäßigen und festen) Platz, denn wenn sie nicht gefragt sind, werden sie nicht zur Verfügung gestellt und können letztlich nicht im Sinne von Selbststeuerung wirksam werden. Wer sich für Selbststeuerung interessiert, der wird somit darauf achten, ob und wie Gruppen sich Anlässe zur Reflexion schaffen oder wie sie von der Umwelt vorgegebene Anlässe nutzen.

Das führt zum zweiten zentralen Element der Selbststeuerung in Gruppen, nämlich der Leitung in einem spezifischen Sinne. Selbststeuerung in Gruppen braucht vielleicht keine formalen (Gruppen-)Führer, aber Leitung im Sinne der Gestaltung des gemeinsamen sozialen Prozesses braucht es allemal. Selbststeuernde Gruppen sind manchmal leiterlose Gruppen, aber nie leitungslose Gruppen.

Selbststeuerung und Leitung

Leitung in und von Gruppen bedeutet in diesem Zusammenhang die absichtsvolle Beeinflussung der Gruppe und der beteiligten Personen. Im laufenden Prozess beeinflussen sich die Beteiligten ununterbrochen gegenseitig, was immer sie auch tun oder nicht tun und ob sie es wollen oder nicht. Die wechselseitige Verwobenheit der Interaktionen ist die Grundlage des ungeplanten Prozesses der Selbstorganisation. Mit dem Begriff der Leitung wird die absichtsvolle Beeinflussung der Gruppe bezeichnet.

Genauso, wie man zwischen der Reflexion erster und zweiter Ordnung unterscheiden kann, so kann man dies ebenfalls in Bezug auf Leitung tun. Ganz grob kann man unterscheiden, ob sich Leitung darauf bezieht, *was* geplant, *was* entschieden und *was* getan wird (erste Ordnung), oder aber darauf, *wie* geplant, *wie* entschieden oder *wie* etwas getan wird (zweite Ordnung), wobei die jeweilige Ebene nur in Unterscheidung zur anderen bestimmbar ist. Zu jeder Ebene ist immer eine zweite Ebene konstruierbar, das hängt vom jeweiligen Betrachter ab.

Beim Blick durch die Brille der Selbststeuerung ist die Leitung der zweiten Ordnung von besonderer Bedeutung. Diese Art von Leitung führt Klärungen und Entscheidungen herbei, bezogen darauf, wie geplant, entschieden, ausgeführt und reflektiert wird, sie sorgt dafür, dass das Instrumentarium der Selbststeuerung entwickelt und gelernt wird und der Gruppe dann zur Verfügung steht. Leitung findet hier nicht als Problemlösung, sondern als Anleitung zur Problemlösung statt.

Wer aber anleitet, braucht eine Vorstellung davon, wohin er oder sie denn leiten möchte. »Wer eine Leitungsrolle übernimmt, ist Insider und Outsider der Gruppe zugleich. Er distanziert sich von der Gruppe, wie sie im Moment ist, und übernimmt Verantwortung dafür, wie sie sein könnte« (Mills 1969, S. 133 f.). In diesem Falle müsste es eine Zukunftsicht der Gruppe sein, die das Konzept der Selbststeuerung mit einschließt. Das bedeutet, dass zum Beispiel regelmäßige und offene Aussprachen über den Zustand der Gruppe, bei denen ebenso abweichende Meinungen geäußert werden können, im Leitungskonzept enthalten sind wie die Institutionalisierung verschiedener Rückmeldesysteme von außen. Dabei kommt es nicht darauf an, ob die Leitenden das Reflexion erster oder zweiter Ordnung, Selbststeuerung oder auch anders nennen, es kommt darauf an, ob sie reflexive Prozesse in der Gruppe gestalten wollen und dies auch ausführen können.

> Wer eine Leitungsrolle übernimmt, ist Insider und Outsider der Gruppe zugleich.

Leitung wird hier als notwendige Funktion für die Gruppe verstanden und nicht unter dem Blickwinkel der inneren Hierarchie und Machtverteilung gesehen. Das soll nicht heißen, dass man mit der Selbststeuerungsbrille Machtfragen in der Gruppe ausblendet. Es handelt sich hier aber um eine Art von Macht, die weniger leicht als solche – nämlich als Bestimmung über die Interessen anderer – zu identifizieren ist. Die Macht der Leiter oder Leiterinnen sorgt dafür, dass die Kompetenz und das (Steuerungs-)Wissen der an der Gruppe Beteiligten für die Gruppe nutzbar gemacht werden können, und bestimmt nicht selbst in allen Einzelheiten, was gemacht wird. Diese mehr indirekt ausgeübte Macht entzieht sich der Wahrnehmung und damit auch der Kritik leichter als die Macht der Führung erster Ordnung: Sie wird mit dem Ziel ausgeübt, die Gruppe dabei zu unterstützen oder dazu zu bringen, das zu tun, was sie tun will und ihren Zielen entsprechend tun muss. Warum sollte man sich dagegen wehren, das zu tun, was man für richtig hält? Trotzdem kann im Zwang zur Selbststeuerung eine Machtausübung liegen, die nicht im Sinne der Beteiligten ist und die nicht zu ihrem Wohl wirkt. In einem Team, in dem sich die Kolleginnen gegenseitig führen (müssen oder dürfen?), ist es erforderlich, gegenüber diesen Kollegen manchmal Aufgaben zu übernehmen (Kritik üben, Forderungen stellen, deren Leistung bewerten), wie sie unter hierarchischen, fremdgesteuerten Bedingungen allein von Vorgesetzten verlangt werden. Dass dies ebenso die Folgen des Freiraumes zur Selbststeuerung sind, wird oft nicht erkannt. Selbststeuerung befreit nicht nur von den Zwängen, denen man in hierarchischen Verhältnissen unterworfen wird, Selbststeuerung bringt gleichzeitig neue Notwendigkeiten zum Selbstzwang hervor, die man schwer durchschaut und denen man sich nicht leicht entziehen kann.

Eigene Modelle der Gruppe

Das Selbstbild der Gruppe wurde unter den Themen Leitung und Reflexion immer wieder angesprochen, weil es sich dabei nicht um Aktivitäten an sich handelt, sondern immer wird irgendwohin geleitet und stets in Bezug auf etwas reflektiert. Der Bezugspunkt von Leitung und Reflexion wird in verschiedenen Konzepten von Selbststeuerung und Selbstorganisation das Gruppenselbst, das gruppeneigene Modell oder die lokale Theorie (Baitsch 1993, S. 25) genannt. Diese jeweiligen Idealvorstellungen prägen die Aussagen über die Gruppe, die in der Regel von allen Beteiligten geteilt werden: Die Gruppe ist dann für das einzelne Mitglied förderlich, in Bezug auf das Ziel arbeitsfähig, erfolgreich, kann dann ihren Bestand und die Fortentwicklung sichern, wenn …

Wer Selbststeuerungsprozesse untersucht, wird deswegen immer auch nach der Vorstellung der Beteiligten fragen, was sie für ihre Gruppe als erstrebenswert ansehen, wohin sie sich entwickeln soll. Dabei kann ebenso untersucht werden, inwieweit das Idealbild mit der Realität übereinstimmt, womit keine objektive Realität gemeint ist, sondern die von den Beteiligten wahrgenommene. Beispielsweise gilt in vielen Gruppen offiziell die Regel: Wir sagen uns zeitnah und direkt, wenn uns etwas in der Zusammenarbeit stört. Genauer nachgefragt, was alles nicht gesagt wird, ergibt sich oft ein fast gegenteiliges Bild, nämlich dass in der Regel das Störende und Trennende nicht eingebracht werden. Oft klaffen die Idealvorstellung und die Praxis deutlich auseinander.

Für die Brille der Selbststeuerung ist von Bedeutung, ob in der gruppeneigenen Modellvorstellung die Idee der Selbststeuerung vorkommt, ob entsprechend den oben beschriebenen Merkmalen geleitet oder reflektiert wird. Das ist dann der Fall, wenn die Gruppe als etwas Gestaltendes und Gestaltbares angesehen wird. Innerhalb der jeweiligen Rahmenbedingungen sollten sich die Beteiligten als die Erzeuger der Strukturen und Normen verstehen, die die Gruppe prägen und die deshalb auch von ihnen verändert werden können, wenn sich wandelnde Rahmenbedingungen oder zum Beispiel der eigene Erfolg, der sich in Wachstum ausdrückt, das erfordern. Ohne es auf die Begrifflichkeit zu reduzieren, ist bei der Untersuchung des gruppeneigenen Modells der Gruppe danach zu suchen, ob dieses Elemente eines Selbststeuerungsmodells wie des folgenden Schleifenmodells enthält.

Das Schleifenmodell der Selbststeuerung

Mit dem Schleifenmodell lassen sich die verschiedenen Aspekte von Selbststeuerung in Gruppen zusammenfassen und übersichtlich darstellen (Schmidt 1987, 1989, 1993). Einerseits geht es um die jeweilige Tiefe der Reflexion, andererseits um die systematische Abfolge von Planung, Aktion und Reflexion.

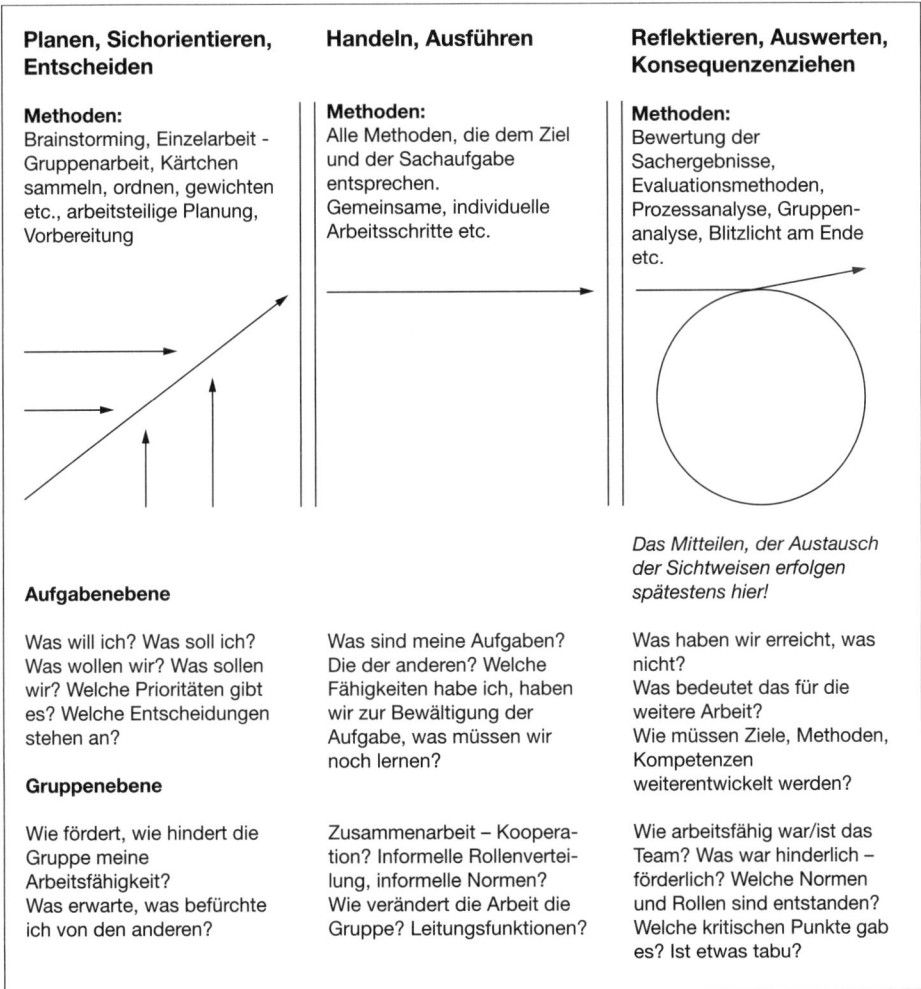

Planen, Sichorientieren, Entscheiden	Handeln, Ausführen	Reflektieren, Auswerten, Konsequenzenziehen
Methoden: Brainstorming, Einzelarbeit - Gruppenarbeit, Kärtchen sammeln, ordnen, gewichten etc., arbeitsteilige Planung, Vorbereitung	**Methoden:** Alle Methoden, die dem Ziel und der Sachaufgabe entsprechen. Gemeinsame, individuelle Arbeitsschritte etc.	**Methoden:** Bewertung der Sachergebnisse, Evaluationsmethoden, Prozessanalyse, Gruppenanalyse, Blitzlicht am Ende etc.
		Das Mitteilen, der Austausch der Sichtweisen erfolgen spätestens hier!
Aufgabenebene		
Was will ich? Was soll ich? Was wollen wir? Was sollen wir? Welche Prioritäten gibt es? Welche Entscheidungen stehen an?	Was sind meine Aufgaben? Die der anderen? Welche Fähigkeiten habe ich, haben wir zur Bewältigung der Aufgabe, was müssen wir noch lernen?	Was haben wir erreicht, was nicht? Was bedeutet das für die weitere Arbeit? Wie müssen Ziele, Methoden, Kompetenzen weiterentwickelt werden?
Gruppenebene		
Wie fördert, wie hindert die Gruppe meine Arbeitsfähigkeit? Was erwarte, was befürchte ich von den anderen?	Zusammenarbeit – Kooperation? Informelle Rollenverteilung, informelle Normen? Wie verändert die Arbeit die Gruppe? Leitungsfunktionen?	Wie arbeitsfähig war/ist das Team? Was war hinderlich – förderlich? Welche Normen und Rollen sind entstanden? Welche kritischen Punkte gab es? Ist etwas tabu?

Das Schleifenmodell für Teams und Arbeitsgruppen

In dem Modell werden zwei Ebenen unterschieden, die Ebene der Sachaufgabe (Was wird gemacht?) und die Gruppenebene (Wie wird es gemacht?). Diese Unterscheidung wurde bereits im Kapitel über Reflexion eingeführt. Die zweite Ebene umfasst vor allem die kritischen Themen, die das größte Konfliktpotenzial beinhalten – aber nicht müssen.

Die andere Unterscheidung, die mit diesem Modell getroffen wird, bezieht sich auf die unterschiedlichen Tätigkeiten, die in einer Gruppe bewältigt werden müssen und die eine jeweils besondere Art der methodischen Gestaltung, der Art der Leitung, der Rollenverteilung erfordern: Planen/Entscheiden – Handeln – Reflektieren.

Für Organisationen ist es typisch, dass diese Tätigkeiten unterschiedlichen Arbeitsbereichen oder auch unterschiedlichen hierarchischen Ebenen zugeordnet sind, dass sie weitgehend getrennt voneinander und gleichzeitig ablaufen. Für Gruppen und Teams ist es hingegen typisch, dass – weil dieses soziale System auf direkter Kommunikation aufbaut – diese Tätigkeiten nur teilweise arbeitsteilig ablaufen können, sondern weitgehend gemeinsam und sukzessive bearbeitet werden müssen. Selbststeuernde Gruppen und Teams brauchen einen regelmäßigen Wechsel zwischen Aktion und Reflexion.

Ähnliche Selbststeuerungsabfolgen haben eine lange Tradition in der individuellen Besinnung und Orientierung zum Beispiel mit den Schritten: Sehen – Urteilen – Handeln, als Verschränkung von Praxis und Reflexion im Bewusstseinsbildungsprozess (Freire 1981) oder als kollektive Form in der Zukunftswerkstatt, neue Ideen, Perspektiven und Handlungsmöglichkeiten für eine gemeinsame Zukunft zu entwickeln. Der Wert der Unterscheidung der einzelnen Tätigkeiten lässt sich am Beispiel von Gruppen verdeutlichen, die jeweils nur ein oder zwei davon bewältigen: Gruppen, die nur planen und entscheiden, ohne ins Handeln zu kommen, bleiben wirkungslos. Wo die Aktion überwiegt, ohne Reflexion und Planung, wird immer das Gleiche gemacht, auch die gleichen Fehler. Gruppen, die nur reflektieren, verbleiben im Rückblick und verwerten ihre erworbenen Erkenntnisse nicht. Es kommt auf ein regelmäßiges Absolvieren aller drei Tätigkeiten an, um sich selbst steuern zu können.

Das Modell kann somit als normatives verstanden werden, als gruppeneigenes Modell, an dem sich Steuerung ausrichten sollte, um sich selbst steuern zu können. Es kann auch als diagnostisches Modell dienen, mit dem untersucht wird, inwieweit eine Gruppe ihre Kompetenz zur Selbststeuerung entwickelt hat.

Wer Selbststeuerung von Gruppen und in Gruppen untersuchen will, der kann sich an folgenden Fragen und Blickwinkeln orientieren.

Interviewfragen zum Selbststeuerungspotenzial von Gruppen und Teams

- Gibt es im Gruppenalltag unterscheidbare Phasen, Zeiten, Gelegenheiten, in denen geplant, gehandelt und reflektiert wird? Wie wird dabei vorgegangen, gibt es besondere Formen, die einzelnen Vorgänge zu gestalten? Wie wird von einem zum anderen gewechselt? Wie werden neue Ideen, Handlungsformen, Utopien etc. entwickelt, gibt es dafür bestimmte Methoden und Vorgehensweisen?
- Welchen inhaltlichen und zeitlichen Horizont haben Reflexion und Planung, welche Aspekte der Gruppe (sachliche Arbeit, die Gruppe selbst als soziales System, die Individuen) werden in die Reflexion einbezogen? Welche Themen werden nur im Informellen besprochen? Was sollte im Formellen angesprochen werden?

- Gibt es Leitungsfunktionen, die den Arbeitsprozess steuern? Welche Leitungsrollen bilden sich heraus, wie flexibel wird Leitung gehandhabt? Wie viel Leitung ist erlaubt? Darf man Leiten und eigene Interessen vertreten?
- Worauf wird der eigene Erfolg zurückgeführt? Was ist Öl oder Sand im Getriebe der Gruppe? Was macht sie im Vergleich zu anderen Gruppen besonders erfolgreich? Was halten die Beteiligten für eine gute Gruppe, wann sind sie zufrieden? Gibt es Vorbilder, Leitbilder? Spielt dabei Reflexion eine Rolle?
- Welche »Lernschritte« hat die Gruppe in Richtung Selbststeuerung gemacht, aus welchem Anlass, mit welchem Erfolg? Welche Wendepunkte gab es in der Geschichte der Gruppe, welche einschneidenden Ereignisse?

Empirische Ergebnisse und Beobachtungen unter dem Blickwinkel der Selbststeuerung

Selbststeuerung wurde – im Gegensatz zur Kontextsteuerung – bisher nur selten systematisch untersucht. Systemtheoretiker scheinen wenig Interesse daran zu haben, ihre Vorstellungen und Konzepte empirisch zu überprüfen. Praktiker beziehen sich zwar beim Begründen und Erklären ihres jeweiligen Handelns häufig auf systemische Begriffe, tragen aber – außer durch einzelne Fallstudien, mit denen sie ihre Konzepte bebildern – wenig zur Verbreiterung der empirischen Basis bei. Im Folgenden habe ich Studien ausgewertet, die zwar nicht unter dem Titel der Selbststeuerung angefertigt wurden, die aber für das umrissene Selbststeuerungskonzept von Bedeutung sind. Sie könnten Ausgangspunkt für weitere Untersuchungen sein, die der Frage nachgehen, wie in Gruppen Selbststeuerung und Reflexivität gestaltet werden und welche Folgen sich für die Arbeitsergebnisse und die Mitglieder ergeben.

Die Ergebnisse habe ich in vier Schwerpunkten zusammengefasst und zum besseren Verständnis mit einigen Fallbeispielen ergänzt.

Der Spielraum für Selbststeuerung und die notwendigen Ressourcen

Gruppen und Teams lassen sich danach unterscheiden, in welchem Ausmaß von ihnen Selbststeuerung gefordert wird beziehungsweise welcher Spielraum ihnen dafür zugestanden wird. Von diesen Rahmenbedingungen ist es zunächst abhängig, welche Möglichkeiten zur Selbststeuerung bestehen. Ob er genutzt und wie er ausgestaltet wird, hängt dann von den inneren Bedingungen der Gruppe ab. Der Selbststeuerungsspielraum von Gruppen bewegt sich in einem breiten Spektrum. Richard Hackmann (1987) unterscheidet nach vier grundlegenden Aufgaben:

- Ausführung der Arbeit,
- Kontrolle und Verbesserung,
- Design der (Organisations-)Einheit (Struktur der Aufgaben, Zuständigkeiten, grundlegende Normen etc.) und die
- Bestimmung der Ziele

die vier unterschiedlichen Niveaus der Selbststeuerung:

- *Von Führungskräften geführte Einheiten* (»manager-led units«): Die Mitglieder tragen nur für die jeweils aktuelle Aufgabe die Verantwortung.

- *Sich selbst führende Einheiten* (»self managed units«): Die Mitglieder führen nicht nur ihre Aufgabe aus, sondern sind auch dafür verantwortlich, die Durchführung zu planen und zu kontrollieren. (Entspricht am ehesten den teilautonomen Arbeitsgruppen)
- *Sich selbst gestaltende Einheiten* (»self designing units«): Die Ziele sind vorgegeben, die Gruppe darf alles entscheiden, was sie zu deren Erreichung braucht (zum Beispiel Projektgruppen des oberen Managements, die ein neues Produkt oder Programm entwickeln sollen und dafür frei über die Abläufe, die notwendigen Mittel und die Ausführung der Arbeit entscheiden können).
- *Sich selbst bestimmende Einheiten* (»self governing units«): Hier wird zusätzlich über die Ziele und den Rahmen bestimmt, in dem die Ziele erreicht werden sollen. (Hierher gehören unabhängige, selbstorganisierte Gruppen und Initiativen, manche Leitungsteams von Unternehmen, Vereine, politischen Zusammenschlüsse, aber auch die Familie, der das Familienunternehmen gehört.)

Zweifellos steigt der Bedarf an selbststeuernden Gruppen und Teams in den verschiedenen Arbeitsfeldern (vgl. zum Beispiel Wimmer 2006), weil Gruppen wie einzelne Organisationseinheiten zunehmend »selbstbestimmende Einheiten« im Sinne der Typologie von Hackmann werden. Immer weniger kann man von einer festen und dauerhaften Einbindung in Organisationsstrukturen ausgehen, und immer häufiger braucht es Teams, die schnell komplexe Entscheidungen treffen können und deren Arbeit durch folgende Bedingungen geprägt sind:

- Die Umwelt, in der sie operieren, ist unsicher und verändert sich bisweilen ziemlich schnell.
- Die Technologie, mit der sie arbeiten, verändert sich schnell.
- Die Arbeitsabläufe müssen kurzfristig, »von Tag zu Tag«, geplant werden.
- Das Team hat eine hohe Autonomie bezüglich des Produkts und der Art, es zu erstellen.
- Die Aufgaben und Produkte sind komplex.
- Die Ergebnisse sind unter vielen Aspekten bewertbar und nicht eindeutig gut oder schlecht.

Mit diesen Merkmalen definieren Susan Carter und Michael West (1998) in einer Studie über die Reflexionsfähigkeit (»reflexivity«) von Teams sogenannte CDM-Teams (»complex-decision-making teams«), die ihre Arbeit weitgehend selbstständig gestalten müssen. Es ist abzusehen, dass Teams solcher Art zunehmend den Arbeitsalltag in vielen vor allem höher qualifizierten Tätigkeiten prägen wie zum Beispiel Film- und Medienproduktionsteams, Softwareteams, Beratungsteams, Montage- und Entwicklungsteams. Diese Teams agieren sehr selbstständig, auch wenn sie zu einer Organisation gehören. Rodney Lacey und Deborah Gruenfield (1999) sprechen in diesem Zusammenhang von »nicht eingewickelten Teams« (s. Edding, »Kontextsteuerung«, S. 481).

Mit den vermehrten Steuerungsaufgaben, die den Teams übertragen werden, müssen auch die Möglichkeiten steigen, diese auszufüllen. Vor allem brauchen sie die dafür notwendigen Entscheidungsspielräume und Entscheidungsbefugnisse. Andernfalls befinden sie sich in einer Falle, da die Gruppen für etwas Verantwortung übernehmen sollen, das sie nicht selber gestalten können. So können teilautonome Arbeitsgruppen ihren Spielraum nur dann nutzen, wenn sie nicht durch Vorgaben und Einschränkungen von außen so weit reglementiert werden, dass sie zu reinen Ausführenden werden.

Beispiel: Ein Pflegeteam, eine »sich selbst führende Einheit«, das keine Reflexions- und Übergabezeiten mehr bekommt.

Das Team einer ambulanten Altenpflegeeinrichtung hat die Aufgabe, die Versorgung einer bestimmten Anzahl von Patientinnen sicherzustellen. Dazu muss es neben der Planung des Arbeitseinsatzes der Mitarbeiterinnen (Dienstpläne und Touren) auch die Qualität der Versorgung durch die Weitergabe von Informationen über einzelne Patientinnen und die Bestimmung von Standards (innerhalb der fachlichen Vorgaben) sicherstellen. Diesem Team wurden – um ein drohendes finanzielles Defizit zu vermeiden – die sogenannten unproduktiven Zeiten der Mitarbeiterinnen, die diese nicht unmittelbar mit den Patientinnen verbringen, stark verkürzt. Sie dürfen nur noch einen kleinen Prozentsatz der Zeit, die sie vor und nach ihren Touren in der Station bei Übergabegesprächen, in Teamsitzungen oder bei der kollegialen Beratung verbringen, als Arbeitszeit aufschreiben. Deswegen sind sie gezwungen, zehn bis zwanzig Prozent unbezahlte Koordinationsarbeit zu leisten, wenn sie die bisherige Qualität der Arbeit erhalten wollen. Das Team und die Einzelnen müssen entscheiden, ob sie diese Zeit »ehrenamtlich« einbringen oder sie einfach wegfallen lassen, zulasten der Qualität der Arbeit, aber auch zulasten ihres Gestaltungsspielraumes.

Wenn eine Gruppe Aufgaben übertragen bekommt, dann muss sie – wie jeder einzelne Mitarbeiter auch – die notwendigen Ressourcen zur Verfügung gestellt bekommen. Wird Selbststeuerung ausschließlich zur Einsparung von Führungspositionen und zur Rationalisierung eingesetzt, kommen die betroffenen Gruppen an den Punkt, an dem ihr soziales Kapital überstrapaziert und verbraucht wird, bis es schließlich nicht mehr zur Verfügung steht (s. Beitrag von Hubert Kuhn, S. 124 ff., und Moldaschl 2005).

Die Wirksamkeit von Reflexion

Es gibt in verschiedenen Untersuchungen allgemeine Hinweise darauf, dass Reflexivität in Teams und Arbeitsgruppen zu besseren Leistungen führt. Untersucht wurde das zum Beispiel an 59 Schulleitungsteams (Schippers u. a. 2005) und drei Stichproben von Teams aus verschiedenen Bereichen des Gesundheitswesens (West u. a. 2006). Hohe Werte auf einem Fragebogen zur Erhebung der Teamreflexivität gehen mit hohen Werten der durch externe Beobachter und durch die Teammitglieder selbst eingeschätzten Leistung einher. Zugleich sind die reflexiven Teams innovativer. Die

Zusammenhänge in der zweiten Untersuchung sind unabhängig von der Teamgröße und dem positiven Affekt in der Gruppe. Die Korrelationen zeigen das gleichzeitige Auftreten, aber keinen ursächlichen Zusammenhang. Ebenso unklar bleibt, wie in diesen Gruppen reflektiert wird, da der verwendete Fragebogen (s. S. 444 f.) nur einen kleinen Ausschnitt von dem erfasst, was im Sinne der Selbststeuerung unter aufgaben- und gruppenbezogener Reflexion zu verstehen ist. Zugleich handelt es sich um Querschnittsuntersuchungen, die keine Rückschlüsse auf die längerfristige Wirkung von Reflexion zulassen, zum Beispiel auf die Lernfähigkeit der dauerhaft reflektierenden Gruppen. Die allgemeinen Ergebnisse sind somit als Hinweise zu werten, die einer wesentlich genaueren Untersuchung bedürfen.

 Problemorientierung führt zu besseren (Entscheidungs-)Ergebnissen als reine Lösungsorientierung. Für Gruppen scheint das Gleiche zuzutreffen, was für Problemlöseprozesse von Individuen gilt: Wenn die Problemlösenden sich damit beschäftigen, *wie* sie vorgehen, *wie* sie Entscheidungen treffen, und ihre Folgen abzuschätzen versuchen, dann sind sie erfolgreicher, als wenn sie sich nur den Sachaufgaben widmen, ohne ihr Vorgehen zu reflektieren (Dörner 1989). Gruppen können ihre Ergebnisse verbessern, wenn sie reflektieren, ob das, was sie tun und wie sie es tun, ihren Zielen entspricht. Immerhin ein Ergebnis, das für ein Konzept von Reflexion und Selbststeuerung spricht, auch wenn es in seiner Allgemeinheit keine weiteren Aussagen darüber zulässt, wie diese Reflexion konkret aussieht.

Für die oben beschriebene Abfolge des Arbeitsprozesses in Gruppen: Planen/Entscheiden – Aktion – Reflexion, lassen sich einige empirische Ergebnisse aus der Kleingruppenforschung und der Problemlöseforschung finden. Auch wenn diese andere Begriffe verwenden, wie zum Beispiel Orientierung – Zielbildung – Aktion (Stempfle 2004, S. 347), so gibt es doch das übereinstimmende Ergebnis, dass »Gruppen, die ein problemorientiertes Vorgehen dahingehend zeigten, dass sie zunächst versuchten, das zu bearbeitende Problem zu verstehen, und erst im Anschluss Lösungen entwickelten, qualitativ bessere Ergebnisse erzielten als Gruppen, die direkt mit der Erarbeitung von Lösungen beginnen und sich erst später, im Zuge der Diskussion der Lösungen, einen Überblick über das Problem verschaffen« (Stempfle 2004, S. 348).

Gruppen, die ein problemorientiertes Verhalten an den Tag legten, kommen zu einer höheren Komplexität der Problemsicht und in der Problemlösung als Gruppen, die lösungsorientiert vorgehen. Die Vermischung von Handlungs- und Orientierungsphase führt bei Einzelnen wie bei Gruppen zu schlechteren Problemlösungen. Die Erfahrungen in kollegialen Beratungsgruppen und Supervisionsgruppen, die die Beratung der Beteiligten zum Ziel haben (s. Beitrag von Wolfgang Weigand in diesem Handbuch, S. 241), bestätigen dieses Ergebnis. In der Bearbeitung von Fällen und Fragen der Teilnehmenden hat sich erwiesen, dass eine deutliche Trennung der Phase der Analyse und des Verstehens des Problems von der Phase der Entwicklung von Lösungs- und Handlungsmöglichkeiten die Beratungsergebnisse verbessert.

Da es sich bei diesen Problemlöseexperimenten um Gruppen handelt, die nur kurzfristig für die Lösung eines Problems zusammenarbeiten, wurde die Wirkung der Reflexion des Prozesses auf weitere Problemlösungen nicht untersucht. Man könnte annehmen, dass Reflexion allgemein zu einer vertieften Problemsicht führt.

 Reflexionsfähigkeit korreliert positiv mit der Gruppenleistung in Teams mit komplexen Aufgaben (CDM-Teams). Reflexivität korreliert positiv mit der Gruppenleistung, wie Susan Carter und Michael West (1998) in einer Untersuchung von BBC-TV-Produktionsteams feststellen konnten. Die untersuchten 19 Teams verfügten alle über einen hohen Grad an Autonomie und hatten gleichzeitig sehr komplexe Aufgaben zu bewältigen, sie entsprechen damit den Kriterien für CDM-Teams, wie sie oben aufgeführt wurden, und sind der Hypothese nach auf ein hohes Maß an Reflexivität angewiesen. In der Untersuchung erbrachten die Teams, die über eine hohe Reflexivität verfügten, bessere Arbeitsergebnisse als Teams, die wenig oder schlecht reflektierten. Die Reflexionsfähigkeit der Teams wurde mit einem Fragebogen an die einzelnen Teammitglieder erhoben, der ähnliche Fragen enthielt, wie der oben zitierte. Mit dem Maß für »reflexivity« ließ sich die Gruppenleistung der Produktionsteams besser vorhersagen als mit einem Maß für die Innovationsfreudigkeit von Teams, das in der gleichen Untersuchung auch mit einem Fragebogen erhoben wurde. Das Untersuchungsergebnis ist ein Hinweis auf die Wichtigkeit von Reflexion bezüglich der Aufgaben und der Zusammenarbeit für Teams, die komplexe Entscheidungen treffen müssen. Nicht eindeutig klären die Autoren allerdings, was sie unter aufgaben- und zusammenarbeitsbezogener Reflexion verstehen und ob ihr Fragebogen das ebenfalls misst.

In einer weiteren schriftlichen Befragung der Mitglieder von 100 chinesischen Arbeitsteams und ihrer Vorgesetzten konnten Dean Tjosvold, Moureen Tang und Michael West (2004) diesen Zusammenhang bestätigen: Diejenigen Teams, die berichteten, dass sie fähig waren, ihren Prozess zu reflektieren und daraus Verbesserungsvorhaben abzuleiten, wurden von ihren Vorgesetzten als innovativer eingeschätzt als Teams, die dies nicht berichteten. Die reflektierenden Teams konnten sich besser an sich verändernde Aufgaben und Umwelten anpassen und dauerhaft leistungsfähig bleiben. Die Autorinnen kommen zu dem Schluss, dass die Reflexion der internen Zusammenarbeit und Funktionsweise den Teams hilft, sich auf ihre Aufgabe zu konzentrieren, effektiv zu arbeiten und innovativ mit neuen Anforderungen umzugehen (vgl. S. 554).

Die Autorinnen konnten zugleich eine wichtige Voraussetzung für die Fähigkeit, zu reflektieren, identifizieren: »Reflexivity« wurde nur in den Teams entwickelt, deren Mitglieder davon überzeugt waren, dass sie als Team Ziele verfolgten, die sich nur über Kooperation erreichen ließen. Sobald sie der Meinung waren, dass sie bei der Erreichung der Ziele mit anderen Teammitgliedern konkurrieren mussten oder auch nur voneinander unabhängige Ziele verfolgten, konnten sie ihre inneren Angelegenheiten nicht mit Gewinn gemeinsam besprechen und verbessern. Es wurde im Gegensatz zu den kooperierenden Teams nicht offen und kontrovers über die verschiedenen Sichtweisen diskutiert.

Zusammenfassend heißt das, dass die Wirkung der Reflexion in Gruppen und Teams bisher wenig empirisch untersucht wurde, dass die vorhandenen Ergebnisse aber auf einen positiven Zusammenhang zwischen Reflexion und Gruppenleistung schließen lassen. Das gilt zuerst für Teams, die komplexe, wenig standardisierbare und unberechenbare Aufgaben mit hoher Kooperationsnotwendigkeit zu erfüllen haben. Reflektierende und planende Teams können auftretende Schwierigkeiten leichter bewältigen und sich an neue Anforderungen besser anpassen. Eine wichtige Voraussetzung für die Reflexivität eines Teams sind Ziele, die nur erreicht werden können, wenn die Beteiligten kooperieren. Wenn die Beteiligten die Arbeitsergebnisse nicht durch Kooperation verbessern können, dann bringen sie ihre (möglicherweise kritischen) Sichtweisen auch nicht in die Reflexion ein. Ergebnisse über den Zusammenhang zwischen Reflexivität und der Zufriedenheit oder dem Wohlbefinden der Beteiligten der Gruppen werden in den genannten Untersuchungen nicht berichtet.

Die Reflexionsfähigkeit von Gruppen

Wie kann man sich Reflexionsprozesse in Gruppen und Teams konkret vorstellen? Was und wie wird reflektiert? Dieser Frage bin ich in einer qualitativen Studie zum Thema Selbstorganisation und Gruppe (Schattenhofer 1992, 2004) nachgegangen, in deren Rahmen dreizehn selbstorganisierte Gruppen in Gruppeninterviews unter anderem danach gefragt wurden, ob und wie sie reflektieren. Der Spielraum zur Selbststeuerung war für die befragten Gruppen sehr groß, sie entsprachen dem Typ der sich selbst bestimmenden Gruppe/Einheit. Sie konnten – innerhalb der rechtlichen Rahmenbedingungen – selbst bestimmen, was sie tun und wie sie etwas tun. Befragt wurden zum Beispiel eine selbst verwaltete Druckerei, ein »Weltladen«-Team, verschiedene soziale und kulturelle Initiativen, Selbsthilfegruppen, eine Musikgruppe sowie ein philosophischer Lesekreis. Die Auswahl sollte ein breites Spektrum an Gruppen und Teams abdecken, die viele Selbststeuerungsaufgaben – bei weitgehender Freiheit von institutionellen Vorgaben und organisationellen Einbindungen – bewältigen mussten. Ein zentrales Thema der Untersuchung waren die Art und die Tiefe der Reflexion. Die Ergebnisse lassen sich folgendermaßen zusammenfassen:

 Gesteuert wird die Sachaufgabe. In allen untersuchten Gruppen bezog sich die Reflexion, wenn sie stattfand, auf die Aufgabe der Gruppe, also zum Beispiel die letzte Aktion der Bildungsinitiative, die termingerechte Erfüllung von Druckaufträgen, die Frage, ob das Sortiment des Weltladens den Kundenerwartungen entspricht, und anderes mehr. Reflektiert werden somit die »handgreiflichen« Sachfragen, die mit den ausführenden Personen und der Organisation der Gruppe wenig zu tun haben. In Bezug auf die Sachaufgaben wird am ehesten ein regelmäßiger Zyklus von Planen – Ausführen – Reflektieren durchgearbeitet, und man kann davon ausgehen, dass die Gruppen lernen, die sachlichen Ziele immer besser zu erreichen. Diese Ebene entspricht der beschriebenen ersten Ebene der Reflexion. Dass die Sachaufgaben am ehesten der spontanen, nicht angeleiteten Reflexion zugänglich sind, dafür sprechen auch die zitierten Untersuchungsergebnisse sowie eine experimentelle Untersuchung zur Förderung von Reflexivität durch Anleitung und Beratung: Studentische Projektteams, die über die positive Wirkung von Reflexion auf die Gruppenleistung informiert und methodisch zur aufgaben- und zusammenarbeitsbezogenen Reflexion angeleitet wurden, konnten ihre Zusammenarbeit und den Beitrag der Einzelnen zur Gruppenleistung gründlicher untersuchen als die unangeleiteten Vergleichsgruppen (Stumpf u. a. 2003, S. 161 ff.). Tiefergehende Reflexion kommt im Gegensatz zur aufgabenbezogenen Reflexion nicht spontan zustande.

Phänomen des Dampfkessels. Die Organisation und die Qualität der Zusammenarbeit, die Arbeitsverteilung, der Ablauf und die Qualität der Besprechungen, die Arbeitsbeziehungen sind in aller Regel nicht Gegenstand der Reflexion und somit auch nicht der bewussten Steuerung zugänglich. Die diesbezügliche Ordnung und Tradition, die sich in jeder Gruppe entwickelt haben, bestehen ungefragt auch dann lange fort, wenn sie nicht mehr den Anforderungen entsprechen. Von der Unzufriedenheit, dem angestauten »Druck« ist in der Gruppe lange nichts zu spüren, alles bleibt ruhig. Informell wird wohl zwischen Gleichgesinnten über die Schwierigkeiten und Unzufriedenheiten gesprochen, aber in der formalen Zusammenarbeit tun alle so, als wäre wie bisher alles in Ordnung. Die Unzufriedenheit entsteht zum Beispiel aus der ungleichen Verteilung von attraktiven, weil öffentlichkeitswirksamen Aufgaben oder dann, wenn (wiederholte) Entscheidungen des »inneren« Kreises der Gruppe, von »äußeren« Mitglieder nicht mehr mitgetragen werden. Ein relativ zufälliger Anlass kann dann den großen Krach auslösen, bei dem das Angestaute losbricht. Von den Gruppen selbst wird das oft als aufbrechender Machtkampf bezeichnet. In diesen Auseinandersetzungen geht es dann nicht um die Sachaufgaben, sondern um die Qualität der Zusammenarbeit.

Das Phänomen des Dampfkessels zeigt, dass die Reflexion auf der zweiten Ebene in aller Regel nicht zum Repertoire der Gruppen zählt. Mit regelmäßigen Reflexionsschleifen könnten sicher einige der »Explosionen« rechtzeitig vermieden werden. In den untersuchten Gruppen setzten sie einen Lernprozess in Gang, der zu einem offeneren und bewussteren Umgang bezogen auf die Gestaltung der Zusammenarbeit führte. Wenn es zur Entladung des Drucks kommt, wird nicht nur das unmittelbare Problem reflektiert, sonders die Krise ist der Anlass zu einem weitergehenden Reflexionsprozess, im Zuge dessen das eigene Vorgehen grundsätzlich kritisch hinterfragt wird. Bei der Analyse von Reflexionsprozessen in Problemlösegruppen kommt Joachim Stempfle (2005, S. 74) zu einem ähnlichen Ergebnis: Durch Krisen werden die Gruppen veranlasst, ihre Annahmen mit der erfahrenen Realität zu vergleichen und sie zu verändern.

Nach der Krise sind die Gruppen »klüger« und reflexionsfähiger als zuvor: Wenn ein Konflikt einmal angesprochen war, konnten im weiteren Verlauf auch andere kritische und konfliktreiche Themen leichter auf die Tagesordnung genommen werden. Mit der Bewältigung der Krise rückt der Kontext der Gruppe mit ihren Regeln und

Normen (mehr) in das Blickfeld der Beteiligten, ein blinder Fleck hat sich teilweise aufgelöst und die Reflexions- und Gestaltungskompetenzen haben sich verbessert – allerdings reaktiv. Im Sprachgebrauch der Beteiligten werden die Ereignisse im Nachhinein oft als Entzauberung und zugleich als Erwachsenwerden der Gruppe bezeichnet. Viele Gruppen und Teams dürften an diesen Stellen auseinanderbrechen, das heißt, sie sind für eine Untersuchung wie die hier referierte gar nicht mehr zugänglich.

> Nach der Krise sind die Gruppen »klüger« und reflexionsfähiger als zuvor.

Das Phänomen des Dampfkessels weist darauf hin, dass Gruppen – wenn sich in ihrer äußeren Umwelt, ihrem Kontext nichts Grundlegendes ändert – über sehr lange Zeit ohne tiefergehende Reflexion auskommen können. In der Selbstbeschreibung ist dies den Beteiligten oft durchaus bewusst, dass sie kritische, den Zusammenhalt gefährdende Themen vermeiden, damit ihnen »die Sache nicht um die Ohren fliegt«.

 Induzierte Krisen. Veränderungen in der Umwelt der Gruppe (s. Edding, S. 467) können ebenfalls Lernprozesse in Gang setzen, die die Reflexionsfähigkeit der Gruppe erhöhen. Hier soll auf eine besondere Form einer von außen herbeigeführten Krise Bezug genommen werden: Die Reflexion mithilfe externer »unparteiischer« Dritter. Beratung, Supervision, Reflexionstage, regelmäßige Teamklausuren mit außenstehenden Dritten, die aber nicht unbedingt diese Tätigkeit als Beruf ausüben müssen, ermöglichen eine Reflexion im Sinne der Ebene zwei. Der Erfolg solcher Maßnahmen ist zwar nicht garantiert, die Möglichkeiten der Reflexion und Planung erweitern sich damit aber ungemein. Das lässt sich folgendermaßen begründen: Mit unparteiischen Dritten entsteht ein neues soziales System, in dem andere Regeln gelten und andere thematische Grenzen gezogen werden können. Die Beteiligten können eine Zeit lang ihrer schwierigen Doppelrolle entkommen, die darin besteht, einerseits Teammitglied mit eigenen Interessen und Plänen zu sein und andererseits Leitungsfunktion für das Ganze übernehmen zu sollen. Das geht im Arbeitsalltag der Gruppen meist gut, bei Konflikten, schwierigen Entscheidungen und Krisen werden Einzelne, die leiten, schnell verdächtigt, zugunsten ihrer eigenen Interessen zu lenken, wenn nicht zu manipulieren. Wenn ein neutraler Dritter für den Gesprächsablauf, die Klärung, den Zusammenhalt verantwortlich ist, kann man die eigenen Sichtweisen, Interessen oder Vorschläge offener und ungeschützter vertreten. Gerade die schwierigen Themen der zweiten Ebene sind dann leichter anzusprechen: Was und wer fördert/behindert die Zusammenarbeit? Geht die Aufgabenverteilung zulasten Einzelner? Wer übernimmt zu viel, wer zu wenig Leitung? Wer trägt was in welcher Qualität zum Ergebnis bei und erfüllt/enttäuscht dabei die Erwartungen der anderen?

Ein unparteiischer Dritter kann diese Fragen zwar stellen, ihre Beantwortung bleibt aber die Aufgabe der Gruppenbeteiligten. Niemand kann ihnen abnehmen, eigene Standpunkte und konflikthafte Einschätzungen einzubringen. Die neutralen Dritten können einen Rahmen schaffen, in dem ihnen dies erleichtert wird.

Nicht alles soll/darf reflektiert oder thematisiert werden. In der Untersuchung von Problemlösegruppen findet sich ein umgekehrt U-förmiger Zusammenhang zwischen offensiver Konfliktbearbeitung beziehungsweise Konfliktvermeidung und der Zufriedenheit der Gruppenmitglieder sowie der Leistungsfähigkeit der Gruppen (Stempfle 2005, S. 67). Das bedeutet, dass nicht alle Konflikte und Spannungen offensiv angesprochen werden sollen, aber ebenso wenig, dass alle Konflikte vermieden werden dürfen.

Gruppen können lernen, wie viele Konflikte bearbeitet werden können, was zu größerer Unzufriedenheit der Mitglieder, aber zu einer größeren Leistungsfähigkeit der Gruppe führt. Unlösbare Konflikte können vertagt, ausgeklammert oder latent gehalten werden, sodass sie nicht zur Spaltung führen. Gerade soziale und emotionale Konflikte, die sich um die Sympathie oder Antipathie zwischen einzelnen Mitgliedern oder unterschiedliche Grade der Nähe und Distanz drehen, werden oft thematisch ausgeschlossen, da hier großer sozialer Sprengstoff vermutet wird. Außerdem muss niemand miteinander befreundet sein, um gut zusammenzuarbeiten. In der Untersuchung der selbstorganisierten Gruppen ließen sich die thematischen Grenzen folgendermaßen zusammenfassen:

- Im Zentrum des Gesprächs steht das Problem, nicht die Beziehungen.
- Jede Gruppe hat einen sachlichen Kristallisationspunkt, um den sich die Gespräche drehen.
- Wichtig ist, was verbindet – Trennendes wird ausgeklammert.
- »Nichts Privates, aber immer mehr Persönliches« wird angesprochen.
- Über Beziehungen zwischen den Mitgliedern spricht man nicht.
- Keine Bewertungen anderer Mitglieder.
- Die Gruppe selbst ist kein Thema.

Das gilt sicher nicht für alle Gruppen. Jede Gruppe bildet entsprechend ihren Mitgliedern und ihren Aufgaben spezifische thematische Grenzen aus. Die Grenzziehungen sind zunächst als eine Leistung der Gruppe anzusehen, die ihr Fortbestehen sichern. Zugleich können sie die Gruppe von neuen Ideen und Sichtweisen abschneiden, die sie für die Weiterentwicklung und Veränderung braucht, um nicht im Status quo zu erstarren. Auch die Reflexionsfähigkeit wird dadurch eingegrenzt. So erschweren die genannten thematischen Grenzen eine Reflexion auf der Ebene zwei, den Arbeitsbeziehungen. In Krisenzeiten, wenn die Gruppe von außen oder innen »verstört« wird, verändern sich diese Grenzen und Normen.

Zusammenfassend heißt das: Reflektiert wird die Sachaufgabe (erste Ebene der Reflexion), zu einer Reflexion der Gruppe und der Arbeitsbeziehungen (zweite Ebene) kommt es nur in krisenhaften Ausnahmesituationen und mit besonderer Unterstützung durch außenstehende Dritte. Dadurch werden notwendige Klärungen zur Planung und Verbesserung der Zusammenarbeit oft lange verschleppt und behindert. Für diese Art der Reflexion sind Gruppen und Teams auf Unterstützung und Anregung von außen angewiesen. Die thematischen Grenzen dienen allerdings auch dem Schutz der Gruppe vor zu viel Konfliktstoff.

Leitung im Sinne der Selbststeuerung

Das Thema der Führung von Gruppen als Mittel der Steuerung wird im Beitrag von Gisela Clausen behandelt, auch die Frage, wie die Leitung einer Gruppe mit den Kräften und Fähigkeiten der Gruppe arbeitet und welche Handlungen und Haltungen dem entgegenstehen. Hier geht es um die Leitung im Zusammenhang mit Selbststeuerung. Was lässt sich aus empirischen Untersuchungen und Beobachtungen zu dieser Art von Leitung (zweiter Ordnung) sagen.

In Gruppen, die sich selbst steuern (Schattenhofer 1992), wird in Ermangelung einer von außen vorgegebenen Hierarchie auf eine »automatische«, informelle Art Leitung übernommen, und zwar immer wieder von den gleichen Personen, die – bei formaler Gleichberechtigung – als innerer Kern der Gruppe deren Richtung bestimmen. Die Leitung wird ihnen nicht formal übertragen. Sie übernehmen die Leitung automatisch, es sieht so aus, als fällt sie ihnen zu, und die Mitglieder, die mehr in der Schale um den Kern der Gruppe angesiedelt sind, akzeptieren dies und erwarten von ihnen Orientierung und Entscheidungen. Als Ersatz für die formale Hierarchie entsteht eine informelle Hierarchie, die aber – wie die Untersuchung zeigt – nicht der Reflexion zugänglich ist. Die Macht der Gleichen ist ein Tabuthema, das nur durch die erwähnten Krisen besprechbar wird. Eine weitere Folge der »automatischen« Leitung ist, dass diese Art der Leitung nicht den Gestaltungsspielraum hat, den sie bräuchte, um im Sinne des Modells der Selbststeuerung wirksam zu werden. Die informellen Leiter leiten immer nur so viel, wie für den unmittelbaren Fortgang der Arbeit notwendig ist. Langfristige Planungen und Reflexionen können so nicht geleistet werden. Der Spielraum zur Selbststeuerung bleibt relativ klein. Diese Einschränkung wird an folgender Selbstbeschreibung einer Bildungsinitiative deutlich:

>»Die Arbeitstrukturen innerhalb der Initiative, das Verhältnis zwischen Haupt- und Ehrenamtlichen, die Beziehungen untereinander, sind als Thema zwar in ›Randgesprächen‹ vorhanden, werden im gesamten Kreis aber kaum besprochen. Vor allem die Auseinandersetzung mit der Rolle des Initiators und wie er diese ausgestaltet, findet dort nicht statt. Dabei würde Kritik helfen, vieles klarer zu strukturieren, und auch trotz der Kritik würde er nicht gehen. Erst als sich der Konflikt zwischen zwei Mitarbeiterinnen so zuspitzt, dass eine gehen will, wurde ihre Zusammenarbeit anders geregelt« (Schattenhofer 1992, S. 162).

Selbststeuerung im Sinne der funktionalen Gestaltung der Zuständigkeiten und Aufgabenvertilungen würde von den Leitenden verlangen, dass sie dieses Thema auf die Tagesordnung setzen und die Klärung zur gemeinsamen Aufgabe machen, bevor der Konflikt zu eskalieren droht.

Ein weiteres Tabu, das mit der Gestaltung der Leitungsfunktionen zusammenhängt, behindert die Reflexionsfähigkeit von Gruppen: In den befragten selbstorganisierten Gruppen gab es ein ausgeschlossenes Thema, das sich auch in anderen Gruppen und Teams beobachten lässt. Es herrscht die Norm: Niemand hat das Recht, andere in der Gruppe offen kritisch positiv oder negativ zu bewerten in Bezug darauf, wie sie ihre Aufgabe erfüllen. Niemand soll sich unter den gleichberechtigten Mitgliedern als Chef, Lehrer, Beurteiler aufspielen, diese Aufgabe ist den formalen Führungsrollen und -positionen vorbehalten. Obwohl zugleich Offenheit untereinander eingefordert wird und der Anspruch gilt, dass man sagt, wenn einen etwas stört, so findet dies nur in Ausnahmesituationen statt. Aus einer selbstorganisierten Percussionsgruppe berichten die Interviewteilnehmer:

 »Manche meinen, sie spielen wahnsinnig gut, und es sagt ihnen einfach keiner, dass das nicht stimmt. So eine Rückmeldung wäre wahnsinnig wichtig, man sieht eben bei anderen mehr als bei sich selbst. – Man bekommt kein Feedback, obwohl man selbst vieles gar nicht spannt, … man hat Angst, den anderen zu verletzen … darüber, ob und wie der einzelne Rückmeldung haben will, müsste mal in der Gruppe gesprochen werden.«

Nicht nur in dieser Gruppe verhindert dieses Bewertungstabu die »kollegiale Führung« und damit das Lernen der Einzelnen im Zusammenhang der Gruppe. Um das Potenzial der Selbststeuerung, was ja auch so viel wie gemeinsames Lernen und Gruppenentwicklung bedeutet, auszudehnen, ist es notwendig, dieses Tabu immer wieder gezielt zu brechen und wechselseitige Rückmeldungen gerade zu Verhaltensweisen und Wirkungen zu geben, die der Wahrnehmung der Einzelnen entzogen sind. Das Macht- und Bewertungstabu erschweren die kollegiale Führung und die Gestaltung der Arbeitsprozesse.

Der Ausschluss dieser beiden »Unthemen« kann man auch als Schutz der Gruppe vor heißen Konflikten und vor Spannungen ansehen, der den Bestand der Gruppe sichert, aber zugleich ihre Entwicklung und Veränderung verhindert. Unter dem Blickwinkel der Selbststeuerung wird es somit nicht darum gehen, endlich alle kritischen Themen schonungslos auf den Tisch zu bringen, sondern sich um die richtige Dosierung der Themen Macht und Bewertung/Rückmeldung zu bemühen. Die (Spreng-)Kraft, die Energie, und die Aufmerksamkeit, die für ihre Vermeidung und die damit verbundene Unzufriedenheit aufgewendet werden muss, könnten zumindest teilweise für das Lernen der Gruppe eingesetzt werden. Selbststeuerung anzuleiten heißt somit, Gruppen gegen ihre allgemeine Tendenz zu bürsten, die darin besteht, Spannungen im Inneren zu vermeiden, die Harmonie zu wahren und sich vor allem auf das Gemeinsame zu beziehen. Unter Bedingungen der Gleichberechtigung und Gleichheit haben differenzierende, kritische Sichtweisen es schwer, in die Gruppe zu kommen.

Gruppeneigene Modelle und Selbststeuerung

In der Untersuchung von selbstorganisierten Gruppen und Teams, also von Gruppen, die in hohem Maße auf Selbststeuerung angewiesen sind, weil sie aus ihrem Kontext nur wenige äußere Vorgaben bekommen, habe ich drei Typen von Modellvorstellungen oder lokalen Theorien finden und unterscheiden können:

- Die Gruppe als Ansammlung von Einzelpersönlichkeiten – die individualistische Brille: Die Gruppe funktioniert dann gut, wenn es einzelne Leute gibt, die sich besonders reinhängen, eigene Ideen haben, Verantwortung übernehmen und sich besonders engagieren. Alles hängt von den Fähigkeiten und Ressourcen der Einzelnen ab. Die Gruppe darf das Engagement der Einzelnen nicht beeinträchtigen.
- Die Gruppe als Werkzeug – die Sachbrille: Auf die sachliche Arbeit kommt es an. Beziehungen und Empfindungen spielen keine Rolle, ganz nach dem Motto »Wir sind ja keine Psychogruppe«.
- Die Gruppe als Heimat und Rückhalt – die Gemeinschaftsbrille: Je mehr Ansichten und Anliegen wir teilen, desto besser. Die Gruppe funktioniert dann, wenn sich alle gut verstehen und persönlich kennen. (Schattenhofer 1992)

Jedes dieser Modelle ist funktional für bestimmte Aufgaben und Gruppenzwecke sowie für bestimmte Phasen in der Gruppenentwicklung. Wenn sich aber die äußeren oder inneren Bedingungen einer Gruppe verändern, führt das starre Festhalten an einem Modell zu blinden Flecken, die die weitere Entwicklung stark beeinträchtigen. Das gruppeneigene Modell ist dann nicht mehr komplex genug, um die veränderte Situation erfassen zu können.

Eine bildungspolitische Initiative, die ursprünglich aus einem Universitätsseminar und ausschließlich ehrenamtlichem Engagement entstanden war, hat sich innerhalb von fünf Jahren zu einer kleinen Non-Profit-Organisation mit fünf hauptamtlichen Mitarbeiterinnen und Mitarbeitern, 15 bis 20 regelmäßig mitarbeitenden Ehrenamtlichen und eigenen Räumen mit der entsprechenden technischen Ausstattung entwickelt. Trotzdem sehen die beteiligten Haupt- und Ehrenamtlichen ihr Team immer noch durch die individualistische Brille: Wichtig ist das Engagement der Einzelnen, davon hängt alles ab. Alle Formalisierungen der Zusammenarbeit, die genauere und verpflichtende Definition von Zuständigkeiten etc. stehen unter dem Verdacht, das Engagement der Einzelnen zu begrenzen. Unterschiede zwischen Haupt- und Ehrenamtlichen sowie den Honorarkräften werden nicht gesehen, jeder macht so viel, wie er kann. Das Entscheidungsforum ist der Initiativentreff, eine Art regelmäßige Vollversammlung, zu der aber nur ein kleiner Teil der Engagierten kommt. Viele Abstimmungsprozesse laufen informell. Fast alle klagen über die vielen Unklarheiten, aber die Versuche, die Organisation zu verbessern, sie zu formalisieren und damit zu professionalisieren, scheitern lange Zeit an der Befürchtung, damit die eigene Identität, das, was einen besonders macht, aufzugeben.

Ein viertes Modell der Selbststeuerung müsste demgegenüber Ähnlichkeiten mit dem oben beschriebenen Schleifenmodell aufweisen. Es müsste die Gruppe als ein von

den Mitgliedern zu gestaltendes soziales System verstehen. Gestützt auf die Selbst-
beschreibungen der selbstorganisierten Gruppen sieht es so aus, dass Gruppen wie
Individuen auch lernen: Sie setzen sich mit den jeweils anstehenden Anforderungen
auseinander und versuchen diese zu bewältigen. Das ist mit Widerständen und der
Tendenz verbunden, an Bewährtem festzuhalten. Die Veränderung des Selbstbildes
wird erst dringlich, wenn der von außen oder innen induzierte Veränderungsdruck
steigt.

> »Mit der Zeit hat sich gezeigt, dass man manches viel effektiver gestalten kann,
> dass wir es uns gar nicht leisten können, mit den geringen finanziellen und perso-
> nellen Möglichkeiten einfach so vor uns hin zu arbeiten, und jeder macht, was er
> gerade will. Damit kommt die Gruppe auch aus den dauernden Krisen heraus, …
> Die dauernde maßlose Überforderung wird abgebaut« (so das Team eines »Welt-
> Ladens« für Fair-trade-Produkte, Schattenhofer 1992, S. 174).

Für die professionelle Begleitung heißt das, dass es besonders auf den richtigen Zeitpunkt ankommt, zu dem interveniert wird. Weil Gruppen offensichtlich nicht auf
Vorrat lernen können, so kann die Unterstützung zu früh, aber auch zu spät kommen
und das Scheitern nicht mehr verhindern. Gruppen haben wahrscheinlich sensible
Phasen des Übergangs, in denen sie für neue Sichtweisen besonders aufgeschlossen
sind. Dass eine Gruppe, ein Team sich selbst steuert, ist ein Prozess, der auf vielen Voraussetzungen aufbaut und die Möglichkeiten stehen nicht gleich mit dem Start der
Gruppe zur Verfügung. Gruppen lernen in Auseinandersetzung mit ihren Umwelten,
aber nur, wenn die Beteiligten sich ihre Erfahrungen mitteilen und Schlüsse für das
weitere Vorgehen daraus ziehen.

Nach Richard Hackman und Ruth Wageman (2005) gibt es drei besonders geeignete Zeitpunkte für die Unterstützung durch Beratung: den Beginn, wenn die
Grundlagen für die gemeinsame Bearbeitung der Aufgabe gelegt werden, die Halbzeit
oder die Mitte des Gruppenlebens, wenn anfängliche Strategien und Handlungsweisen überprüft werden und geändert werden müssen, und das Ende, nach intensiver
Arbeit, wenn es zu klären gilt, wie es für die Einzelnen und die Gruppe weitergeht
(Neuorientierung). Das sind keine sehr präzisen Zeitangaben, weil es viele Gruppen
gibt, die kein von vornherein bestimmbares Ende in Aussicht haben.

Schritte zur Selbststeuerung

Selbststeuerung ist ein theoretisch anspruchsvolles Konzept, das die soziale Welt
wie Gruppen jenseits von klaren Wenn-dann-Gesetzmäßigkeiten als autonome und
grundsätzlich unberechenbare soziale Systeme konstruiert. Das ist die Leistung des
Beobachters und des Beschreibenden, und das heißt nicht, dass die Systeme tatsächlich so sind und das Modell die Wahrheit über den Gegenstand aussagt. Der Anspruch
ist, dass dieses Modell eine passendere Beschreibung liefert: keine fertige Landkarte,

die für Orientierung sorgt, sondern eine Anleitung dazu, wie man eine Landkarte anfertigt, wenn man die ersten Schritte im unbekannten Gelände getan hat – eine Arbeitshilfe, um festzustellen, wo man sich befindet und wohin es weitergehen könnte. Zu überprüfen ist, ob man unter dem Blickwinkel der Selbststeuerung wichtige und passende Beobachtungen machen kann, die aus anderen Perspektiven – wie der Kontextsteuerung und der »Führung« – nicht zu machen sind. Wenn das so ist, und die Beobachtungen zum Thema Reflexivität und zum Wechsel von Aktion und Reflexion sprechen dafür, dann sollte die Perspektive weiterverfolgt und ausgebaut werden. Da wir als Untersucher, Beobachter, Selbststeuerer etc. immer Teil der Systeme sind, mit denen wir es zu tun haben, sollten wir uns klar sein, dass wir nur über eine begrenzte Sicht verfügen. Auch hier geht es um einen Balanceakt zwischen Beliebigkeit und Absolutheitsanspruch.

> Teams müssen das »Selbststeuern« Schritt für Schritt lernen – dazu braucht es Anlässe und Herausforderungen.

In der Praxis von Gruppen und Teams erweist sich der Auftrag zur Selbststeuerung, sei er von außen oder den Beteiligten selbst erteilt, als Konzept, das nicht leicht umzusetzen ist. Es ist die anspruchsvollere Variante der Zusammenarbeit gegenüber der streng arbeitsteiligen und hierarchischen Arbeitsorganisation. Sie stellt hohe Anforderungen an das Individuum bezüglich der sozialen Kompetenz vor allem in Bezug auf

- die kollegiale, wechselseitige Führung als Ersatz oder Ergänzung zur Führung von einer spezialisierten Position aus;
- den Wechsel zwischen Engagement und Distanzierung, das heißt, die eigenen Bedürfnisse und Interessen und zugleich die Erfordernisse der Gruppe als Ganzes mit ihren Zielen wahrzunehmen und zu vertreten;
- die Fähigkeit und die Kenntnisse, Gruppen und Teams als soziale Prozesse (und nicht als Gegenstände oder Uhrwerke) zu verstehen und als solche mit ihnen umgehen zu können.

Selbststeuerung setzt aber nicht nur individuelle Lernprozesse voraus, sondern auch Lernen und Entwicklung der Gruppe. Diese muss das »Selbststeuern« in Auseinandersetzung mit den Anforderungen, die aus den Umwelten an sie gestellt werden, Schritt für Schritt lernen. Kein Team, keine Gruppe ist den Anforderungen vom Anfang an gewachsen, ebenso wenig aber wird eine Gruppe zum Beispiel entscheidungsfähig, ohne je Entscheidungen getroffen zu haben. Auch Gruppen brauchen Herausforderungen, um zu lernen oder das Lernen zu lernen. Die Entwicklung muss jede Gruppe neu durchlaufen, und sie wird als Phasen oder als aufeinander aufbauende Rollensysteme beschrieben, wie in dem (kybernetischen) Gruppenentwicklungsmodell von Theodor Mills, das im Beitrag »Was ist eine Gruppe?« (s. S. 35) dargestellt ist. Um nicht nur vorgegebene Ziele verfolgen, sondern selbst Ziele setzen und schließlich zu einer generativen Gruppe werden zu können, braucht es Sichtweisen, die immer mehr über das Bestehende hinausweisen.

Mit wiederholten Reflexionsschleifen, die der Aktion folgen, lässt sich der Lernprozess der Teams und Gruppen fördern. Je mehr die Gruppe nicht nur die Aufgabenerfüllung, sondern auch die eigene Organisation steuern muss, desto mehr ist sie auf externe Reflexionshilfe angewiesen – darauf deuten die Untersuchungsergebnisse hin. Wie und wann das am besten geschieht, ist genauer – in Längsschnittstudien zu untersuchen. Teamberatung und Teamsupervision werden ebenso wie Teamentwicklung viel praktiziert und diese Interventionen sollen die Selbststeuerungsmöglichkeiten von Teams entwickeln und unterstützen. Es gibt aber neben einzelnen Fallstudien keine systematischen Untersuchungen über den Verlauf und die Wirkung solcher Maßnahmen.

Cornelia Edding

Die Umwelt von Gruppen – Kontextorientierung und Kontextsteuerung

Einleitung und Begriffsklärungen

Seit einiger Zeit wird der Kontext von Gruppen für Sozialwissenschaftler, aber auch für Gruppenmitglieder, für Leiterinnen und Berater von Gruppen, zunehmend interessanter. Gesellschaftliche Veränderungen und eine neue Art, über Steuerung von sozialen Systemen nachzudenken, haben dazu beigetragen.

Die unmittelbare, aber auch die weitere Umwelt von Gruppen und Teams ist in Bewegung. Organisationen müssen sich der schärferen Konkurrenz und der Verknappung von Mitteln anpassen. Sie tun dies unter anderem, indem sie ihre Struktur und ihre Leitvorstellungen verändern. Die Arbeit soll effizienter werden, Stellen werden eingespart, Arbeitsbereiche werden neu zugeschnitten, Führungsspannen werden größer, die Mitgliedschaft in Teams wird instabiler.

Arbeitsgruppen, die jahrelang in sicheren Verhältnissen tätig waren, werden nun von außen massiv gestört. In Organisationen entsteht zudem eine Fülle von Kurzzeitgruppen, ob sie jetzt Projektteam, Taskforce oder Kommission heißen, die, rasch eingerichtet, ihre Mitglieder oft vor erhebliche Probleme stellen, weil Zusammensetzung und zeitlicher Rahmen die Arbeit erschweren.

Der Arbeitsalltag zwingt die Beteiligten, sich mit den auf eine Gruppe wirkenden Umweltbedingungen zu arrangieren, sich zu wehren, sie zu beeinflussen – in jedem Fall aber: sie zur Kenntnis zu nehmen.

Mit der wachsenden Komplexität unserer Gesellschaft und ihrer Einrichtungen – alles hängt mit allem zusammen, und viele wirkende Kräfte beeinflussen sich gegenseitig – wird direkte Einflussnahme immer schwieriger. Ein Team, das seine Arbeit weitgehend selbstständig verrichten soll, kann nicht gleichzeitig eng geführt und kontrolliert werden. Als »Ausweg« werden Formen indirekter Steuerung entwickelt, sogenannte Steuerungssysteme. Entlohnung, Beurteilung, Information, Controlling werden als Instrumente eingesetzt, das Geschehen in einer Organisation zu steuern. Die Arbeitsbedingungen von Einzelpersonen und die Umwelt von Gruppen werden bewusst gestaltet mit dem Ziel, ihr Verhalten zu beeinflussen. Den theoretischen Hintergrund dieser Vorstellung von Steuerung liefert die Systemtheorie – dazu mehr im Abschnitt »Kontextsteuerung und Kontextorientierung« (s. S. 472 ff.) und im Beitrag von Karl Schattenhofer zum Thema »Selbststeuerung« (s. S. 437 ff.).

Für die jeweiligen Akteure ergeben sich damit zwei eng miteinander verbundene, aber dennoch zu unterscheidende Handlungsfelder:

- das Feld der Kontextsteuerung, also der bewussten Einflussnahme auf und Gestaltung von Umweltbedingungen eines Teams oder einer Gruppe,
- und das Feld der Kontextorientierung, eine Haltung, in der die Umwelt einer Gruppe bei allen Versuchen, ihr Innenleben zu verstehen und zu beeinflussen, stets mitgedacht wird.

Es gibt viele Situationen, in denen Umweltbedingungen sich nicht gestalten, wohl aber verstehen und berücksichtigen lassen.

Uhren oder Wolken – clocks or clouds? Vor vielen Jahren hat Karl Popper einmal gesagt, es gebe unterschiedliche Arten sozialer Systeme – solche, die eher Uhren glichen, und solche, die wie Wolken seien. Uhren funktionieren geordnet. Ihr Verhalten ist vorhersagbar. Jedes Teilchen der Uhr leistet zuverlässig und in präziser Abstimmung mit allen anderen seinen genau umschriebenen Beitrag zum Funktionieren. Wolken dagegen fehlen die Systematik und die Ordnung der Uhr. Sie verändern ihre Form, sie ballen sich zusammen oder sie schrumpfen, sie verändern ihre Farbe und ihre Dichte. Klima und Wetterlage beeinflussen sie. Welche Form und welche Konsistenz sie annehmen werden, lässt sich kaum präzise vorhersagen (vgl. Popper 1972).

Zwanzig Jahre nach Poppers Bemerkung über Uhren und Wolken greifen Guzzo und Shea (1992, S. 273) diesen Vergleich auf und schreiben:

> »Wir glauben, dass Gruppen als soziale Systeme in Organisationen mehr den Wolken gleichen als den Uhren. Obwohl sich durchaus Regelmäßigkeiten im Gruppenverhalten finden lassen, so ähneln sie den Wolken in ihrem Mangel an Ordentlichkeit. Und wie diese reagieren sie stark auf Umwelteinflüsse … Wir glauben, dass Gruppen nicht wie Uhrwerke laufen. Im Gegenteil, ihr Verhalten ist sehr variabel. Und ein Großteil dieser Vielfältigkeit wird durch den Einfluss verschiedener Organisationskontexte hervorgerufen, in denen Gruppen arbeiten. Wenn wir uns daher Gruppen wie Wolken vorstellen, dann bekommen wir eine realistische und brauchbare Basis, um Gruppen zu verstehen und zu managen.«

In dieser Angelegenheit besteht jedoch nach wie vor Uneinigkeit. In vielen Organisationen setzt sich immer wieder der Wunsch durch, die Wolken in Uhrwerke zu verwandeln oder sie wenigstens durch ein Regelwerk enger Vorgaben einzufangen. Bei diesen Versuchen zeigt sich meist, dass der Mehrwert, den eine Gruppe gegenüber einem Einzelnen erbringen kann – die Synergieeffekte –, durch die Gitterstäbe solcher Regelwerke entkommt (s. Abschnitt »Drei Beispiele der Kontextgestaltung«, S. 488).

Wir wissen noch nicht sehr viel darüber, welche Kontextbedingungen den verschiedenen Arten von Gruppen förderlich, welche hinderlich sind. Aber es lässt sich mit Gewissheit sagen, dass die Leiter und Beraterinnen von Gruppen die Bedeutung ihrer Interventionen oft über- und die bindende Wirkung des Umfeldes unterschätzen.

> Leiter und Leiterinnen von Gruppen überschätzen die Bedeutung ihrer Interventionen und unterschätzen die bindende Wirkung des Umfeldes.

Absicht dieses Beitrags ist es, die Zusammenhänge, in denen Gruppen arbeiten, ins Blickfeld zu rücken. Welche sind es? Was wissen wir über ihre Wirkung? Welche Erfahrungen gibt es hinsichtlich ihrer Gestaltung? Zu diesen Fragen gibt es die eine oder andere empirische Untersuchung, es gibt aus der Forschung und aus der Praxis hervorgegangene Teilkonzepte; es fehlt jedoch bislang ein orientierender Rahmen, in den die interessanten Einzelergebnisse integriert werden könnten.

Innerhalb dieser Einleitung werden zunächst die Begriffe »Kontext« sowie »Kontextorientierung« und »Kontextsteuerung« diskutiert und für diesen Beitrag definiert. Im zweiten Abschnitt werden einzelne Kontextfaktoren dargestellt und ihr Einfluss wird diskutiert. Im dritten Abschnitt werden das Verstehen und Gestalten von Gruppenkontexten anhand konkreter Beispiele beschrieben.

Was ist der Kontext einer Gruppe?

Jede Gruppe hat eine Umwelt – die Beschaffenheit dieser Kontexte ist jedoch sehr verschiedenartig, und auch die Bedeutung, die bestimmte Kontextbedingungen oder bestimmte Akteure für eine Gruppe haben, unterscheidet sich. Schauen wir uns einige Beispiele näher an:

Beispiel 1: Die Teilnehmergruppe an einer Supervisionsausbildung verdankt ihre Existenz den Richtlinien des zuständigen Berufsverbandes, die besagen, dass die Ausbildung in einer stabilen Lerngruppe stattfinden muss. Die Lebensdauer dieser Gruppe ist begrenzt und von vornherein allen bekannt. Sie ist ebenfalls durch Bestimmungen des Berufsverbandes über die Dauer der Ausbildung gesetzt. Die Berufsgesellschaft bestimmt noch andere Rahmenbedingungen der Ausbildung, zum Beispiel Inhalte des Kurses, Stundenumfang, Art und Umfang der schriftlichen Arbeiten. Sie legt auch einige Bedingungen für die Teilnahme am Kurs fest und regelt damit den Zugang zu der Lerngruppe. Es gehören nur Personen mit bestimmten Qualifikationen dazu.
Wer in dem Kurs unterrichten, trainieren oder supervidieren darf, ist ebenfalls durch den Berufsverband geregelt. Der Träger der Ausbildung gehört wahrscheinlich einer bestimmten »Schule« an, die mit ihren Lernkonzepten den Kurs prägt. Der Träger entscheidet darüber, wie die Rahmenrichtlinien des Berufsverbandes im Einzelnen umgesetzt werden; er bestimmt auch, wie die Teilnehmerinnen in die Gruppe hineinkommen (das Verfahren), und entscheidet, welche Personen letztendlich aufgenommen werden. Die einzelnen Dozentinnen und Trainer planen Workshops und Trainings nach ihrer professionellen Ausrichtung und nach persönlichen Vorlieben, bis hin zur Verwendung spezieller Übungen.

Ein dritter wichtiger Akteur ist der Markt. Die ökonomischen Chancen, die mit der Qualifikation verbunden scheinen, bestimmen, wie groß das Interesse an einer Teilnahme ist und beeinflussen das Niveau der Bewerberinnen. Der Bedarf an Supervision und die angenommene Schwierigkeit oder Leichtigkeit, Klienten zu finden, trägt zu größerer oder geringerer Rivalität unter den Mitgliedern der Ausbildungsgruppe bei.

Die wichtigsten Kontextbedingungen sind also: der Berufsverband und seine Vorschriften; das durchführende Institut und sein Konzept; der Markt und seine Anforderungen.

Beispiel 2: Der Chor des kleinen Dorfes, in dem ich lebe, besteht aus 14 Frauen und einem Mann, dem Chorleiter. Der Chor trifft sich einmal wöchentlich zum Üben, manchmal allerdings auch längere Zeit gar nicht. Seine Lebensdauer ist potenziell unbegrenzt. Er tritt auf Dorffesten auf, ab und zu auch in der Kirche. Häufigkeit der Treffen und Intensität des Übens hängen eng mit den anstehenden Auftritten zusammen. Zeitpunkt und Dauer der Proben liegen eigentlich fest, ändern sich aber manchmal mit den Jahreszeiten: Im Sommer ist es lange hell, und alle haben noch im Garten zu tun – da treffen wir uns später. Im Winter besteht das Problem, eine Zeit zu finden, zu der einerseits die Berufstätigen schon von der Arbeit zurück sind, die aber auch die älteren Frauen berücksichtigt, die nicht gern im Dunkeln nach Hause gehen.

Chorproben finden im ehemaligen Gemeindehaus statt. Dafür entrichten wir eine Gebühr, die zum Unterhalt des Hauses beitragen soll.

Jeder, der möchte, kann mitsingen. Es gibt keine Aufnahmeprüfung. Manchmal kommt jemand dazu und bleibt oder verschwindet nach einigen Wochen wieder. Im Bewusstsein des Chores ist ganz klar, wer dazugehört und wer nicht. Bei Auftritten tragen wir einheitliche Farben.

Die Ressourcen, die dem Chor zur Verfügung stehen, sind begrenzt durch die Größe des Dorfes (250 Einwohner) und die Interessen der Bewohner. Junge Leute und Männer singen nicht gern im Chor; die Musikalischeren treten in den Chor der Kreisstadt ein. Ältere Frauen, von denen viele keine Noten lesen können, bilden das Hauptkontingent.

Alle singen gern, unterschiedlich gut, aber die Zuhörer sind fast immer zufrieden und geben freundliche Rückmeldungen.

Die Umgangsformen sind geschichtlich geprägt. Auch zu DDR-Zeiten gab es einen Chor, und aus dieser Zeit stammt die Sitte, dass der Chor singt, wenn ein Chormitglied Geburtstag hat. Bei diesen Anlässen wird er auch bewirtet: Kaffee und Kuchen, Sekt, belegte Brötchen und Schnaps sind üblich. Jedes Mitglied zahlt zwei Euro für einen Blumenstrauß. Wenn keine Bewirtung möglich ist, bringt das Geburtstagskind zur nächsten Chorprobe Süßigkeiten und Sekt mit.

Die wichtigsten Kontextbedingungen sind: die Musik, die wir singen; knappe Ressourcen (Sänger); DDR-Traditionen; dörfliches Leben, seine Rhythmen und seine besonderen Ereignisse.

Beispiel 3: Die Projektgruppe arbeitet im Rahmen eines Veränderungsprojektes in einem Unternehmen. Ihre Lebensdauer wurde von der Steuergruppe auf drei Monate festgelegt. Innerhalb dieser Zeit soll sie einen Vorschlag zur Neugliederung eines Bereichs erarbeiten. Möglicherweise verkürzt oder verlängert sich ihr Leben; das hängt von der Entwicklung im Gesamtprojekt ab. Möglicherweise wird sich auch ihr Auftrag etwas verändern – auch das hängt davon ab, was im Gesamtprojekt geschieht. Die Gruppe ist für ihre Arbeit eigentlich zu groß – zwölf Personen. Etliche Bereiche wollten unbedingt vertreten sein aus Sorge darüber, dass ihre Interessen nicht angemessen berücksichtigt würden. Die Steuergruppe, die eigentlich bestimmen wollte, wer Mitglied sein würde, hat sich nicht durchsetzen können. Im Ergebnis sind es eher Vertreter unterschiedlicher Interessen, die da beisammensitzen. Die inhaltliche Kompetenz ist bei der Zusammensetzung zu kurz gekommen. Jetzt ist die Gruppe geschlossen, allerdings steht bereits ein neues Problem ins Haus: Zwei Mitglieder sind von ihren Chefs so mit Arbeit belegt worden, dass sie nicht länger in der Projektgruppe mitarbeiten können (wollen). Sie haben sich verabschiedet und mitgeteilt, sie würden Vertreter aus ihren Bereichen entsenden.
Die Gruppe kann ihre Arbeit nur tun, wenn andere Bereiche zuarbeiten und die notwendigen Daten in der vorgegebenen Zeit liefern. Einige Mitglieder hatten sich daher auf einen Projektleiter verständigt, der gute Beziehungen in die betroffenen Bereiche hinein hat. Die Steuergruppe hat allerdings beschlossen, ein anderes Mitglied, das ranghöchste, zum Projektleiter zu bestimmen.

Die wichtigsten Kontextbedingungen sind: Teil eines Veränderungsvorhabens mit Zeitvorgaben und Zeitdruck; Abhängigkeit von der Zuarbeit anderer Bereiche; Kriterien für Mitgliedschaft: inhaltliche Kompetenz versus politische Interessen.

Bei aller Unterschiedlichkeit lassen sich einige Bedingungen nennen, die für jede Gruppe Bedeutung haben und die – je nach Art der Gruppe – mehr oder weniger durch den Kontext einer Gruppe definiert werden:

- Jede Gruppe hat ein Innen und ein Außen, also eine Grenze. Diese kann scharf oder unscharf, durchlässig oder undurchlässig sein, aber es gibt sie. Diese Grenze wird von innen und von außen gestaltet.
- Jede Gruppe hat Zugangsbedingungen: Wie kommt man rein? Wer darf rein? Diese entscheiden über ihre Zusammensetzung und ihre Größe. Die meisten Gruppen können über ihre Zugangsbedingungen nicht selbst bestimmen.
- Jede Gruppe braucht Ressourcen – personelle, finanzielle, technische, materielle. Die Versorgung mit diesen Gütern ist für eine Gruppe Bedingung dafür, dass sie

arbeiten kann. Die Kontrolle über diese Ressourcen, die Möglichkeit, den Versorgungshahn auf- oder zuzudrehen, ist eine wichtige Kontextbedingung.

● Zur Umwelt jeder Gruppe gehören andere Gruppen, mit denen sie konkurriert, mit denen sie sich vergleicht oder von denen sie abhängig ist.

● Jede Gruppe existiert in der Zeit, jede hat eine Geschichte und eine Zukunft, viele arbeiten innerhalb zeitlicher Vorgaben und sind angekoppelt an die Zeitrhythmen anderer.

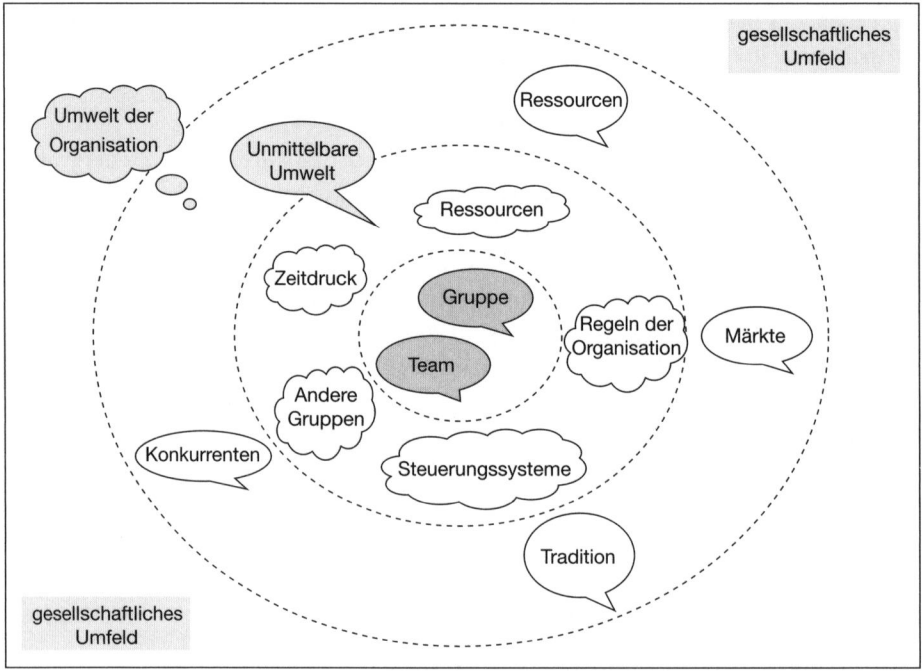

Kontextorientierung und Kontextsteuerung

Der theoriegebundene Gebrauch des Wortes »Kontextsteuerung« gehört in die Systemtheorie. In diesem Verständnis heißt Kontextsteuerung die Beeinflussung eines sozialen Systems durch gezielte Veränderung seiner Rahmen- und Existenzbedingungen. Es handelt sich also um absichtsvolle Interventionen.

Die Systemtheorie geht davon aus, dass soziale Systeme – also auch Gruppen und Teams – nicht unmittelbar beeinflusst werden können. Sie können sich nur selbst verändern – als Antwort auf veränderte Umweltbedingungen. Damit entfällt die Möglichkeit einer direkten Intervention.

Was für eine revolutionäre Idee, und ein Tiefschlag für die Anhänger des Uhrenkonzepts! Die Vorstellung, Gruppen ließen sich nicht durch gezielte, direkte Eingriffe in ihrem Handeln bestimmen, muss all diejenigen beunruhigen, die an Kontrolle glauben und darauf setzen, dass die richtige Intervention schon die gewünschte Wirkung hervorbringen wird.

Wenn wir uns von der Vorstellung eines gezielten Eingriffs in ein System verabschieden, bedeutet das jedoch nicht, jede Absicht einer Beeinflussung aufzugeben. Aber könnte man sich so eine Beeinflussung vorstellen?

Auf diese Frage gibt es keine eindeutige Antwort, sondern nur Versuche und Einfälle. Es sind Versuche, die darum kreisen, das Geschehen in einer Gruppe durch die Veränderung des Kontextes zu beeinflussen.

> Um bemerkt zu werden, muss die Kontextveränderung die Gruppe »stören«. Das entscheidende Merkmal einer Störung ist, dass sie Antworten der Gruppe hervorruft.

In der Systemtheorie ist Kontextsteuerung bisher eine Idee, eine mögliche Betrachtungsweise, die hilft, das Verhalten sozialer Systeme zu verstehen (vgl. Willke 2001). Ein soziales System, in unserem Fall eine Gruppe, ist eingebunden in eine bestimmte Umwelt, und es reagiert auf diese Umwelt. Wenn sie sich verändert und wenn diese Veränderung von dem betroffenen System bemerkt wird, »antwortet« es mit einer Reaktion. Um bemerkt zu werden, muss die Kontextveränderung die Gruppe stören. Eine Störung kann ganz unterschiedlich aussehen – es kann die Mitteilung einer Beobachtung sein, es kann die Veränderung der Zeitstruktur sein, es kann sich um die Verknappung von Ressourcen handeln oder um eine Frage, die eine andere Sichtweise eines Problems, einen Perspektivenwechsel, erzeugt. Das entscheidende Merkmal einer Störung ist, dass sie Antworten der Gruppe hervorruft.

Wie diese Antworten ausfallen, kann sehr unterschiedlich sein. Daher geht man davon aus, dass kein zielgenauer Eingriff erfolgen kann, sondern dass eine Entwicklung und vielleicht deren Richtung angeregt werden können. Alle bewusst getroffenen Maßnahmen zur Kontextsteuerung wollen die Selbststeuerungskräfte des Systems anregen (s. Schattenhofer »Selbststeuerung«, S. 437 ff.).

Zur Erläuterung eines systemischen Verständnisses von Führung und ihren Möglichkeiten schreibt Neuberger (2002, S. 632):

> »Was einem intervenierenden System bleibt, ist, die Rahmenbedingungen (Kontexte) zu verändern, die das selbstgesteuerte Operieren von Systemen anstoßen und orientieren. Einwirkung erfolgt somit über ›Konditionierung‹ – ganz wörtlich genommen: die Schaffung von Bedingungen, die es für das zu beeinflussende System attraktiv oder unausweichlich erscheinen lassen, eine selbstgenerierte Veränderung vorzunehmen. Solche Bedingungen können gesteigerter Problemdruck, in Aussicht gestellte Anreize oder Sanktionen, Handlungsbarrieren etc. sein.«

Mit dem Ausdruck »Kontextorientierung« bezeichnet Siller (2008) eine Haltung, die das Geschehen in der Gruppe stets auch als Auseinandersetzung mit der Gruppenumwelt versteht: Die Aufmerksamkeit richtet sich gleichermaßen auf die Gruppe und auf ihre Umwelt. Die Betrachterin schaut also mit doppeltem Fokus. Kontextorientierung wird dann fruchtbar, wenn der Betrachter zu beiden Bereichen, zur Gruppenumwelt und zum Gruppeninneren Hypothesen entwickelt:

- Wie ist der Zustand der Gruppe? Was beschäftigt sie?
- Was könnten relevante Umweltfaktoren sein?
- Welche Zusammenhänge könnte es zwischen Gruppenverfassung und Umwelt geben?

Weil es viele Umwelteinflüsse gibt und weil diese ganz nah bei der Gruppe sein können – aber auch sehr weit entfernt –, ist es wichtig, den Blick weit genug schweifen zu lassen. Nur dann besteht eine gute Chance, wichtige Faktoren auch zu bemerken.

Eine Gruppe, die »kontextorientiert« über sich selbst nachdenkt, wird Probleme und Konflikte angemessener verstehen können. Diese Haltung kann von außen unterstützt werden, eine entsprechende Orientierung beim Supervisor vorausgesetzt.

Siller (2008) schildert die Situation von Mitarbeitern einer Non-Profit-Einrichtung. Diese wehren sich gegen bereits beschlossene tief greifende Veränderungen ihrer Organisation. Als Hauptgegner haben sie den Leiter der Einrichtung ausgemacht. Sie konzentrieren sich auf den Kampf gegen diesen Feind. Dabei wird der externe Kontext, von dem die Bedrohung eigentlich ausgeht, ignoriert. Eine kontextorientierte Supervision rückt das Umfeld der Organisation ins Blickfeld des Teams und macht es der Untersuchung zugänglich. Siller schreibt dazu (S. 246): »Erfasst Supervision konzeptionell diesen Mechanismus nicht auch im Kontext der Organisation und ihrer externen Herausforderungen, unterstützt sie die Angstabwehr, indem sie Realitätswahrnehmungen mit begrenzt.«

Relevante Kontextbedingungen

In diesem Abschnitt werden einige Kontextbedingungen genauer untersucht. Es sind solche, von denen man annehmen kann, dass sie immer wirksam sind und über die wir etwas wissen:

- Gruppengrenzen, ihre Eigenschaften und deren Folgen sowie
- die Bedeutung der Zeit für das Gruppengeschehen.

Die genauere Betrachtung einzelner Kontextfaktoren führt rasch zur Frage nach ihrer Wirksamkeit: Wie beeinflussen sie das Gruppengeschehen, und wie ließe sich durch ihre gezielte Manipulation das Verhalten der Gruppenmitglieder beeinflussen? Die Anhänger des Uhrenmodells suchen nach klaren Regeln mit verbindlichen Folgen; die Wolkenfreunde möchten eher stören und vertrauen darauf, dass die Gruppe, erfolgreich irritiert, schon einen Weg finden wird.

Ein kurzer Blick auf den Gruppenalltag wird diejenigen entmutigen, die auf Kontextveränderung mit punktgenauen Folgen hoffen. Werden zum Beispiel die Arbeitszeiten einer Gruppe für eine bestimmte Aufgabe deutlich verkürzt, nimmt vielleicht die Konzentration zu. Möglicherweise steigt die Leistung; es könnten aber genauso gut die Konflikte zunehmen, oder die Leistung wird verweigert. Die folgenden Ausführungen helfen daher, das Wissen über wirkende Faktoren zu erweitern. Sie regen an, Steuerungsideen zu entwickeln. Sie bieten aber keine Anleitung zur Manipulation des Kontextes mit verlässlichen Folgen.

Das Geschehen an den Grenzen

Eine Gruppe ohne Grenze wäre keine Gruppe. Und der Kontext braucht ebenso eine Grenze, um Kontext zu sein. Eine Gruppe muss sich als getrennt von ihrer Umwelt wahrnehmen und auch von »außen« so gesehen werden, um ein »Wir« von einem »Ihr« unterscheiden zu können. Gleichzeitig ist die Gruppengrenze aber auch die Membran, durch die hindurch eine Gruppe mit ihrer Umwelt in Beziehung steht. Einflüsse dringen von außen nach innen und umgekehrt.

Viele Gruppen liefern eine Arbeitsleistung an ihre Umwelt und sind gleichzeitig von der Zuarbeit anderer abhängig. Gruppen innerhalb und außerhalb von Organisationen sind zudem vielfach vernetzt mit ihrer Umwelt. Oft hängt die Qualität der Arbeit eines Teams entscheidend von der Qualität seiner grenzüberschreitenden Verbindungen ab.

Im Folgenden stehen – nach einer allgemeinen Einführung in das Thema »Gruppengrenzen« – zwei Fragen im Mittelpunkt:

- Welcher Art sind die Austauschbeziehungen zwischen Team und Umwelt, welche Bedeutung haben sie?
- Was geschieht, wenn Teams gleichzeitig in zwei unterschiedliche Organisationen eingebunden sind?

Formale und gefühlte Grenzen

Grenzeigenschaften beschreiben den Charakter der Trennung zwischen Umwelt und Gruppe. Für die Kontextsteuerung sind sie wichtig und interessant. Die Eigenschaften der Grenze beeinflussen das Innenleben von Gruppen und auch ihre Umwelt. Sie werden aber auch ihrerseits von der Gruppe beeinflusst. Ihre gezielte Veränderung hat erhebliche Auswirkungen. Sie sind daher Gegenstand von vielerlei Steuerungsbemühungen (Boundary Management).

Gruppengrenzen kann man durch verschiedene Brillen betrachten:

Durch die Brille der Nichtmitglieder. Das ist die von außen wahrgenommene und gefühlte Grenze. Wenn der Chor auftritt, ist ganz klar zu erkennen, wer dazugehört und wer nicht. Wenn aber die Chormitglieder sich nach dem Singen unter die Geburtstagsgäste mischen und Kaffee trinken, gibt es den Chor zwar noch, aber seine Grenze ist gerade nicht sichtbar.

Durch die Brille der Mitglieder. Das ist die von innen wahrgenommene und gefühlte Grenze – »wir« und »die«. Diese Grenze muss erst entstehen. Das geschieht meist sehr rasch, wie in dem berühmten Sommerlager-Experiment von Muzafer Sherif. In dem Prozess geht es um die Identifikation der Einzelnen mit der Gruppe und um die Klärung der Frage, wer vielleicht doch nicht dazugehört (Ausgrenzung Einzelner). Dies geschieht durch Interaktion der Beteiligten. Die gefühlte Grenze ist zugleich imaginär und hoch wirksam.

Durch die Brille der Bürokraten. Das sind die formal gesetzten Grenzen – Kästchen im Organigramm; Einträge in eine Liste; ein Mitgliedsausweis wird ausgestellt.

Da die Gruppengrenze vor allem im Auge der Betrachter existiert, ist sie in ständiger Bewegung und Entwicklung, wie ein elektronisches Auge, dessen Farbintensität ständig wechselt. Mal ist sie wichtig, mal weniger bedeutsam, mal klar, dann wieder verschwommen.

Wenn eine Vorgesetzte ihre verschiedenen Außendienstteams zu einer Besprechung zusammenruft, ist bekannt, wer zu welchem Team gehört, die Grenzen sind klar, aber nicht wichtig. Wenn sie dann aber beginnt, die Leistung der einzelnen Teams miteinander zu vergleichen, werden die Grenzen sofort hoch bedeutsam.

Die Grenzen des Chors waren eine Zeit lang recht verschwommen. Es gab viele »Grenzgänger«, Sängerinnen, die sich nicht entscheiden konnten und gelegentlich kamen, dann aber wieder nicht. Als ein monatliches Chorgeld beschlossen wurde, das alle zahlen mussten, klärte sich die Grenze.

Spannungen entstehen, wenn gefühlte Grenzen nicht mit formal gesetzten übereinstimmen. Viele Interventionen und Beratungsbemühungen richten sich darauf, solche Differenzen auszugleichen. Ein Team, das auf dem Papier steht, sich aber noch nicht »zusammengerauft« und noch kein »Wir-Gefühl« entwickelt hat, hat nur eine formale, nicht aber eine erlebte Grenze. Beratungsanstrengungen richten sich oft darauf, die gefühlte und die formale Grenze zur Deckung zu bringen.

> Ein Team, das auf dem Papier steht, aber noch kein Wir-Gefühl entwickelt hat, hat nur eine formale, nicht aber eine erlebte Grenze.

Grenzüberschreitender Austausch

Jede Gruppe steht in einer Austauschbeziehung mit ihrer Umwelt. Eine wichtige Eigenschaft von Gruppengrenzen ist daher ihre Durchlässigkeit. Wie aufmerksam ist die Gruppe gegenüber äußeren Veränderungen? Sucht sie aktiv Informationen? Nimmt sie diese auf und verarbeitet sie sie? Stellt sie sich nach außen dar? Wie aktiv ist sie in der Kommunikation über Gruppengrenzen hinweg?

 Alles wird interpretiert. Alle Einflüsse, die die Teamgrenzen durchdringen, sind Gegenstand von Interpretation. Sie werden wahrgenommen und aufgenommen, und schon in der Wahrnehmung und der Aufnahme werden sie verändert, gestaltet, ausgelegt. Daher sind die Folgen einer Manipulation des Kontextes nie genau vorherzusagen.

Ein Auftrag wird erteilt – und er wird interpretiert. Eine Zeitvorgabe wird gesetzt – und die Gruppe legt aus, wie ernst sie zu nehmen oder wie dehnbar sie zu verstehen sei. Rückmeldung wird gegeben, auch diese wird gruppenspezifisch verstanden, ernst genommen, ignoriert oder umgedeutet.

Eine Ad-hoc-Arbeitsgruppe bekommt zwar ihre Aufgabe gestellt, aber in der Diskussion dieser Aufgabe und in ihrer Bearbeitung gibt die Gruppe ihr eine eigene Auslegung. Das Ergebnis kann daher deutlich anders ausfallen, als die Auftraggeber es sich vorgestellt haben. Wenn während der Bearbeitung in der Gruppe Zweifel aufkommen, gibt es verschiedene Möglichkeiten, damit umzugehen. Die Gruppe kann sich entschließen, trotz einiger Bedenken einfach weiterzumachen. Möglicherweise stellt sich dann am Ende heraus, dass die Auftraggeber manches ganz anders gemeint hatten. Oder sie kann ein klärendes Gespräch suchen. Manchmal sind mehrere solcher Austauschprozesse nötig, um sich anzunähern.

Kommunikation mit der Umwelt. Die Bereitschaft von Gruppen und Teams, sich aktiv um Kommunikation mit ihrer Umwelt zu bemühen, ist wichtig für den Arbeitserfolg. Es gibt aus der Innovationsforschung eine Reihe von Studien, die darauf hinweisen, dass grenzüberschreitende Aktivitäten bei unsicheren oder besonders komplexen Aufgaben die Gruppenleistung deutlich erhöhen. Manche Teamforscher (zum Beispiel Ancona, 1990) halten sogar die Art und Weise, wie Teammitglieder ihre externen Beziehungen managen, für wichtiger als die Qualität der internen Zusammenarbeit, um die Teamleistung vorherzusagen.

Deborah Ancona und Kollegen (Ancona 1990; Ancona/Bresman/Kaufer 2002; Ancona/Caldwell 1992) haben Teams aus verschiedenen Tätigkeitsfeldern untersucht (Unternehmensberatung, Produktentwicklung, Arzneimittelentwicklung) und haben festgestellt: Es kommt nicht nur darauf an, wie viel ein Team mit seiner Umwelt kommuniziert, sondern für die Teamleistung ist auch die Art der Interaktion wichtig. In ihren Studien waren die Teams am erfolgreichsten, die folgende Aktivitäten entfalteten:

- »Botschafter-Aktivitäten« – Ansprechpartner sind deutlich über dem Team liegende Hierarchieebenen; es geht um mehr Ressourcen, um Unterstützung für das Team und um Schutz für das Team.
- »Aktivitäten der Aufgabenkoordination« – Ansprechpartner sind Akteure auf der gleichen Ebene; es geht um Rückmeldungen zur Teamleistung und zum Teamprodukt, um die Zusammenarbeit des eigenen Teams mit anderen und um Verhandlungen mit Gleichgestellten.
- »Pfadfinder-Aktivitäten« – Ansprechpartner sind Akteure innerhalb und außerhalb des eigenen Unternehmens, um sich über Marktverhältnisse und technologische Entwicklungen zu informieren.

Sicherheit. Grenzüberschreitende Aktivitäten sind in der Regel sinnvoll, aber nicht selbstverständlich. Amy Edmondson (1999) hat herausgefunden, dass für die Bereitschaft, Aktionen über die Teamgrenzen hinweg zu riskieren, vor allem zwei Faktoren wichtig waren: psychologische Sicherheit im Team und ein unterstützender Kontext. Wenn das Arbeitsklima im Team durch gegenseitiges Vertrauen und Respekt gekennzeichnet ist und die Mitglieder keine Angst haben müssen, dass ihr Verhalten gegenüber anderen unerwartete, unangenehme Folgen hat, dann erhöhte das ihre Bereitschaft, gegenüber Dritten ihre Meinung zu äußern, nachzufragen oder Feedback zu geben. Unterstützender Kontext, eine weitere wichtige Bedingung, ist gekennzeichnet durch gute Versorgung des Teams mit Information, durch Anerkennung der Leistung und durch Hilfe, wenn nötig.

Wenn Teams, wie es nicht selten geschieht, die Erfahrung machen müssen, dass ihre Umwelt an Rückmeldungen und Einschätzungen nicht interessiert ist, wenn Nachfragen nicht beantwortet werden, wenn Gruppen nicht angemessen informiert, sondern über laufende Entwicklungen im Unklaren gelassen werden, dann nimmt die Bereitschaft, sich jenseits der Teamgrenzen zu engagieren, deutlich ab (und damit häufig die Leistung).

Lernen und Veränderung. Viele Gruppen müssen lernen und sich verändern. Das gilt besonders für Teams, die in eine Organisation eingebettet sind, und ganz besonders in einer Zeit, die allen ein hohes Maß an Veränderungsfähigkeit abverlangt. Schon Kurt Lewin (1948) hat angenommen, dass die Fähigkeit eines Teams, sich an veränderte Umweltbedingungen anzupassen, mit der Durchlässigkeit seiner Grenzen und mit der Art der Interaktionen über diese Grenzen hinweg zusammenhängt.

> Die Fähigkeit eines Teams, sich veränderten Umweltbedingungen anzupassen, hängt mit der Art der Interaktionen über die Gruppengrenzen hinweg zusammen.

Lernen – und das heißt hier: Anpassung an eine veränderte Umwelt – setzt voraus, dass ein Team Informationen aus seiner Umgebung nicht nur aufnimmt, sondern diese aktiv aufsucht. Die Gruppe muss wahrnehmen, dass sich etwas verändert hat. Teams unterscheiden sich darin, ob sie Veränderungen der Umwelt wahrnehmen und wie rasch sie das tun. In einem Experiment wurden Gruppen bei der Aufgabe, die sie bekommen hatten, mehrfach »gestört«, sodass sie immer wieder über ihr Arbeitsverfahren nachdenken mussten. Die Geschwindigkeit, mit der sie sich an veränderte Außenbedingungen anpassen konnten, hing von der Anzahl der Unterbrechungen ab. Wenn die Gruppe ausdrücklich instruiert wurde, Fragen zu stellen, beschleunigte sich der Lernprozess ebenfalls. Die Anpassungsfähigkeit nahm ab, wenn die Gruppenmitglieder einander schon kannten und schon zusammengearbeitet hatten (Okhuysen 2001; Okhuysen/Wallner 2002). Wenn die Gruppenmitglieder miteinander vertraut und die Arbeitsroutinen eingeübt waren, wurde die Gruppe schwerer »störbar« – und ihre Lernfähigkeit nahm ab. Selbst Rückmeldungen über sich verschlechternde Leistung führten unter diesen Bedingungen nicht dazu, dass die Teammitglieder ihre eingefahrenen Verhaltensroutinen veränderten.

Einige Untersuchungen legen die Vermutung nahe, dass die Anpassungsfähigkeit von Teams kein Alles-oder-nichts-Phänomen ist. Es kommt vielmehr auf die Richtung der Veränderung an: Von wo nach wo soll die Anpassung erfolgen? Teams, die einfache Aufgaben zu erfüllen hatten, aber dabei sehr auf andere angewiesen waren, konnten sich ohne Mühe auf eine Situation umstellen, in der die Aufgabe komplexer wurde und die gegenseitige Abhängigkeit abnahm. Hatten die Teams jedoch zunächst unter der Bedingung großer Unabhängigkeit gearbeitet, schafften sie die Umstellung auf interdependentes Arbeiten nicht, auch wenn die Aufgaben einfacher wurden (Moon u. a. 2004; Hollenbeck u. a. 2002).

Die Autoren interpretieren die Ergebnisse als Folge von Arbeitsnormen: Beide Arten von Teams transportieren alte Arbeitsnormen in die neue Situation. Aber während die Normen »hohe Kommunikationsdichte« und »gegenseitige Unterstützung« in der ersten Gruppe zur Anpassung an die veränderten Anforderungen taugten, machten die Arbeitsnormen »Unabhängigkeit« und »Konzentration auf die Aufgabe« der zweiten Gruppe die Umstellung schwer.

Das Team mit mehrfacher Zugehörigkeit

Teams, die an den Grenzen ihrer Organisation oder über sie hinweg arbeiten, geraten in eine besondere Situation. Immer häufiger geschieht es, dass ganze Einheiten ausgelagert werden und mit der »Mutterorganisation« nur noch locker verbunden sind, zum Beispiel Beraterteams oder Teams von Außendienstmitarbeitern. Das »Outsourcing« von Arbeit schafft die Situation, dass eine Gruppe in der einen Organisation arbeitet, aber von einer anderen angestellt ist. So werden zum Beispiel interne Veranstaltungen eines Automobilherstellers durch ein Team von »Fremdarbeitern« organisiert und betreut. Viele dieser Teams haben mehr Kontakt zu Kundengruppen als zu ihrer eigenen Organisation. Das, was gute Leistung ist, wird von anderen Organisationen definiert, zum Beispiel von dem Unternehmen, das sie betreuen oder beraten. Die Kommunikationsprozesse an den Grenzen dieser Gruppen sind solche zwischen »Außenwelt« und Team. Der Kontext der Organisation wird zum Gruppenkontext.

Der Einfluss dieses externen Kontextes kann zu Spannungen und Konflikten in den betroffenen Teams führen. Leistungserwartungen und Verhaltensstandards zwischen Mutterorganisation und externem Kontext können sich widersprechen. Deborah Ancona (1990) hat Projektteams einer Unternehmensberatungsfirma untersucht und herausgefunden, dass sie vom Kunden anders bewertet wurden – nämlich besser – als von der Zentrale. Möglicherweise, so die Autorin, haben die Teams einiges getan, was vom Kunden begrüßt, von der Zentrale jedoch nicht bemerkt oder nicht gutgeheißen wurde.

Wenn zwei Umwelten auf ein Team einwirken, eine organisationsinterne und eine externe, tun sich einige interessante Fragen auf:

- Welche Faktoren sind für den Einfluss dieser beiden Kontexte auf ein Team bestimmend?
- Wie verändern sich Teamleistung und Verhalten der Mitglieder, wenn sie interne oder externe Grenzen überschreiten?

Rodney Lacey und Deborah Gruenfield (1999) schlagen vor, unter dem Gesichtspunkt des doppelten Kontextes folgende Unterscheidungen zu treffen:

- In welchem Ausmaß hat ein Team direkte Kontakte zur externen Umwelt und in welchem Maße erreichen Umweltveränderungen ein Team nur indirekt, gefiltert durch die Strukturen der eigenen Organisation?
- Welcher Kontext ist die wichtigste Quelle für die Identität eines Teams im Sinne eines »gemeinsamen Schicksals«?

Häufig ist es die Mutterorganisation, die dem Team Identität und Chancen bietet. Es gibt aber auch Gruppen wie Produktionsteams von Filmen oder Projektgruppen in Unternehmensberatungen, in denen nicht eine Organisation die Identität stiftet. Die Aufträge und die Bestätigung für die Gruppe, berufliche Chancen und professionelle Entwicklung kommen aus verschiedenen Quellen außerhalb der Mutterorganisation. Mithilfe dieser beiden Dimensionen, gefilterter/direkter Kontakt und

Quelle der Identität, entwickeln Lacey und Gruenfield eine Typologie von Teams. Sie unterscheiden drei Sorten von Gruppen: eingewickelte, ausgewickelte und nicht eingewickelte.

Bisher hat sich die Forschung sehr auf »eingewickelte« (wrapped) Teams konzentriert, das heißt Teams ohne nennenswerten Umweltkontakt, deren Identitätsbasis »ihre« Organisation ist und deren Schicksal völlig in der Hand dieser Organisation liegt.

Als »ausgewickelte« (unwrapped) Teams bezeichnen die Autoren solche, die zu einem Gutteil direkte Kontakte zur Außenwelt haben. Dadurch müssen sie widersprüchliche Kontexte managen, aber ihre Zugehörigkeit zur Mutterorganisation ist dennoch ziemlich klar. Dies trifft zum Beispiel auf Beraterteams einer größeren Unternehmensberatung zu.

»Nicht eingewickelte« (non wrapped) Teams dagegen identifizieren sich nicht mit einer bestimmten Organisation. Vielmehr wechselt die Bezugsorganisation und stellt in den Augen des Teams nur eine projektspezifische, zeitlich begrenzte Basis zur Versorgung mit notwendigen Ressourcen dar.

Ein gutes Beispiel für diese Entwicklung sind Teams, die Kunden bei der Einführung und der Anpassung einer bestimmten Software beraten und betreuen. Diese haben sich mehr und mehr in Richtung »ausgewickelte Teams« gewandelt: Das Team arbeitet direkt beim Kunden, kann seine Bedürfnisse und auch deren Veränderung schnell aufnehmen und rasch reagieren. Die Mutterorganisation verliert zunehmend an Kontrolle. Das Team selbst muss widersprüchliche Bedürfnisse der Softwarefirma und der Kunden ausbalancieren oder sich für eine Seite entscheiden und Konflikte in Kauf nehmen.

Ein weiteres Beispiel: Produktionsteams in der Filmbranche entwickeln sich mehr und mehr in Richtung »nicht eingewickelter« Teams. Sie werden von unterschiedlichen Firmen für jeweils einige Wochen angeheuert, um die Dreharbeiten für einen Film zu übernehmen. Es gibt keine langfristigen Arbeitsbeziehungen zwischen Filmstudios und diesen Teams mehr. Die Studios profitieren durch größere Flexibilität und verringerte Fixkosten. Allerdings ist die Produktionscrew vielleicht geringer mit dem Gelingen eines bestimmten Films identifiziert als das zu Zeiten einer festen Zugehörigkeit der Fall war.

Es ist zu erwarten, dass die Zahl der ausgewickelten und nicht eingewickelten Teams zunehmen wird, da sich viele Unternehmen in Richtung Dezentralisierung, Kundennähe und lockere Vernetzung entwickeln. Beraterinnen, aber auch Gruppenleiter werden häufiger als bisher mit ausgewickelten Teams zu arbeiten haben, denen die Folgen widersprüchlicher Kontexte zu schaffen machen –

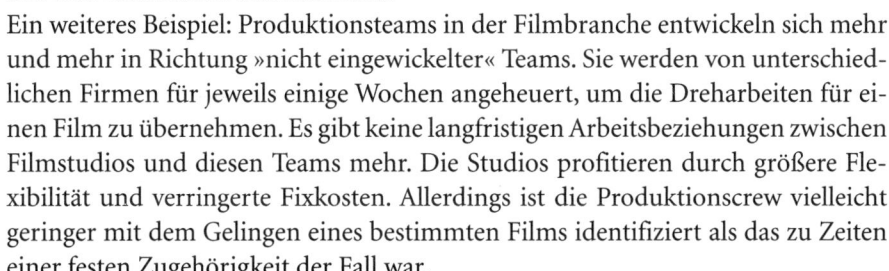

Berater, aber auch Gruppenleiterinnen arbeiten zunehmend mit ausgewickelten Teams, die widersprüchliche Kontexte zu managen haben.

und möglicherweise auch mit Akteuren der Mutterorganisation, die sich durch diese Entwicklung bedroht fühlen.

Der Zeitkontext

Die Zeit ist eine wichtige Kontextbedingung jeder Gruppe und jedes Teams. Zeitvorgaben sind machtvolle indirekte Interventionen zur Steuerung des Gruppengeschehens. Wie lange gibt es den Chor schon? Wie hat er sich entwickelt? Wie viel Zeit steht der Projektgruppe zur Verfügung, um ihre Vorschläge auszuarbeiten? Wie lange wird die Ausbildungsgruppe Supervision zusammen sein? Wie sieht die Zeitstruktur der Ausbildungstage aus? Und wie der Zeithorizont eines Teams?

Im Folgenden wird der Zeitkontext unter drei Fragestellungen beleuchtet:

- Welche Bedeutung hat die Lebensdauer eines Teams für die Qualität seiner Arbeit? Wird es im Laufe der Zeit immer besser? Oder »altern« Gruppen und lassen, nach einem Zenit, in ihrer Leistung nach?
- Welche Rolle spielt die zur Verfügung stehende Zeit für das Geschehen in der Gruppe? Wie wirkt sich Zeitdruck auf den Gruppenprozess und die Leistung aus?
- Gibt es Verbindungen zwischen den Zeitrhythmen und Tempi einer Organisation und der in sie eingebetteten Teams? Wie kann man sich diese vorstellen? Und wozu taugt so eine Betrachtungsweise?

Die Lebensdauer von Gruppen

Alle Diskussionen über die Bedeutung der Lebensdauer wurden durch eine Forschergruppe und ihr großes Forschungsprojekt angestoßen. Obwohl diese Arbeiten schon ein Vierteljahrhundert zurückliegen, beziehen sich Wissenschaftler, die sich für dieses Thema interessieren, bis heute auf sie. Diese Untersuchungen über den Zusammenhang zwischen Lebensdauer und Leistung eines Teams stammen von Ralph Katz und seinen Kollegen (Katz 1982; Katz/Allen 1988; Katz/Tushman 1979).

Lebensdauer und Leistung von Projektteams

Katz untersuchte Projektteams von Fachleuten aus dem Bereich »Forschung und Entwicklung« eines großen Konzerns, insgesamt 50 Gruppen. Er teilte sie nach der Dauer ihrer Zusammenarbeit in fünf Kategorien: zwischen 1,5 Jahren und mehr als fünf Jahren. Aus anderen Untersuchungen über die Entstehung von Innovationen war bekannt, dass die Leistung von Projektgruppen im Bereich Forschung und Entwicklung weniger mit der Rezeption von Literatur zusammenhängt, sondern dass Anregungen und Ideen hauptsächlich über persönliche Kommunikation aufgenommen werden. Also ließ Katz alle Mitglieder aller Teams ein Logbuch über Zahl und Art ihrer Kontakte führen. Für das Kontaktelogbuch gab er drei Kontaktgruppen vor:
- die eigenen Teamkollegen,
- andere Bereiche innerhalb der Organisation,
- professionelle Bezugspersonen außerhalb der eigenen Organisation.

Der Beobachtungszeitraum betrug 15 Wochen. Parallel dazu wurden neun Manager zur Leistungsfähigkeit der Projektgruppen befragt. Ihre Kriterien waren:
- Termintreue und Kosten,
- Anpassungs- und Lernfähigkeit,
- Ausmaß innovativer Ergebnisse,
- die Fähigkeit, die Arbeit mit anderen Organisationsbereichen zu koordinieren.

Die Ergebnisse waren eindeutig und interessant: Die »alten« Gruppen, die mindestens fünf Jahre zusammenarbeiteten, kommunizierten in allen drei Kategorien viel weniger häufig als die anderen Teams. Besonders gering waren die Kontakte zu professionellen Bezugspersonen außerhalb der eigenen Organisation. Die Annahme, dass Projektgruppen zunehmend von ihrer professionellen Umwelt isoliert arbeiten, konnte voll bestätigt werden.

Zwischen Teamleistung und Lebensdauer ergab sich eine umgekehrt U-förmige Beziehung: In der ersten Phase der Zusammenarbeit, in der die Projektgruppen erst einmal zusammenfinden mussten, war die Leistung niedrig, stieg dann an und sank in der letzten »Altersgruppe« wieder ab. Diese Beziehung erwies sich als unabhängig vom Lebensalter der Teammitglieder oder von der Dauer ihrer Organisationszugehörigkeit. Ausschlaggebend war die Lebensdauer des jeweiligen Projektteams.

Katz und seine Kollegen fühlten sich in ihrer Annahme bestätigt, dass Teams mit wachsendem Gruppenalter zunehmend am sogenannten »not invented here syndrome« leiden, also daran, alle Ideen und Erkenntnisse, die nicht von ihnen selbst stammen, abzulehnen.

Die Schlussfolgerungen, die Katz und seine Kollegen aus den Ergebnissen gezogen haben, werden seither kontrovers diskutiert, ohne dass jedoch viele neue Untersuchungen vorlägen. Richard Hackman (2002) vertritt sehr entschieden den Standpunkt, dass die Vertrautheit der Gruppenmitglieder und die Länge der Zusammenarbeit sich positiv auf die Qualität auswirkten. Er zitiert eine Arbeit über ein berühmtes Streichquartett, aus der hervorging, dass die Qualität der gemeinsamen musikalischen Leistung nach zwanzig Jahren besser war als je zuvor.

Ming-Liang Yeh u. a. (2005) bestätigen jedoch die Ergebnisse von Katz in ihren wichtigsten Punkten.

Richard Guzzo und Marcus Dickson (1997) zitieren eine Untersuchung über militärische Flugzeugbesatzungen. Die Lebensdauer dieser Teams wurde verlängert, da sich zeigte, dass nicht eingespielte Teams die meisten Fehler machten. Die Folgen waren zwiespältig. Wenn die Teams Zeit hatten, sich miteinander vertraut zu machen, nahm die Fehlerhäufigkeit ab. Allerdings galt dies nur für die erste Phase ihrer Zusammenarbeit. Danach stieg das Selbstvertrauen der Teams, ihre Risikobereitschaft nahm zu (und ihre Vorsicht ab).

Fazit: Ob ein Zusammenhang zwischen der Lebensdauer eines Teams und seiner Leistung besteht und wie dieser beschaffen ist, bleibt umstritten. Die wichtigste Variable ist wohl die Aufgabe des jeweiligen Teams.

Die Bedeutung von Zeitvorgaben

Alle Gruppen existieren und arbeiten in einer zeitlichen Struktur. Diese kann selbst gewählt oder vorgegeben sein. Meistens ist sie vorgegeben. Zeitvorgaben können eine Gruppe darin unterstützen, ihr Ziel zu erreichen, wenn sie Handlungsräume definieren und so Sicherheit schaffen; sie können Herausforderungen darstellen und ein Team zu gemeinsamer Anstrengung einladen. Sie können aber auch zur Belastung werden und zu Überlastung führen, wenn sie zu eng gesetzt sind – oder wenn sie völlig fehlen.

In Gruppen, zu deren Arbeitsauftrag die Selbstreflexion gehört – Therapiegruppen, Supervisionsgruppen, aber auch T-Gruppen im gruppendynamischen Training (s. auch die Beiträge von Gephart, Weigand, Brosius in diesem Handbuch) –, steht die Zeitstruktur im Dienste dieses Arbeitsauftrags. Das Setzen und Halten von Arbeitszeiten gehört zu den Aufgaben des Trainers oder der Therapeutin. Sie sind Bestandteil des Rahmens, der für die Teilnehmer eine Ordnung darstellt, Grenzen setzt und Sicherheit schafft. Eine klare und verlässliche Zeitstruktur erleichtert es den Teilnehmern, sich angstfreier auf die minimal strukturierte Situation einzulassen. Wer ein persönliches Problem zum Thema machen möchte, weiß genau, bis wann er sich entscheiden muss und wie viel Zeit ihm zur Verfügung steht. Klare Zeitgrenzen konfrontieren die Teilnehmerin mit der Notwendigkeit, sich zu entscheiden (»Sage ich etwas oder sage ich nichts?«). Verstöße gegen den zeitlichen Rahmen werden nicht als Zufall oder persönliche Nachlässigkeit verstanden, sondern als Beziehungsaussage interpretiert und untersucht.

Im Unterschied zu den oben genannten Arbeitsformen war in den Marathon-Encounter-Sitzungen der 1970er-Jahre die innere Zeitstruktur aufgehoben. Es gab keine Arbeitszeiten und keine Essenszeiten, auch dass der Tag zur Arbeit und die Nacht zum Schlafen da sei, galt nicht mehr. Nur Beginn und Ende der Veranstaltung standen fest. Explizites Ziel war das Einreißen der individuellen Abwehr – ein Vorhaben, das durch die Abschaffung der Zeitstruktur unterstützt wurde.

Teams und Gruppen, die in eine Organisation eingebettet sind, bekommen Zeitvorgaben für die Erledigung der jeweiligen Aufgabe. Diese können eng oder weit, kleinteilig oder großräumig sein. In der Regel orientieren sie sich nicht nur an den Erfordernissen der Arbeitsaufgabe; in ihnen drücken sich auch Interessen, Ziele und politische Kräfteverhältnisse aus. Die Zeitansprüche der Teamumwelt greifen vielfältig in den Arbeitsprozess der Gruppe ein. Sie beeinflussen und »stören« die interne Entwicklung.

Gruppen, die eine Aufgabe gestellt und einen zeitlichen Rahmen zu ihrer Erledigung gesetzt bekommen, entwickeln einen teaminternen Zeitrhythmus. Connie Gersick (1988, 1989) hat in mehreren Arbeiten solche internen Zeitmuster von Gruppen erforscht. Sie arbeiten, so fand sie, in einer ersten Phase eifrig, eher planlos und kümmern sich nicht um die Zeitvorgabe. Auf halber Strecke ändert sich diese Haltung rasch und grundsätzlich: Die Gruppe organisiert sich neu und arbeitet zügig und effizient. Von nun an ist der Zeitrahmen immer im Bewusstsein der Gruppenmitglieder.

»Zeit« wird gleichbedeutend mit »verbleibende Zeit«, und sie gilt nun als eine kostbare und schwindende Ressource.

Connie Gersick und Richard Hackman (1990) beschreiben auf der Grundlage dieser Untersuchungen den Arbeitsprozess einer Gruppe als »punktiertes Equilibrium«, in dem Phasen ruhigen Arbeitens plötzlich von Intervallen der Instabilität und Reorganisation unterbrochen werden. Hackman (2002) stützt auf dieses Modell seine Annahme, dass Teamcoaching nur in bestimmten Arbeitsphasen wirksam sei: zu Beginn, bevor es losgeht; auf halber Strecke, wenn die Gruppe innehält und sich neu organisiert – und am Schluss, wenn der Arbeitsprozess reflektiert und ausgewertet wird.

Arbeitswissenschaftler haben sich von jeher dafür interessiert, wie viel Belastung dem Einzelnen zuzumuten sei. Ihre Zielgruppe sind in erster Linie Arbeiter in der Produktion. Unter der Bezeichnung »aufgabenimmanente Regulationsüberforderungen« werden Monotonie und Zeitdruck diskutiert. Zeitdruck wird folgendermaßen operationalisiert (Greiner u. a., zitiert nach Ulich 2001, S. 125):

> »Für die Erfassung von Zeitdruck muss der Untersucher die Frage beantworten, wie lange sich der Arbeitende von seiner Aufgabe vollständig abwenden könnte, ohne Mengenvorgaben zu unterschreiten und ohne dass dies bestimmte andere Konsequenzen (Fehlererhöhung, Umgehen von Sicherheitsvorschriften usw.) hätte.«

Im Zentrum der Arbeiten von Janice Karau, Steven Kelly und anderen, die sie 1992 beginnen, steht die Frage nach dem Zusammenhang zwischen Zeitdruck und Teamleistung. Im Laboratorium, also bei »künstlichen« Gruppen, fanden sie, dass die Verknappung der Zeit zunächst zu einem Leistungsanstieg führt. Dies gilt jedoch nur bis zu einem gewissen Punkt. Steigt der Zeitdruck weiter, sinkt die Leistung ab. Auf der Suche nach den Ursachen fanden sie Folgendes: Wenn der Druck zunimmt, konzentriert sich die Gruppe auf die zu erledigende Aufgabe und blendet alles andere aus. Vor allem soziale Aktivitäten, also Handlungen, die sich – ohne im engeren Sinne bedeutsam für die Aufgabenerledigung zu sein – an andere Teammitglieder richten, nehmen immer mehr ab. Dies steigert zunächst die Leistung. Aber dann kippt der Prozess. Warum – darüber können die Autoren nur spekulieren. Offenbar sind die »unnützen« sozialen Aktivitäten doch nicht so unnütz. Aber wir wissen nicht, wie sie zur Gruppenleistung beitragen.

Teams in den Zeitrhythmen ihrer Organisation

Ein Team ist Teil einer Organisation und daher vielfältig verwoben mit dieser Umwelt. Die Organisation folgt eigenen Tempi und entwickelt Rhythmen, die sich von denen des Teams unterscheiden. Wie wirken diese externen Zeitmuster auf das Gruppengeschehen?

Das Konzept des »Entrainment« (Ancona/Chong 1999) hat diesen Zusammenhang zum Gegenstand. Seine zentrale Annahme ist, dass zwischen den verschiedenen Zeitrhythmen und Zyklen innerhalb einer Organisation immer wieder Prozesse der Synchronisation, also der Angleichung von Geschwindigkeiten und Rhythmen, stattfinden. Dabei »bemächtigen sich« übergeordnete Zeitmuster der nachgeordneten. So wie die Tageszeiten und die Länge der Tage unseren individuellen Biorhythmus beeinflussen – die Sonne wirkt dabei als »Zeitgeber« –, so »unterwirft« die Organisation die teaminternen Zyklen ihren eigenen. Diese Angleichung der Zeitmuster unterschiedlicher Systeme nennen die Autoren »Entrainment« nach einer mathematischen Theorie, die sich mit Prozessen der Oszillation befasst.

Betrachtet man Vorgänge im Team durch die Brille des Entrainment, lassen sich verschiedene Kontexteinflüsse unterscheiden:

 Der Zeitkontext wirkt als externer Schrittmacher. Viele Teams passen ihre Arbeitsgeschwindigkeit an, wenn sich die Umweltanforderungen verändern. Kathleen Eisenhardt (1989) untersuchte fünf Unternehmen, die in einem äußerst instabilen Markt agieren mussten. Einige Managementteams, so zeigte sich, passten die Geschwindigkeit ihrer strategischen Planung dem Tempo der Veränderung des Marktes an – andere dagegen nicht. Offenbar unterscheiden sich Teams in ihrer »Entrainment-Fähigkeit«. Wie dieser Unterschied zustande kommt, ist unbekannt.

 Der Zeitkontext setzt den Arbeitsrhythmus. Während viele Phasenmodelle Veränderungen des Verhaltens als Ausdruck interner Teamdynamik sehen, bietet die Linse des Entrainment eine andere Erklärung an. Umstellungen des Verhaltens werden hier als Anpassung an die Rhythmen der Organisation verstanden. Der Alltag von Organisationen wird durch Rhythmen geprägt. Geschäfte bewegen sich zwischen Budgetplanung und Sommerflaute, akademische Institutionen sind durch das akademische Jahr mit seinen Semestern und Semesterferien, mit Examenszeiten und Sommerkursen geprägt. Politische Organisationen folgen dem Vierjahresrhythmus von Wahlkampf, Wahl, Analyse und Planung. Die einzelnen Teams, so das Entrainment-Konzept, passen sich diesen Rhythmen an.

 Der Zeitkontext schafft »windows of opportunity« für Veränderung. Aus dem Konzept des Entrainment folgt, dass der Zeitkontext, der auf ein Team einwirkt, den Erfolg von Teaminterventionen mitbestimmt. Manche Zeiten sind günstiger, um Veränderungen im Team zu bewirken, zu anderen sind Widerstand und Beharrungsvermögen größer. Wer also Veränderungen bewirken möchte, tut gut daran, die auf das Team einwirkenden Tempi und Rhythmen der jeweiligen Organisation zu studieren. Genauso kann ein Team bestimmte Zeitfenster seiner Umwelt nutzen, um seine Leistung zu verbessern. Produktentwicklungsprozesse können sich zum Beispiel an die Kaufrhythmen der Kunden anpassen.

Der Kontext ist eine Quelle von Unterbrechungen – regelmäßigen und zufälligen. Wenn zum Beispiel in der Bildungsabteilung eines Unternehmens zweimal jährlich Standortbestimmungen vorgenommen werden, an denen alle Teams der Abteilung teilnehmen und auf der sie unter anderem ihre Projekte und deren Stand präsentieren, dann führt das zu vermehrter Aktivität im Vorfeld der Veranstaltung. Möglicherweise muss das eine oder andere Team als Folge Vorgehen oder Arbeitsweise verändern.

Fazit: Die Vorstellung, dass ein Arbeitsteam von den Zeitrhythmen der »Mutterorganisation« ergriffen wird, ist bisher eher eine Idee als ein ausgearbeitetes Konzept, geschweige denn ein empirisch abgesicherter Befund. Es ist jedoch eine anregende Möglichkeit, über Zusammenhänge zwischen Team und Organisation nachzudenken.

Drei Beispiele der Kontextgestaltung

Das Verstehen und das Steuern des Gruppenkontextes sind nicht zuletzt deshalb schwierig, weil viele Umweltfaktoren zusammenwirken. Sie beeinflussen nicht nur gemeinsam die Gruppe, sondern auch sich selbst gegenseitig. Erst aus diesem Zusammenwirken und aus der Reaktion der Gruppe darauf entsteht die ganz spezielle Art der Einbettung eben dieser Gruppe in ihre besondere Umwelt. Da sind viele Unbekannte im Spiel. Das hindert jedoch Teamleiterinnen und Trainer, Supervisoren und Pädagoginnen nicht daran, es zu versuchen. Es bleibt ihnen gar nichts anderes übrig – sie müssen mit vielen Unbekannten zurechtkommen.

Ich schildere die Berücksichtigung und die Gestaltung von Gruppenkontexten an drei Beispielen:

- Was sind die Rahmenbedingungen erfolgreicher Teams? Was muss entschieden und geregelt sein, bevor das Team seine Arbeit beginnt? Und welche Begleitumstände sind nach erfolgreichem Start für gutes Gelingen wichtig? Richard Hackman, Gruppenforscher in Harvard, hat ein Modell entwickelt, das diese Fragen beantworten möchte (Hackman 2002).
- Im zweiten Beispiel geht es um die Gestaltung eines Workshops im Rahmen eines Change-Prozesses. Welche Kontextfaktoren müssen verstanden und dann in der Planung und Durchführung berücksichtigt werden, um der Workshop-Gruppe erfolgreiches Arbeiten zu ermöglichen? Doppler und Lauterburg stellen in ihrem Klassiker »Change Management« (12. Auflage 2008) diesen Prozess dar.
- Das dritte Beispiel ist die Einführung der Gruppenarbeit in der Produktion. Hier geht es darum, Bedingungen zu schaffen (also Kontexte zu gestalten), die einerseits der Gruppe ein gutes Arbeiten ermöglichen und die andererseits die neue Arbeitsform erfolgreich in die bestehende Organisation einfügen. Heiner Minssen untersucht und vergleicht die Prozesse der Vorbereitung und Einführung solcher Gruppenarbeit in drei Firmen (Minssen 1999).

Kontextgestaltung und Teamdesign

Führungskräfte, die die Chance haben, ein neues Team auf die Beine zu stellen, oder Berater, die eine Chefin bei dieser Aufgabe unterstützen, können mit einigem Gewinn Richard Hackmans Modell eines gut entworfenen Teams studieren. Für unser Thema ist die Frage der Rahmenbedingungen zentral. Das sind Bedingungen, die durch Entscheidungen gesetzt werden, bevor das Team seine Arbeit aufnimmt (zum Beispiel

Gruppengröße). Und es sind Bedingungen, die von außen auf das bereits arbeitende Team einwirken (zum Beispiel Informationsflüsse).

Ein gutes Fundament

Wer immer über die Arbeitsbedingungen eines zukünftigen Teams entscheidet, hat nach Hackman die Möglichkeit, durch gute und richtige Entscheidungen der Gruppe zu einem positiven Start zu verhelfen.

> Die wichtigsten Rahmenbedingungen für gute Arbeit im Team sind: eine angemessene Gruppengröße, die richtige Gruppenzusammensetzung und eine motivierende Gestaltung der Aufgabe.

 Zusammensetzung und Größe. Häufig geäußerte, aber falsche Annahmen über gute Gruppenzusammensetzung sind:

- Im Zweifelsfall soll das Team lieber größer als kleiner sein – Teams sind daher oft zu groß.
- Menschen, die einander ähnlich sind, arbeiten besser zusammen – Teams sind daher in vielen Fällen zu homogen.
- Jeder weiß, wie man in einer Gruppe arbeitet – der sozialen Kompetenz der Gruppenmitglieder wird daher meist zu wenig Beachtung geschenkt. (Hackman 2002, S. 115)

Der Zusammenhang zwischen Gruppengröße und Produktivität ist recht gut erforscht (s. auch den Beitrag von Hubert Kuhn in diesem Handbuch, S. 124 ff.); die potenzielle Produktivität einer Gruppe nimmt zwar zu, wenn die Gruppe größer wird, aber der Effekt wird von Gruppenmitglied zu Gruppenmitglied geringer. Die Prozessverluste durch Koordinations- und Verständigungsprobleme dagegen nehmen immer schneller zu. Die Kurve der tatsächlichen Produktivität verläuft in umgekehrter U-Form: sie nimmt zunächst zu bis zu einem Optimum und sinkt dann ab. Hackman plädiert für eine Gruppengröße von sechs Personen.

Weniger eindeutig ist die Forschungslage zum Thema Diversity. Es gibt mittlerweile umfangreiche Untersuchungen zu der Frage, wie unterschiedlich Teammitglieder sein können oder sollten, um optimale Ergebnisse zu erreichen. Dennoch besteht keine Einigkeit (s. Beitrag Edding »Kleingruppenforschung«, S. 47 ff.). Hackman plädiert für eine gute Balance zwischen Ähnlichkeit und Unterschiedlichkeit und stellt gleichzeitig fest, dass diese nicht einfach herzustellen und zu erhalten sei. Ein mittleres Maß an Diversity sorgt dafür, so seine Position, dass einerseits genügend unterschiedliche Fähigkeiten und Sichtweisen vertreten sind, dass sich aber die Gruppenmitglieder ähnlich genug sind, um gut zu kommunizieren. Ganz anders die Ergebnisse des Sammelreferats von Daan van Knippenberg und Michaela Schippers (2007). Sie kommen zu der Einschätzung, dass sehr homogene oder sehr heterogene Teams besser zusammenarbeiten würden als mittelmäßig unterschiedliche. Hier komme es leichter zu Fraktionsbildungen. Gerade diese sind nach Daniel Ilgen und anderen – zumindest für die Fähigkeit von Teams, zu lernen – günstig. Die Untergruppenbildung sollte allerdings nicht zu stark sein. Offenbar bedarf diese Frage weiterer Klärung (Ilgen u. a. 2005).

> **Fazit:** Angesichts der Neigung von Teams, im Laufe ihrer Zusammenarbeit homogener zu werden, und angesichts der Tatsache, dass homogene Teams weniger lernfähig sind, taugt in der Zwischenzeit als Faustregel vielleicht: lieber heterogen als zu homogen.

 Die Arbeitsaufgabe. Gehört die Arbeitsaufgabe eines Teams zum Teamkontext? Ich meine ja, denn sie ist in der Regel von außen gesetzt (selbst wenn das Team sie auf seine Weise interpretiert). Ihre Gestaltung und ihr Zuschnitt haben erhebliche Auswirkungen auf das Gruppengeschehen.

Damit ein Team für seine Arbeit motiviert ist, sollte die Arbeitsaufgabe nach Hackman drei Bedingungen erfüllen:

- Diejenigen, die sie erledigen, müssen ihre Arbeit als sinnvoll betrachten können. Sinnvoll erscheint eine Aufgabe dann, wenn sie nicht zu kleinteilig ist und wenn sie nicht nur eine, sondern verschiedene Fähigkeiten und Kompetenzen beansprucht.
- Die Aufgabe sollte so gestaltet sein, dass die Teammitglieder sich für das Ergebnis verantwortlich fühlen. Ein Team, das seine internen Arbeitsprozesse selbst gestalten kann, engagiert sich mehr. Wenn die Entscheidungsspielräume größer sind, wächst das Gefühle der Verantwortung für die eigene Arbeit.
- Es muss verlässliche und direkte Rückmeldungen über Ergebnis und Qualität der Arbeit geben.

Unterstützender Kontext

Der Start des neuen Teams mag gut gewesen sein – aber wie unterstützt die Organisation es nun darin, erfolgreich zu arbeiten? Hackman hält die Belohnungsregelung und das Informationssystem eines Unternehmens für die beiden wichtigsten Umweltbedingungen eines Teams.

 Die Belohnungsregelung oder das Anreizsystem, wie es oft genannt wird, soll ausgezeichnete Teamleistungen belohnen und dadurch erwünschtes Teamverhalten verstärken. Damit die Belohnung wirkt, damit also die Teammitglieder das, was sie getan haben, wieder tun – was immer es auch sein mag, müssen einige Bedingungen erfüllt sein:

- Die Belohnung wird vom Team – kollektiv – für wertvoll gehalten.
- Den Teammitgliedern ist klar, welches Verhalten erwünscht ist und belohnt wird.
- Es sind Indikatoren vorhanden, die das Team erkennen lassen, ob es sich in Richtung der erwünschten Ergebnisse bewegt.
- Das Team kann durch seine Arbeit die Ergebnisse beeinflussen, die belohnt werden.

Wichtig ist es, zu prüfen, ob es tatsächlich die Teamleistung ist, die belohnt wird. Viele Unternehmen schreiben zwar Teamarbeit auf ihre Fahnen, beschwören zugleich aber die Vorteile von Intrapreneurship und anerkennen am Ende doch nur die Arbeit des Individuums und nicht die des Teams.

 Das Informationssystem. Jedes Team braucht Informationen, an denen es seine Arbeit ausrichten kann, sonst befindet es sich im Blindflug. Ob es neue Richtlinien für die Aufgabenerledigung sind, ob Informationen über die zur Verfügung stehenden Ressourcen, ob Auskünfte über die Erwartungen interner oder externer Kunden – gute Planung erfordert verlässliche Informationen. Gerade in einer sich verändernden Umwelt können Teams sich an anderen Bedürfnissen oder Zuständigkeiten nur ausrichten, wenn sie davon in einer für das jeweilige Team passenden Form unterrichtet werden. Besonders wichtig sind:

- Informationen über die Aufgabenerfordernisse und die Erwartungen derjenigen, für die das Team arbeitet,
- Informationen über zukünftige Entwicklungen und Planungen,
- Informationen über die Ressourcen, die zur Verfügung stehen und die in näherer Zukunft zur Verfügung stehen werden.

Vom Nutzen des Modells

Das Modell von Hackman erscheint einfach und überzeugend. Er legitimiert seine Vorschläge immer wieder mit eigenen Forschungsergebnissen und illustriert sie mit gut gewählten Beispielen aus seiner Beratungspraxis. Vieles klingt banal, denn der Abstraktionsgrad der Aussagen ist so gewählt, dass die komplizierte und spannungsvolle soziale Wirklichkeit dahinter verschwindet. Dadurch entsteht der Eindruck, Gruppen seien durch eine entsprechende Gestaltung ihrer Rahmenbedingungen und einiger zentraler Umweltfaktoren gut steuerbar. Bei einer Umsetzung würde jedoch die Komplexität der realen Verhältnisse unweigerlich wieder zutage treten. Denn die Führungskräfte, die die guten Rahmenbedingungen setzen wollen, sind nicht allmächtig, sondern treffen auf die Interessen anderer. Die zukünftigen Teammitglieder würden Bedürfnisse anmelden; auch die Organisation, deren Selbstverständnis und Kultur den weiteren Kontext abgeben, in dem das neue Team verankert werden muss, würde sich bemerkbar machen.

Dennoch gibt es gute Gründe, sich mit Hackmans Vorstellungen zu befassen. Das Modell liefert Prüfkriterien und Sollwerte, die das Augenmerk bei neu entstehenden Teams auf wichtige Aspekte lenken. In der Regel werden sich zumindest einige Faktoren beeinflussen lassen. Dafür gibt das Modell eine Richtung vor.

Auch bei diagnostischen Aufgaben ist es anregend. Es lenkt den Blick der Betrachterin – sei sie nun innerhalb oder außerhalb des Teams – auf ganz konkrete Arbeitsbedingungen der Gruppe. Diese können als mögliche Konfliktquellen untersucht werden.

Kontextorientierung und Veranstaltungsdesign

Wer über ein Veranstaltungsdesign entscheidet, gestaltet damit die Lernbedingungen einer Gruppe. Im Feld der Erwachsenenbildung ist das Design der jeweiligen Veranstaltung – sei es ein Training, ein Workshop, eine Informationsveranstaltung – eine indirekte Intervention mit steuernder Wirkung. (s. Beitrag von Klaus Brosius, S. 258 ff.).

Je enger eine geplante Veranstaltung mit einer bestimmten Organisation verbunden ist, desto mehr wird der Organisationskontext zum Kontext der Veranstaltung. Ein Workshop, der im Rahmen eines Organisationsentwicklungsprojektes geplant wird, hat nicht individuelle Weiterbildung, sondern die Beförderung des Veränderungsprozesses in der Organisation zum Ziel. Solch eine Veranstaltung hat einen doppelten Kontext: Zum Thema des Workshops gibt es in der beauftragenden Organisation Standpunkte und Interessen. Es gibt Abhängigkeiten der Beteiligten voneinander und von anderen Personen, die nicht teilnehmen, aber wirksam sind. Das Thema hat eine hohe oder eine niedrige Priorität; es gibt Vorerfahrungen und Ängste. Dieser Organisationskontext muss erkundet und berücksichtigt werden, um den zweiten Kontext, das Veranstaltungsdesign, angemessen gestalten zu können. Dieser kann nur vor dem Hintergrund der Organisation geplant werden. Vorgehen der Leiter und Ablauf des Workshops werden nicht nur vom Arbeitsauftrag und den Besonderheiten der Zielgruppe bestimmt, sondern müssen Aspekte der Organisationsdynamik berücksichtigen.

> Wenn ein Seminar eng mit einer Organisation verbunden ist, wird der Organisationskontext zum Kontext der Veranstaltung.

Die Vorbereitung und die Planung so eines Workshops bedarf daher einer besonderen Haltung, nämlich einer Kontextorientierung, und spezieller Vorarbeiten. Mit ihrer Hilfe wird der Workshop »von außen nach innen« geplant. Durch die Erkundung des Organisationskontextes werden allmählich die Bedingungen herauspräpariert, die beim Entwurf des Veranstaltungsdesigns zu berücksichtigen sind. Klaus Doppler und Christoph Lauterburg (2008) schildern in dem Kapitel »Die Kunst der Gestaltung von Workshops« im Detail, wie man bei dabei vorgehen kann, welche Fußangeln zu vermeiden sind und wie die Ergebnisse in die konkrete Planung einfließen.

Die Sondierungsphase

Zunächst gilt es zu klären, ob es sich bei der ins Auge gefassten Veranstaltung um einen Workshop handelt. Doppler und Lauterburg nennen vier zentrale Merkmale eines Workshops:

- »Workshops sind Schlüsselveranstaltungen im Rahmen innovativer Prozesse.
- Workshops sind immer eingebettet in eine Entwicklung – das heißt, es gibt immer ein »Vorher« und ein »Danach«.
- Workshops finden außerhalb der normalen Besprechungsroutine statt.
- Das Ziel eines Workshops ist die Erarbeitung konkreter, umsetzbarer Ergebnisse.« (2008, S. 400)

Damit die Veranstaltung ihre Ziele erreichen kann, müssen die Rahmenbedingungen so gesetzt werden, dass die Erfolgschancen steigen. Damit sie informiert entscheiden können, erkunden die Berater zunächst die Kontextbedingungen für die Veranstaltung. Diese Erkundung nennen Doppler und Lauterburg »Sondierungsphase«. Hier werden mithilfe einer Reihe von Gesprächen wichtige grundsätzliche Fragen geklärt:

- An welche Themen ist gedacht?
- Passt zur Behandlung dieser Themen die Arbeitsform »Workshop«?
- Ist jetzt der richtige Zeitpunkt?
- Mit welcher Zielsetzung soll die Veranstaltung konzipiert werden?
- Wer übernimmt die Regie und wer die Verantwortung?

Workshops sind aus unterschiedlichen Anlässen und mit verschiedenen Fragestellungen möglich. Es kann um Leitbildentwicklung gehen oder um die Bearbeitung von Konflikten; um Führungskonzepte oder um zukünftige Arbeitsformen – immer sind es Themen, die die Interessen der Beteiligten berühren und zu denen es verschiedene Standpunkte gibt. In der Sondierungsphase geht es darum, sich einen ersten Eindruck von dem vorhandenen Kräftefeld zu verschaffen und Unterschiede deutlich werden zu lassen. Die Gesprächspartner sollen daher so gewählt sein, dass verschiedene Sichtweisen des Themas und der Problemstellung deutlich werden können. Dann verringert sich die Gefahr, dass konflikthafte Aspekte der Situation unter den Tisch fallen. Es liegt in der Hand der Berater, in dieser Phase die Unterschiede sichtbar zu machen, sie weder zu verwischen noch zu unterschlagen. Denn eine wirklich gemeinsame Problemlösung kann nur dann entwickelt werden, wenn die Moderatoren des Workshops sich nicht schon im Vorfeld innerlich auf eine »beste Lösung« festlegen oder sich für die Lieblingslösung eines der Beteiligten einspannen lassen.

Während dieser Gespräche können die Berater auch abschätzen, wer motiviert ist, das Problem überhaupt anzugehen, wie viel Vorgeschichte es zu dem Thema schon gibt und welche Bedeutung diese hat. Vielleicht kommen sie zu dem Schluss, das Projekt nicht weiterzuverfolgen.

Konzeption und Planung

Ist die Entscheidung gefallen, einen Workshop durchzuführen, geht es im nächsten Schritt um Konzeption und Planung der Veranstaltung. Dazu

- wird eine Vorbereitungsgruppe gebildet;
- Ziele und Inhalte werden endgültig festgelegt;
- die Teilnehmer werden ausgewählt;
- Verfahren und Ablauf werden festgelegt.

Die Vorbereitungsgruppe soll aus den Beratern und einigen direkt Beteiligten bestehen. Denn eine gemeinsame Vorbereitung erhöht das Engagement. In dieser Gruppe können Sichtweisen und Einschätzungen deutlich werden, die für den Workshop von Bedeutung sind und die eine erfolgreiche Planung erleichtern.

In der Vorbereitungsgruppe werden die endgültigen Ziele und die Themen, die bearbeitet werden sollen, abgesprochen und formuliert. Die Reihenfolge der Themen wird beschlossen, und die »Gefühlsladung« (Doppler/Lauterburg) der einzelnen Themen wird abgeschätzt – welche sind heiß und welche eher lauwarm, wo spielen Ängste, Konkurrenz oder politische Interessen eine Rolle?

Um angemessen planen zu können, muss zudem entschieden werden: Wer soll teilnehmen? Die Entscheidung darüber hängt von vielen Faktoren ab und muss sorgsam bedacht werden. Kriterien können sein: Wer kann zu den definierten Zielen und Themen produktiv arbeiten, wer hat etwas dazu zu sagen, wer ist betroffen, wer kann entscheiden? Sind Repräsentanten der verschiedenen Standpunkte berücksichtigt?

Erst wenn feststeht, wer teilnehmen wird, kann über das konkrete Vorgehen entschieden werden. Dazu ist es notwendig, sich die Ausgangssituation der Teilnehmer vor Augen zu führen: Wie ist wohl ihre psychische Verfassung, bezogen auf das Thema? Wie vorsichtig oder ängstlich werden sie sein? Wissen sie, worum es geht? Antworten auf diese Fragen bestimmten das Tempo: Sind die Teilnehmer eher vorsichtig, muss im Design eine Phase des Ankommens und Auftauens eingeplant werden; sind sie dialogbereit, kann man direkter zur Sache kommen.

In der Sondierungsphase haben die Berater eine Vorstellung davon gewonnen, wie das Kräftefeld in Bezug auf das gewählte Thema aussieht, welche Positionen es dazu gibt und wo die wichtigsten Konfliktlinien verlaufen. Sie können daher, falls sich die wichtigen Positionen unter den Workshop-Teilnehmern nicht abbilden, dafür sorgen, dass sie auf den Tisch kommen.

Weiteres zum Thema Planung und Durchführung von solchen Workshops sowie dazugehörige Checklisten im Buch der Autoren (2008, S. 400–433.).

Vorgehen und Ziele im Vergleich

Doppler und Lauterburg gehen davon aus, dass Workshop-Themen im Rahmen eines Change-Prozesses strittig sind. Daher besteht ein wichtiges Ziel des Workshops darin, die unterschiedlichen Meinungen und Interessen auf den Tisch zu bringen. Erst dann, so sagen sie, lassen sich Lösungen aushandeln, die tragfähig sind und in die Organisation zurückwirken. Diese Arbeit ist nur möglich, wenn das Kräftefeld bezüglich des Workshop-Themas vorher erkundet wurde und in der Besetzung, der Ablaufplanung und dem Vorgehen berücksichtigt wird.

Hackman wiederum ist daran gelegen, Kontextbedingungen zu identifizieren, die ein Team leistungsfähig machen und eine reibungslose Zusammenarbeit ermöglichen. Spannungen und Konflikte interessieren ihn nicht; vermutlich betrachtet er sie als Störung. Sein Ziel ist, sie durch »gute« Rahmenbedingungen wenn nicht auszuschließen, so doch möglichst zu vermindern.

Doppler und Lauterburg dagegen nutzen den Organisationskontext, um Spannungsfelder zu identifizieren, und sie planen den Veranstaltungskontext so, dass diese Spannungsfelder sichtbar werden können. Sie versuchen durch geschickte Teilnehmerauswahl, durch Einbeziehen der Beteiligten, durch gute Information und Organisation die Chancen zu erhöhen, dass das Erwartete geschieht, und die Gefahren zu mindern, dass etwas völlig Unvorhergesehenes den Workshop kippt. Da sie jedoch Gefühle, Konflikte und Interessen in den Mittelpunkt stellen müssen, wenn sie zu guten Ergebnissen kommen wollen, bleibt das »Wolkenelement« von Gruppen, also

> Berater und Leiterinnen können versuchen, das Unerwartete in Gruppen durch korrekte Rahmenbedingungen zu kontrollieren. Oder sie halten den Rahmen so geschmeidig, dass sie auf das Unerwartete eingehen können.

die Möglichkeit, dass etwas ganz Unerwartetes geschieht, bedeutsam. Sie versuchen nicht, es zu kontrollieren, sondern halten das Design so geschmeidig, dass sie darauf eingehen können.

Kontextgestaltung ohne Kontextorientierung – Gruppenarbeit in der Produktion

Zu Beginn der 1990er-Jahre wurde Gruppenarbeit in der Produktion zu einem Symbol für Fortschritt und Modernität. »Die tayloristische Massenproduktion, in der jeder Handgriff im Sinne des ›one best way‹ vorgeschrieben war, sollte ersetzt werden durch Gruppen, in denen die Arbeitsteilung aufgehoben war, die ihre eigenen Angelegenheiten selbst regeln würden und die durch Vorgaben für die Gesamtgruppe gesteuert würden. Die Qualitätskontrolle, bisher eine im Produktionsprozess nachgelagerte Tätigkeit, sollte integriert und Teil der normalen Arbeit werden. Das Vorschlagswesen sollte ersetzt werden durch etwas, was später KVP – kontinuierlicher Verbesserungsprozess genannt wurde.… Die Praktiker in den Unternehmen waren begeistert. Sie erhofften sich einen Motivationsschub für jeden einzelnen Arbeiter und damit eine bessere Auslastung der Maschinen« (Edding 2005, S. 6).

Am Schicksal dieser so enthusiastisch aufgenommenen Gruppenarbeit lässt sich ein interessanter, weil höchst widersprüchlicher Umgang mit Kontextfragen aufzeigen.

Bei der Einführung von Gruppenarbeit sind verschiedene Kontexte von Bedeutung. Es gilt einerseits, einen strukturierenden Rahmen für die neue Gruppe zu schaffen; andererseits braucht sie eine Einbindung in die Organisation. Die Aufgabe, der Gruppe eine Struktur für ihre Arbeit zu geben, wird häufig gelöst durch ein Vorgehen, das man als »Taylorisierung der Gruppenarbeit« bezeichnen kann. Die Aufgabe, die neue Gruppe in die Organisation einzubinden, wird vernachlässigt.

Die »Taylorisierung der Gruppenarbeit« sucht durch Übertragung des Prinzips des »one best way« auf soziale Prozesse diese zu kontrollieren und zu regulieren. Die Gruppe soll durch gute Regeln so eingegittert werden, dass sie funktionieren muss. Genau dies erweist sich jedoch als folgenschwerer Irrtum. Wenn die Vorgaben keinen Raum für die Entwicklung der gruppeninternen Steuerung lassen (s. Beitrag von Gisela Clausen »Führung: Das sensible Zusammenspiel«, S. 394 ff.) oder wenn ein Prozess der Auseinandersetzung und der Identifikation mit der neuen Arbeitsform nicht unterstützt wird, bleibt »das Herz« auf der Strecke – und damit das persönliche Engagement der Gruppenmitglieder. Im »Handbuch für die Gruppenarbeit in der Produktion« eines großen deutschen Unternehmens wird der Gruppe und den Einzelnen der Prozess der Selbststeuerung bis ins letzte Detail vorgeschrieben. Das entsprechende Vokabular ist noch vorhanden. Es gibt Gruppensprecher und Gruppengespräche; es gibt das Rotationsprinzip und die Integration indirekter Funktionen (»wenn möglich«). Die Darstellung wird aber konterkariert durch eine hohe Standardisierung aller Schritte des Arbeitsprozesses und eine ebenso hohe Kontrolldichte sowohl des Einzelnen als auch der Gruppe. Die wöchentlichen Gruppengespräche, auf denen Probleme der Kooperation und die gesamte Arbeitseinteilung und -planung besprochen werden sollen, sind auf 30 Minuten begrenzt. Damit ist die Form gewahrt, aber der Geist vertrieben. Die Arbeitsbedingungen der Betroffenen haben sich verschlechtert: Die Arbeit verdichtet sich, die Anforderungen werden breiter, die Verantwortung nimmt zu, die Ausweichmöglichkeiten nehmen ab. Die Gruppenmitglieder schätzen die neue Gruppenarbeit in der Regel nicht.

Da die Einführung eher als technischer denn als sozialer Prozess verstanden wird, gerät der Organisationskontext, in den sich die neue Gruppenarbeit einfügen soll, häufig gar nicht in den Blick. Daher sind die Denk- und Handlungsgewohnheiten der Verantwortlichen kein Thema. Die Frage, wie die neue Gruppe die Führungsaufgabe der direkten Vorgesetzten verändert, wird nicht gestellt, und ob die bestehende Organisationskultur eigentlich zu den proklamierten Werten der – in engen Grenzen – selbst gesteuerten Gruppenarbeit passt, scheint irrelevant.

> Wenn die Einführung von Gruppenarbeit als technischer und nicht als sozialer Prozess verstanden wird, gerät der Organisationskontext, in den sich die neue Gruppenarbeit einfügen soll, nicht in den Blick.

Heiner Minssen (1999) hat die Einführung von Gruppenarbeit in drei Unternehmen miteinander verglichen und kommt zu einigen interessanten Ergebnissen.

Er stellt zunächst kritisch fest: »Arbeits- und Organisationsgestaltung wie zum Beispiel die Einführung von Gruppenarbeit erscheint als ein rationaler Prozess, der bei einigem gutem Willen aller Beteiligten und unter Berücksichtigung der wissenschaftlich erarbeiteten Gestaltungsleitfäden zum Erfolg führen muss« (S. 130).

Die Wirklichkeit sieht anders aus. – In dem Betrieb, der den Prozess am wenigsten geplant hatte, verlief er am erfolgreichsten. Es ging in diesem Unternehmen nicht um die Einführung der Gruppenarbeit, sondern um die Beseitigung eines Problems (zu hohe Lagerbestände). Angeregt durch das Management, entwickelte sich eine breite Suchbewegung unter Beteiligung vieler Mitarbeiter. Gruppenarbeit entstand als eine von mehreren Maßnahmen einer umfangreichen Reorganisation. Die Einführung erfolgte daher nicht in vorgegebenen, geplanten Prozessschritten, sondern schälte sich allmählich als geeigneter Weg heraus. Dadurch geriet ein großer Systemausschnitt ins Blickfeld der Beteiligten: Nicht nur die neu zu schaffende Gruppe und ihre Mitglieder mussten informiert und weitergebildet werden, es waren auch viele andere Akteure betroffen, die für den Implementierungsprozess wichtig waren – so zum Beispiel der direkte Vorgesetzte einer Fertigungsgruppe, dessen Führungsaufgaben sich durch die neue Arbeitsform stark veränderten.

> Der Prozess der Einführung von Gruppenarbeit verlief – obwohl wenig geplant – erfolgreich, weil viele Mitarbeiter sich an der Suche nach einer Problemlösung beteiligten.

Die beiden anderen Unternehmen hatten unterschiedliche Motive für die Einführung, der Prozess selbst war jedoch genau geplant; Ergebnisse wurden in Betriebsvereinbarungen abgesichert, externe Beratung begleitete den gesamten Prozess. Der betrachtete Systemausschnitt war kleiner gewählt, es ging allein um die Fertigungsgruppen. Insbesondere die Vernachlässigung der betroffenen Führungskräfte erwies sich als Dauerproblem.

Obwohl am wenigsten geplant, verlief die erfolgreiche Einführung rückblickend im Verlauf stetiger als bei den Vergleichsfirmen, gekennzeichnet durch einen breiten Such- und Diskussionsprozess, durch schrittweise Entwicklung der Lösung und durch fortwährende allmähliche Anpassung. So sei die Einbettung in die bestehende Organisationskultur besser gelungen.

Dieses Ergebnis stimmt überein mit der Evaluation von Jürgen Nordhause-Janz und Ulrich Pekruhl (2000), die feststellen: Am besten gelingt die Einführung der Gruppenarbeit, wenn sie im Rahmen größerer Prozesse der Organisationsentwicklung stattfindet, in deren Verlauf eine Umorientierung der im weiteren Umfeld Beteiligten erfolgen kann.

Minssens Ergebnisse lassen sich wie folgt zusammenfassen (Minssen 1999, S. 167 f.)

Erfolgsbedingungen von Gruppenarbeit

Es ist leichter, Organisationswandel über die Lösung eines konkreten betrieblichen Problems zu realisieren, anstatt zu versuchen, externe Leitbilder zu implementieren.

Es spricht einiges dafür, dass Gruppenarbeit erfolgreicher ist, wenn sie sich als Folge eines Reorganisationsprozesses entwickelt, der nicht in das Korsett einer strengen Planung eingebunden ist.

Wichtig ist die Existenz eines Promotors in dem betroffenen Segment der Hierarchie, der die Einführung von Gruppearbeit nicht nur trägt, sondern aktiv vorantreibt, der mikropolitisch geschickt und mit genügend Macht ausgestattet ist, um die sich notwendig ergebenden Widerstände zu überwinden.

Dieser Promotor muss … persönliche Voraussetzungen mitbringen, die ihn als Promotor von Gruppenarbeit erst geeignet erscheinen lassen … Dazu gehört in erster Linie, dass er einen Führungsstil praktiziert, der mit Gruppenarbeit kompatibel ist.

Auf einen letzten Unterschied zwischen den Betrieben möchte ich abschließend hinweisen: Insbesondere in einem Unternehmen wurde allein darauf gesetzt, den unmittelbaren Gruppenkontext möglichst genau zu bestimmen. »Wenn Gruppenarbeit nur klar und eindeutig geregelt ist, dann wird sie schon gelingen«, lautet die dazu gehörige Annahme. Dazu stellt ein von Minssen befragter Mitarbeiter dieses Betriebs rückblickend fest:

»Die Gruppenarbeit, das ist für mich inzwischen klar geworden, kommt nicht vom Kopf, sondern vom Herzen her, und am Bewusstsein der Mitarbeiter hat man in dem ersten Jahr sehr wenig gearbeitet. Man hat mehr an den Randparametern gedreht; man hat sicherlich auch einige organisatorische Änderungen gemacht, also veränderte Organisationsstrukturen in der Fertigung. Das ist alles richtig, aber am Bewusstsein ist erst später angefangen worden zu arbeiten« (Minssen, 1999, S. 136).

Die Bedeutung der Gruppenumwelt – eine Standortbestimmung in zehn kurzen Thesen

- Der Kontext einer Gruppe ist für das, was in dieser Gruppe geschieht, von großer Bedeutung; Leiter und Beraterinnen überschätzen meist ihren Einfluss und unterschätzen den der Gruppenumwelt.
- Die externen Einflüsse auf eine Gruppe sind vielfältig und komplex; manche Rahmenbedingungen sind ganz nah; sie lassen sich leicht erkennen, einfach festlegen und auch verändern, wie zum Beispiel die Sitzungsdauer einer Therapiegruppe. Andere, wie zum Beispiel Vorschriften über die Kassenfinanzierung von Therapie, sind bedeutsam, aber weit entfernt.
- Welche Einflussfaktoren für eine Gruppe bedeutsam sind, lässt sich nur von Fall zu Fall herausfinden. Ihre Bedeutung hängt von der spezifischen Situation der Gruppe ab. Daher sind Forschungsergebnisse wie die zur Auswirkung des »Gruppenalters« umstritten.
- Eine kontextorientierte Sicht von Gruppen sucht wichtige Faktoren in der Gruppenumwelt zu identifizieren und sie in ihrer Bedeutung für das Gruppengeschehen zu untersuchen.
- In manchen Situationen sind mehrere Kontexte gleichzeitig von Bedeutung – so zum Beispiel, wenn ein Team sich gleichzeitig am Kunden und an der »Mutterorganisation« orientieren muss.
- Ohne Zweifel lassen Gruppen sich über die Manipulation ihres Kontextes steuern. Strittig ist, wie genau sich die Folgen einer solchen Intervention abschätzen lassen.
- Die unterschiedlichen Positionen hinsichtlich der Steuerbarkeit von Gruppen hängen auch mit Annahmen über ihr »Wesen« zusammen, das Popper mit dem schönen Bild »clocks or clouds« – Uhren oder Wolken – gekennzeichnet hat.
- Systemtheoretiker und Vertreterinnen systemischer Beratung gehen davon aus, dass punktgenaue Einflussnahme unmöglich ist. Sie betrachten ihre Interventionen als »Störungen«, deren Absicht es ist, bemerkt zu werden. Auf eine »gelingende« Störung reagiert die Gruppe in nicht vorhersagbarer Weise – aber sie reagiert.
- Andere halten Gruppenreaktionen für berechenbarer. Sie meinen, wenn der unmittelbare Kontext einer Gruppe nur richtig gestaltet ist, dann wird die Teamarbeit gelingen. Sie entwerfen Modelle, die, korrekt umgesetzt, erwünschte Gruppenreaktionen hervorbringen sollen.
- Bei der Setzung von Rahmenbedingungen für Gruppen können ganz unterschiedliche Quellen genutzt werden: Man kann sie normativen Modellen entnehmen

(s. vorhergehende These); man kann sie professionellen Konzepten entnehmen – wie dies bei Therapiegruppen zum Beispiel geschieht; man kann die Rahmenbedingungen für eine bestimme Gruppenveranstaltung aber auch aus dem weiteren Kontext gewinnen (s. Workshop-Planung).

Anhang

Literaturverzeichnis

Abrams, D./Hogg, M. A. (1998): Prospects for Research in Group Processes and Intergroup Relations. In: Group Processes and Intergroup Relations 1 (1), S. 7–20.

Abrams, D./Hogg, M. A./Hinkle, S./Otten, S. (2005): The social identity perspective on small groups. In: Poole, M. S./Hollingshead, A. B. (Hrsg.): Theories of small groups: Interdisciplinary perspectives. London; Thousand Oaks, CA: Sage Publications Inc., S. 99–137.

Alf-Jähnig, R./Hanke, Th./Preuß-Scheuerle, B. (2008): Teamcoaching. Konzeption, Methoden und Praxisbeispiele für den Teamcoach. Bonn: managerSeminare.

Amann, A. (2003): Vergemeinschaftungsmuster. Zugehörigkeit und Individualisierung im gruppendynamischen Raum. In: Der gruppendynamische Raum. Themenheft der Zeitschrift Gruppenpsychotherapie und Gruppendynamik 39 (3), Göttingen: Vandenhoeck & Ruprecht, S. 201–219.

Amann, A. (2004): Gruppendynamik als reflexive Vergemeinschaftung. In: Antons, K./Amann, A./Clausen, G./König, O./Schattenhofer, K. (Hrsg.): Gruppenprozesse verstehen – Gruppendynamische Forschung und Praxis. Frankfurt/M.: VS Verlag für Sozialwissenschaften.

Ameln, F. v./Kramer, J. (2007): Organisationen in Bewegung bringen. Handlungsorientierte Methoden für Personal-, Team- und Organisationsentwicklung. Heidelberg: Springer.

Ammon, G. (Hrsg.) (1976a): Analytische Gruppendynamik. Hamburg: Hoffmann & Campe.

Ammon, G. (Hrsg.) (1976b): Gruppenpsychotherapie. München: Kindler.

Ancona, D. (1990): Outward bound: Strategies for team survival in an organization. In: Academy of Management Journal 33 (2), S. 334–365.

Ancona, D./Bresman, H./Kaufer, K. (2002): The comparative advantage of X-teams. In: Sloan Management Review 43, S. 33–39.

Ancona, D./Caldwell, D. (1992): Bringing the boundary: External activity and performance in organizational teams. In: Administrative Science Quarterly 37, S. 634–665.

Ancona, D./Chong, C. (1999): Cycles and synchrony: The temporal role of context in team behavior. In: Wageman, R. (Hrsg.): Research on managing groups and teams: Groups in context. Band 2. Stamford, CT: JAI Press, S. 33–48.

Angehrn, A. B. (2004): Emotionen im Team. Die Wirkung von Befindlichkeiten auf die Teamarbeit. Bern: Peter Lang.

Antoni, C. H. (1994): Gruppenarbeit – mehr als ein Konzept. Darstellung und Vergleich unterschiedlicher Formen von Gruppenarbeit. In: Antoni, C. H. (Hrsg.): Gruppenarbeit in Unternehmen. Konzepte, Erfahrungen, Perspektiven. Weinheim: Beltz, S. 19–48.

Antoni, C. H. (1996): Teilautonome Arbeitsgruppen. Eine Expertenbefragung zu Verbreitungsformen und Erfahrungen. In: Angewandte Arbeitswissenschaften 147, S. 31–53.

Antons, K. (2000): Praxis der Gruppendynamik. Übungen und Techniken. 8. Auflage Göttingen: Hogrefe.

Antons, K. (2006): Das dicke Ende. Wenn Abschlüsse von Gruppen »misslingen«. In: Gruppendynamik und Organisationsberatung 37 (4) S. 375–391.

Antons, K./Amann, A./Clausen, C./König, O./Schattenhofer, K. (2004): Gruppenprozesse verstehen. Gruppendynamische Forschung und Praxis. 2. Auflage. Wiesbaden: VS Verlag für Sozialwissenschaften.

Antons, K./Hunziker, V. (2003): Gruppenteilung und Zugehörigkeit. In: Zeitschrift Gruppenpsychotherapie und Gruppendynamik 39, S. 220–238.

Antons-Volmerg, K. (2000): Eine Theorie der Abhängigkeit. Unveröffentlichtes Manuskript.

Anwander, A. (2002): Strategien erfolgreich verwirklichen. 2., erweiterte Auflage. Berlin; Heidelberg: Springer.

Ardelt-Gattinger, E./Lechner, H./Schlögl, W. (Hrsg.) (1998): Gruppendynamik. Anspruch und Wirklichkeit der Arbeit in Gruppen. Göttingen: Verlag für Angewandte Psychologie.

Ardelt-Gattinger, E./Lechner, H. (2001): Der Einfluss des Stils der Zusammenarbeit auf Gefühle und Normen in Kleingruppen. In: Fisch, R./Beck, D./Englich, B. (Hrsg.) (2001): Projektgruppen in Organisationen. Praktische Erfahrungen und Erträge der Forschung. Göttingen: Hogrefe, S. 337–352.

Argelander, H. (1972): Gruppenprozesse. Reinbek: Rowohlt.

Argelander, H. (1984): Balintgruppen. In: In: Heigl-Evers, A. (Hrsg.): Psychologie des Zwanzigsten Jahrhunderts. Band VIII: Lewin und die Folgen. Sozialpsychologie, Gruppendynamik, Gruppentherapie. Zürich: Kindler, S. 822–829.

Argyris, C./Schön, D. A. (1996/2006): Die lernende Organisation: Grundlagen, Methoden, Praxis. Stuttgart: Klett-Cotta.

Arrow, H./Henry, K. B./Poole, M. S./Wheelan, S./Moreland R. (2005): Traces, Trajectories and Timing. In: Poole, M. S./Hollingshead, A. B. (Hrsg.): Theories of Small Groups. London: Sage Publications, S. 313.

Arrow, H./McGrath, J. E./Berdahl, J. (2000): Small Groups as Complex Systems – Formation, Coordination, Development and Adaption. Thousand Oaks; London; New Delhi: Sage Publications.

Baitsch, C. (1993): Was bewegt Organisationen? – Selbstorganisation aus psychologischer Perspektive. Frankfurt/M.: Campus.

Bales, R. F. (1975): Die Interaktionsprozessanalyse: Ein Beobachtungsverfahren zur Untersuchung kleiner Gruppen. In: König, R. (Hrsg.): Beobachtung und Experiment in der Sozialforschung. 8. Auflage. Köln: Kiepenheuer & Witsch, S. 148–167.

Bales, R. F./Cohen, S. P./Williamson, S. A. (1982): SYMLOG. Ein Verfahren für die mehrstufige Beobachtung von Gruppen. Stuttgart: Klett-Cotta.

Balint, M. (1980): Der Arzt, sein Patient und die Krankheit. Stuttgart: Klett-Cotta.

Bardé, B. (1992): Der Team- und Gruppensupervisor – Herkules ohne Ende? In: Zeitschrift für Supervision 21, S. 92–96.

Barlow, S. (2005): Analytische und psychodynamische Gruppenpsychotherapie. Gibt es dazu Daten? In: Gruppentherapie und Gruppendynamik 41 (3), S. 239–266.

Bate, P. (1994): Strategies for Cultural Change. Oxford: Butterworth-Heinemann.

Bateson, G. (1982): Geist und Natur, eine notwendige Einheit. Frankfurt/M.: Suhrkamp.

Bavelas, A. (1950): Communication Paterns in Task-Oriented Groups. Journal of the Accoustical Society of America 22, S. 725–730.

Beck, D./Fisch, R./Bergander, W./Fischer, M. (1999): Zur Funktion unterschiedlicher Gruppenrollen für die Zusammenarbeit in Gruppen. In: Zeitschrift Gruppendynamik 2, S. 175–190.

Becker, H./Langosch, I. (1995): Produktivität und Menschlichkeit. Organisationsentwicklung und ihre Anwendung in der Praxis. 4. Auflage. Stuttgart: Enke.

Becker-Beck, U./Fisch, R. (2001): Erfolg von Projektgruppen in Organisationen: Erträge der sozialwissenschaftlichen Forschung. In: Fisch, R./Beck, D./Englich, B. (Hrsg.): Projektgruppen in Organisationen. Praktische Erfahrungen und Erträge der Forschung. Göttingen: Hogrefe, S. 19–44.

Belbin, R. M. (1996): Managementteams. Erfolg und Misserfolg. Wörrstadt: Bergander.

Bennis, W. G. (1972): Entwicklungsmuster der T-Gruppe. In: Bradford, L. P./Gibb, J. R./Benne, K. D. (Hrsg.): Gruppen-Training. T-Gruppentheorie und Laboratoriumsmethode. Stuttgart: Klett, S. 270–300.

Bennis, W. G./Biedermann, P. W. (1998): Geniale Teams. Das Geheimnis kreativer Zusammenarbeit. Frankfurt: Campus.

Bennis, W. G./Nanus, B. (1987): Leaders: the Strategies for Taking Charge. 4. Auflage. New York: Harper Business.

Benz, D. (2000): Leitfaden für die Führung von Gruppen und Teams: Der systemische Approach »GroupField«. Unveröffentlichtes Manuskript.

Berger, J./Zelditch, M. (1985): Status, Rewards and Influence: How expectations organize behavior. San Francisco: Jossey-Bass.

Bernet, C. (2006): Magda Kelber. In Biographisch-Bibliographisches Kirchenlexikon. Band XXVI. zitiert nach www.bautz.de/bbkl.

Bernstein, S./Lowy, L. (1975): Untersuchungen zur Sozialen Gruppenarbeit. Freiburg: Lambertus.

Berreby, D. (2008): The Case for Fitting In. In: The New York Times, 30.03.2008.

Bion, W. R. (1961): Experiences in groups. London: Tavistock Publications.

Bion, W. R. (2001): Erfahrungen in Gruppen und andere Schriften. 3., erweiterte Auflage. Stuttgart: Klett-Cotta.

Bligh, C. M./Meindl, R. J. (2005): The Cultural Ecology of Leadership: An analysis of popular Leadership Books. In: Messik, D. M./Kramer, R. M. (Hrsg.): The Psychology of Leadership: New Perspektives and Research. New Jersey: Lawrence Erlbaum Associates, S. 11–52.

Boettcher, W./Bremerich-Voss, A. (1987): Kollegiale Beratung in Schule, Schulaufsicht und Referendarausbildung. Frankfurt/M.: Peter Lang.

Bolm, T. (2008): Mentalization-Based Treatment in der Gruppentherapie schwerer Persönlichkeitsstörungen und Traumafolgeerkrankungen. In: Kókai, J./Mattke, D. (Hrsg.): Entwicklungen in der Klinischen Gruppenpsychotherapie. Opladen: Barbara Budrich.

Borgetto, B. (2004): Selbsthilfe und Gesundheit. Analysen, Forschungsergebnisse und Perspektiven. Bern: Hans Huber.

Bradford, L. P. (1972): Gruppenmitgliedschaft und Lernprozeß. In: Bradford, L. P./Gibb, J. R./Benne, K.D. (Hrsg.) (1972): Gruppentraining. T-Gruppentheorie und Laboratoriumsmethode. Stuttgart: Ernst Klett Verlag, S. 207–234.

Brandes, H. (2008): Selbstbildungsprozesse von und in Kindergartengruppen. In: Gruppentherapie und Gruppendynamik 44 (1), S. 33–51

Brocher, T. (1967): Gruppendynamik und Erwachsenenbildung. Braunschweig: Georg Westermann.

Brodbeck, F. C. (2006): Navigationshilfe für internationales Change-Management: Erkenntnisse aus dem Globe Projekt. In: Organisationsentwicklung 3, S. 16–31.

Brück, M. von (1999): Religion und Politik im Tibetischen Buddhismus. München: Kösel.

Buber, M. (2006): Ich und Du. Stuttgart: Reclam.

Buchinger, K. (1994): Balintgruppe – Gruppensupervision – Teamsupervision. In: Pühl, H. (Hrsg.): Handbuch der Supervision 2. Berlin: Edition Marhold, S. 131–148.

Buchinger, K. (2004): Gruppenarbeit und Teamarbeit in Organisationen. Ideologie und Realität. In: Velmerig, C.-O./Schattenhofer, K./Schrapper, Ch. (Hrsg.) (2004): Teamarbeit. Konzepte und Erfahrungen – eine gruppendynamische Zwischenbilanz. Weinheim; München: Juventa, S. 210–266.

Bühler, K. (1982): Sprachtheorie. Die Darstellungsfunktion der Sprache. Stuttgart: Metzler.

Bungard, W./Jöns, I. (1997): Gruppenarbeit in Deutschland. Eine Zwischenbilanz. In: Zeitschrift für Arbeits- und Organisationspsychologie 3, S. 104–118.

Burmeister, J. (2001a): Selbsthilfe und Selbsthilfeberatung. In: Journal für Psychologie 9, S. 63–73.

Burmeister, J. (2001b): Psychodramatische Gruppenpsychotherapie. In: Tschuschke, V. (Hrsg.): Praxis der Gruppenpsychotherapie. Stuttgart: Thieme, S. 370–376.

Busch, M. W. (2008): Wissen, was die anderen wissen. Transaktives Wissen als Basis erfolgreicher Zusammenarbeit in Teams. In: Zeitschrift für Organisationsentwicklung 2, S. 56–64.

Busse, S. (2007): Wie wirkt Supervision? – Eine Selbsterkundung. Unveröffentlichtes Manuskript einer wissenschaftlichen Tagung der Hochschule Mittweida.

Bussiek, B. (2001): Magda Kelber – Erwachsenenbildung im Geiste des Quäkertums. Biographie einer Grenzgängerin. In: Hessische Blätter für Volksbildung 2001, S. 56–68.

Carter, M. S./West, M. A. (1998): Reflexivity, Effectivness and Mental Health in BBC-TV Production Teams. Small group Research 29, S. 583–601.

Claessens, D. (1977): Gruppen und Gruppenverbände: Systematische Einführung in die Folgen von Vergesellschaftung. Darmstadt: Wissenschaftliche Buchgesellschaft.

Clausen, G. (2004): Arbeitsfähigkeit von Gruppen – Ein Begriff mit unscharfen Randbereichen. In: Antons, K./Amann, A./Clausen, G./König, O./Schattenhofer, K. (Hrsg.): Gruppenprozesse verstehen – Gruppendynamische Forschung und Praxis. Frankfurt: VS Verlag für Sozialwissenschaften, S. 316–341.

Cohen, E. G. (1982): Expectation states and interracial interaction in school settings. Annual Review of Sociology 8, S. 208–235.

Cohen, E. G. (1993): From theory to practice: The development of an applied research program. In: Berger, J./Zelditch, M. (Hrsg.): Theoretical Research Programs: Studies in the growth of theory. Stanford, CA: Stanford University Press, S. 385–415.

Cohn, R. (1970): Das Thema als Mittelpunkt interaktioneller Gruppen. In: Gruppenpsychotherapie und Gruppendynamik 3 (2), S. 251–259.

Coser, L. A. (1973): Theorie sozialer Konflikte. Neuwied/Berlin: Luchterhand.

Däumling, A. M./Fengler, J./Nellessen, L./Svensson, A. (1974): Angewandte Gruppendynamik. Stuttgart: Klett.

Däumling, A. (2006): Sensitivity Training. In: König, O. (Hrsg.): Gruppendynamik – Geschichte, Theorien, Methoden, Anwendungen, Ausbildung. 5. Auflage. München; Wien: Profil, S. 18–42.

Dammer, I. (2007): Gelingende Kooperation. In: Becker, T./Dammer, I./Howaldt, J./Killich, S./Loose, A. (Hrsg.): Netzwerkmanagement. Mit Kooperation zum Unternehmenserfolg. Heidelberg; Berlin: Springer, S. 49–59.

Davis, J. H./Laughlin, P. R./Komorita, S. S. (1976): The Social Psychology of Small Groups – cooperative and mixed-otive interaction. Annual Review of Psychology 27, S. 501–541.

Dechant, K./Marsick, V./Kasl, E. (2000): Team learning: a model for effectiveness in high performing teams. In: Beyerlein, M. M./Johnson, D. A./Beyerlein, S. T. (Hrsg.): Team development. Amsterdam: JAI, S. 1–19.

Deutsche Gesellschaft für Supervision (Hrsg.) (2006): Der Nutzen von Supervision. Köln: Verzeichnis wissenschaftlicher Arbeiten.

Diekmann, A. (2007): Empirische Sozialforschung: Grundlagen, Methoden, Anwendungen. 18. Auflage. Reinbek: Rowohlt.

Dörner, D. (1989): Die Logik des Mißlingens – Strategisches Denken in komplexen Situationen. Reinbek: Rowohlt.

Doppler, K. (1991): Coaching – Markt, Mode oder Notwendigkeit. In: Papmehl, A./Walsh, I. (Hrsg.): Personalentwicklung im Wandel. Wiesbaden: Gabler.

Doppler, K. (2003a): Veränderungsmanagement. In: Campus Management 1, S. 493–497.

Doppler, K. (2003b): Der Change Manager. Sich selbst und andere verändern – und trotzdem bleiben, wer man ist. Frankfurt; New York: Campus.

Doppler, K. (2006a): Incognito. Führung von unten betrachtet. Hamburg: Murmann.

Doppler, K. (2006b): Führen in Zeiten der Veränderung. In: OrganisationsEntwicklung. Zeitschrift für Unternehmensentwicklung und Change Management 1, S. 28–39.

Doppler, K./Fuhrmann, H./Lebbe-Waschke, B./Voigt, B. (2002): Unternehmenswandel gegen Widerstände. Change Management mit den Menschen. Frankfurt/M.; New York: Campus.

Doppler, K./Lauterburg, C. (2008): Change Management. Den Unternehmenswandel gestalten. 12. Auflage. Frankfurt/M.; New York: Campus.

Drucker, P. F. (2002): Managing in the Next Society. Oxford: Butterworth-Heinemann.

Duarte, D. L./Snyder-Tennant, N. (2001): Mastering virtual teams. Strategies, tools and techniques that succed. San Francisco CA: Jossey-Bass.

Dworatschek, S./Griesche, D./Meyer, H. (1995): Projektmanagement als wirksames Instrument für ein erfolgreiches Verwaltungsmanagement. Verwaltungsführung – Organisation – Personalwesen (VOP) 17, S. 277–288.

Eco, U. (2000): Baudolino. München: Hanser.

Edding, C. (1988): Die Domestizierung der Gruppendynamik. Gruppenpsychotherapie und Gruppendynamik, S. 341–357 und in: König, O. (2006) (Hrsg.): Gruppendynamik – Geschichte, Theorien, Methoden, Anwendungen, Ausbildung. 5. Auflage. München; Wien: Profil, S. 77–94.

Edding, C. (2005): Abschied von der Gruppe, so wie wir sie kannten und liebten. Ein Rückblick und ein Ausblick. In: Zeitschrift für Gruppenpsychotherapie und Gruppendynamik 41 (1), S. 3–22.

Edding, C. (2006): Verkaufte Gefühle. Balanceakt in der Trainerrolle. In: König, O. (Hrsg.): Gruppendynamik – Geschichte, Theorien, Methoden, Anwendungen, Ausbildung. 5. Auflage. München; Wien: Profil, S. 314–327.

Edding, C./Kraus, W. (2006): Ist der Gruppe noch zu helfen? Gruppendynamik und Individualisierung. Opladen: Budrich.

Edmondson, A. (1999): A safe harbor: Social psychological conditions enabling boundary spanning in work teams. In: Wageman, R. (Hrsg.): Research on managing groups and teams: Groups in context. Band 2 Stamford, CT: JAI Press, S. 179–199.

Eicke, D. (1974): Technik der Gruppenleitung von Balint-Gruppen. In: Luban-Plozza, B. (Hrsg): Praxis der Balint-Gruppen. Beziehungsdiagnostik und Therapie. München: Springer, S. 129–137.

Eicke, D., (1977): Balint-Gruppen in der Ausbildung und Weiterbildung. In: Therapiewoche 27. Sonderdruck, S. 3 f.

Eicke, D./Wittenberger, G. (1983): Konflikte in der Balint-Gruppe. In: Supervision 4, S. 44–51.

Eisenhardt, K. M. (1989): Making fast strategic decisions in high-velocity environments. In: Academy of Management Journal 31, S. 9–41.

Elias, N. (1970): Was ist Soziologie? Weinheim; München: Juventa.

Emerson, R. M. (1962): Power-dependence relations. American Sociological Review 27, S. 282–298.

Enke, H. (1984): Empirische Gruppenpsychotherapieforschung. In: Heigl-Evers, A. (Hrsg.): Sozialpsychologie. Band 2. Gruppendynamik und Gruppentherapie. Weinheim; Basel: Beltz.

Erdheim, M. (1984): Die gesellschaftliche Produktion von Unbewußtheit. Frankfurt: Suhrkamp.

Erl, W. (1967): Gruppenpädagogik in der Praxis. Einführende Berichte. Tübingen: Katzmann.

Ezriel, H. (1960/61): Übertragung und psychoanalytische Deutung in der Einzel- und Gruppenpsychotherapie. In: Psyche XIV, S. 496–523.

Fallner, H./Grässlin, H. M. (1990): Kollegiale Beratung. Eine Systematik zur Reflexion des beruflichen Alltags. Hille: Busch.

Farau, A./Cohn, R. (1984): Gelebte Geschichte der Psychotherapie. Stuttgart: Klett-Cotta.

Fatzer, G./Eck, C. D. (1990): Supervision und Beratung. Ein Handbuch. Köln: Edition Humanistische Psychologie.

Fengler, J. (1981a): Theorien zum Außenseiter. In: Zeitschrift Gruppendynamik 12 (2), S. 105–117.

Fengler, J. (1981b): Grenzen der Gruppendynamik. In: Bachmann, C. H. (Hrsg.): Kritik der Gruppendynamik. Frankfurt/M.: Fischer, S. 118–156.

Fengler, J. (1984): Die Geschichte der Gruppendynamik in Deutschland. In: Heigl-Evers, A. (Hrsg.): Sozialpsychologie. Band 2: Gruppendynamik und Gruppentherapie. Weinheim; Basel: Beltz, S. 625–634.

Fengler, J. (1986): Soziologische und sozialpsychologische Gruppenmodelle. In: Petzold, H./Frühmann, R. (Hrsg.): Das Konzept Gruppe in Psychotherapie und psychosozialer Praxis. Paderborn: Junfermann, S. 33–108.

Fengler, J. (1996): Konkurrenz und Kooperation in Gruppe, Team und Partnerschaft. München: Pfeiffer.

Fengler, J./Sauer, S./Stawicki, C. (1994): Peer-Group-Supervision. In: Pühl, H.: Handbuch der Supervision 2. Berlin: Edition Marhold, S. 188–198.

Festinger, L. (1957): A Theory of Cognitive Dissonance. Stanford, CA: Stanford University Press.

Fisch, R. (2001): Projektgruppen in Behörden: Eine ergänzende Organisationsstruktur? In: Fisch, R./Beck, D./Englich, B. (Hrsg.): Projektgruppen in Organisationen. Praktische Erfahrungen und Erträge der Forschung. Göttingen: Hogrefe, S. 111–134.

Fisch, R./Daniel, H.-D./Beck, D. (1991): Kleingruppenforschung – Forschungsschwerpunkte und Forschungstrends. In: Gruppendynamik 22 (3), S. 237–261.

Flückiger, C./Regli, D./Grawe, K. (2005): Allgemeine Psychotherapie im Gruppensetting. Das Zusammenspiel von gruppen- und interventionsspezifischen Wirkfaktoren. In: Gruppentherapie und Gruppendynamik 41 (3), S. 306–322.

Foerster, H. von (1985): Sicht und Einsicht: Versuche zu einer operativen Erkenntnistheorie. Braunschweig: Vieweg.

Foucault, M. (1994): Überwachen und Strafen. Die Geburt des Gefängnisses. Frankfurt/M.: Suhrkamp.

Foulkes, S. H. (1970): Dynamische Prozesse in der gruppenanalytischen Situation. In: Zeitschrift für Gruppenpsychotherapie und Gruppendynamik 1, S. 70–81.

Foulkes, S. H. (1977): Probleme der großen Gruppe vom gruppenanalytischen Standpunkt aus. In: Lionel Kreeger (Hrsg.): Die Großgruppe. Stuttgart: Klett-Cotta. S. 27–49.

Foulkes, S. H. (1978): Praxis der gruppenanalytischen Psychotherapie. München; Basel: Reinhardt.

Foulkes, S. H. (2008): Gruppenanalytische Psychotherapie. 2. Auflage. München: Pfeiffer.

Frankl, V. (2002): Logotherapie und Existenzanalyse: Texte aus sechs Jahrzehnten. Weinheim; Basel: Beltz.

Freidson, E. (1975): Dominanz der Experten. Zur sozialen Struktur medizinischer Versorgung. München: Urban & Schwarzenberg.

Freire, P. (1981): Pädagogik der Unterdrückten – Bildung als Praxis der Freiheit. Reinbek: Rowohlt.

French, J. P. R. Jr./Raven, B. (1960): The bases of social power. In: Cartwright, D./Zander, A. (Hrsg.): Group dynamics. New York: Harper and Row, S. 607–623.

Freud, S. (1921/1967): Massenpsychologie und Ich-Analyse. Studienausgabe. Band IX. Frankfurt/M.: Fischer, S. 61–134.

Freud, S. (1974): Studienausgabe. Frankfurt/M.: Fischer.

Freud, S. (1992): Zur Dynamik der Übertragung – Behandlungstheoretische Schriften. Frankfurt/M.: Fischer.

Frey, K. (2003): Die Gruppe als der Mensch im Plural. Die Gruppenpädagogik Magda Kelbers. Frankfurt/M.: Lang.

Friedman, M. (1992): Dialog zwischen Martin Buber und Carl Rogers. In: Integrative Therapie 3, S. 245–260.

Fritz, J. (1974): Emanzipatorische Gruppendynamik. Erkenntnistheoretische und methodische Überlegungen. München: List.

Fritz, J. (1975): Interaktionspädagogik. Methoden und Modelle. Weinheim; München: Juventa.

Furrer, W. (1974): Probleme der Gegenübertragung des Balintgruppenleiters. In: Luban-Plozza, B. (Hrsg.): Praxis der Balint-Gruppen. Beziehungsdiagnostik und Therapie. München: Springer, S. 139–148.

Gaertner, A. (1999): Gruppensupervision. Tübingen: edition diskord.

Galuske, M. (2003): Methoden der Sozialen Arbeit. Eine Einführung. 5. Auflage. Weinheim; München: Juventa.

Garland, J. A./Jones, H. E./Kolodny, R. L. (1969): Ein Modell für Entwicklungsstufen in Sozialarbeit – Gruppen. In. Bernstein S./Lowy L.: Untersuchungen zur sozialen Gruppenarbeit. Freiburg in Breisgau: Lambertus. S. 43–102.

Gebhardt, W. (1990): Erneuerte Religion aus erneuerter Gemeinschaft. Ferdinand Tönnies als Religionssoziologe. In: Krech, V./Tyrell, H. (Hrsg.) (1995): Religionssoziologie um 1900. Würzburg: Ergon, S. 289–312.

Geißler, K. A. (2005): Anfangssituationen – was man tun und besser lassen sollte. 10. Auflage. Weinheim; Basel: Beltz.

Geißler, K. A./Hege, M. (2001): Konzepte sozialpädagogischen Handelns. Ein Leitfaden für soziale Berufe. 10. aktualisierte Auflage. Weinheim; Basel: Beltz.

Gellert, M./Nowak, C. (2002): Teamarbeit, Teamentwicklung, Teamberatung. Ein Praxisbuch für die Arbeit in und mit Teams. Meezen: Christa Limmer.

Gephart, H. (2003): Die Feldtheorie Kurt Lewins als Theoriebeitrag zur Gestaltsupervision. In: Gestalttherapie 1, S. 31–40.

Gersick, C. J. C. (1988): Time and transition in work teams: towards a new model of group development. In: Academy of Management Journal 31, S. 9–41.

Gersick, C. J. C. (1989): Marking time: Predictable transitions in task groups. In: Academy of Management Journal 32, S. 274–309.

Gersick, C. J. C./Hackman, J. R. (1990): Habitual routines in task-performing groups. In: Organizational behavior and human decision processes 47, S. 65–97.

Gfäller, G. R./Leutz, G. (2006): Gruppenanalyse, Gruppendynamik, Psychodrama. 2. Auflage. Heidelberg: Mattes.

Giesecke, H. (1981): Vom Wandervogel bis zur Hitlerjugend. Jugendarbeit zwischen Politik und Pädagogik. Weinheim; München: Juventa.

Gigerenzer, G. (2006): Bauentscheidungen. Die Intelligenz des Unbewussten und die Macht der Intuition. München: Bertelsmann.

Ginnett, R. C. (1993): Crews as groups: Their Formation and their Leadership. In: Wiener, E. L./Kanki, B. G./Helmreich, R. L. (Hrsg.): The Psychology of Leadership. Orlando: Academic Press, S. 71–98.

Gladstein, D. (1984): Groups in context: a model of task group effectiveness. In: Administrative Science Quarterly 29, S. 499–517.

Glatz, H./Graf-Götz, F. (2007): Handbuch Organisation gestalten. Für Praktiker aus Profit- und Non-Profit-Unternehmen, Trainer und Berater. Weinheim; Basel: Beltz.

Goethals, G. R. (2005): The Psychodynamics of Leadership: Freud's Insights and Their Vicissotudes. In: Messik, D. M./Kramer, R. M. (Hrsg.): The Psychology of Leadership: New Perspektives and Research. New Jersey: Lawrence Erlbaum Associates, S. 97–114.

Goffman, E. (1967): Stigma. Über Techniken der Bewältigung beschädigter Identität. Frankfurt/M.: Suhrkamp (engl. 1963).

Goffman, E. (1972): Asyle. Über die soziale Situation psychiatrischer Patienten und anderer Insassen. Frankfurt/M.: Suhrkamp.

Goldmann, F./Wirnschimmel, K. (1994): Beobachtungen in Gruppen. Wien: Eigenverlag.

Gouillart, F. J./Kelly, J. N. (Jahr): Transforming the organization. New York: McGraw-Hill, Inc.

Grawe, B. (2001): Balintgruppe für Supervisor/innen. Persönliche Betrachtungen nach zehn Jahren Erfahrung als Teilnehmerin. In: Forum Supervision 18, S. 20–30.

Grawe, K. (1998): Psychologische Therapie. Göttingen: Hogrefe.

Greif, S. (2008): Coaching und ergebnisorientierte Selbstreflexion. Theorie, Forschung und Praxis des Einzel- und Gruppencoachings. Göttingen: Hogrefe.

Greifenstein, R./Kießler, L. (1994): Gruppenarbeit im Blickfeld der Wissenschaft. Topographie der Forschungslandschaft. Düsseldorf: Hans-Böckler-Stiftung.

Greiwe, A. (2006): »In-Gang-Setzerinnen« – Stütze für neue Selbsthilfegruppen. In: Deutsche Arbeitsgemeinschaft Selbsthilfe e.V. (Hrsg.): Selbsthilfegruppenjahrbuch 2006, S. 88–96.

Grossmann, K./Grossmann, K. E. (2004): Bindungen – das Gefüge psychischer Sicherheiten. Stuttgart: Klett-Cotta.

Grunwald, W. (2001): Führung virtueller Arbeitsgruppen. Theoretische und empirische Aspekte. In: Zeitschrift für Organisationsentwicklung 20 (4), S. 30–39.

Gulowsen, J. (1972): A measure of Work Group Autonomy. In: Davis, L. E./Taylor, J. C. (Hrsg.): Design of Jobs. Harmonsworth: Penguin, S. 374–390.

Guzzo, R. A./Dickson, M. W. (1997): Teams in organizations: Recent research on performance and effectiveness. In: Annual Review of Psychology 47, S. 307–332.

Guzzo, R. A./Shea, G. P. (1992): Group performance and intergroup relations in organizations. In: Dunnette, M. D./Hough, L. M. (Hrsg.): Handbook of Industrial and Organizational Psychology. Palo Alto CA: Consulting Psychologists Press, S. 269–314.

Hackman, J. R. (1987): The design of work teams. In: Lorsch, J. (Hrsg): Handbook of Organizational Behavior HOB. Englewood Cliffs, NJ: Prentice-Hall. S. 334–352.

Hackman, J. R. (1994): Group influences on individuals in organizations. In: Dunette, L. M./Hough, L. M. (Hrsg.): Handbook of Industrial and Organizational Psychology. Band 3. 2. Auflage. Palo Alto, CA: Consulting Psychologists Press Inc., S. 53–86.

Hackman, J. R. (1998): Why Teams Don't Work. In: Tindale, R. S./Posavac, E. J. (Hrsg.): Theory and research on small groups. Harvard; New York: Plenum S. 24–31.

Hackman, J. R. (2003): Ein alternativer Blick auf Gruppen in Organisationen. Kölner Zeitschrift für Soziologie und Sozialpsychologie, 42, S. 245–259.

Hackman, J. R. (2002): Leading Teams. Setting the stage for great performances. Boston: Harvard Business School Publishing Corporation.

Hackman, R. J./Wageman, R. (2005a): A Theory of Team-Coaching. Academy of Management Review 30 (2), S. 269–287.

Hackman, J. R./Wageman, R. (2005b): When and How Group Leaders Matter. In: Research in Organizational Behavior 26, S. 37–74.

Hackman, J. R. (1987): The psychology of self-management in organizations. In: Pollack, M. S./Perloff, R. O. (Hrsg.): Psychology and work: Productivity, Change, and Employment. Washington DC: American Psychological Association.

Hammer, M./Champy, J. (1993): Reengineering the Corporation. New York: Harper Collins Publishers.

Handy, C. (1995a): Beyond Certainty. London: Arrow Business Books.

Handy, C. (1995b): Trust in the virtual organization. In: Harvard Business Review 73 (3), S. 40–50.

Haney, C./Banks, W. C./Zimbardo, P. G. (1973): Study of Prisoners and Guards in a simulated Prison. In: Naval Research Reviews 9, S. 1–17.

Hartman, J. (1979): Small Group Methods of Personal Change. In: Annual Review of Psychology 30, S. 453–476.

Hartmann-Kottek, L. (2004): Gestalttherapie. Berlin; Heidelberg: Springer.

Hege, M. (1983): Supervision und Balintgruppenarbeit. In: Supervision 4, S. 3.

Heigl-Evers, A. (1978): Konzepte der analytischen Gruppenpsychotherapie. 2. Auflage. Göttingen: Vandenhoeck und Ruprecht.

Heigl-Evers, A./Heigl, F. (1975): Zur tiefenpsychologisch fundierten oder analytisch orientierten Gruppenpsychotherapie des Göttinger Modells. Zeitschrift für Gruppenpsychotherapie und Gruppendynamik 9, S. 237–266.

Heintel, P. (2001): Die Zeit von Sozialsystemen. In: Zeitschrift für Gruppendynamik und Organisationsberatung 32 (3), S. 245–258.

Heintel. P./Krainz, E. E. (1994): Projektmanagement: eine Antwort auf die Hierarchiekrise? 3. Auflage. Wiesbaden: Gabler.

Hellpach, W./Lang, R. (1922): Gruppenfabrikation. Berlin; Heidelberg: Springer.

Henningsen, J. (1959): Zur Kritik der Gruppenpädagogik. In: Kulturarbeit. Monatsschrift für Kultur- und Heimatpflege 11, S. 193–197. In: Müller, C. W. (Hrsg.) (1970): Gruppenpädagogik. Eine Auswahl aus Schriften und Dokumenten. Weinheim; Basel: Beltz, S. 141–152.

Henningsen, J. (1974): Erfolgreich manipulieren – Methoden des Beybringens. Ratingen: Aloys Henn.

Hermer, M. (2000): Psychotherapeutische Perspektiven am Beginn des 21. Jahrhunderts. Tübingen: dgvt Verlag.

Herrmann, D./Hüneke, K./Rohrberg, A. (2006): Führung auf Distanz – mit virtuellen Teams zum Erfolg. Wiesbaden: Gabler.

Hertel, G./Konradt, U. (2007): Telekooperation und virtuelle Teamarbeit. München: Oldenbourg.

Hewstone, M./Rubin, M./Willis, H. (2002): Intergroup Bias. In: Annual Review of Psychology 53, S. 575–604.

Heyns, R. W. (1958): Social Psychology and Group Processes. In: Annual Review of Psychology 9, S. 419–452.

Hill, L. A. (2008): Gesucht: Ein neuer Typ Manager. In: Harvard Business Manager Spezial, 5, S. 80–89.

Hirokawa. R. Y/Poole, M. S. (Hrsg.) (1996): Communication and Group Decision Making. Thousand Oaks, CA: Sage Publications.

Hirsch, M. (2004): Gedanken zum Schwinden der Attraktivität analytischer Gruppenpsychotherapie. In: Gruppentherapie und Gruppendynamik 40 (2), S. 164–178.

Hirsch, M. (2008): Die Gruppe als Container. Mentalisierung und Symbolisierung in der analytischen Gruppenpsychotherapie. Göttingen: Vandenhoeck und Ruprecht.

Hofinger, G./Rek, U./Strohschneider, S. (2006): Menschengemachte Umweltkatastrophen – Psychologische Hintergründe am Beispiel von Tschernobyl. Umweltpsychologie 10, S. 26–45.

Hofstätter, P. R. (1958): Gruppendynamik. Kritik der Massenpsychologie. Reinbek: Rowohlt.

Hogg, M. A. (1992): The Social Psychology of Group Cohesiveness: from attraction to social identity. Hemel Hempstead, UK: Harvester Wheatsheaf.

Hogg, M. A. (2005): Sozial Identity and Leadership. In: Messik, D. M./Kramer, R. M. (Hrsg.): The Psychology of Leadership: new Perspektives and Research. New Jersey: Lawrence Erlbaum Associates, S. 53–80.

Hollenbeck, J. R./Moon H./Ellis A. P. J./West B. J./Ilgen, D. R. (2002): Structural contingency theory and individual differences: examination of external and internal person-team fit. In: Journal of Applied Psychology 87, S. 599–606.

Hollingshead, A. B./Wittenbaum, G. M./Paulus, P. B./Hirokawa, R. Y./Ancona, D. G./Peterson, R. S./Jehn, K. A./Yoon, K. (2005): A Look at Groups from the Functional Perspective. In: Poole, M. S./Hollingshead, A. B. (Hrsg.): Theories of small groups: Interdisciplinary perspectives. Thousand Oaks, CA: Sage Publications Inc., S. 21–62.

Hollmann, R./Mickler, O./Niemeyer (2002): Von der Utopie zum Alltag: Gruppenarbeit in der Bewährung. Mering: Hampp.

Homans, G. C. (1960): Theorie der sozialen Gruppe. Köln; Opladen: Westdeutscher Verlag.

Howaldt, J./Ellerkmann, F. (2007): Entwicklungsphasen von Netzwerken und Unternehmenskooperationen. In: Becker, T./Dammer, I./Howaldt, J./Killich, S./Loose, A. (Hrsg.): Netzwerkmanagement. Mit Kooperation zum Unternehmenserfolg. Berlin; Heidelberg: Springer, S. 35–48.

Hüllinghorst, R. (2007): Von der Entzugsklinik in die Selbsthilfegruppe. Zur Therapeutischen Kette in der Suchthilfe. In: Deutsche Arbeitsgemeinschaft Selbsthilfe e.V. (Hrsg.): Selbsthilfegruppenjahrbuch 2007, S. 43–49.

Hughes, L. R. /Ginnett, R. C./Curphy, J. G. (2009): Leadership: Enhancing the Lesson of Experience. 6. Auflage. New York: McGraw-Hill.

Ilgen, D. R./Hollenbeck, J. R./Johnson, M./Jundt, D. (2005): Teams in organizations: From input-process-output models to IMOI models. In: Annual Review of Psychology 56, S. 517–543.

Illich, I. (1983): Entmündigung durch Experten: zur Kritik der Dienstleistungsberufe. Reinbek: Rowohlt.

Ingham, A.G./Levinger, G./Graves, J./Peckham, V. (1974): The Ringelmann Effect: Studies of group size and group performance. In: Journal of experimental social Psychology 10, S. 371–384.

Janis, I. L. (1972): Victims of Groupthink. Boston: Houghton-Mifflin.

Janis, I. L. (1982): Groupthink: Psychological Studies of Foreign-Policy Decisions and Fiascoes. 2. Auflage. Boston: Houghton-Mifflin.

Janis, I. L. (1989): Crucial Decisions. Leadership in policy making and management. New York: Free Press.

Janning, F. (2002): Abschied von der Hierarchie? Dezentralisierung in mittelständischen Unternehmen. Mering: Hampp.

Jarvenpaa S. L./Tanriverdi, H. (2003): Leading virtual knowledge networks. Organizational Dynamics 31 (4), S. 403–412.

Jatzek, U. (2001): Konflikte in Arbeitsgruppen. Formen, Ursachen und Folgen. Frankfurt/M.: Peter Lang.

Jedrzejczyk, P. (2007): Multikulturelle Teams in Organisationen. Eine experimentelle Untersuchung des Problemlöseverhaltens unter Wettbewerbsbedingungen. Frankfurt/M.: Peter Lang.

Johnson, J. E./Burlingame, G. M./Strauß, B./Bormann, B. (2008): Die therapeutischen Beziehungen in der Gruppenpsychotherapie. In: Gruppentherapie und Gruppendynamik 44 (1), S. 52–89.

Jung, C. G. (1966): Gesammelte Werke. Zürich: Rascher.

Kamp, J.-M. (1995): Kinderrepubliken – Geschichte, Praxis und Theorie radikaler Selbstregulierung in Kinder- und Jugendheimen. Opladen: Leske und Budrich.

Karau, S. J./Kelly, J. R. (1992): The effects of time scarcity and time abundance on group performance quality and interaction process. In: Journal of experimental psychology 28, S. 542–571.

Katz, R. (1982): The effect of group longevity on project communication and performance. In: Administrative Quarterly 27, S. 81–104.

Katz, R./Allen, T. J. (1988): Investigating the not invented here (NIH) syndrome: A look at performance, tenure, and communication patterns of 50 R&D project groups. In: Tushman, M. L./Moore, W. L. (Hrsg.): Readings in the management of innovation. 2. Auflage. Cambridge: Ballinger Publishing, S. 293–309.

Katz, R./Tushman, M. L. (1979): Communication patterns, project performance, and task characteristics: An empirical evaluation and integration in an R&D Setting. In: Organizational Behavior and Human Performance 23, S. 139–162.

Kauffeld, S. (2001): Teamdiagnose. Göttingen: Hogrefe.

Keidel, T. (2006): Freud und Leid in der Selbsthilfeberatung. Blitzlichter aus der kollegialen Beratung. In: Deutsche Arbeitsgemeinschaft Selbsthilfe e.V. (Hrsg.) (2007): Selbsthilfegruppenjahrbuch, S. 100–105.

Kehr, H. M. (2000): Die Legitimation von Führung. Ein Kleingruppenexperiment zum Einfluß der Quelle der Autorität auf die Akzeptanz des Führers, den Gruppenprozeß und die Effektivität. Berlin: Duncker und Humblot.

Kelber, M. (Hrsg.) (2008): Schwalbacher Spielkartei. Eine systematische Sammlung von Übungen und Spielen für die pädagogische Arbeit in und mit Gruppen. 19. Auflage. Mainz: Grünewald.

Kelber, M. (1972): Fibel der Gesprächsführung. 12. Auflage. Opladen: Leske und Budrich.

Kelber, M. (1950): Sprechen wir es aus! Spielregeln der Verhandlungskunst. Wiesbaden: Bautz.

Kelber, M. (1969): Mit denken – mit sprechen – mit tun. Gruppenarbeit mit Frauen. Wiesbaden: Haus Schwalbach.

Kelber, M. (1975): Meine Gruppe. Eine Anleitung für katholische Gruppenleiterinnen. Köln: Haus Altenberg.

Kellner, H. (1999): Die Teamlüge. Frankfurt/M.: Eichborn.

Kerr, N. L. (1989): Illusions of efficacy: The effect of group size on perceived efficacy in social dilemmas. In: Journal of Experimental Social Psychology 25, S. 287–313.

Kerr, N. L./Tindale, R. S. (2004): Group Performance and Decision Making. In: Annual Review of Psychology 55, S. 623–655.

Kersting, H. (1975): Kommunikationssystem Gruppensupervision. Aspekte eines Lernlehrverfahrens. Freiburg: Lambertus.

Kirsten, R. E./Müller-Schwarz, J. (2008): Gruppen-Training. Neuauflage. Reinbek: Rowohlt.

Knippenberg, D. v./Schippers, M. C. (2007): Work Group Diversitiy. Annual Review of Psychology 58, S. 515–541.

König, K. (1988): Übertragungsauslöser in psychoanalytischen Gruppen. In: Ritter-Röhr, D. (Hrsg.): Gruppenanalytische Exkurse. Berlin; Heidelberg: Springer, S. 65–70.

König, O. (2000a): Die Zwänge der Gruppe und die Grenzen professionellen Handelns. In: Zeitschrift Gruppendynamik 31 (1), S. 13–30.

König, O. (2001b): Individualität und Zugehörigkeit. Gruppendynamik als Forschungsfeld der angewandten Sozialwissenschaft. In: Gruppenpsychotherapie und Gruppendynamik 37 (1), S. 29–44.

König, O. (2001c): Die Gruppe der Individuen. Differenzierung und Integration in Gruppen. In: Gruppenpsychotherapie und Gruppendynamik 37 (2), S. 177–192.

König, O. (2002): Macht in Gruppen. Gruppendynamische Prozesse und Interventionen. 3. Auflage. Stuttgart: Pfeiffer.

König, O. (Hrsg.): Gruppendynamik – Geschichte, Theorien, Methoden, Anwendungen, Ausbildung. 5. Auflage. München; Wien: Profil, S. 314–327.

König, O. (2007): Gruppendynamik und die Professionalisierung psychosozialer Berufe. 2. Auflage. Heidelberg: Carl Auer.

König, O./Schattenhofer, K. (2007): Einführung in die Gruppendynamik. 2. Auflage. Heidelberg: Carl Auer.

König, R. (1983): Die analytisch-praktische Bedeutung des Gruppentheorems. Kölner Zeitschrift für Soziologie und Sozialpsychologie 25, S. 36–63.

Königswieser, R. (2004): Gruppendynamik in der Organisationsentwicklung. Gruppendynamik und Organisationsberatung 35 (2), S. 123–132.

Königswieser, R./Pelikan, J. (2006): Anders – gleich – beides zugleich. Unterschiede und Gemeinsamkeiten in Gruppendynamik und Systemansatz. In: Oliver König (Hrsg.): Gruppendynamik. Geschichte, Theorien, Methoden, Anwendungen, Ausbildung. 5. Auflage. München: Profil. S.87–114.

Kókai, J./Mattke, D. (Hrsg.) (2008): Entwicklungen in der Klinischen Gruppenpsychotherapie. Opladen: Barbara Budrich.

Komorita, S. S./Barth, J. M. (1985): Components of rewards in social dilemmas. In: Journal of Personality and Social Psychology 48, S. 364–373.

Komorita, S. S./Parks, C. D. (1995): Interpersonal relations: Mixed motive interaction. In: Annual Review of Psychology 46, S. 183–207.

Konopka, G. (1966): Soziale Gruppenarbeit (Social Group Work). In: Friedländer, W. A./Pfaffenberger, H.: Grundbegriffe und Methoden der Sozialarbeit. Neuwied; Berlin: Luchterhand, S. 115–204.

Konopka, G. (1968): Soziale Gruppenarbeit: Ein helfender Prozess«. Weinheim; Berlin; Basel: Deutscher Studien Verlag.

Konopka, G. (1971): Heime. Lückenbüßer oder Lebenschance. Wiesbaden: Haus Schwalbach.

Konopka, G. (1972): Geschichte der Gruppenpädagogik. In: Müller, C. W. (Hrsg.): Gruppenpädagogik. Eine Auswahl aus Schriften und Dokumenten. Weinheim; Basel: Beltz, S. 73–85.

Konopka, G. (1996): Mit Mut und Liebe. Eine Jugend im Kampf gegen Ungerechtigkeit und Terror. Weinheim: Deutscher Studien Verlag.

Krainz, E./Simsa, R. (2005): Die Bedeutung der Moderationstechnik für Mediation und Konfliktmanagement. In: Falk G./Heintel P./Krainz E. (Hrsg.): Handbuch Mediation und Konfliktmanagement. Wiesbaden: VS Verlag für Soziawissenschaften, S. 281–296.

Kranz, A. M. (2006): Themenzentrierte Interaktion (TZI): Alles im Blick! In: Meier-Gantenbein, K. F./Späth, T. (Hrsg.): Handbuch – Bildung, Training und Beratung. Weinheim; Basel: Beltz, S. 114–137.

Krebs, D./Reulecke, J. (Hrsg.) (1998): Handbuch der Deutschen Reformbewegungen 1880–1933. Wuppertal: Peter Hammer.

Kreeger, L. (Hrsg.) (1977): Die Großgruppe. Stuttgart: Klett.

Kuhlmann, C. (2002): Soziale Arbeit im nationalsozialistischen Gesellschaftssystem. In: Thole, W. (Hrsg.): Grundriss Soziale Arbeit. Opladen: VS Verlag für Sozialwissenschaften, S. 77–96.

Kuhn, H. /Moldaschl, M./Moritz, E. (2004): Modernisierung der Studentenwerke. In: Hinz, A./Moldaschl, M./Wex, Th. (Hrsg.): Reorganisation im Non-Profit-Sektor. Modernisierungsstrategien am Beispiel hochschulbezogener Dienstleistungen. München; Mering: Hampp, S. 179-196.

Lacey, R./Gruenfield, D. (1999): Unwrapping the work group. How extra-organizational context affects group behavior. In: Wageman, R. (Hrsg.): Research on Managing Groups and Teams. Groups in context. Band 2. Bingley: Emerald Group Publishing, S. 157–177.

Lamott, F./Schott, M. (2007): Destruktive Gruppenprozesse. Zur Psycho- und Soziodynamik von Gewalt. Gruppentherapie und Gruppendynamik 43, S. 294–308.

Langmaack, B./Braune-Krickau, M. (1985): Wie die Gruppe laufen lernt. Anregungen zum Planen und Leiten von Gruppen. Weinheim; Basel: Beltz.

Latane, B./Williams, K./Harkins, S. (1979): Many Hands Make Light The Work. The Causes and Consequences of Social Loafing. In: Journal of Personality and Social Psychology 37, S. 822–832.

Lau, D. C./Murnighan, J. K. (1998): Demographic diversity and faultlines: the compositional dynamics of organizational groups. In: Academy of Management Review 23, S. 325–340.

Lec, S. (1971): Das große Buch der unfrisierten Gedanken. München: Hanser.

Lehmenkühler-Leuschner, A. (1998): Die institutionsanalytische Balintgruppe: Zum Verstehen psychosozialer Dynamik des Unbewussten in beruflich-institutionellen Situationen. In: Forum Supervision, S. 33–57.

Leinfelder, F. (1994): Die Steuerung der Prozessdynamik in der Gruppen- und Teamsupervision. In: Forum Supervision 3 Frankfurt/M.: Fachhochschulverlag, S. 96–110.

Leinfelder, F. (1918): Der Gruppenprozess in der Balintgruppe. In: Forum Supervision, Frankfurt/M.: Fachhochschulverlag: S. 22–32.

Leuenberger, H.-D. (1982): Der Baum des Lebens – Tarot und Kabbala. Freiburg im Breisgau: Bauer.

Leuschner, G. (1977): Beratungsmodelle in der Gruppensupervision. In: Leuschner, G. (Hrsg.): Supervision – ein berufsbezogener Lernprozess. Wiesbaden: Haus Schwalbach, S. 50–66.

Leuschner, G. (1980): Interaktionsmodelle von Gruppensupervision. In: Akademie für Jugendfragen (Hrsg.): Supervision im Spannungsfeld zwischen Person und Institution. Ein Tagungsbericht. Münster: Kongreß Supervision, S. 35–48.

Leuschner, G. (1983): Übersetzungen – aus der Balintgruppenpraxis eines Supervisors. In: Supervision 4, S. 52–70.

Levine, J. M./Moreland, R. L. (1990): Progress in Small Group Research. In: Annual Review of Psychology 42, S. 585–634.

Lewin, K. (1943): Forces behind food habits and methods of change. Bulletin of the National Research Council 108, S. 35–65.

Lewin, K. (1946): Action research and minority problems. Journal of social Issues 2, S. 34–64.

Lewin, K. (1948): Resolving social conflicts. Überarbeitete Auflage. New York: Harper & Brothers.

Lewin, K. (1953): Die Lösung sozialer Konflikte. Ausgewählte Abhandlungen über Gruppendynamik. Bad Nauheim: Christian.

Lewin, K. (1963): Feldtheorie in den Sozialwissenschaften. In: Graumann, C.-F. (Hrsg.): Kurt Lewin. Werkausgabe. Band 4: Feldtheorie. Stuttgart: Klett-Cotta.

Lewin, K. (1982): Forschungsprobleme in der Sozialpsychologie II: Soziales Gleichgewicht und sozialer Wandel im Gruppenleben. In: Graumann, C.-F. (Hrsg.): Kurt Lewin. Werkausgabe. Band 4: Feldtheorie. Stuttgart: Klett-Cotta, S. 215–235.

Lieberman, M./Yalom, I. D./Miles, M. B. (1974): Die Wirkung von Encounter-Gruppen auf ihre Teilnehmer – einige vorläufige Hinweise. In: Zeitschrift für Gruppendynamik 5 (4), S. 231–248.

Lindner, T. (1997): Verletzungen und Zusammenbrüche in T-Gruppen. In: GD 28 (4), S. 421–430.

Lindner, W.-V. (2005): Das Göttinger Modell der Anwendung der Psychoanalyse in Gruppen. In: Gruppentherapie und Gruppendynamik 41 (2), S. 99–129.

Lindner, W.-V. (2006): Das Göttinger Modell der psychoanalytischen Gruppentherapie. In: Gfäller, G. R./Leutz, G. (Hrsg.): Gruppenanalyse, Gruppendynamik, Psychodrama. 2. Auflage. Heidelberg: Mattes.

Loofs, M. (1973): Aufgaben, Arten, Voraussetzungen und Möglichkeiten der Supervision. In: Jugendwohl 7/8, S. 73.

Lovaglia, M./Mannix, E. A./Samuelson, C. D./Sell, J./Wilson, R. K. (2005): Conflict, Power and Status in Groups. In: Poole, M. S./Hollingshead, A. B. (Hrsg.): Theories of small groups: Interdisciplinary perspectives. London; Thousand Oaks, CA: Sage Publications, S. 139–184.

Lowy, L. (1972): Soziale Gruppenarbeit: 4 Modelle. Boston: University. Manuskript an der Universität Bochum SS 1972.

Lowy, L. (1975): Modelle der Sozialen Gruppenarbeit. In: Bernstein, S./Lowy, L. (Hrsg.): Untersuchungen zur Sozialen Gruppenarbeit. Freiburg im Breisgau: Lambertus, S. 19–28.

Luban-Plozza, B. (1974): Praxis der Balint-Gruppen. Beziehungsdiagnostik und Therapie. München: Springer.

Lüttke, H. B. (2004): Experimente unter dem Milgram-Paradigma. In: Gruppendynamik und Organisationsberatung 35 (4), S. 431–464.

Luft, J. (1993): Einführung in die Gruppendynamik. 3. Auflage. Frankfurt/M.: Fischer.

Luhmann, N. (1984): Soziale Systeme – Grundriß einer allgemeinen Theorie. Frankfurt/M.: Suhrkamp.

Maggee, J. C./Gruenfeld, D. H./Keltner, D. J./Galinsky, A. D. (2005): Leadership and the Psychology of Power. In: Messik, D. M./Kramer, R. M. (Hrsg.): The Psychology of Leadership: new Perspektives and Research. New Jersey: Lawrence Erlbaum Associates, S. 275–294.

Main, T. (1977): Zur Psychodynamik großer Gruppen. In: Kreeger, L. (Hrsg.): Die Großgruppe. Stuttgart: Klett, S. 50–80.

Majce-Egger, M. (Hrsg.) (1999): Gruppentherapie und Gruppendynamik – Dynamische Gruppenpsychotherapie. Theoretische Grundlagen, Entwicklungen und Methoden. Wien: Facultas Universitätsverlag.

Majce-Egger, M. (1999): Interventionstechniken. In: Majce-Egger, M. (Hrsg.): Gruppentherapie und Gruppendynamik – Dynamische Gruppenpsychotherapie. Theoretische Grundlagen, Entwicklungen und Methoden. Wien: Facultas Universitätsverlag., S. 255–270.

Major, B./O'Brien, L. T. (2005): The Social Psychology of Stigma. Annual Review of Psychology 36, S. 393–421.

Malcher, J. (1970): Nicht Ohne – Gruppendynamische Übungen, Methoden und Techniken. Köln: Erzbischöfliches Jugendamt.

Malik, F. (2004): Führen Leisten Leben. 17. Auflage. München: DVA.

Malik, F. (2007): Management. Das A und O des Handwerks. Frankfurt/M.: Campus.

Marrow, A. J. (1970): Aus der Vorgeschichte der National Training Laboratories. In: Zeitschrift für Gruppendynamik 1, S. 45–49.

Marrow, A. J. (2002): Kurt Lewin – Leben und Werk. Weinheim; Basel: Beltz.

Marx, S. (2003): Kommunikation im Arbeitsteam. Eine Fallstudie mit Ingenieurinnen und Ingenieuren. Frankfurt; New York: Campus.

Mattke, D. (2008): Grundprinzipien psychodynamischer Gruppentherapie vor dem Hintergrund allgemeiner (»generischer«) Wirkfaktoren in Gruppen. In: Kókai, J./Mattke, D. (Hrsg.): Entwicklungen in der Klinischen Gruppenpsychotherapie. Opladen: Barbara Budrich, S. 55–67.

Maturana, H. R./Varela, F. J. (1987): Der Baum der Erkenntnis. Bern; München; Wien: Scherz.

Matzat, J. (2004): Wegweiser Selbsthilfegruppen. Eine Einführung für Laien und Fachleute. Gießen: Psychosozial.

Matzat, J. (2006): Betroffenheit als Ressource. Zum Stand der Selbsthilfe in Deutschland. In: Blätter der Wohlfahrtspflege 6, S. 226–229.

Mayer, B. M. (2003): Lernarchitekturen von Managementtrainings und ihre Wirkungen – eine vergleichende Evaluation. Dissertation.

Mayo, E. (1933): Human Problems of an Industrial Civilisation. New York: McGraw-Hill.

McGrath, J. E. (1997): Small group research, that once and future field: An interpretation of the past with an eye to the future. In: Group Dynamics: Theory, Research and Practice 1, S. 7–27.

McGrath, J. E./Karvitz, D. A. (1982): Group Research. In: Annual Review of Psychology 33, S. 195–230.

Meier, K. (2006): Führung von virtuellen Teams. Erfahrungen, Grundsätze und Instrumente. In: Zeitschrift für Organisationsentwicklung 25 (3), S. 44–49.

Metzger, W. (1979): Der Einfluß von Kurt Lewin auf die Entwicklung der Sozialpsychologie. In: Heigl-Evers, A. (Hrsg.): Die Psychologie des 20. Jahrhunderts. Bd. VIII: Lewin und die Folgen. Zürich: Kindler, S. 7–16.

Metz-Göckel, S. (2004): Eliten: Eine Frage von Herkunft, Geschlecht und Leistung. In: Becker, R./ Kortendiek, B. (Hrsg.): Handbuch Frauen- und Geschlechterforschung. Wiesbaden: VS-Verlag für Sozialwissenschaften.

Migge, B. (2007): Handbuch Coaching und Beratung. Wirkungsvolle Modelle, kommentierte Falldarstellungen, zahlreiche Übungen. 2.Auflage, Weinheim; Basel: Beltz.

Milgram, S. (1974): Das Milgram-Experiment. Zur Gehorsamsbereitschaft gegenüber Autorität. Reinbek: Rowohlt.

Mills, T. M. (1969): Soziologie der Kleingruppe. Weinheim; München: Juventa.

Mills, T. M. (1978): Seven steps in developing group awareness. Journal of Personality and Social Systems 1 (4), S. 15–29.

Milowiz, W./Käfer, L. (1989): Das Mikado-Prozeßmodell für Gruppen. In: Gruppenpsychotherapie und Gruppendynamik 25 (2), S. 127–140.

Ming-Liang, Y./Hsiao-Ping, C./Peiyin L. (2005): Influences of team longevity and stability on R&D performance. In: International Journal of Electronic Business Management 3 (3), S. 209–213.

Minssen, H. (1999): Von der Hierarchie zum Diskurs? Die Zumutungen der Selbstregulation. München; Mehring: Hampp.

Minssen, H. (2001): Kooperation und Konflikt – der Fall Gruppenarbeit. In: Abel, J./Sperling, H. J. (Hrsg.): Umbrüche und Kontinuitäten – Perspektiven nationaler und internationaler Arbeitsbeziehungen. München; Mering: Hampp, S. 87 ff.

Mintzberg, H. (1968/1973): The Nature of Managerial Work. New York: Harper and Row.

Mintzberg, H. (2004): Manager statt MBAs - eine kritische Analyse. Frankfurt/M.: Campus.

Misselwitz, I. (2001): Idealtypischer Gruppenverlauf – das Phasenkonzept. In: Seidler, C./Misselwitz, I. (Hrsg.): Die Intendierte Dynamische Gruppenpsychotherapie. Göttingen: Vandenhoeck und Ruprecht, S. 106–131.

Moeller, M. L. (1978): Selbsthilfegruppen. Reinbek: Rowohlt.

Moeller, M. L. (1991): Widerstandsbewusstes Zusammenarbeiten. Übertragung und Gegenübertragung in der Selbsthilfegruppen-Unterstützung. In: Balke, K./Thiel, W. (Hrsg.) (1991): Jenseits des Helfens. Professionelle unterstützen Selbsthilfegruppen. Freiburg im Breisgau: Lambertus, S. 61–78.

Moeller, M. L. (1997): Geschichte, Idee und Standort der Selbsthilfegruppen. In: Gruppenpsychotherapie und Gruppendynamik 33, S. 113–129.

Moldaschl, M. (2005): Das soziale Kapital von Arbeitsgruppen und die Nebenfolgen seiner Verwertung. In: Gruppendynamik und Organisationsberatung 36 (2), S. 221–239.

Moldaschl, M./Weber, G.W. (1998): The »Three Waves« of Industrial Group Work. Historical Reflections on Current Research on Group Work. In: Human Relations 51 (3), S. 347–388.

Mole, J. (1995): Mind Your Manners. Managing Business Cultures in Europe. London: Nicholas Brealey Publishing.

Moon, H./Hollenbeck, J. R./West, B./Humphrey, S. E./Ilgen, D. R./Ellis, A. P. J./Porter, C. O. L. H. (2004): Asymmetrical adaptability: Dynamic team structures as one-way streets. In: Academy of Management Journal 47 (5), S. 681–696.

Moreno, J. L. (1995): Die Grundlagen der Soziometrie. Opladen: Leske + Budrich.

Moreno, J. L. (Hrsg.) (1995): Moreno, J. L.: Auszüge aus der Autobiographie. München: inScenario.

Moreno, J. L. (2008): Gruppenpsychotherapie und Psychodrama. Stuttgart: Thieme.

Müller, C. W. (Hrsg.) (1970): Gruppenpädagogik. Eine Auswahl aus Schriften und Dokumenten. Weinheim; Basel: Beltz.

Müller C. W. (2006): Wie Helfen zum Beruf wurde. Eine Methodengeschichte der Sozialen Arbeit. 4., erweiterte Neuausgabe. Weinheim; München: Juventa.

Münch, W. (1995): Individuum und Gruppe in der Weiterbildung – Psychologische Grundlagen für die Praxis in Seminaren, Kursen und Trainings. Weinheim; Basel: Beltz.

Münchhausen, G. (2004): Führung und Biografie. Ein Beitrag zur biografieorientierten Kompetenzentwicklung von Führungskräften in Organisationen. Dissertation, Universität Bielefeld, Fakultät für Pädagogik.

Nagel, R./Wimmer, R. (2002): Systemische Strategieentwicklung. Modelle und Instrumente für Berater und Entscheider. Stuttgart: Klett-Cotta.

Nahrmann, F./Schmidt, J./Voigt, B. (1975): Götter, Laien und andere. In: Zeitschrift für Gruppendynamik 6 (3), S. 226–232.

Neidhardt, F. (1979): Das innere System sozialer Gruppen. Kölner Zeitschrift für Soziologie und Sozialpsychologie 31, S. 639–660.

Neidhardt, F. (1983): Themen und Thesen zur Gruppensoziologie. Kölner Zeitschrift für Soziologie und Sozialpsychologie. Sonderband 25, S. 12–34.

Neidhardt, N. (1972): Beiträge zur Gruppensupervision I. In: Nachrichtendienst des Deutschen Vereins für öffentliche und private Fürsorge 52, S. 295–298.

Nellessen, L. (1987): Der Preis der Konsolidierung. In: Oliver König (Hrsg.) (2006): Gruppendynamik. Geschichte, Theorien, Methoden, Anwendungen, Ausbildung. 5. Auflage. München: Profil, S. 63–76.

Neuberger, O. (1985): Miteinander arbeiten – miteinander reden! München: Bayerisches Staatsministerium für Arbeit und Sozialforschung.

Neuberger, O. (2002): Führen und führen lassen: Ansätze, Ergebnisse und Kritik der Führungsforschung. 6. Auflage. Stuttgart: Lucius und Lucius.

Nicolai, A./Vollmar, B. (2007): Zwischen Sein und Sollen: Henry Mintzbergs Beitrag für die Managementwissenschaften. In: Organisationsentwicklung 4, S. 86–91.

Niederschmid, T. (2002): Balintgruppen in der Supervisionsausbildung. Ein Beitrag zur beruf-lichen Sozialisation und Identitätsbildung von Supervisoren. In: Forum Supervision 19, S. 79–100.

Nordhause-Janz, J./Pekruhl, U. (Hrsg.) (2000): Arbeiten in neuen Strukturen? Partizipation, Kooperation, Autonomie und Gruppenarbeit in Deutschland. München; Mehring: Hampp.

Oerter, R./Montada, L. (Hrsg.) (2002): Entwicklungspsychologie. 5. Auflage. Weinheim; Basel: Beltz.

Okhuysen, G. A. (2001): Structuring change: familiarity and formal interventions in problem-solving groups. In: Academy of Management Journal 44, S. 794–808.

Okhuysen, G. A./Wallner, M. J. (2002): Focusing on midpoint transitions: an analysis of boundary conditions. In: Academy of Management Journal 45, S. 1056–1065.

Opp, G./Teichmann, J. (Hrsg.) (2008): Positive Peerkultur. Best Practices in Deutschland. Bad Heilbrunn: Klinkhardt.

Orlitzky, M./Hirokawa, R. Y. (2001): To err is human, to correct for it divine: a meta-analysis of research testing the functional theory of group decision-making effectiveness. In: Small Group Research 32, S. 313-341.

Osborn, A. F. (1953): Applied Imagination. 2. Auflage. New York: Scribner.

Ostrom, E./Walker, J./Gardner, R. (1992): Covenants with and without a sword: Self-governance is possible. The American Political Science Review 86, S. 404–417.

Pekruhl, U. (2000): Macht Gruppenarbeit glücklich? Arbeitsstrukturen, Belastungssituation und Arbeitszufriedenheit von Beschäftigten. In: Nordhause-Janz, J./Pekruhl, U. (Hrsg.): Arbeiten in neuen Strukturen? Partizipation, Kooperation, Autonomie und Gruppenarbeit in Deutschland. Mering: Hampp, S. 173–201.

Pelikan, J. M. (2004): Gruppendynamik als Hybrid von Organisation und Interaktion. Gruppendynamik und Organisationsberatung 35 (2), S. 133–160.

Peterson, R. S./Behfar, K. J. (2005): Leadership as Group Regulation. In: Messik, D. M./Kramer, R. M. (Hrsg.): The Psychology of Leadership: new Perspektives and Research, New Jersey: Lawrence Erlbaum Associates, S. 143–162.

Petzold, H./Frühmann, H. (Hrsg.) (1986): Modelle der Gruppe. Band 1. Paderborn: Junfermann.

Pine II, B. J./Gilmore, J. H. (1999): The Experience Economy. Ort: Harvard Business School Press.

Pines, M. (1984): S. H. Foulkes Beitrag zur Gruppentherapie. In: Heigl-Evers, A. (Hrsg.): Sozialpsychologie. Band 2. Gruppendynamik und Gruppentherapie. Weinheim; Basel: Beltz, S. 719–732.

Ploeger, A. (1984): Vom Psychodrama zur tiefenpsychologisch fundierten Psychodrama-Therapie. In: Heigl-Evers, A. (Hrsg.): Sozialpsychologie. Band 2. Gruppendynamik und Gruppentherapie. Weinheim; Basel: Beltz, S. 840–849.

Poole, M. S./Hollingshead, A. B. (Hrsg.) (2005): Theories of small groups: Interdisciplinary perspectives. London; Thousand Oaks, CA.: Sage Publications.

Poole, M. S./Hollingshead, A. B./McGrath, J. E./Moreland, R./Rohrbaugh, J. (2005): Interdisciplinary Perspectives on Small Groups. In: Poole, M. S./Hollingshead, A. B. (Hrsg.): Theories of small groups: Interdisciplinary perspectives. London; Thousand Oaks, CA.: Sage Publications, S. 1–20.

Popper, K. R. (1972): Objective knowledge. London: Oxford University Press.

Prahalad, C. K. (1998): Managing Discontinuities: The Emerging Challanges. Arlington: Industrial Research Institute Inc.

Pratt, J. (1906): The home sanatorium treatment of consumption. In: Bulletin of the John Hopkins Hospital, S. 104–144.

Pratt, J. (1907): The class method of treating consumption in the home of the poor. In: The Journal of the American Medical Association 49, S. 753–759.

Pratt, J. (1908): Results obtained in the treatment of pulmonary tuberculosis by the class method. In: British Medical Journal 2, S. 1070–1071.

Preiter, M./Buschert, S./Plinz, N. (2008): Ambulante, hochfrequente und multimodale Gruppenpsychotherapie im Rahmen der Integrierten Versorgung (IV) Depression in Hamburg-Harburg. In: Kókai, J./Mattke, D. (Hrsg.): Entwicklungen in der Klinischen Gruppenpsychotherapie. Opladen: Barbara Budrich, S. 81–90.

Pritz, A. (1983): Bemerkungen zu Raoul Schindlers wissenschaftlichem Werk. In: Zeitschrift Gruppenpsychotherapie und Gruppendynamik, S. 88–94.

Pritz, A. (1988): Paarbildung und Triangulierung in der gruppenanalytischen Psychotherapie. In: Ritter-Röhr, D. (Hrsg.): Gruppenanalytische Exkurse. Berlin; Heidelberg: Springer, S. 49–64.

Pühl, H. (1994): Handbuch der Supervision 2. Berlin: Edition Marhold.

Raguse, H. (1990): Gruppensupervision. In: Fatzer, G./Eck, C. D. (Hrsg.): Supervision und Beratung. Ein Handbuch. Köln: Edition Humanistische Psychologie, S. 249–256.

Rappe-Giesecke, K. (1990): Supervision. Gruppen- und Teamsupervision in Theorie und Praxis. Berlin; Heidelberg: Springer.

Rastetter, D. (2006): Managing Diversity in Teams – Erkenntnisse aus der Gruppenforschung. In: Krell, G./Wächter, H.: Managing Diversity. Impulse aus der Personalforschung. Mehring; München: Hampp, S. 81–108.

Rausch, A. (2008): Controlling von innerbetrieblichen Kommunikationsprozessen: Effektivitäts- und Effizienzmessung von Face-to-Face-Meetings. Wiesbaden: Gabler.

Rechtien, W. (2006): Zur Geschichte der angewandten Gruppendynamik. In: König, O. (Hrsg.): Gruppendynamik – Geschichte, Theorien, Methoden, Anwendungen, Ausbildung. 5. Auflage. München; Wien: Profil, S. 43–62.

Reddy, B. W. (1999): Prozessberatung von Kleingruppen. Wie der Berater erfolgreich interveniert. 2. Auflage. Leonberg: Rosenberger.

Reichwald, R./Möslein, K./Sachenbacher, H./Engelberger, H. (2000): Telekooperation, verteilte Arbeits- und Organisationsformen. Berlin; Heidelberg: Springer.

Remdisch, S./Utsch, A. (2006): Führen auf Distanz. Neue Herausforderungen für Organisation und Management. In: Zeitschrift für Organisationsentwicklung 25 (3), S. 32–43.

Reppel, C. (2002): Kollegiale Fallberatungsgruppen für Schulleitungsmitglieder. In: Forum Supervision 19, S. 101–106.

Richter, H.-E. (1972): Die Gruppe – Hoffnung auf einen neuen Weg, sich selbst und andere zu befreien. Reinbek: Rowohlt.

Richter, H.-E. (1998): Lernziel Solidarität. Gießen: edition psychosozial.

Riemann, F. (1982): Grundformen der Angst. München; Basel: Reinhardt.

Rittelmeyer, C. (1980): Gruppenforschung und Gruppenpädagogik: Ein Überblick. In: Rittelmeyer, C./Baacke, D./Parmentier, M./Fritz, J. (Hrsg.): Erziehung und Gruppe. Weinheim; München: Juventa, S. 121–44.

Ritter-Röhr, D. (Hrsg.) (1988): Gruppenanalytische Exkurse. Berlin; Heidelberg: Springer.

Roethlisberger, F./Dickson, W. (1939): Management and the Worker. Cambrigde: Harvard University Press.

Rogers, C. (1974): Encounter-Gruppen. Das Erlebnis der menschlichen Begegnung. München: Kindler.

Rogers, C. (1984): Die Zukunft der Gruppenbewegung. In: Heigl-Evers, A. (Hrsg.): Sozialpsychologie. Band 2. Gruppendynamik und Gruppentherapie. Weinheim; Basel: Beltz.

Roth, G. (1987a): Autopoiese und Kognition: Die Theorie H. R. Maturanas und die Notwendigkeit ihrer Weiterentwicklung. In: Schmidt, S. J. (Hrsg.): Der Diskurs des radikalen Konstruktivismus. Frankfurt/M.: Suhrkamp, S. 256–284.

Roth, J. K. (1984): Hilfe für Helfer. München: Piper.

Rudolph, H./Okech, J. (2003): Computer, Köpfe, Communities of Practice. In: Dörrenbächer, C. (Hrsg.): Modelltransfer in multinationalen Unternehmen. Berlin: edition sigma, S. 29–52.

Sader, M. (1991a): Psychologie der Gruppe. 3., vollständig überarbeitete Auflage. München; Weinheim: Juventa.

Sader, M. (1991b): Anmerkungen zum Stand der Kleingruppenforschung. In: Zeitschrift für Gruppendynamik 21 (3), S. 263–278.

Sader, M. (1996): Die unscheinbaren Normen. In: Zeitschrift für Gruppendynamik 27 (4), S. 381–398.

Sader, M. (2006): Gruppenprozesse und destruktive Gewalt. In: Gruppendynamik und Organisationsberatung 37 (4), S. 339–346.

Samuelson, C. D./Messick, D. M. (1995): Let's make some new rules: Social factors that make freedom unattractive. In: Kremer, R./Messick, D. M. (Hrsg.): Negotiation as a social process. Thousand Oaks, CA: Sage Publications, S. 48–68.

Sandner, D. (1978): Psychodynamik in Kleingruppen. Stuttgart: Reinhardt.

Sanna, L. J./Parks, C. D. (1997): Group Research Trends in Social and Organizational Psychology: Whatever Happened to Intragroup Research? In: Psychological Science 8 (4), S. 261–267.

Sbandi, P. (1973): Gruppenpsychologie. Einführung in die Wirklichkeit der Gruppendynamik aus sozialpsychologischer Sicht. München: Pfeiffer.

Scharmer, C. O./Käufer K. (2008): Führung vor der weißen Leinwand. In: Organisationsentwicklung 2.

Schattenhofer, K. (1992): Selbstorganisation und Gruppe. Entwicklungs- und Steuerungsprozesse in Gruppen. Opladen: Westdeutscher Verlag.

Schattenhofer, K. (1995): Selbstorganisation und Gruppe – Eine Untersuchung zur Selbststeuerung in selbstorgansisierten Gruppen. In: Langthaler, W./Schiepek, G. (Hrsg.): Selbstorganisation und die Dynamik in Gruppen. Münster: Lit, S. 163–172.

Schattenhofer, K. (1997): Fallbesprechungen als Form kollegialer Beratung. In: Zeitschrift für Supervision 31, S. 13.

Schattenhofer, K. (1998): Gruppendynamik als Praxis der Selbststeuerung in sozialen Systemen. In: Schattenhofer, K./Weigand, W. (Hrsg.): Die Dynamik der Selbststeuerung – Beiträge zur angewandten Gruppendynamik. Wiesbaden: Westdeutscher Verlag, S. 19–38.

Schattenhofer, K./Weigand, W. (Hrsg.) (1998): Die Dynamik der Selbststeuerung – Beiträge zur angewandten Gruppendynamik. Wiesbaden: Westdeutscher Verlag.

Schattenhofer, K. (2004): Selbststeuerung in organisationsgebundenen und in »freien« Teams. In: Velmerig, C-O./Schattenhofer, K./Schrapper, Chr. (Hrsg): Teamarbeit – Konzepte, Erfahrungen – eine gruppendynamische Zwischenbilanz. Weinheim: Juventa, S. 106–117.

Schattenhofer, K. (2006): Teamarbeit jenseits der Idealisierung. Eine Untersuchung. In: Edding, C./Kraus, W. (Hrsg.): Ist der Gruppe noch zu helfen? Gruppendynamik und Individualisierung. Opladen: Barbara Budrich, S. 77–93.

Schattenhofer, K. (2008): Praxisbeispiel: Kollegiale Beratungsgruppe von Führungskräften. Unveröffentlichter Bericht.

Schein, E. H. (2000): Prozessberatung für die Organisation der Zukunft. Der Aufbau einer helfenden Beziehung. Köln: Humanistische Psychologie.

Schein, E. H. (2003): The Role of Leadership in the Management of Organizational Transformation, Culture and Learning. Zeitschrift für Organisationsentwicklung Nr. 3, S. 4–13.

Schindler, R. (1957): Grundprinzipien der Psychodynamik in der Gruppe. In: Psyche XI, S. 308–314.

Schindler, R. (1968): Dynamische Prozesse in der Gruppenpsychotherapie. In: Gruppenpsychotherapie und Gruppendynamik 2, S. 9–20.

Schindler, R. (1969): Das Verhältnis von Soziometrie und Rangordnungsdynamik. In: Gruppenpsychotherapie und Gruppendynamik 1, S. 31–37.

Schindler, R. (1971): Die Soziodynamik der therapeutischen Gruppe. In: Heigl-Evers, A. (Hrsg.): Psychoanalyse und Gruppe. Göttingen: Hogrefe

Schindler, R. (1969): Das Verhältnis von Soziometrie und Rangordnungsdynamik. In: Zeitschrift Gruppenpsychotherapie und Gruppendynamik 3 (1), S. 31–37.

Schippers, M. C./den Hartog, D. N./Koopman, P. L. (2005): Reflexivity in Teams: A Measure and Correlates. In: Report Series Research in Management 15, S. 4–13.

Schlieffen, Graf von, H. (1983): Interview mit Henning Graf von Schlieffen. In: Zeitschrift für Supervision 4, S. 3 f.

Schmid, P. F. (1994): Personzentrierte Gruppenpsychotherapie. Köln: EHP.

Schmidbauer, W. (1977): Die hilflosen Helfer. Reinbek: Rowohlt.

Schmidbauer, W. (1980): Alles oder Nichts. Über die Destruktivität von Idealen. Reinbek: Rowohlt.

Schmidt, J. (1983): Design und Interventionen in berufsbezogenen gruppendynamischen Trainings. In: Zeitschrift für Gruppendynamik 2, S. 127–143.

Schmidt, J. (1987): Von der Organisationsentwicklung zur Selbstorganisation: Prozeßbeschreibung und pragmatische Konsequenzen. In: Zeitschrift für Organisationsentwicklung 6 (4), S. 43–61.

Schmidt, J. (1989): Selbststeuernde Gruppen – Ein Erfahrungsbericht. In: Zeitschrift für Organisationsentwicklung 8 (3), S. 21–31.

Schmidt, J. (1989): Systemisch denken lernen. Oder: Lernprozesse rekonstruieren, Lernprozesse konstruieren. In: Zeitschrift für Organisationsentwicklung 8 (4).

Schmidt, J. (1993): Die sanfte Organisationsrevolution – Von der Hierarchie zu selbststeuernden Systemen. Frankfurt; New York: Campus.

Schmidt, S. J. (1987): Der radikale Konstruktivismus: Ein neues Paradigma im interdisziplinären Diskurs. In: Schmidt, S. J. (Hrsg.): Der Diskurs des radikalen Konstruktivismus. Frankfurt/M.: Suhrkamp, S. 11–89.

Schmidt-Grunert, M. (1997): Soziale Arbeit mit Gruppen. Eine Einführung. Freiburg im Breisgau: Lambertus.

Scholz, C. (2001): Virtuelle Teams mit darwiportunistischer Tendenz: Der Dorothy-Effekt. In: Zeitschrift für Organisationsentwicklung 20 (4), S. 20–29.

Scholz, R. (2006): Das Thema der Gruppenphasen in der gruppenanalytischen Diskussion. In: Heinzel, R./Seidler, C. (Hrsg.): Gruppenprozess zwischen Struktur und Chaos – Die Gruppe in Klinik und Praxis. Band 2. Opladen: Barbara Budrich, S. 33–46.

Schrapper, C. (2005): Andreas Mehringer (1911–2004) – ein Leben in zwei Welten – Anmerkungen und Fragen zu Leben und Werk. In: Unsere Jugend – Zeitschrift für Studium und Praxis der Sozialpädagogik 9, S. 385–393.

Schreyögg, A. (1994): Supervision, Didaktik und Evaluation. Paderborn: Jungfermann.

Schreyögg, A. (2004): Supervision. Ein integratives Modell. Lehrbuch zu Theorie und Praxis. Wiesbaden: VS Verlag für Sozialwissenschaften.

Schroll-Machl, S. (2000): Kulturbedingte Unterschiede im Problemlöseprozess. In: Zeitschrift für Organisationsentwicklung 19 (1), S. 76–91.

Schütz, K. V. (1989): Gruppenforschung und Gruppenarbeit, Theoretische Grundlagen und Praxismodelle. Mainz: Grünewald.

Schultz-Venrath, U. (2008): Mentalisierungsgestützte Gruppenpsychotherapie. In: Gruppenpsychotherapie und Gruppendynamik 44 (2), S. 135–149.

Schulz-Hardt, S. (2001): Entscheidungsautismus bei Gruppenentscheidungen in Wirtschaft und Politik. In: Fisch, R./Beck, D./Englich, B. (Hrsg.): Projektgruppen in Organisationen. Göttingen: Verlag für angewandte Psychologie, S. 269–285.

Schulz-Hardt, S./Frey, D. (1998): Wie der Hals in die Schlinge kommt: Fehlentscheidungen in Gruppen. In: Ardelt-Gattinger, E./Lechner, H./Schlögl, W. (Hrsg.): Gruppendynamik. Anspruch und Wirklichkeit der Arbeit in Gruppen. Göttingen: Verlag für Angewandte Psychologie. S. 139–158.

Schulz von Thun, F. (1981): Miteinander reden. Band 1. Reinbek: Rowohlt.

Schwäbisch, L./Siems, M. (1974): Anleitung zum sozialen Lernen für Paare, Gruppen und Erzieher. Kommunikation und Verhaltenstrainings. Reinbek: Rowohlt.

Schwarte, N. (1998): Sozialpädagogische Bewegung. In: Krebs, D./Reulecke, J. (Hrsg.): Handbuch der Deutschen Reformbewegungen 1880 – 1933. Wuppertal: Peter Hammer, S. 331–342.

Schwarz, G. (1987): Die »heilige Ordnung« der Männer. Patriarchalische Hierarchie und Gruppendynamik. Wiesbaden: Westdeutscher Verlag.

Schwarz, G./Heintel, P./Weyrer, M./Stattler, H. (Hrsg.) (1993): Gruppendynamik – Geschichte und Zukunft. Wien: Facultas Wiener Universitätsverlag.

Schwarzbach, F. (2005): Entscheidungsfindung in Projektteams. Zum Umgang mit unterschiedlichen Perspektiven und Rationalitäten. München; Mering: Hampp.

Schwarzwälder, H. (1990): Sozialarbeit und Supervision – Versuch einer Darstellung der Entwicklung. In: Zeitschrift für Supervision 18, S. 58–65.

Scott-Morgan, P. (2008): Die heimlichen Spielregeln. Die Macht der ungeschriebenen Gesetze im Unternehmen. Frankfurt; New York: Campus.

Seidler, C./Misselwitz, I. (Hrsg.) (2001): Die Intendierte Dynamische Gruppenpsychotherapie. Göttingen: Vandenhoeck & Ruprecht.

Selbsthilfegruppe »Pitty-Party« (2007): Erfahrungsbericht einer Selbsthilfegruppe von Frauen nach Trennung/Scheidung. In: Deutsche Arbeitsgemeinschaft Selbsthilfe e.V. (Hrsg.): Selbsthilfegruppenjahrbuch 2007, S. 9–11.

Senge, P. M. (1990): Die fünfte Disziplin: Kunst und Praxis der lernenden Organisation. 4. Auflage. Stuttgart: Klett-Cotta.

Sennett, R. (1998): The Corrosion of Character. New York: W.W. Norton.

Shaked, J. (1989): Die psychoanalytische Großgruppe. In: Zeitschrift Gruppenpsychotherapie und Gruppendynamik 24, S. 252–259.

Shaked, J. (2003): Großgruppe, Massenpsychologie und Gewalt. In: Gruppenpsychotherapie und Gruppendynamik 39, S. 4–21.

Shaw, M. E. (1932): A comparison of individuals and small groups in the rational solution of complex problems. In: American Journal of Psychology 44, S. 491–504.

Shaw, M. E. (1961): Group Dynamics. In: Annual Review of Psychology 12, S. 270–302.

Sherif, M./Harvey, O. J./White, B. J./Hood, W. R./Sherif, C. W. (1961): Intergroup Conflict and Cooperation: The Robbers Cave Experiment. Norman: Institute of Group Relations.

Sherif, M. (1973): The psychology of social norms. New York: Harper & Raw.

Sherif, M./Sherif, C. W. (1969): Social Psychology. New York: Harper & Raw.

Shonk, J. H. (1982): Working in Teams. New York: Amacom.

Shonk, J. H. (1992): Team-based Organizations: Developing a Successful Team Environment. Homewood: Business One Irwin.

Sichrovsky, P. (1988): Seelentraining. Reinbek: Rowohlt.

Siller, G. (2008): Professionalisierung durch Supervision. Perspektiven im Wandlungsprozess sozialer Organisationen. Wiesbaden: VS Verlag für Sozialwissenschaften.

Simmel, G. (1983): Soziologie. Untersuchungen über die Formen der Vergesellschaftung. 6. Auflage. Berlin: Duncker & Humblot.

Simon, F. (2007): Einführung in Systemtheorie und Konstruktivismus. Heidelberg: Carl Auer.

Slater, P. (1978): Mikrokosmos. Eine Studie über Gruppendynamik. Frankfurt: Fischer.

Snyder, W./Wenger, E. (1999): Communities of Practice. Lessons learned from Auburn Hills. Stuttgart: Daimler-Chrysler Corporate University, S. 11.

Späth, T. (2006): Handlungslernen: Training by Doing. In: Meier-Gantenbein, K. F./Späth, T. (Hrsg.): Handbuch Bildung, Training und Beratung. Weinheim; Basel: Beltz, S. 220–253.

Spiegel von, H. (2004): Methodisches Handeln in der Sozialen Arbeit: Grundlagen und Arbeitshilfen für die Praxis. München; Basel: Reinhardt.

Spieß, E. (2000): Berufliche Werte – Formen der Kooperation und Arbeitszufriedenheit. In: Gruppendynamik und Organisationsberatung 2, S. 185–195.

Spitzer, M. (2000): Geist im Netz – Modelle für Lernen, Denken und Handeln. Heidelberg; Berlin: Spektrum.

Staehle, W. (1994): Management. Eine verhaltenswissenschaftliche Perspektive. München: Vahlen.

Steinebach, C./Steinebach, U. (2008): Hilfsbereitschaft statt Gewalt. Wirkungen von Positive Peer Culture (PPC) in der stationären Jugendhilfe. In: Unsere Jugend 7/8, S. 312–319.

Steiner, I. D. (1974): Whatever happened to the group in social psychology? In: Journal of Experimental Social Psychology 10, S. 93–108.

Steiner, I. D. (1983): Whatever happened to the touted revival of the group? In: Bumberg, H. H./Hare, A. P./Kent, V./Davies, M. (Hrsg.): Small Groups and Social Interaction. Band 2. Chichester, UK: Wiley and Sons, S. 539–548.

Steinkamp, H. (1985): Gruppe. In: Affolderbach, M./Steinkamp, H. (Hrsg.): Kirchliche Jugendarbeit in Grundbegriffen. Berlin: Evangelische Verlagsanstalt, S. 99–110.

Stempfle, J. (2004): Eine integrative Theorie des Problemlösens in Gruppen I: Problemlöseprozess und Problemlöseerfolg. In: Gruppendynamik und Organisationsberatung 35 (4), S. 335–354.

Stempfle, J. (2004): Eine integrative Theorie des Problemlösens in Gruppen II: Kognitive Grundoperationen und Bearbeitung aufgabenbezogener Teilprobleme. In: Gruppendynamik und Organisationsberatung 35 (4), S. 417–430.

Stempfle, J. (2005): Eine integrative Theorie des Problemlösens in Gruppen III: Sozio-emotionale Regulation, Konflikte und Kompetenzbedrohungen. In: Gruppendynamik und Organisationsberatung 36 (1), S. 61–80.

Stimmer, F. (2000): Grundlagen des Methodischen Handelns in der Sozialen Arbeit. Stuttgart; Berlin; Köln: Kohlhammer.

Stock Whitacker, D./Lieberman, M. A. (1965): Psychotherapy through the group process. London: Tavistock Publications.

Stock Whitacker, D./Lieberman, M. A. (1976): Methodologische Ansätze zur Beurteilung von Gesamtgruppenprozessen. In: Ammon, G. (Hrsg.) (1976a): Analytische Gruppendynamik. Hamburg: Hoffmann und Campe, S. 226–239.

Stöger, G./Thomas, G. (2007): Teams ohne Grenzen. Zürich: Orell Füssli.

Stork, R. (2007): Kann Heimerziehung demokratisch sein? Eine qualitative Studie zum Partizipationskonzept im Spannungsfeld von Theorie und Praxis. Weinheim; München: Juventa.

Strauß, B. (2007): Spannungsfelder um die Klinische Gruppenpsychotherapie. In: Gruppentherapie und Gruppendynamik 43 (3), S. 201–217.

Strümpfel, U. (2006): Therapie der Gefühle. Bergisch-Gladbach: Edition Humanistische Psychologie.

Stumpf, S./Klaus, C./Süßmuth, B. (2003): Gruppenreflexivität als Determinante der Effektivität und Weiterentwicklung von Arbeitsgruppen. In: Stumpf, S./Thomas, A. (Hrsg.): Teamarbeit und Teamentwicklung. Göttingen: Hogrefe, S. 143–165.

Sutcliffe, K. M./Weick, K. E./Klostermann, M. (2003): Das Unerwartete managen. Wie Unternehmen aus Extremsituationen lernen. Stuttgart: Klett-Cotta.

Szabo, E. (2007): Hat denn überall der Boss das letzte Wort? In: Organisationsentwicklung 3, S. 4–11.

Tajfel, H./Turner, J. C. (1979): An integrative theory of intergroup conflict. In: Austin, W. G./Worchel, S. (Hrsg.): The Social Psychology of Intergroup Relations. Monterey, CA.: Brooks/Cole, S. 33–47.

Taylor, F. W. (1919): Die Grundsätze wissenschaftlicher Betriebsführung. München: Oldenbourg.

Thibault, J. W./Kelley, H. H. (1952): The Social Psychology of Groups. New York: John Wiley.

Thiel, H.-U. (1994): Professionelle und kollegiale Supervision. Begründung und Praxis ihrer Kombination. In: Pühl, H. (Hrsg.): Handbuch der Supervision 2. Berlin: Edition Marhold, S. 199–211.

Thiel, W. (2004): Über Selbsthilfe-Konsum und die Schwierigkeiten von Selbsthilfegruppen, aktive Mitstreiter zu gewinnen. In: Deutsche Arbeitsgemeinschaft Selbsthilfe e.V. (Hrsg.): Selbsthilfegruppenjahrbuch 2004, S. 82 ff.

Tichy, N. M. (1993): Handbook for Revolutionaries. In: Control Your Destiny or Someone Else Will. New York: Doubleday.

Tietze, K.-O. (2003): Kollegiale Beratung. Reinbek: Rowohlt.

Tjosvold, D./Tang, M. L./West, M. (2004): Reflexivity for Team Innovation in China: The Contribution of Goal Interdependence. Group & Organization Management 29, S. 540–559.

Trebesch, K. (Hrsg.) (2000): Organisationsentwicklung. Konzepte, Strategien, Fallstudien. Stuttgart: Klett-Cotta.

Trimondi, V./Trimondi, V. (1999): Der Schatten des Dalai Lama. Sexualität, Magie und Politik im tibetischen Buddhismus. Düsseldorf: Patmos.

Trojan, A. (Hrsg.) (1986): Wissen ist Macht. Eigenständig durch Selbsthilfe in Gruppen. Frankfurt/M.: Fischer.

Trompenaars, F. (1993): Riding the waves of culture. London: The Economist Books.

Tschuschke, V. (Hrsg.) (2001): Praxis der Gruppenpsychotherapie. Stuttgart: Thieme.

Tschuschke, V. (2004): Gruppenpsychotherapie. Die unbekannte und benachteiligte psychotherapeutische Behandlungsoption. In: Psychotherapeut 49, S. 101–109.

Tschuschke, V./Anbeh, T. (2007): Ambulante Gruppenpsychotherapie. Stuttgart: Schattauer.

Tuckman, B. W. (1965): Developmental Sequence in Small Groups. In: Psychological Bulletin 63 (6), S. 384–399.

Turner, J. C./Hogg, M./Oakes, P. J./Reicher, S. D./Wetherell, M. S. (1987): Rediscovering the Social Group: A Self-Categorization Theory. Oxford: Blackwell.

Turquet, P. (1977): Bedrohung der Identität in der großen Gruppe. In: Kreeger, L. (Hrsg.): Die Großgruppe. Stuttgart: Klett, S. 81–139.

Tyler, R. T. (2005): Prozess-Based Leadership: How Do Leaders Lead? In: Messik, D. M./Kramer, R. M. (Hrsg.): The Psychology of Leadership: new Perspektives and Research. New Jersey: Lawrence Erlbaum Associates, S. 163–190.

Ulich, E. (2001): Arbeitspsychologie. 5. Auflage. Stuttgart: Schäffer-Poeschel.

Unger, D./Witte, E. H. (2007): Virtuelle Teams. Geringe Kosten, geringer Nutzen? Zur Leistungsverbesserung von Kleingruppen beim Problemlösen durch elektronische Moderation. In: Gruppendynamik und Organisationsberatung 38 (2), S. 165–184.

Velmerig, C.-O./Schattenhofer, K./Schrapper, Ch. (Hrsg.) (2004): Teamarbeit. Konzepte und Erfahrungen – eine gruppendynamische Zwischenbilanz. Weinheim; München: Juventa.

Vogel, R. (1991): Wer steigt aus, wer bleibt dabei? Konsequenzen aus einer empirischen Untersuchung über Selbsthilfegruppen für die Beratung von Interessenten. In: Balke, K./Thiel, W. (Hrsg.) (1991): Jenseits des Helfens. Professionelle unterstützen Selbsthilfegruppen. Freiburg im Breisgau: Lambertus, S.147–159.

Volmerg, U. (2000): Entwicklungsphasen in Gruppen. In: Antons, K.: Praxis der Gruppendynamik. Göttingen: Hogrefe, S. 312–324.

Vopel, K. W. (1996): Interaktionsspiele. Band 3 der Reihe Lebendiges Lernen und Lehren. 8. Auflage. Salzhausen: Iskopress.

Walter, J./Waschek, U. (2002): Die Peergroup in ihr Recht setzen. Das Just Community Projekt in der Justizvollzuganstalt Adelsheim. In: Bereswill, M./Höynck, T. (Hrsg.): Jugendstrafvollzug in Deutschland. Grundlagen, Konzepte, Handlungsfelder. Beiträge aus der Forschung und Praxis. Mönchengladbach: Forum Verlag Godesberg.

Wandmacher, J. (2002): Einführung in die psychologische Methodenlehre. Heidelberg: Spektrum..

Wagner, M. (2000): Wissensflüsse in multinationalen Unternehmen. Bamberg: Universität.

Warnecke, H.-J. (1993): Revolution der Unternehmenskultur. Das Fraktale Unternehmen. Berlin; Heidelberg: Springer.

Watzlawick, P./Beavin, I. H./Jackson, D. D. (1971): Menschliche Kommunikation. Bern; Stuttgart: Huber.

Watzlawick, P. et al. (1974): Change. Principles of Problem, Formation and Problem Resolution. New York: W.W. Norton & Company, Inc.

Weber, W. G. (1997): Analyse von Gruppenarbeit. Kollektive Handlungsregulation in soziotechnischen Systemen. Bern: Huber.

Wehler, H. U. (2002): Deutsche Gesellschaftsgeschichte. Band 3: Von der deutschen Doppelrevolution bis zum Beginn des ersten Weltkrieges 1849–1914. 2. Auflage. München: Beck.

Weick, K. E./Sutcliffe K. M.(2003): Das Unerwartete managen. Stuttgart: Klett-Cotta.

Weigand, W. (1987): Kollegiale Beratung in der Schule – ein erster Schritt zu einer Beratungskultur. In: Boettcher, W./Bremerich-Voss, A. (Hrsg.): Kollegiale Beratung in Schule, Schulaufsicht und Referendarausbildung. Frankfurt/M.: Peter Lang S. 77–82.

Weigand, W. (1988): Autoritätsfurcht und Autoritätsbedürfnisse in Gruppen. In: Allert, R. u. a. (Hrsg.): Die Zeichen der Zeit erkennen. Lernorte einer nachkonziliaren Ethik. Münster: Edition Liberacion.

Weigand, W. (1989): Sozialarbeit – das Ursprungsland der Supervision. In: Integrative Therapie 3 (4), S. 248–259.

Weigand, W. (1998): Was frag-würdig ist und ambivalent macht. Annäherungen eines Gruppendynamikers an das Konzept der Selbststeuerung. In: Schattenhofer, K./Weigand, W. (Hrsg.): Die Dynamik der Selbststeuerung. Beiträge zur angewandten Gruppendynamik. Wiesbaden: Westdeutscher Verlag, S. 75–102.

Weigand, W. (2000): Supervision und Gruppendynamik. In: Gruppendynamik und Organisationsberatung 1, S. 91–102.

Wellhöfer, P. R. (2007): Gruppendynamik und soziales Lernen – Theorie und Praxis der Arbeit mit Gruppen. 4. Auflage. Stuttgart: Lucius+Lucius: UTB-Wissenschaft.

Wenger, E./Snyder, W. (2000): Communities of Practice: The organizational frontier. In: Harvard Business Review, Januar/Februar 2000, S. 139–145.

West, M. (1996): Reflexivity and workgroups effectiveness: a conceptual integration. In: West, M. A. (ed): Handbook of Work Group Psychology. Chichester, UK: Wiley, S. 555–579.

West, M./Widmer, P. S./Dawson, J. M. (2006): The role of reflexivity for team effectioness and team innovation of health care teams. Unpubl. Paper Aston Business School, Birmingham, UK.

West, M. A. (2004): Effective Teamwork. 2. Auflage. Leicester: PBS Books.

Weyers, S. (2004): Moral und Delinquenz. Moralische Entwicklung und Sozialisation straffälliger Jugendlicher. Weinheim; München: Juventa.

Whitman, R. M./Stock, D. (1976): Der Fokalkonflikt der Gruppe. In: Ammon, G. (Hrsg.) (1976b): Gruppenpsychotherapie. München: Kindler, S. 288–302.

Wieringa, C. F. (1990): Entwicklungsphasen der Supervision (1860–1950). In: Supervision 18, S. 37–42.

Wilhelm, J./Schulz, A.-L./Ammoneit, H./Funke, G. (1976): Versuch einer emanzipatorischen Gruppensupervision. In: Neue Praxis 4, S. 358–373.

Willke, H. (1987): Systembeobachtung, Systemdiagnose, Systemintervention. Weiße Löcher in schwarzen Kästen. In: Schiepeck, G. (Hrsg.): Systeme erkennen Systeme. Weinheim; Basel: Beltz, S. 94–115.

Willke, H. (1989): Systemtheorie entwickelter Gesellschaften. Weinheim; Basel: Beltz.

Willke, H. (2001): Systemtheorie III: Systemsteuerung. 3. Auflage. Stuttgart: Lucius und Lucius.

Wimmer, R. (1989): Ist Führung erlernbar? Oder warum investieren Unternehmungen in die Entwicklung ihrer Führungskräfte? In: Gruppendynamik 20 (1), S. 13–41.

Wimmer, R. (1990): Wozu noch Gruppendynamik? Eine systemtheoretische Reflexion gruppendynamischer Arbeit. In: Gruppendynamik 21 (1), S. 5–28.

Wimmer, R. (1993): Erlebt die Gruppendynamik eine Renaissance? Eine systemtheoretische Reflexion gruppendynamischer Arbeit am Beispiel der T-Gruppe. In: Schwarz, G. u.a. (Hrsg.): Gruppendynamik – Geschichte und Zukunft. Wien: Facultas Wiener Universitätsverlag, S. 111–139.

Wimmer, R. (2006): Das besondere Lernpotenzial der gruppendynamischen Trainingsgruppe. In: Heintel, P. (Hrsg.): Betrifft: Team – Dynamische Prozesse in Gruppen. Wiesbaden: VS Verlag für Sozialwissenschaften, S. 36–52.

Wittenberger, G. (1985): Gruppensupervision – ein Beitrag zur Entwicklung beruflicher Identität. In: Trescher, H.-G./Leber, A./Büttner, C. (Hrsg.): Die Bedeutung der Gruppe für die Sozialisation. Teil II. Beruf und Gesellschaft. Göttingen: Vandenhoeck & Ruprecht, S. 42–61.

Wittenberger, G./Leuschner, G. (1998): Balintgruppenarbeit im psychosozialen Feld der Sozial- und Bildungsarbeit. In: Forum Supervision 11, S. 79–96.

Wolf, P. (2004): Eine Geschichte über Communities. In: Zeitschrift für Organisationsentwicklung 2, S. 10–19.

Wolf, P. (2006): Neue Gruppen im Wissensmanagement – Communities of Practice. In: Edding, C./Kraus, W. (Hrsg.): Ist der Gruppe noch zu helfen? Gruppendynamik und Individualisierung. Opladen: Barbara Budrich, S. 193–210.

Wolf, P./Wunram, M./Vallejos, R. V. (2004): Uncovering the difference: Management of collaboration in Communities of Practice and in virtual enterprises/virtual organisations. Birlinghoven: Fraunhofer Publica, S. 1–8.

Womack, J. P./Jones, D. T./Roos, D. (1994): Die zweite Revolution in der Autoindustrie. Konsequenzen aus der weltweiten Studie aus dem Massachusetts Institute of Technology. Frankfurt/M.: Campus.

Worchel, S. (1994): You can go home: Returning group research to the group context with an eye on developmental issues. In: Small Group Research 25, S. 205–223.

Yalom, I. (2007): Theorie und Praxis der Gruppentherapie. 9. Auflage. Stuttgart: Klett-Cotta.

Yee, M. D./Brown, R. (1992): Self evaluations and intergroup attitudes in children aged three to nine. In: Children Development 63, S. 619–629.

Zaccaro, J. S./Bader, P. (2003): E-Leadership and the Challenge of Leading E-Teams: Minimizing the Bad and Maximizing the Good. In: Organizational Dynamics 31 (4).

Zander, A. (1979): The Psychology of Group Processes. In: Annual Review of Psychology 30, S. 417–451.

Zeul, M. (1998): Die Supervisionsbeziehung im Spiegel der Balintgruppe. In: Forum Supervision 11, S. 5–21.

Zimmer, I. (1996): Soziale Konflikte in Gruppen- und Teamsupervision. In: Forum Supervision 8, S. 23–35.

Zinker, J. (1987): Gestalttherapie als kreativer Prozess. 3. Auflage. Paderborn: Junfermann.

Internetverweise

Andrews, J. (2004): »Champion of Social Justice: Contributions of Gisela Konopka«. Veröffentlicht als »Gisela Konopka and group work«. In: The encyclopedia of informal education. In: www.infed.org/thinkers/konopka.htm.

Bernet, C. (2006): Magda Kelber. In Biographisch-Bibliographisches Kirchenlexikon. Band XXVI. zitiert nach www.bautz.de/bbkl.

Christen, J./König, O./Schattenhofer, K. (2001): Angewandte Gruppendynamik und die Sektion Gruppendynamik im DAGG. Sektion Gruppendynamik, www.gruppendynamik-dagg.de.

Deutsche Gesellschaft für Supervision e.V. (2006): Verzeichnis wissenschaftlicher Arbeiten. Lütticher Straße 1-3, 50674 Köln, www.dgsv.de.

FOCUS online (23.03.2008): Kooperation ohne Blickkontakt.

Schindler, R. (1985): Gruppentherapie – eine Standortbestimmung. ÖAGG Bibliothek http://www.gddg.at/artikel/SCHIN85A.HTM

Sherif, M./Harvey, O. J./White, B. J./Hood, W. R./Sherif, C. W. (1961): Intergroup Conflict and Cooperation: The Robbers Cave Experiment. Norman: Institute of Group Relations. [auch als Online-Dokument] URL http://psychclassics.yorku.ca/Sherif

Über die Autoren

Dr. Andreas Amann arbeitet als Organisationsberater und Trainer für Gruppendynamik.

Dr. Klaus Antons ist tätig als freiberuflicher Trainer, Supervisor und Organisationsberater für Bildungsinstitutionen, Gesundheits- und Sozialwesen, Wirtschaft.

Klaus Brosius arbeitet freiberuflich als Supervisor, Organisationsentwickler und Trainer für Gruppendynamik (DAGG).

Gisela Clausen, Diplom-Psychologin, ist seit 20 Jahren freiberuflich als Organisationsberaterin und Trainerin in Profit- und Non-Profit-Unternehmen tätig.

Dr. Klaus Doppler ist freiberuflicher Organisationsberater.

Dr. Hella Gephart ist Trainerin für Gruppendynamik (DAGG), Gestaltsupervisorin (DVG) und Coach, zudem seit 1992 Leiterin des Däumling-Instituts.

Dr. Bernadette Grawe ist Professorin für das Lehrgebiet Soziale Arbeit und Sozialmanagement an der Katholischen Hochschule NRW, Abteilung Paderborn, Supervisorin DGSv, Trainerin für Gruppendynamik im DAGG.

Hubert R. Kuhn arbeitet selbstständig als Supervisor, Organisationsberater und Trainer für Gruppendynamik.

Dr. Christian Schrapper ist Professor für Pädagogik mit dem Schwerpunkt Sozialpädagogik an der Universität Koblenz-Landau.

Dr. Wolfgang Weigand ist Professor an der Fachhochschule Bielefeld; Personal- und Organisationsentwicklung, Supervisor DGSv, Trainer für Gruppendynamik DAGG, Mitherausgeber der Zeitschrift Supervision.

Stichwortverzeichnis